"十二五"普通高等教育本科国家级规划教材

21世纪民商法学系列教材 总主编 王利明

合同法教程

（第三版）

苏号朋 著

中国人民大学出版社
·北京·

“21 世纪民商法学系列教材”

学术委员会

作者简介

苏号朋，男，1970年1月生，山东济宁人。1998年毕业于中国政法大学，获民商法学博士学位，同年至对外经济贸易大学法学院工作。2001年10月至2002年10月、2013年8月至2014年8月在美国威斯康星大学法学院从事合同法、消费者权益保护法研究。现为对外经济贸易大学法学院副院长、教授、博士研究生导师，北京市重点学科“民商法学”的学科带头人，北京市精品课程“民法总论”的主持人，所著《合同法教程》（中国人民大学出版社，2011年8月第2版）于2013年被评为北京市高等教育精品教材，并于2014年入选第二批“十二五”普通高等教育本科国家级规划教材。主要学术兼职为：中国消费者权益保护法学研究会常务理事、中国法学会食品安全法治研究中心研究员、北京市法学会民商法学研究会常务理事、北京市法学会旅游法学研究会副会长、北京市房地产法学会常务理事、北京市公益法学研究会副会长。主要研究领域为：民法基础理论、合同法、消费者权益保护法、房地产法。主持多项国家级和省部级研究课题，发表学术论文80余篇，出版专著8部。

序

众所周知，民商法是市场经济的基本法，它以民事主体制度、物权制度、债与合同制度、知识产权制度以及各项商事特别制度等勾勒出市场交易的基本脉络。这也正是民商法与市场经济体制之间存在密切的内在联系的原因所在。民商法是私法，它调整平等主体之间的财产关系和人身关系，强调意思自治原则的指导地位；民商法是权利法，它以权利为基本的逻辑起点，又通过权利制度确认当事人的行为规则。

我国民商事立法虽然起步较晚，但自改革开放以来却取得了长足的进步，不仅有了起着民商事基本法作用的《民法通则》，而且还制定了大量的单行法、特别法，如《婚姻法》、《继承法》、《合同法》、《著作权法》、《商标法》、《专利法》、《公司法》、《证券法》、《信托法》、《保险法》、《票据法》、《海商法》、《企业破产法》，尤其是经过13年的努力，《物权法》今年已获通过并即将实施。另外，《侵权责任法》、《人格权法》也已纳入立法规划。可以说，有中国特色的社会主义市场经济的民商法律框架已经初步形成，而民法典在未来的出台更将为这一框架奠定坚实的核心。

如同国外的成熟经验一样，立法的每一步进展都离不开理论研究的支撑。二十多年来，我国民商法学研究在不断探索中，逐渐走出了计划经济时代的低迷，市场经济的不断发展和完善为我国民商法学者提供了广阔的历史舞台。如今，大量民商法学者参与国家立法、司法实践，为社会主义法治建设事业作出了重要贡献。更为可喜的是，越来越多的青年才俊投身于民商法事业，新一代的青年民法学者如雨后春笋般涌现出来，他们既有扎实的民商法功底、良好的学术素养，又有较高的外语水平，对国外的经验和最新发展动态比较了解，他们的许多研究成果令人耳目一新。从他们身上，我们看到了我国民商法学未来的希望。

中国法学会民法学研究会自成立之来，一直倡导严谨求实的学风，营造宽松的氛围，提倡百家争鸣的风气，并注重培养新人、提携后进。中国人民大学出版社立足于高等教育，以繁荣学术、服务教学为己任，是我国人文社会科学教材的出版中心。由此，这两家机构决定合作推出全部由崭露头角的青年学者所撰写的“21世纪民商法学系列教材”。我们坚信，这一合作在推动我国民商法学的发展方面将是一次有益的尝试。

这套教材具有以下特点：第一，选题全面，规模宏大。不仅细分了传统民商法的各个部门，也包括了许多边缘学科，如民法哲学、民法的经济分析等，共计六十余种，可供不同层次、不同需要的读者选用。第二，体例新颖，结构完整。不仅打破传统教材的编写体例，而且还大胆引进英美法教材的编撰模式。每本教材除了体系化地讲授本门课程的基本内容之外，还穿插引用资料、案例或事例加以评析，每章之后还列出推荐学生进一步阅读的著述，并以本章的重点难点为主，采取各种题型考查学生对本章知识的掌握程度。第三，理论与实践相结合。不仅全面反映了最新的理论发展，而且深入讨论了实务中的热点、疑点、难点问题。教材中还特辟“理论研究”与“实务探讨”专栏，选取理论界和实务界的争议问题，列举各派观点，论证自己的主张。

应当注意的是，撰写一部好的教材绝非易事，其难度之大不亚于一部优秀的专著！虽然入选本系列的教材均是相关青年学者的精品之作，但其中的缺点在所难免。我们欢迎广大读者不吝指正，这也有助于这些青年学者的学术思想更趋成熟。

衷心祝愿我们早日完成建设社会主义法治国家的宏伟蓝图！在这一过程中，我们有充分理由期待青年学者们取得的更大成就。

是为序！

王利明

2007年9月

第三版修订说明

本书第二版于2011年8月出版，至今已经三年有余。在此期间，无论宏观的政治经济形势，还是合同立法、司法与学术研究又有重大变化。中央强调市场应当在资源配置中起决定性作用，让市场在所有能够发挥作用的领域都充分发挥作用，推动资源配置实现效益最大化和效率最优化。为了实现这一目标，全国人大及其常委会和国务院制定、修改、废除了数量较多的法律和行政法规，多涉及合同法领域。另外，最高人民法院也制定了多部合同法领域的司法解释，既推进了我国合同法制的进展，也为合同法学研究提供了新的素材和对象。

本次修订的主要工作包括：

第一，及时反映了合同立法与司法解释的新进展。近三年来，与合同相关的立法主要有《旅游法》《公司法》《消费者权益保护法》（修订）等；合同领域的司法解释主要包括《最高人民法院关于审理融资租赁合同纠纷案件适用法律问题的解释》《最高人民法院关于审理食品药品纠纷案件适用法律若干问题的规定》《最高人民法院关于适用〈中华人民共和国企业破产法〉若干问题的规定（一）》《最高人民法院关于适用〈中华人民共和国企业破产法〉若干问题的规定（二）》《最高人民法院关于适用〈中华人民共和国保险法〉若干问题的解释（二）》《最高人民法院关于国有土地开荒后用于农耕的土地使用权转让合同纠纷案件如何适用法律问题的批复》《最高人民法院关于审理买卖合同纠纷案件适用法律问题的解释》《最高人民法院关于审理因垄断行为引发的民事纠纷案件应用法律若干问题的规定》《最高人民法院关于审理海上货运代理纠纷案件若干问题的规定》等。尤其是《最高人民法院关于审理买卖合同纠纷案件适用法律问题的解释》在合同订立、合同效力、违约责任等方面对《合同法》进行了重要补充甚至修改，在一定程度上发挥了合同法一般规则的功能，值得重点关注。本书全面反映了我国合同立法截至2014年12月底的进展。

第二，对章节结构和内容进行了微调。鉴于本书结构已经较为合理，本次修订并未对篇章结构和内容进行重大调整，只是在少数章节内部作了变动。本次修订对原书的少数学术观点进行了修改，以更符合合同法原理及我国合同法制。为了更准确地阐释相关理论或制度，本次修订替换了少量案例。另外，为了及时反映学术进展，本书还更新了部分“主要参考文献”。

2013年，本教材被评为“北京市高等教育精品教材”。2014年，本教材入选第二批“十二五”普通高等教育本科国家级规划教材。对于广大读者的厚爱，本人表示衷心感谢。虽然本次修订进一步提高了教材质量，但讹误之处仍然难免。如有修改建议，请发电子邮件至suhaopeng@163.com。

苏号朋

2014年12月

编写说明

合同法是主要调整市场交易的法律。因此，凡是市场经济发育完善的国家，必有发达的合同法。当然，因所属法系不同，各国在合同法的表现形式上存在着较大的差异。大陆法系国家的合同法主要包含在民法典之中，而英美法系国家的合同法则由为数众多的判例和少量的制定法组成。

中国自20世纪70年代末期开始实行的改革开放政策，尤其是社会主义市场经济体制的确立和发展，成为中国合同法发展与完善的动力。1999年10月1日，《中华人民共和国合同法》（以下简称《合同法》）的实施结束了《中华人民共和国经济合同法》《中华人民共和国涉外经济合同法》《中华人民共和国技术合同法》三足鼎立的局面，统一了市场交易规则，为合同纠纷的解决提供了较为完善的法律依据。当然，《合同法》还是我国学者进行合同法学研究和法学院校从事合同法学教育的基本素材。

在《合同法》实施后，最高人民法院根据司法实践的需要，制定了十余件合同法领域的司法解释，进一步丰富了我国合同法的内容。另外，全国人大及其常委会也制定或修改了相当数量的、与《合同法》相关的立法，如《公司法》《电子签名法》《企业破产法》《物权法》。可以说，我国目前已经建立起了体系较为完善、内容较为完备、基本适应中国市场经济需要的合同法。

毫无疑问，每一位市场参与者都应当了解一些合同法律知识，以知晓合同订立的程序、合同履行的要求、当事人各方在交易中的权利与义务、出现履行障碍时的法律救济方式。当然，对于从事法律实践工作的人员而言，全面掌握合同法，甚至对合同法进行深入的研究，都是很有必要的。

要学好合同法，就应当掌握合同法的基本原理、法律制度及其应用，将理论与实践紧密结合起来。本书力图为读者学好合同法提供帮助。作为一本教材，本书一方面是为读者提供丰富的合同法知识，另一方面是为读者提供学习合同法的方法。本书通过如下方面实现这一目标：

第一，全面反映我国合同法的最新进展。本书以《合同法》的内容为论述重点，同时密切关注立法与司法的发展。为了向读者提供我国合同法的最新进展，本书使用的立法和司法解释截止到2008年2月底。

第二，注重对合同法原理的分析。合同法理论极为丰富，只有掌握了它们，才能更好地理解各种法律规则。因此，本书第一、二章用了较多篇幅分析了合同法律关系、合同的分类、合同法的基本原则。另外，在介绍各具体制度时，仍然注重对各种制度的理论分析，如对要约邀请的性质、合同解释的性质、情势变更原则的理论根据、债权人代位权与撤销权的性质、合同解释的溯及力、违约时的非财产损害赔偿等的探讨均体现了这一特点。本书在各章设有“理论研究”环节，专门研讨相关的理论争论问题。

第三，强调应用能力的培养。法律的生命力在于实践，学习法律的目的也是在于将其应用到实际工作中去。本书注重对合同法具体制度的构成要件、法律效果的分析，并且根据具体情况，指出了它们在适用时应当注意的问题。本书在各章设有“实务探讨”环节，目的就是为读者提供司法实践中常见的争议及解决方法。另外，本书编入了数量较多的案例，并辅以简洁的分析，从而使读者能够更为直观地体会合同法的适用。

另外要特别说明的是，本书一改我国法学教材以理论讲述为主的写作模式，采用了新颖的体例，非常有利于提高读者的学习兴趣与热情。除理论讲述外，本书还包括“理论研究”“实务探讨”“立法背景”“典型案例评析”等栏目。另外，每章后面均有思考题。这种编写体例对于读者掌握合同法的内容是很有帮助的。

写好一本教材的难度并不亚于写好一本专著，我在写作本书时深刻地体会到了这一点。本书的撰写自2006年9月开始，本来预计在2007年5月完成，但因写作难度太大，直至2007年11月才最终完成。2008年1月、2月，我又对出版社提供的稿件清样进行了全面、细致的修改，进一步提高了本书的质量。在写作和修改过程中，我得到了对外经济贸易大学民商法学博士研究生宋崧和徐辉、法学硕士研究生李倩、李炜、潘颖颖、彭博、王阳、席雅雄以及法律硕士研究生付希贤、李可佳、吕宁、马平超、赵路的大力帮助，在此一并致谢。

虽然我在写作过程中非常谨慎，尽可能避免出现前后矛盾、观点错误或者词不达意的情况，但恐怕本书仍会存在不足之处，尚祈读者批评指正。如有修改建议，请发电子邮件至 suhaopeng@163.com。

苏号朋

2008年3月3日

本书法律、行政法规、司法解释与司法文件缩略语

法律、法规、司法解释名称	缩略语
● 法律	
1.《中华人民共和国保险法》	《保险法》
2.《中华人民共和国产品质量法》	《产品质量法》
3.《中华人民共和国城市房地产管理法》	《城市房地产管理法》
4.《中华人民共和国担保法》	《担保法》
5.《中华人民共和国电子签名法》	《电子签名法》
6.《中华人民共和国电力法》	《电力法》
7.《中华人民共和国反垄断法》	《反垄断法》
8.《中华人民共和国反不正当竞争法》	《反不正当竞争法》
9.《中华人民共和国公司法》	《公司法》
10.《中华人民共和国公证法》	《公证法》
11.《中华人民共和国合同法》	《合同法》
12.《中华人民共和国合伙企业法》	《合伙企业法》
13.《中华人民共和国海商法》	《海商法》
14.《中华人民共和国继承法》	《继承法》
15.《中华人民共和国建筑法》	《建筑法》
16.《中华人民共和国旅游法》	《旅游法》
17.《中华人民共和国律师法》	《律师法》
18.《中华人民共和国劳动合同法》	《劳动合同法》
19.《中华人民共和国民法通则》	《民法通则》
20.《中华人民共和国民事诉讼法》	《民事诉讼法》
21.《中华人民共和国民用航空法》	《民用航空法》
22.《中华人民共和国拍卖法》	《拍卖法》
23.《中华人民共和国票据法》	《票据法》
24.《中华人民共和国侵权责任法》	《侵权责任法》

25.《中华人民共和国企业破产法》 《企业破产法》
26.《中华人民共和国食品安全法》 《食品安全法》
27.《中华人民共和国商标法》 《商标法》
28.《中华人民共和国商业银行法》 《商业银行法》
29.《中华人民共和国涉外民事关系法律适用法》 《涉外民事关系法律适用法》
30.《中华人民共和国铁路法》 《铁路法》
31.《中华人民共和国土地管理法》 《土地管理法》
32.《中华人民共和国物权法》 《物权法》
33.《中华人民共和国消费者权益保护法》 《消费者权益保护法》
34.《中华人民共和国信托法》 《信托法》
35.《中华人民共和国行政许可法》 《行政许可法》
36.《中华人民共和国邮政法》 《邮政法》
37.《中华人民共和国中外合资经营企业法》 《中外合资经营企业法》
38.《中华人民共和国中外合作经营企业法》 《中外合作经营企业法》
39.《中华人民共和国著作权法》 《著作权法》
40.《中华人民共和国专利法》 《专利法》
41.《中华人民共和国证券法》 《证券法》
42.《中华人民共和国招标投标法》 《招标投标法》
43.《中华人民共和国执业医师法》 《执业医师法》

● 行政法规

1.《中华人民共和国电信条例》 《电信条例》
2.《中华人民共和国公司登记管理条例》 《公司登记管理条例》
3.《中华人民共和国人民币管理条例》 《人民币管理条例》
4.《中华人民共和国外汇管理条例》 《外汇管理条例》
5.《中华人民共和国招标投标法实施条例》 《招标投标法实施条例》
6.《中华人民共和国中外合资经营企业法实施条例》 《中外合资经营企业法实施条例》

● 司法解释与司法文件

1. 最高人民法院《关于当前形势下审理民商事合同纠纷案件若干问题的指导意见》 《审理民商事合同的指导意见》
2. 最高人民法院《关于贯彻执行〈中华人民共和国民法通则〉若干问题的意见（试行）》 《民法通则司法解释》
3. 最高人民法院《关于审理城镇房屋租赁合同纠纷案件具体应用法律若干问题的解释》 《租赁合同司法解释》
4. 最高人民法院《关于审理技术合同纠纷案件适用法律若干问题的解释》 《技术合同司法解释》
5. 最高人民法院《关于审理建设工程施工合同纠纷案件适用法律问题的解释》 《施工合同司法解释》
6. 最高人民法院《关于审理旅游纠纷案件适用法律若干问题的规定》 《旅游司法解释》

7. 最高人民法院《关于审理买卖合同纠纷案件适用法律问题的解释》

《买卖合同司法解释》

8. 最高人民法院《关于审理民事案件适用诉讼时效制度若干问题的规定》

《诉讼时效司法解释》

9. 最高人民法院《关于审理融资租赁合同纠纷案件适用法律问题的解释》

《融资租赁合同司法解释》

10. 最高人民法院《关于审理商品房买卖合同纠纷案件适用法律若干问题的解释》

《商品房买卖司法解释》

11. 最高人民法院《关于审理涉及国有土地使用权合同纠纷案件适用法律问题的解释》

《国有土地使用权合同司法解释》

12. 最高人民法院《关于审理涉及农村土地承包纠纷案件适用法律问题的解释》

《农村土地承包纠纷司法解释》

13. 最高人民法院《关于审理食品药品纠纷案件适用法律若干问题的规定》

《审理食品药品纠纷司法解释》

14. 最高人民法院《关于审理铁路运输人身损害赔偿纠纷案件适用法律若干问题的解释》

《铁路运输人身损害赔偿司法解释》

15. 最高人民法院《关于审理外商投资企业纠纷案件若干问题的规定（一）》

《外商投资企业纠纷司法解释一》

16. 最高人民法院《关于审理物业服务纠纷案件具体应用法律若干问题的解释》

《物业服务司法解释》

17. 最高人民法院《关于适用〈中华人民共和国保险法〉若干问题的解释（二）》

《保险法司法解释二》

18. 最高人民法院《关于适用〈中华人民共和国担保法〉若干问题的解释》

《担保法司法解释》

19. 最高人民法院《关于适用〈中华人民共和国公司法〉若干问题的规定（一）》

《公司法司法解释一》

20. 最高人民法院《关于适用〈中华人民共和国公司法〉若干问题的规定（二）》

《公司法司法解释二》

21. 最高人民法院《关于适用〈中华人民共和国公司法〉若干问题的规定（三）》

《公司法司法解释三》

22. 最高人民法院《关于适用〈中华人民共和国合同法〉若干问题的解释（一）》

《合同法司法解释一》

23. 最高人民法院《关于适用〈中华人民共和国合同法〉若干问题的解释（二）》

《合同法司法解释二》

24. 最高人民法院《关于适用〈中华人民共和国涉外民事关系法律适用法〉若干问题的解释（一）》

《涉外民事关系法律适用法司法解释一》

目　录

第一编　合同法总论

第二编 合同法分论

第一编

合同法总论

第一章 合同概述

导读

> 合同是平等主体的自然人、法人、非法人组织之间设立、变更、终止民事权利义务关系的协议。本章介绍了合同的基础知识，包括合同的含义与特征、合同的分类与合同法律关系。在合同的含义与特征中，应重点掌握《合同法》调整的合同范围。在合同的分类中，应重点掌握几种重要的分类，包括有名合同与无名合同、诺成合同与实践合同、双务合同与单务合同、有偿合同与无偿合同。在合同法律关系中，应重点掌握合同债务的结构、合同法律关系的相对性及其修正。

第一节　合同的含义与特征

合同是民事主体之间建立法律联系的最主要方式，没有人可以在现代社会中离开合同而生活，也没有企业可以离开合同而进行经济交往。就自然人而言，购买商品、旅游观光、接打电话、乘坐各种公共交通工具都是借助合同完成的。就法人或非法人组织而言，采购原料、出售产品、转让技术、租赁房屋、向银行贷款也都是借助合同完成的。可以说，合同是民事主体践行意思自治的重要手段，是民法精神的集中体现。

一、合同的含义

（一）大陆法系中合同的含义

罗马法认为合同是指“得到法律承认的债的协议”①，深受罗马法影响的大陆法系各国亦坚持认为合同是一种“协议”或者“合意”。例如，《法国民法典》第1101条规定：“合同是一人或数人据以对另一人或另数人负担给付、作为或不作为之债务的协议。”由于《法国民法典》在世界民法史上的特殊地位，这一定义逐渐成为大陆法系民事立法关于合同的

① ［意］彼德罗·彭梵得：《罗马法教科书》，黄风译，232页，北京，中国政法大学出版社，2005。

经典定义，对许多国家的民事立法与民法理论产生了深刻的影响。[①] 不过，德国对此有所改变。该国法学家创造了一个对民法发展影响至深的概念——法律行为，并将合同纳入法律行为的范畴之中。例如，《德国民法典》第 311 条第 1 款规定："对于以法律行为成立债务关系以及变更债务关系的内容，当事人之间的合同是必要的；但法律另有规定的除外。"在《德国民法典》中，合同是一种双方法律行为，是以发生私法上的效果为目的的合意。

（二）英美法系中合同的含义

在英美法系，被普遍接受的合同定义有两种：一是将合同视为"允诺"（promise），如《美国第二次合同法重述》第 1 条规定："合同是一个允诺或一系列允诺，违反该允诺将由法律给予救济；履行该允诺是法律以某种方式确认的一项义务。"这一定义存在的问题是忽视了合同中的协议因素。[②] 二是将合同视为协议，即合同是两个或两个以上当事人之间具有法律约束力的协议。[③] 在英美法系的合同法中，对价（consideration，亦翻译为约因）发挥着重要功能。无论是从允诺的角度定义合同，还是从协议的角度定义合同，都需要对价的支撑。作为英美法系合同法中特有的制度，对价起源于 16 世纪中叶，发展于 17 至 18 世纪，成熟于 19 世纪。所谓对价，是指根据协议已经履行或者允诺履行合同义务的当事人得到某种利益，或者是接受履行的对方当事人为此遭受某种损害的事实要素，是对履行合同义务的当事人的一种回报。[④] 一般而言，对于合同一方当事人作出的允诺，如果对方当事人提供了对价，则该允诺就是可以强制执行的。如果对方当事人没有提供对价，则该允诺就不能强制执行。[⑤] 由于对价制度在运行过程中出现了越来越多的问题，因而就连英美法系的学者也不断提出质疑，认为对价作为合同生效要件并无太大意义。不过，到目前为止，对价仍然是英美法系合同法的重要支柱。

（三）对《合同法》调整的合同的界定

对于合同，我们可以从以下三个不同的范围加以理解：

最广义说认为，合同是以确定当事人之间权利、义务为内容的协议，它不仅包括私法上的合同即民事合同，还包括行政合同和劳动合同。行政合同是指行政主体为了实现行政目的，而与另一方当事人就行政上的权利义务所达成的协议。[⑥] 行政合同是现代行政管理中重要的方式，是行政权力和合同关系的结合，如公用征收补偿合同、国家订购合同、支付补贴合同、两个地方政府之间签订的边界变更合同等。劳动合同是指劳动者与用人单位之间确立劳动关系，确定双方权利义务所达成的协议。

广义说认为，合同是以产生民法上效果为目的的一切合意，包括以产生债权债务为目的的债权合同、以产生物权变动为目的的物权合同、以产生物权以外权利的变动为目的的准物权合同、以产生身份关系的变动为目的的身份合同等。德国、日本是广义合同说的典

---

① 参见李永军：《合同法》，2 页，北京，法律出版社，2010。

② 参见何宝玉：《英国合同法》，39 页，北京，中国政法大学出版社，1999。

③ 参见杨桢：《英美契约法论》，1 页，北京，北京大学出版社，2007。

④ 参见何宝玉：《英国合同法》，124 页，北京，中国政法大学出版社，1999。

⑤ 不过，这一规则存在诸多例外。例如，盖印合同（contract under seal）虽无对价存在，但仍然有效。另外，依允诺禁反言原则（the doctrine of promissory estoppel），即使赠与之允诺或无偿之允诺无对价存在，仍可强制执行。

⑥ 参见杨解君主编：《中国行政合同的理论与实践探索》，3 页，北京，法律出版社，2009。

型代表。

狭义说认为，合同仅指债权合同，法国是其典型代表。

《合同法》第2条规定："本法所称合同是平等主体的自然人、法人、其他组织之间设立、变更、终止民事权利义务关系的协议。婚姻、收养、监护等有关身份关系的协议，适用其他法律的规定。"① 该规定包括三层含义：(1) 将调整对象限定为民事合同，排除了《合同法》对行政合同和劳动合同的适用。这两类合同分别由行政法和劳动法调整。(2) 统一调整民事合同，不区分债权合同与物权合同。在德国及受德国影响的国家和地区，法律行为被分为物权行为与债权行为，并往往遵循物权行为的独立性和无因性原则。此种法律思维下的债权合同是指以发生债权债务为目的的合同，物权合同是指以直接发生物权变动为目的的合同。以不动产买卖为例，买卖合同的成立仅在当事人之间产生债权请求权，买受人有权要求出卖人交付标的物并转移其所有权，但并不能直接产生标的物所有权转移的法律效果。欲产生这一法律效果，还需要当事人之间另行达成转移标的物所有权的物权合意，即物权合同，当事人依此物权合意实施登记行为，始能完成所有权的转移。我国民法理论没有接受物权行为与债权行为的区分，不承认物权行为的独立性和无因性，因此亦不存在物权合同与债权合同的划分。例如，《物权法》第15条规定："当事人之间订立有关设立、变更、转让和消灭不动产物权的合同，除法律另有规定或者合同另有约定外，自合同成立时生效；未办理物权登记的，不影响合同效力。"也就是说，转让不动产所有权的基础要件是"合同＋登记"。此处的合同就是民事合同，而未进一步区分债权合同与物权合同。因此，在对合同的界定上，《物权法》与《合同法》是一致的。(3) 排除对身份合同的适用。身份合同是指以设立、变更、终止身份关系为目的的合同，如离婚、收养、监护等协议。虽然身份合同亦属民事合同的范畴，但由于它以发生身份关系为目的，与以发生财产关系为目的的其他民事合同，在目的、基本原则及具体内容上均有相当大的差异，故不在《合同法》的调整范围之内，而是适用其他民事法律，如《民法通则》、《婚姻法》、《收养法》等。

根据上述分析，除身份合同外，其他民事合同均受《合同法》的调整。司法实践对合同的理解也基本采纳了"广义说"，只要合同是当事人之间设立、变更、终止民事权利义务关系的协议，在没有特别法可供适用的情况下，法院均依据《合同法》解决纠纷。

不过，《合同法》并未摆脱德国法学理论的影响，仍然以债权合同作为预设的规范目标。这一点可以从《合同法》所用概念得到验证，如将合同当事人称为"债权人"、"债务人"，将合同当事人享有的权利称为"债权"，将合同当事人承担的义务称为"债务"。早于《合同法》施行的《民法通则》仅将"合同"规定为债的发生根据，我国民法理论也向来坚持这一见解。因此，尽管《合同法》采用了广义的"合同"概念，但债权合同仍为我们理解和认识合同的范式。

---

① 《合同法》对"合同"的定义与《民法通则》对"合同"的定义基本相同，只是用语存在些许差异。《民法通则》第85条规定："合同是当事人之间设立、变更、终止民事关系的协议。"可见，在对合同的理解上，我国民法的立场并未发生改变。

理论研究

劳动合同是否由《合同法》调整

对于劳动合同，早期学者的主流观点认为，劳动合同属于公法性质的合同，不能由《合同法》调整。① 随着社会实践以及有关劳动立法及理论研究的拓展，学界对劳动合同法律性质的认识渐渐发生了改变，认为劳动合同并非纯粹的公法性质的合同，并普遍承认了劳动合同与一般民事合同的不同，主要形成了以下两种观点：一种认为，劳动合同兼具私法与公法的性质，但以私法性质为主②；另一种则认为，劳动合同就是私法性质的合同。③ 在上述观点下，对于劳动合同的法律适用，也出现了两种主要的观点：一种认为，劳动合同作为一类特殊的民事合同，应适用有关规制劳动关系的法律制度，而不应适用《合同法》④；另一种则认为，劳动合同应当优先适用专门规制劳动关系的法律制度，如《劳动合同法》等，但在上述法律未作规定时，可在不违反劳动法律关系原理、原则的基础上适用《合同法》的相关规定。⑤

本书认为，劳动合同由民法中的雇佣合同发展而来，属于劳动法的调整对象。用人单位与劳动者订立劳动合同应当遵循平等、自愿、公平、诚实信用等原则，履行合同应当遵循诚实信用原则，与民事合同的订立和履行有相似之处。但由于劳动者相对于用人单位明显处于弱势，国家有必要主动介入，保障劳动者的合法权益，因而劳动合同体现出较强的国家干预性，其内容不仅是当事人意志的体现，还要符合法律的强制性要求。因此，劳动合同更强调合法性原则。《劳动合同法》已由全国人大常委会于 2007 年 6 月 29 日通过，自 2008 年 1 月 1 日起施行。2012 年 12 月 28 日，全国人大常委会对该法进行了修改，并于 2013 年 7 月 1 日起施行。该法第 17 条明确规定："劳动合同应当具备以下条款：（一）用人单位的名称、住所和法定代表人或者主要负责人；（二）劳动者的姓名、住址和居民身份证或者其他有效身份证件号码；（三）劳动合同期限；（四）工作内容和工作地点；（五）工作时间和休息休假；（六）劳动报酬；（七）社会保险；（八）劳动保护、劳动条件和职业危害防护；（九）法律、法规规定应当纳入劳动合同的其他事项。劳动合同除前款规定的必备条款外，用人单位与劳动者可以约定试用期、培训、保守秘密、补充保险和福利待遇等其他事项。"可见，劳动合同的大部分内容必须符合《劳动合同法》的强制性要求，不允许当事人自由选择。另外，《劳动合同法》隶属于劳动法，而非民法中合同法的组成部分，法院在审理劳动合同案件时也不以《合同法》作为法律依据。⑥ 因此，劳动合同已经成为有别于民事合同的独立合同类型，不应由《合同法》调整。但是，作为一类独立的合同，劳动合同

---

① 参见王利明：《合同的概念和合同法的规范对象》，11 页，载《法学前沿》，第 2 辑，北京，法律出版社，1998；史尚宽：《债法各论》，294 页，北京，中国政法大学出版社，2000。

② 参见王凯、李春刚：《劳动合同法律适用问题研究》，载《法学论坛》，2009（2），120 页。

③ 参见郭英华：《论劳动合同的私法性质及其法律适用》，载《法学论坛》，2006（3），100 页。

④ 参见林嘉：《劳动合同若干法律问题研究》，载《法学家》，2003（6），65 页。

⑤ 参见陈骅：《论劳动合同立法与统一合同法的关系》，载《科教文汇》，2006（9 上），144 页。

⑥ 到目前为止，最高人民法院通过的四部劳动争议司法解释（时间分别为 2001、2006、2010、2013 年）均未将《合同法》作为制定上述司法解释及法院审理劳动合同案件的法律依据。

在性质上更近似于民事合同，在当事人之间发生劳动合同纠纷时，仍应将其作为民事案件处理。①

二、合同的特征

(一) 合同是一种法律行为

法律行为作为德国法学的创造，是指以意思表示为要素，并依意思表示的内容产生一定民事法律效果的行为。② 合同是法律行为的典型表现，《德国民法典》亦将“合同”安排在“法律行为”一章中。③ 由于法律行为具有合法性要求④，因而从规范意义上而言，合同应当是合法的，否则将不能产生当事人预期的法律效果。

(二) 合同是双方或多方当事人的合意

合同是双方或多方当事人意思表示一致的结果，即合意，《合同法》将其称为“协议”。从法律行为的角度分析，可以将合同称为双方法律行为。绝大多数合同的当事人为双方，但少数合同的当事人则为多方，如合伙合同的当事人可为三方甚至更多方（为了叙述的简便，本书一般称为合同双方当事人）。合同法贯彻意思自治原则，因此当事人可依合意设立各种类型的具体合同，如买卖、租赁、承揽、委托等。在不同的合同中，当事人的称谓也是不同的。例如，买卖合同的当事人为出卖人和买受人，租赁合同的当事人为出租人和承租人。在合同法总则中，则将合同当事人统称为债权人和债务人。

(三) 合同以设立、变更、终止民事权利义务关系为目的

合同是当事人践行意思自治的重要手段，其目的是产生民事法律效果，即设立、变更、终止民事权利义务关系。设立民事权利义务关系是指合同在当事人之间产生民事权利义务关系；变更民事权利义务关系是指合同使当事人之间业已存在的民事权利义务关系发生变化，形成新的民事权利义务关系；终止民事权利义务关系是指合同使当事人之间业已存在的民事权利义务关系归于消灭。

在日常生活中，当事人有时以合同的形式实施某些不具有民法意义的活动，如帮近亲属照顾小孩、请人吃饭、免费搭车等。在民法上，此类行为称为“情谊行为”或“好意施惠行为”，并非《合同法》调整的合同，其本身并不具有法律意义。

三、合同与契约

在中国古代，“契”就是当事人达成合意的文字。古人为了防止毁约，将契分为两半，双方各执一半作为凭证。当双方据契履约时，将各自的一半合起来，就是“合同”。可见

---

① 根据最高人民法院于2011年2月18日颁布的《关于修改〈民事案件案由规定〉的决定》，劳动合同纠纷属于民事案件。

② 参见苏号朋：《民法总论》，243页，北京，法律出版社，2006。

③ 《民法通则》没有使用“法律行为”的概念，而是使用了“民事行为”、“民事法律行为”的概念。不过，《物权法》放弃了《民法通则》的做法，转而使用“法律行为”的概念，实现了向传统民法术语的回归。《物权法》第25条规定：“动产物权设立和转让前，权利人已经依法占有该动产的，物权自法律行为生效时发生效力。”

④ 参见苏号朋：《民法总论》，245～246页，北京，法律出版社，2006。

“合同仅是验证契约的一种标记，犹如今天的押缝标记，它本身不是当事人的协议”[1]。自20世纪50年代初期至今，我国民事立法和司法实践主要采用“合同”而不是“契约”的概念，我国台湾地区则仍然使用“契约”一词。在我国香港地区，有时会使用“合约”的概念，其含义与“合同”无异。

“合同”已经成为我国民法领域的通用术语及法定概念。不过，合同法领域的一些概念仍然与“契约”有着直接的联系，如约定、要约、违约行为、违约责任、契约自由等。

第二节　合同的分类

合同的分类是指按照一定的标准将合同划分成不同的类型。在市场经济中，交易的形式多种多样，合同的类型也各不相同。按照一定的标准进行分类，便于辨别各类合同的不同特点，有助于合同立法的科学化、规范化，有助于当事人准确、适当地订立和履行合同，有助于法官妥当地处理合同纠纷，还有助于合同法理论的发展和完善。

一、有名合同与无名合同

根据法律是否设有规范并赋予一个特定名称，可以将合同分为有名合同与无名合同。

有名合同又称典型合同，是指法律确定了特定名称和规则的合同。首先，它是指《合同法》分则规定的15种基本的合同类型。其次，根据《合同法》第123条之“其他法律对合同另有规定的，依照其规定”的要求，还包括其他法律规定的合同，如《保险法》中的保险合同、《担保法》中的保证合同等。

无名合同又称非典型合同，是指法律没有确定名称和规则的合同。

区分有名合同与无名合同的意义在于二者适用的法律规则不同。对于有名合同，法律已经作出了相应规定，因此当事人应当遵守其中的强制性规范，并以任意性规范弥补其约定的不足。对于无名合同，法律没有作出专门规定。为了解决无名合同的法律适用问题，《合同法》第124条规定：“本法分则或者其他法律没有明文规定的合同，适用本法总则的规定，并可以参照本法分则或者其他法律最相类似的规定。”也就是说，在处理无名合同纠纷时，应当类推适用法律对最相类似的有名合同的规定，并适用《合同法》总则的有关规定。

二、诺成合同与实践合同

根据合同的成立除意思表示一致外是否以交付标的物或完成其他给付为成立要件，可以将合同分为诺成合同与实践合同。

诺成合同是指只需当事人双方意思表示一致即可成立的合同，它不以标的物的交付或完成其他给付为合同成立的要件。在现代社会中，绝大多数的合同都是诺成合同。

实践合同又称要物合同，是指除当事人双方意思表示一致外，还需要以当事人交付标

---

① 参见贺卫方：《“契约”和“合同”的辨析》，载贺卫方：《法边馀墨》，96页，北京，法律出版社，1998。

的物或完成其他给付为成立要件的合同。[①] 在现代合同法中，只有少数合同属于实践合同，而且一些以前认为是实践合同的情形，随着现代生活的发展也逐渐演变成了诺成合同，如赠与。因此，实践合同需由法律作出特别规定，否则即为诺成合同。在某些情况下，我国法律允许当事人改变实践合同的性质。例如，《合同法》第 367 条规定："保管合同自保管物交付时成立，但当事人另有约定的除外。"因此，保管合同一般为实践合同，但当事人可依约定将其变更为诺成合同。常见的实践合同是保管合同、定金合同、动产质权合同、自然人之间的借款合同等。

区分诺成合同与实践合同的意义在于合同的成立要件不同。诺成合同只需当事人意思表示一致即可成立，而实践合同的成立除要求当事人意思表示一致外，还要求当事人交付标的物或完成其他给付。

三、有偿合同与无偿合同

根据当事人取得利益是否需负担具有对价关系的给付，可以将合同分为有偿合同与无偿合同。

有偿合同是指当事人因自己的给付而取得对价利益的合同，或者说当事人双方之间互为对待给付[②]的合同。在现代社会中，绝大多数合同均为有偿合同，如买卖、租赁。

无偿合同是指只有一方当事人为给付，对方当事人不为具有对价关系的给付的合同，如赠与。应当注意的是，当事人有时会在无偿合同中约定债权人须承担某些义务（如附义务的赠与），但由于该义务与对方的给付之间不构成对待给付关系，因而此类合同仍为无偿合同。

有些合同恒为有偿合同，如买卖、租赁、承揽、居间、行纪等。有些合同恒为无偿合同，如赠与。有些合同则视当事人的约定而定，如保管。对于此类合同，如果当事人未约定报酬，则为无偿合同；如果当事人约定了报酬，则为有偿合同。

区分有偿合同与无偿合同的意义在于：（1）债务人注意义务的程度不同。法律对无偿合同债务人的注意义务要求较低，但对有偿合同债务人的注意义务要求较高。例如，依《合同法》第 406 条规定，如果委托合同为有偿，只要因受托人的过错给委托人造成损失，委托人就可以要求其赔偿损失。如果委托合同为无偿，则只有在因受托人的故意或者重大过失给委托人造成损失时，委托人才可以要求其赔偿损失。（2）债权人所受保护不同。有偿合同的债权人所受保护较强，无偿合同的债权人所受保护较弱。例如，买卖合同是有偿合同，所以出卖人应当按照约定的质量要求交付标的物。如果出卖人交付的标的物存在瑕疵，买受人就可以要求其承担违约责任。与此形成对比的是，由于赠与合同是无偿合同，因而，即使赠与的财产存在瑕疵，赠与人也无须承担违约责任。在附义务的赠与合同中，

---

① 关于当事人交付标的物或完成其他给付究竟应为实践合同的成立要件还是生效要件，《合同法》的态度并不一致，如第 210 条规定："自然人之间的借款合同，自贷款人提供借款时生效。"此为生效要件。再如第 367 条规定："保管合同自保管物交付时成立，但当事人另有约定的除外。"此为成立要件。本书持成立要件说，并建议《合同法》今后修改时采纳此观点。

② 给付是指合同当事人实施的特定行为，包括作为和不作为。对待给付是指为了获得对方的给付，自己所为的给付。

即使赠与的财产有瑕疵，赠与人也只是在附义务的限度内承担与出卖人相同的责任，而不是就全部的赠与财产瑕疵承担违约责任。（3）主体要求不同。有偿合同的当事人原则上应为完全民事行为能力人，限制民事行为能力人未经法定代理人同意不得订立与其年龄、智力或精神健康状况不相适应的有偿合同，无民事行为能力人原则上不得订立任何的有偿合同。就无偿合同而言，则分为两种情形：第一，如果属于纯获利益的无偿合同，则限制民事行为能力人和无民事行为能力人即使未取得法定代理人的同意，仍可订立；第二，如果不属于纯获利益的无偿合同，并且该合同与限制民事行为能力人的年龄、智力或精神健康状况不相适应，则限制民事行为能力人不得订立；无民事行为能力人原则上不得订立任何不属纯获利益的无偿合同。（4）法律适用不同。根据《合同法》第174条，对于有偿合同，如法律无特别规定，则准用《合同法》有关买卖合同的规定，但是无偿合同不适用这一规则。

四、双务合同与单务合同

根据当事人双方是否互负具有对价关系的债务，可以将合同分为双务合同与单务合同。

双务合同是指当事人双方互负具有对价关系的债务的合同。所谓对价关系，并非指当事人双方互负的债务在客观上具有同一价格，而是指主观上互相依存、互为因果，一方的债务与另一方的债务之间互有补偿性质，彼此互为代价。① 例如，在买卖合同中，出卖人负有交付标的物并转移标的物所有权的债务，买受人负有支付价款的债务，这两项债务互为对价，因此买卖合同属于双务合同。在现代社会中，绝大多数合同均为双务合同，典型者如买卖、租赁、承揽。

单务合同是指只有一方当事人负有债务的合同，如赠与合同。应当注意的是，当事人有时会在单务合同中约定债权人须承担某些债务（如附义务的赠与），但由于该债务与对方的债务之间不构成对价关系，因而此类合同仍为单务合同。

有学者认为尚存在不完全双务合同，即当事人双方虽各负债务，但并不构成对价关系的合同。② 如在无偿委托合同中，委托人有预付必要费用的义务，受托人有处理委托人事务的义务，但两个义务之间并不构成对价关系，因此属于不完全双务合同。不过，学者多认为不完全双务合同在性质上仍为单务合同。③ 本书亦持此观点。

应当注意的是，此种分类以当事人双方互负的债务是否具有对价关系为标准，而债务是指合同生效后当事人承担的合同义务。因此，作为实践合同成立要件的当事人交付标的物或完成其他给付的行为并非债务，不能与另一方当事人的债务构成对价关系。例如，根据《合同法》第210条，自然人之间的借款合同为实践合同，如果甲（贷款人）与乙（借款人）成立支付利息的借款合同，则该合同并非双务合同，而是单务合同，原因在于甲向乙提供借款的行为是合同的成立要件，而非甲在合同生效后所负的债务，与乙向甲支付利息的债务之间不存在对价关系。

---

① 参见孙森焱：《民法债编总论》（上），41页，北京，法律出版社，2006。

② 参见王泽鉴：《债法原理》，114页，北京，北京大学出版社，2009。

③ 参见林诚二：《民法债编总论》，29～30页，北京，中国人民大学出版社，2003；韩世远：《合同法总论》，52页，北京，法律出版社，2011；崔建远主编：《合同法》，29页，北京，法律出版社，2010。

区分双务合同与单务合同的意义在于：(1) 适用履行抗辩权的不同。《合同法》第66、67、68条规定了仅适用于双务合同的三种履行抗辩权：同时履行抗辩权、先履行抗辩权和不安抗辩权。这三种抗辩权的行使以当事人双方互负具有对价关系的债务为前提，故只有在双务合同中，当事人才可行使该权利，单务合同的当事人无权行使。(2) 风险负担的不同。由于双务合同当事人双方的义务具有对价关系，故在当事人一方因可以免责的事由而无法履行义务时，可以免除其合同债务，该方当事人也无权要求对方履行义务；如果对方已履行义务，应当恢复原状。在单务合同中，由于当事人之间不存在对价关系的义务，故不存在上述的风险负担问题。(3) 债务不履行的法律后果不同。在双务合同中，当事人一方违约时，如果对方已经履行了合同，则可以要求违约方强制履行或者承担其他违约责任，并在条件具备时解除合同。但在单务合同中，由于只有一方当事人负有债务，对方当事人仅享有债权，因而不可能出现上述在双务合同中发生的结果。

理论研究

双务合同与有偿合同、单务合同与无偿合同是否相互对应

双务合同与单务合同的区分标准是当事人双方是否互负具有对价关系的债务，而有偿合同与无偿合同的区分标准则是当事人取得利益是否需负担具有对价关系的给付，分类标准并不相同，因此双务合同与有偿合同、单务合同与无偿合同并非相互对应。要理解其区别之所在，就应当正确理解债务与给付之间的差异。债务是在合同生效后当事人应当承担的合同义务，而给付并不以合同生效为前提，即使作为合同成立要件的给付亦为给付。以约定利息的自然人之间的借款合同为例，根据《合同法》第210条，此种合同为实践合同，贷款人提供借款是合同的成立要件。在该合同中，贷款人提供借款的给付行为与借款人支付利息的给付行为构成对价关系，因此该合同是有偿合同。但是，由于贷款人提供借款的给付行为是合同的成立要件，并非合同生效后贷款人应当承担的债务，与借款人支付利息的债务之间不构成对价关系，因而该合同并非双务合同。据此，约定利息的自然人之间的借款合同是单务有偿合同。再以附负担的赠与合同为例，虽然赠与人和受赠人均承担给付义务，但并不构成对价关系，受赠人的负担仅为赠与合同的附款，因此该合同仍为单务无偿合同。

作为有偿合同与无偿合同区分标准的对待给付不限于作为债务内容的给付，因此有偿合同在观念上较双务合同具有更为广泛的范畴。[①] 就双务合同与有偿合同、单务合同与无偿合同的对应关系而言，双务合同必为有偿合同，单务合同则既可为无偿合同，也可为有偿合同。有偿合同多为双务合同，少数为单务合同，无偿合同则必为单务合同。

不过，有学者指出，一个合同的法律性质是否为双务合同，应就其双方当事人实际上是否负有互为给付关系而定，不应因其是否为实践合同而受影响。[②] 本书认为，双务合同与

① 参见孙森焱：《民法债编总论》(上)，42页，北京，法律出版社，2006。
② 参见王泽鉴：《债法原理》，115页，北京，北京大学出版社，2009。

单务合同、有偿合同与无偿合同的区分侧重点存在明显不同，因此导致双务合同与有偿合同、单务合同与无偿合同不能相互对应。如果双务合同与单务合同的区分标准亦为当事人之间是否存在对待给付，则双务合同即为有偿合同，单务合同即为无偿合同，显然有违区分之初衷。另外，否定传统区分标准将对现行法律规则产生影响。例如，《合同法》规定的同时履行抗辩权仅适用于双务合同，而《合同法》有关买卖合同的规定可适用于有偿合同。可见，现行法仍然坚持双务合同与有偿合同共存的局面，本书认为此种坚持具有合理性，因此不同意以当事人双方之间是否存在对待给付作为区分双务合同与单务合同的标准。

五、要式合同与不要式合同

根据法律对合同的成立在形式上是否有特别要求，可以将合同分为要式合同与不要式合同。

要式合同是指法律要求须采用口头之外的某种特定形式的合同。此处所谓的“特定形式”主要是书面形式。不要式合同是指法律不要求采用某种特定形式的合同。对于不要式合同，当事人可以自由决定其形式。现代合同法采合同自由原则，在合同形式上以不要式为原则，以要式为例外。只有在法律认为某类合同至为重要时，才会对其形式提出特别要求。例如，在《合同法》分则规定的15种合同中，只有借款（自然人之间的借款除外）、融资租赁、建设工程、技术合同中的技术开发和技术转让合同为要式合同，其余均为不要式合同。

区分要式合同与不要式合同的意义在于二者的成立要件不同。要式合同以特定形式为其成立要件，因此在没有采取该特定形式时，合同一般不成立。对于不要式合同而言，采取任何形式均不影响合同的成立。不过，如果当事人约定采用某种特定形式，则应从其约定，否则合同一般亦不成立。

六、一时性合同与继续性合同

根据时间因素对给付义务内容和范围的影响，可以将合同分为一时性合同与继续性合同。

一时性合同是指合同的内容因一次或数次分别的给付即可实现的合同，如买卖、借款。典型的一时性合同只需一次给付即可实现合同内容，如一手交钱一手交货即时清结的买卖合同。非典型的一时性合同需要数次分别的给付才能实现合同内容，如分批交货或分期付款的买卖合同。但无论一次给付还是数次分别的给付，时间本身对给付都没有影响。

继续性合同又称持续性合同，是指合同内容并非通过一次或者数次分别的给付即可实现，而是须经过持续性的给付才能实现的合同，如租赁、保管。对于继续性合同而言，时间因素对当事人的给付有着至关重要的影响，时间的长短对给付的内容具有决定性影响。在合同的有效期内，债务人必须处于持续的履行状态，否则即构成违约行为。继续性供应合同是继续性合同的特殊情形，指当事人双方约定一方在确定或不确定期限内持续供应定量或不定量的一定种类、品质之物，对方按一定标准支付价金的合同。[①]《合同法》规定的供用电、水、气、热力合同均为继续性供应合同，与其余继续性合同相比，其特殊性在于它们均为买卖合同。

区分一时性合同与继续性合同的意义在于：（1）给付对合同存续的影响不同。一时性合同的债务人一次或数次分别的给付即可使债权人的债权得到满足，合同消灭。但继续性合同的债务人须在某一期间内持续给付，一次或数次分别的给付并不能使债权人的债权得到满足，合同亦不消灭。（2）当事人行使解除权的原因不同。当事人行使解除权的法律后果是使合同最终消灭，对当事人权利义务影响甚巨，因此《合同法》对当事人行使解除权有严格限制。《合同法》的这一精神适用于一时性合同，但对继续性合同则有例外。就继续性合同而言，如果要求其一直持续存在，无疑会发生限制当事人自由的结果。作为合同自由的组成部分，应当承认当事人的解约自由。[②] 例如，依《合同法》第 232 条规定，对于不定期租赁，当事人可以随时解除合同。另外，有些继续性合同（如合伙、雇佣）基于其继续性的结合关系，特别重视信赖基础，要求当事人各尽其力，实现债之目的，除给付义务外，尚发生各种附随义务，以维护当事人的利益，信赖基础一旦丧失，或因其他特殊事由难以期望当事人继续维持此种结合关系时，法律应当允许一方当事人解除合同。[③]（3）合同解除时恢复原状的方式不同。合同解除时，对当事人已经履行的债务，应当恢复原状。就一时性合同而言，恢复原状以返还原物为原则；在原物不存在时，作价返还。就继续性合同而言，因在性质上无法返还原物，只能作价返还。

七、主合同与从合同

根据合同之间的主从关系，可以将合同分为主合同与从合同。

在具有主从关系的两个以上的合同中，主合同是指能够独立存在，不以其他合同的存在为前提的合同；从合同又称附属合同，是指不具有独立性，以其他合同的存在为前提的合同，如定金合同、保证合同。

区分主合同与从合同的意义在于：主合同与从合同的关系适用“从随主”原则，从合同须以主合同的存在为前提。主合同不成立，从合同也不能成立；主合同无效或者被撤销，从合同也将失去效力；主合同被解除，从合同亦随之消灭。由于主合同并不以从合同为存在的前提，故从合同不成立或无效，并不影响主合同的效力。

八、预约与本约

根据两个合同在订约上的连结，可以将合同分为预约与本约。

预约又称预约合同、预备合同，是指当事人之间约定将来订立合同的合同。本约又称本合同，是指当事人为履行预约而订立的合同。订立本约为预约的债务内容，如双方当事人互负此项债务，则为双务预约，如仅一方当事人负有此项债务，则为单务预约。

---

① 参见王泽鉴：《债法原理》，103～104 页，北京，北京大学出版社，2009。

② 参见韩世远：《合同法总论》，62 页，北京，法律出版社，2011。

③ 参见王泽鉴：《债法原理》，106 页，北京，北京大学出版社，2009。

《合同法》并未就预约作出规定，但《买卖合同司法解释》弥补了这一缺憾，其第 2 条规定：“当事人签订认购书、订购书、预订书、意向书、备忘录等预约合同，约定在将来一定期限内订立买卖合同，一方不履行订立买卖合同的义务，对方请求其承担预约合同违约责任或者要求解除预约合同并主张损害赔偿的，人民法院应予支持。”虽然该司法解释针对的是买卖合同，但其就预约确立的法律规则具有合同法总则层面的一般意义。

关于预约的法律性质，或者预约和本约的关系，存在着前合同说、从合同说、附停止条件本约说及独立合同说四种观点。前合同说认为预约处于本约成立前的阶段，是一项没有法律约束力的协议，不构成合同。从合同说认为预约是本约的铺垫，是本约成立的保证，本约的成立并不以预约的存在为条件，因此预约对本约而言具有从属性，是本约的从合同。附停止条件本约说认为预约实质为附停止条件的本约，条件成就之前为预约，条件成就之时即为本约。独立合同说认为预约是独立的合同，其既有预设的本约中的民事权利义务关系，也有预约本身的标的，即当事人双方负有订立本约的权利义务。[①] 本书认为，预约具备合同的所有法律要件，符合《合同法》第 2 条对合同的界定。其与普通合同不同之处仅在于，当事人订立预约的目的不是径行实施某一交易，而是在未来订立实施某一交易的合同。因此，在法律性质上，预约应为独立合同。

对于当事人的约定是预约还是本约，虽然在理论上容易区分，但在实践中却不易判断，因此应探求当事人的真意加以认定。订立预约属于交易中的例外现象，如对当事人订立的合同是预约还是本约有疑义时，应当认定为本约。[②] 在交易实践中，当事人有时对合同未能采用规范的名称，如将买卖合同称为订购或预订合同。对于此类合同，不应仅以名称将其认定为预约或本约，而是应考察其内容是否已经具备该类合同的核心要素。如果已经具备，无另行订立合同的必要，则为本约。例如，《商品房买卖司法解释》第 5 条规定：“商品房的认购、订购、预订等协议具备《商品房销售管理办法》第十六条规定的商品房买卖合同的主要内容，并且出卖人已经按照约定收受购房款的，该协议应当认定为商品房买卖合同。”

要说明的是，当事人之间签订的认购书、订购书、预订书、意向书、备忘录、初步协议等文件并非必然是预约，也可能仅仅是当事人之间在缔约过程中达成的、不具有法律约束力的文件。在少数情况下，此类文件甚至就是本约。因此，如何判断这些文件的法律性质，是司法实践中的一个疑难问题。本书认为，对于当事人以上述名称签订的文件，不能仅依名称即认定其没有法律约束力，或认定其为预约，而是应当根据当事人的目的、文件内容以及与未来签订的合同之间的关系，来判断其法律性质。

区分预约与本约的意义在于确定预约的法律效力，或者预约对本约的影响。对此，存在着必须磋商说、应当缔约说、内容决定说和视为本约说四种观点。必须磋商说认为当事人之间一旦缔结预约，双方在未来某个时间对缔结本约进行了磋商，就履行了预约约定的义务，是否最终缔结本约则非其所问。应当缔约说认为预约债务人负有订立本约的义务，

---

① 参见奚晓明主编：《最高人民法院关于买卖合同司法解释理解与适用》，53 页，北京，人民法院出版社，2012。

② 参见王泽鉴：《债法原理》，116 页，北京，北京大学出版社，2009。

权利人可以诉请履行，法院有权要求债务人为订立本约的意思表示。债务人不为该意思表示的，视为自判决确定时其已为该意思表示。内容决定说认为预约的效力不能一概而论，而是应考察预约的内容，根据预约所含本约必要条款的完备程度决定预约的效力。如果预约中已经具备了本约的主要或者必要条款，则产生应当缔约的效力；如果预约的内容非常简略，本约的主要内容需留待日后磋商且当事人仅有进一步磋商的意思，则产生必须磋商的效力。视为本约说认为，如果预约实际上已经具备本约的要点，无须另行订立本约，应将预约视为本约。[①]《买卖合同司法解释》第 2 条虽然没有从正面规定预约的法律效力，但从其规范意旨可以看出，它采纳了应当缔约说，认为预约的债务人负有必须订立本约的义务。如果违反此义务，则应承担违约责任。

债务人在违反预约时，如何承担违约责任，是一个值得探讨的问题。有学者认为，预约仅使当事人负有将来订立本约的义务，但并不因此使当事人负有履行本约内容的义务。预约债务人如不履行订立本约的义务，债权人可请求其履行。如法院判决债务人为订立本约的意思表示，但债务人未自愿执行，则应视同自判决确定时债务人已为意思表示，本约成立。[②] 不过，这一观点并未被《买卖合同司法解释》第 2 条采纳。依该条规定，如果预约的一方当事人不履行订立本约的义务，对方当事人可以请求其承担预约的违约责任，或者要求解除预约并主张损害赔偿。至于守约一方能否要求违约方订立本约，该条并未作出规定，即对该问题没有明确态度，而是进一步观察、总结司法经验，并留待学术界作进一步研究。

应当注意的是，预约的效力仅为订立本约，债权人不能依预定的本约内容，请求债务人赔偿在本约中的预期利益。不过，预约仍为合同，因此在预约的债务人违反约定时，债权人仍可追究其违约责任，尤其是可以请求债务人赔偿损失。

典型案例

张某诉甲房地产公司违反商品房预订单纠纷案

张某与甲房地产公司（以下简称甲公司）签订《某小区商品房预订单》一份。其主要内容为：某小区商品房由甲公司开发建设，甲公司已就开发建设情况向张某做了必要的说明，并愿意预订给张某；张某已对该商品房作了必要的了解，自愿预订该商品房。在平等自愿、协商一致的基础上，双方就张某预订甲公司商品房事宜达成以下协议：一、张某预订甲公司开发的商品房为某小区 8 号楼 1 单元 102 室；二、该房屋建筑面积预计为 123 平方米，未来签订合同时双方应以房产管理部门核准的面积为准；三、双方约定房屋价格为 2 568 元/平方米，总房款预计为 308 484 元，未来签订合同时单价不变，总价款根据房产部门核准面积作相应调整。本单签订时，张某向甲公司预缴购房款 50 000 元，未来合同签订时，张某再向甲公司缴付 258 484 元。

---

① 参见奚晓明主编：《最高人民法院关于买卖合同司法解释理解与适用》，54～55 页，北京，人民法院出版社，2012。

② 参见王泽鉴：《债法原理》，117 页，北京，北京大学出版社，2009。

其后，张某向甲公司支付了预付款50 000元。后因甲公司开工建设时间严重推迟，将房屋面积缩小为90平方米，且在取得《商品房预售许可证》后拒绝与张某按照原来约定的价格售房，张某认为甲公司的行为违反了双方签订的房屋买卖合同，遂起诉至法院，请求法院判令甲公司依法交付房屋一套（不低于90平方米）；如甲公司无房可交，则应按原合同价格赔偿张某房屋（不低于90平方米）一套并赔偿其他损失100 000元。

甲公司辩称，其与张某签订的《某小区商品房预订单》在法律性质上属于预约合同，而非正式的商品房预售合同。依《某小区商品房预订单》的约定，甲公司仅有未来与张某协商签订商品房买卖合同的义务，没有交付房屋的义务。《某小区商品房预订单》多处使用了“预订”、“未来签订合同”的字样，且预订单仅具有商品房买卖合同的基本条款，并未包含该合同的全部内容，因此不应认定为商品房买卖合同。张某提出的赔偿请求，所依据的是商品房买卖合同而非预约合同，因此其主张缺乏相应的法律依据，应予驳回。

法院经审理认为，民事行为应当遵循自愿、公平、等价有偿、诚实信用的原则，必须遵守国家法律和政策。本案中，张某、甲公司双方作为具有相应民事行为能力的行为人在签订《某小区商品房预订单》时意思表示真实，且内容比较具体，因此该预订单在双方间产生了相应的权利义务关系，其所确定的内容在双方间产生拘束力。但因该预订单签订时所涉及的标的物尚处在规划之中且甲公司当时并未取得商品房预售许可，故首先需要确定该预订单的性质。

依民法理论，当事人之间签订的合同可以分为预约合同和本约合同，预约合同的目的在于当事人对将来签订特定合同的相关事项进行规划，其主要意义就在于为当事人设定了按照公平、诚信原则进行磋商以达成本约合同的义务；本约合同则是对双方特定权利义务的明确约定。预约合同既可以是明确本约合同的订约行为，也可以是对本约合同的内容进行预先设定，其中对经协商一致设定的本约内容，将来签订的本约合同应予直接确认，其他事项则留待订立本约合同时继续磋商。判断商品房买卖中的认购书究竟为预约合同还是本约合同，最主要的是看此类认购书是否具备了《商品房销售管理办法》第16条规定的商品房买卖合同的主要内容即是否具备当事人名称或者姓名和住所，商品房基本状况，商品房的销售方式，商品房价款的确定方式及总价款、付款方式、付款时间，交付使用条件及日期，装饰、设备标准承诺，水电气讯配套等承诺和有关权益、责任，公共配套建筑的产权归属等条款。但一般来说，商品房认购书不可能完全明确上述内容，否则就与商品房买卖合同本身无异，因此在实践操作过程中，这类认购书只要具备了双方当事人的姓名或名称，商品房的基本情况（包括房号、建筑面积）、总价或单价、付款时间、方式、交付条件及日期，就可以认定认购书已经基本具备了商品房买卖合同本约的条件。反之，则应认定为预约合同。

本案中，张某、甲公司双方签订的《某小区商品房预订单》对于双方当事人的姓名或名称，商品房的基本情况（包括房号、建筑面积）、单价、付款时间进行了明确的约定，但因双方在签订该预订单时作为买卖标的物的商品房尚处在规划之中而没有进行施工，甲公司也没有取得商品房预售许可，所以双方对商品房的交付时间、办证时间、违约责任等诸多直接影响双方权利义务的重要条款在预订单中没有明确约定，属于未决条款，需在未来签订买卖合同时协商一致达成；事实上，双方在该预订单中通篇所用的词语表达为“预订”、“预缴（购房款）”、“未来签订合同”，说明双方在签订该认购单时对于该行为的性质为预约合同的认识是明确而不存在疑义的。因此，法院确认《某小区商品房预订单》是以将来签订商品房买卖合同为目的的预约合同，张某要求甲公司以该预订单为依据履行商品房交付义务的主张不能成立。不过，甲公司拒绝与张某按照预约合同的约定签订商品房买卖合同的行为构成对预约合同的违约，张某作为预约权利人可以请求甲公司赔偿损失。本案中，张某在与甲公司签订预订单后，有理由相信甲公司会按约定履行订立本约合同的义务，从而丧失了按照预订单约定的房屋价格与他人另订购房合同的机会，因此甲公司因违约给张某造成的损失应根据订立预订单时商品房的市场行情和现行商品房价格予以确定，但因甲公司所开发建设的房屋无论是结构还是建筑成本都与双方签订预订单时发生了重大的变化，因此张某以甲公司开发建设房屋的现行销售价格作为赔偿标准亦显失公平，法院不予采纳。综合考量商品房市场的价格变动过程以及张某向甲公司交纳房款的数额，对于甲公司因违约给张某造成的损失确定为 150 000 元。另外，甲公司还应将其收取张某的 50 000 元预付款予以退还。根据《合同法》第 42 条的规定，法院判决甲公司于判决生效后 10 日内退还张某预交的房款 50 000 元，赔偿张某损失 150 000 元，驳回张某的其他诉讼请求。

在本案中，《某小区商品房预订单》的法律性质是什么？如何确定甲公司的违约责任？

在判断商品房预订单或预订书的法律性质时，不能仅仅依此类文件的名称而确定其为预约或本约，而是应当依其内容是否符合我国相关法律、行政法规和部门规章的要求，并根据出卖方是否具备商品房销售的资格要求加以认定。依《商品房买卖司法解释》第 5 条，商品房的认购、订购、预订等协议具备《商品房销售管理办法》第 16 条规定的商品房买卖合同的主要内容，并且出卖人已经按照约定收受购房款的，该协议应当认定为商品房买卖合同。相应地，如果此类协议不具备《商品房销售管理办法》第 16 条规定的商品房买卖合同的主要内容，则不应认定为商品房买卖合同，而是应认定为商品房买卖合同的预约。如该预约无违法之处，则合法有效，当事人应依约定履行义务。在本案中，依《某小区商品房预订单》的内容可以判断其应为预约，当事人在该预约中约定未来签订的商品房买卖合同是本约。

在当事人违反预约时，守约一方可以要求违约方承担违约责任，赔偿其损失。不过，该损失并非未来要订立的本约中的预期利益，而是当事人违反预约给对方造成的损失，包括实际发生的损失、机会丧失的损失等。在本案中，张某请求的损失为其在本约中的预期利益，因此没有得到法院的支持。法院根据具体案情，确定张某的损失为 150 000 元，是比较恰当的。不过，法院援引《合同法》第 42 条（有关缔约过失责任的规定）作为判决的法律依据，有失妥当。既然法院认定甲公司违反预约，要承担违约责任，就应当以《合同法》第七章“违约责任”的相关规定为法律依据，如此才能使其事实认定与法律依据相吻合。

九、束己合同与涉他合同

根据合同是否对第三人产生直接效力，可以将合同分为束己合同与涉他合同。

束己合同是指当事人为自己约定并享有权利、承担义务，第三人不能向合同当事人主张合同权利和追究责任，合同当事人也不得向第三人主张合同权利和追究责任的合同。绝大多数的合同都属于束己合同。

涉他合同是指对特定第三人产生直接效力的合同，包括为第三人利益的合同、附保护第三人作用的合同、向第三人给付的合同和第三人给付的合同。对于此四种合同，本章第三节将作详细说明。

区分束己合同与涉他合同的意义在于：一是订约目的不同。束己合同仅使当事人受合同约束，涉他合同则允许第三人介入合同，使合同对其产生某种约束力。二是合同的效力范围不同。束己合同的效力仅及于当事人，涉他合同的效力则延及特定的第三人。

十、确定合同与射幸合同

根据合同的法律效果在订约时是否确定，可以将合同分为确定合同与射幸合同。

确定合同是指合同的法律效果在订约时已经确定的合同。绝大多数合同都是确定合同。

射幸合同是指合同的法律效果在订约时不能确定的合同。在我国，仅有少数合同属于射幸合同，如保险、抽奖式有奖销售等。

区分确定合同与射幸合同的意义在于：确定合同一般是当事人之间的等价交换关系；射幸合同具有投机性，债权人有机会获得投机利益，故不能从是否等价交换的角度衡量此类合同是否公平。

十一、单一合同与复合合同

根据合同的内容是否仅涉及单一的合同类型，可以将合同分为单一合同与复合合同。

单一合同是指内容仅涉及某一种合同类型的合同，如买卖合同、租赁合同等。《合同法》规定的绝大多数合同都是单一合同。

复合合同又称混合合同，是指由两个以上的有名或者无名合同的内容构成的合同。复合合同虽然由数个合同构成，但仍发生单一合同的效力。

区分单一合同与复合合同的意义在于确定复合合同的法律适用。如果法律对复合合同有规定，则直接适用该规定；如果没有规定，则应就其各构成部分类推适用相应合同的规定。

十二、国内合同与涉外合同

根据合同当事人、标的、履行过程等是否涉及其他国家，可以将合同分为国内合同与涉外合同。

国内合同是指在当事人、标的、履行过程等方面均不涉及其他国家的合同。

涉外合同是指在当事人、标的、履行过程等方面涉及其他国家的合同，如当事人一方为外国公司，合同标的物在其他国家，履行过程并非全部在我国境内进行等。涉及香港特别行政区、澳门特别行政区、台湾地区的合同，也按涉外合同处理。

区分国内合同与涉外合同的意义在于：(1) 涉外合同往往要使用两种以上的文字订立合同，从而使合同的解释变得更为复杂。(2) 涉外合同的法律适用较为复杂。由于涉外合同至少涉及两个国家或者法域，因而该合同并不一定适用中国法律。依《涉外民事关系法律适用法》第 41、42 条，当事人可以协议选择涉外合同适用的法律。当事人没有选择的，适用履行义务最能体现该合同特征的一方当事人经常居所地法律或者其他与该合同有最密切联系的法律。涉外消费者合同适用消费者经常居所地法律；消费者选择适用商品、服务提供地法律或者经营者在消费者经常居所地没有从事相关经营活动的，适用商品、服务提供地法律。另外，根据《合同法》第 126 条，在我国境内履行的中外合资经营企业合同、中外合作经营企业合同、中外合作勘探开发自然资源合同等类型的合同，应当适用中国法律，当事人无法律选择权。（3）涉外合同当事人约定的解决合同争议的机构既可以是我国法院或者仲裁机构，也可以是国外相应的机构。（4）涉外合同的诉讼时效期间往往长于国内合同。依《民法通则》第 135 条，国内合同的诉讼时效期间一般为 2 年，但依《合同法》第 129 条，国际货物买卖合同和技术进出口合同的诉讼时效期间则为 4 年。（5）与国内合同相比，涉外合同在履行中涉及的风险问题更多，如自然灾害、政府禁运、政治动乱等。

第三节　合同法律关系

我们至少可以从两个角度观察合同：一是从民事法律事实的角度观察，合同是重要的民事法律事实，是设定民事法律关系的重要原因，是法律行为的典型表现；二是从民事法律关系的角度观察，合同法律关系是合同生效后在当事人之间形成的权利义务关系。与其他民事法律关系一样，合同法律关系亦由主体、内容和客体三个要素构成。

一、合同法律关系的主体

合同法律关系的主体又称合同当事人，是指在合同中享有权利或者承担义务的当事人，享有权利的一方称为债权人，承担义务的一方称为债务人。虽然我们在理论上将合同的当事人分为债权人和债务人，但在具体合同中，当事人往往既是债权人，又是债务人。例如，在买卖合同中，请求买受人支付买卖标的物的价款是出卖人的权利，而交付买卖的标的物并转移其所有权是出卖人的义务。在前者，出卖人为债权人；在后者，出卖人则为债务人。

根据《合同法》第 2 条规定，合同的当事人包括自然人、法人和非法人组织。

自然人是指基于自然规律出生而取得民事主体资格的人，包括具有中华人民共和国国籍的自然人、具有其他国家国籍的自然人和无国籍的自然人。他们都可以成为合同的当事人。

法人是具有民事权利能力和民事行为能力，依法独立享有民事权利和承担民事义务的组织。在现代社会中，法人是最为重要的市场主体，大量的合同都是在法人之间或法人与自然人、非法人组织之间发生的。

非法人组织是指不具有法人资格，但可以自己的名义进行民事活动的社会组织，主要包括：（1）依法登记领取营业执照的个人独资企业、合伙企业；（2）依法登记领取营业执照、但未取得法人资格的联营企业；（3）依法登记领取营业执照、但未取得法人资格的中外合作经营企业、外资企业；（4）经民政部门核准登记、但未取得法人资格的社会团体；（5）经核准登记领取营业执照、但未取得法人资格的乡镇、街道、村办企业；（6）法人依法设立并领取营业执照的分支机构。《合同法》将非法人组织称为“其他组织”。

法人或非法人组织的内部机构并不具有民事权利能力，不是民事主体，不能成为合同当事人。但是，在实践中经常出现以此类机构的名义订立合同的情形，如大学图书馆与出版社订立的图书订购合同。如何处理此类合同产生的纠纷，是司法实践中的疑难问题。到目前为止，法律尚未对此作出一般规定。不过，《技术合同司法解释》作了有益的尝试。依该司法解释第 7 条第 1 款，不具有民事主体资格的科研组织订立的技术合同，经其所在的法人或者其他组织授权或者认可的，视为法人或者其他组织订立的合同，由法人或者其他组织承担责任；未经法人或者其他组织授权或者认可的，由该科研组织成员共同承担责任，但法人或者其他组织因该合同受益的，应当在其受益范围内承担相应责任。本书认为，该司法解释采取的处理方案具有合理性，可作为今后制定一般性法律规则的基础。

二、合同法律关系的内容

合同法律关系的内容是指合同当事人之间的法律联系，主要体现为当事人享有的合同权利和承担的合同义务。因合同是债的发生原因，所以我们可以将合同权利称为合同债权，将合同义务称为合同债务。

（一）合同债权

合同债权是指合同债权人请求债务人给付并予以保有的权利。债权的本质内容是有效地受领债务人的给付，债权的作用或权能体现为债权人可以向债务人请求给付。[①] 因此，请求权是合同债权的核心内容。此外，债权还包括解除、抵销等权能。合同债权具有如下特征：

第一，合同债权的核心是请求权。债权人可以请求债务人为特定行为，即债权的实现需要借助债务人的积极协助，债权人不能直接支配权利客体，因此在权利实现上具有间接性。[②] 债权是最典型的请求权，但不能将二者混为一谈。债权除具备请求力外，还有选择、处分、解除等权能；请求权除依债权产生外，还可依物权、人格权、亲属权或继承权而产生。

第二，合同债权是相对权。在合同法律关系中，债权人与债务人都是特定的，债权人只能向债务人请求给付，因此合同债权是相对权。不过，随着合同法律关系相对性的突破，债权的效力已可及于第三人，有些类型的债权甚至具有了对世性。具体内容请见下文。

第三，合同债权具有平等性。合同债权没有排他性，因此对同一客体可成立多个合同债权，并且不论发生先后均以同等地位并存。[③] 例如，房主甲先后与乙、丙、丁三人分别订立了三份租赁合同，这三份合同均有效，乙、丙、丁均有权要求甲将房屋交付自己使用，而无先后顺序。需说明的是，《租赁合同司法解释》第 6 条第 1 款规定：“出租人就同一房屋订立数份租赁合同，在合同均有效的情况下，承租人均主张履行合同的，人民法院按照下列顺序确定履行合同的承租人：（一）已经合法占有租赁房屋的；（二）已经办理登记备

---

① 参见王泽鉴：《债法原理》，7 页，北京，北京大学出版社，2009。

② 参见苏号朋：《民法总论》，73 页，北京，法律出版社，2006。

③ 参见崔建远主编：《合同法》，84 页，北京，法律出版社，2010。

案手续的；（三）合同成立在先的。”这一规定并不是对债权平等性的否定，反而正是基于债权平等性的要求，针对租赁合同均有效的情况下，如何解决合同履行的问题而提出的处理办法。据此，在上述案例中，若其中一人已经实际占有房屋，则其余二人只能要求甲承担违约责任。该司法解释同一条第 2 款即规定：“不能取得租赁房屋的承租人请求解除合同、赔偿损失的，依照合同法的有关规定处理。”另外，《合同法司法解释二》第 15 条也规定，出卖人就同一标的物订立多重买卖合同，合同均不具有《合同法》第 52 条规定的无效情形，买受人不能按照合同约定取得标的物所有权的，有权追究出卖人的违约责任。

不过，在特殊情况下，法律明确规定某些合同债权具有优先性。例如，《合同法》第 286 条规定：“发包人未按照约定支付价款的，承包人可以催告发包人在合理期限内支付价款。发包人逾期不支付的，除按照建设工程的性质不宜折价、拍卖的以外，承包人可以与发包人协议将该工程折价，也可以申请人民法院将该工程依法拍卖。建设工程的价款就该工程折价或者拍卖的价款优先受偿。”最高人民法院《关于建设工程价款优先受偿权问题的批复》（法释［2002］16 号）就此进一步作出规定，建设工程的承包人的优先受偿权优于抵押权和其他债权，但是，消费者交付购买商品房的全部或者大部分款项后，承包人就该商品房享有的工程价款优先受偿权不得对抗买受人。

合同债权具有如下权能：（1）请求力，即债权人有权要求债务人履行义务。（2）受领力，即债权人有权接受债务人的履行。（3）保持力，即债权人有权保持因债务人履行所得的利益。（4）处分力，即债权人有权以抵销、免除、债权让与或者设定债权质押等方式决定债权的命运。（5）获得法律保护，即当债务人不履行债务时，债权人可以自力救济或公力救济的方式保护其请求权。在自力救济中，债权人可对债务人实施自助行为，即债权人为保护自身请求权的实现，在情势紧迫又不能及时请求国家予以保护的情况下，实施的扣押、破坏、毁损债务人财产或拘束债务人自由的合法措施。① 在公力救济中，债权人可向法院提起给付之诉，并在获得胜诉判决后，如债务人未自愿履行，可请求法院对债务人实施强制执行措施。

具备上述全部权能的合同债权称为完全债权，欠缺其中某项权能的合同债权则称为不完全债权。不完全债权主要有三种情形：（1）不具有请求力的债权。例如，根据《诉讼时效司法解释》第 1 条，债务人可以对债权请求权提出诉讼时效抗辩。因此，对于诉讼时效期间届满的合同债权，如果债务人行使此项抗辩权，则合同债权不再具有请求力。不过，该债权作为一个整体仍然存在，具有受领力、保持力和处分力。因此，债务人如果不知诉讼时效期间届满而自愿履行义务，不得请求返还。（2）不具有强制执行力的债权。如果债务不适宜强制执行，即使法院作出债务人须履行债务的判决，也无法强制执行。例如，法院判决甲继续履行合同，为乙画像。如甲不履行该判决，法院也无法对甲实施强制执行措施。（3）不具有处分权能的债权。例如，进入破产程序的企业，其债权的处分权能受到限制。根据《企业破产法》第 31 条规定，进入破产程序的企业放弃债权的，管理人有权请求人民法院予以撤销。

---

① 参见苏号朋：《民法总论》，94 页，北京，法律出版社，2006。

（二）合同债务

合同债务是指债务人依合同关系所负义务，其核心是给付义务。另外，《合同法》还规定了附随义务、不真正义务、先合同义务和后合同义务。

1. 给付义务。给付是指合同债务人实施的特定行为，包括作为和不作为。作为是指债务人实施积极行为，如出卖人向买受人交付标的物；不作为是指债务人不实施积极行为，如甲、乙签订技术保密合同，约定乙不得对外泄露其获知的甲的技术秘密。

给付义务分为主给付义务与从给付义务。所谓主给付义务，是指合同关系所固有、必备的，并用以决定合同类型的基本义务。例如，在买卖合同中，出卖人交付并转移标的物所有权的义务与买受人支付价款的义务均为主给付义务。所谓从给付义务，是指具有辅助主给付义务的功能，确保债权人的利益获得最大满足的义务。[①] 从给付义务主要基于以下原因而发生：一是法律的明文规定。例如，在租赁合同中，将租赁物交付承租人使用、收益是出租人的主给付义务，而依《合同法》第 220 条规定，维修租赁物则为出租人的从给付义务。二是当事人的约定。如在买卖合同中，当事人可约定由出卖人向买受人交付标的物所有权单证以外的有关单证和资料，如电视机的使用说明书。三是基于诚实信用原则及对合同漏洞的补充，即在法律没有规定和当事人没有约定的情况下，根据诚实信用原则的要求及对合同漏洞的补充，债务人应当承担的从给付义务。如在买卖计算机软件的合同中，即使当事人没有约定出卖人负有免费为计算机软件升级的义务，出卖人也应当提供免费升级的服务。

债务人的给付义务又可分为原给付义务与次给付义务。原给付义务又叫第一次给付义务，是指合同原有的义务，如出卖人向买受人转移标的物的所有权。次给付义务又叫第二次给付义务，是指原给付义务在无法正常履行时衍生出来的义务，主要包括因原给付义务不能履行、迟延履行或不完全履行而产生的损害赔偿义务，以及合同解除时产生的恢复原状的义务。

2. 附随义务。合同债务以给付义务为核心，但为了更好地完成给付义务，使债权人的权利得到圆满实现，债务人还应当承担与给付义务相关的附随义务。

附随义务是指基于诚实信用原则的要求，并参酌交易习惯，债务人为了更好地完成给付义务而应承担的义务，目的在于要求债务人以对待自己事务的注意对待他人事务，以求得当事人双方的利益平衡，如在买卖合同中，出卖人在将标的物交付给买受人之前负有妥善保管的义务。附随义务主要是为了实现如下功能：（1）促进主给付义务的实现，使债权人的给付利益获得最大可能的满足；（2）维护对方当事人人身或财产利益。附随义务为法定义务，无须当事人特别约定，其法律依据是《合同法》第 60 条第 2 款："当事人应当遵循诚实信用原则，根据合同的性质、目的和交易习惯履行通知、协助、保密等义务。"不过，这并不妨碍当事人在合同中就附随义务作出约定。

在各类具体的合同中，附随义务主要包括以下几种类型：

（1）协助义务。如根据《合同法》第 259 条规定，在承揽合同中，承揽工作需要定作人协助的，定作人有协助的义务。

---

① 参见王泽鉴：《债法原理》，29 页，北京，北京大学出版社，2009。

（2）通知义务。如在承揽合同中，承揽人发现定作人提供的图纸或者技术要求不合理的，应当及时通知定作人。

（3）照顾义务。如在客运合同中，承运人应当尽力救助患有急病、分娩、遇险的旅客。

（4）保管义务。如在承揽合同中，承揽人应当妥善保管定作人提供的材料以及完成的工作成果，因保管不善造成毁损、灭失的，应当承担赔偿责任。

（5）保密义务。如在承揽合同中，承揽人应当保守秘密，不得留存承揽物的复制品或者技术资料。

（6）告知或说明义务。如在客运合同中，承运人应当向旅客及时告知有关不能正常运输的重要事由和安全运输应当注意的事项。

（7）忠实义务。如在合伙合同中，合伙人不得从事损害合伙利益的活动。

（8）保护义务。如在旅游合同中，旅游经营者应当采取合理措施避免旅游者人身损害或财产损失。

附随义务与主给付义务的区别在于：（1）主给付义务自始确定，并决定合同的类型，而附随义务则是根据合同履行的具体情况，为了维护对方当事人的利益而产生的，可以在任何合同中发生，并不受特定合同类型的限制。（2）在双务合同中，主给付义务构成对待给付关系，一方当事人在对方未为对待给付前，可以行使同时履行抗辩权，而附随义务原则上不构成对待给付关系，当事人不能行使同时履行抗辩权。（3）当事人不履行主给付义务时，对方可以解除合同；而当事人不履行附随义务时，对方原则上不得解除合同，但可以请求损害赔偿。

附随义务与从给付义务的区别主要体现在能否独立以诉请求履行，从给付义务可以独立以诉请求，而附随义务不能独立以诉请求。[①] 也就是说，在当事人违反从给付义务时，对方可以请求其继续履行，但在当事人违反附随义务时，对方不能请求其继续履行，只能请求损害赔偿。

典型案例

周某在某餐厅就餐丢失物品索赔纠纷案

某年8月14日上午9时许，周某与其子（约十岁）到某餐厅就餐。周某将手提包交给其子看管，自己前去购买食品，回来后发现手提包丢失，随后报案。8月16日，周某与2名记者到该餐厅解决手提包丢失一事，在此过程中，该餐厅向派出所民警报警。周某与该餐厅协商未果，并以餐厅工作人员报警称其闹事给其自尊心带来伤害为由诉至法院，要求被告书面赔礼道歉，承诺加强保安措施，赔偿其经济损失1000元、精神损失1元。餐厅辩称，其已采取相应措施，尽到了提示义务，在店内张贴了提示顾客保管好物品的警示牌，设立了治安执勤巡逻员，周某物品丢失与其无关。[②]

---

① 参见王泽鉴：《债法原理》，31页，北京，北京大学出版社，2009。

② 参见北京市高级人民法院编：《合同法新型疑难案例判解》，85～86页，北京，法律出版社，2007。

该餐厅是否应当为周某手提包丢失承担法律责任？

在本案中，周某到餐厅就餐，与其形成餐饮服务合同关系，餐厅负有提供适当服务的义务，并负有保障顾客人身、财产安全的附随义务。但是，餐厅承担的此项附随义务是有限度的。根据《合同法》第60条规定，附随义务的范围应当遵循诚实信用原则，根据合同的性质、目的及交易习惯予以确定。该餐厅属于普通的营业性餐饮场所，其采取在店内张贴提示顾客保管好物品的警示牌并设立治安执勤巡逻员的相应措施，足以表明其已尽到了提示义务。周某没有将其手提包交给餐厅看管，因此餐厅没有为其提供物品保管的义务。故周某手提包丢失的责任不应由餐厅承担，法院应驳回周某的诉讼请求。

3. 不真正义务。不真正义务又称间接义务，是指债权人通常不得请求履行，违反它也不发生损害赔偿责任，仅使承担义务的一方遭受权利减损或者丧失的不利后果。如《合同法》第119条规定：“当事人一方违约后，对方应当采取适当措施防止损失的扩大；没有采取适当措施致使损失扩大的，不得就扩大的损失要求赔偿。”

4. 先合同义务。先合同义务又称合同前义务，指当事人为订立合同而接触、准备或磋商时，基于诚实信用原则而产生的说明、告知、注意、保密、忠实及保护等义务。由于这一义务发生在合同生效之前，故称为先合同义务。严格地讲，先合同义务发生于合同生效之前，并非合同债务，违反此义务则构成缔约过失，当事人应当承担相应的法律责任，即缔约过失责任。关于缔约过失责任，本书将在第三章详述。

5. 后合同义务。后合同义务又称合同后义务，指合同关系消灭后，当事人为了维护履行的效果，或者为了协助对方当事人处理善后事务所承担的作为或者不作为义务。后合同义务多由法律直接规定，也可由当事人在合同中约定。《合同法》第92条就后合同义务作出了一般规定：“合同的权利义务终止后，当事人应当遵循诚实信用原则，根据交易习惯履行通知、协助、保密等义务。”后合同义务仍属合同债务，违反该义务仍应承担违约责任（《合同法司法解释二》第22条）。

（三）合同债务与违约责任

合同债务是当事人依据合同约定或者法律规定必须实施的行为，具有约束性。债务人如不履行债务，则须承担违约责任。《合同法》第107条规定：“当事人一方不履行合同义务或者履行合同义务不符合约定的，应当承担继续履行、采取补救措施或者赔偿损失等违约责任。”因此，违约责任是当事人不履行合同债务而应当承担的法律后果。

法律之所以将合同债务与违约责任紧密地联系在一起，原因就在于使合同债权得到有力的保障，并以违约责任作为债务人不履行合同义务时对债权人的救济措施。如果债务人能够全面履行合同义务，债权人的利益得到圆满实现，则合同权利义务关系自然终止。当债务人不履行或者不适当履行合同债务时，债权人可以通过国家强制力，由法院或者仲裁机构判令债务人承担违约责任，以尽可能地保障债权人的利益。

三、合同法律关系的客体

合同法律关系的客体又称合同的标的，是指合同当事人权利指向的对象，即债务人的行为。如上所述，给付义务是合同债务的核心内容，因此给付是最为重要的合同法律关系客体。另外，附随义务、后合同义务中的通知、协助、保密等债务人的行为亦为合同法律关系的客体。

在实践中，当事人的交易目的和合同内容均有差异，因此不同合同的客体亦不相同。例如，在房屋租赁合同中，出租人要将房屋交给承租人使用，承租人则要支付租金。在这个合同中，出租人、承租人的权利所指向的目标都是一定的行为，二者均为租赁合同的客体。在一些合同中，债务人的行为与物密切联系在一起，如买卖合同的客体是转移物的所有权。在此种合同中，我们把债务人的行为所支配的物称为“标的物”或者行为的标的，如买卖的标的。

四、合同法律关系的相对性

如前所述，《合同法》以债权合同作为预设的规范目标，因此接受了大陆法系国家普遍接受的债的相对性规则。所谓债的相对性，是指债权人仅能向债务人请求给付，债务人因可归责之事由致债务不履行时，应对债权人负损害赔偿责任。[1] 根据债的相对性规则，合同仅对债权人和债务人具有效力，只能由债权人向债务人请求给付，债务人也只能向债权人给付，第三人不得介入合同关系。合同法律关系的相对性是它区别于物权关系的重要特点。物权关系具有绝对性，物权人可以对抗任何人，任何人都负有不得侵害他人物权的义务。

合同法律关系的相对性包括以下内容：第一，主体的相对性，即合同关系只能发生在特定的主体之间，只有合同当事人一方能够向另一方提出请求或者在对方违约时提起诉讼或仲裁。第二，内容的相对性，即合同权利只能由当事人享有，第三人不能享有；合同义务只能由当事人承担，第三人无须承担；合同当事人不得为他人设定合同义务。第三，违约责任的相对性，即违约责任只能在合同关系的当事人之间发生，第三人不负违约责任，合同当事人也不对第三人承担违约责任。

五、合同法律关系相对性的修正

在大陆法系中，债权的相对性和物权的绝对性原理不仅是债权与物权的一项重要区分标准，而且在此基础上形成了各自特有的规则和制度。但是随着债权的物权化、责任竞合等现象的发展，合同相对性受到了冲击和突破。[2] 为了适应交易实践的需要，维护交易安全，更为充分地保护债权人利益，现代合同法理论对合同关系的相对性原理进行了修正，并在立法和司法实践中加以贯彻。

（一）合同债权的保全

在合同生效后，债务人就应当以其全部财产作为合同履行的一般担保。债务人不履行债务时，其财产将成为法院强制执行的对象。在合同履行过程中，债务人财产状况的变化对债权能否实现关系重大，为了避免债务人随意处置财产而影响债权人的利益，法律设置了合同债权的保全制度。所谓合同债权的保全，是指法律为防止因债务人财产不当减少而给债权人的债权带来危害，允许债权人对债务人的行为行使代位权或撤销权以保护其债权，

---

① 参见王泽鉴：《债法原理》，9页，北京，北京大学出版社，2009。

② 参见王利明：《合同法研究》（第一卷），93页，北京，中国人民大学出版社，2002。

它是合同对第三人效力的重要体现。

债权人代位权是指因债务人怠于行使其对第三人的到期债权，对债权人造成损害的，债权人可以向人民法院请求以自己的名义代位行使债务人的债权。债权人撤销权是指因债务人放弃其对第三人的到期债权或者无偿转让财产，对债权人造成损害的，债权人可以请求人民法院撤销债务人的行为。债务人以明显不合理低价转让财产或者以明显不合理高价回购财产，对债权人造成损害，并且受让人知道该情形的，债权人也可以请求人民法院撤销债务人的行为。合同债权的保全制度涉及合同当事人之外的第三人，属于合同关系的对外效力。《合同法》第 73 至 75 条规定了债权人代位权和债权人撤销权。

（二）涉他合同

涉他合同是指涉及第三人的合同，包括为第三人利益的合同、附保护第三人作用的合同、向第三人给付的合同和第三人给付的合同。

1. 为第三人利益的合同，又称利他合同，是指合同当事人约定由一方向合同关系外的第三人为给付，该第三人即因之取得直接请求给付权利的合同。[①] 为第三人利益的合同具有如下特征：(1) 第三人不是订约人；(2) 第三人只享受权利，不承担义务；(3) 第三人享有独立的请求权，如果合同债务人违约，第三人有权以自己的名义直接要求债务人承担违约责任。《合同法》并未就该制度作出一般性规定，但其他法律则针对特定合同作出了规定。例如，根据《保险法》第 10、12、18、23 条规定，保险合同的当事人是投保人和保险人。被保险人和受益人虽然不是合同当事人，但在保险事故发生后，却可以向保险人提出保险金请求权。保险人未履行赔偿或者给付保险金义务的，除支付保险金外，还应当赔偿被保险人或者受益人因此受到的损失。

立法背景

为第三人利益的合同

《合同法》学者建议草案第 68、69 条曾规定了为第三人利益的合同，承认了第三人的直接请求权，规定该权利自第三人向债务人表示接受时产生，债务人可以对抗债权人的抗辩对抗第三人。随后的《合同法》草案第 65 条仅规定了“第三人可以向债务人请求履行”[②]。《合同法》的正式文本则进一步取消了第三人对债务人直接请求权的规定。《合同法》第 64 条规定：“当事人约定由债务人向第三人履行债务的，债务人未向第三人履行债务或者履行债务不符合约定，应当向债权人承担违约责任。”第 64 条位于《合同法》“合同的履行”一章中，因此立法者的意图是将“向第三人给付”作为债务履行的一种方式而加以规定。该规定坚持了合同相对性原则，将此类合同的效力仍限制在合同当事人之间。依该条规定，债务人对第三人不负任何直接义务，但债权人可请求债务人向第三人履行，该合同仅发生作为普通合同所应具有的效力。因此，《合同法》未就“为第三人利益的合同”设定

---

① 参见王利明：《合同法研究》（第一卷），108 页，北京，中国人民大学出版社，2002。

② 张丽荣：《涉及第三方效力的合同的法律问题》，载《政法论坛》，1999 (3)。

一般法律规则。

2. 附保护第三人作用的合同，是指特定合同一经成立，不但在合同当事人之间发生权利义务关系，债务人还对与债权人有特殊关系的第三人负有注意、保护的附随义务，债务人违反此项义务的，就该特定范围内的人所受的损害，亦应依合同法原则负赔偿责任。[①] 此种合同的特点在于债务人仅对特定范围内的第三人承担一定的注意及保护义务，第三人除在债务人违反此项义务时可以违约为由请求债务人赔偿外，并无合同上的给付请求权。此处的第三人不是泛指债权人之外的任何第三人，仅指因债务人的给付受到影响的人，如债权人的配偶、子女、受雇人等。确立此制度的目的在于第三人可以主张合同上的权利，从而无须再负侵权法上的举证责任。例如，甲将不洁房屋出租给乙，致乙妻染病，乙妻虽然不是合同当事人，亦可以其系租赁合同保护的第三人，以甲违约为由要求其承担损害赔偿责任，而无须就甲是否存在过失承担举证责任。《合同法》并未规定此制度。

3. 向第三人给付的合同，是指当事人约定由债务人向第三人履行债务的合同，如甲、乙约定由债务人甲向第三人丙交付货物。在此类合同中，债务人负有向第三人给付的义务，但第三人并不享有给付请求权。如果债务人未履行，则债务人应对债权人承担违约责任。《合同法》第64条规定了这一制度。[②] 但是，也有人认为，依该条规定，第三人对债务人享有给付请求权。[③] 本书不同意这种观点：首先，从上述《合同法》起草过程中相关内容的变化可以看出，该条未规定“第三人对债务人享有给付请求权”是立法者有意为之；其次，整部《合同法》均体现了对“合同相对性”原则的坚持，该条的表述也体现了这一点；最后，在《合同法》坚持合同相对性原则的前提下，赋予第三人对债务人的给付请求权没有任何意义。这是因为，即使第三人享有给付请求权，但如果债务人拒绝履行，第三人也无任何救济手段。

4. 第三人给付的合同，是指当事人约定合同设定的债务由债务人负责使第三人向债权人履行的合同。[④] 比如，甲、乙约定由乙让丙为甲修剪草坪。在此类合同中，债务人负有让第三人向债权人给付的义务，但是第三人并不受该合同的约束而负有给付义务，如果第三人拒绝履行，债务人应对债权人负损害赔偿责任。《合同法》第65条规定了这一制度。

(三) 合同债权的物权化

合同债权的物权化是指使相对性的合同债权具有对抗一般人的效力，主要体现为两种情形：(1) 租赁权的物权化；(2) 预告登记制度。

为了保护承租人的利益，防止在租赁合同存续期间因租赁物被出卖而使承租人无法继续使用租赁物，《合同法》第229条规定租赁物在租赁期间发生所有权变动，不影响租赁合同的效力。因此，虽然租赁权本为债权，但却能够对并非合同当事人的新所有权人产生对抗效力，故被称为租赁权的物权化。租赁权的这一物权化倾向又被形象地称为“买卖不破

---

① 参见王泽鉴：《民法学说与判例研究》(第二册)，24页，北京，北京大学出版社，2009。

② 《合同法》第64条规定：“当事人约定由债务人向第三人履行债务的，债务人未向第三人履行债务或者履行债务不符合约定，应当向债权人承担违约责任。”

③ 参见韩世远：《合同法总论》，272页，北京，法律出版社，2011。

④ 参见尹田：《论涉他契约》，载《法学研究》，2001 (1)。

租赁”。不过，租赁权的物权化要比“买卖不破租赁”的范围更为广泛，只要是租赁物在租赁期间发生所有权的变动，无论其变动原因是买卖，还是赠与、继承或其他情形，都不能影响租赁合同的效力。

根据《物权法》第20条规定，当事人签订买卖房屋或者其他不动产物权的协议，为保障将来实现物权，按照约定可以向登记机构申请预告登记。预告登记后，未经预告登记的权利人同意，处分该不动产的，不发生物权效力。因此，虽然预告登记并非物权登记，但经预告登记的债权具有对抗性，能够产生物权的效力。

（四）第三人侵害合同债权

第三人侵害合同债权是指合同以外的第三人明知合同债权的存在，仍然以侵害债权为目的，故意实施某种侵权行为，致使债权人的债权部分或全部不能实现并致债权人遭受损害的行为。其构成要件为：（1）侵权主体为合同当事人以外的第三人。尽管侵害债权多表现为第三人与债务人的串通，但债务人的行为不构成侵害债权，只能构成违约。（2）侵权客体为合法债权。非法债权不受法律保护，不能成为侵权客体。（3）侵权主体的主观心理为故意。若第三人只是在客观上侵害了他人的债权，但并无侵害故意，则不适用第三人侵害债权制度。比如，第三人只是在无意中打碎了债务人的花瓶，致使其无法向债权人履行交付花瓶的义务，在此情况下，第三人的行为由于没有侵害他人债权的故意，不属于第三人侵害债权。（4）第三人的行为具有违法性。如果第三人的行为并不违反法律，则不构成侵害债权行为。

立法背景

第三人侵害债权制度

对于第三人侵害债权制度，我国学术界和立法机构早有讨论，实践中也早有类似案例。例如，成都市某信用社在案件当事人的存款账户被冻结期间与被冻结存款的当事人串通，非法将资金转移，致使人民法院生效判决无法执行。最高人民法院在1995年5月5日法函［1995］51号《关于信用社非法转移人民法院冻结款项应如何承担法律责任的复函》中明确指出：“由于信用社的行为侵犯了债权人的利益，对此信用社应在被转移的款项数额内承担连带赔偿责任。”在1998年9月7日《人民日报》刊登的《合同法》全民讨论稿第125条规定：“第三人明知当事人之间的债权债务关系，采用不正当手段，故意阻碍债务人履行义务，侵害债权人债权的，应当向债权人承担损害赔偿责任。”该条认可了第三人侵害债权制度。但是，当时的多数学者主张坚持合同的相对性原则，应当由债务人对第三人的行为负责。这一主张被立法机关接受，《合同法》第121条规定：“当事人一方因第三人的原因造成违约的，应当向对方承担违约责任。当事人一方和第三人之间的纠纷，依照法律规定或者按照约定解决。”2010年7月1日施行的《侵权责任法》第2条第1款规定：“侵害民事权益，应当依照本法承担侵权责任。”有人认为，此处所谓“民事权益”包括债权。[①] 本书

---

① 参见魏振瀛主编：《民法》，645页，北京，北京大学出版社、高等教育出版社，2010。

认为，从《侵权责任法》第2条第2款[①]所列举的民事权利性质观察，它们均为绝对权。依同类列举的要求，受《侵权责任法》保护的民事权利应为绝对权。因此，到目前为止，我国立法尚未承认第三人侵害债权制度。

大多数国家都承认第三人侵害债权制度，我国亦有学者主张打破合同相对性，承认并建立第三人侵害债权制度。[②] 在司法实践中，涉及第三人侵害债权的案例大量存在。本书认为，我国应确立第三人侵害债权制度，以充分保障债权人利益，维护交易秩序。但在制度设计上，应当限制其适用范围。

【深度阅读】

1. 王利明．合同法新问题研究．北京：中国社会科学出版社，2011. 第一、二章
2. 王泽鉴．债法原理．北京：北京大学出版社，2009. 第一章第一节、第二章第一节、第二章第三节
3. ［德］迪特尔·梅迪库斯著．德国债法总论．杜景林，卢谌译．北京：法律出版社，2004. 第一、二、三章
4. 韩世远．合同法总论．北京：法律出版社，2011. 第一章第一节，第二章
5. 张淑隽．第三人侵害债权制度理论问题初探．武汉大学学报（哲学社会科学版），2009（2）
6. 隋彭生．合同法律关系成立新探．政治与法律，2012（7）
7. 屈茂辉，张红．继续性合同：基于合同法理与立法技术的多重考量．中国法学，2010（4）
8. 单平基．无权占有费用求偿权之证成．法商研究，2014（1）
9. 徐涤宇．合同概念的历史变迁及其解释．法学研究，2004（2）
10. 陈骅．论劳动合同立法与统一合同法的关系．科教文汇，2006（9上）
11. 唐先锋．先契约义务的扩张．当代法学，2003（9）
12. 谢增毅．诚实信用原则与合同义务的扩张．法学研究，2002（3）
13. 张永和．重读义务——兼析《合同法》第186条．现代法学，2001（6）
14. 李昊．德国新债法中附随义务的构造．环球法律评论，2009（5）
15. 何丽新，宁新发．论合同附随义务的不当扩张问题．法学研究，2006（1）
16. 丁小林．从合同相对性原则析当事人适格．经济与法，2005（12下）
17. 徐来．合同相对性原则的现代发展新论．经济与法制，2005（12）
18. 王秋良，蔡东辉．涉他契约及其方法论的思考．法治论丛，2003（1）

【问题与思考】

1. 如何理解合同的含义？
2. 如何理解《合同法》调整的合同范围？
3. 诺成合同与实践合同的区分意义是什么？

---

① 《侵权责任法》第2条第2款规定："本法所称民事权益，包括生命权、健康权、姓名权、名誉权、荣誉权、肖像权、隐私权、婚姻自主权、监护权、所有权、用益物权、担保物权、著作权、专利权、商标专用权、发现权、股权、继承权等人身、财产权益。"

② 参见王利明：《合同法研究》（第一卷），103页，北京，中国人民大学出版社，2002；李永军：《合同法》，397页，北京，法律出版社，2010。

4. 双务合同与有偿合同的关系是什么?

5. 合同债务包括哪些类型?

6. 给付义务与附随义务的区别是什么?

7. 合同相对性的含义是什么，现代合同法在哪些方面修正了合同相对性规则?

第二章
合同法概述

导读

合同法主要调整市场交易行为，是民法的重要组成部分。本章介绍了合同法的基础知识，包括合同法的含义与特征、合同法的发展历史、合同法的基本原则和合同法的渊源。在合同法的含义与特征中，应重点掌握合同法的特征。在合同法的发展历史中，应重点掌握近代合同法与现代合同法的不同特点。在合同法的基本原则中，应重点掌握平等原则、合同自由原则、公平原则、诚实信用原则、公序良俗原则。在合同法的渊源中，应重点掌握我国合同法渊源的种类。

第一节　合同法的含义与特征

一、合同法的含义

我们可以从狭义和广义两个角度认识合同法。狭义的合同法是指系统规定合同法律制度，以“合同法”命名的立法文件。在我国，狭义的合同法就是第九届全国人民代表大会于1999年3月15日通过的《中华人民共和国合同法》。这种理解是基于法律的表现形式，故又称为形式意义上的合同法。

广义的合同法是指有关合同的法律规范的总称，不仅包括以“合同法”命名的立法文件，也包括散见于各种法律之中的有关合同的法律规范。这种理解是基于法律的实质内容，故又称为实质意义上的合同法。除特别说明外，本书采广义的合同法概念。

二、合同法在法律体系中的地位

在大陆法系中，合同是债的发生根据之一，即合同之债。因此，合同法是民法的重要组成部分，一般被规定在各国民法典的债编之中，德国、瑞士、日本及我国台湾地区均采此体例。《法国民法典》由人、财产以及所有权的各种变更、取得财产的各种方式三编构成，没有在体系上区分物权与债权，合同法被归入第三编之中。我国尚未制定民法典，但作为民事基本法的《民法通则》将合同法归入债法之中，继承了以德国为代表的大陆法系国家的传统做法。虽然《合同法》采用了广义的合同概念，但仍然以债权合同作为预设的调整对象。

英美法系没有民法这一法律部门，亦无债权与物权的概念，合同法是一个独立的法律体系，与财产法、侵权法、家庭法、信托法、刑法等并列，不像大陆法系中的合同法那样仅为民法的组成部分。不过，就规范内容而言，两大法系的合同法基本一致。

三、合同法的特征

（一）合同法属于财产法的范围

民事法律关系包括财产法律关系和人身法律关系。虽然当事人可以通过合同设定身份关系，但此类身份合同由专门的法律规范（如婚姻法、收养法）调整，不在合同法调整范围之列。可见，合同法仅调整民事主体之间的财产关系，是财产法。

（二）合同法主要调整市场交易关系

交易是平等的市场主体就其拥有的财产或利益进行的交换，其法律形式是合同。合同法的基本功能就是规范交易过程并维护交易秩序，因此合同法是交易法。当然，合同法也调整当事人之间不具有利益交换性质的合同，如赠与、借用、无偿委托等，但这些合同在实践中所占比例很低，不是合同法调整的重点。

（三）合同法主要由任意性规范构成

合同法以调整市场交易关系为其主要内容，而市场交易需要尊重当事人的自由选择，因此合同法主要由任意性规范构成，允许当事人予以变更。这些规范仅具有指导性的意义，并在当事人约定不明时起补充作用。当然，合同法亦包括强制性规范，对此，当事人必须遵守。

第二节　合同法的发展历史

一、古代合同法

在原始社会晚期，随着私有制的产生、劳动产品的剩余，人们之间开始进行交换，并逐渐形成了简单的交换规则。这些交换规则经过长期的发展而成为习惯，是合同法的早期表现形式。习惯法具有不稳定、不统一和不公开的特点，各种习惯相互矛盾，因时因地而有不同，增加了适用上的困难。[①] 因此，成文法逐渐取代了习惯法。《汉谟拉比法典》是世界上迄今为止发现最早且最为完整的成文法典，距今已有三千八百多年的历史。该法典包含了较为完善的合同法规范，并具有奉行严格的形式主义、适用范围较广、对违约行为进行严厉惩罚的特点。

---

① 参见崔建远主编：《合同法》，3～4页，北京，法律出版社，2010。

在古代合同法中，罗马法占有最为重要的地位，并对后世产生了深远的影响。编纂于 6 世纪的《优士丁尼法典》含有大量的合同法规范，对买卖、租赁、消费借贷、寄托、合伙、委托等合同类型均有详细规定。自 11 世纪末开始的罗马法复兴运动使罗马法的影响波及整个西欧大陆，罗马法逐渐被各国继受，为近代合同法的发展奠定了良好的基础。

二、近代合同法

近代合同法是指在 17、18 世纪形成并在 19 世纪确定下来的合同法，它是对资本主义自由竞争的市场经济制度的反映。

资产阶级在建立近代国家后，实行自由市场经济，人们摆脱了封建社会“身份决定一切”的束缚，实现了“从身份到契约”的转变，任何人均可通过意思自治平等地参与市场交易，合同成为人与人之间进行经济交往的纽带。古典经济学认为，在市场中从事交易的人都是经济人，能够最合理地安排自己的事务，追求利益最大化，国家不应干涉其行为，只有在他们发生纠纷时，才介入其中，以法律对双方当事人予以平等的保护。因此，近代合同法信奉合同自由，当事人享有订立合同的自由、选择对方当事人的自由、决定合同内容和形式的自由。

大陆法系各国的民法典均规定了较为系统完善的合同法律制度，而英美法系各国则主要通过大量判例建立了具有自身特点的合同法律制度，两大法系均完成了合同法的体系建设。

三、现代合同法

现代合同法是指 20 世纪以来的合同法，它是近代合同法的延续，合同自由仍然是其基石。不过，20 世纪以后的人类社会发生了重大变化：西方主要国家进入垄断经济时代，企业主与劳动者、生产者与消费者的矛盾日益突出；经济全球化的发展趋势明显，全球一体化市场正在形成。这些因素都促使现代合同法具有一些新的特点。

20 世纪以来，民事主体在交易中的实质平等已经越来越受到挑战。在许多交易中，一方是经济实力雄厚的大型企业，另一方则是弱小的消费者。在这样的合同中，平等只是形式上的，合同自由成为强势一方迫使弱势一方接受其意志的工具。为了强化对交易安全和正义的维护，保护合同的实质公正，保护消费者的利益，现代合同法的一个重要发展趋势就是加强对合同自由的限制。[①] 合同法开始追求实质正义，无论在立法，还是在司法领域，均对合同自由进行了干预，如专门制定了保护消费者和劳动者利益的法律、法规，为公共事业设定了强制缔约义务等。

经济全球化促进了合同法的国际化，在 20 世纪 60 年代，产生了《国际货物买卖统一法》、《国际货物买卖合同成立统一法》。在 20 世纪 80 年代，产生了《联合国国际货物销售合同公约》。在 20 世纪 90 年代，产生了 1994 年国际统一私法协会《国际商事合同通则》等示范法。另外，欧共体与欧盟在合同法一体化领域所作的尝试，不仅在较大程度上影响了其成员国的国内法，而且引起了世界关注。一方面，欧共体和欧盟颁布了诸多合同法领域

---

① 参见王利明：《合同法研究》（第一卷），82 页，北京，中国人民大学出版社，2002。

的指令，并要求其成员国在国内法中予以落实；另一方面，欧盟还制定了《欧洲合同法原则》这一“软法”，它虽无法律约束力，但欧盟希望以此作为未来欧洲合同法一体化的蓝本。目前，欧盟正在尝试起草民法典，而合同法是其中的重要内容。

科学技术的迅猛发展促进了合同法的变化。随着网络通信技术的普及和电子技术的发展，电子商务已经成为新的贸易发展方向，给传统的合同法规则带来挑战，主要表现在电子数据交换是否可以作为书面形式，如何完成电子签名，如何认定第三方交易平台在交易中的法律地位，如何保护电子商务中的消费者利益等问题上。

四、我国合同法的发展

中华人民共和国成立之初，曾经颁布了一系列关于各种具体合同类型的部门规章，对于巩固社会主义国营经济，迅速恢复国民经济，实现对生产资料的社会主义改造发挥了重要作用。其后，随着各种政治运动的进行，国家的法制建设遭受严重破坏。

在“文化大革命”结束以后，我国进入了一个新的历史发展时期，尤其是在党的十一届三中全会以后，我国大力发展社会主义商品生产和商品交换，执行对外开放和对内搞活的经济政策，逐渐重视运用法律管理经济。在此背景下，我国第一部专门性的合同立法《经济合同法》于1981年12月13日由第五届全国人民代表大会第四次会议通过，标志着我国合同立法进入了一个新的阶段。

为适应对外贸易的需要，1985年3月21日第六届全国人民代表大会常务委员会第十次会议通过了《涉外经济合同法》。1986年4月12日，第六届全国人民代表大会第四次会议通过了《民法通则》，该法对合同的规定尽管非常简要，但意义十分重大，对我国合同法体系的完善起到了重要作用。为推动科学技术的发展，全面调整日益增多的技术开发、转让、咨询和服务活动，1987年6月23日第六届全国人民代表大会常务委员会第二十一次会议又通过了《技术合同法》。至此，我国形成了以《民法通则》为基本法，《经济合同法》、《涉外经济合同法》和《技术合同法》并存的三足鼎立式的合同立法格局。同时，我国还在其他立法中规定了有关合同的内容。为了贯彻执行上述法律，尤其是三部合同法，国务院制定了一系列行政法规，最高人民法院也作出了大量司法解释，进一步推进了合同立法的发展。

为了适应建立和发展社会主义市场经济的需要，1993年9月2日第八届全国人民代表大会常务委员会第三次会议作出了《关于修改〈中华人民共和国经济合同法〉的决定》，对该法进行了一定程度的修改。

不过，尽管我国对《经济合同法》进行了修改，但并未真正解决三部合同法并存所产生的彼此重复、矛盾的问题。另外，一些重要的法律规则，如合同订立制度，尚付阙如。正是在这种历史背景下，我国开始起草统一合同法。

立法背景

《合同法》的制定过程

1993年，在《关于修改〈中华人民共和国经济合同法〉的决定》通过后不久，由全国人大常委会法制工作委员会召开的一个专家研讨会上，与会专家学者一致认为制定统一合同法的时机已经成熟，建议由专家学者承担起草工作并委托部分学者先提出一个立法方案。在这样一种背景之下，中国政法大学江平教授、中国社科院法学研究所梁慧星研究员、中国人民大学王利明教授、吉林大学崔建远教授、烟台大学郭明瑞教授、最高人民法院李凡法官、北京市高级人民法院何忻法官和《法学研究》杂志编辑部张广兴先生共同提出了《中国合同法立法方案》。立法方案经过1993年11月4日全国人大常委会法制工作委员会邀请北京部分专家出席的讨论会，以及1994年1月法制工作委员会邀请全国12个单位的专家学者出席的讨论会征求意见和论证，最后确定下来，并由法制工作委员会委托中国政法大学、北京大学、中国人民大学、中国社科院法学研究所、对外经济贸易大学、吉林大学、烟台大学、武汉大学、西南政法大学、中南政法学院、西北政法学院、华东政法学院共12个单位的学者分别起草合同法的部分章节。1994年11月，各单位起草的条文汇总，由法制工作委员会委托梁慧星、张广兴、傅静坤三人统稿完成合同法建议草案，计34章、528条，于1995年1月提交全国人大常委会法制工作委员会。

法制工作委员会以学者提出的建议草案为基础，并继续广泛征求法律专家的意见，先后形成了1995年10月、1996年6月、1997年5月、1998年9月等四次合同法试拟稿，使合同法草案的内容渐趋完善。提交第九届全国人大常委会审议后，又先后形成了四次审议稿，并最终产生了提交第九届全国人民代表大会第二次会议审议的《中华人民共和国合同法（草案）》。

1999年3月15日，《中华人民共和国合同法》在第九届全国人民代表大会第二次会议上顺利获得通过，并于1999年10月1日正式实施。

《合同法》的通过对于中国民事立法的完善和市场经济体制的顺利运行具有非常重要的意义。它结束了我国“三足鼎立”式的合同立法模式，提供了市场交易的统一规则。在《合同法》正式实施后，《经济合同法》、《涉外经济合同法》和《技术合同法》同时废止，其他法律和行政法规有关合同的内容如不与《合同法》相抵触，将继续有效。这样就消除了市场交易规则的分歧，把纷繁复杂的市场经济生活纳入统一、有序运行的法制轨道上来。另外，该法广泛参考、借鉴了市场经济发达国家和地区立法的成功经验和判例学说，尽量采用反映现代市场经济客观规律的共同规则，并与国际公约和国际惯例协调一致，对于我国进一步扩大改革开放，加强同国外的贸易与合作，吸引外国公司来华投资，合理解决涉外合同的法律纠纷，都有非常积极的作用。

在指导思想方面，该法充分尊重当事人的意思自治，在不违反法律和公序良俗的前提下，保障当事人享有充分的合同自由。在价值取向上，该法兼顾经济效率和社会公正、交易便捷与交易安全，既注重提高效率，促进经济发展，又注重维护社会公益，保护消费者利益，维护市场经济的道德秩序。

为了更好地在司法实践中贯彻执行《合同法》，最高人民法院于1999年12月19日颁布了《合同法司法解释一》；于2009年4月24日颁布了《合同法司法解释二》；于2009年7月7日颁布了《审理民商事合同的指导意见》。最高人民法院还就《合同法》的特定适用问题作出专门的司法解释，如2002年6月20日发布的《关于建设工程价款优先受偿权问题的批复》。此外，最高人民法院就特定类型合同的审理发布了诸多司法解释，内容涉及买卖、借款、租赁、融资租赁、建设工程、运输、技术、保险、国有土地使用权、物业服务、旅游等合同。

除《合同法》及上述直接针对特定类型合同的司法解释之外，我国还有许多法律、行政法规和司法解释涉及合同，法律如《物权法》、《担保法》、《拍卖法》、《招标投标法》、《建筑法》、《土地管理法》、《城市房地产管理法》、《旅游法》、《铁路法》、《民用航空法》、《消费者权益保护法》、《著作权法》、《专利法》、《商标法》、《电子签名法》、《票据法》、《信托法》、《商业银行法》、《保险法》、《公司法》、《证券法》、《合伙企业法》、《中外合资经营企业法》、《中外合作经营企业法》、《企业破产法》、《海商法》、《涉外民事关系法律适用法》；行政法规如《招标投标法实施条例》、《物业管理条例》、《商业特许经营管理条例》、《直销管理条例》、《期货交易管理条例》；司法解释如《公司法司法解释一》、《公司法司法解释二》、《公司法司法解释三》、《外商投资企业纠纷司法解释一》、《担保法司法解释》、《诉讼时效司法解释》、《审理食品药品纠纷司法解释》、《涉外民事关系法律适用法司法解释一》。

可以说，我国已经形成了较为完善的合同法律体系，合同纠纷审理的司法水平也在持续提高之中。不过，随着法律的复杂化，尤其是司法解释数量不断增加且相互间多有冲突，对有关合同的规范性文件的整理工作已经势在必行。

第三节　合同法的基本原则

一、合同法基本原则的含义与功能

合同法的基本原则是集中反映合同法律关系的本质和规律，适用于合同法全部领域的准则，是制定、解释、执行和研究合同法的基础。合同法的基本原则具有强制性，当事人必须遵守，不得以约定排除其适用。

合同法的基本原则具有如下功能：

(1) 合同立法的指导思想。合同法的具体制度和规则应当以基本原则为依据，不能出现与其相左的规定。

(2) 合同当事人的基本行为准则。合同法的基本原则可以指导合同当事人正确行使权利、适当履行义务，兼顾自身利益、对方当事人利益与社会公共利益。

(3) 处理合同纠纷的根本依据。合同法的基本原则为法院或者仲裁机构依法、合理解决合同纠纷确定了基本的评价标准，纠纷的处理方法和结果应当符合基本原则的要求。另外，法院或者仲裁机构在审理某一案件缺乏具体的法律规则时，可以直接依据基本原则，公平、合理地处理合同纠纷。

《合同法》第3～8条是对基本原则的规定，包括第3条规定的平等原则、第4条规定的合同自由原则、第5条规定的公平原则、第6条规定的诚实信用原则、第7条规定的合法性原则和公序良俗原则、第8条规定的合同严守原则。另外，还有一个基本原则尽管没有明确作出规定，但却体现在整部《合同法》之中，即鼓励交易原则。

二、平等原则

《合同法》第 3 条规定："合同当事人的法律地位平等，一方不得将自己的意志强加给另一方。"该条确立了合同当事人法律地位平等原则，简称平等原则。平等原则反映了合同法所调整的社会关系的本质特征，是民法平等原则在合同法中的具体体现。

平等是人类追求的永恒价值，是特权的对立面。平等原则要求合同当事人在法律上获得同等待遇，无论其为自然人还是法人，中国人还是外国人，经济实力强还是弱，都同等地获得法律的保护和约束。平等原则体现在合同法律关系存续的整个过程之中，在合同履行、变更、转让、权利义务终止以及违约责任承担等各个阶段都体现出来。以违约责任为例，依《合同法》第 107 条规定，当事人在有违约行为时，应向对方承担违约责任。这一规则平等地适用于合同的任何一方，无人例外。

应当注意的是，平等原则仅强调合同当事人的法律地位平等，并不意味着法律保证当事人通过合同获得的交易结果相同。在同一个交易中，有可能出现一方当事人获利丰厚，另一方当事人遭受严重损失的情形。在当事人均获得同等法律保护的前提下，这种结果的出现往往是因当事人自己（如经验不足、对市场行情判断不准确）或者市场（如价格的突然变化）因素导致的，遭受损失的一方不能因此认为该交易违反平等原则。

人类社会进入 20 世纪之后，消费者与经营者之间的实际缔约地位严重失衡，消费者无论在交涉能力、信息获取能力还是寻求法律保护能力上均远不及经营者。如果法律仍然僵化地坚持平等原则，必将严重损害消费者的实质利益，损害公平正义的终极目标。因此，基于合同正义的要求，现代合同法加入了对消费者予以特别保护的内容。例如，《合同法》第 113 条第 2 款规定，经营者对消费者提供商品或者服务有欺诈行为的，应当依照《消费者权益保护法》第 55 条的规定，承担惩罚性赔偿责任。这是《合同法》对消费者的特别保护措施。如果单纯就这一规定观察，它违反了平等原则的要求，但其规范目的是实现更高层次的实质正义的目标。近代合同法之所以确立平等原则，是为了贯彻"从身份到契约"的法律精神，是对特权的否定。现代合同法加强对市场交易中弱者尤其是消费者的保护，则是为了在平等原则的基础上实现实质正义，是对更高法律价值的追求。

三、合同自由原则

《合同法》第 4 条规定："当事人依法享有自愿订立合同的权利，任何单位和个人不得非法干预。"本条确立的是合同法中最核心的原则——合同自由原则。

合同自由又称契约自由，它强调合同约束力的根源在于当事人双方的意思或意愿，而不是外部力量的干涉。只有依照当事人的自由意思订立的合同才具有合理性，才能对当事人产生强制力，才能具有相当于法律的效力。[1] 因此，合同自由原则表达了两层意思：其一，在合同的整个生命周期（从合同订立到合同终止）中，法律充分尊重当事人的意思自治；其二，在合同的整个生命周期中，法律均不允许当事人的意思自治受到外部力量的非

① 参见苏号朋：《合同的订立与效力》，60 页，北京，中国法制出版社，1999。

法干预。

合同自由体现为以下五个方面：(1) 缔结合同的自由，即当事人有权自主决定是否与他人签订合同。(2) 选择合同相对人的自由，即当事人有权决定与何人订立合同。(3) 确定合同内容的自由，即当事人有权选择合同类型和合同条款。(4) 选择合同形式的自由，即当事人有权自由选择合同的表现形式。(5) 变更和解除合同的自由，即当事人有权通过协商，变更合同的内容或者解除合同。

合同自由原则使人们摆脱了身份上的限制，不受约束地参与市场竞争，促进了市场经济的发展。合同自由原则以自由竞争为其经济基础，曾经为西方国家创造了市场经济的奇迹。但在现代市场经济条件下，随着垄断的加剧，片面强调合同自由已经产生了负面效应。因此，随着国家干预经济的增强，合同自由已经受到越来越多的限制，主要体现为：(1) 立法干预合同自由。这种干预主要表现为：首先，确立诚实信用原则，用以矫正当事人之间缔约能力不平等的状况。其次，建立强制缔约制度，要求电力、邮政、煤气、铁路运输等公用服务事业不得拒绝相对人的缔约要求。再次，规制格式条款的适用，对采用格式条款缔约规定了特别的法律规则。最后，强制性合同条款广泛应用于雇佣、保险等合同之中，并禁止当事人以特别约定排除这些条款的适用，以控制经济强者的恣意妄为。(2) 法律指定或专门设立具有准司法性质的行政机关，对合同进行监督、管理和规范。各国为了限制垄断，维护竞争秩序，制定了许多反垄断和维护自由竞争秩序的法律，如美国的反托拉斯法、日本的禁止垄断法、英国的公平交易法等。依照这些法律，各国设立了相应的行政机关，如美国的联邦交易委员会、日本的公正交易委员会、英国的公平贸易局等。这些具有准司法性质的行政机关拥有较为广泛的调查和处理权力，限制不公平的合同自由，保护中小企业与消费者的权益。我国也已经制定、实施了《反不正当竞争法》、《反垄断法》等制止不正当竞争和垄断行为、保护市场公平竞争秩序的法律。依据《反不正当竞争法》第3条，县级以上人民政府工商行政管理部门有权对不正当竞争行为（包括利用合同实施的不正当竞争行为）进行监督检查，并有权对违法的经营者施以罚款、没收违法所得、吊销营业执照等处罚。依据《反垄断法》第10条，国务院规定的承担反垄断执法职责的机构（包括商务部、国家发展和改革委员会、国家工商行政管理总局）负责反垄断执法工作，并有权对违法的经营者施以罚款、停止违法行为、没收非法所得、依法撤销登记等处罚。(3) 赋予法官干预合同自由的权力。各国赋予法官在合同审判中的自由裁量权，使法官能够根据个案的具体情况来灵活地适用法律，不再拘泥于当事人的合同，从而在当事人之间实现公平。

不过，合同自由在现代法中受到的限制并不影响它作为合同法基本原则的地位。现实的问题是，如何在尊重合同自由的基本框架下，实现合同正义，消除在当事人之间出现的不公平现象，使当事人的选择更能符合其真实意愿。

四、公平原则

《合同法》第5条规定："当事人应当遵循公平原则确定各方的权利和义务。"本条所确立的就是公平原则。

所谓公平原则，是指民事主体应当本着社会公认的公平观念从事民事活动，立法机关和司法机关在制定民事法律规范和裁判民事纠纷时，也应当遵循公平的观念和要求。[①] 所谓公平观念，是指以利益是否均衡作为价值判断标准来确定当事人之间的利益关系，追求公平与合理的目标。在合同法中，公平观念具体化为合同正义原则。

公平原则具体体现为：(1) 合同立法以维护当事人的利益平衡为目标。(2) 法院可依职权或当事人的请求调整当事人之间失衡的利益关系。(3) 合同当事人应当依据社会公认的公平观念订立与履行合同。

五、诚实信用原则

《合同法》第 6 条规定："当事人行使权利、履行义务应当遵循诚实信用原则。"这是关于诚实信用原则的规定。

诚实信用原则简称诚信原则，它要求合同当事人在不损害他人利益和社会利益的前提下，追求自己的利益，目的是在当事人之间的利益关系和当事人与社会之间的利益关系中实现平衡，并维持市场道德秩序。德国民法学家拉伦茨认为，诚实信用原则要求民事法律关系中的任何一方当事人都应当谨慎维护对方的利益，满足对方的正当期待，给对方提供必需的信息……总之，他的行为应当是忠诚的。[②]

诚实信用原则在合同法中主要体现为：(1) 当事人在订立合同过程中负有先合同义务，应当如实地向对方当事人陈述与合同有关的情况，当事人之间要相互合作，努力促成合同的成立与生效。如当事人在缔约过程中违反诚实信用原则，给对方造成损失，应承担缔约过失责任。(2) 当事人在履行合同过程中负有附随义务。当事人除了履行法律规定和合同约定的义务之外，还应履行依照诚实信用原则而产生的各种附随义务。(3) 当事人应依诚实信用原则的要求行使权利，顾及相对人的利益。(4) 在合同履行完毕后，当事人还要根据诚实信用原则履行后合同义务。(5) 在当事人就合同条款发生争议时，要依据诚实信用原则对合同进行解释。

六、合法性原则

《合同法》第 7 条规定，当事人订立、履行合同，应当遵守法律、行政法规。这一规定确立了合法性原则。

根据该原则的要求，当事人订立、履行合同应当遵守法律、行政法规的强制性规定，否则将受到法律的否定性评价。如果当事人订立的合同违法，则合同无效；如果当事人在合同履行过程中违法，则应向对方当事人承担违约责任；如其行为触犯公法，还应承担行政责任或刑事责任。合法性原则划定了当事人意思自治的边界，是对当事人合同自由的限制。需说明的是，法律、行政法规中的任意性规定仅具有补充当事人意思的作用，对当事人不具有强制适用的效力。如果当事人在合同中作出与其不同的约定，亦不违法。

七、公序良俗原则

《合同法》第 7 条规定，当事人订立、履行合同，应当尊重社会公德，不得扰乱社会经

---

① 参见苏号朋：《民法总论》，46 页，北京，法律出版社，2006。

② 参见［德］卡尔·拉伦茨：《德国民法通论》（上），王晓晔等译，58 页，北京，法律出版社，2003。

济秩序，损害社会公共利益。这一规定确立了公序良俗原则。

公序良俗原则中的“公序”指公共秩序，“良俗”指善良风俗。公共秩序既包括一个国家的现行法律秩序，也包括作为法律秩序基础的根本原则和根本理念等。善良风俗是指一个社会应有的道德准则和伦理秩序。[①] 在中国法律语言中，公序良俗以“国家政策”、“社会公德”、“社会道德风尚”、“社会主义道德风尚”、“商业道德”、“职业道德”、“公共道德”、“社会经济秩序”、“社会公共利益”、“公共利益”、“国家利益”等加以表述，其中最经常使用的是“社会公德”、“社会经济秩序”、“社会公共利益”和“国家利益”。公序良俗原则要求合同的内容及目的不得违反公共秩序和善良风俗。公序良俗原则的主要目的是补充法律规则的不足，但由于该原则的内涵非常抽象，因而需要在具体案件中运用价值判断使其具体化。

典型案例

李某诉刘某借腹生子协议纠纷案

李某（男）早年丧子，由于其妻年龄大不能再生育，遂产生借腹生子的念头。某年9月8日，李某与刘某（女）订立《借腹生子协议书》，约定由李某付给刘某4万元，由刘某在一年内为李某怀孕生子。同月29日，李某向刘某支付现金2万元。但是半年后，刘某并未怀孕，李某反悔，要求刘某返还2万元现金，刘某以自己遭受损失为由拒不返还，双方因此发生争执。李某遂诉至法院要求刘某返还财产。

法院经审理认为，自然人实施的民事行为只有在不违反法律或社会公共利益的情况下才能发生当事人预期的法律后果，否则将被认定为无效。在本案中，李某与刘某订立的《借腹生子协议书》有违公序良俗，应认定为无效，刘某基于该协议所取得的财产（2万元现金）应予以返还。但是，双方对此行为均存在过错，对于合同无效均存在缔约过失，应各自承担相应的缔约过失责任。其中，李某明知借腹生子违背公序良俗仍主动找刘某为其生子，应承担主要责任，刘某承担次要责任，故李某应向刘某赔偿4 000元。据此，法院判决刘某向李某返还16 000元。

八、合同严守原则

《合同法》第8条规定：“依法成立的合同，对当事人具有法律约束力。当事人应当按照约定履行自己的义务，不得擅自变更或者解除合同。依法成立的合同，受法律保护。”该条确立了合同严守原则。

合同严守原则是指生效的合同对于当事人而言具有相当于法律的效力，当事人必须严格遵守，不得擅自变更或者解除，更不得随意违约。该原则是从合同自由原则引申出来的。既然合同是当事人自由协商的产物，是当事人意思自治的体现，是当事人自愿接受的约束，

---

① 参见苏号朋：《民法总论》，48页，北京，法律出版社，2006。

就应当对当事人产生法律约束力。

合同严守原则主要表现为：(1) 自合同生效时起，当事人就要接受合同的约束。(2) 如果情况发生变化需要变更或者解除合同，当事人应当按照合同约定或者法律规定协商解决，任何一方当事人都不得擅自变更或者解除合同。不过，如果当事人依据合同约定或者法律规定行使解除权，则不在此限。(3) 除不可抗力等法律规定的免责事由外，当事人不履行合同义务或者履行合同义务不符合约定时，要承担违约责任。

九、鼓励交易原则

鼓励交易原则是指合同法尽可能允许当事人达成合同、履行合同，并降低交易成本，从而使当事人能够通过合同实现交易目标。虽然《合同法》没有直接将该原则写入条文，但整部《合同法》始终体现了这一精神。

《合同法》在以下方面体现了鼓励交易原则：(1) 尽可能促使当事人之间的合同成立。(2) 绝大多数类型的合同无须采用书面形式。(3) 限制了无效合同的范围，减少国家对合同效力的干预。(4) 在可撤销合同制度中，提倡当事人变更合同中不公平的内容，从而使其确定地有效。(5) 对当事人行使解除权规定了严格的法定条件。合同解除是提前终止合同关系、消灭交易的法律制度。为了尽量避免因当事人解除合同而使交易无法进行的情况发生，《合同法》对解除合同规定了较为严格的条件，一般只有在对方当事人严重违约的情况下，才可以解除合同。

第四节　合同法的渊源

合同法的渊源是指合同法的表现形式，是法院或者仲裁机构裁判合同案件的法律依据。我国合同法的渊源包括如下四种：制定法、法律解释、习惯法、国际条约和国际惯例。

一、制定法

制定法是指具有立法权的国家机关制定的法律，包括：

(一) 民事基本法

《民法通则》是我国的民事基本法，是合同法的重要渊源。

(二)《合同法》

该法是我国专门调整合同法律制度的立法，是最为重要的合同法渊源。

(三) 民事单行法

许多民事单行法均有与合同相关的法律规则，成为特定类型合同的法律渊源，如《保险法》关于保险合同的规定。

(四) 其他法律

全国人民代表大会及其常务委员会制定的其他法律中也多有涉及合同的内容，它们同样是合同法的渊源，如《土地管理法》、《城市房地产管理法》、《产品质量法》等。

（五）行政法规

国务院制定的行政法规中有许多涉及合同的法律规范，它们同样是合同法的渊源，如《物业管理条例》。

（六）地方性法规、自治条例和单行条例

《立法法》第63条规定："省、自治区、直辖市的人民代表大会及其常务委员会根据本行政区域的具体情况和实际需要，在不同宪法、法律、行政法规相抵触的前提下，可以制定地方性法规。较大的市的人民代表大会及其常务委员会根据本市的具体情况和实际需要，在不同宪法、法律、行政法规和本省、自治区的地方性法规相抵触的前提下，可以制定地方性法规，报省、自治区的人民代表大会常务委员会批准后施行。"地方性法规的效力低于法律和行政法规，仅在相应行政区域内有效。地方性法规中与合同相关的规范是合同法的渊源。《立法法》第66条规定："民族自治地方的人民代表大会有权依照当地民族的政治、经济和文化的特点，制定自治条例和单行条例。"自治条例和单行条例可以对法律和行政法规的规定作出变通规定，但不得违背法律或者行政法规的基本原则，并且仅在相应的民族区域自治地方有效。自治条例和单行条例中与合同相关的规范是合同法的渊源。

依《合同法》第52条，违反法律和行政法规的强制性规定的合同无效。可见，地方性法规、自治条例和单行条例不能作为认定合同无效的法律依据。

二、法律解释

此处的法律解释是指有解释权的国家机关对立法所作的解释，目的在于阐释法律规范的构成要件与法律效果，以便法院正确适用。在我国，对法律的有权解释包括立法解释和司法解释，前者由立法机关行使，后者由最高人民法院行使。不过，就合同立法的法律解释而言，目前仅有司法解释，而无立法解释。最高人民法院在合同法领域颁行了数量众多的司法解释，它们均为合同法的渊源。

三、习惯法

习惯法是指社会公众对其有法的认同和法的确信，并且经国家认可的习惯。习惯法的构成要件包括：（1）有习惯的存在；（2）人人确信其有法律效力；（3）所涉内容是法律、行政法规没有规定的事项；（4）不违反公序良俗。[①] 习惯法一般是不成文法，但有的习惯法可转化为成文法，甚至编成习惯法典。

习惯法是合同法的渊源，但仅具有补充制定法的效力，不能与制定法相抵触。随着制定法的强化，习惯法不断地被吸收到制定法中，丧失了存在的独立性。

四、国际条约与国际惯例

国际条约是两个或两个以上的国家就政治、经济、贸易、军事、法律、文化等方面的

---

① 参见胡长清：《中国民法总论》，30页，北京，中国政法大学出版社，1997。

问题确定其相互间权利义务关系的协议。国际惯例又称国际习惯，是指在国际法上被接受为法律的通常做法。《民法通则》第 142 条规定："涉外民事关系的法律适用，依照本章的规定确定。中华人民共和国缔结或者参加的国际条约同中华人民共和国的民事法律有不同规定的，适用国际条约的规定，但中华人民共和国声明保留的条款除外。中华人民共和国法律和中华人民共和国缔结或者参加的国际条约没有规定的，可以适用国际惯例。"由此可见，在处理涉外合同法律关系时，我国缔结或参加的国际条约以及国际惯例是合同法的渊源。

【深度阅读】

1. 王利明．合同法新问题研究．北京：中国社会科学出版社，2011. 第一、二章
2. 王泽鉴．债法原理．北京：北京大学出版社，2009. 第一章第二节、第二章第一节
3. ［德］迪特尔·梅迪库斯著．德国债法总论．杜景林，卢谌译．北京：法律出版社，2004. 第四、五、六、七章
4. 韩世远．合同法总论．北京：法律出版社，2011. 第一章第二、三、四节
5. 黄喆．合同效力之判定与公序良俗．南京社会科学，2014（4）
6. 易军．民法公平原则理论之探讨与反思．浙江社会科学，2012（10）
7. 张铣．契约自由与私法干预．华南师范大学学报（社会科学版），2013（6）
8. 黄忠．契约自由与国家干预．华东政法大学学报，2010（5）
9. 王佐发．上市公司重整中对债权人强裁的公平原则．政治与法律，2013（2）
10. 陈桂明，杜丹．以诚实信用原则规制法官的自由裁量权．中国人民大学学报，2009（6）
11. 李永军．从契约自由原则的基础看其在现代合同法上的地位．比较法研究，2005（4）
12. 江平，程合红，申卫星．论新合同法中的合同自由原则与诚实信用原则．政法论坛，1999（1）
13. 郑强．合同法诚实信用原则比较研究．比较法研究，2000（1）
14. 于飞．论诚实信用原则与公序良俗原则的区别适用．法商研究，2005（2）
15. 桂志立．公平原则与合同的缔结．经济与法，2006（9）
16. 易军．论私法上公序良俗条款的基本功能．比较法研究，2006（5）
17. 赵万一，吴晓锋．契约自由与公序良俗．现代法学，2003（6）
18. 焦富民．论公序良俗．江海学刊，2003（4）
19. 王轶．论合同法上的任意性规范．社会科学战线，2006（5）
20. 王利明．论合同法的新发展．江海学刊，2003（2）

【问题与思考】

1. 如何认识合同法与债权法、物权法的关系？
2. 现代合同法与近代合同法的区别是什么？
3. 合同法的基本原则有哪些？
4. 如何理解合同自由原则？
5. 公平原则的具体体现有哪些？
6. 如何认识诚实信用原则在合同法中的作用？
7. 如何理解"公序良俗"？
8. 如何理解合同严守原则？
9. 我国合同法的渊源有哪些？

第三章 合同的订立与成立

导读

合同的订立是缔约当事人为意思表示并达成合意的全部过程；合同的成立是缔约当事人已经达成合意，标志着合同订立的完成。本章对合同订立与成立的相关法律制度进行了较为全面的介绍，包括典型意义上的合同订立过程——要约与承诺，几种常见的特殊缔约方式，电子合同的订立，合同成立的时间与地点，合同的内容与形式，以及缔约过失责任。在要约中，应重点掌握要约的构成要件及要约与要约邀请的区别。在承诺中，应重点掌握承诺的构成要件、承诺期间的计算及承诺的迟到问题。在特殊缔约过程中，应重点掌握格式条款缔约应遵循的法律规则。在电子合同的订立中，应重点掌握电子要约与承诺的特殊性及电子签名的作用。在合同形式中，应重点掌握合同形式的类型。在缔约过失责任中，应重点掌握缔约过失的情形及缔约过失责任的承担方式。

第一节 合同的订立与成立概述

一、合同订立与合同成立的关系

合同订立是缔约当事人为意思表示并达成合意的全部过程。缔约当事人是指在缔约过程中为意思表示，并在未来的合同中享有权利、承担义务的当事人。依《合同法》第 9 条第 2 款，缔约当事人依法可以委托代理人订立合同。意思表示是指将企图发生一定民法上效果的内心意思表示于外部的行为。合意是指缔约当事人就合同内容达成一致。合同订立是一个动态过程，一般由要约和承诺两个阶段组成。当然，一个实际的缔约过程会比较复杂，除要约、承诺外，还可能存在要约邀请、反要约等环节。本章第二、三节将重点讲述要约、承诺制度，第四节将讲述一些特殊的缔约方式。

合同成立作为合同订立的圆满结果，是指合同本身的要素已经全部具备，当事人据以使某种民事法律效果发生的行为已经全部完成。首先，合同成立意味着缔约当事人达成了合意；其次，如法律或当事人对合同成立有特别要求，则只有在符合此要求时，合同才能成立。例如，要式合同必须采用法律要求的形式。

在实践中，当事人为了缔约而进行接触、协商、谈判，但未必均能达到建立合同法律关系的目标。即使当事人因谈判破裂而终止缔约过程，也并不意味着他们此前的行为没有任何法律意义，如果当事人在谈判过程中存在过错，则可能承担缔约过失责任。因此，合同订立与合同成立是有区别的：前者强调的是缔约过程，后者强调的是合意结果。合同订立并不必然产生合同成立的结果，这一过程可能止于合同成立前的某一阶段。

有人认为合同的订立是动态行为与静态协议的统一体，合同成立是合同订立的组成部分。① 本书不同意这种观点，因为依此观点，合同订立必然导致合同成立，而这显然与实践中大量存在的只有合同订立的过程却未成立合同关系的状况不符，亦无法解释先合同义务与缔约过失存在的理由。

二、合同的成立要件

合同的成立要件是指合同成立必须具备的要素，包括一般成立要件和特别成立要件。

（一）一般成立要件

1. 双方或多方当事人

合同必须在双方或多方的特定当事人之间产生，不存在只有一方当事人的合同，或者一方当事人特定、另一方当事人不特定的合同。至于当事人是否具有相应的民事行为能力，不在本要件的考虑之列。这是因为，民事行为能力（缔约能力）是合同的生效要件而非成立要件。因此，《合同法》第二章“合同的订立”中第 9 条规定的“当事人订立合同，应当具有相应的民事权利能力和民事行为能力”，在逻辑体系上是有问题的。即使是限制行为能力人甚至无行为能力人，仍然可以订立合同，只是该合同的效力可能存在瑕疵。基于上述分析，本书认为应当将此条的核心意思规定在第三章“合同的效力”中为宜。具体内容请参见本书第四章第二节之二“合同的生效要件”。

2. 意思表示一致

当事人应对合同内容意思表示一致，即达成合意。在实践中，如何判断“合意”是一疑难问题。在此列举两种情形予以说明。（1）在缔约过程中，可能出现当事人的内心意思与对外表达的内容并不相同的情形，如甲欲以 10 000 元出售某物（内心意思），但向乙表达为“愿以 1 000 元出售某物”，乙表示同意。如就内心意思而言，甲与乙并未达成合意，合同不成立；如就表达内容而言，甲与乙则已达成合意，合同成立。对于这一问题，法律的立场是以当事人表达的内容为准认定“合意”，只要当事人双方就表达出来的内容达成一致，合同即告成立。② 这是因为，乙并不知道甲的内心意思与对外表达的内容相异，法律应优先保护乙的信赖利益，认定合同成立。不过，因甲对其表示内容存在错误，所以法律允许甲撤销合同（参见本书第四章第四节之二“可撤销合同的发生原因”的有关内容）。

---

① 参见崔建远主编：《合同法》，40 页，北京，法律出版社，2010。

② 参见王泽鉴：《债法原理》，148～149 页，北京，北京大学出版社，2009。

(2) 在缔约过程中，可能出现当事人的内心意思与对外表达的内容并不相同的情形，如对方当事人知晓其表达错误，则法律认为当事人达成合意。例如，甲欲以 10 000 元出售某物（内心意思），但向乙表达为"愿以 1 000 元出售某物"，如果乙通过此前的磋商知道甲的表达出现了错误，于是向甲表明"愿以 10 000 元购买该物"。从双方表达的内容来看，当事人并未达成合意（甲愿 1 000 元卖，乙愿 10 000 元买），但由于双方当事人的共同真意是以 10 000 元买卖此物，尽管甲没有准确地表达其内心意思，但乙并没有因此而受到影响，故法律认为当事人已经达成合意，合同成立，此即法谚所谓"错误的表示无害真意"。

如果当事人未就合同内容达成合意，合同是否成立应依具体情形而定。如果未能达成合意的内容属于合同至少应当具备的内容（即如下第 3 点"标的达到最低程度的确定"中所称的"主给付义务指向的对象及其数量"），则合同不成立。如果未能达成合意的内容属于除此之外的内容，除法律另有规定或者当事人另有约定外，合同仍然成立，当事人可以通过事后补充或者根据《合同法》第 61、62 条的规定确定合同的其他内容。

3. 标的达到最低程度的确定

在债法理论上，标的是指债务人的行为，其核心是给付，如出卖人交付标的物并转移其所有权、承运人提供运输服务。如果没有标的，即使缔约当事人达成合意，合同亦不成立。例如，甲、乙签订了如下内容的合同：经友好协商，甲、乙达成本协议。该合同因无标的而不成立。

要注意的是，《合同法》第 12 条所称"标的"的含义与上段给定的含义不符。由该条规定的上下文义观察，其所称"标的"应指用以决定合同类型的主给付义务指向的对象，如买卖合同中的出卖物、运输合同中的运输服务、委托合同中的委托事务。在学习合同法过程中切不可将二者等同。除非依特别说明，本书均依传统债法理论的理解使用"标的"一词。

标的确定是指合同的标的须自始确定或者可得而确定。基于合同自由原则，标的是由当事人约定的，属于合意的内容。不过，如果当事人约定了标的，但标的完全不确定时，合同亦无法成立。例如，甲与乙约定：甲愿赠乙一件东西，因赠与标的物不确定，该合同不成立。因此，只有在当事人对标的的约定达到最低程度的确定时，合同才可以成立。

如何判断标的是否达到最低程度的确定，《合同法》并未直接作出规定，只是于第 12 条规定合同一般要包括如下条款：当事人的名称或者姓名和住所、标的、数量、质量、价款或者报酬、履行期限、地点和方式、违约责任、解决争议的方法。该条规定的合同条款可以分为如下三类：(1) 确定当事人身份的条款，即当事人的名称或者姓名和住所；(2) 标的（给付）条款，包括该条所称的标的（主给付义务指向的对象）、数量、质量、价款或者报酬以及履行期限、地点和方式；(3) 违约救济条款，包括违约责任和解决争议的方法。《合同法》的这一规定并非强制性规范，当事人不必完全遵守。根据合同的性质、特点及当事人之间的具体交易情形，即使合同并不完全具备上述内容，亦不影响合同的成立。不过，我们无法从《合同法》第 12 条推知合同至少要具备哪些内容才能成立。对于这一问题，《合同法司法解释二》第 1 条作出了回答。依该条规定，当事人对合同是否成立存在争议时，人民法院能够确定当事人名称或者姓名、标的（应当注意，此处的"标的"与《合同法》第 12 条所称"标的"含义相同）和数量的，一般应当认定合同成立，但法律另有规定或者当事人另有约定的除外。依此规定，我们可以得出结论：对标的是否达到最低程度的确定的一般判断标准是：主给付义务指向的对象及其数量。至于质量、价款或者报酬、履行期限、地点和方式，即使当事人未作约定，也不影响对标的确定的认定及合同的成立。但是，如果法律另有规定或者当事人另有约定，则从其规定或约定。

要说明的是，《合同法司法解释二》的这一规定稍显粗糙，并未全面考虑到各类合同的具体情形。毫无疑问，该规定对于可以数量计算的给付对象是完全适用的，如可适用于买卖、赠与、借款、租赁、运输、保管合同，但能否适用于无法以数量计算的给付对象，则存在疑问，如委托合同中的委托事务。本书认为，对于此类合同，只要主给付义务指向的对象足以确定，即可认定标的达到最低程度的确定。

（二）特别成立要件

在有些情况下，根据法律规定或者当事人的约定，除上述要件外，当事人还需要完成其他行为才能使合同成立，这些行为即属于合同的特别成立要件，主要表现为两方面：（1）对于实践合同而言，需要以交付标的物或完成其他给付作为成立要件；（2）对于要式合同而言，需要以采用口头之外的某种特定形式作为成立要件。

应当注意的是，上述情形究竟属于合同的成立要件还是生效要件，我国法律的规定并不一致。例如，就实践合同而言，《合同法》第 367 条规定，保管合同自保管物交付时成立。可见该条采成立要件说。同法第 210 条规定，自然人之间的借款合同，自贷款人提供借款时生效。可见该条采生效要件说。

我国多数学者主张将交付标的物或完成其他给付作为实践合同的成立要件，将采用口头之外的某种特定形式作为要式合同的成立要件[①]，但有的学者对此表示异议。[②] 本书认为，合同的成立要件是用于解决合同的内部问题，即当事人是否已经全部完成为建立合同法律关系所需实施的各种行为。如果法律对当事人实施行为本身有要求，则应属于成立要件，而非生效要件。正如王泽鉴先生所言，特定法律行为所需要的书面、物之交付乃属该法律行为构成部分，而为其成立要件（特别成立要件）。[③] 因此，交付标的物或完成其他给付应为实践合同的成立要件，特定形式应为要式合同的成立要件。由于合同形式涉及问题较多，本书特对其进行专题探讨，具体内容请参见本章第七节之二“合同的形式”。

三、合同成立的约束力

合同成立后，当事人应受合同的约束。《合同法》第 8 条即规定，依法成立的合同，受法律保护，对当事人具有法律约束力。但是，这种约束仅具有形式意义，具体表现为当事人任何一方不得片面废止合同，但当事人意欲通过合同实现的法律效果未必发生。只有在合同具备生效要件时，这一法律效果始能发生。因此，不能将合同因成立而产生的约束力

---

① 参见王利明、房绍坤、王轶：《合同法》，34 页，北京，中国人民大学出版社，2013；崔建远主编：《合同法》，31 页，北京，法律出版社，2010；韩世远：《合同法总论》，72 页，北京，法律出版社，2011。

② 例如，李永军教授认为特定形式应为要式合同的生效要件，而实践合同依其特点，必须以标的物的实际交付为成立要件，因此应将其视为特殊的法律行为，而不应将交付标的物作为此类合同的成立要件。参见李永军：《合同法》，25 页，北京，法律出版社，2010。

③ 参见王泽鉴：《民法总则》，202 页，北京，北京大学出版社，2009。

与合同效力混为一谈。关于二者的区分，本书在第四章第一节“合同效力概述”中进行了详细的分析。

第二节　要　约

一、要约的含义

要约是一方当事人以缔结合同为目的，向对方当事人作出的意思表示。发出要约的人称为要约人，受领要约的人称为受要约人。在贸易实践中，要约又被称为发价、发盘、出盘等。一般来说，一个完整的合同订立过程包括要约和承诺两个程序，而要约是启动合同订立过程的实质性环节。没有要约，就不可能有承诺，更不可能成立合同。

大陆法系认为要约是意思表示，其目的是成立合同这一法律行为。《合同法》接受了这一观点，并于第14条规定，要约是希望和他人订立合同的意思表示。英美法系虽然没有接受意思表示和法律行为的观念，但其对要约的定义与大陆法系基本相同，如《美国第二次合同法重述》第24条将“要约”定义为“一种愿意成交的表示，这种表示是如此作出，以至于另一方有理由这样理解，即他被邀请对交易给予合意并达成交易”。

二、要约的构成要件

根据合同法理论及《合同法》第14条规定，要约只有在符合以下构成要件时，才能产生相应的法律效力。

（一）要约必须向要约人希望与之缔约的相对人发出

要约人只有向希望与之缔约的人发出要约，才有可能达到订立合同的目的。《合同法》并未对要约的相对人作出一般规定。不过，该法第15条第2款规定，商业广告的内容符合要约规定的，视为要约。由于商业广告的对象是不特定的社会公众，而《合同法》在商业广告符合要约的法律要求时，将其作为要约对待，表明了如下态度：要约的相对人既可以是特定人，也可以是不特定的社会公众。在通常情况下，要约都是向特定人（一人或数人）发出的，但实践中也存在向不特定人发出的要约，除商业广告外，还有自动售货机的设置等情形。

（二）要约的内容必须具体、确定

《合同法》第14条规定要约的内容应当具体确定。至于何为“具体确定”，该法并未作出进一步的认定。本书认为，“要约内容具体”是指要约的内容应当使当事人之间未来成立的合同具备最低程度的内容，即包含足以使合同成立的最基本条款。当然，为了使受要约人更为全面地了解要约人的缔约意图，要约内容应尽可能具体。“要约内容确定”是指要约的内容必须明确、清楚，不能含糊不清，必须使受要约人能够充分了解要约人的真实意图，从而使受要约人能够决定是否向要约人承诺。如前所述，《合同法司法解释二》第1条规定，一般情况下，只要合同包括当事人名称或者姓名、标的和数量，即可认定合同成立。这一规定可作为判断“要约内容具体确定”的基本标准，即要约至少要准确、清晰地表达

如下内容：要约人的名称或者姓名、主给付义务及其指向的对象、数量。当然，如果就特定合同而言，数量并非必需事项，即使要约未含数量内容，也可以认定要约达到了具体确定的最基本要求。

（三）要约必须具有缔约目的

要约人发出要约的目的在于和受要约人订立合同，因此，要约人应当在要约中充分表明这一意图。《合同法》第 14 条第 2 项规定，要约应当表明经受要约人承诺，要约人即受该意思表示约束，就是要求要约必须具有缔约目的。至于如何判断某一意思表示是否具有缔约目的，应根据表意人实际使用的语言、文字等情况加以确定。如果表意人不仅仅是在"考虑"、"计划"、"打算"、"准备"订立合同，而是"决定"或者"愿意"订立合同，则应认定该意思表示具有缔约目的，构成要约。例如，若甲对乙说："我打算把我的自行车卖掉，价格 200 元左右"，则甲仅是打算订立合同，而没有实际决定订立合同，因此甲的表示不构成要约。但若甲对乙说："我决定以 200 元的价格把我的自行车卖给你"，则甲已经决定和乙订立一个合同，因此甲的表示构成要约。在有些情况下，表意人虽然没有以语言、文字明示缔约目的，但根据其行为，并结合交易习惯，相对人能够合理地相信表意人具有缔约目的的，亦可构成要约。

三、要约邀请与要约的区别

（一）要约邀请的含义

要约邀请又称要约引诱、要约诱引、邀盘、虚盘，是指引诱他人向其发出要约的行为。

理论研究

要约邀请的性质

关于要约邀请的性质，存在两种见解：一是意思表示说，如《合同法》第 15 条规定，要约邀请是希望他人向自己发出要约的意思表示。二是事实行为说，如史尚宽先生认为，要约邀请为事实行为，并非意思表示，本身并不发生法律效力。[①] 虽然两种观点存在明显不同，但均认为要约邀请不是合同订立中的必经程序，不具有法律约束力。

本书认为，要约邀请既不是意思表示，亦非事实行为。第一，要约邀请不是意思表示。作为法律行为核心要素的意思表示是指向外部表明企图发生民事法律效果的意思，而要约邀请并不具有发生民事法律效果的意图，因此并非意思表示。《合同法》第 15 条将要约邀请认定为意思表示，是不妥当的。第二，要约邀请不是事实行为。史尚宽先生认为，事实行为是指基于事实之状态或经过，法律因其所生之结果，特赋以法律上效力之行为。[②] 可见，史先生认为事实行为能产生法律效力。但是，在对要约邀请的认识上，史先生一方面将要约邀请认定为事实行为，另一方面又否定要约邀请具有法律效力，明显自相矛盾。因

---

① 参见史尚宽：《债法总论》，20 页，北京，中国政法大学出版社，2000。

② 参见史尚宽：《民法总论》，303 页，北京，中国政法大学出版社，2000。

此，将要约邀请认定为事实行为，亦不可行。

本书认为，要约邀请并不具有法律效力，不是合同订立中的必需环节，只是民法理论对交易实践中要约前置环节的归纳总结，研究要约邀请的目的不是认可其在缔约过程中的地位，而是将要约与其区分开来。因此，在合同法中，要约邀请仅具有工具性作用，并非一项法律制度。

根据上述分析，要约邀请具有如下特点：

1. 要约邀请是缔约的预备行为。要约邀请人发出要约邀请是希望对方向其发出要约，是要约邀请人对他方缔约目的的试探，因此是缔约的预备行为。

2. 要约邀请没有法律意义。即使相对人接受了要约邀请，也不会因此使要约邀请具有法律约束力。

（二）典型的要约邀请

《合同法》第15条列举了要约邀请的主要表现形式：

1. 寄送的价目表

商品生产者、销售者或服务的提供者为了推销其产品、服务，经常会向公众或者特定的人寄送或发出其商品或服务的价格列表。价目表的寄送行为并不含有一经对方承诺，寄送人即受价目表内容约束的意旨，而只是希望对方向自己发出要约并经自己承诺后才成立合同。另外，价目表的内容一般都是不完备的，常常只是包含商品或服务的名称和价格，不符合要约内容应具体确定的条件。

在实践中，有时会出现寄送的价目表不仅列明商品或服务的品种、价格，而且还表明了寄送人的缔约目的。对于此类价目表，应当认定其已经符合《合同法》第14条对要约的规定，构成要约。例如，甲公司将某款汽车的价目表寄给乙，价目表印有如下内容：本价目表可作为合同书使用，如顾客愿意购买此款汽车，请在本价目表最后一页签字确认，寄回本公司。该价目表因内容具体确定，且明确表明了甲公司的缔约目的，所以应当认定为要约。

2. 拍卖公告

拍卖是指以公开竞价的形式，将特定物品或者财产权利转让给最高应价者的买卖方式。拍卖公告是指拍卖人就拍卖的时间与地点、拍卖标的、拍卖标的展示时间与地点、参与竞买应当办理的手续等所作的公开说明。《拍卖法》第47条规定："拍卖公告应当通过报纸或者其他新闻媒介发布。"拍卖公告的目的只是向公众说明拍卖的有关情况，以吸引他人参与竞买，向自己发出要约，因此，拍卖公告属于典型的要约邀请。

3. 招标公告

招投标是指由招标人向数人或公众发出招标通知或公告，在诸多投标人中选择自己最满意的投标人并与之订立合同的方式。招标公告是指在招投标程序中招标人依法向公众作出的关于招标项目的公告或者是向特定人发出的投标邀请书。招标公告的目的在于邀请他人向自己发出要约，因此属于典型的要约邀请。

4. 招股说明书

招股说明书是股票发行人按照法律的要求，就招股的有关事项进行的必要说明，其目的是吸引投资者向股票发行人发出购买股票的要约，因此属于要约邀请。

5. 商业广告

商业广告是指商品经营者或者服务提供者承担费用，通过一定媒介和形式直接或者间接地介绍自己的商品或者服务的广告。因此，商业广告的目的是吸引他人购买商品经营者或服务提供者的商品或服务，故一般属于要约邀请。不过，如果商业广告的内容符合《合同法》有关要约的规定，则视为要约。

（三）要约与要约邀请的区别

1. 目的不同

要约是要约人希望受要约人与其订立合同的意思表示，而要约邀请是要约邀请人希望相对人向其发出要约的表示。至于在实践中如何判断当事人的目的，本书认为主要应当根据当事人使用的措辞加以认定。如果是使用诸如“你是否愿意…”、“你是否有兴趣…”等措辞，则应当认定当事人的意图是开始与另一方协商，仅构成要约邀请。如果是使用诸如“我请求…”、“我愿意……”等措辞，则应当认定该当事人的意图是发出要约。

2. 后果不同

要约一经受要约人承诺，要约人就受基于其要约而成立的合同的约束，但要约邀请对行为人并无约束力。

3. 内容的确定性程度不同

要约的内容要求“具体确定”，并要表明一经受要约人承诺，要约人即受该意思表示的约束；而要约邀请并无确定的内容，基本交易条件不明确、不完备，有选择和协商的余地。

典型案例

甲服装厂诉乙商场买卖合同纠纷案

某年3月，乙商场欲购进春装，遂向数家服装厂发去传真，称本商场欲购进春装，如有新款，请附图样及说明，本商场将派人前往洽谈。数家服装厂均给乙商场回电，并寄去图样及说明。甲服装厂不仅寄去图样及说明，还送了100套服装到乙商场。乙商场在看货之后，因不满意而决定不购买。甲服装厂遂诉至法院，认为乙商场向自己发来的传真属要约，自己送货上门的行为属承诺，合同成立。乙商场拒收服装是违约行为，应承担违约责任。乙商场则认为自己发出的传真属于要约邀请，甲服装厂的送货行为不是承诺，无权要求自己购买服装，应自负送货的损失。

在本案中，乙商场发出的传真是要约还是要约邀请？

要区分一份传真的性质是要约还是要约邀请，必须要看其是否符合法律对要约的要求。在本案中，乙商场在传真中称“本商场欲购进春装，如有新款，请附图样及说明，本商场将派人前往洽谈”，表明乙商场发出传真的目的是请求有订约意向的服装厂向其发出要约，该传真在性质上应属要约邀请。即使甲服装厂寄送了服装图样及说明，甚至将服装送至乙商场，其行为也不构成承诺，当事人之间没有成立合同。由于合同尚未成立，因而乙商场无须对甲服装厂承担违约责任。

四、要约的形式

要约的形式又称要约的方法，是指要约人发出要约的方式。《合同法》并未就要约的形式作出明确规定。本书认为，要约是希望和他人订立合同的意思表示，且要约为须受领的意思表示，要约人应使受要约人了解要约的内容，因此一般应当采取口头或书面等明示形式。口头形式既包括当面提出，也包括通过语音形式远距离提出。书面形式既包括传统的合同书、信件、传真、电报等形式，也包括电子数据交换、电子邮件等新兴的信息传递方式。另外，要约人还可以通过实施某种特定行为（默示形式）发出要约，如自动售货机的设置。但是，单纯的沉默不能作为要约的形式。

在实践中，往往存在一些难以确定是否属于要约的情形，因此有必要加以分析。

（一）标价商品的陈列

标价商品的陈列是指标有确定价格的商品陈列在交易场所的柜台或货架上，供他人选购，如超市或自助商店中摆放的标价商品。大陆法系通常认为该行为是要约，而英美法系则认为是要约邀请。本书认为，商家陈列的标价商品面向广大消费者，如果将其视为要约邀请，会导致商家利用其优势地位选择消费者，破坏交易的公平性。因此，标价商品的陈列宜作为要约对待。应当注意的是，顾客将商品放入购物车（篮）中的行为并不构成承诺，其仍可以随时将商品放回。这是因为，顾客的承诺应向商店主人或工作人员作出，因此顾客将商品交与收银员结账的行为才构成承诺，此时合同才成立。

（二）自动售货机的设置

对于设置自动售货机的行为，无论大陆法系还是英美法系均认为其为要约，我国学理上也普遍认为应当将其解释为向不特定人发出的要约。当自动售货机被设置于某一场所，装有待售的货物并能正常运营时，要约生效。顾客投入货币，合同即告成立。如果自动售货机出现故障或者无待售货物时，要约失效，顾客虽投入货币，仍不能成立合同。[①] 对于投入的货币，顾客可要求返还。

（三）特殊的商业广告

商业广告的性质一般为要约邀请，不过，《合同法》第 15 条第 2 款规定，商业广告的内容符合要约规定的，视为要约。所以，应根据商业广告的内容确定其为要约还是要约邀请。商业广告的通常目的仅仅是吸引消费者购买广告宣传的商品或服务，此类商业广告即为要约邀请。如果商业广告含有使合同成立的确定内容，且表明广告所指向的商品或服务的提供者希望订立合同的愿望，一经承诺即愿接受广告内容的约束，此类商业广告即为要约。因此，商业广告发布人可以通过其特别表示改变广告的法律性质。一般来说，发布人通常会采用以下三种方式表明该商业广告具有要约的性质：(1) 在商业广告中明确写明其为要约，如标明“本商业广告构成要约”。(2) 在商业广告中表明发布人订立合同的愿望，如标明“绝对保证现货供应”。(3) 在商业广告中表明只要相对人作出了指定的行为，合同就成立。

---

① 参见王泽鉴：《债法原理》，123 页，北京，北京大学出版社，2009。

典型案例

李某与某房地产公司买卖合同纠纷案

某房地产公司（以下简称公司）在其散发的销售广告和宣传彩页中除介绍该公司开发建设的某小区位置、面积、销售时间等内容外，还载有“本市唯一一家配置室内进口中央空调、唯一一家配置六部进口快捷购物扶梯”及“德国沃克斯大跨度自动扶梯”、“美国约克中央空调”等关于配套设施的描述。李某看到公司的宣传资料后，认为该小区品质优良，遂与其签订商品房买卖合同一份，约定李某购买公司开发的某小区商品房一套，总价50万元。合同签订当日，李某向公司支付了全部房款。后公司将该房交付李某占有、使用，但交付的电梯却为浙江沃克斯电梯有限公司生产，空调为约克（无锡）空调冷冻设备有限公司提供。李某以公司的广告宣传内容和实际履行不一致，构成违约为由提起诉讼，要求赔偿损失，并继续履行未履行的合同。

公司散发的销售广告和宣传彩页是要约还是要约邀请？本案应如何处理？

《合同法》第15条规定，在通常情况下，商业广告应为要约邀请，其目的是通过介绍商品或服务的内容、品质、功能等，吸引他人发出要约。房屋销售广告也不例外。

近年来，房地产市场发展迅猛，但竞争也非常激烈。各家房地产公司为了尽快将房屋销售出去，往往在销售广告中作出许多承诺，如购房送车库、小区绿地面积2万平方米、使用进口空调。但是，由于这些承诺并未载入房地产公司与购房人之间所订合同之中，当购房人以销售广告为依据，要求房地产公司兑现承诺时，后者往往以其承诺并非合同内容为由予以拒绝。为了解决这一问题，最高人民法院于2003年4月28日发布了《商品房买卖司法解释》，其第3条规定：“商品房的销售广告和宣传资料为要约邀请，但是出卖人就商品房开发规划范围内的房屋及相关设施所作的说明和允诺具体确定，并对商品房买卖合同的订立以及房屋价格的确定有重大影响的，应当视为要约。该说明和允诺即使未载入商品房买卖合同，亦应当视为合同内容，当事人违反的，应当承担违约责任。”可以说，该规定是对《合同法》第15条第2款规定“商业广告的内容符合要约规定的，视为要约”在商品房买卖领域的落实和具体化。

在本案中，公司散发的销售广告和宣传彩页在整体上应视为要约邀请，因为该商业广告是为了宣传公司开发的房地产项目，并介绍售房的具体事宜，目的是吸引他人向其发出购房的要约。不过，这些宣传材料中关于配套设施的描述如“本市唯一一家配置室内进口中央空调、唯一一家配置六部进口快捷购物扶梯”及“德国沃克斯大跨度自动扶梯”、“美国约克中央空调”等内容具体确定，且对李某决定购买该小区房屋具有重大影响，因此应当依《合同法》第15条第2款及《商品房买卖司法解释》第3条，将其视为要约，构成李某与公司之间商品房买卖合同的组成部分。由于公司交付的电梯和中央空调并非进口，与合同不符，属于违约行为，且根据本案案情，公司不可能继续履行该义务，因而应当赔偿李某因此受到的损失。

（四）悬赏广告

悬赏广告是指以广告声明对完成一定行为之人给予报酬，如登报悬赏寻找丢失的财物或走失的老人、提供犯罪嫌疑人线索等。目前，悬赏广告已经广泛存在于我国社会中，但对悬赏广告的法律性质仍有争议。

理论研究

悬赏广告的性质

对于悬赏广告的性质，民法理论上有两种学说：一是要约（合同）说，二是单方法律行为说。

要约（合同）说认为悬赏广告是对不特定人的要约，相对人通过完成悬赏广告要求的行为予以承诺，从而成立合同，广告人负有支付报酬的义务，行为人享有请求报酬的权利。我国台湾地区“民法”采要约（合同）说。① 英美法系也认为悬赏广告是一种单方合同，即一方作出意思表示，他方以行为来完成的合同。②

单方法律行为说认为悬赏广告是因广告人单方的意思表示而负担债务，相对人无须承诺，仅需完成悬赏广告要求的行为。在立法上，德国采单方法律行为说。《德国民法典》第657条规定：“以公开的广告的方式，对于实施某一行为特别是对于引起某一结果而悬赏的人，有义务向实施了该行为的人支付报酬，即使行为人未顾及悬赏广告而实施行为，亦同。”

《合同法》仅规定了商业广告的性质，但未就悬赏广告作出规定。在司法实践中，见解并不一致。在“李珉诉朱晋华、李绍华悬赏广告酬金纠纷上诉案”中，二审法院认为被上诉人明确表示一周内有知情送还者酬谢15 000元，系向社会不特定人的要约，上诉人在广告规定的一周内完成了广告指定的送还公文包的行为，则是对广告人的有效承诺，从而在当事人之间形成了民事法律关系，即债权债务关系。③ 可见，审理本案的法官对悬赏广告采要约（合同）说，并认为悬赏广告人与送还公文包的行为人之间成立合同关系。

在“鲁瑞庚诉东港市公安局悬赏广告纠纷案”中，二审法院认为发布悬赏广告是一种法律行为，即广告人以广告的方式发布声明，承诺对任何按照声明的条件完成指定事项的人给予约定的报酬。④ 可见，审理本案的法官对悬赏广告采单方法律行为说，广告人基于其意思表示即负担债务。

我国学者对悬赏广告的性质亦有要约（合同）说和单方法律行为说两种见解⑤，且任何一种立场均未形成明显优势。

---

① 参见王泽鉴：《债法原理》，200页，北京，北京大学出版社，2009。

② 参见杨桢：《英美契约法论》，10、47页，北京，北京大学出版社，2007。

③ 参见《中华人民共和国最高人民法院公报》，68页，1995（2）。

④ 参见最高人民法院办公厅编：《中华人民共和国最高人民法院公报》（2003年卷），323页，北京，人民法院出版社，2004。

⑤ 持单方法律行为说者如：王利明：《合同法新问题研究》，120页，北京，中国社会科学出版社，2011；李永军：《合同法》，76页，北京，法律出版社，2010。持要约（合同）说者如崔建远主编：《合同法》，46页，北京，法律出版社，2010；韩世远：《合同法总论》，81页，北京，法律出版社，2011。

为了解决悬赏广告的法律适用问题，《合同法司法解释二》第3条规定："悬赏人以公开方式声明对完成一定行为的人支付报酬，完成特定行为的人请求悬赏人支付报酬的，人民法院依法予以支持。但悬赏有合同法第五十二条规定情形的除外。"如何理解这一规定，学者间有两种见解：一种观点认为该司法解释是对《合同法》的解释，因此应当认定其对悬赏广告采要约（合同）说。另外一种观点则认为，该规定并未就悬赏广告是双方当事人的合同还是悬赏人的单方法律行为作出明确认定，不能简单地认为该条已经将悬赏广告纳入合同的范畴。[①] 该司法解释的起草者则认为，当然可以解释为该条对悬赏广告采用了合同说，但这只是对悬赏广告的原则性规定，是使悬赏广告能够取得普遍效力的法律依据，该规定过于简单，法官处理各类悬赏广告案件时必须充分进行解释，准确把握悬赏广告制度全部内涵和体系结构，以避免简单采合同说而忽视特别情形的规制。[②] 可见，起草者亦不建议法官在处理悬赏广告案件时，无视具体情形，将其全部纳入合同法的调整范围。

本书认为，将悬赏广告认定为单方法律行为具有如下优点：（1）广告人发布悬赏广告后，就应受其约束，不得随意撤回或撤销悬赏广告，亦不得随意变更悬赏广告的内容，这样更有利于保护行为人。（2）有利于保护不知情的行为人。即使行为人不知道悬赏广告的存在，但只要其完成了悬赏广告指定的行为，就可以向广告人主张报酬请求权。（3）有利于保护无民事行为能力人。这是因为，如果认为悬赏广告是单方法律行为，则完成悬赏广告指定的行为属于事实行为，不要求行为人具有相应的民事行为能力，即使是无民事行为能力人亦可实施该行为，并可请求广告人支付报酬。不过，从司法实践观察，我国法官更习惯于从合同的角度对待悬赏广告，这也是《合同法司法解释二》如此规定的重要原因。不可否认，将悬赏广告全部纳入合同法的范畴，无法合理保护上述第（2）、（3）种情况下不知情行为人和无民事行为能力人的利益。因此，可以将此司法解释理解为：在大多数情况下，将悬赏广告视为要约，从而按照《合同法》的有关规定处理，既可使此类案件得到妥善解决，也符合我国大多数法官的思维习惯。不过，如果依《合同法》无法合理处理（尤其是当行为人为无民事行为能力人）时，则可以将悬赏广告认定为单方法律行为。该司法解释对悬赏广告的规定并不意味着争议的终结，也不代表我国立法机关的立场，问题的最终解决恐怕还要留待我国制定民法典之时。从合同角度分析，悬赏人发布悬赏广告为要约，行为人完成悬赏广告要求的行为为承诺。从单方法律行为角度分析，该法律行为在悬赏人发布广告时成立，并以他人完成广告指定的特定行为作为生效的条件。

五、要约的效力

要约的效力又称要约的约束力、要约的拘束力，是指具备所有构成要件的要约对要约人和受要约人产生的法律约束力。

（一）要约的生效时间

要约的生效时间决定了要约何时产生法律效力。要约的生效时间依不同情形而有所不

---

① 参见王利明：《合同法新问题研究》，119～120页，北京，中国社会科学出版社，2011；李永军：《合同法》，77页，北京，法律出版社，2010。

② 参见沈德咏、奚晓明主编：《最高人民法院关于合同法司法解释（二）理解与适用》，41～42页，北京，人民法院出版社，2009。

同：(1) 如果要约是向特定人发出的，则要约的生效时间应根据其形式而定：1) 如果以对话的明示方式作出要约，则要约自受要约人了解时生效，此即了解主义原则。2) 如果以非对话的明示方式作出要约，则要约自到达受要约人时生效，此即到达主义原则。所谓“到达受要约人”，并不苛求要约一定交付到受要约人或其代理人手中，只要送达到受要约人所能控制并应当能了解的地方，即视为到达受要约人，如将载有要约的信件放入受要约人的信箱（至于采用数据电文形式订立合同时的“到达时间”如何确定，请参见本章第五节之三“电子要约”的有关内容）。3) 如果以行为作出要约，则要约自行为作出之时生效。(2) 如果要约是向不特定人发出的，则要约的生效时间分为两种情况：1) 如要约采用分别投寄的方式，则要约自到达受要约人时生效。2) 如要约采用广播、电视等途径作出时，则要约自发出之时生效。

《合同法》第 16 条第 1 款就要约生效时间统一规定为“到达受要约人时生效”，并没有考虑到不同情形的要约，生效时间亦不相同，有欠妥当。

(二) 对要约人的效力

要约对要约人的效力又称要约的形式效力，是指要约一经生效，即对要约人产生约束力，要约人不得随意撤销要约，亦不得对要约加以限制、变更或扩张。要约的此种效力是为了保护受要约人的利益，维护交易的安全和秩序。

(三) 对受要约人的效力

要约对受要约人的效力又称要约的实质效力或承诺适格，是指在要约生效之时，受要约人享有对要约进行承诺的权利，受要约人既可以作出承诺，也可以不作出承诺。一经受要约人承诺，合同即告成立。应当注意的是，在强制缔约的情况下，承诺是法定义务。①

(四) 要约的存续期间

要约的存续期间又称承诺期间（《合同法》称为承诺期限），既是要约人受约束的期间，也是受要约人作出承诺的期间。因这一期间对受要约人的承诺更有意义，故本书将其放入“承诺”一节中探讨。

六、要约的撤回与撤销

(一) 要约的撤回

要约的撤回是指要约人阻止要约生效的意思表示。要约人在发出要约后，可能会因另有考虑而不愿让要约发生法律效力。法律为了兼顾要约人和受要约人的利益，在允许要约人撤回要约的同时，为撤回要约设定了时间限制。《合同法》第 17 条规定：“要约可以撤回。撤回要约的通知应当在要约到达受要约人之前或者与要约同时到达受要约人。”因此，要约可通过两种方式被撤回：(1) 撤回要约的通知先于要约通知到达受要约人；(2) 撤回要约的通知与要约通知同时到达受要约人。只要撤回的通知符合上述两种情形，即可产生撤回要约的效力。被撤回的要约无论对要约人，还是对受要约人都不产生效力。另外，要约撤回本身不得作为撤回的对象。②

---

① 参见崔建远主编：《合同法》，48 页，北京，法律出版社，2010。

② 参见韩世远：《合同法总论》，86 页，北京，法律出版社，2011。

关于要约的撤回，有两种特殊情形值得讨论：（1）向不特定人发出的要约是否存在撤回的可能性。当该要约采用分别投寄的方式时，则撤回要约的通知亦应分别寄送各受要约人，且应先于要约到达或与要约同时到达。当该要约采用广播、电视等途径作出时，一经作出即视为到达受要约人而生效，因此不可能撤回。[①] 另外，自动售货机亦为一经设置并正常运行即生效地向不特定人发出的要约，同样不能撤回。（2）以电子数据交换或电子邮件等数据电文形式发出的要约是否存在撤回可能性。对此，请参见本章第五节之三“电子要约”的有关内容。

（二）要约的撤销

要约的撤销是指要约人使要约丧失法律效力的意思表示。对于要约人是否享有要约的撤销权，各国法学界是有争议的。要约已经生效，受要约人因此产生对要约的信赖利益，而要约的撤销往往不利于受要约人，所以各国法律对要约的撤销作出了较为严格的限制。《合同法》原则上允许要约人撤销要约，但也作了一些限制性规定。

《合同法》第 18 条规定，要约人可以撤销要约，但撤销要约的通知应当在受要约人发出承诺通知之前到达受要约人。要约一经撤销，即丧失法律效力。

并非所有的要约均可被撤销，《合同法》第 19 条规定：“有下列情形之一的，要约不得撤销：（一）要约人确定了承诺期限或者以其他形式明示要约不可撤销；（二）受要约人有理由认为要约是不可撤销的，并已经为履行合同作了准备工作。”下面对此三种情形逐一进行分析：

（1）要约人在要约中确定了承诺期间。要约人确定承诺期间表明要约人愿意在此期间内维持要约的效力，等待受要约人进行承诺，受要约人亦会因此产生对这一期间的合理信赖，因此法律要求要约人在承诺期间内不得行使撤销权。

（2）要约人明示要约是不可撤销的。此种情形是指要约人虽然没有确定承诺期间，但以口头或书面形式表明要约是不可撤销的，主要包括：要约含有不可撤销的表述，如“本要约为不可撤销要约”；要约人坚持要求受要约人答复，如“务必回复贵公司的意见”。但是，要约人明示要约不可撤销，并不等于要约永远有效。在要约没有确定承诺期间时，如要约以对话方式作出，则受要约人应当即时承诺，但当事人另有约定的除外；如要约以非对话方式作出，则承诺应当在合理期间内到达。如果承诺未在上述期间内到达，则要约自动失效。

（3）受要约人有理由认为要约是不可撤销的，并已经为履行合同做了准备工作。首先，在理解“受要约人有理由认为要约是不可撤销”的情形时，不应以受要约人自己的表述、受要约人的实际认识能力为判断标准，而应当以一个理性人的能力作为判断标准。[②] 其次，受要约人为履行合同做了准备工作表明受要约人对要约产生了信赖，并以此为基础，为将来要达成的合同做了准备。这种信赖和信赖支配下的行为应当受到保护。

要约不得撤销并不等于要约人必须无条件地按照要约的内容履行，而是指要约人在上述情况下撤销要约违反了《合同法》的规定。由于此时合同还未成立，尚处于缔约阶段，

---

① 参见韩世远：《合同法总论》，86 页，北京，法律出版社，2011。

② 参见崔建远主编：《合同法》，49 页，北京，法律出版社，2010。

如要约人因撤销要约而导致受要约人的信赖利益损失，要约人应承担缔约过失责任。

（三）要约的撤回与要约的撤销的异同

二者的相同点在于：都是为了取消原来的要约，都属于要约阶段的意思表示，必须在受要约人作出承诺之前实施。二者的区别在于：（1）在结果上，要约的撤销是使要约的效力消灭，要约的撤回是使要约不产生效力。（2）在时间上，要约的撤销须在要约生效之后实施；要约的撤回则须在要约生效之前实施。

七、要约的失效

要约失效是指要约不再对要约人和受要约人具有法律效力，要约人不再受要约的拘束，受要约人丧失承诺权利。

《合同法》第20条规定，在如下情况下，要约失效：

1. 拒绝要约的通知到达要约人

要约的拒绝是指受要约人向要约人明确表明不接受要约。在拒绝要约的通知到达要约人时，要约失效。需要特别说明的是，要约因拒绝而消灭，一般发生在要约向特定人发出的情形。对不特定人发出要约，如标价商品的陈列，不会因为某个特定人的拒绝表示而失效。

2. 要约人依法撤销要约

依法撤销要约包括两个方面：一是指符合《合同法》第18条规定的要件，即撤销要约的通知应当在受要约人发出承诺通知之前到达受要约人；二是指被撤销的要约不属于《合同法》第19条规定的情形。在被依法撤销后，要约失效。

3. 承诺期间届满，受要约人未作出承诺

如果要约确定了承诺期间，而受要约人未在此期间内作出承诺，则要约失效。如果要约没有确定承诺期间，则分为两种情形：在要约以对话方式作出时，除另有约定外，受要约人没有即时作出承诺，则要约失效；在要约以非对话方式作出时，受要约人没有在合理的期间内作出承诺，则要约失效。

4. 受要约人对要约的内容作出实质性变更

《合同法》第30条规定，如果受要约人对要约的内容作出实质性变更，则视为受要约人向要约人发出了新的要约，原要约失效。

理论研究

要约人、受要约人死亡或者丧失民事行为能力时要约的效力

在要约人发出要约之后，如果要约人、受要约人死亡或者丧失民事行为能力，要约的效力如何，值得研究。有人认为，对这一问题的回答应依赖于案件的具体情况，特别是依赖于当事人的个人品格和能力，这与有关合同有密切关系。① 对于这个问题，《合同法》及

① 参见［德］海因·克茨：《欧洲合同法》（上），周忠海等译，35页，北京，法律出版社，2001。

我国其他民事立法均未作出规定，本书拟分情况予以讨论。

1. 要约人死亡或丧失民事行为能力

对于要约人死亡是否导致要约失效，我国学者一般认为应视具体情形而定[①]，本书亦同意这一见解。一般情况下，即使要约人死亡，仍应维持要约的效力，受要约人仍可作出承诺而成立合同。这是因为，虽然要约人死亡，但应适当考虑其继承人及受要约人的利益。如要约人有继承人存在，且受要约人并不知道要约人死亡，则应继续维持要约的效力。不过，如果要约的内容具有人身专属性，无法由要约人的继承人承继，则要约失效。正如王泽鉴先生所言，若合同仅为要约人本身而订立时，如画像、病中看护、委办外出观光，则要约应因要约人死亡而消灭。[②]

至于要约人丧失民事行为能力时要约的效力，也应按上述原则处理。

2. 受要约人死亡或丧失民事行为能力

一般而言，如受要约人在要约发出后、未到达之前死亡，则因受要约人已经死亡，无法受领要约，要约将不发生效力。不过，如果要约并不注重个人因素，则可以解释为要约人对受要约人的继承人仍有要约的意思，要约可对其生效。如果受要约人在要约到达后死亡，虽然其已经受领要约，但仍无可能作出承诺，至于要约是否对其继承人产生效力，则可依上述原则处理。

要约的效力原则上不因受要约人丧失民事行为能力而受影响，要约在到达受要约人的法定代理人时生效，且可由其法定代理人代为承诺。不过，如果当事人意欲订立的合同要求受要约人须具有民事行为能力（如聘请其担任公司董事），则其法定代理人不能代其承诺，要约失效。

3. 作为要约人或受要约人的法人或非法人组织终止

通说认为，在要约人或受要约人为法人时，如法人终止，要约便随之消灭。

在要约人或受要约人为非法人组织时，如非法人组织终止，要约能否随之终止，应视情况而定。如非法人组织为法人的分支机构，则应由法人承继要约人或受要约人的地位，要约不因此失效。如非法人组织为合伙企业或个人独资企业等经营体，则要约因非法人组织终止而失效。

第三节　承　诺

一、承诺的含义

承诺是指受要约人同意要约，决定与要约人订立合同的意思表示。从合同成立的角度看，承诺是合同成立的关键阶段，有效的承诺一经到达要约人，合同即告成立。

---

① 参见李永军：《合同法》，94页，北京，法律出版社，2010；韩世远：《合同法总论》，96页，北京，法律出版社，2011；崔建远主编：《合同法》，49～50页，北京，法律出版社，2010。

② 参见王泽鉴：《债法原理》，136页，北京，北京大学出版社，2009。

二、承诺的构成要件

根据合同法理论及《合同法》的相关规定，承诺只有在符合以下构成要件时，才能产生相应的法律效力。

（一）必须由受要约人向要约人作出

这一要件包含两个方面的意思：

1. 承诺须由受要约人作出

要约的一项重要效力是使受要约人享有承诺权利。这一权利具有专有性，受要约人不得将其转让给他人。因此，只有受要约人才可以向要约人作出承诺。当然，受要约人可通过其代理人作出承诺。

当受要约人为特定人时，承诺就由该特定人作出；而当受要约人为不特定人时，任何一个不特定人均可作出承诺。

2. 承诺须向要约人作出

承诺是对要约的回应，且承诺一经生效，合同便告成立。如果受要约人不是向要约人作出承诺，则要约人并没有收到受要约人同意订立合同的意思表示，要约和承诺未能结合，要约人与受要约人未达成合意，合同无法成立。因此，承诺只有向要约人作出才有意义，才可以发生承诺应有的法律效力。

（二）必须表明受要约人决定与要约人订立合同的意思

要约必须具有缔结合同的目的，承诺同样也要明确表明这一意思。本书认为可依据如下因素认定承诺是否具有订立合同的意思：（1）承诺通知所用语言文字的确定性。（2）如承诺通知存在不确定之处，则可利用交易习惯、公平和诚实信用原则认定受要约人是否具有订立合同的意思。

（三）未对要约作出实质性变更

两大法系的传统理论均认为承诺必须在内容上与要约一致。大陆法系认为，如果受要约人在承诺中对要约内容作出了任何变动，则不构成承诺，而是对要约的拒绝。如果满足了要约的条件，则构成反要约。英美法系则采用镜像规则（mirror rule），要求承诺的内容就如镜子中反射出的要约内容一样，不应有任何区别。

但是，这种绝对要求承诺和要约内容一致的原则阻碍了交易的达成，各国法律逐渐改变了这一僵化的做法，采取了灵活的态度，允许承诺对要约作出非实质性的添加、限制或其他更改。《合同法》第 30、31 条接受了这一变化。

作为一般规则，《合同法》要求承诺的内容应当与要约的内容一致。但是，承诺对要约的内容作出非实质性变更的，除要约人及时表示反对或者要约表明承诺不得对要约的内容作出任何变更的以外，该承诺有效，合同的内容以承诺的内容为准。虽然在此情形中，承诺与要约并不完全一致，但由于承诺对要约作出的是非实质性变更，基于提高交易效率的考量，承诺仍然有效，合同成立，且合同内容以承诺的内容为准。

如果受要约人对要约的内容作出实质性变更的，则视为新要约，缔约程序并未完成，当事人之间尚未成立合同。《合同法》第 30 条规定，有关合同标的、数量、质量、价款或者报酬、履行期限、履行地点和方式、违约责任和解决争议方法等的变更，是对要约内容的实质性变更。

三、承诺的形式

承诺的形式是指受要约人作出承诺所采取的方式。一般而言，承诺应以明示（如口头、书面）形式作出，如对甲的要约，乙以口头或书面形式表示“完全同意贵公司提出的合同条件”。以默示（特定行为）形式作出承诺的情形较为少见，一般只有在根据交易习惯或者要约表明可以此形式作出承诺时存在，如搭乘公共汽车。单纯的沉默不能表示任何意思，因此一般不构成有效的承诺。但是，在特定的情况下，根据当事人的约定或交易习惯，沉默也可以构成承诺。

一般来说，如要约未指定承诺的形式，承诺应当以不要式为原则。[①] 受要约人可依缔约具体情形及交易习惯等因素，采用适当的方式作出承诺。至于承诺是否必须采取与要约相同的形式，本书认为，除非要约人另有要求，否则承诺不必以同一方式作出。例如，对书面要约，受要约人可以口头承诺。有人认为，在要约人指定了承诺形式时，不一定要求受要约人采用指定的形式进行承诺，只要其采用的承诺方式比要约中指定的承诺方式更为方便、快捷到达要约人处即可。[②] 本书不同意这种观点，因为方便、快捷并非要约指定承诺方式的唯一原因，既然要约指定了承诺方式，法律就应当尊重当事人的意思自治。承诺作为受要约人同意要约的意思表示，亦应包括同意要约指定的承诺形式。因此，未按要约指定的形式作出的承诺，不能发生承诺的法律效力。当然，如果要约人接受了未按指定形式作出的承诺，法律亦应尊重当事人的意思自治，认可承诺的效力。

四、承诺期间

承诺期间是指受要约人所作承诺到达要约人的期间。

如果要约人确定了承诺期间，则法律尊重其意思。受要约人应当在此期间内作出承诺，否则要约失效。要约人可以延长承诺期间，但不得缩短，以保护受要约人的利益。

要约人主要以两种方式确定承诺期间：(1) 确定截止时间，如“务必于 2011 年 4 月 30 日之前承诺”。至于该日期是承诺发出的最后日期，还是承诺到达的最后日期，本书认为应探求要约人的意思加以认定。如有疑义，应理解为后者，较为符合要约人的利益。(2) 确定某一存续时间，如“务必于 10 天内承诺”。至于该“10 天”时间是从要约发出之时起算，还是从要约到达之时起算，《合同法》第 24 条作出了如下规定：“要约以信件或者电报作出的，承诺期限自信件载明的日期或者电报交发之日开始计算。信件未载明日期的，自投寄该信件的邮戳日期开始计算。要约以电话、传真等快速通信方式作出的，承诺期限自要约到达受要约人时开始计算。”

如果要约没有确定承诺期间，则应依要约形式确定：(1) 如果要约是以对话方式作出的，则受要约人应当即时作出承诺。所谓“即时作出承诺”，是指依据一般交易观念及当时具体情形，受要约人尽可能迅速地作出承诺。例如，当甲以电话向乙作出要约时，乙应在

---

① 参见王利明：《合同法新问题研究》，91 页，北京，中国社会科学出版社，2011。

② 参见崔建远主编：《合同法》，52 页，北京，法律出版社，2010。

通话中作出承诺，但如电话中断，乙在电话再次接通后作出承诺，亦属于“即时作出承诺”。不过，如当事人另有约定，则不受上述法律规则的限制。例如，甲以电话向乙作出要约，并称乙不必急于答复或乙向甲表示先考虑一下再作答复，且得到对方同意，则乙无须即时作出承诺。(2) 如果要约是以非对话方式作出的，承诺应当在合理期间内到达。这一合理期间包括三个部分：要约到达受要约人的时间、受要约人考虑承诺的必要时间、承诺通知到达要约人所需时间。前后两个阶段均易确定，中间阶段则应依当事人间交易习惯、合同类型、受要约人的性质等因素，依通常情形加以认定。受要约人的特殊情形，如周末度假、生病、出差等，如为要约人所知时，亦应在考虑范围之内。[①]

五、承诺的生效

承诺的生效是指承诺对要约人和受要约人产生法律约束力，合同因此而成立。可见，承诺的生效在合同成立中具有决定性的意义。

（一）承诺的生效时间

承诺的生效时间是指承诺于何时开始产生法律效力。

《合同法》第 26 条规定：“承诺通知到达要约人时生效。承诺不需要通知的，根据交易习惯或者要约的要求作出承诺的行为时生效。采用数据电文形式订立合同的，承诺到达的时间适用本法第十六条第二款的规定。”本书认为这一规定不太全面，承诺的生效时间应依承诺的形式而有所不同：(1) 如果以对话的明示方式作出承诺，则承诺自要约人了解时生效，此即了解主义原则。(2) 如果以非对话的明示方式作出承诺，则承诺自到达要约人时生效，此即到达主义原则。不过，两大法系在这一问题上存在不同的处理方法。大陆法系采到达主义，而英美法系则根据具体情形而定：对于邮寄承诺和电报承诺采投邮主义，即以受要约人将信件投入邮筒或将电报交付邮局发送时为承诺生效时间；对于实时同步传递承诺采到达主义。[②]《合同法》统一采到达主义原则。(3) 如果以行为作出承诺，则承诺亦应自到达要约人时生效，如顾客在超市购物，只有在顾客将所购商品携至收款台结账时，顾客的承诺才生效。但是，如果根据交易习惯或者要约的要求，承诺不需要通知的，则自受要约人作出可认定为承诺的特定行为时，承诺生效。此即德国民法理论所称“意思实现”，本章第四节之五“意思实现”将另行分析。(4) 如果以单纯的沉默作出承诺，则承诺在当事人约定的期间或合理期间经过后生效。

（二）承诺生效的法律意义

承诺生效的法律意义在于合同于此时成立，一旦承诺生效，要约人和受要约人之间便产生合同法律关系。不过，这只是一般规则。如果合同为要式合同，则合同尚需以特定形式作为成立要件。如果合同为实践合同，则合同尚需以当事人交付标的物或完成其他给付（特定行为）作为成立要件。对于这两类合同的成立时间，应依承诺生效与采取特定形式或实施特定行为的时间先后顺序而定，合同并不一定在承诺生效时成立。

---

① 参见王泽鉴：《债法原理》，135～136 页，北京，北京大学出版社，2009。

② 参见崔建远主编：《合同法》，53 页，北京，法律出版社，2010。

六、承诺迟到

承诺迟到是指承诺未于承诺期间内到达要约人，包括两种情形：一是因受要约人的迟延而导致承诺迟到，又称通常的承诺迟到；二是因客观原因而导致承诺迟到，又称特殊的承诺迟到。

（一）通常的承诺迟到

通常的承诺迟到是指受要约人未及时作出承诺，导致承诺在承诺期间届满后才到达要约人。

《合同法》第 28 条规定，对于通常的承诺迟到，除要约人及时通知受要约人该承诺有效的以外，受要约人所作意思表示为新要约，不构成有效的承诺。可见，法律赋予要约人是否承认迟到承诺的权利。如果要约人愿意认可迟到的承诺仍具有有效承诺的效力，则可以发出承认通知。否则，要约人保持沉默即可，无须发出拒绝通知或作出其他意思表示。当然，《合同法》将迟到的承诺规定为新要约，如要约人仍有缔约意愿，仍可对其承诺。需要说明的是，不是所有的迟到承诺都是新要约，只有在符合要约的构成要件时，才可认定为新要约。

（二）特殊的承诺迟到

特殊的承诺迟到是指按照通常情形，承诺应当在承诺期间内到达要约人，但因在传递过程中出现了传达故障（如信件误投），使承诺在承诺期间届满后才到达要约人。此时，受要约人有理由信赖他所作出的承诺因适时到达要约人而生效，合同成立。因此，对于特殊的承诺迟到，依诚信原则，要约人应有通知义务。[①]

《合同法》第 29 条规定："受要约人在承诺期限内发出承诺，按照通常情形能够及时到达要约人，但因其他原因承诺到达要约人时超过承诺期限的，除要约人及时通知受要约人因承诺超过期限不接受该承诺的以外，该承诺有效。"可见，法律对要约人施加了通知义务，如要约人因承诺迟到拒绝接受承诺，则应将此意思及时通知受要约人。如要约人未作此通知，则视为承诺未迟到，产生有效承诺的效力，合同成立。该承诺迟到的通知，属于一种事实通知，以要约人将承诺迟到的事实通知受要约人为已足，不必告知法律后果。

七、承诺的撤回

承诺的撤回是指受要约人阻止承诺生效的意思表示。受要约人在作出承诺后，可能会因某种原因而希望取消承诺，法律应当允许受要约人采取这一行动。不过，一旦承诺生效，合同即告成立，受要约人无权再取消承诺，否则需承担缔约过失责任（合同未生效时）或违约责任（合同生效后）。因此，只有在承诺生效之前，受要约人才可以取消承诺，此即承诺的撤回。因此，承诺只可以被撤回，不可以被撤销。

《合同法》第 27 条规定："承诺可以撤回。撤回承诺的通知应当在承诺通知到达要约人之前或者与承诺通知同时到达要约人。"可见，承诺的撤回类似于要约的撤回，撤回承诺的通知只有先于承诺通知到达，或者与承诺通知同时到达要约人，才能产生撤回承诺的法律后果。

---

① 参见王泽鉴：《债法原理》，139 页，北京，北京大学出版社，2009。

第四节　特殊的缔约程序

一、竞争缔约

竞争缔约是指在合同的订立过程中引入竞争机制，以使启动缔约程序的一方获得最优的缔约结果，包括最优的相对人和最优的合同内容。《合同法》并未规定竞争缔约的一般要求，各种竞争缔约方式是在特别法中规定的。我国目前的竞争缔约方式主要是《招标投标法》规定的招投标和《拍卖法》规定的拍卖。另外，本书认为，只要不违反法律、行政法规的强制性规定，当事人亦可自主设计竞争缔约方式。

（一）招投标

招投标是指由招标人向特定数人（3 人以上）或公众发出投标邀请书或招标公告，在各投标人中选择最佳投标人并与之订立合同的缔约方式。招投标当事人和参与人主要包括招标人、投标人、招标代理机构。《招标投标法》对招投标缔约方式作出了较为详细的规定。依照该法，这一缔约方式由如下阶段构成：

1. 招标

招标是指招标人自己或者通过招标代理机构以公开招标或者邀请招标的方式向公众或特定数人发出的投标邀请，其法律性质为要约邀请。招标的目的在于吸引多数人投标，从而使得招标人能够更广泛地选择其认为合适的缔约对象。

2. 投标

投标是指投标人按照招标文件的要求，向招标人发出的以订立合同为目的的意思表示。当投标人少于 3 人时，法律要求招标人重新招标。投标文件包含了合同成立的条件，并且表明了投标人愿与招标人订立合同的意思，因此投标的法律性质为要约。

3. 开标、评标

开标是指在招标人主持召开的投标人会议上，当众启封标书，公开标书内容。评标由招标人依法组建的评标委员会负责，评标委员会应当按照招标文件确定的评标标准和方法，对投标文件进行评审和比较。评标委员会完成评标后，应当向招标人提出书面评标报告，并推荐合格的中标候选人。

4. 中标、订立书面合同

中标是指招标人对投标的完全接受。招标人应当根据评标委员会提出的书面评标报告和推荐的中标候选人确定中标人，也可以授权评标委员会直接确定中标人。

中标人确定后，招标人应当向中标人发出中标通知书。在法律性质上，中标通知书应为承诺。《招标投标法》第 45 条第 2 款规定：“中标通知书对招标人和中标人具有法律效力。中标通知书发出后，招标人改变中标结果的，或者中标人放弃中标项目的，应当依法承担法律责任。”至于此责任的性质，则应当为缔约过失责任。

不过，《招标投标法》第 46 条第 1 款规定：“招标人和中标人应当自中标通知书发出之日起三十日内，按照招标文件和中标人的投标文件订立书面合同。招标人和中标人不得再行订立背离合同实质性内容的其他协议。”《招标投标法实施条例》第57条第1款进一步作出如下规定：“招标人和中标人应当依照招标投标法和本条例的规定签订书面合同，合同的标的、价款、质量、履行期限等主要条款应当与招标文件和中标人的投标文件的内容一致。招标人和中标人不得再行订立背离合同实质性内容的其他协议。”可见，利用招标投标程序订立的合同是要式合同，只有在当事人订立书面合同时，该合同才成立。虽然中标在法律性质上为承诺，但合同并不是在中标通知书到达中标人时成立，这是招投标缔约程序的一大特点。

（二）拍卖

拍卖是指以公开竞价的形式，将特定物品或财产权利转让给最高应价者的买卖方式。拍卖当事人和参加人包括拍卖人、委托人、竞买人和买受人，拍卖标的应当是委托人所有或者依法可以处分的物品或者财产权利。《拍卖法》对拍卖缔约方式作出了较为详细的规定。依据该法，这一缔约方式可以分为拍卖准备、竞买、买定三个阶段。

1. 拍卖准备

拍卖准备主要包括以下内容：(1) 拍卖委托，即委托人与拍卖人签订书面委托拍卖合同，委托拍卖人拍卖物品或财产权利。(2) 拍卖公告与展示。拍卖人应于拍卖日的7日前通过报纸或其他新闻媒介发布拍卖公告，就拍卖时间与地点、拍卖标的、拍卖标的展示时间与地点、参与竞买应当办理的手续等作出说明。拍卖人还应在拍卖前展示拍卖标的，并提供查看拍卖标的的条件及有关资料。在合同的订立过程中，拍卖公告应属于要约邀请。

2. 竞买

竞买是指竞买人以应价的方式向拍卖人作出应买的意思表示，其法律性质为要约。

3. 买定、签署成交确认书

买定是指拍卖人对竞买人中最高应价人予以接受的意思表示。《拍卖法》第51条规定：“竞买人的最高应价经拍卖师落槌或者以其他公开表示买定的方式确认后，拍卖成交。”在法律性质上，买定应为承诺，合同成立。要注意的是，《拍卖法》第52条规定：“拍卖成交后，买受人和拍卖人应当签署成交确认书。”签署成交确认书并不是订立合同，而是对经拍卖成立的合同的确认。

典型案例

高某诉某拍卖公司拍卖纠纷案

高某与某拍卖公司于某年5月至9月分别签订了4份合同，高某委托拍卖公司拍卖古玩30件。在同年11月，高某委托拍卖的古玩中有20件参加了该拍卖公司举办的拍卖会，其中10件落槌成交并当场签署了成交确认书。但是，当高某去该拍卖公司结账时，拍卖公司告知高某拍卖未成交，要求高某交付手续费并取走拍卖物。双方交涉未果，高某诉至法院，要求拍卖公司按落槌成交价支付拍卖物价款。拍卖公司辩称，高某的拍卖标的物均未达到保留价，故均属无效拍卖。高某应支付公司佣金，并取走拍卖物。

在本案中，拍卖公司违反拍卖程序，在竞买人最高应价未达到保留价时，仍落槌成交。

该落槌行为的性质该如何认定？其效力如何？

《拍卖法》第50条规定，竞买人的最高应价未达到保留价时，该最高应价不发生效力，拍卖师应当停止标的物的拍卖。据此，当竞买人的最高应价未达到保留价时，应价无效，即使拍卖人违反拍卖程序落槌，并和最高应价人签署成交确认书，该无效的应价也不能因此而转变为有效。据此，本书认为本案中的拍卖应属无效，高某不能要求拍卖公司支付拍卖物价款。

二、强制缔约

强制缔约是指一方有义务应相对人的请求，与其订立合同。也就是说，对于相对人的要约，非有正当理由，不得拒绝承诺。强制缔约是法律对某些特定当事人的要求，限制了其选择相对人的自由，是现代合同法对合同自由原则的修正，是保护消费者利益的重要体现。在现代社会中，居民的生活离不开电力、自来水、邮政、电信、天然气、煤气、医院、公共运输等公共事业，如果仍然允许经营此类事业的机构享有合同自由，则居民的日常生活无法得到保障。因此，有必要对它们施加强制缔约义务。强制缔约仍由要约和承诺两个程序构成，只不过当事人一方负有承诺的法定义务。

理论研究

直接强制缔约义务与间接强制缔约义务

有学者认为，按照强制缔约义务是否来源于法律的直接规定，强制缔约可区分为直接强制缔约与间接强制缔约。法律对强制缔约有明文规定的，称为直接强制缔约。间接强制缔约是指强制缔约义务并非来源于法律的直接规定，而是通过法律解释而存在的现象。①

还有学者从违反强制缔约的后果来解释这两个概念。对直接强制缔约而言，当负有缔约义务的一方不接受他方的要约时，要约人可以诉请公权力介入，强制受要约人作出承诺的意思表示。而对间接的强制缔约而言，受强制而负有缔约义务的一方虽然对他方的要约有承诺的义务，但如果缔约义务人拒绝承诺，要约人只能依民法关于侵权行为的规定请求损害赔偿。因为这是滥用法律上或者事实上的独占地位，特别是居于这种优势地位的主体拒绝以一般所接受的且妥当的条件缔约，属于违反善良风俗的行为。②

本书认为，将强制缔约区分为直接强制缔约与间接强制缔约具有合理性，既可弥补我国法律规定的不足，亦可顾及社会发展所产生的新的强制缔约要求。至于如何判断间接强制缔约义务，可类推适用我国法律关于电力、水、气、热力、邮政、电信、公共运输等的规定，建立一般的法律规则，即凡处于事实上独占地位而供应重要民生必需品的机构，均

---

① 参见崔建远：《强制缔约及其中国化》，载《社会科学战线》，2006（5）。

② 参见易军、宁红丽：《强制缔约制度研究——兼论近代民法的嬗变与革新》，载《法学家》，2003（3）。

负有以合理条件与用户订立合同的义务。[①]

根据现行法律规定和学者的观点，本书认为强制缔约主要表现为如下几种情形：

(一) 直接强制缔约义务

1. 公用事业的强制缔约义务

公用事业是指与公众日常生活息息相关的部门或行业，其提供的服务是日常必需的东西。

(1) 公共运输企业的强制缔约义务

《合同法》第 289 条规定："从事公共运输的承运人不得拒绝旅客、托运人通常、合理的运输要求。"该条确立了公共运输行业的强制缔约义务。

(2) 邮政企业的强制缔约义务

《邮政法》第 2 条第 2 款规定："邮政企业按照国家规定承担提供邮政普遍服务的义务。"同法第 15 条规定，未经邮政管理部门批准，邮政企业不得停止办理或者限制办理邮政普遍服务。上述规定确立了邮政企业的强制缔约义务。

(3) 电信企业的强制缔约义务

《电信条例》第 44 条第 1 款规定："电信业务经营者必须按照国家有关规定履行相应的电信普遍服务义务。"该条确立了电信业务经营者的强制缔约义务。

(4) 供应电、水、气、热力企业的强制缔约义务

《电力法》第 26 条第 1 款规定："供电营业区内的供电营业机构，对本营业区内的用户有按照国家规定供电的义务。不得违反国家规定对其营业区内申请用电的单位和个人拒绝供电。"该条确立了供电企业的强制缔约义务。《合同法》第 184 条规定，供用水、气、热力的合同参考供用电合同的有关规定。供用电合同具有强制缔约性质，因此，供用水、气、热力的企业亦负有强制缔约义务。

2. 医疗机构的强制缔约义务

《执业医师法》第 24 条规定："对急危患者，医师应当采取紧急措施进行诊治，不得拒绝急救处置。"《医疗机构管理条例》第 31 条规定："医疗机构对危重病人应当立即抢救。对限于设备或者技术条件不能诊治的病人，应当及时转诊。"上述规定确立了医疗机构的强制缔约义务。

3. 保险公司的强制缔约义务

《机动车交通事故责任强制保险条例》第 2 条规定，在中华人民共和国境内道路上行驶的机动车的所有人或者管理人应当投保机动车交通事故责任强制保险。该条例第 10 条第 1 款又规定："投保人在投保时应当选择具备从事机动车交通事故责任强制保险业务资格的保险公司，被选择的保险公司不得拒绝或者拖延承保。"上述法律规定了保险公司在承保机动车交通事故责任强制保险上的强制缔约义务。

(二) 间接强制缔约义务

如前所述，凡居于事实上独占地位而供应重要民生必需品的机构，均应负有以合理条

---

① 参见王泽鉴：《债法原理》，61 页，北京，北京大学出版社，2009。

件与用户订立合同的义务，如石油、煤炭零售企业。

典型案例

公交公司故意拒载违背强制缔约义务纠纷案

某日清晨，王某冒雨在自家楼下等待搭乘某公交公司的车去上班，但是该路公交车到站后并未停车。王某在原地又等待了一段时间后，雨越下越大，已经错过上班时间，于是王某返回家中，整日未去工作。当日，单位根据内部管理规定，扣除王某工资50元。王某以此损失系由公交公司的车拒载造成为由诉至法院，要求公交公司予以赔偿。①

公交公司是否应承担王某误工损失的赔偿责任？

在本案中，公交公司故意拒载的行为违背了强制缔约义务，是造成原告误工的主要原因。但是原告本身采取补救措施不力，其本可以选择搭乘其他车辆从而减少甚至避免损失，却未曾采取，也存在一定的过错，所以原告对于损失的发生负有次要责任。据此，公交公司应承担王某误工损失的主要责任。法院的判决结果是，公交公司承担王某误工损失40元。

三、采用格式条款缔约

（一）格式条款的含义

格式条款是指当事人为了重复使用而预先拟定，并在订立合同时未与对方协商的条款。德国将格式条款称为一般交易条款，我国台湾地区称为定型化约款，英美法系称为标准条款。采用格式条款订立的合同称为格式合同，英美法系一般称为标准合同或标准格式合同，法国称为附合合同，我国台湾地区称为定型化契约。典型的格式合同是全部由格式条款组成的合同，非典型的格式合同是由部分格式条款和部分非格式条款组成的合同。

采用格式条款缔约萌芽于19世纪初西欧的工厂与商人之间以约定俗成的条件订立合同，并在19世纪的保险业与交通运输业中最早出现。到了20世纪20年代以后，这一缔约方式在公用事业领域得到了广泛应用。20世纪40年代以后，几乎所有的商业领域都已采用这一缔约方式。

采用格式条款缔约大大提高了交易效率，降低了企业的经营成本，具有经济上的必然性。但是，格式条款是由在缔约中处于优势的一方提供的，其经常利用其优越地位，在格式条款中加入不公平的内容，弱势一方为了获得商品或者服务，不得不接受这些不公平的格式条款。② 因此，如何对格式条款的内容进行规制，就成为现代合同法的重要使命。

鉴于采用格式条款缔约已经在我国经济社会中广泛存在，因而有多个法律对这一缔约

① 参见北京市高级人民法院编：《合同法新型疑难案例判解》，313～314页，北京，法律出版社，2007。

② 参见苏号朋：《格式合同条款研究》，83页，北京，中国人民大学出版社，2004。

方式加以调整，主要包括《合同法》、《消费者权益保护法》、《保险法》、《海商法》等。

（二）格式条款的特征

1. 格式条款由合同当事人一方预先拟定

格式条款既可以由当事人一方亲自拟定，也可以由该当事人之外的第三方代为拟定。[①]无论何人拟定，它们都是当事人一方提供的业已拟就的合同条款，不是当事人双方磋商的结果。

2. 格式条款具有定型化的特点

所谓定型化，是指格式条款具有稳定性，不因相对人的不同而有所区别。不过，格式条款并非一定要以某种特定形式表现出来，纸面、电子显示屏均可成为格式条款的载体。由于格式条款的内容必须确定，因而在表现形式上，格式条款均为书面形式，不能是口头或行为，更不能是单纯的沉默。

3. 格式条款具有附从性的特点

拟定格式条款的一方将格式条款订入合同时，并未与对方协商，相对人对于格式条款一般只能整体接受或者拒绝，而没有要求进一步协商的权利，无法自由表达意志，只能附从于格式条款拟定人的意思。

4. 拟定格式条款的目的是重复使用

拟定格式条款一方往往在经济上处于优势或垄断地位，在其经营的领域内有着众多交易对象。为节约成本，该方当事人会重复使用格式条款。不过，“重复使用”只是格式条款拟定者的主观动机，至于在企业把这些合同条款适用于某一特定交易之前，是否已经重复使用过它们，不应当作为认定该条款是否属于格式条款的依据。

（三）区分消费者合同与商业合同的必要性

各国在规制采用格式条款缔约时，往往首先区分所订合同是消费者合同还是商业合同。所谓消费者合同，是指消费者与经营者之间缔结的合同。因消费者与经营者之间的交易能力差距太大，需要对消费者给予特殊保护。商业合同是指为商业目的而订立的合同，其主体均为从事商品或者服务经营的商人，相互间的交易能力没有差别或者差别较小，不需要对任何一方给予特殊保护。因此，各国立法往往对采用格式条款订立消费者合同采取严格的态度，设立与采用格式条款订立商业合同截然不同的法律规则。例如，《德国民法典》第310条明确规定，该法第305条第2款和第3款以及第308条和第309条，不适用于对经营者使用的一般交易条款，即仅对采用格式条款订立的消费者合同适用。我国台湾地区将定型化契约规定在“消费者保护法”中，因此其规则仅适用于消费者合同。

《合同法》第39条对采用格式条款缔约确立了统一的规则，并未区分所订合同属消费者合同还是商业合同，这种处理模式是不太妥当的，应适时作出修正。

（四）采用格式条款订立合同的法律规则

《合同法》第39条第1款规定：“采用格式条款订立合同的，提供格式条款的一方应当遵循公平原则确定当事人之间的权利和义务，并采取合理的方式提请对方注意免除或者限制其责任的条款，按照对方的要求，对该条款予以说明。”以下将主要依据该规定，结合其

---

① 参见苏号朋：《格式合同条款研究》，42～43页，北京，中国人民大学出版社，2004。

他立法或司法解释，并适当借鉴其他国家和地区的立法，对采用格式条款订立合同的法律规则作一全面归纳。

1. 提供格式条款一方应向对方当事人合理提示格式条款

提供格式条款一方有义务以明示或者其他合理、适当的方式提醒相对人注意其欲以格式条款订立合同的事实。

在判断提供格式条款一方的提示是否已经达到合理程度时，应当考虑以下六个方面的因素：(1) 文件外形。载有格式条款的文件在表现形式上应当能够使对方当事人产生它是规定当事人权利义务关系的合同条款的认识。(2) 提示方法。一般而言，提供格式条款一方应个别地、直接地将格式条款提示给对方当事人，以提醒对方当事人注意其中的内容。但是，根据交易的具体情形，如果个别提示有困难的，则应当以其他显著方式，如广播、张贴、牌示、放映字幕等方式公告格式条款。(3) 提示范围。提供格式条款一方应当将全部的格式条款提示给对方当事人，无论这些条款存在于合同书之中，还是存在于构成合同内容的其他文件之中。(4) 条款内容的清晰程度。提供格式条款一方提醒对方当事人注意的文字必须清楚明白。如果意思不明确、字迹不清，对方当事人无法了解对方的真实意思，则不能产生提醒注意的效果。(5) 提示时间。提供格式条款一方提醒对方当事人注意的行为必须在合同订立之前或订立之时作出，如果在合同订立之后再提示格式条款，则该条款不能成为合同的内容。(6) 提示程度。提供格式条款一方的提示程度必须能够引起普通人的注意，并有义务特别提醒（如以更大字体或黑体文字标出）对方当事人注意其中免除或者限制提供格式条款一方责任的条款（以下统称免责条款）。依《合同法司法解释二》第 6 条，提供格式条款一方对格式条款中免除或者限制其责任的内容，在合同订立时采用足以引起对方注意的文字、符号、字体等特别标识的，可认定为已经采取合理的方式提醒对方的注意。

从《合同法》第 39 条的文字表述来看，该条并未明确规定提供格式条款一方就全部的格式条款负有提示义务，仅规定了其对免责条款的提示义务。本书认为，提供格式条款一方应就全部格式条款负提示义务，《合同法》第 39 条意在强调提供格式条款一方尤其应就免责条款负合理提示义务，但并未免除其对其他格式条款的提示义务。《合同法司法解释二》第 6 条的规定印证了这一推论。该条规定，提供格式条款一方对格式条款中的免责条款，在合同订立时采用足以引起对方注意的文字、符号、字体等特别标识的，应认定为符合《合同法》第 39 条所称“采取合理的方式”。依此规定，提供格式条款一方对格式条款中的免责条款负有特别提示义务，对于其他格式条款，虽负有提示义务，但无须如免责条款一样采取特别标识。本书建议，为了避免在适用中引起误解，应对《合同法》第 39 条作出修改，明定提供格式条款一方对全部格式条款负提示义务。

《合同法司法解释二》第 6 条第 2 款规定，提供格式条款一方应对已尽合理提示义务承担举证责任。

2. 对方当事人能够以合理的方式了解格式条款的内容

提供格式条款一方必须给予对方当事人合理的机会，以使其有充分的时间了解格式条款的内容。因此，提供格式条款一方不仅应向对方当事人提供格式条款的文本，而且对方当事人在作出了可合理期待的努力后必须能够理解（而不仅仅是感知）格式条款的内容。

至于对方当事人事实上是否阅读了格式条款，则在所不问。[①] 另外，提供格式条款一方在给予对方当事人机会使其了解格式条款内容时，还应适当考虑到其可以发现的对方当事人的身体残疾。

《合同法》第39条并未就此要件作出规定，存在法律漏洞。本书建议，为了避免提供格式条款一方在订立合同时，未给予相对人充足的时间、机会阅读、了解格式条款，应对《合同法》第39条作出修改，增加本要件。

3. 提供格式条款一方应对免责条款作出必要说明

由于提供格式条款一方往往利用免责条款侵犯对方当事人的正当利益，因而应当对免责条款订入合同作出特别规制。

《合同法》第39条规定，提供格式条款一方应按照对方的要求，对免责条款负说明义务。《保险法》第17条规定，采用保险人提供的格式条款订立保险合同的，保险人应当向投保人说明合同的内容，且应对其中的免责条款以书面或者口头形式向投保人作出明确说明。

本书认为，《合同法》第39条将提供格式条款一方的说明义务限于免责条款是合理的，如果扩大至全部格式条款，既不可行，也过分增加了提供格式条款一方的负担。但是，以相对人提出要求作为提供格式条款一方承担说明义务的前提，并不利于保护对方当事人利益，应予废除。

《合同法司法解释二》第6条第2款规定，提供格式条款一方应对其已尽说明义务承担举证责任。

4. 对方当事人同意将格式条款订入合同

对方当事人同意将格式条款订入合同应当以明示同意为原则，其表现形式就是对方当事人在载有格式条款的文件上签字，认可其成为合同的内容。如果提供格式条款一方没有将格式条款载入合同文件之中，而是由于缔约方法的原因规定在公告、通知中，或于放映的字幕或录像中展示，则对方当事人无法以明示方式表示同意将格式条款订入合同。在此情况下，对方当事人可以默示方式，即通过接受对方提供的商品或服务表明其已同意将格式条款订入合同。[②] 另外，如果当事人之间有特别约定，则格式条款亦可以默示方式订入合同中。

对于没有满足上述要件的格式条款能否订入合同，《合同法》并未作出规定。不过，《保险法》和《合同法司法解释二》在一定程度上作出了回答。《保险法》第17条规定，在采用格式条款订立保险合同时，保险人应对免除其责任的条款作出足以引起投保人注意的提示，并对该条款的内容以书面或者口头形式向投保人作出明确说明；未作提示或者明确说明的，该条款不产生效力。《合同法司法解释二》第9条规定，提供格式条款的一方当事人违反《合同法》第39条第1款关于提示和说明义务的规定，导致对方没有注意免除或者限制其责任的条款，对方当事人申请撤销该格式条款的，人民法院应当支持。

上述规定的特点是：（1）仅就提供格式条款一方未就免责条款作提示和说明的情形作

---

① 参见刘宗荣：《定型化契约论文专辑》，18页，台北，三民书局股份有限公司，1988。

② 参见苏号朋：《格式合同条款研究》，168页，北京，中国人民大学出版社，2004。

出了规定。(2) 态度不一致，《保险法》将该格式条款认定为不产生效力，即已经成为合同内容，但尚未生效；《合同法司法解释二》则将该格式条款认定为可撤销合同条款，即已经成为合同内容，但相对人享有撤销权。本书认为，提供格式条款一方承担提示和说明义务是格式条款订入合同的要件，如未完成，则格式条款不得订入合同。依此，只有具备上述所有要件的格式条款才能订入合同，任何一个要件未满足的格式条款都不能订入合同。因此，《保险法》和《合同法司法解释二》的规定都是不合理的，应予修改。

理论研究

异常格式条款

所谓异常格式条款，是指格式条款内容、所用语言、表述或表现方式过分异常，以至于无法期待对方当事人预期该条款出现在格式条款所适用的合同类型之中。例如，计算机软件销售合同的格式条款中包含如下条款“本公司不能保证该软件享有合法的著作权”，该条款即为异常条款。

是否构成异常格式条款可通过以下三种方式加以认定：(1) 格式条款因该条款的存在而与法律对该类型合同所作示范规定之间差异的程度。法律对某一类型合同所作的示范规定是法律关于当事人订立该合同时通常可以期待的关于合同当事人双方权利义务分配的规定，如果格式条款因某一条款的存在而与此种权利义务分配的典型模式相去甚远，则说明该条款的存在并非对方当事人所能预料，故应当列为异常条款。(2) 该条款的表现方式。提供格式条款一方应当以合理的方法提醒对方当事人注意该条款，并不得为防止对方当事人注意条款内容而故意隐藏该条款（如以小字体印刷或故意使字体模糊）。另外，一项本来并非异常的条款可能会因其处于某个不符合该条款应属的体系的地方，或处在某条引人误解的标题之下，而成为异常条款。[①] (3) 该条款所用文字、表述。提供格式条款一方应当尽可能使用能够为相对人理解的文字及语言表达方法，以便使对方当事人能够了解格式条款的内容。如果格式条款所用文字或语言表达方法过于异常，则构成异常条款。例如，供中国国内对方当事人缔约之用的格式条款包含大量以外文表述的条款、以中文繁体字组成的条款、以古汉语或方言表述的条款。[②]

从比较法角度观察，对异常格式条款法律效果的认定可分为三种情形：第一，绝对不得订入合同。例如，《德国民法典》第305c条第1款规定：“根据情况，特别是根据合同外形，一般交易条款中的条款如此不同寻常，以致使用人的合同相对人无须予以考虑的，不成为合同的组成部分。”第二，一般不得订入合同，但合同相对人同意的除外。例如，我国台湾地区“消费者保护法”第14条规定：“契约之一般条款未经记载于定型化契约中而依正常情形显非消费者所得预见者，该条款不构成这内容。”该法施行细则第12条规定：“契约之一般条款不论是否记载于定型化契约，如因字体、印刷或其他情事，致难以注意其存

① 参见［德］迪特尔·梅迪库斯：《德国民法总论》，邵建东译，310页，北京，法律出版社，2001。

② 本段论述请参见苏号朋：《格式合同条款研究》，180～182页，北京，中国人民大学出版社，2004。

在或辨识者，该条款不构成契约之内容。但消费者得主张该条款仍构成契约之内容。”第三，一般为无效，但合同相对人同意的除外。例如，国际统一私法协会拟定的《国际商事合同通则》第2.20条规定：“（1）如果标准条款中某个条款是对方不能合理预见的，则该条款无效，除非对方明确地表示接受；（2）在确定某条款是否属于这种性质时，应考虑到该条款的内容、语言和表达方式。”

《合同法》未就异常格式条款作出规定。本书认为，我国未来立法应借鉴国外立法例，就异常格式条款作出一般规定，明定其法律后果。为了更为充分地保护对方当事人利益，可考虑规定异常格式条款不得订入合同。不过，如果对方当事人明确同意的，异常格式条款仍可订入合同。

（五）采用格式条款订立商业合同的特殊法律规则

如前所述，《合同法》关于采用格式条款缔约的规定一体适用于商业合同和消费者合同。不过，有些国家和地区仅针对消费者合同设立采用格式条款缔约的法律规则，或者针对商业合同和消费者合同分别设立采用格式条款缔约的法律规则。之所以出现这一现象，是因为立法者认为，虽然商业合同当事人之间的实际缔约地位会有差异，但并不如消费者合同中消费者与经营者之间那样悬殊，因此经营者之间采用格式条款缔约时，只需适用普通的缔约程序即可，一方发出要约，对方承诺，合同即告成立。另外，格式条款还可以因系列交易、共同了解、行业惯例的适用而订入商业合同。

1. 适用普通的缔约程序

在将格式条款订入商业合同时，尽管当事人之间在经济地位上或多或少存在某些差异，但基本上都有足够的交易能力，因此适用要约、承诺这一普通的缔约程序即可。比如在德国，当事人将一般交易条款订入商业合同时，受意思表示和缔结合同的一般规则的支配。[①]提供格式条款一方意欲将格式条款订入商业合同时，既无须特别提醒相对人注意，也无须特别给予相对人机会以理解格式条款的内容。

2. 格式条款因系列交易而订入商业合同

所谓系列交易，是指当事人之间因多次交易均使用同一内容的格式条款，从而使当事人产生信赖关系，因此，除非当事人明确表示排除格式条款的适用，否则无须当事人特别约定，格式条款即当然地订入合同。[②] 因此，如果当事人在过去的一系列交易中使用了相同内容的格式条款，即使当事人在其后的某项交易中没有作出将格式条款订入合同的意思表示，该格式条款仍然可以成为合同内容。

3. 格式条款因共同了解而订入商业合同

所谓共同了解，是指只要相对人知道提供格式条款一方以某特定种类的格式条款作为合同的内容，即使双方当事人以前并没有交易或者虽有交易但并不频繁，该格式条款仍然可以因当事人双方共同了解而订入合同。[③] 这一规则并不要求当事人之间存在相同的交易习

---

① 参见苏号朋：《格式合同条款研究》，171页，北京，中国人民大学出版社，2004。
② See G. H. Treitel, *Law of Contract*, Sweet & Maxell, 8th ed., 1991, pp. 200 - 201.
③ 参见苏号朋：《格式合同条款研究》，174页，北京，中国人民大学出版社，2004。

惯，或虽有交易但并不要求频繁，这就意味着相对人在订立合同时，可能知道格式条款的内容，也可能根本就不知道。为了避免让相对人承担过重的风险，限制这一规则的适用还是有必要的。

4. 格式条款因交易习惯的适用而订入商业合同

如果格式条款已经成为某一行业的普遍行为方式，则它具有制度或习惯法的性质。对于经常性地与该行业的企业进行交易的相对人而言，该格式条款视为订入了合同。另外，如果格式条款因为概括性的一系列交易而成为交易习惯，则可以默示地被订入合同。

实务探讨

格式之争

在商业合同实践中，有可能出现如下情况：一方使用自己的格式条款向对方发出要约，对方也使用自己的格式条款加以确认。虽然双方当事人已经就合同内容达成了实质性的合意，但由于双方的格式条款并不完全相同，当事人双方对采用何方的格式条款尚欠明确合意，存在如何进行选择的问题，此即格式之争（battle of forms）。① 格式之争涉及如何确定已经成立的合同内容，直接影响当事人双方的权利义务，因此有必要确立解决这一难题的规则。

1. 最后用语规则

无论是大陆法系还是英美法系，传统的缔约理论均认为承诺必须是对要约的无保留认可。如果受要约人所作意思表示对要约内容进行了修改，则不构成承诺，而是反要约。根据这一原则，解决格式之争的方案是最后用语规则（last word doctrine），或称“最后一枪原则”（last shot principle），即每一个被采纳的格式条款均被看做一个反要约，不管要约与反要约的循环有多少次，一旦这种循环停止，一方开始履行，则最后的反要约就被视为最后的要约，另一方以行为的方式予以承诺，合同成立。②

2. 合同依最先提出的格式条款而成立

处理格式之争的另一规则是接受要约的当事人不能改变要约中的格式条款，合同应当采用第一个要约人的格式条款，此即“第一枪原则”③。《美国统一商法典》第 2—207 条规定，在合理时间内寄送的承诺表示或确认书，只要确定并且及时，即使与原要约或原同意的条款有所不同或对其有所补充，仍具有承诺的效力，除非承诺中明确规定，以要约人同意这些不同的或补充的条款为承诺的生效要件。可见，这一规则不再遵守传统的缔约理论，只要不对要约作出实质性的改变，则允许受要约人的承诺对要约进行补充或与要约存在差异。根据这一规则，合同依最先提出的格式条款而成立，相对人提出的格式条款作为补充存在。

---

① 参见苏号朋：《格式合同条款研究》，176～177 页，北京，中国人民大学出版社，2004。

②③ 参见苏号朋：《论欧洲契约法原则对未经协商条款的规制及其启示》，载《月旦民商法杂志》，第 29 期，2010 (9)。

3."相互击倒"规则

该规则是指只有在当事人双方的格式条款一致时，它们才能成为合同的内容，存有冲突的格式条款"相互击倒"，均不能成为合同内容，因此产生的合同漏洞以法律规定加以补充。[①]

本书认为，对于格式之争问题，可依《合同法》第30、31条加以解决。如受要约人的格式条款实质性地变更了要约人的格式条款，则合同未成立。如受要约人的格式条款未对要约人的格式条款作实质性变更，则一般情况下，合同成立，合同的内容以承诺的内容为准。

四、交叉要约

交叉要约又称交错要约，是指订立合同的双方当事人相互以非直接对话的方式向对方发出的独立但内容相同的要约。一般发生于异地之间，并且两个要约到达各自受要约人的时间几乎是同时（即两个要约都因为到达时间的紧凑而不构成承诺）的情况。

在英美法系中，各国对交叉要约的规定并不一致。英国普通法认为交叉要约不能成立合同，但《美国第二次合同法重述》规定在交叉要约存在时，可推定双方当事人之间成立合同。在大陆法系中，德国和法国均未于其民法典中对交叉要约作出明确的规定，但一般认为在发生交叉要约时，由于两个意思表示的内容一致，因而应当视为合同成立。

我国学者多认为交叉要约可成立合同。[②] 本书认为，虽然《合同法》未就交叉要约的效力作出规定，但双方当事人均有缔约的意思，且双方意思表示的内容一致，故可认定当事人双方已达成合意，合同成立。至于成立时间，本书认为合同应于双方的要约均到达相对人时成立。

五、意思实现

意思实现是指行为人的一种行为，这种行为并不是通过行为人表达法律行为意思的方式而使法律后果产生，而是以创设相应的状态的方式，使行为人所希冀的法律后果实现。[③] 它是德国部分民法学者使用的术语，是为了解释某些法律行为不是由典型的意思表示组成，而是体现为一种行为。

在德国法上，法律行为是指以意思表示为要素，并依意思表示的内容产生私法上效果的行为，意思表示是法律行为的核心。所谓意思表示，是指将企图发生一定私法上效果的意思表示于外部的行为。意思表示由内心意思和该内心意思的外部表示构成。在一些德国法学家看来，意思实现是一种纯粹的实施行为，而不是表示行为，因此它是相对于意思表示而言的。不过，无论意思表示，还是意思实现，都是法律行为的核心要素，只不过大多

---

① 参见苏号朋：《论欧洲契约法原则对未经协商条款的规制及其启示》，载《月旦民商法杂志》，第29期，2010（9）。

② 参见王利明：《合同法新问题研究》，105页，北京，中国社会科学出版社，2011；李永军：《合同法》，121页，北京，法律出版社，2010；韩世远：《合同法总论》，105页，北京，法律出版社，2011。

③ 参见［德］卡尔·拉伦茨：《德国民法通论》（下），王晓晔等译，429页，北京，法律出版社，2003。

数法律行为是由意思表示组成的，只有少数法律行为体现为意思实现，如先占无主物从而取得其所有权，丢弃自己的动产而放弃其所有权。

《德国民法典》第151条规定："依交易惯例，承诺无须向要约人表示，或要约人预先声明承诺无须表示的，虽未向要约人表示承诺，于可认为有承诺的事实时，合同也认为成立。"一些德国法学家认为，该条规定的承诺行为就是意思实现的一种主要表现形式。[①] 我国台湾地区"民法"第161条亦规定："依习惯或依其事件之性质，承诺无须通知者，在相当时期内，有可认为承诺之事实时，其契约为成立。前项规定于要约人要约当时预先声明承诺无须通知者，准用之。"

《合同法》借鉴了上述立法例，于第22条规定："承诺应当以通知的方式作出，但根据交易习惯或者要约表明可以通过行为作出承诺的除外。"在交易实践中，承诺无须通知的情形主要包括：第一，根据交易习惯[②]，承诺无须通知，如预订酒店房间；第二，根据事件性质，承诺无须通知，如自动售货机的设置；第三，根据要约人的事先声明，承诺无须通知，如要约人要求对方即刻按要约内容发货。

尽管承诺无须通知，但受要约人仍应以行为作出承诺，具体包括：第一，履行行为，即履行因合同成立所负担的债务；第二，受领行为，即行使因合同成立所取得的权利，如拆阅现物要约[③]寄来的杂志。

对于如何确定意思实现情形中的承诺期间，《合同法》第26条并未规定。本书认为，如要约人对承诺期间有要求，则应依要求确定；如要约人无要求，则可参照《合同法》第23条，受要约人应在合理期间内作出承诺。至于如何确定合理期间，应依要约人的意思、合同性质、交易习惯等加以确定。

虽然实践中存在承诺无须通知的情形，但是否有必要在意思表示之外另设意思实现学说，则值得讨论。本书认为，法律行为的核心在于意思表示，无论当事人以何种方式表达其内心意思，都可使用意思表示加以概括，没有必要将以行为表达意思的方式单独列为意思实现，从而独立于意思表示。如果认为以行为表达意思不属于意思表示，就更难以解释为何单纯的沉默却属于意思表示的方式了。[④] 意思实现之于合同订立而言，其特殊之处仅在于：一般情况下，承诺由于在性质上属于须受领的意思表示，因而只有在其到达要约人时才能生效。但以意思实现作出承诺时，承诺于行为作出之时即可生效，无须到达要约人，这是承诺到达生效的例外情形。但是，如果以此认为受要约人只要作出可视为承诺的行为，合同即可成立，无须考虑受要约人在主观上是否具有承诺意思，不仅违反私法自治原则，而且不利于保护受要约人的利益。[⑤] 因此，在以意思实现作出承诺时，仍应以受要约人有承诺意思为必要，即受要约人应有愿意接受要约内容，与要约人订立合同并受合同约束的意

---

① 参见［德］卡尔·拉伦茨：《德国民法通论》（下），王晓晔等译，431页，北京，法律出版社，2003。

② 《合同法司法解释二》第7条就交易习惯的认定作出如下规定："下列情形，不违反法律、行政法规强制性规定的，人民法院可以认定为合同法所称'交易习惯'：（一）在交易行为当地或者某一领域、某一行业通常采用并为交易对方订立合同时所知道或者应当知道的做法；（二）当事人双方经常使用的习惯做法。对于交易习惯，由提出主张的一方当事人承担举证责任。"

③ 所谓现物要约，是指未经订购而邮寄或投递商品，受要约人并不因此而负有承诺义务。

④ 参见苏号朋：《民法总论》，269页，北京，法律出版社，2006。

⑤ 参见王泽鉴：《债法原理》，143页，北京，北京大学出版社，2009。

思。无论是以通知作出的承诺，还是以行为作出的承诺，均为意思表示。王泽鉴先生亦认为，无须通知之承诺究为意思表示还是意思实现，仅为用语的问题，不具有实质意义。即使属于意思实现，亦应类推适用民法关于意思表示的一般规定，即意思实现应如同意思表示加以处理。① 本书同意这一观点。

典型案例

穆某与某旅行社旅游合同纠纷案

某年7月2日，某旅行社向穆某所经营的位于某旅游景区的宾馆咨询了服务情况后，向该宾馆发出传真，传真中写明：现将我社团队计划传真于您，敬请确认，如有问题请随时联系。具体项目：（1）入住时间某年7月5日，离店时间7月6日；（2）入住人数：50～60人（2人间为120元/天·间，3人间为150元/天·间）；（3）用餐安排：7月5日晚餐15元/人，7月6日早餐5元/人、午餐15元/人；（4）7月5日晚餐后安排温泉洗浴。后附：敬请经理按以上计划安排有关事宜。穆某为此做了安排与准备。后旅行社带该旅游团队到该风景区，但未入住穆某的宾馆。穆某遂诉至法院，要求判令旅行社赔偿经济损失3 060元。②

在本案中，穆某是否作出了承诺？双方的旅游合同是否已经成立？

在本案中，某旅行社向穆某发出传真，具体列明了住宿、餐饮的价格、时间等服务事项，并要求穆某“按此计划安排有关事宜”。该传真符合《合同法》第14条的规定，构成要约。旅游领域的交易习惯是，顾客预订酒店房间时，酒店无须回复，只需按顾客要求预留房间即可。《合同法》第26条规定，承诺不需要通知的，根据交易习惯或者要约的要求，作出承诺的行为时生效。在本案中，某旅行社与穆某之间的合同已于穆某以实际行为（意思实现）作出承诺时成立且生效。某旅行社单方取消住宿计划，构成违约，应对穆某的经济损失承担赔偿责任。

六、事实过程缔约

德国学者豪普特（Haupt）于1941年在《论事实上的合同关系》一文中认为，在有些情况下，合同可因一定的事实过程而成立，当事人的意思如何，在所不问。豪普特将这种因一定的事实过程而成立的合同称为事实上的合同关系，并强调它不是类似于合同的法律关系，而是具有合同实质的合同关系，它与传统合同观念的不同之处仅在于成立方式的差异，因此合同法的规定完全可以适用于它。

豪普特将事实合同分为三种类型：第一，基于社会接触产生的事实合同，即当事人因为社会接触而产生照顾、通知、保护等义务，基于这一事实足以成立合同关系。如缔约过失责任、司机对好意同乘人的责任、使用借贷关系消灭后对标的物的利用关系。第二，基

① 参见王泽鉴：《债法原理》，143页，北京，北京大学出版社，2009。

② 参见北京市高级人民法院编：《北京法院指导案例》（第一卷），83页，北京，知识产权出版社，2006。

于团体关系产生的事实合同，即当事人之间因存在实施共同事业或提供劳务的事实，使当事人事实上已被纳入团体关系时，当事人之间成立合同关系。具体表现为合伙合同无效或被撤销后，当事人之间因实施合伙共同事业而在事实上存在合伙关系；劳动合同无效或被撤销后，因劳务提供而事实上存在的劳动关系。第三，基于社会给付义务产生的事实合同。对于一些现代社会不可或缺的给付，如电气、自来水等供给服务，通常由大企业经营，就合同条款订有详细的规定，相对人没有选择自由。豪普特认为这种具有社会义务的给付，提供者非有正当理由不能拒绝，利用者对使用条件也没有讨价还价的余地，因此直接承认基于此类给付的事实行为就可以成立合同，当事人的内心意思如何，在所不问。

德国民法学家拉伦茨以豪普特的学说为基础，建立了社会典型行为理论，其主要内容是：现代大量交易产生了一种特殊现象，即在很多情况下，当事人无须为真正的意思表示，依交易观念仅因事实行为，即能创设合同关系，任何人均得支付一定的费用而为利用。在此情形中，事实上的提供给付及事实上的利用行为，取代了意思表示。此种事实行为并非以发生特定法律效果为目的的意思表示，而是一种事实上合致的行为，依其社会典型意义，产生与法律行为相同的法律效果，如乘坐公共汽车。因社会典型行为而成立合同与依意思实现而成立合同不同，前者不以法律效果意思为必要，故不发生意思表示因错误而被撤销的问题。为了保护思虑不周之人，民法关于无民事行为能力和限制民事行为能力的规定仍有适用余地。①

不过，之后拉伦茨认为这一观点并无法律依据，且在学术文献中已愈来愈多地被放弃，因此他最终放弃了自己的上述见解，并认为在这些社会典型行为中，仍然需要有行为意思及相应的实现意思的行为，合同才可成立。②

本书认为，豪普特的事实过程缔约及拉伦茨的社会典型行为理论要解释的问题，利用传统合同法理论中的要约与承诺概念均可解决。例如，乘坐公共汽车，可解释为默示订立有偿运输合同的意思表示。因此，本书认为我国没有必要采纳事实过程缔约理论。

第五节　电子合同的订立

近年来，随着网络的普及，电子商务（E-Commerce）在全球范围内得到了充分的发展，已经呈现出巨大的活力和发展潜力。为了适应电子商务的发展，《合同法》第 11 条将电子数据交换（Electronic Data Interchange，简称 EDI）、电子邮件（E-mail）等数据电文作为法定的合同书面形式对待。2004 年，我国制定了《电子签名法》，为电子商务的开展提供了更为有力的法律保障。本节将就电子商务的表现形式——电子合同的订立作一分析。

一、电子合同的含义与分类

（一）电子合同的含义

电子合同有广义和狭义之分。一般认为，广义的电子合同是指所有通过电子技术手段，

① 参见王泽鉴：《债法原理》，162 页，北京，北京大学出版社，2009。

② 参见［德］卡尔·拉伦茨：《德国民法通论》（下），王晓晔等译，746 页，北京，法律出版社，2003。

如电报、电传、电子数据交换、电子邮件等方式缔结的合同；狭义的电子合同是指在计算机网络上通过数字技术方式缔结的合同。不过，在计算机网络技术的运用愈加普遍的当代社会，电子合同往往仅指后者，本节也仅探讨狭义的电子合同。

从本质上看，电子合同与传统合同并无区别，当事人亦需经由要约和承诺而订立合同。二者的不同之处主要在于：电子合同的订立在网络环境中进行，当事人的身份往往是虚拟的，且大多数情况下相互并不了解，他们运用网络以电子方式作出意思表示，合同内容存储于计算机设备之中，当事人无法采用传统的方式进行签字盖章，只能通过电子签名实现。可见，电子合同的优点是最大限度地提高了交易效率，降低了交易成本，但其缺点是安全性差，合同内容容易改动，且可能因受到来自网络黑客和病毒的攻击，导致作为合同内容的数据消失。

(二) 电子合同的分类

根据订立方式，可以将电子合同分为通过电子邮件订立的电子合同、通过电子数据交换订立的电子合同和通过电子商务网站订立的电子合同。

电子邮件就是通过网络的邮件服务器，从一个终端机传送到另一终端机的图、文、音、像等信息。当事人双方可以通过发送电子邮件进行要约和承诺，从而订立合同。

电子数据交换是指按照统一标准，将商业事务处理转换成结构化的事务处理或报文数据格式，并借助计算机网络实现的一种数据电子传输方式。通过电子数据交换订立合同的基本流程是：(1) 制作订单。购买方通过在计算机上操作，在处理系统上制作一份订单，并进行存储。(2) 发送订单。购买方将其订单通过电子数据交换系统传送给供货商。(3) 接收订单。供货商从电子数据交换系统的电子信箱中收取购买方的订单。(4) 签发回执。供货商收妥订单后，向购买方发送回执。(5) 接收回执。购买方从电子数据交换系统的电子信箱中收取供货商的回执。[①] 至此，整个订货过程完成，合同成立。

电子商务网站即电子交易服务提供商，是指为电子合同当事人订立和履行合同提供服务的网站，包括电子商务内容提供商和第三方电子商务交易平台（以下简称第三方交易平台）。电子商务内容提供商是指以自己的名义从事电子商务并就交易内容与他人签订合同的电子商务网站，第三方交易平台是指在电子商务活动中为交易双方或多方提供交易撮合及相关服务的信息网络系统总和。

根据主体的不同，可以将电子合同分为经营者与消费者之间的电子合同（business-to-consumer，简称 B-C）、经营者之间的电子合同（business-to-business，简称 B-B）、消费者之间的电子合同（consumer-to-consumer，简称 C-C）。这些主体之间可以利用网络进行谈判、签订合同、销售货物、提供服务。

二、电子合同的缔约当事人

电子合同的一大特点就是当事人的广泛性和虚拟性，他们可以是世界上任何的自然人、法人或非法人组织，使用的通常都是网名，这对于判断对方的身份毫无用处。任何一方均无法判断与自己交易的人身处何方，身份如何。因此，电子合同当事人主体资格的确认存

① 参见刘万啸：《电子合同效力比较研究》，18页，北京，知识产权出版社，2010。

在很大难度。在判断当事人是否存在的问题上，可以采用如下方法解决：尽管存在虚拟主体现象，但是对此应当区分两种情况：(1) 以纯粹虚拟的身份进行交易，也就是说，客户登录的姓名是虚假的，而且登录的资料和信息完全是虚构的。在此种情况下，首先应当查明是谁虚拟了该当事人，如果能够查明，则可以确认该当事人以化名进行交易，其进行交易的意思表示是真实的；但是，如果不能发现客户是谁，则只能够认为该合同仅具有一方当事人，合同不能够成立。(2) 完全假冒他人的名义从事交易，也就是说，当事人用他人的姓名与密码登录并从事交易。虽然行为人与所登记的当事人不是同一人，但其登录后，所表现出来的姓名和信息是真实的，在此情况下，另一方当事人可以根据无权代理的规定行使催告权和撤销权。如果在催告本人以后，本人拒绝追认的，该合同无效；如果本人承认，则合同有效。①

在确认对方当事人存在的前提下，还应进一步确定当事人是否具有相应的民事行为能力。就自然人而言，本书认为应借鉴我国台湾地区的做法，从保护无过错方当事人利益和维护交易稳定的原则出发，将从事电子商务活动的无民事行为能力人或限制民事行为能力人视为完全民事行为能力人，从而在当事人之间成立有效合同。之所以采取这一原则，原因在于：(1) 一个限制民事行为能力人或无民事行为能力人能够参加到电子商务活动之中，并且经过了较为复杂的注册、登录、竞买或者订购等活动时，我们不应当否认其在此项活动中的能力。(2) 电子合同的交易相对人信赖的是限制民事行为能力人或无民事行为能力人在网上登记的资料和信息，因此，在相对人无过错（即不知道或不应当知道交易对象是限制民事行为能力人或无民事行为能力人）时，应当维持该电子合同的效力。

对于法人或非法人组织作为电子合同当事人时主体资格的认定，本书认为应当建立由权威机构认证的法人或非法人组织的电子签名制度，使该认证机构成为现实企业的网络身份的“登记”部门。不过，无论是否经过认证，法人或非法人组织只要具备进行电子商务的软件、硬件设施，即可作为电子合同的缔约当事人。认证机构的作用是保证其所认证的法人或非法人组织的电子签名的真实性和可靠性，并承担相应责任。《电子签名法》第28条规定：“电子签名人或者电子签名依赖方因依据电子认证服务提供者提供的电子签名认证服务从事民事活动遭受损失，电子认证服务提供者不能证明自己无过错的，承担赔偿责任。”

理论研究

电子代理人的性质

对于电子代理人的概念，学者普遍接受了《美国统一电子交易法》(Uniform Electronic Transaction Act)、《美国统一计算机信息交易法》(Uniform Computer Information Transaction Act) 中所作的定义，即：“不需要人的审查或操作，而能用于独立地发出、回应电子记录，以及部分或全部地履行合同的计算机程序、电子的或其他自动化手段。”电子代理人

① 参见王利明：《合同法新问题研究》，155～156页，北京，中国社会科学出版社，2011。

的范围很广，与电子合同缔约相关的则有自动撮合交易的销售电子代理人（seller agents）和购买电子代理人（buyer agents）。

对于电子代理人的性质，学界有不同的观点。第一种观点是工具论，即认为电子代理人仅仅作为一种工具而存在。有人认为，电子代理人实质上是一种计算机程序，是一种能够执行人的意思的、智能化的交易工具和手段，不具有独立的法律人格，不能成为具有民事主体资格的"代理人"，在这方面与自动售货机相同，因为程序和机器一样，都不是自然人。[①] 第二种观点是法人论，即直接将电子代理人认定为一种新型的法人。这种观点的理由在于，既然电子代理人能够依据自己的判断为使用人利益服务，法律后果就应直接归属于使用人，它们之间是代理和被代理的关系。具有民事主体资格的代理人要么是自然人，要么是法人，电子代理人当然算不得自然人，那么，不如将其规定为新型的法人。[②]

本书认为，电子代理人仅是一种计算机程序，不具有独立的法律人格，无法成为民事主体，更不能成为法律意义上的"代理人"。不过，对于电子代理人的行为，应当由利用电子代理人接收或发送数据电文的当事人承担法律后果。

三、电子要约

（一）电子要约的特点

一般来说，电子要约和一般的要约并无实质区别，只不过电子要约的手段较为特殊。由于向特定对象发出的电子要约与传统要约并无太大差异，故不再作讨论。电子要约的最大特点在于它们在多数情况下都是向不特定的多数人发出的，此种要约首先应当遵循一般的要约的构成要件，看其发布的信息是否具体且确定，是否包含合同的主要条款，是否包含一经承诺要约人即受此意思表示拘束的意思。不过，由于这种要约的对象是不特定的，承诺人数及订货数量也是不特定的，要约人的货物却必定是相对有限的，所以应当采取措施，既能保证承诺人的利益，又不限制要约发出的范围。为了解决这一问题，应当设置承诺的时间优先规则，即先作出承诺的人，将优先与要约人订立合同。

（二）电子要约的生效

电子要约和普通要约一样，于到达受要约人时生效。《合同法》第 16 条第 2 款规定，如收件人指定特定系统接收电子要约，则电子要约进入该特定系统的时间，视为到达时间。如收件人未指定特定系统，则电子要约进入收件人的任何系统的首次时间，视为到达时间。

（三）电子要约的撤回与撤销

1. 电子要约的撤回

对于一般要约来说，要约人可以在要约生效前随意撤回要约，但这一规则对电子要约难以适用。由于网络数据传输的速度很快，要约人一般无法使撤回要约的通知先于要约到达受要约人或者与要约通知同时到达受要约人。另外，电子要约在很多情况下都是向不特

① 参见赵转：《电子合同的法律问题与对策》，载《河南理工大学学报（社会科学版）》，2006（2）。

② 参见李晓云：《电子商务中的"电子代理人"问题研究》，载《经济体制改革》，2006（1）。

定对象发出的，发出即已生效，无法撤回。因此，无论从技术角度，还是从法律规则角度而言，电子要约都是不可以撤回的。有人认为，不能因为网速过快与电子要约的通常不可撤回性，就否认要约人撤回要约的权利。[①] 虽然这一观点有一定道理，但从技术角度讲是难以实施的。

2. 电子要约的撤销

电子要约的撤销可以分为两种情形：(1) 如果电子合同是采用电子数据交换系统订立的，由于电子数据交换系统是计算机按照预先设定的程序，对传输来的信息立即作出接受或者拒绝回复，这种情况下要约和承诺都是自动、迅速完成的，故不存在要约撤销的可能性。(2) 对于采用其他方式订立的电子合同，如电子邮件，因要约到达受要约人与受要约人作出承诺之间会存在一定的时间差，故要约人有撤销要约的可能。此时，《合同法》有关撤销要约的法律规则同样适用于电子要约的撤销。

四、电子承诺

(一) 电子承诺的生效

对于一般承诺而言，英美法系的投邮主义和大陆法系的到达主义各有优势。但是，对于电子承诺来说，只能采用大陆法系的到达主义。这是因为，对于电子承诺的生效时间来说，由于数据传输的即时性，采用何种主义在时间上都无区别。但是，对于电子承诺生效的地点来说，采用英美法系的投邮主义则会产生问题。由于电子合同的承诺人是通过计算机对要约人发送到其邮箱或者其他系统的要约进行承诺的，承诺人可以在任何一个地方通过任何一台可以浏览其系统、了解电子要约信息的计算机作出承诺。所以，采用投邮主义将会使得电子合同的成立地点很不确定，并且在某些情况下变得没有意义（例如，承诺人使用无线网络技术时，其所在地是变化的）。

《合同法》第 26 条第 2 款规定："采用数据电文形式订立合同的，承诺到达的时间适用本法第十六条第二款的规定。"也就是说，要约人指定特定系统接收数据电文的，该数据电文进入该特定系统的时间，视为承诺到达时间；未指定特定系统的，则该数据电文进入要约人的任何系统的首次时间，视为到达时间。

基于电子合同的特殊性，有学者认为一方发出承诺通知后，如果另一方没有发出收到承诺通知的确认，承诺人仍然不知道承诺是否生效，因此应对一些特殊的网上交易行为的承诺确认作强制性规定。对于依法要求签订确认书的，当事人成交只是达成初步协议，合同最终应当以当事人的确认书的签订而宣告成立。[②] 本书不赞同这种观点。网上交易固然有其特殊性，但仍应依照要约、承诺程序成立合同。

(二) 电子承诺的撤回

电子承诺撤回的问题与电子要约撤回的问题相似。由于电子传输的快速，承诺人很难撤回承诺，因而本书认为电子承诺是不可以撤回的。

---

① 参见赵转：《电子合同的法律问题与对策》，载《河南理工大学学报（社会科学版）》，2006 (2)。

② 参见王利明：《合同法新问题研究》，167 页，北京，中国社会科学出版社，2011。

实务探讨

电子承诺的撤销

在合同订立过程中，要约一经承诺，合同即已成立，承诺人不可能撤销承诺。但是，对于电子合同来说，考虑到电子商务常常采用的是点击成交的方式，当事人可能在点击这一很短的时间内，其意思表示不完全真实，或者出现错误点击的情况。基于上述原因，学者普遍认为点击成交的方式不一定能真实反映当事人的意思。因此，学者建议在消费者点击交易后，给予其一段合理的期间，供其考虑是否最终确定交易，并认为这个考虑期间就是消费者行使承诺撤销权的期间。如果消费者不行使撤销权，则视为同意成交。同时，主张消费者拥有这种撤销权的学者也都一致认为，这段考虑期间应当限制在很短的时间内，有的学者主张 1 天，也有的学者主张 7 天。

本书同意这种观点，由于点击成交这种交易系统的瞬时性，加上电子商务中大量广告等宣传手段的影响，消费者的意思表示很可能不完全真实，应该给予消费者适当的考虑时间。

五、电子合同的认证——电子签名

《合同法》第 11 条将数据电文作为合同的书面形式对待，这就在证据法上引发了如何使电子合同具有证明力的问题，即如何解决电子合同的签名问题。《电子签名法》已于 2005 年 4 月 1 日起施行，它对电子合同的签名问题作出了一系列规定。

（一）电子签名的含义

电子签名是指数据电文中以电子形式所含、所附，用于识别签名人身份并表明签名人认可其中内容的数据。而数据电文则是指以电子、光学、磁或者类似手段生成、发送、接收或者储存的信息。

（二）电子签名的方式

电子签名的技术手段目前有多种，如个人证明码 PIN 等，但比较成熟、得到普遍应用的则是基于 PKI 的数字签名技术。所谓数字签名（digital signature），是指由电脑产生的身份证明，运用非对称密码系统而产生的电子签名。非对称密码系统能够生成安全配对的密钥，私钥用于制作数字签名，公钥用于验证数字签名。数字签名是技术最成熟、可操作性最强的电子签名技术，也是使用最为广泛的电子签名方式。

（三）电子签名与手写签名的区别

1. 使用条件的差异

《电子签名法》第 3 条第 1 款规定："民事活动中的合同或者其他文件、单证等文书，当事人可以约定使用或者不使用电子签名、数据电文。"因此，本书认为电子签名的使用是需要当事人事先约定的，而手写签名则无须约定。电子签名一般来说是一种异地的认证方式，而手写签名既可以是当事人在现场签名，也可以是通过确认书异地签名。

2. 适用范围的差异

《电子签名法》第 3 条第 3 款规定，电子签名不适用于下列文书："（一）涉及婚姻、收养、继承等人身关系的；（二）涉及土地、房屋等不动产权益转让的；（三）涉及停止供水、供热、供气、供电等公用事业服务的；（四）法律、行政法规规定的不适用电子文书的其他情形。”而手写签名除了当事人约定不得采用之外，对上述情形均可适用。

3. 鉴别方式的差异

手写签名可以进行视觉比较，而电子签名只能通过计算机系统进行鉴别。

4. 展示方式的差异

手写签名可以随时伴随着所签文件一起展示，而电子签名只可以被验证，而且展示电子签名是毫无意义的，即使要展示也只能通过相应的显示器等计算机显示工具展示出来。

（四）可靠的电子签名的条件

《电子签名法》第13条规定，电子签名同时符合下列条件的，才能被视为可靠的电子签名：（1）电子签名制作数据用于电子签名时，属于电子签名人专有；（2）签署时电子签名制作数据仅由电子签名人控制；（3）签署后对电子签名的任何改动都能够被发现；（4）签署后对数据电文内容和形式的任何改动都能够被发现。当事人也可以选择使用符合其约定的可靠条件的电子签名。

第六节　合同成立的时间与地点

一、合同成立的时间

合同成立的时间是指合同对当事人产生法律约束力的时间。对绝大多数合同而言，合同成立即可生效，因此，确定合同成立的时间具有重大意义，它往往是区分当事人承担的责任是违约责任还是缔约过失责任的分界点。

关于合同成立的时间，《合同法》确立了如下法律规则：

（一）合同自承诺生效时成立

《合同法》第25条规定：“承诺生效时合同成立。”这是我国法律确定合同成立时间的基本规则。一般而言，在承诺到达要约人时，合同成立。在以意思实现进行承诺时，则在受要约人作出可视为承诺的行为时，合同成立。

（二）合同自当事人在合同书上签字或者盖章时成立

《合同法》第32条规定，合同自双方当事人签字或者盖章时成立。这是“合同自承诺生效时成立”的例外情形。合同书特指全面记载合同条款的文件，一般以纸质为载体。当事人往往会在合同书的最后一页留有签字或者盖章的地方，有的合同书则在每一页均为当事人留有签字或者盖章的地方。为了避免日后出现纠纷，当事人最好在合同书的每一页均签字或者盖章。如当事人为自然人，则应在合同书上签署自己的姓名，但在双方当事人认可的情况下，亦可使用其他符号替代姓名。如当事人为法人或非法人组织，则既可以由其法定代表人或负责人代表其签字，亦可仅加盖法人或非法人组织的印章，或者同时使用签字和盖章。合同亦可依双方当事人之代理人的签字而成立，但应在合同书后加附代理证书。如果当事人双方签字或者盖章的时间不一致，则合同在最后完成签字或者盖章时成立。

《合同法司法解释二》第5条规定，当事人在合同书上摁手印的，具有与签字或者盖章同等的法律效力。

（三）合同自当事人签订确认书时成立

《合同法》第33条规定，当事人采用信件、数据电文等形式订立合同的，可以在合同成立之前要求签订确认书。签订确认书时合同成立。这也是对“合同自承诺生效时成立”原则的例外规定。所谓确认书，是指当事人为了确定合同订立过程中的哪些文件构成合同内容而签署的书面文件。在采用信件、数据电文等形式订立合同时，当事人之间往往会进行多次文件传递，当事人就合同达成的合意散见于这些文件之中，因此当事人有必要对这些文件加以清理，通过签订确认书的方式，确定哪些文件可认定为合同内容，哪些文件应当排除在合同之外。

确认书是否一定要由当事人双方签字或者盖章方为有效，《合同法》并未作出规定。本书认为，应当尊重当事人的意思。如双方当事人约定或一方明确表示以某一方的确认为准，则只需由享有确认权的当事人在确认书上签字或者盖章即可。如双方当事人约定须共同确认，则只有在双方均在确认书上签字或者盖章时，确认书才能生效。如没有证据显示当事人作出过约定，则以双方签字或盖章为准。

有人指出，对于异地签订确认书的情况，签订确认书的时间不能作为合同成立的时间，只有在确认书到达对方之时，合同才能成立。① 本书不同意这一见解。即使异地签订的确认书，亦应依《合同法》第33条之规定，于当事人签订确认书时合同成立。

（四）合同自一方接受对方履行时成立

《合同法》第36条规定：“法律、行政法规规定或者当事人约定采用书面形式订立合同，当事人未采用书面形式但一方已经履行主要义务，对方接受的，该合同成立。”第37条规定：“采用合同书形式订立合同，在签字或者盖章之前，当事人一方已经履行主要义务，对方接受的，该合同成立。”这两条允许当事人以履行和受领弥补合同形式上的缺陷，从而成立合同，同样是对“合同自承诺生效时成立”原则的例外规定。

当事人要适用《合同法》的上述规定成立合同，应当符合如下要求：（1）“履行和受领”弥补的是合同在书面形式上的缺陷。这包括法律、行政法规规定采用书面形式订立合同的情形、当事人约定采用书面形式订立合同的情形、当事人未在合同书上签字或者盖章的情形。（2）当事人一方履行的是主要义务。何为主要义务，《合同法》并未作出解释，本书认为应当理解为主给付义务，即合同关系所固有、必备，并用以决定合同类型的基本义务，如出卖人交付标的物的义务或买受人支付价款的义务。应当注意的是，只要当事人一方履行了主要义务即可，至于履行是否存在瑕疵，在所不问。（3）当事人一方的履行须被对方接受。所谓接受，是指债权人受领了债务人的履行，如买受人接收了出卖人交来的货物。应当注意的是，只要当事人的履行被接受即可，至于相对人在接受履行后，是否因履行存在瑕疵而退货或更换履行标的，在所不问。

（五）其他情形下的合同成立时间

《招标投标法》第46条第1款规定，招标人和中标人应当自中标通知书发出之日起30

① 参见隋彭生：《合同法要义》，79页，北京，中国政法大学出版社，2005。

日内，按照招标文件和中标人的投标文件订立书面合同。因此，利用招标投标程序订立的合同，在当事人订立书面合同时成立。

对于实践合同而言，还须以当事人交付标的物或完成其他给付作为成立要件，此类合同在当事人完成全部成立要件时成立。

典型案例

某厂诉某公司买卖合同纠纷案

某年8月，某公司与某厂签订书面合同，约定由某公司购买某厂10个规格的产品，产品质量依样品规格，并约定了货款数额及支付方式：某公司于9月底付清货款，款到后，某厂发货。双方还约定，某厂应先寄送样品，经某公司认可后，某公司再在合同上盖章。但某厂未寄送样品，却于同年10月向某公司发出了合同约定的全部货物，某公司没有明确表示拒收，而是在不久之后，拆包销售了部分货物。同年11月之后，某厂连催货款，某公司要求退货。双方协商不成，某厂诉至法院，以某公司违约为由，要求其承担付款的法律责任。某公司辩称合同书未加盖公章，合同并未成立，当事人之间不存在合同法律关系，故不可能存在违约行为，更不应承担违约责任。

在本案中，未盖章的合同是否成立？

在本案中，某公司和某厂在书面文件中全面约定了相互间的权利义务关系，这一书面文件应属合同书。《合同法》第37条规定："采用合同书形式订立合同，在签字或者盖章之前，当事人一方已经履行主要义务，对方接受的，该合同成立。"某公司虽然未在合同上盖章，但却接受了某厂对其主要义务的履行，因此合同成立并生效。当事人双方应受合同的约束，履行各自的义务，否则应承担违约责任。某公司在接受某厂货物后未按约定付款，应当向某厂承担违约责任。

二、合同成立的地点

合同成立的地点即当事人达成合意的地点。确定合同的成立地点具有重要的法律意义，它直接决定了合同纠纷的诉讼管辖、交易习惯的适用、有关费用的承担及涉外合同的法律适用等。[①] 根据《合同法》的有关规定，应适用如下规则确定合同的成立地点：

（一）承诺生效地

《合同法》第34条规定："承诺生效的地点为合同成立的地点。"如果承诺以通知方式作出，则承诺到达地为合同成立地点。如果承诺是以行为作出，则作出行为之地为合同成立地点。

（二）合同书、确认书的签字或者盖章地

《合同法》第35条及《合同法司法解释二》第4条规定，如当事人采用合同书或确认

① 参见隋彭生：《合同法要义》，76页，北京，中国政法大学出版社，2005。

书等书面形式订立合同的，则双方当事人在合同书或确认书上签字或者盖章的地点为合同成立的地点。如果双方当事人签字或者盖章不在同一地点的，以最后签字或者盖章的地点为合同成立的地点。如果合同约定了签订地，即使实际签字或者盖章地点与合同约定不同，亦以约定的签订地为合同成立的地点。

(三) 接受履行地

在依《合同法》第 36、37 条规定，以合同一方接受对方履行作为合同成立方式时，则合同成立的地点为一方当事人接受对方履行的地点。

三、电子合同成立的时间与地点

(一) 电子合同的成立时间

由于电子合同的成立具有即时性的特点，因而无论采英美法系的投邮主义，还是采大陆法系的到达主义，在电子合同成立时间的认定上几乎没有差异。对于电子合同的成立时间，我国采用的仍是到达主义，即电子承诺到达要约人的时间为电子合同的成立时间。如果收件人指定特定系统接收数据电文，则该数据电文进入该特定系统的时间，视为到达时间，电子合同于此时成立。如果收件人未指定特定系统，则该数据电文进入收件人的任何系统的首次时间，视为到达时间，电子合同于此时成立。

(二) 电子合同的成立地点

基于电子合同的特殊性，在电子合同成立地点的问题上，各国较为一致的做法是采用到达主义。《合同法》第 34 条第 2 款规定，如果采用数据电文形式订立合同，则收件人的主营业地为合同成立的地点；没有主营业地的，其经常居住地为合同成立的地点；当事人另有约定的，按照其约定。

第七节 合同的内容与形式

一、合同的内容

(一) 合同内容的含义

合同的内容即合同当事人就相互间的权利、义务达成的合意，并以合同条款表现出来。《合同法》第 12 条规定："合同的内容由当事人约定，一般包括以下条款：(一) 当事人的名称或者姓名和住所；(二) 标的；(三) 数量；(四) 质量；(五) 价款或者报酬；(六) 履行期限、地点和方式；(七) 违约责任；(八) 解决争议的方法。当事人可以参照各类合同的示范文本订立合同。"本条贯彻了合同自由原则，将合同内容的决定权交由当事人行使。合同包括哪些条款，当事人之间如何约定权利、义务，法律一般都不直接进行干涉。本条所列合同的条款仅具提示作用，不具有强制性。即使当事人订立的合同没有全部包括这些条款，但只要合同达到最低程度的确定性，合同也可以成立。

(二) 合同的基本条款

《合同法》第 12 条第 1 款所列合同条款是合同一般都会包含的条款，即合同的基本条款。它在确定合同的类型、当事人双方的权利义务等方面具有决定性作用。当然，该条规定的合同基本条款也并不是每个合同都必须具备的，至于何种合同应包括何种基本条款，还应视具体情况而定。现将合同的基本条款分述如下：

1. 当事人的名称或者姓名和住所

自然人的姓名是指经户籍登记机关核准登记的正式用名，自然人的住所是指自然人长期生活和活动的主要处所。法人、非法人组织的名称是指经登记主管机关核准登记的名称，法人、非法人组织的住所是指它们的主要办事机构所在地。

在合同中载明当事人的名称或者姓名和住所是必要的。合同中记载的当事人的名称或者姓名是确定合同当事人的标志，而住所则在确定合同债务履行地、法院对案件的管辖等方面具有重要的法律意义。

2. 履行标的

如前所述，在合同法理论上，标的主要是指给付。不过，《合同法》第12条中的“标的”则是指合同当事人主给付义务所指向的对象（但不包括价款或者报酬，因为《合同法》第12条将价款和报酬列为“标的”之外的合同条款。不过，从广义上讲，价款和报酬应为履行标的。本章之后的各章所称“履行标的”均在广义上使用），因此宜将其改为“履行标的”。合同应当清楚地写明履行标的的名称，以使其特定化，并据以确定权利义务的范围。

具体而言，合同的履行标的主要表现为如下情形：（1）物，即《物权法》规定的“物”，包括不动产和动产。（2）权利，尤其是财产权利，如股权、知识产权。（3）行为，即劳动或服务，如保管合同中的保管行为、运输合同中的运输行为。（4）工作成果，即在合同履行过程中产生的、体现履约行为的有形物或无形物，如建设工程合同中承包人完成的建设项目。

3. 履行标的的数量

履行标的的数量是指衡量合同当事人权利义务范围的尺度，一般以数字和计量单位来表示。例如，以物为履行标的的合同，其数量主要表现为一定的个数、长度、体积或者重量；以行为为履行标的的合同，其数量主要表现为一定的工作量。

4. 履行标的的质量

履行标的的质量是指检验履行标的内在素质和外观形态优劣的标准。我国根据各行业发展的具体情况，规定了各种产品或者服务的国家标准或者行业标准。另外，如果当事人对履行标的的质量有特别约定的，则在不违反法律强制性规定的前提下，根据其约定确定履行标的的质量。与履行标的的数量一样，履行标的的质量是非常重要的合同条款，在签订此类条款时，应详细、具体、准确。

5. 价款或报酬

价款是指一方当事人向以物、权利为履行标的的另一方当事人所支付的、以一定的货币单位表现出来的对价。报酬是指一方当事人对以完成一定行为和实现一定工作成果为履行标的的另一方当事人所支付的、以一定的货币单位表现出来的对价。

6. 履行期限、地点和方式

履行期限是指当事人履行合同义务和接受履行的时间。期限包括期日和期间两种类型。所谓期日，是指不可分或者视为不可分的一定时间，如某时、某日、某月、某年。期间是指某一期日与另一期日之间的时间，即一定的时间段，如自某月某日到某月某日。[①]《合同法》没有使用期日的概念，而是使用了期间和期限的概念，如该法第138条规定："出卖人应当按照约定的期限交付标的物。约定交付期间的，出卖人可以在该交付期间内的任何时间交付。"《合同法》使用的期间与民法原理所称期间相同，而期限则是指履行义务的截止时间，民法原理中称为终期，如合同约定"卖方最迟于2011年5月31日交货"，则2011年5月31日即为终期。

履行地点是指当事人履行合同义务与接受履行的地方。履行地点是确定交付与验收标的地点的依据，有时是确定运费由谁承担、风险由谁承担的依据，有时还是确定标的物所有权是否转移的依据。

履行方式是当事人履行合同义务与接受履行的方式，包括交货方式、实施行为方式、验收方式、付款方式、结算方式、运输方式等。

7. 违约责任

违约责任是指当事人不履行合同义务或者履行合同义务不符合约定时应当承担的民事责任。它是促使当事人履行债务，保护守约方利益的法律救济手段，对当事人利益关系有重大影响，合同当事人应当作出明确约定。不过，《合同法》设专章规定了违约责任，即使当事人在合同中没有就违约责任作出约定，违约方也不会因此而免除责任。

8. 解决争议的方法

解决争议的方法是指合同当事人解决合同纠纷的手段、地点。根据《合同法》第128条，当事人解决合同争议的方法主要包括和解、调解、仲裁和诉讼四种。和解是指当事人双方通过协商方式自行解决合同争议。调解是指在第三人居中斡旋下，当事人双方以协商方式解决合同争议。调解既可以由人民法院、仲裁机构主持进行，也可以由合同争议双方均信任的任何人主持进行。如果当事人不愿和解、调解或者和解、调解不成的，可以根据仲裁协议向仲裁机构申请仲裁。当事人没有订立仲裁协议或者仲裁协议无效的，可以向人民法院起诉。当事人应当履行发生法律效力的判决、仲裁裁决、调解书；拒不履行的，对方可以请求人民法院执行。

（三）合同示范文本的作用

《合同法》第12条第2款规定："当事人可以参照各类合同的示范文本订立合同。"

所谓合同的示范文本，又称为示范合同、合同范本等，是指由行政主管部门或者行业协会事先拟定的，对当事人订立合同起示范作用的合同文本。为了指导当事人订立内容较为公平、规范、准确、详细的合同，减少不必要的纠纷，一些行政主管部门或行业协会制定了某些特定类型的合同示范文本，如房地产行政主管机关制定的商品房买卖合同文本。此类合同文本中的许多条款已经拟定完备；有的条款则设计了选项，供当事人选择使用；有的条款则留有空白，由当事人商定后填写。

合同的示范文本供当事人在订立合同时参照使用，仅具有参考价值，并没有强制约束力，当事人既可以选择适用，也可以不予适用。在当事人确定使用示范文本时，还可以对它进行修改、补充，甚至不采纳其中的某些条款。合同的成立或生效与当事人是否采用合

---

① 参见苏号朋：《民法总论》，376页，北京，法律出版社，2006。

同示范文本没有直接关系。在发生纠纷时，法院也不会因为当事人采用的是合同示范文本而不再对合同条款进行实质性审查。如果文本中的某些条款显失公平，法院仍然有权力基于当事人的请求撤销或者变更此类条款。

二、合同的形式

（一）合同形式概述

合同的形式是合同当事人所达成协议的表现形式，它是合同内容的外部表现，是合同内容的载体。

根据合同自由原则，当事人可以自由约定合同的表现形式。在不违反法律、行政法规强制性规定的前提下，当事人可以根据自己的需要选择合同的形式。这一原则在《合同法》中得到了体现。该法第10条规定："当事人订立合同，有书面形式、口头形式和其他形式。法律、行政法规规定采用书面形式的，应当采用书面形式。当事人约定采用书面形式的，应当采用书面形式。"依照该条规定，当事人可以自由选择合同的表现形式，无论书面形式，还是口头形式或者其他形式，都是《合同法》所允许的。但是，如果法律、行政法规规定或者当事人约定采用书面形式的，则应采用书面形式。

根据合同形式的具体表现，可以将合同形式分为明示形式、默示形式和沉默形式三种。

（二）明示形式

明示形式是指当事人使用直接语汇作为合同的形式。直接语汇包括口头语言、文字、表情语汇以及特定形体语汇。因此，打电话、发传真、录音录像等均是合同的明示形式。明示形式最典型的表现是口头形式和书面形式。另外，本书还将介绍视听形式。

1. 口头形式

合同的口头形式是指当事人以口头语言达成协议、订立合同的形式。口头形式包括当面对话、电话联系等形式。

口头形式的优点是简便易行，故在日常交易中经常被采用，如商店里的零售买卖。由于口头形式是最为传统、适用范围最为广泛的合同形式，所以在当事人采用口头形式订立合同时不需要特别指明。只要当事人没有作出明确约定，法律没有要求采用特定形式的合同，都可以采取口头形式。

口头形式的不足之处在于发生合同纠纷时存在取证上的困难，不利于分清责任。在发生争议时，往往需要当事人以其他证据证明合同的存在及合同内容。

采取口头形式订立合同并不意味着不能产生任何书面凭证。在实践中，人们到商店购物，有时也会要求开具发票或者其他购买凭证。不过，此类书面凭证只能证明合同的成立，而不能视为合同成立的要件。

2. 书面形式

合同的书面形式是指当事人以书面文字有形地表现合同内容的方式。合同书、信件、数据电文等可以记载当事人合同内容的书面文件，都是合同书面形式的具体表现。传统的书面形式是合同书和信件。随着科技的发展进步，合同的书面形式也越来越丰富，电报、电传、传真、电子数据交换以及电子邮件等都已成为高效、快速的合同书面形式。

使用书面形式的好处是：第一，在发生合同纠纷时有据可查，有利于减少纠纷，即使发生了纠纷也因举证简单而易于分清责任，这是使用书面形式的最大优点。第二，可以使合同内容更为详细、周密。当事人在将其意思通过文字表达出来时，往往会更为审慎，对合同的约定也更为全面、具体。

《合同法》第11条规定："书面形式是指合同书、信件和数据电文（包括电报、电传、传真、电子数据交换和电子邮件）等可以有形地表现所载内容的形式。"根据该条规定，合同书面形式的基本形态是合同书、信件和数据电文三种，但并不限于这些形式，凡是与这些形式具有同类特征的合同形式都是书面形式。

（1）合同书

合同书是最为典型，也是目前使用最为频繁的一种合同书面形式，指记载合同内容的文书。一般而言，当事人会制作若干份合同书，且在每一份合同书上均签字或者盖章。

（2）信件

信件是指当事人就要约和承诺的内容进行往来的，以传统的纸张记载内容的信函。随着传真、电子邮件等高科技通信手段的发达，使用信件的形式订立合同的情况已经越来越少。

（3）数据电文

数据电文是当代信息技术的产物。《电子签名法》第2条第2款规定，数据电文是指以电子、光学、磁或者类似手段生成、发送、接收或者储存的信息。

联合国国际贸易法委员会于1996年通过的《电子商务示范法》第2条a项则规定："数据电文指以电子、光学或类似手段生成、发送、接收或存储的信息，这些手段包括但不限于电子数据交换、电子邮件、电报、电传和传真。"因此，《合同法》第11条将数据电文列举为电报、电传、传真、电子数据交换和电子邮件，应当属于不完全列举。目前，通过万维网（WWW）和电子公告（BBS）订立合同是电子商务中应用最普遍的形式，万维网和电子公告亦为数据电文的表现形式。

（4）公证书

公证是指公证机构根据自然人、法人或者非法人组织的申请，依照法定程序对民事法律行为、有法律意义的事实和文书的真实性、合法性予以证明的活动。依《公证法》有关规定，公证机构可以对合同、合同文书上的签名、印鉴、日期进行公证。公证机构经审查认为申请人提供的证明材料真实、合法、充分，申请公证的事项真实、合法，则应当向当事人出具公证书，由公证员在公证书上签名或者加盖签名章并加盖公证机构印章。公证书自出具之日起生效。

由此可见，公证是公证机构对当事人以书面形式所订合同真实性、合法性的证明，经公证的合同以公证书的形式表现出来。因此，公证书是合同的书面形式。

在交易实践中，当事人之间往往还存在一些证明合同成立的书面凭证，在此有必要对其性质和作用作一介绍。

一是车票、机票等合同凭证。这些合同凭证并没有完整记载合同内容，因此不是合同书。不过，由于它们记载了最主要的合同内容（当事人的姓名或者名称、主给付义务及其指向的对象、价款、履行时间等），因此应当认定为确定当事人基本权利义务的合同书面形式，并且是认定当事人之间存在合同关系的证明文件，具有证据功能。

二是保险凭证。《保险法》第13条规定，投保人提出保险要求，经保险人同意承保，保险合同成立。保险人应当及时向投保人签发保险单或者其他保险凭证。保险单或者其他保险凭证应当载明当事人双方约定的合同内容。当事人也可以约定采用其他书面形式载明合同内容。

依上述规定，保险合同依要约与承诺而成立，不以书面形式为必要。保险人向投保人签发保险单或者其他保险凭证是在合同成立之后（或者合同成立之时）的行为，对合同成立没有影响。由于保险凭证应当载明当事人约定的合同内容，因而其实际功能与合同书相同。应当注意的是，保险凭证与《合同法》第32条规定的合同书的法律意义有明显差异。依《合同法》第32条，当事人采用合同书形式订立合同的，自双方当事人签字或者盖章时合同成立。就保险合同而言，在保险人签发保险凭证之前，保险合同已经成立了。本书之所以认为保险凭证的功能与合同书相同，是因为它们都是全面记载合同内容的书面文件。

另外，保险凭证与上述车票、机票等合同凭证并不相同。前者全面记载了当事人之间的内容，具有合同书的功能；后者则仅记载了当事人之间最主要的合同内容，主要是用来证明当事人之间存在合同关系。

三是确认书。如前所述，确认书的功能是：对于当事人在签订合同过程中形成的文件，以罗列的方式确认其中哪些文件构成合同的内容。但是，确认书本身并不具体记载合同内容。因此，应当将确认书及被确认为合同内容的传真、信件、数据电文等一并认定为合同的书面形式。

四是用以证明一方已经履行了合同主要义务且对方接受履行的书面凭证。在当事人之间没有订立书面合同，且无证据证明当事人之间存在口头合同的情况下，如何判断当事人之间的合同是否成立，是司法实践中的重大疑难问题。对此，《买卖合同司法解释》第1条规定："当事人之间没有书面合同，一方以送货单、收货单、结算单、发票等主张存在买卖合同关系的，人民法院应当结合当事人之间的交易方式、交易习惯以及其他相关证据，对买卖合同是否成立作出认定。对账确认函、债权确认书等函件、凭证没有记载债权人名称，买卖合同当事人一方以此证明存在买卖合同关系的，人民法院应予支持，但有相反证据足以推翻的除外。"根据这一规定，当事人以送货单等交货凭证、结算单等结算凭证以及对账确认函等债权凭证证明当事人之间存在合同时，法院应当根据当事人所举证据的证明力，并结合交易习惯等，确定当事人之间的合同是否成立。

实务探讨

合同的特殊书面形式辨析

我国一些学者认为，合同的书面形式可分为一般书面形式和特殊书面形式，一般书面形式是指用文字表现的合同形式，如合同书、信件、数据电文等。特殊书面形式则包括公证和鉴证等形式。① 本书在此分别就公证、登记、批准、鉴证是否为合同的特殊书面形式作

① 参见魏振瀛主编：《民法》，144页，北京，北京大学出版社、高等教育出版社，2010。

出分析。

第一，公证。如前所述，公证是由公证机构对当事人所订合同或合同文书上当事人签名、印鉴或签署日期的真实性、合法性予以证明的行为。在当事人约定对合同进行公证时，合同以公证书的方式表现出来。因此，公证书是合同的书面形式，其特点是先由当事人签订书面合同，然后由公证机构对其合法性、真实性加以证明，并制作成公证书。当事人之所以选择对其合同加以公证，是希望借助公证机构的介入，确保合同内容的真实性和合法性。不过，这只是当事人的主观意愿，经过公证的合同也未必真实、合法。不过，经公证机构专业人员审查的合同，其内容的合法性一般还是可以获得保障的。目前，我国法律并没有规定合同必须要进行公证，是否对合同进行公证完全是当事人的自主选择。在法律性质上，公证书与合同的其他书面形式并无不同，不必将其视为合同的特殊书面形式。

第二，批准。批准又称审查批准、审批、核准、审核、许可，是指行政主管机关根据当事人的申请，依照法律、行政法规规定的权限和程序进行审查后，准予其从事特定活动、认可其资格资质、确认特定民事法律关系的行为。依我国法律规定，某些类型的合同应获得行政主管机关的批准。当事人在申请批准时，应当提交已经完成订立程序的书面合同。可见，在批准之前，合同已经成立，且采用了书面形式。因此，批准既不是合同的成立要件，也不是合同的特殊书面形式。根据《合同法》第 44 条，批准应当属于合同的生效要件。

第三，登记。登记是指国家登记主管机关将民事主体的权利变更事项记载于登记簿上的行为，如房屋所有权变更登记、结婚登记等。民法中最典型的登记是物权登记，即登记是物权（主要是不动产物权）变动的公示方式。如以合同（如房屋买卖合同）方式发生物权变动，当事人在申请登记时应向登记机构提供书面合同。可见，在登记之前，合同已经成立，且采用了书面形式。因此，登记既不是合同的成立要件，也不是合同的特殊书面形式。至于我国是否存在合同登记，以及登记对合同的命运有何影响，本书将在第四章“合同的效力”第二节“生效合同”中述及。

第四，鉴证。所谓鉴证，是指由行政主管机关或者其他机构对合同真实性、合法性进行审查并予以证明的行为。当事人申请对合同进行鉴证时，应当提交已经签订的书面合同，鉴证机构对其真实性、合法性审查通过后，将合同制作成鉴证书。因此，鉴证书是合同的表现形式，但它与其他合同书面形式并无性质上的差异，没有必要将其认定为合同的特殊书面形式。依鉴证主体，可以将合同鉴证分为两类：(1) 由行政主管机关实施的合同鉴证。针对合同鉴证，国家工商行政管理局曾经发布《关于经济合同鉴证的暂行规定》(1985 年) 及《合同鉴证办法》(1997 年发布，1998 年修订)，规定合同鉴证由工商行政管理机关负责。不过，国家工商行政管理局早已于 2004 年发文，废止了《合同鉴证办法》。本书认为，行政主管机关对市场主体之间所订合同进行鉴证，与其行政管理职能相违背，现行法律已经不允许此类合同鉴证的存在。不过，目前仍有一些地方的行业主管机关要求当事人将合同提交其鉴证。这种做法属于违法行为，应予禁止。(2) 由行政主管机关以外的机构实施的合同鉴证，此类机构主要包括法律服务机构如律师事务所、市场中介机构如产权交易所。这种类型的合同鉴证是合法的市场行为，实践中大量存在。在功能上，鉴证与公证非常相似，均是对合同真实性、合法性的审查，但在法律性质上，却存在本质差别。公证是一种法律明确认可其效力的证明行为，《公证法》第 36 条规定，经公证的合同可以直接作为认定事实的根据。但是，鉴证并非法律明确认可的证明行为，经鉴证的合同不能直接作为认定事实的根据，仅具有证据价值。因此，鉴证亦非合同的特殊书面形式。

综上所述，我国不存在合同的特殊书面形式。

法律、行政法规规定或者当事人约定采用书面形式的，则合同在采用书面形式时才成立。如果当事人没有采用书面形式，则合同不能成立。不过，将没有采用书面形式的合同一概认定为不成立可能对当事人真实意思造成损害，为了弥补这一缺陷，《合同法》作出了例外规定，包括：(1) 依该法第 36 条规定，法律、行政法规规定或者当事人约定采用书面形式订立合同，当事人未采用书面形式但一方已经履行主要义务，对方接受的，该合同成立。(2) 依该法第 37 条规定，采用合同书形式订立合同，在签字或者盖章之前，当事人一方已经履行主要义务，对方接受的，该合同成立。

3. 视听形式

所谓视听形式，是指以录音、录像之类的视听手段记载合同内容的形式。《民法通则司法解释》第 65 条规定："当事人以录音、录像等视听资料形式实施的民事行为，如有两个以上无利害关系人作为证人或者其他证据证明该民事行为符合民法通则第五十五条（关于法律行为生效要件的规定——本书作者注）的规定，可以认定有效。"

从上述司法解释的内容来看，视听形式可以作为合同形式，但由于它具有易于被人篡改的缺点，在适用时有特别要求，即当事人在以录音、录像等视听资料形式订立合同时，必须要有两个以上无利害关系人作为证人或者有其他证据证明合同的存在。

（三）默示形式

所谓默示形式，是指合同当事人没有直接使用语言、文字等明示形式，而是通过实施某种特定行为达成协议，又称合同的推定形式。将汽车停放在收费停车场，在自选商场选定商品后携至结算处，登乘公共汽车，向自动售货机投入硬币均属于合同的默示形式。默示形式实际上就是通过当事人实施的积极作为，推定当事人完成了合同的订立。

依《合同法》第 10 条，当事人订立合同，可以采取书面形式、口头形式和其他形式。对于何为该条所称"其他形式"，《合同法司法解释二》第 2 条规定，当事人未以书面形式或者口头形式订立合同，但从双方从事的民事行为能够推定双方有订立合同意愿的，人民法院可以认定是以"其他形式"订立的合同。可见，我国合同立法将"其他形式"主要理解为默示形式。

（四）沉默形式

沉默形式是指单纯的不作为，即当事人既未以明示方式订立合同，也未作出某种可以推定其订立合同的积极行为。因此，沉默原则上不能成为合同的形式。但在特殊情况下，如果当事人有此约定或者法律有此规定的，则沉默可以成为合同的形式。例如，合同当事人双方可以约定，对于一方变更合同的表示，另一方未在特定期间内作出拒绝的意思表示，则视为合同变更。但是，应当说明的是，任何一方当事人均不得单方面决定沉默的这种效力。对于沉默的法律效果，《合同法》作出了规定，如该法第 236 条规定："租赁期间届满，承租人继续使用租赁物，出租人没有提出异议的，原租赁合同继续有效，但租赁期限为不定期。”可见，租赁合同可因出租人的沉默而成立。

《民法通则司法解释》第 66 条规定：“一方当事人向对方当事人提出民事权利的要求，对方未用语言或者文字明确表示意见，但其行为表明已接受的，可以认定为默示。不作为的默示只有在法律有规定或者当事人双方有约定的情况下，才可以视为意思表示。”该条即是对默示形式和沉默形式的规定。不过，沉默形式与默示形式有着本质区别，因此，该司法解释将沉默形式视为“不作为的默示”而归入“默示形式”之中，是不妥当的。

第八节　缔约过失责任

一、缔约过失责任的含义

传统的大陆法系民事责任理论体系将民事责任分为违约责任和侵权责任，两种责任各有其构成要件、保护的利益、法律效果、举证责任和诉讼时效等。一般而言，违约责任的构成要件较为宽松，而侵权责任的构成要件则较为严格。

在这种二分法的民事责任体系下，责任人要么承担侵权责任，要么承担违约责任，且违约责任的承担以合同生效为前提。因此，一方当事人在合同订立过程中因对方的故意或过失而遭受损害时，只能依法律有关侵权责任的规定，向对方请求损害赔偿。但是，因侵权责任的构成要件较为严格，所以，当事人的请求往往难以得到支持。为了解决这一难题，许多国家在违约责任和侵权责任之外，另行设立了缔约过失责任。《合同法》第 42 条亦对其作出明确规定，从而使其成为与违约责任、侵权责任并立的第三种民事责任。

所谓缔约过失责任，是指当事人在合同订立过程中，因违反依照诚实信用原则所应尽的先合同义务，致使另一方遭受损害而应承担的赔偿责任。

二、缔约过失责任制度的发展

缔约过失理论是由德国著名法学家鲁道夫·冯·耶林（Rudolf von Jhering）创立的。1861 年，他在其主编的《耶林法学年报》第 4 卷上发表了《缔约上过失、合同无效与不成立时之损害赔偿》一文，指出从事合同缔结的人，是从合同之外的消极义务范畴，进入合同上的积极义务范畴，其因此承担的首要义务是在缔约时须善尽必要的注意。法律所保护的并非仅是一个业已存在的合同关系，正在发生中的合同关系亦应包括在内。否则，合同交易将暴露于外而不受保护，缔约一方当事人不免成为他方疏忽或不注意的牺牲品！合同的缔结产生了一种履行义务，若此种效力因法律上的障碍而被排除时，则会产生损害赔偿责任。因此，所谓合同不成立、无效，仅指不发生履行效力，非谓不发生任何效力。简言之，当事人因自己的过失致使合同不成立或无效，对信其合同为有效成立的相对人，应赔偿基于此信赖而生的损害。

耶林的缔约过失理论是民法发展史上一个伟大的发现，为后世民事责任制度的发展提供了理论支持。

德国在起草民法典过程中，就是否对缔约过失作出一般规定颇有争议，最后决定仅规定意思表示错误之撤销、给付自始客观不能及无权代理。《德国民法典》第一草案立法理由书称，除上述法定情形外，当事人在缔约过程中因过失不法侵害他人利益的行为属于侵权行为，还是属于对法律行为上义务的违反，应由判例、学说决定。而自 2002 年 1 月 1 日《债法现代化法》施行之后，《德国民法典》第 311 条第 2、3 款确立了制定法上的缔约过失责任一般规则。深受德国法影响的国家或地区都接受了耶林的理论，在法律上规定了缔约过失责任制度，如瑞士、希腊、日本、我国台湾地区等。受法国法影响的国家则因其侵权行为法采概括原则，未接受耶林的理论，一般仍以侵权行为法解决先合同责任问题。英美法系国家则利用虚伪意思表示（misrepretation）、允诺禁反言（promissory estoppel）等制度处理此类问题。

《合同法》对缔约过失责任的规定主要体现在第 42、43、48、58 条，其中第 42 条是一般规定，第 43 条是对违反保密义务时缔约过失责任的特别规定，第 48 条是对未经追认的无权代理中缔约过失责任的特别规定，第 58 条是对合同无效、被撤销时缔约过失责任的特别规定。另外，其他立法或司法解释亦针对特定情形规定了缔约过失责任。

立法背景

我国立法对缔约过失责任制度的确立

我国早期的民事立法借鉴了其他国家或地区的做法，就缔约过失的特定形态进行了规范。1981 年制定的《经济合同法》第 16 条第 1 款规定：“经济合同被确认无效后，当事人依据该合同所取得的财产，应返还给对方。有过错的一方应赔偿对方因此所受的损失；如果双方都有过错，各自承担相应的责任。”这一规定中的赔偿责任即属缔约过失责任。1986 年制定的《民法通则》第 61 条第 1 款规定：“民事行为被确认为无效或者被撤销后，当事人因该行为取得的财产，应当返还给受损失的一方。有过错的一方应当赔偿对方因此所受的损失，双方都有过错的，应当各自承担相应的责任。”这一规定中的赔偿责任亦属缔约过失责任（如当事人实施的民事行为为合同）。依同法第 66 条第 1 款，没有代理权、超越代理权或者代理权终止后的行为，只有经过被代理人的追认，被代理人才承担民事责任。未经追认的行为，由行为人承担民事责任。此条所称“行为人承担民事责任”包括缔约过失责任。

由以上规定可见，虽然《经济合同法》和《民法通则》未确立缔约过失责任的一般规则，但已就某些特定类型的缔约过失责任作出了规定。

1999 年制定的《合同法》的一个重大突破在于全面肯认了缔约过失责任制度，为我国民事责任体系的完善作出了重大贡献。

三、缔约过失责任与侵权责任的比较

（一）缔约过失责任与侵权责任的联系

缔约过失责任是作为侵权责任的补充而设立的制度，二者会出现竞合的现象。另外，缔约过失责任的请求权和侵权责任的请求权存在很多相似之处。

（二）缔约过失责任与侵权责任的区别

1. 前提条件不同

承担缔约过失责任的前提是双方当事人基于为缔结合同而进行磋商所产生的信赖关系，而承担侵权责任一般不以当事人之间有信赖关系为前提。

2. 义务性质不同

当事人之所以承担缔约过失责任，是因为违反了基于诚实信用原则而产生的先合同义务；当事人之所以承担侵权责任，则是因为违反了不得损害他人人身或财产权利的一般义务。

3. 保护对象不同

缔约过失责任的保护对象主要是缔约当事人的信赖利益，侵权责任的保护对象则是物权、人格权等权利或利益。

4. 责任形式不同

缔约过失责任的形式主要是损害赔偿；侵权责任的形式则更多样化，不限于损害赔偿。

5. 对精神损害赔偿的态度不同

缔约过失责任仅赔偿财产损害，不赔偿精神损害；侵权责任不仅赔偿财产损害，还赔偿精神损害。

至于缔约过失责任与违约责任的联系和区别，请参见本书第十章“违约责任”的相关论述。

四、缔约过失的类型

根据《合同法》第42、43、48、58条，并结合其他法律规定，缔约过失主要表现为如下类型：

1. 假借订立合同，恶意进行磋商

如果当事人虽然与对方进行协商、洽谈，但根本没有与对方订立合同的目的，只是以订立合同为借口，损害对方的利益，即属于《合同法》第42条所称“假借订立合同，恶意进行磋商”的情形。此处的“恶意”包括两层含义：一是没有缔约的意图，二是具有给对方造成损失的主观意图。例如，甲与乙进行谈判、协商，但并不是为了与乙订立合同，而是为了使乙丧失与其他人订立合同的机会。

2. 违反告知义务

一般情况下，缔约当事人并无主动告知义务，其原因在于各方当事人应当自行取得必要信息，不能依赖他人提供。另外，当事人缔约的目的在于获得最大化的利益，因此不能将相关信息全盘托出，否则将在谈判中失去主动权。但是，由于信息不对称，一方当事人往往无法获得重要信息，如果对方不提供此类信息，则有违诚实信用原则（如在缔结人身保险合同时，投保人应就健康状况作如实告知）。在这种情况下，当事人应如实提供相关信息。《合同法》第42条规定，故意隐瞒与订立合同有关的重要事实或者提供虚假情况属于缔约过失。

3. 违反保密义务

当事人为达成交易而进行磋商，不可避免地会了解对方的商业秘密，从而依诚实信用原则负有保密义务。《合同法》第43条规定，无论合同成立与否，当事人对订立合同过程中知悉的商业秘密，均应承担保密义务，不得泄露或者不正当地使用，否则构成缔约过失。应当说明的是，如果商业秘密系由第三人窃取（如入室盗窃、黑客入侵）而泄露或由他人进行不正当使用，除非当事人有过失，否则不构成缔约过失。

4. 未被追认的无权代理行为

《合同法》第48条规定，无权代理人订立的合同未经被代理人追认时，由无权代理人承担责任。因此，如果该合同因未经被代理人追认而无效，则无权代理人的行为构成缔约过失。

5. 因当事人的过失导致合同无效或被撤销

《合同法》第58条规定，合同无效或者被撤销时，有过错的一方应当赔偿对方因此所受到的损失。因此，当事人导致合同无效或被撤销的有过失的行为构成缔约过失。

6. 未履行申请批准手续

《合同法司法解释二》第8条规定，依照法律、行政法规的规定经批准才能生效的合同成立后，有义务办理申请批准手续的一方当事人应当按照法律规定或者合同约定办理该手续，否则应当承担赔偿责任。因此种赔偿责任为缔约过失责任，所以当事人未履行申请批准手续的行为构成缔约过失。

7. 当事人在订立合同中的其他违背诚实信用原则的行为

《合同法》第42条规定，当事人应对其在订立合同过程中其他违背诚实信用原则的行为承担损害赔偿责任。这是一项概括性条款，应根据个案予以具体化，并组成案例类型。本书认为，当事人其他违反诚实信用原则的缔约过失行为主要有：(1) 因当事人的过失导致合同不成立或不生效；(2) 在缔约过程中未尽保护义务，损害相对人人身或财产权利；(3) 违反初步协定；(4) 恶意中断缔约。

理论研究

违反保护义务的缔约过失

因违反保护义务（《侵权责任法》第37条所用术语为“安全保障义务”）侵害相对人人身或财产利益是否属于缔约过失，存在较大争议。例如，甲被百货商店的电梯挤伤；乙店员展示商品，不慎掉落伤及帮顾客选择商品的丁；顾客试车，因汽车公司职员的过失，发生车祸受伤。对于此类情形，德国法均认为构成缔约过失，其理由是当事人一方因缔约上的接触而进入他人支配范围，即应受保护，以避免雇主通过对受雇人的加害行为举证免责，而无须承担侵权责任。[①] 有的学者认为此类行为不属于缔约过失。[②] 还有观点认为，应当分

① 参见王泽鉴：《债法原理》，192～193页，北京，北京大学出版社，2009。

② 参见王泽鉴：《债法原理》，193页，北京，北京大学出版社，2009；韩世远：《合同法总论》，143页，北京，法律出版社，2011。

别讨论，以当事人之间是否已经具有缔约上的联系为标准确定是否属于缔约过失。如果当事人之间尚未发生缔约关系，则因一方过失致他方损害，不构成缔约过失，如甲刚进百货商场，即被掉下的玻璃划伤。如果当事人之间已经建立缔约关系，则一方因违反保护义务侵害相对人的人身或财产利益，则构成缔约过失。[①]

本书认为最后一种观点具有合理性，值得赞同。《德国民法典》第311条第2、3款及司法实务对缔约过失的认定范围过宽，有些情形已经超出缔约过失责任制度的射程，进入侵权法领域，值得商榷。但是，如果认为缔约当事人违反保护义务不构成缔约过失，即意味着不承认先合同义务包含保护义务，显然不妥，因此应当肯定违反保护义务时的缔约过失，但应将其严格限定在缔约过程中，即当事人已经建立缔约关系，产生了基于诚实信用原则的保护义务。如果当事人违反保护义务的行为不是发生于缔约过程中，则应依《侵权责任法》第37条承担侵权责任。

五、缔约过失责任的构成要件

（一）缔约当事人的行为违背诚实信用原则

如前所述，基于诚实信用原则，缔约当事人负有先合同义务，包括说明、告知、注意、保密、忠实及保护等。这些义务是法定义务，缔约当事人必须履行。各国均以违背诚实信用原则作为缔约过失责任的发生依据，《合同法》第42条亦不例外。该条除列举了两种典型情形外，还以概括性条款规定，当事人有其他违背诚实信用原则的行为，亦应承担缔约过失责任。

在时间上，当事人只有在缔约过程中实施了违背诚实信用原则的行为，才可能承担缔约过失责任。缔约过程从当事人为缔结合同开始接触时起算，到合同有效成立时结束。如果当事人还没有进入缔约阶段，则不发生先合同义务，更无缔约过失责任的承担。在合同生效后，当事人如有违反诚实信用原则的行为，则应承担违约责任。应当注意的是，只要违背诚实信用原则的行为发生于缔约过程中即可，至于其后合同是否成立、生效、无效、被撤销，均不影响缔约过失责任的承担。

（二）有可归责事由

如果法律要求某人赔偿他人因一定事故而遭受的权益损害，就应当在损害赔偿义务人与损害事故之间，建立某种合理的关系，以作为归责的根据，即归责事由。《合同法》第42、58条就缔约过失责任的归责事由使用的术语分别为“恶意”、“故意”、“过错”，因此当事人存在故意或过失是缔约过失责任的一般归责事由。不过，《合同法》及其他立法或司法解释还规定了当事人即使没有故意或过失，亦应承担缔约过失责任的情形。例如，《合同法》第43条规定，当事人因违反保密义务而承担缔约过失责任，不以过失为归责事由。再如，《合同法》第48条规定，因无权代理未被追认，行为人承担缔约过失责任亦不以过失为归责事由。因此，缔约过失责任以过错（包括故意和过失）为一般归责事由，但在个别场合，依法律特别规定，可以无过错为特殊的归责事由。

---

① 参见王利明：《合同法新问题研究》，175、207页，北京，中国社会科学出版社，2011。

理论研究

缔约过失责任中“过失”的含义

学界对缔约过失责任中的“过失”有着不同的理解。

1. 客观过失论

有人认为，缔约过失责任中的过失就是指违反了诚信原则，并认为这种过失是一种客观的过失。所谓客观过失，是指依据行为人的行为是否违反了某种行为标准来确定是否具有过失，而与之对应的主观过失则是指行为人的一种主观心理状态，即故意和过失。以诚信义务来约束缔约阶段的当事人，违反诚信义务的当事人就视为有过失。①

2. 主观过失论

这种观点主张缔约上的过失责任不但包括当事人的过失，也包括当事人的故意，即将缔约过失责任中的“过失”等同于过错。例如，有人认为，合同法理论发展到今天，缔约过失责任的概念不能反映客观的实际情况和立法要求，缔约过失责任除了包括因过失导致合同未成立、被撤销、被确认无效的责任情形之外，还应当包括因过错而导致合同未成立、被撤销、被确认无效的责任情形。②

有人反对将缔约过失责任中的“过失”扩大为过错，认为如果缔约之际负有积极的注意义务而故意不作为，则构成侵权，没必要适用缔约过失责任，因为侵权责任的赔偿理所当然地包括信赖利益、固有利益和期待利益，而缔约过失责任的赔偿仅以信赖利益为限。缔约过失责任仅应存在于违约责任鞭长莫及、侵权责任照顾不到的过失违反先合同义务的领域。扩大过失含义还混淆了两对概念：首先，混淆了先合同义务和合同之先的义务。其次，混淆了缔约过失责任和缔约责任。缔约责任包括缔约过失责任、缔约故意侵权责任、不当得利责任，例外地，还包括无过失责任。③

本书认为，当事人违背诚实信用原则和归责事由，应当作为缔约过失责任的两个不同的构成要件，不能合二为一。前者是指当事人违反了先合同义务，具有违法性；后者是故意或过失问题。④ 缔约过失责任作为一个由德国法学家耶林于150年前创造的法律术语，一直被沿用至今，以至于人们会认为，既然名为“缔约过失责任”，就应以行为人主观上存在过失为归责事由。但如前所述，缔约过失责任的承担并不一定要以当事人主观上存在过失为前提。从这个角度而言，缔约过失责任只是一个被普遍接受的法律术语，并非对归责事由的界定。不可否认的是，过失仍然是缔约过失责任的一般归责事由。对于此种意义上的过失，应作广义理解，包括故意和过失，即相当于我国民法所称的“过错”。

（三）相对人受到损害

因缔约过失造成相对人的损害主要是信赖利益损失。所谓信赖利益损失，是指当事人

---

① 参见王利明：《合同法研究》（第一卷），312页，北京，中国人民大学出版社，2002。

② 参见隋彭生：《合同法要义》，100～101页，北京，中国政法大学出版社，2005。

③ 参见郑大鹏：《缔约过失责任理论基础的发展及其独立性》，载《学术交流》，2005（12）。

④ 参见王泽鉴：《债法原理》，189页，北京，北京大学出版社，2009。

信赖合同可以成立和生效，但由于合同未成立、未生效、无效或被撤销而遭受的损失，具体表现为各项费用的支出及订约机会的丧失。因此，信赖利益损失既不是现有财产的毁损、灭失，也不是履行利益的损失，而是指因信赖无效的法律行为是有效的而受到的损害。[①] 不过，在特定场合，缔约过失亦会导致相对人的人身或财产权利受损，此种利益并非信赖利益，而是固有利益。

（四）行为与损害之间具有因果关系

当事人违反诚实信用原则的行为与对方受到损害之间应有相当因果关系。[②] 所谓相当因果关系，是指无此行为，必不生此损害；有此行为，通常就会生此损害，则行为与损害之间存在因果关系。无此行为，必不生此损害；有此行为，通常也不会生此损害，则行为与损害之间不存在因果关系。

相当因果关系由事实上的因果关系和相当性构成。在适用时应先考察是否存在事实上的因果关系，如果存在，再考察相当性要求。对事实上的因果关系的考察采取“若非，则无”的检验方式，即没有此行为，就不发生此损害。对相当性的考察以行为人的行为所造成的客观存在事实为观察基础，根据经验对此客观存在事实加以判断，如果可以得出通常都会发生同样损害结果的结论，则行为与损害之间就存在相当因果关系。

六、缔约过失责任的承担

（一）承担缔约过失责任的主体

缔约过失责任的责任主体仅为缔约当事人，即具有缔约意愿、作出要约或承诺的行为人。若合同有效成立，其应当成为合同当事人。如果缔约当事人通过代理人实施缔约过失行为，代理人是否应承担缔约过失责任？本书认为，代理人是以被代理人的名义作出意思表示，且意思表示的法律后果直接归属于被代理人，因此即使代理人直接实施了缔约过失行为，亦应由作为被代理人的缔约当事人承担责任，代理人不应承担缔约过失责任。

（二）承担缔约过失责任的方式

依《合同法》第 42、58 条之规定，当事人承担缔约过失责任的方式是损害赔偿。一般情况下，损害赔偿的对象是信赖利益，包括所受损害和所失利益，具体表现为缔约费用、准备履行合同所支出的费用及丧失订约机会的损害，如交通费、鉴定费、咨询费、利息等。但是，因合同履行而应获得的利益，因非属信赖利益，故不在赔偿范围之列。《合同法》并未就缔约过失责任的赔偿范围作出规定，但我国学者一般认为缔约过失责任的赔偿范围不得超过合同有效且得到实际履行时所应获得的全部利益，即以履行利益为限。[③] 不过，亦有人认为信赖利益损害赔偿的范围不受履行利益的限制。[④] 本书认为，缔约过失责任中的损害赔偿针对的是信赖利益损失，虽然《合同法》并未明确规定其赔偿范围，但通说认为不应超过履行利益，这是一种合理的选择，本书予以接受，我国司法实践也是这样来处理的。

如当事人在缔约过程中违反保护义务，致相对人人身或财产权利受损，亦应承担缔约

① 参见史尚宽：《债法总论》，289 页，北京，中国政法大学出版社，2000。

② 参见王泽鉴：《债法原理》，193 页，北京，北京大学出版社，2009。

③ 参见王利明：《合同法研究》（第一卷），344 页，北京，中国人民大学出版社，2002。

④ 参见王泽鉴：《债法原理》，194 页，北京，北京大学出版社，2009。

过失责任，且赔偿范围为相对人所遭受的一切损害，而不以履行利益为限。

如果被害人与有过失，应适用与有过失原则，《合同法》第58条即体现了这一要求。该条规定，在合同无效或被撤销时，有过错的一方应当赔偿对方因此所受到的损失，双方有过错的，应当各自承担相应的责任。另外，被害人应基于诚实信用原则，承担减少自身损失的义务（不真正义务）。如果没有及时采取措施避免损失扩大，不得就扩大的损失请求赔偿。

除损害赔偿之外，我国一些法律还规定在发生缔约过失行为时，合同可以解除。例如，《保险法》第17条第2款规定："投保人故意隐瞒事实，不履行如实告知义务的，或者因过失未履行如实告知义务，足以影响保险人决定是否同意承保或者提高保险费率的，保险人有权解除保险合同。"

典型案例

徐某诉某房地产有限公司缔约过失责任纠纷案

某年8月，原告徐某与被告某房地产有限公司签订了《北京市商品房预售合同》，由原告购买被告出售的某小区住房一套，房款为173万元，被告交付房屋的日期为第二年年底。双方在合同中未就该房屋内的管道铺设问题作出明确约定。合同签订后，原告按约向被告履行了支付房款的义务。第二年，房屋交付前，被告向原告发出书面通知："由于您的房屋中有管道通过（暖气管等），故在装修时进行了局部处理，局部吊顶较低，但不会影响您居室的使用和美观。"原告及时回函被告，表示"本户内不得有任何非本户管道通过，如公司已进行公共通过管道安装，请立即予以拆除。"后被告按时向原告交付了涉诉房屋，但房屋内有管道通过，房内局部进行了金属扣顶吊顶。原告遂起诉要求拆除涉诉房屋内的管道，但因该管道系由多家业主共用，拆除该管道将损害其他业主的利益，故法院判决驳回了原告的诉讼请求。

之后，原告又诉至法院要求被告承担违约责任，给付违约金8.68万元；如不能认定被告违约，要求被告对因房屋中添设管道致使房屋价值贬损的部分进行补偿。庭审中，法院委托某价格认证中心对涉诉房屋内铺设管道是否影响房屋价格进行评估，该中心建议铺设管道房屋的价格应在原房屋价格基础上扣减2%。①

本案被告应承担何种民事责任？本案应如何处理？

本案涉及缔约过失责任的适用问题。依《合同法》第42条第2项，当事人在合同订立过程中，应依诚实信用原则，告知相对人与订立合同有关的重要事实。如果故意隐瞒与订立合同有关的重要事实或者提供虚假情报，应承担缔约过失责任。在本案中，被告作为房地产开发商，于本案合同订立之前即已知道涉案房屋中有公用管道通过，但却未将此重要事实告知原告，违反了上述法律规定，应承担缔约过失责任，赔偿原告因此而遭受的损失。本案法院最终判决被告向原告赔偿3.46万元。

① 参见北京市高级人民法院编：《合同法新型疑难案例判解》，271～272页，北京，法律出版社，2007。

【深度阅读】

1. 王利明．合同法新问题研究．北京：中国社会科学出版社，2011. 第三、四、五、六章

2. 王泽鉴．债法原理．北京：北京大学出版社，2009. 第二章第二、四、七、八节

3. ［德］迪特尔·梅迪库斯著．德国债法总论．杜景林，卢谌译．北京：法律出版社，2004. 第十一、十二、十三、十四章

4. 韩世远．合同法总论．北京：法律出版社，2011. 第三章

5. 苏号朋．格式合同条款研究．北京：中国人民大学出版社，2004. 第四章

6. 李锡鹤．再论要约何时生效．华东政法大学学报，2013 (2)

7. 李先波．论要约的约束力．法商研究，2000 (2)

8. 隋彭生．论要约邀请的效力及容纳规则．政法论坛，2004 (1)

9. 田国宝．论基于推定承诺的行为．法学评论，2004 (3)

10. 陈吉生．论缔约过失责任的归责原则．武汉大学学报（哲学社会科学版），2012 (5)

11. 郑大鹏．缔约过失责任理论基础的发展及其独立性．学术交流，2004 (12)

12. 裴明学．缔约过失责任与允诺禁反言原则比较研究．现代法学，2004 (4)

13. 章正璋．对我国现行立法合同成立与生效范式的反思．学术界，2013 (1)

14. 王全弟，孔向荣．合同成立与生效的区别．法学，2000 (9)

15. 赵旭东．论合同的法律约束力与效力及合同的成立与生效．中国法学，2000 (1)

16. 刘满达．电子签名的法律效力认定．法学，2011 (2)

17. 刘颖．论电子合同成立的时间与地点．武汉大学学报（哲学社会科学版），2002 (6)

18. 唐小冬．自治与公平的协调：格式合同中任意解除条款效力探究．内蒙古大学学报（哲学社会科学版），2012 (3)

19. 王利明．对《合同法》格式条款规定的评析．政法论坛，1999 (6)

20. 王全弟，陈倩．德国法上对格式条款的规制——《一般交易条件法》及其变迁．比较法研究，2004 (1)

【问题与思考】

1. 合同订立与合同成立的关系是什么？

2. 合同的成立要件有哪些？

3. 要约的构成要件有哪些？

4. 要约与要约邀请的区别是什么？

5. 承诺的构成要件有哪些？

6. 承诺迟到的法律后果是什么？

7. 采用格式条款缔约应当遵循哪些法律规则？

8. 电子合同的成立具有哪些特点？

9. 合同的形式有哪几种类型？

10. 常见的缔约过失行为有哪几种？《合同法》是如何规定的？

11. 缔约过失责任的构成要件有哪些？其责任的承担方式是什么？

第四章 合同的效力

导 读

在合同的“生命轨迹”中，合同的效力是承前启后的阶段。当事人订立合同的目的是希望实现某种民事法律效果（如转让财产、租赁房屋），合同的效力状态决定了当事人的缔约目的能否如愿实现，因此合同的效力与合同的订立具有紧密的联系，是法律对已成立合同的评价。如果合同具备全部的生效要件，则为生效（有效）合同，当事人始能行使权利、履行义务，乃至追究违约责任。如果合同不具备生效要件，则依情形呈现出无效、可撤销、效力未定的效力状态，并产生相应的法律效果。

本章全面、系统地介绍了合同效力的基本知识以及生效合同、无效合同、可撤销合同、效力未定合同、附条件的合同和附期限的合同，重点内容包括合同的生效要件、无效合同的发生原因、可撤销合同的发生原因、撤销权、效力未定合同的发生原因、条件的构成要件、合同无效或被撤销的法律后果。

第一节 合同效力概述

一、作为法律评价结果的合同效力

合同的成立只是意味着当事人完成了合同产生所需的行为（一般为意思表示），使合同从无到有。但业已存在的合同能否产生当事人预期的法律效果，仍有待法律评价。这一法律评价的模式是以生效要件表现出来的，并根据符合生效要件的程度确定合同的状态。如果合同具备所有的生效要件，则为生效合同。不过，在语言表达上，我们已经习惯于将“合同生效”与“合同有效”、“生效合同”与“有效合同”在同一意义上使用。例如，《合同法》第 44 条第 1 款规定：“依法成立的合同，自成立时生效。”同法第 47 条第 1 款则规定，限制民事行为能力人订立的合同，经法定代理人追认后，该合同有效。本书对此表示尊重，后文所用“生效合同”与“有效合同”同义，所用“合同生效”与“合同有效”同义。

如果合同并未具备所有的生效要件，则应视其欠缺生效要件的性质及严重程度确定其效力状态：如果欠缺的要件有关公益，则使之无效；如仅有关私益，则使之可撤销；如仅属于程序的欠缺（如未征得他人同意），则使之效力未定。[①] 与生效合同相对应，有的学者将上述这些存在效力瑕疵或障碍的合同统称为不生效合同。[②]

因此，在此意义上理解的合同效力是指根据合同符合生效要件的程度得出的法律评价结果，具体表现为生效、无效、可撤销、效力未定，这是对合同效力的宽泛理解，《合同法》第三章章名所称“合同的效力”即为此义。

本章将依序讲述合同的上述效力状态。

二、作为生效合同法律效果的合同效力

正如本书第一章第一节之二“合同的特征”所指出的，从规范意义上而言，合同应当是合法的，否则将不能产生当事人预期的法律效果。《合同法》即是以此种意义上的合同作为规范对象的。除个别条文（主要是《合同法》第二章有关合同订立的规定以及第三章有关无效合同、可撤销合同和效力未定合同的规定）之外，该法所称“合同”均为“生效合同”。

生效合同的“生命轨迹”主要沿两个方向前进：(1) 债务人全面履行了义务，债权人的权利得到满足，从而实现了当事人在合同中预设的法律效果，合同“功成身退”。这是绝大多数合同的命运。(2) 基于债务人自身的原因或者其他原因，当事人在合同中预设的法律效果未能实现或未能充分实现，债权人转而追究债务人的违约责任，使其权利得到替代性满足，合同亦归于消亡。这是极少数合同的命运，但恰恰是法律人最为关注的。当然，在生效合同的“生命轨迹”中，还可能出现变更、转让等变量。

上段描述的内容为生效合同的法律效果，即我们通常所称的“合同效力”，《合同法》第四、五、六、七章均是对此种意义上的合同效力的规定。其中，第四章是合同效力的正常状态（债权人经由债务人履行义务而实现权利），第五章是合同效力的变异（合同内容变更或当事人变更），第六章是合同效力的终止方式（合同消灭），第七章是合同效力正常状态的替代方式（违约责任）。基于逻辑结构的安排，本章将在第二节讲述此种意义上的“合同效力”，此不赘述。

理论研究

合同效力与合同约束力（拘束力）辨析

《合同法》既有对合同“效力”的规定（该法第 44 条规定：“依法成立的合同，自成立

---

① 参见王泽鉴：《民法总则》，377 页，北京，北京大学出版社，2009。

② 参见［德］卡尔·拉伦茨：《德国民法通论》（下册），王晓晔等译，627 页，北京，法律出版社，2003。

时生效。法律、行政法规规定应当办理批准、登记等手续生效的，依照其规定。”），又有对合同“约束力”的规定（该法第 8 条规定：“依法成立的合同，对当事人具有法律约束力。当事人应当按照约定履行自己的义务，不得擅自变更或者解除合同。”）。合同效力是否等同于合同约束力？如果二者并不相同，又有何区别？对于这一问题，学术界主要存在如下观点：

第一种观点认为，应当区分合同的效力与合同的约束力。合同的效力不仅指合同能够对当事人产生效力，还包括对当事人以外的第三人在特殊情况下所产生的效力。合同的约束力主要强调合同对当事人的约束，要求当事人双方应当依据合同履行义务，在违反合同义务的情况下，违约方应当承担违约责任。因此，合同的效力是一个上位概念，包括束己效力和涉他效力。合同的约束力则是一个下位概念，仅指束己效力。①

第二种观点认为，合同效力即法律赋予依法成立的合同拘束当事人各方乃至第三人的强制力，从而将合同效力等同于合同的约束力。②

第三种观点认为，合同的约束力是指除当事人同意或者有解除原因外，不容一方任意反悔请求解约或无故撤销合同。合同的效力是指合同经过法律的评价所反映出的效果，即有效合同的效力。③

本书认为，根据《合同法》第 8 条，合同约束力针对的是“依法成立的合同”，且仅适用于合同当事人；而根据该法第 44 条，合同效力针对的是“生效合同”，另外，该法第 73、74、79、84 条等条文表明，合同效力不仅适用于合同当事人，还适用于第三人。在《合同法》区分合同成立与合同生效的情况下，从表面上看，合同约束力与合同效力具有不同的适用对象和适用范围。不过，依《合同法》第 8 条规定来看，该规定又在实质上将合同约束力与合同效力混为一谈，因为无论是“法律约束力”、“履行义务”，还是“不得擅自变更或者解除合同”，均应以生效合同而非仅是“依法成立的合同”为对象，从而表明立法者对这两个概念并未作严格区分，只是强调的角度有所差异。合同约束力更加强调当事人应严守合同，不得擅自变更或解除合同；而合同效力则更强调当事人依合同及法律所应享有的权利和履行的义务，以及在当事人违约时所应承担的违约责任。因此，在两个概念的含义并无本质差异的情况下，《合同法》同时使用“合同约束力”与“合同效力”不仅无益，反而人为地制造了混乱。

本书认为，合同作为典型的法律行为，自成立时起即对当事人产生约束力。不过，这种约束力是形式上的，仅指当事人一方不得无故废止合同，但当事人在合同中设定的权利、义务并不因此而必然受法律保护。只有在合同符合法律要求的生效要件时，当事人在合同中设定的权利、义务才能受法律保护，即产生合同效力。不过，因绝大多数合同都是自成立时生效，所以合同约束力被合同效力吸收，即合同效力包括当事人不得无故废止合同的内容。如果合同成立与合同生效在时间上有间隔，则在合同成立之后、合同生效之前，该合同仅具有约束力而不具有效力。根据这一分析，本书认为，合同约束力与合同效力具有不同的适用对象和内容：前者仅指合同成立之后、生效之前对当事人所具有的拘束力，体

① 参见王利明：《合同法研究》（第一卷），492～493 页，北京，中国人民大学出版社，2002。
② 参见崔建远主编：《合同法》，96 页，北京，法律出版社，2010。
③ 参见韩世远：《合同法总论》，152 页，北京，法律出版社，2011。

现为当事人不得无故废止合同；后者则指合同生效所产生的法律效果，主要体现为当事人在合同中的权利和义务，但亦可及于第三人。

根据上述分析，本书认为，《合同法》第8条存在重大缺陷：依法成立的合同所产生的约束力并非“当事人应当按照约定履行自己的义务”，而是“当事人不得无故废止合同”。只有在依法成立的合同生效之后，才能产生合同效力，即法律认可当事人之间设定的权利、义务，进而要求“当事人应当按照约定履行自己的义务”。

第二节　生效合同

一、生效合同的含义

生效合同是指已经具备法律要求的所有生效要件，能够产生当事人所欲实现的法律效果的合同。

合同生效的前提是合同已经成立。《民法通则》没有区分法律行为（合同）的成立与生效，但《合同法》改变了这一模式，分别规定了合同的成立与合同的生效。

合同生效与合同成立的区别是：(1) 性质不同。合同成立解决的是合同是否已经存在的问题，合同生效则是对已经存在的合同进行法律评价后的肯定性结论。(2) 要件不同。合同的成立要件关注的是合同本身的构成（主要是合意）；合同的生效要件则是法律对合同本身构成要件之外的要求，关注的是合同是否符合公共利益。(3) 法律效果不同。合同成立仅对当事人产生形式上的约束力，具体表现为当事人任何一方不得片面废止合同，但当事人意欲实现的法律效果不因合同成立而产生；合同生效则具有实质上的效力，可以产生当事人所欲实现的法律效果。

虽然合同成立与合同生效的构成要件不同，但在绝大多数情况下，合同于成立之时即已具备全部的生效要件，从而使合同成立与合同生效同步实现，此即《合同法》第44条第1款规定的“依法成立的合同，自成立时生效”的情形。在特殊情况下，合同虽然已经成立，但因尚未具备全部的生效要件而不能同时生效。例如，法律、行政法规规定应当办理批准手续才生效的，则合同在获得批准时生效（《合同法》第44条第2款）。

二、合同的生效要件

合同的生效要件是指法律对合同从外部施加的各项要求。《合同法》没有规定合同的生效要件，但合同是最为典型的法律行为，因此《民法通则》第55条对法律行为生效要件的规定同样适用于合同。具体而言，合同的生效要件包括：(1) 当事人具有相应的民事行为能力；(2) 意思表示真实；(3) 合法、妥当。上述三个要件适用于所有的合同，因此是合同的一般生效要件。

对于绝大多数合同而言，只要具备上述一般生效要件即可产生当事人预期的民事法律效果。但是，如果根据当事人约定或者法律规定，有些合同尚需具备其他要件才能生效，这些要件即为合同的特别生效要件。

理论研究

标的可能、确定是否为合同的生效要件

传统民法的法律行为理论认为，法律行为的成立要件包括：(1) 当事人；(2) 标的；(3) 意思表示。生效要件则包括：(1) 当事人须有行为能力；(2) 标的须可能、确定、适法、妥当；(3) 意思表示须健全。[①] 所谓标的可能，是指法律行为的内容可能实现，如不可能实现，则法律行为无效。所谓标的确定，是指法律行为的内容须自始确定或可得确定，否则法律行为无效。合同作为最为典型的法律行为，亦应以标的可能和确定作为生效要件，这一见解在立法上得到体现，如我国台湾地区“民法”第 246 条规定，以不能之给付为契约标的者，其契约为无效。

不过，国外立法对标的可能作为法律行为生效要件的态度正在发生改变。依照《债法现代化法》修订后的《德国民法典》第 311a 条规定，标的不能并不影响合同的效力，它只会导致合同履行的障碍。在我国，《民法通则》和《合同法》均未对此作出规定。本书认为，《德国民法典》的做法值得借鉴，即标的可能不应作为合同的生效要件。[②] 如果标的不能，则由当事人承担违约责任。至于在标的自始不能时，是否可以依欺诈、重大误解加以处理，应视具体案情而定。

至于标的确定，有的学者认为属于合同的成立要件[③]，有的学者则认为属于合同的生效要件。[④] 本书认为，《民法通则》和《合同法》均未就标的确定对合同的影响作出规定，但依《合同法》第 14 条，要约内容应具体确定，而要约是当事人达成合意从而使合同成立的关键步骤，甚至可以说合同是要约内容的再现。既然《合同法》要求要约内容具体确定，也就意味着作为当事人合意的合同内容也应具体确定，无论该合同生效与否。因此，标的确定应为合同的成立要件，而非生效要件。《合同法司法解释二》第 1 条规定，当事人对合同是否成立存在争议，人民法院能够确定当事人名称或者姓名、标的和数量的，一般应当认定合同成立。可见，该条也是将标的确定认定为合同的成立要件。

（一）合同的一般生效要件

1. 当事人具有相应的民事行为能力

民事行为能力是民事主体从事法律行为的资格，合同作为典型的法律行为，自然应以当事人具有相应的民事行为能力为生效要件。在合同法领域，我们可以将民事行为能力称为缔约能力。有人认为，缔约能力包括民事权利能力和民事行为能力两个方面，理由是

---

① 参见王泽鉴：《民法总则》，201 页，北京，北京大学出版社，2009。

② 参见苏号朋：《民法总论》，298 页，北京，法律出版社，2006。

③ 参见崔建远主编：《合同法》，99 页，北京，法律出版社，2010。

④ 参见李永军：《合同法》，210 页，北京，法律出版社，2010。

《合同法》第9条规定："当事人订立合同，应当具有相应的民事权利能力和民事行为能力。"① 实际上，该规定存在重大缺陷：首先，该条位于第二章"合同的订立"之中，但合同的成立并不以当事人具有相应的民事行为能力为要件，只要当事人具有民事权利能力即可；其次，合同生效以合同成立为前提，由于民事权利能力属于合同的成立要件，因而不应再将其归入合同的生效要件。综上，缔约能力仅指民事行为能力，并不包括民事权利能力在内。

《合同法》第2条规定，合同当事人包括自然人、法人和非法人组织。本书在此依次分析这三类合同当事人的民事行为能力。

(1) 自然人

《民法通则》以年龄和精神健康状况为标准，将自然人的民事行为能力分为完全民事行为能力、限制民事行为能力和无民事行为能力三种。18周岁以上、精神状态正常的自然人是完全民事行为能力人，可以独立进行法律行为。16周岁以上不满18周岁、以自己的劳动收入为主要生活来源的自然人，视为完全民事行为能力人。10周岁以上不满18周岁的自然人以及不能完全辨认自己行为的精神病人为限制民事行为能力人，可以独立进行与其年龄、智力相适应的法律行为，其他法律行为应由其法定代理人代理进行，或者征得其法定代理人的同意后进行。10周岁以下的自然人以及完全不能辨认自己行为的精神病人为无民事行为能力人，一般不得独立进行任何法律行为，应当由其法定代理人代理进行。

根据《民法通则》的上述规定，自然人要成为合同当事人，通常应当具备完全民事行为能力。但是，即使是完全民事行为能力人，如果是在神志不清（如醉酒）的状态下订立合同，该合同仍然是无效的。这是因为，虽然当事人具有完全民事行为能力，但却不具有意思能力，不能认识自己的行为并判断行为的后果，故在此情况下签订的合同不受法律保护。

根据民法原理、《民法通则》第12、13条及《合同法》第47条之规定，限制民事行为能力人可以独立订立的合同包括：1）纯获利益的合同，如作为赠与合同中的受赠人；2）日常必需合同，如购买食品、学习用品或其他生活必需品的合同；3）以社会定型化行为订立的合同，如利用自动售货机购买商品、刷卡乘坐公共汽车；4）与其年龄、智力、精神健康状况相适应的合同。在实践中，应当考虑合同与当事人生活相关联的程度、本人的智力或精神状况能否理解合同内容并预见相应的法律后果、合同的标的数额等方面，加以认定。对于上述情形之外的合同，限制民事行为能力人不能独立订立，而应当通过如下三种途径成为合同当事人：1）由其法定代理人代理订立；2）在征得其法定代理人同意后订立；3）在订立合同后获得其法定代理人的追认。

一般而言，无民事行为能力人不能独立订立任何合同，只能由其法定代理人代理进行。但是，如果无民事行为能力人在其独立订立的合同中纯获利益（如未附任何义务的赠与），则合同并不因其没有民事行为能力而无效。另外，无民事行为能力人独立订立的日常必需品合同或者以社会定型化行为订立的合同亦应受法律保护，以尊重社会现实。

因此，一般情况下，对于自然人独立订立的合同，在合同符合其他生效要件时，其效

① 韩世远：《合同法总论》，157页，北京，法律出版社，2011。

力分别为：如该自然人为完全民事行为能力人，则该合同为生效合同；如该自然人为限制民事行为能力人，则该合同为效力未定合同；如该自然人为无民事行为能力人，则该合同为无效合同。

（2）法人

法人是指具有民事权利能力和民事行为能力，依法独立享有民事权利和承担民事义务的组织。法人所订合同效力如何，是一个较为复杂的问题，既涉及对法人本质的理解，又与法人的民事权利能力、民事行为能力、法定代表人的代表权及其限制有关。对此，学界的基本观点是：我国对法人本质采实在说，认为法人既具有民事权利能力，又具有民事行为能力，法定代表人与法人系同一人格关系，法定代表人的行为即为法人的行为。法人的民事权利能力与民事行为能力存续时间一致、范围一致。

不过，应当说明的是，虽然法人的民事权利能力与民事行为能力同时产生、范围一致，但并不意味着二者是并列关系。与自然人一样，民事权利能力是法人成为民事主体的依据，而民事行为能力则是法人作为民事主体，实施法律行为（包括合同）的资格。因此，民事权利能力是法人获得民事行为能力的前提。

一般认为，法人的民事权利能力受到两个方面的限制：1）性质上的限制，即专属于自然人的权利、义务，法人无法享有或负担；2）法律上的限制，即法人只能在法律允许的范围内具有民事权利能力。法人逾越法律限制为法律行为，因其无民事权利能力，既不能享有权利，亦不能负担义务、承担责任，行为后果应由以法人名义实施该行为的自然人承担。在我国台湾地区曾有一案件，可形象地说明上述原理：甲寺院向乙银行贷款 1 000 万元，丙镇镇长丁以丙镇名义向乙银行提供保证担保。后因甲寺院无力偿债，乙银行请求丙镇承担保证责任，代甲寺院偿还贷款。法院认为，因丙镇为公法人，没有为他人保证的权利能力，所以镇长丁以丙镇名义所作保证，应视为丁的个人行为，由丁承担担保责任。

不过，我国法律并没有对法人的民事权利能力作出一般性限制规定。虽然特别法上多有限制（例如，《商业银行法》第 43 条规定，商业银行在中华人民共和国境内不得从事信托投资和证券经营业务），但立法及司法机构往往从“违反法律、行政法规的合同无效”的角度，将法人逾越法律限制所订合同认定为无效，并在法人有过错时，使其承担缔约过失责任，而不是由代表法人签订该合同的自然人直接承受该合同的法律后果。例如，《担保法》第 9 条规定：“学校、幼儿园、医院等以公益为目的的事业单位、社会团体不得为保证人。”另依《担保法司法解释》第 3 条及《担保法》第 5 条，以公益为目的的事业单位、社会团体提供担保的，担保合同无效，担保人有过错的，应当根据其过错承担相应的民事责任。此种责任应理解为缔约过失责任。

由于法人不具伦理性，自身无法订立合同，而是由其法定代表人代为实施，因而法人的民事行为能力外化为法定代表人的代表权。这又涉及一个问题：如法人章程对法定代表人的代表权加以限制，而法定代表人对外以法人名义所签合同超越代表权时，该合同效力如何认定呢？依《合同法》第 50 条，法人的法定代表人超越权限订立的合同，除相对人知道或者应当知道其超越权限的以外，该代表行为有效。可见，法人对其法定代表人代表权的限制不得对抗善意第三人。

兹举两例予以说明：1）经甲公司董事会决议，由甲公司法定代表人乙代表甲公司，借款给甲公司董事丙；2）甲公司章程规定，只有经股东会决议同意，本公司才能为他人提供担保，该公司董事长乙未经股东会决议，即以甲公司名义与善意之丙签订了担保合同。

对于第一例，我国法律的思维模式是：依《公司法》第115条，公司不得向董事提供借款，因此，甲公司违反法律强制性规定，与董事丙签订的借款合同无效。丙应依《合同法》第58条，向甲公司返还借款。甲公司与丙中的任何一方有过错，均应当赔偿对方因此受到的损失。对于第二例，我国法律的思维模式是：依《民法通则》第38、43条及《合同法》第50条，乙作为甲公司法定代表人，其行为即为甲公司的行为，即使甲公司章程对其代表权作出了限制，该限制也不能对抗善意第三人，因此该合同的效力不因乙超越甲公司章程对代表权的限制而受影响。如果该合同同时具备其他生效要件，则合同确定生效。如债务人不能清偿债务，甲公司应向丙承担担保责任。

不过，依《公司法》第149条，董事执行公司职务时违反法律、行政法规或者公司章程的规定，给公司造成损失的，应当承担赔偿责任。这是董事与公司之间的内部责任。依此规定，上述第一例中同意借款的董事因违反法律规定，应对甲公司借款给丙而给甲公司造成的损失，负赔偿责任；上述第二例中的乙因违反公司章程规定，应对甲公司对外担保而给甲公司造成的损失，负赔偿责任。

在很长一段时间内，我国立法、司法及民法理论都很关注法人目的范围对法人所订合同效力的影响。所谓目的范围，是指法人性质所决定的目的，一般于法人章程中载明。对企业法人而言，目的范围表现为其经营范围。依《公司法》第12条，公司的经营范围由公司章程规定，并依法登记。由于企业法人是最为典型的法人，也是最为频繁地充当合同当事人的民事主体，因而本书在此以企业法人为对象分析目的范围对法人所订合同效力的影响。

实务探讨

企业法人超越经营范围所订合同的效力

从改革开放到20世纪80年代末，我国司法实践在很长一段时间内将企业法人超出经营范围订立的合同认定为无效合同。例如，最高人民法院于1984年9月17日发布的《关于贯彻执行〈经济合同法〉若干问题的意见》第一节“如何审查合同是否有效”中规定：“……审查合同内容是否合法……第四是审查合同的内容是否超越批准的经营范围。”可见，企业法人超越经营范围订立的合同是不合法的合同，因此是无效的。另外，最高人民法院于1987年7月21日发布的《关于在审理经济合同纠纷案件中具体适用〈经济合同法〉若干问题的解答》之四规定：“工商企业、个体工商户及其他经济组织应当在工商行政管理部门核准登记或主管机关批准的经营范围内从事正当的经营活动。超越经营范围或者违反经营方式所签订的合同应认定为无效合同。例如：非法经营重要生产资料和紧俏耐用消费品的；零售商经营批发业务的；代销商搞经销的，只准在特定地区内销售的进口商品，未经批准私自流入其他地区的等，均应按无效合同处理。全部为超营项目的，全部无效；部分为超营项目的，超营部分无效。”可见，司法机关将法人是否超范围经营作为认定合同效力的重要标准，并将超越经营范围订立的合同认定为无效。

《民法通则》第42条规定："企业法人应当在核准登记的经营范围内从事经营。"不过，该法并未明确规定企业法人超出经营范围订立的合同无效。

随着我国实行社会主义市场经济体制，司法实践开始重新认识企业法人经营范围的法律意义，并改变了以往的做法。最高人民法院于1993年5月6日发布的《全国经济审判工作座谈会纪要》称："合同约定仅一般违反行政管理性规定的，例如一般地超范围经营、违反经营方式等而不是违反专营、专卖及法律禁止性规定，合同标的物也不属于限制流通的物品的，可按照违反有关行政管理规定进行处理，而不因此确认合同无效。"

目前，我国法律中与此相关的规定主要是《合同法司法解释一》第10条，即"当事人超越经营范围订立合同，人民法院不因此认定合同无效。但违反国家限制经营、特许经营以及法律、行政法规禁止经营规定的除外"。根据这一规定，企业法人一般性地超越经营范围订立的合同应属有效合同。但是，如果企业法人违反国家限制经营、特许经营以及法律、行政法规禁止经营规定而订立合同，则合同无效。不过，合同之所以无效，并非因当事人超越了经营范围，而是因为该合同违反了法律、行政法规的强制性规定，即因违法而无效。

因此，经营范围对企业法人所订合同的效力没有影响。推而广之，目的范围对法人所订合同的效力没有影响。

到目前为止，仍然需要回答的问题是：在何种情况下会出现法人订立的合同超越民事行为能力范围？效力如何？对于这一问题，学界并未给出合理的答案。本书认为，由于法人的民事行为能力外化为其法定代表人的代表权，因而上述问题转化为法定代表人代表法人所订合同效力如何。对于此类合同效力的判断，应依法定代表人的代表权是否受到限制而定。在合同符合其他生效要件的情况下，如果法定代表人的代表权未受限制，则法人的民事行为能力与法定代表人的代表权范围一致，法定代表人以法人名义所签合同为生效合同。如果法定代表人的代表权因章程而受到限制，则法定代表人在代表权限范围内代表法人所订合同为生效合同；法定代表人超越代表权限代表法人所订合同，如相对人为善意，则为生效合同；如相对人为恶意，则为效力未定合同。

（3）非法人组织

如前所述，非法人组织是指不具有法人资格，但可以自己的名义进行民事活动的组织。[①] 我国法律对非法人组织的称谓不一，如非法人单位、其他经济组织、其他组织等，目前通用的术语是"其他组织"。对于非法人组织的法律地位，民法学界向来有争议。本书认为，虽然非法人组织并不像法人那样具有完全的独立性，但它仍然可以自己的名义参与民事活动，拥有财产或经费，并能够以自己的财产承担民事责任，具有相对独立的人格，因此，非法人组织应当成为自然人和法人之外的第三类民事主体。虽然《民法通则》没有将非法人组织确定为民事主体，但我国许多民事单行法均明确规定了非法人组织的主体地位，《合同法》第2条亦是如此。因此，非法人组织成为合同当事人已得到了我国法律的认可。

法人均有规范的机关，以形成法人意思、管理法人事务、对外代表法人。与法人相比，

---

① 参见苏号朋：《民法总论》，162页，北京，法律出版社，2006。

法律对非法人组织的机关并无严格要求。例如，《合伙企业法》第26条规定，合伙人对执行合伙事务享有同等的权利。按照合伙协议的约定或者经全体合伙人决定，可以委托一个或者数个合伙人对外代表合伙企业，执行合伙事务。因此，合伙企业事务的执行，既可以由全部合伙人担当，也可由一个或者数个合伙人担当。无论哪种情形，执行合伙企业事务的合伙人（以下简称执行合伙人）均对外具有代表权，合伙企业的民事行为能力外化为执行合伙人的代表权。在合伙企业所订合同符合其他生效要件的情况下，如果执行合伙人的代表权未受限制，则合伙企业的民事行为能力与执行合伙人的代表权范围一致，执行合伙人以合伙企业名义所签合同为生效合同。如果执行合伙人的代表权因合伙协议而受到限制，则执行合伙人在代表权限范围内代表合伙企业所订合同为生效合同；执行合伙人超越代表权限代表合伙企业所订合同，如相对人为善意，则为生效合同；如相对人为恶意，则为效力未定合同。

其他类型的非法人组织所订合同的效力，适用上述有关合伙企业的规则。

《合同法司法解释一》第10条有关当事人超越经营范围所订合同效力的规定同样适用于非法人组织，具体内容参见前文有关企业法人超越经营范围所订合同效力的探讨。

2. 意思表示真实

所谓意思表示，是指向外部表明企图发生一定民事法律效果的意思，合同即为当事人之间意思表示一致的结果。按照意思自治的要求，只有当事人在合同中如实地表达了内心真实意思，该合同才能具有法律效力，产生当事人预期的法律效果。不过，意思表示是一个复杂的过程，当事人由于各种各样的原因，并不总是能够自由地、不受干扰地、准确无误地表达内心真意，从而导致意思表示的瑕疵，即意思表示不真实。

传统民法认为，意思表示的瑕疵分为意思与表示不一致和意思表示不自由两种情形。因该问题与本书后述无效合同、可撤销合同有密切关系，特在此作简要介绍。

意思与表示不一致是指表意人客观上所表示的意思与其内心意思不一致。此类瑕疵又分为两种情形：一是虚伪表示，即表意人知道其内心真意与表示不一致而为意思表示，即意思表示的欠缺是出于表意人的故意，具体包括：(1) 心意保留，又称单独虚伪表示，是指表意人故意隐瞒其真实意思，而表示其他意思。当事人一方如为心意保留，合同仍然有效，但若相对人知道这一情形，则合同无效。(2) 通谋虚伪表示，又称虚假行为、虚伪表示，是指表意人与相对人通谋而为虚假的意思表示。当事人双方如为通谋虚伪表示，则合同无效。在通谋虚伪表示中存在一个特殊问题，即隐藏行为。所谓隐藏行为，是指当事人之间为通谋虚伪表示，但其真意在于实施产生其他民事法律效果的意思表示。例如，甲出售房屋予乙，实际交易价格为500万元，但双方用于交纳税费、办理产权过户的书面合同则将交易价格约定为300万元。则前者为隐藏行为，后者为通谋虚伪表示。当事人以通谋虚伪表示的合同隐藏另一合同的，通谋虚伪表示的合同无效，至于被隐藏的合同，应依法律有关该合同的生效要件判断其效力：如果完全符合，则该合同有效，不受通谋虚伪表示合同的影响。二是错误，即表意人不知其内心真意与表示不一致而为意思表示，即其意思表示的欠缺是表意人所不知道的。因错误而订立的合同为可撤销合同。

意思表示不自由是指表意人在意思形成或作出表示时因受到他人的非法干预而导致的意思表示瑕疵，包括欺诈和胁迫。所谓欺诈，是指故意告知对方虚假情况，或者故意隐瞒真实情况，使对方陷于错误而为意思表示。所谓胁迫，是指故意向表意人告以危害，致其产生恐惧而进行意思表示。因受到欺诈、胁迫而订立的合同为可撤销合同。

关于意思表示瑕疵，我国法律无论在法律概念上，还是在规范模式上，均与传统民法有异。《合同法》第 52、54 条规定，因存在意思表示瑕疵而成为可撤销合同的情形包括重大误解（大致相当于传统民法中的错误）、欺诈、胁迫、乘人之危；因存在意思表示瑕疵而成为无效合同的情形包括：（1）一方以欺诈、胁迫的手段订立的，损害国家利益的合同；（2）恶意串通，损害国家、集体或者第三人利益的合同。对此，下文将详述之。

3. 合法、妥当

所谓“合法”，是指合同不得违反法律、行政法规的强制性规定。民法对合同合法性的审查采取“不违法即合法”的原则予以确定，即凡是不违法的，便为合法合同。

法律规范（规定）分为强制性规范（规定）和任意性规范（规定），强制性规范包括强制规定和禁止规定。强制规定是指法律要求为一定行为的规定，禁止规定是指法律要求不为一定行为的规定。任意性规范是指允许主体变更、选择适用或者排除适用的法律规范。对于强制性规范，当事人不得排除适用；对于任意性规范，当事人可以排除适用。

《合同法》第 52 条规定，违反法律、行政法规的强制性规定的合同无效。《合同法司法解释二》第 14 条则规定，《合同法》第 52 条所称“强制性规定”是指效力性强制性规定。因此，合同不得违反法律、行政法规中的效力性强制性规定，否则无效。如果合同违反法律、行政法规中的管理性强制性规定或者任意性规定，则合同效力不因此而受到影响。另外，《合同法》第 52 条规定，以合法形式掩盖非法目的的合同无效。此即传统民法理论中的“脱法行为”，属于合同违法的特殊情形。

有关合同违法的具体分析，亦请参见本章第三节之三“无效合同的发生原因”。

所谓“妥当”，是指合同不仅应合法，而且不得违背公序良俗，否则合同无效。《合同法》第 52 条就违背公序良俗的合同作出了如下规定：（1）一方以欺诈、胁迫的手段订立的，损害国家利益的合同无效；（2）恶意串通，损害国家利益的合同无效；（3）损害社会公共利益的合同无效。

有关合同违背公序良俗的具体分析，亦请参见本章第三节之三“无效合同的发生原因”。

（二）合同的特别生效要件

有些合同除应符合上述一般生效要件外，还需要具备特别生效要件才能生效，主要包括：（1）法律、行政法规规定应当办理批准手续生效的，则合同在办理此种手续时生效（《合同法》第 44 条第 2 款）。（2）附生效条件的合同，自条件成就时生效（《合同法》第 45 条）。（3）附生效期限的合同，自期限届至时生效（《合同法》第 46 条）。

实务探讨

批准、登记对合同效力的影响

在本书第三章“合同的订立与成立”中，通过分析得出结论：批准、登记并非合同的特殊书面形式。那么，批准、登记对合同的意义是什么呢？《合同法》第 44 条第 2 款规定：

“法律、行政法规规定应当办理批准、登记等手续生效的，依照其规定。”《合同法司法解释一》第9条和《合同法司法解释二》第8条继续沿用了《合同法》的这一表述。可见，我国法律将批准、登记视为合同的生效要件。不过，随着《物权法》的实施，将登记作为生效要件的合同已经非常少见，因此有必要进行详细分析。

在计划经济体制下，我国非常强调行政主管机关对民事活动的管理，许多合同都要进行审批。随着社会主义市场经济体制的发展和完善，行政主管机关的审批权受到很大限制。2004年7月1日，《行政许可法》开始施行，从而将行政审批纳入法治轨道。不过，批准仍然是法律对某些类型合同的程序要求，且合同只有在获得批准后才能生效。例如，《中外合资经营企业法》第3条及《中外合资经营企业法实施条例》第14条规定，中外合营各方签订的合营合同应报行政主管机关审查批准，并在批准后生效。因此，在法律有明确规定的情况下，批准是合同的生效要件。不过，如果需要批准的对象并非合同，而是合同履行的标的，则未经审批不影响合同的效力。例如，《技术合同司法解释》第8条即规定，生产产品或者提供服务依法须经有关部门审批或者取得行政许可，而未经审批或者许可的，不影响当事人订立的相关技术合同的效力。

登记虽为公法行为，但具有私法上的效果，即私法上的权利设定或法律状态因登记而发生，如房屋所有权以登记为设立要件。此种情形中的登记并非合同的生效要件，而是物权变动的要件。例如，甲、乙签订一买卖合同，甲将其所有的房屋出售给乙。数月后，登记机关为甲、乙二人办理了房屋所有权过户登记手续，乙成为新的所有权人。在该例中，买卖合同的生效时间并非登记机关办理完毕登记手续之时，而是甲、乙二人达成合意之时，登记并非买卖合同的生效要件，而是房屋所有权变动的要件，是乙对房屋拥有所有权的公示方式。

但是，由于我国长期以来对登记的法律性质缺乏正确的理解，因而一些民事立法将登记视为合同的生效要件，法院也大多将登记认定为合同的生效要件，将没有办理登记手续的合同认定为无效合同。例如，《担保法》第41条规定，当事人以房屋抵押的，应当办理抵押物登记，抵押合同自登记之日起生效。该规定就是错误理解登记的法律意义的典型立法例，它误将抵押登记视为抵押合同的生效要件。实际上，抵押登记对抵押合同并无影响，它只是抵押权的设立要件。《物权法》第187条修正了《担保法》的上述规定，规定在以房屋抵押时，应当办理抵押登记，抵押权（而非抵押合同）自登记时设立。为了一般性地确定物权登记的法律意义，避免其他立法及司法实践对物权登记的错误理解，《物权法》第15条特意作出如下规定：“当事人之间订立有关设立、变更、转让和消灭不动产物权的合同，除法律另有规定或者合同另有约定外，自合同成立时生效；未办理物权登记的，不影响合同效力。”因此，在一般情况下，登记并非合同的生效要件。

虽然我国已经逐步转型为社会主义市场经济，但在一些经济领域仍然实行严格的行政管制，外汇即为最明显的例子。《外汇管理条例》第19条第1款规定：“提供对外担保，应当向外汇管理机关提出申请，由外汇管理机关根据申请人的资产负债等情况作出批准或者不批准的决定；国家规定其经营范围需经有关主管部门批准的，应当在向外汇管理机关提出申请前办理批准手续。申请人签订对外担保合同后，应当到外汇管理机关办理对外担保登记。”该条例第20条规定：“银行业金融机构在经批准的经营范围内可以直接向境外提供商业贷款。其他境内机构向境外提供商业贷款，应当向外汇管理机关提出申请，外汇管理机关根据申请人的资产负债等情况作出批准或者不批准的决定；国家规定其经营范围需经有关主管部门批准的，应当在向外汇管理机关提出申请前办理批准手续。向境外提供商业贷款，应当按照国务院外汇管理部门的规定办理登记。”可见，我国境内企业对外提供担保或者商业贷款时，国家外汇管理机关对相关合同实行事前批准和事后登记的双重管理机制，缺一不可。虽然该条例并没有明确规定办理批准或登记手续是对外担保或商业贷款合同的生效要件，但《担保法司法解释》第6条的规定从反面回答了这一问题。依该条规定，如下对外担保合同无效：(1) 未经国家有关主管部门批准或者登记对外担保的；(2) 未经国家有关主管部门批准或者登记，为境外机构向境内债权人提供担保的。经过本书作者对法律、行政法规和司法解释的检索，除外汇领域外，我国再也没有以登记作为合同生效要件的情形。可以预见的是，随着我国市场经济体制的完善，外汇管制必将逐步放开，目前实行的“批准十登记”的严格管理模式也将会发生变化，事后登记今后将不会再作为对外担保或贷款合同的生效要件。当然，在发生变化之前，我们还应当尊重现行法律的规定。

在有些情形下，法律要求当事人就其合同交易行为向行政主管机关登记备案。所谓登记备案，是指存档备查，即当事人从事某一行为时，无须有关机构的批准、同意，但需要其知晓该行为，便通过登记的方式存档备查。例如，《城市房地产管理法》第54条规定，房屋租赁，出租人和承租人应当签订书面租赁合同，并向房产管理部门登记备案。登记备案只是行政主管机关的一种管理措施，并非合同的生效要件，登记备案与否并不影响合同的效力。例如，《租赁合同司法解释》第4条规定，当事人以房屋租赁合同未按照法律、行政法规规定办理登记备案手续为由，请求确认合同无效的，人民法院不予支持。

应当说明的是，基于意思自治原则，当事人可以约定合同的生效条件。因此，如果当事人以公证、办理登记备案手续等为合同生效条件，则从其约定。

实务探讨

违反法定或约定形式的合同的法律状态

合同是实践意思自治的手段，而形式自由是意思自治的应有含义。一般情况下，法律并不要求合同必须采用某种形式。但是，为了保护交易安全和当事人利益，法律针对某些类型的合同或者符合某种情形的合同，要求采用特定形式。前者如《合同法》第238条第2款规定，融资租赁合同应当采用书面形式；后者如同法第215条规定，租赁期限为6个月以上的租赁合同应当采用书面形式。对于此类要式合同，特定形式为其成立要件（参见本书第三章第一节之二“合同的成立要件”）。另外，当事人亦可约定合同须采用某种特定形式。如果合同采某种特定形式是由法律直接规定的，则为法定形式；如果合同采某种特定形式是由当事人约定的，则为意定形式（约定形式）。依《合同法》第10条，法律、行政法规规定合同采用书面形式时，应当采用书面形式；当事人约定合同采用书面形式时，应当采用书面形式。不过，《合同法》及其他法律并未就合同没有采用法律规定或当事人约定的形式时的法律后果作出明确规定。

从比较法角度观察，一些国家将违反法定形式或约定形式的合同认定为无效合同。例如，《德国民法典》第125条规定，不使用法律所规定的形式的法律行为无效。不使用法律行为所定的形式，有疑义时，同样导致无效。不过，我国法律并没有如此处理，无论《民法通则》还是《合同法》，均没有将违反法定或约定形式的合同明确规定为无效合同，《合同法》更是将法定或约定形式作为合同的成立要件看待。因此，如果当事人没有采用特定形式，合同应当是不成立，而非无效。《合同法》的一些规定体现了这一精神，如该法第36条规定："法律、行政法规规定或者当事人约定采用书面形式订立合同，当事人未采用书面形式但一方已经履行主要义务，对方接受的，该合同成立。"对该条作反面解释可知，在未能满足该条规定时，违反法定或约定形式的合同不成立。另外，该条还确立了以履行补正合同形式缺陷的规则。

基于上述分析，本书认为，法定或约定形式仅为合同的成立要件，违反该形式要求时，一般的法律后果应为合同不成立。鉴于合同不成立与合同无效的法律后果并无差异，亦可采德国的立法模式，认定违反法定或约定形式的合同无效。但是，如果当事人事后弥补了合同在法定形式或约定形式上的缺陷，则合同成立。当然，这只是基于法律思维逻辑得出的结论，尚未得到我国立法的实际验证。不过，今后合同立法要完善有关合同形式的法律意义的法律规范时，应当朝着这一方向努力。

如前所述，我国法律尚未就合同没有采用法律规定或当事人约定的形式时的法律后果作出统一的、明确的规定，但现存的一些规定似乎体现出了鼓励交易的精神，对于违反法定或约定形式的合同，仍然以灵活方式认可合同成立，具体表现为：(1) 依《合同法》第36、37条，当事人可以通过履行补正合同的形式缺陷。(2) 即使没有按照法律要求采用书面形式，如果当事人无异议，法院仍可认定合同成立，如最高人民法院《关于审理存单纠纷案件的若干规定》第7条规定，委托贷款协议和信托贷款协议应当用书面形式。口头委托贷款或信托贷款，当事人无异议的，人民法院可予以认定；有其他证据能够证明金融机构与出资人之间确系委托贷款或信托贷款关系的，人民法院亦予以认定。(3) 对于合同形式上的缺陷，如法律有特别规定，则从其规定。例如，《合同法》第215条规定："租赁期限六个月以上的，应当采用书面形式。当事人未采用书面形式的，视为不定期租赁。"

三、生效合同的效力

生效合同的效力（以下简称合同效力）表现为：当事人之间的合意受到法律保护，当事人之间建立以给付为核心的合同法律关系，即债权债务关系。本书已在第一章第三节就合同法律关系作出详细分析，此不赘述，仅就必要之点说明如下：

第一，合同效力的核心是给付，债权人可以请求债务人给付，债务人则应为给付。除给付义务之外，债务人还应负担其他义务（如附随义务、后合同义务）。

第二，自合同生效时起，至合同义务履行完毕之前，合同效力持续存在。只有在双方当事人均已履行全部义务（包括后合同义务），合同效力始归于消灭，但仍作为当事人保有给付的法律原因。

因此，合同效力使债权法与物权法在功能上前后关联，当事人依物权法取得物权时，法律仅赋予其形式上的依据（一般而言，不动产以登记作为取得所有权的形式依据，动产以交付作为取得所有权的形式依据），但合同效力（债权债务关系）则是当事人可以享有此项物权的实质基础。[1] 例如，甲将房屋出卖给乙，并已办理房屋所有权过户登记。在物权法上，乙因登记而取得房屋所有权，此仅为乙享有房屋所有权的形式依据，其实质基础为甲乙之间的房屋买卖合同法律关系（债权债务关系，即合同效力）。如甲、乙之间的合同因违法而无效，即使甲、乙之间已作房屋所有权过户登记，乙亦无法享有所有权。

第三，合同效力体现为一种有机体，可以在其存续期间产生各种权利义务，如双务合同中的同时履行抗辩权；履行标的选择权；债务抵销权；当事人可依约定变更合同；可以将其债权让与第三人或将其债务由第三人承担，甚至将整个合同法律关系转移给第三人；如债务人违约，债权人可追究其违约责任；债权人可依约定或法律规定解除合同。凡此种种均表明，合同效力的内容极为丰富，不仅体现为给付与请求给付。

第四，合同效力主要存在于当事人之间，此即合同法律关系的相对性。不过，合同效力亦具有涉他性，从而及于第三人。例如，第三人可履行债务或接受债务履行；可受让债权或承担债务；债权的物权化使合同债权具有对抗一般人的效力。

四、对未生效合同的质疑

我国一些司法解释将获得行政主管机关批准或登记之前的合同称为未生效合同，如《合同法司法解释一》第9条规定，法律、行政法规规定合同应当办理批准或登记手续才生效的，在一审法庭辩论终结前当事人仍未办理批准或登记手续的，人民法院应当认定该合同未生效。另外，《外商投资企业纠纷司法解释一》第1条规定，当事人在外商投资企业设立、变更等过程中订立的合同，依法律、行政法规的规定应当经外商投资企业审批机关批准后才生效的，自批准之日起生效；未经批准的，人民法院应当认定该合同未生效。当事人请求确认该合同无效的，人民法院不予支持。最高人民法院的这一态度得到了一些学者的认可。[2]

长期以来，我国法院往往将获得批准或登记之前的合同认定为无效合同，上述司法解释澄清了这一错误认识，对指导司法实践具有一定的意义。不过，将此种合同认定为未生效合同，是否符合民法原理，则值得怀疑。

本书认为，传统民法将存在效力瑕疵的法律行为分为无效、可撤销和效力未定（有的学者将它们统称为不生效的法律行为[3]）三类，并无所谓的"未生效法律行为"，自然也不会出现未生效合同。上述司法解释将获得行政主管机关批准或登记之前的合同称为"未生效合同"，其实是一种误解。在传统民法中，该种情形被归入效力未定的法律行为之中。[4] 另外，附生效条件的合同亦为效力未定合同。上述司法解释之所以将获得批准或登记之前的合同认定为未生效合同，而非效力未定合同，原因是狭隘地理解了效力未定合同的类型，

---

① 参见王泽鉴：《债法原理》，40页，北京，北京大学出版社，2009。

② 参见王利明：《合同法新问题研究》，131页，北京，中国社会科学出版社，2011；崔建远主编：《合同法》，40～41页，北京，法律出版社，2010。

③ 参见［德］卡尔·拉伦茨：《德国民法通论》（下册），王晓晔等译，627页，北京，法律出版社，2003。

④ 参见［德］卡尔·拉伦茨：《德国民法通论》（下册），王晓晔等译，668页，北京，法律出版社，2003。

应予纠正。本书建议最高人民法院修改上述司法解释，以免与民法理论相悖，并造成司法实践的混乱。

第三节 无效合同

一、无效合同的含义与特征

无效合同是指欠缺合同的生效要件，自始、当然、确定不产生当事人预期的民事法律效果的合同。

无效合同具有如下特征：（1）自始无效。无效合同从成立之时起，就不能产生当事人预期的民事法律效果。（2）当然无效。如果合同为无效合同，无须任何人主张，即当然不产生当事人预期的民事法律效果。如果当事人对合同效力存在争议，虽然可以向法院提出确认无效之诉，但法院确认合同无效的判决仅具有宣示性质，该合同不因法院判决而无效，而是因为它本来就是无效的。即使当事人在诉讼中没有主张合同无效，法院也应依职权确认此类合同无效。（3）确定无效。无效合同从成立时就没有效力，以后也不能生效，且没有任何事实能使之有效。

二、无效合同的分类

（一）绝对无效与相对无效

这是绝对无效的法律行为与相对无效的法律行为在合同法领域的具体化。

在传统民法的法律行为理论中，存在绝对无效的法律行为与相对无效的法律行为之分。绝对无效是无效法律行为的一般特征，而相对无效则是无效法律行为的特殊情形。所谓绝对无效，是指无效法律行为不仅在当事人之间无效，而且对任何人而言都是无效的。不仅当事人可以主张该合同无效，而且任何人都可以主张该合同无效，且可以对任何人主张。在德国法上，相对无效是指法律行为仅对某个特定的人不生效力，但对其他一切人则是发生效力的。[①] 这一规则集中体现在《德国民法典》第135条之中，即对某一标的的处分违反仅以保护特定的人为目的的法定让与禁止的，该项处分只对这些特定人不生效力。我国台湾地区亦有绝对无效与相对无效之分，认为相对无效的法律行为是指不得以其无效对抗善意第三人的无效行为。[②] 该地区“民法”第87条第1款规定：“表意人与相对人通谋而为虚伪意思表示者，其意思表示无效。但不得以其无效，对抗善意第三人。”这一规定是为了保护交易安全。

可见，德国与我国台湾地区对相对无效的理解有较大差异：德国法认为相对无效是指法律行为仅对某个特定的人不生效力，但对其他一切人则是有效的；而我国台湾地区“法律”则认为相对无效是指法律行为仅对某个特定的人有效，但对其他一切人则是无效的，

---

① 参见［德］迪特尔·梅迪库斯：《德国民法总论》，邵建东译，375页，北京，法律出版社，2001。

② 参见王泽鉴：《民法总则》，384页，北京，北京大学出版社，2009。

二者用意恰恰相反。之所以出现如此差异，原因在于立法目的的不同：德国法意在保护特定人的权利，而我国台湾地区“法律”则意在保护交易安全。不过，二者的差异也告诉我们，在传统民法中，并不存在一般意义上的相对无效的法律行为。绝对无效是无效法律行为的基本特征，相对无效只是特殊情形，并限于法律明确规定的情形。

在我国，无论《民法通则》还是《合同法》，均未规定相对无效的合同。因此，当前立法严格坚持无效合同绝对无效的观念，并不存在相对无效的合同。不过，长期以来，我国司法机构对无效合同存在错误认识，仍对此类合同坚持适用“合同相对性”原理，认为只有当事人才可以请求法院确认合同无效，这一状况目前仍然没有得到实质性改观。为了纠正这一错误认识，最高人民法院在一些司法解释中允许合同当事人之外的人请求法院确认合同无效。例如，《商品房买卖司法解释》第10条规定：“买受人以出卖人与第三人恶意串通，另行订立商品房买卖合同并将房屋交付使用，导致其无法取得房屋为由，请求确认出卖人与第三人订立的商品房买卖合同无效的，应予支持。”该司法解释的用意非常明显，即不仅合同当事人可以请求法院确认合同无效，有利害关系的第三人亦可提起此等诉讼。但是，这一规定却使人误认为当事人恶意串通订立的合同仅对有利害关系的第三人无效，对其他人则是有效的。且有学者进一步主张，《合同法》第52条规定的恶意串通、损害第三人利益的合同应当属于相对无效的合同。只有受害的第三人才能主张合同无效，没有遭受损害者并不享有宣告该合同无效的权利。[①] 本书认为这种观点难以得到认同，理由在于：合同以绝对无效为常态，以相对无效为例外，且相对无效仅限于法律明确规定的情形。前述《商品房买卖司法解释》第10条只是规定受损害的第三人可以主张合同无效，但并未明确否定该合同对其他人的无效性；《合同法》第52条将恶意串通、损害第三人利益的合同与其他合同无效的情形一体对待，也并未明确规定其为相对无效的合同。因此，前述观点既不符合民法原理，亦与我国法律规定相悖。如果以此种观点指导司法实践，将导致一些无效合同逃避法律规制。本书认为，在我国立法未明确规定相对无效合同的情况下，合同无效均应为绝对无效，对于存在无效情形的合同，任何人均可向法院主张，法院不应以原告并非合同当事人或利害关系人而不予受理。

（二）全部无效与部分无效

所谓全部无效的合同，是指合同整体因不具备合同的生效要件而无效。所谓部分无效的合同，是指合同的一部分内容不具备合同的生效要件时，该部分合同内容无效，如不影响合同其他部分效力的，其他部分仍然有效。

部分无效的合同须具备如下三项要件：(1) 须为单一的合同，即当事人订立的合同具有一体性，即使组成合同整体的各部分内容未必属于同一合同类型，如在一合同中同时约定出卖房屋和出租家具。合同是否具有一体性，“必须取决于行为的外在界线，即与此有关的规则在经济上是否具有很密切的联系，它们是否只有相互依存时，才可能形成具有意义的规则”[②]。(2) 须合同在内容或当事人方面具有可分性，即除去该部分后，合同的其余部分仍然可以独立存在。(3) 须该合同的部分为无效。至于无效的原因如何，在所不问。但

---

① 参见王利明：《合同法新问题研究》，332页，北京，中国社会科学出版社，2011。

② ［德］卡尔·拉伦茨：《德国民法通论》（下），王晓晔等译，633页，北京，法律出版社，2003。

是，如果部分无效导致整个合同不应再发生效力，则合同全部无效。《合同法》第 56 条规定，合同部分无效，不影响其他部分效力的，其他部分仍然有效。

依《合同法》规定，所有导致合同全部无效的原因均可导致合同部分无效。另外，依《合同法》及相关司法解释的规定，合同部分无效的情形还包括：(1) 造成合同相对人人身伤害的免责条款，如雇佣合同中的某一条款约定，雇工生死由命，雇主概不负责。(2) 因故意或者重大过失造成对方财产损失的免责条款，如某机械设备买卖合同的某一条款约定，设备在使用过程中造成的一切损失，均与卖方无关。(3) 提供格式条款一方免除其责任、加重对方责任、排除对方主要权利的条款，如某商品买卖合同中的某一格式条款约定，货物出门，概不退换。

三、无效合同的发生原因

根据《民法通则》第 58 条和《合同法》第 52 条的规定，无效合同的发生原因包括：(1) 合同当事人为无民事行为能力人；(2) 一方以欺诈、胁迫的手段订立合同，损害国家利益；(3) 合同当事人恶意串通，损害国家、集体或者第三人利益；(4) 合同当事人以合法形式掩盖非法目的；(5) 合同损害社会公共利益；(6) 合同违反法律、行政法规的强制性规定。

传统民法理论将无效合同归入无效法律行为之中，并从法律行为生效要件的角度整理出无效合同的如下情形：(1) 从当事人应具有相应的民事行为能力的角度，将当事人为无民事行为能力人的合同认定为无效合同；(2) 从意思表示应健全的角度，将当事人通谋虚伪表示而订立的合同认定为无效合同；(3) 从标的应合法的角度，将违反强行法的合同认定为无效合同；(4) 从标的应妥当的角度，将违背公序良俗的合同认定为无效合同。

与传统民法理论相比，我国法律对无效合同类型的规定存在如下不科学之处：(1) 没有严格运用合同生效要件分别评价合同无效的情形，导致出现同时运用两个合同生效要件对合同无效进行评价的情形。例如，依《合同法》第 52 条，一方以欺诈、胁迫的手段订立的、损害国家利益的合同为无效合同。试问，如果当事人以乘人之危的手段订立的、损害国家利益的合同是否无效？此种合同当然也是无效的。可见，该规定存在不周延的情形，原因在于它将意思表示瑕疵与违背公序良俗两个有违合同生效要件的要素并列作为认定合同无效的依据，导致挂一漏万的不当结果。(2) 某些合同无效的类型，内容不够确定。例如，何为恶意串通，其与传统民法中的通谋虚伪表示是何关系；何为以合法形式掩盖非法目的，其与传统民法中的通谋虚伪表示或脱法行为是何关系？它们针对的案件类型是哪些？对于这些问题，我国立法与司法解释未作出进一步规定或解释，学界对其研究亦不够充分，司法实践较为混乱。

正因为我国立法对无效合同的规定存在诸多不足之处，所以本书认为，有必要依民法原理对无效合同的类型作重新整理，以求全面准确地反映无效合同的发生原因。此种整理以合同生效要件为依据，并运用各生效要件分别评价合同是否存在无效原因，据此，可以归纳出无效合同的基本情形包括：(1) 当事人为无民事行为能力人的合同（我国已有规定)；(2) 当事人通谋虚伪表示而订立的合同，本书将其称为虚假合意（我国未规定此种无效合同的情形)；(3) 违反法律、行政法规强制性规定的合同（我国已有规定)；(4) 违背公序良俗的合同（我国已有规定，包括一方以欺诈、胁迫的手段订立的，损害国家利益的合同；当事人恶意串通，损害国家利益的合同以及损害社会公共利益的合同）。

上述归纳未包含我国法律规定的另外两种无效合同情形：（1）当事人恶意串通，损害集体或者第三人利益的合同；（2）合同当事人以合法形式掩盖非法目的。从比较法角度观察，各国法均未规定第一种情形，也难以将其归入上述四种类型之中，故本书将其单列。至于第二种情形，各国法亦均未作规定，但本书认为其为民法原理所称“脱法行为”，应归入上述第（3）种违反法律、行政法规强制性规定的合同这一无效合同的情形之中。

综合上述分析，本书认为无效合同的发生原因包括：（1）合同当事人为无民事行为能力人；（2）合同当事人虚假合意；（3）合同当事人恶意串通；（4）合同违反法律、行政法规的强制性规定；（5）合同违背公序良俗。

（一）合同当事人为无民事行为能力人

如前所述，无民事行为能力人不具有独立实施法律行为的资格，不能成为适格的合同当事人。因此，无民事行为能力人只能由其法定代理人代为订立合同，其独立订立的合同是无效的。不过，为了满足无民事行为能力人的生活或学习需要，保护其正当利益，我国法律例外地允许无民事行为能力人订立一些合同，如纯获利益的合同或以社会定型化行为订立的合同，此类合同并不因当事人为无民事行为能力人而无效。

（二）合同当事人虚假合意

虚假合意是指当事人故意在合同中表达虚假的意思，它是通谋虚伪表示在合同中的体现。在通谋虚伪表示中，双方当事人“一致同意仅仅造成订立某项法律行为的表面假象，而实际上并不想使有关法律行为的法律效果产生”[①]。由于当事人并无效果意思，因而通谋虚伪表示无效。通谋虚伪表示的构成要件是：（1）各方表意人的外部表示与内心真意都不相符；（2）表意人非真意的意思表示为对方所明知；（3）双方就非真意的意思表示达成合意。通谋虚伪表示以各方表意人的意思联络为核心，如果不存在通谋的意思联络，则不构成通谋虚伪表示。通谋虚伪表示通常用来欺诈第三人，如债权人、担保人或税务部门，但不以此为必要。

关于通谋虚伪表示的效力，《德国民法典》第 117 条认定为无效。我国台湾地区“民法”第 87 条第 1 款则规定：“表意人与相对人通谋而为虚伪意思表示者，其意思表示无效。但不得以其无效，对抗善意第三人。”可见，我国台湾地区将其认定为相对无效的法律行为。

至于通谋虚伪表示中的特殊问题——隐藏行为的效力，《德国民法典》第 117 条第 2 款和我国台湾地区“民法”第 87 条第 2 款均规定通谋虚伪表示隐藏他项法律行为的，适用关于该项法律行为之规定。也就是说，通谋虚伪表示是无效的，至于隐藏的法律行为是否有效，应当以法律关于该项法律行为的规定为依据加以确定。例如，甲欲赠与乙一台电脑，但恐家人反对，甲、乙遂签订买卖电脑的合同，则买卖合同为通谋虚伪表示，是无效的；赠与是被隐藏的法律行为，是当事人双方的真实意思表示，应属有效。

---

① 《联邦最高法院民事裁判集》，第 36 卷，84、87 页。转引自［德］卡尔·拉伦茨：《德国民法通论》（下），王晓晔等译，497 页，北京，法律出版社，2003。

我国法律未规定通谋虚伪表示。对于此类案件，法院主要运用“恶意串通”和“以合法形式掩盖非法目的”予以解决。本书认为，通谋虚伪表示与它们存在明显差别（具体分析参见后续内容），不宜采用这两项制度解决通谋虚伪表示的问题。在我国法律未规定该项制度的情况下，建议直接以当事人意思表示不真实为由认定合同无效。为了科学地确定无效合同的类型，避免司法实践的混乱，我国未来的民事立法应将通谋虚伪表示（虚假合意）单独列为合同无效的发生原因。

（三）合同当事人恶意串通

我国法律并未对“恶意串通”作出解释，但从法律的相关规定以及法院适用“恶意串通”的案件类型观察，“恶意串通”既包括合同当事人恶意的虚假合意，也包括恶意的真实合意，并且以后者为主。例如，依《拍卖法》第 37 条，竞买人与拍卖人之间不得恶意串通，损害他人利益。此处的“恶意串通”既可以是恶意的虚假合意，也可以是恶意的真实合意。再如，《商品房买卖司法解释》第 10 条规定，买受人以出卖人与第三人恶意串通，另行订立商品房买卖合同并将房屋交付使用，导致其无法取得房屋为由，请求确认出卖人与第三人订立的商品房买卖合同无效的，应予支持。此处的“恶意串通”主要是指恶意的真实合意。

本书认为，以“恶意串通”统辖恶意的虚假合意与恶意的真实合意是不科学的，因为导致二者无效的法理依据并不相同。前者之所以无效，是因为当事人对其达成的合同并无效果意思，并不想使其生效，合同因意思表示不真实而无效。后者之所以无效，是因为其行为属于滥用权利的行为，违反了诚实信用原则。《民法通则》第 4 条规定，民事活动应当遵循诚实信用的原则。同法第 5 条规定，公民、法人的合法的民事权益受法律保护，任何组织和个人不得侵犯。恶意的真实合意无效即以我国民法的上述基本原则为依据。为了科学地界定二者的适用范围，以尊重民法体系化的要求，本书认为应将“恶意串通”限定为“恶意的真实合意”，将恶意的虚假合意归入“虚假合意”之中。

基于上述分析，所谓恶意串通，是指当事人故意为了损害他人利益而通谋订立合同。恶意串通的构成要件包括主观和客观两个方面。在主观上，当事人双方均存在损害他人利益的故意。如果仅有合同一方当事人存在恶意，相对人并不知情，则不构成恶意串通。此处的“他人”是指特定第三人，包括《合同法》第 52 条第 2 项所称的“集体”和“第三人”。《合同法》第 52 条将“国家”列入“他人”之列，本书认为不妥，宜将其纳入公序良俗之中加以保护。另外，如果当事人双方故意损害不特定第三人的利益即公共利益，亦应以公序良俗加以保护。至于如何证明合同当事人的主观恶意，本书认为宜采客观化标准，即只要合同内容损害了第三人的在先利益，即可认定合同当事人存在主观恶意，但合同当事人可以举证证明其并无恶意。在客观上，当事人双方须有通谋的行为，既可以是当事人双方共同协商达成损害他人利益的合同，也可以是一方当事人作出损害他人利益的意思表示，对方当事人予以接受而订立合同。

恶意串通与虚假合意的区别主要表现为：(1) 恶意串通是指当事人通谋为真实的意思表示，虚假合意则是指当事人通谋为虚假的意思表示；(2) 恶意串通的目的是损害他人利益，虚假合意则不以此为必要；(3) 恶意串通之所以无效，是因为当事人滥用权利，而虚假合意之所以无效，是因为当事人意思表示不真实。

（四）合同违反法律、行政法规的强制性规定

依民法原理，违反强行法的合同无效。《合同法》第 52 条亦规定，违反法律、行政法规的强制性规定的合同无效。不过，合同违法性的问题较为复杂，应作深入探讨。

首先，如果法律、行政法规明确规定合同无效，则直接适用该规定即可，不必援引《合同法》第 52 条。例如，《合同法》第 329 条规定，非法垄断技术的合同无效。再如，《担保法》第 29 条规定，企业法人的分支机构未经法人书面授权与债权人订立保证合同的，该合同无效。

其次，如果法律有特别规定，则从其规定。例如，《合同法》第 214 条第 1 款规定："租赁期限不得超过二十年。超过二十年的，超过部分无效。"可见，此类租赁合同尽管违法，但并非整个合同无效，仅是超过 20 年部分的合同无效。

因此，《合同法》第 52 条适用于上述两种情形之外的，违反法律、行政法规强制性规定的合同。强制性规定是国家行政权力通过法律干预经济、社会秩序的表现形式，多存在于公法之中。[①]《合同法》第 52 条使这些公法规范得以进入合同法领域，直接作为评价合同效力的依据。但是，如果不加区分地认定违反法律、行政法规强制性规定的合同无效，则会导致公法对私法的侵入过滥，损害当事人的意思自治，与《合同法》鼓励交易的基本原则相悖。因此，我们既要严格遵循国家的立法意志，严惩损害公共利益的不法行为，限制不适当的合同行为，也要防止不恰当地扩大无效合同的范围，干扰正常的市场交易，损害交易人的合理预期和交易安全，并防止一些当事人滥用这一规则，恶意背信弃义，以保护诚信的市场交易主体的合法权利。[②] 基于这一考虑，《合同法司法解释二》第 14 条将《合同法》第 52 条规定的"强制性规定"限定为"效力性强制性规定"。依此规定，如果合同违反了效力性强制性规定，则合同无效；如果合同违反了管理性强制性规定，则合同效力不受影响。

所谓效力性强制性规定，是指可用来评价合同效力的强制性规定。所谓管理性强制性规定，是指仅具有行政管理目的，不能用来评价合同效力的强制性规定。至于如何区分效力性强制性规定与管理性强制规定，则是司法实务中的重大疑难问题。有学者认为，应当综合法律的意旨，权衡相冲突的利益（法益的种类、交易安全，是针对双方当事人还是一方当事人等）加以认定。[③] 这一观点被最高人民法院所接受，并进而认为，如果强制性规定规制的是合同行为本身，即只要该合同行为发生即绝对地损害国家利益或者社会公共利益的，则此类规定为效力性规定。如果强制性规定规制的是当事人的"市场准入"资格而非某种类型的合同行为，或者规制的是某种合同的履行行为而非某类合同行为，人民法院对于此类合同效力的认定，应当慎重把握。[④]

本书认为，对于效力性强制规定的判断，一方面应形成基本规则，另一方面应通过司法实践尽快使其类型化，以有利于司法统一。在基本规则方面，可以依据如下标准判断是

---

① 参见苏永钦：《私法自治中的经济理性》，33 页，北京，中国人民大学出版社，2004。

② 参见沈德咏、奚晓明主编：《最高人民法院关于合同法司法解释（二）理解与适用》，107 页，北京，人民法院出版社，2009。

③ 参见王泽鉴：《民法总则》，225 页，北京，北京大学出版社，2009。

④ 参见《审理民商事合同的指导意见》之五。

否属于效力性强制性规定：（1）从规范目的角度判断。如果强制性规定仅为行政管理的目的，并非直接针对合同行为，则为管理性强制性规定。例如，《公司登记管理条例》第 58 条规定，公司应当于每年 1 月 1 日至 6 月 30 日，通过企业信用信息公示系统向公司登记机关报送上一年度年度报告，并向社会公示。该规定只是公司登记机关对公司的行政管理措施，并不具有评判合同生效与否的目的，即使公司违反这一规定，也只会产生公法上的效果。再如，《公司法》第 115 条规定，公司不得向董事提供借款。该规定的目的并非仅为行政管理，而是直接针对借款这一合同行为，因此应为效力性强制性规定。（2）从利益衡量的角度判断。如果违反强制性规定损害的是国家利益或者社会公共利益，则应将该规定认定为效力性强制性规定。如果违反强制性规定损害的是特定第三人的利益，则应视此种利益的性质而定：如果是人格或身份利益，则应将该规定认定为效力性强制性规定；如果是财产利益尤其是债权，则尽可能不将此类规定认定为效力性强制性规定。例如，《合同法》第 230 条规定，出租人出卖租赁房屋的，应当在出卖之前的合理期限内通知承租人，承租人享有以同等条件优先购买的权利。在实践中，如果出租人未通知承租人，就将房屋出卖给他人，违反了上述强制性规定，损害了承租人的优先购买权，买卖合同效力如何？对此，《租赁合同司法解释》第 21 条作出了规定："出租人出卖租赁房屋未在合理期限内通知承租人或者存在其他侵害承租人优先购买权情形，承租人请求出租人承担赔偿责任的，人民法院应予支持。但请求确认出租人与第三人签订的房屋买卖合同无效的，人民法院不予支持。"据此，由于优先购买权属于财产权利，即使受到侵害，承租人亦可通过损害赔偿获得救济，故法院不必认定买卖合同无效。

在案件类型方面，可以将规定如下事项者认定为效力性强制性规定：（1）要求合同当事人一方或双方必须具备某种资格要求，如《保险法》第 6 条规定，经营商业保险业务，必须是依照本法设立的保险公司。（2）要求合同必须以某种特定程序订立，如依《招标投标法》第 3 条规定，大型基础设施建设项目必须以招投标方式签订建设工程合同。（3）限制或禁止某项财产成为合同交易对象。例如，《人民币管理条例》第 13 条规定，未经中国人民银行批准，任何单位和个人不得销售、购买印制人民币所特有的防伪材料、防伪技术、防伪工艺和专用设备。（4）限制或禁止进行某种交易。例如，《土地管理法》第 2 条规定，任何单位和个人不得买卖土地。当然，这仅是初步总结，仍有待司法实践继续完善。

在合同违法性上，尚有一特殊问题，即"脱法行为"。脱法行为又称规避法律的行为，是指当事人以迂回手段，通过订立法律允许的合同，以达到实施法律不允许的合同的目的。脱法行为与违法行为具有相同的法律效果。在民法史上，虽然早在罗马法上即有关于脱法行为的探讨，但各国民法典并未作出规定。德国民法学者普遍认为脱法行为可以通过法律解释得到解决。[①] 至于《民法通则》第 58 条和《合同法》第 52 条所称"以合法形式掩盖非法目的"是否为脱法行为，我国学者观点不一，有认为二者等同的[②]，有认为二者部分交叉的[③]，还有认为二者完全不同的。[④] 在认为二者完全不同的观点中，大多认为"以合法形式

---

① 参见［德］迪特尔·梅迪库斯：《德国民法总论》，邵建东译，494 页，北京，法律出版社，2001。

② 参见魏振瀛主编：《民法》，165 页，北京，北京大学出版社、高等教育出版社，2010。

③ 参见韩世远：《合同法总论》，173 页，北京，法律出版社，2011。

④ 参见李永军：《民法总论》，483 页，北京，法律出版社，2009。

掩盖非法目的”属于传统民法中通谋虚伪表示的特殊情形——隐藏行为。[①] 本书认为，我国法律中的“以合法形式掩盖非法目的”应为脱法行为，其适用的案件类型应为：法律不允许当事人订立某一类型的合同，为了规避这一规定，当事人订立一个表面看来合法的合同，而其目的是借此实现法律禁止订立的合同的内容。

以合法形式掩盖非法目的的合同与虚假合意的合同并不相同。在前者，当事人具有法律效果意思，希望实现预期的民事法律效果。该合同之所以无效，是因为违法。在后者，当事人不具有法律效果意思。该合同之所以无效，是因为当事人意思表示不真实。

以合法形式掩盖非法目的的合同与隐藏行为亦不相同。在前者，当事人之间只订立了一个合同，且该合同因违法而无效。在后者，当事人之间订立了两个合同，其中通谋虚伪表示的合同无效；被隐藏的合同的效力，则应依法律关于该合同的生效要件判断，可能有效，也可能无效。

以合法形式掩盖非法目的的合同与恶意串通的合同亦不相同。在前者，不以当事人存在损害他人利益的恶意为必要，合同无效的原因为违法。在后者，以当事人存在损害他人利益的恶意为必要，合同无效的原因为滥用权利而违反诚实信用原则。

除《合同法》外，我国其他立法或司法解释亦有关于“以合法形式掩盖非法目的”的规定。例如，《民用航空法》第 130 条规定，任何旨在免除本法规定的承运人责任或者降低本法规定的赔偿责任限额的条款，均属无效。这一规定既针对直接违反该法相关规定的行为，也针对规避该法相关规定的行为。《招标投标法》第 4 条规定，任何单位和个人不得将依法必须进行招标的项目化整为零或者以其他任何方式规避招标。最高人民法院《关于审理联营合同纠纷案件若干问题的解答》之四规定，企业法人、事业法人作为联营一方向联营体投资，但不参加共同经营，也不承担联营的风险责任，不论盈亏均按期收回本息，或者按期收取固定利润的，是明为联营，实为借贷，违反了有关金融法规，应当确认合同无效。

（五）合同违背公序良俗

我国学者多认为《民法通则》和《合同法》所称“社会公共利益”即为传统民法所称公序良俗。[②] 本书认为这种观点有失偏颇。就我国法律规定观察，公序良俗除社会公共利益之外，尚包括“国家利益”、“国家政策”、“社会公德”、“社会经济秩序”（参见《民法通则》第 6、7 条，《合同法》第 7 条）等。社会公共利益是指不特定多数人的利益，包括财产利益（如道路通行）和非财产利益（人格和身份利益，如子女姓氏的确定），而公序良俗则不以不特定人存在利益为必要。近年来，最高人民法院已经尝试在一些司法解释或司法文件中使用“公序良俗”一词，如最高人民法院《关于审理劳动争议案件适用法律若干问题的解释（四）》第 11 条规定：“变更劳动合同未采用书面形式，但已经实际履行了口头变更的劳动合同超过一个月，且变更后的劳动合同内容不违反法律、行政法规、国家政策以及公序良俗，当事人以未采用书面形式为由主张劳动合同变更无效的，人民法院不予支

① 参见李永军：《民法总论》，483 页，北京，法律出版社，2009；王利明主编：《民法》，113 页，北京，中国人民大学出版社，2010。

② 参见李永军：《民法总论》，482～483 页，北京，法律出版社，2009。

持。”不过，对于“公序良俗”和上述诸概念之间的关系，到目前为止尚未厘清，有待进一步研究。目前的状况是，我国法律对传统民法中的“公序良俗”以多个概念加以描述，且相互间多有不协调之处。建议我国未来民事立法采用“公序良俗”这一概念，以统括并替代上述法律规定中所使用的其他用语。

公序良俗作为民法基本原则，用于弥补法律强制性规定的不足，限制意思自治原则的滥用，使当事人的自主自治符合社会的公共秩序和善良风俗。如果合同违背了公序良俗，则为无效合同。《合同法》第52条规定的如下合同均属于违背公序良俗的合同：（1）一方以欺诈、胁迫的手段订立的，损害国家利益的合同；（2）恶意串通，损害国家利益的合同；（3）损害社会公共利益的合同。

公序良俗是内涵极不确定的概念，现代社会又具有多元性和开放性，社会成员之间对公序良俗的理解无法达成一致，因此在具体案件中往往需要依赖法官个人的认知。但是，法律的目的在于规范社会生活，实现正义，故法律的适用应当克服法官个人的主观性，排除可能的偏见，而使评价“事理化”，即应结合合同的内容、附随情况、当事人的动机、目的及其他相关因素加以判断，来确定合同是否违背了公序良俗。[①] 为使法官对公序良俗的判断更具操作性，应当将违背公序良俗的合同类型化。

四、无效合同的补救

一般而言，超越私法自治界限的合同应为无效合同。但是，为了追求鼓励交易的目标，民法仍通过设定一些制度，缓和合同无效的绝对性，尽可能使合同有效。

（一）合同解释

如果合同因违法或违背公序良俗等原因而无效后，无须再进行解释，但合同往往要经过解释，才能查知其关键内容。只有在查知合同的关键内容后，才能以无效原因对其加以评判。在对合同进行解释时，如既可解释为有效，又可解释为无效，则应优先选择使合同有效的解释。

（二）部分无效

依《合同法》第56条规定，合同部分无效，不影响其他部分效力的，其他部分仍然有效。法律之所以如此规定，目的在于尽可能维护意思自治，即使部分合同无效，但如不影响其他部分的效力，仍维持其他部分的合同效力，从而使当事人的缔约目的部分实现。

（三）无效合同的转换

所谓无效合同的转换，是指如果无效合同具备另一合同的要件，且当事人如知道合同无效即愿意实施另一合同，则可以使该无效合同转换为另一合同而使之有效。它具备如下三项要件：（1）须为无效合同；（2）该无效合同须具备另一合同的生效要件；（3）将无效合同转换为另一合同须符合当事人的意思，即如果当事人知其无效，则愿意实施另一合同。其所探求的是假设的当事人意思，应当根据当事人所欲实现的经济目的及可认知的利益衡

---

① 参见王泽鉴：《民法总则》，232页，北京，北京大学出版社，2009。

量予以认定。[①] 法官不应当以自己的价值来代替当事人的价值观，而是应当从其了解的当事人的价值观出发，以决定是否进行无效合同的转换。如果实施转换严重侵犯了当事人的意思自治，则仍为无效。

我国法律目前尚无关于无效合同转换的规定。

（四）无效合同的补正

所谓无效合同的补正，是指合同因欠缺生效要件而无效时，当事人事后通过消除生效要件的瑕疵而使其有效。例如，如合同违法，则应消除违法的情形；如合同违背公序良俗，则应使其符合公序良俗。不过，基于无效合同具有自始、当然、确定和绝对无效的特点，对无效合同的补正应当视为当事人重新订立了合同。

我国没有对无效合同的补正作出一般性规定，但相当多的司法解释已就某些具体类型的合同规定了无效时的补正制度。例如，《商品房买卖司法解释》第2条规定："出卖人未取得商品房预售许可证明，与买受人订立的商品房预售合同，应当认定无效，但是在起诉前取得商品房预售许可证明的，可以认定有效。"《施工合同司法解释》第5条规定："承包人超越资质等级许可的业务范围签订建设工程施工合同，在建设工程竣工前取得相应资质等级，当事人请求按照无效合同处理的，不予支持。"《国有土地使用权合同司法解释》第11条规定："土地使用权人未经有批准权的人民政府批准，与受让方订立合同转让划拨土地使用权的，应当认定合同无效。但起诉前经有批准权的人民政府批准办理土地使用权出让手续的，应当认定合同有效。"

第四节　可撤销合同

一、可撤销合同的含义与特征

可撤销合同是指存在撤销原因的合同，即合同虽已成立，但因当事人意思表示不真实或合同内容显失公平，享有撤销权的当事人可通过行使撤销权，变更合同内容或使合同的效力溯及地消灭。"撤销"一词的含义在民法上有狭义与广义之分。狭义的撤销是指对意思表示有瑕疵或显失公平的法律行为的撤销，法律行为因被撤销而不再发生效力。广义的撤销还包括：（1）对意思表示的撤销，如撤销要约；（2）非法律行为的撤销，如宣告死亡判决的撤销。[②] 此处的撤销仅指狭义的撤销。

可撤销合同具有如下特征：（1）合同已经成立，但因当事人意思表示不真实或合同内容显失公平而存在效力瑕疵。根据《民法通则》和《合同法》的规定，意思表示不真实是合同可被撤销的最主要原因。另外，如果合同内容在订立时就显失公平，该合同亦可被撤销。（2）可撤销合同的效力是否溯及地消灭，取决于享有撤销权的当事人的意思。撤销权人既可以放弃撤销权，从而使合同成为确定有效的合同；亦可通过行使撤销权使合同溯及

---

① 参见王泽鉴：《民法总则》，389页，北京，北京大学出版社，2009。

② 参见苏号朋：《民法总论》，322页，北京，法律出版社，2006。

地消灭；还可通过变更合同内容去除合同存在的效力瑕疵。除撤销权人外，其他人均无权主张撤销合同，法院亦不能依职权撤销合同。（3）可撤销合同在被撤销之前是有效的。如果撤销权人通过行使撤销权溯及地消灭了该合同，则合同自始无效。如果撤销权人放弃了撤销权或仅变更了合同内容，则合同始终是有效的。由此可见，可撤销合同与完全有效的合同是有区别的，可撤销合同存在向无效合同转化的可能。在可撤销合同中，如果撤销权人不行使撤销权，不享有撤销权的当事人不得以合同存在撤销原因为由而拒绝履行合同。

如果合同的内容可分，撤销权人可以只撤销合同的一部分，未被撤销的合同内容仍然有效。例如，甲因受到乙的欺诈而购买两套房屋，则甲既可以撤销整个合同，也可以仅就其中一套房屋行使撤销权。不过，如果合同的内容不可分，撤销权人应当撤销整个合同。如果仅撤销合同的部分内容，则不能产生撤销的效力。《合同法》第56条规定，合同部分无效，不影响其他部分效力的，其他部分仍然有效。这一规定同样适用于合同被部分撤销的情形。另外，《合同法司法解释二》第9条对合同的部分撤销作出了如下规定："提供格式条款的一方当事人违反合同法第三十九条第一款关于提示和说明义务的规定，导致对方没有注意免除或者限制其责任的条款，对方当事人申请撤销该格式条款的，人民法院应当支持。"

可撤销合同与无效合同既有相同之处，亦有明显的差异。二者的相同点在于被撤销的合同与无效合同的法律后果是一致的，《合同法》第56至58条将二者的法律后果合并在一起规定，就说明了这一点。二者的区别在于：（1）可撤销合同主要因当事人意思表示瑕疵而使合同具有可撤销事由，法律将是否撤销合同的权利赋予合同当事人，由其决定是否撤销。无效合同则主要是因为合同违反了法律的强制性规定或公序良俗所致，法院不是依当事人的请求，而是依国家强制力认定合同无效。（2）可撤销合同在未被撤销前是有效的，撤销权人可以撤销合同而使合同溯及地自始无效，也可以仅要求对合同进行变更，或者不作任何表示，使合同继续有效。但是，无效合同却具有自始无效、当然无效、确定无效、绝对无效的特点。（3）在可撤销合同中，撤销权必须在除斥期间内行使，撤销权人在该期间内没有行使撤销权，则合同即确定地继续有效。但是，法院对无效合同的认定不受除斥期间或诉讼时效的影响。

二、可撤销合同的发生原因

根据《民法通则》和《合同法》的规定，可撤销合同的发生原因包括：（1）欺诈；（2）胁迫；（3）乘人之危；（4）重大误解；（5）合同成立时内容显失公平。

（一）欺诈

欺诈是指故意告知对方虚假情况，或者故意隐瞒真实情况，使对方陷入错误而为意思表示。

欺诈的构成要件包括：

1. 有欺诈行为。欺诈行为主要表现为捏造事实、隐匿事实或歪曲事实。欺诈一般表现为积极行为，比如将走私的手机谎称为本国制造的正品手机。不作为原则上不构成欺诈，但如果根据法律规定、合同约定或交易习惯，当事人就某事项负有告知或说明义务，则不作为亦可构成欺诈。

2. 欺诈人为合同当事人或者第三人。在绝大多数情况下，欺诈行为都是由合同一方当事人实施的。在这种情况下，因受到欺诈而订立合同的对方当事人当然享有撤销合同的权利。如果欺诈人是第三人，则只有在因第三人的欺诈行为而受益的合同一方当事人明知或应当知道对方当事人受欺诈时，对方当事人才享有撤销合同的权利。这是因为，如果合同一方当事人并未参与欺诈行为，是善意无过失的，就不应当使其蒙受损失。

3. 欺诈行为与合同对方当事人陷入错误及作出意思表示存在因果关系，即合同对方当事人作出错误的意思表示是因欺诈行为导致的，而其为意思表示是基于错误的认知。欺诈行为与合同对方当事人陷入错误之间的因果关系，不仅指该当事人原无错误，因受到欺诈而陷入错误，还包括该当事人原有错误，因受到欺诈而陷入更深的错误。错误与意思表示之间的因果关系可以分为两种情况：一是无此错误，则根本不为意思表示；二是无此错误，则不以此条件为意思表示。如果欺诈行为并未影响意思表示，则表意人无权撤销。

4. 欺诈人有欺诈的故意，即行为人意识到其欺诈行为，并且希望合同对方当事人受欺诈而陷入错误，并因此而为意思表示。欺诈故意的含义包括：第一，使相对人陷入错误的认识。如果欺诈人并不知道自己表述的事实是虚假事实，或虽明知其表述的事实是虚假的，但并没有使相对人陷入错误的意思，则不构成欺诈。第二，相对人因错误而为一定意思表示。如果欺诈人虽明知其表述的事实为虚假事实，但并没有利用相对人的错误使其为一定意思表示的意思，则不构成欺诈。至于欺诈人是否存在取得财产利益的意思，或者使相对人遭受财产损失的意思，则不影响欺诈的成立。另外，相对人是否因欺诈行为而遭受财产损害，也不是认定欺诈的条件。

（二）胁迫

胁迫是指合同一方当事人或第三人故意向对方当事人告以危害，致其产生恐惧而进行意思表示。依《民法通则司法解释》第 69 条，以给公民及其亲友的生命健康、荣誉、名誉、财产等造成损害，或者以给法人的荣誉、名誉、财产等造成损害为要挟，迫使对方作出违背真实的意思表示的，可以认定为胁迫行为。根据这一规定，胁迫的构成要件包括：

1. 有胁迫行为。胁迫行为是指将危害告知合同对方当事人的行为。危害是指任何将来的不利益，如损坏财物、败坏名誉、殴打、杀害、泄露秘密或拘捕等。胁迫行为既可以由合同一方当事人实施，也可以由第三人实施；既可以直接对相对人实施，也可以对其亲属或友人实施；胁迫的对象不仅包括人的生命、身体健康以及自由，也可以包括人的名誉、荣誉、隐私及财产。如果胁迫行为是由第三人实施的，即使因胁迫行为而受益的一方当事人并不知情，相对人仍然可以撤销合同，其原因在于胁迫行为对相对人意思自由影响甚大，应优先予以保护。[①] 已经开始的损害不构成胁迫，但如果告知相对人将使损害继续，从而导致其产生恐惧的，则构成胁迫行为。

2. 胁迫行为与合同对方当事人产生恐惧及进行意思表示之间存在因果关系。首先，须胁迫行为与相对人产生恐惧之间有因果关系。恐惧状态应依受胁迫人的主观状态而确定，包括原无恐惧，因行为人的胁迫而产生恐惧，以及已有恐惧，因行为人的胁迫而加深恐惧的情形。其次，须相对人产生恐惧与意思表示之间有因果关系。例如，甲以揭发乙的隐私

---

① 参见王泽鉴：《民法总则》，314 页，北京，北京大学出版社，2009。

而胁迫乙，乙因惧怕损害自己的名誉而被迫与甲签订合同，则该恐惧与意思表示之间存在因果关系。

3. 胁迫具有违法性。胁迫具有违法性包括三种情形：一是手段与目的均违法。如甲对乙说，如果乙不同意与其合谋欺诈丙，甲就泄露乙的商业秘密。二是目的合法，手段违法。如甲为追回到期债务而威胁乙说如果乙不还债，就放火烧他家。三是手段合法，目的违法。如甲对乙说，除非乙向甲购买毒品，否则甲将向司法机关检举乙的犯罪事实。如果手段与目的均合法，则一般不构成胁迫。但在例外情况下，如果手段与目的之间失衡，则是否构成胁迫，应斟酌相关情节，尤其要考量胁迫人对其所欲促成之意思表示是否具有正当利益，以及利用胁迫实现此项利益是否适当而予以判断。比如甲威胁乙说，若乙不为其债务提供担保，将去告发他的贪污罪行。该例中，虽然甲要求乙为其债务提供担保和举报犯罪本身都是合法的行为，但是以举报犯罪胁迫他人提供担保，二者显失平衡，具有不法性。

4. 胁迫人有胁迫的故意。胁迫故意是指胁迫人意识到其胁迫行为，且希望合同对方当事人产生恐惧，并因此而为意思表示。胁迫故意包括两个方面的含义：一是有使相对人产生恐惧的意思；二是有使相对人因恐惧而为一定意思表示的意思。至于胁迫人是否有取得财产利益或使相对人蒙受财产损失的意思，并不影响胁迫的构成。

（三）乘人之危

乘人之危是指合同一方当事人利用对方当事人的急迫需要或危难处境，迫使其作出违背真意的意思表示。《民法通则司法解释》第70条规定：“一方当事人乘对方处于危难之机，为牟取不正当利益，迫使对方作出不真实的意思表示，严重损害对方利益的，可以认定为乘人之危。”根据这一规定，乘人之危的构成要件包括：

1. 相对人在客观上处于急迫需要或紧急危难处境，如甲无钱为其患重病的妻子求医，或甲因地震被埋。相对人的此种处境是真实存在的，而不是想象或臆断的。

2. 合同一方当事人实施了利用相对人艰难处境的行为，如甲为了给患重病的妻子治病而向乙借钱，乙要求甲付高额利息；或甲因地震被埋，请求乙施救，乙要求甲将房屋低价卖给自己。

3. 合同一方当事人的行为与相对人的意思表示之间存在因果关系，即一方当事人利用对方的困境，要求对方接受不利的条件，对方因此而作出了违背真意的意思表示。如果相对人虽处于艰难处境，但他作出不利于己的意思表示是由于没有经验、缺乏判断力或者谈判能力不强，则不属于乘人之危。

4. 行为人有乘人之危的故意，即一方当事人故意利用了相对人的急迫需要或危难处境，使相对人作出对自己不利的意思表示。

5. 合同内容严重损害相对人利益，即在客观上，依当时情形，合同内容显失公平。

（四）重大误解

依《民法通则司法解释》第71条，重大误解是指行为人因对行为的性质、对方当事人以及标的物的品种、质量、规格和数量等的错误认识，致使行为的后果与自己的意思相悖，并造成较大损失。

重大误解的构成要件是：（1）表意人的内心真意与外部表示不一致；（2）表意人不知其内心真意与外部表示不一致；（3）错误是由表意人自己的原因造成的；（4）错误必须具

有严重性，应导致行为后果与自己的意思相悖，且造成较大损失；（5）错误是否存在，以意思表示成立之时为判断标准。

从比较法角度观察，“重大误解”可以归入传统民法的“错误”之中。所谓错误，是指表意人因其不正确认识，致使内心真意与外部表示不一致。德国民法学家梅迪库斯认为，根据错误在整个意思表示过程中所处的阶段，可以将错误分为：（1）动机错误；（2）认识错误；（3）表示错误；（4）传达错误；（5）受领人错误。[①] 各国民法规定的错误包括认识错误、表示错误和传达错误，并认为表意人享有撤销权。另外，如果当事人资格（如性别、职业、健康状况、支付能力）或交易对象的性质（如汽车的制造年份）在特定交易中地位重要，则对此存在的错误，虽本属动机错误，亦应视为认识错误，表意人享有撤销权。各国民法均未规定的错误包括动机错误和受领人错误。传统民法之所以允许表意人撤销一定类型的错误，是为了尊重当事人的意思自治，并兼顾相对人信赖保护和交易安全。

所谓动机错误，是指在意志形成阶段发生的错误。传统民法之所以未规定动机错误，是因为动机不具有法律意义，即使存在动机错误，该风险也应由表意人自己承担，而不允许表意人撤销合同，损害交易安全。例如，甲误以为乙喜欢红色，故在丙商场买了一件红色外套赠与乙，而乙最厌恶红色。甲不能以动机错误而撤销其与丙商场之间的买卖合同。

认识错误，又称内容错误、意义错误，是指表意人错误地认识了其所使用的表达方式的意义。认识错误的典型情形包括：（1）对相对人存在错误认识，即误认甲为乙；（2）对标的物存在错误认识，如误认甲物为乙物；（3）对合同性质存在错误认识，如误认买卖为赠与。

表示错误，又称表达错误、欠缺对错误的认识，是指表意人对意思的表达存在错误，如误写（将 10 000 元误写为 1 000 元）、误言（将甲房屋误称为乙房屋）。

传达错误，又称误传，是指意思表示在由他人代为传达过程中发生的错误。误传属于错误的一种特殊形态，传达人或传达机关在传达过程中发生的错误，在性质上视为表意人的错误，因此表意人可撤销该意思表示。如果传达错误是传达人或传达机关故意所为，其法律后果不能由表意人承担。这种情形与无权代理相类似，应当类推适用无权代理的规定，由传达人对善意第三人负损害赔偿责任。

受领人错误，又称误解，是指受领人对表意人正确表达和正确传达的意思表示作出了错误理解。严格地说，受领人错误并不属于错误的范畴。对于受领人错误的意思表示，应在表意人所指的意义上发生效力，表意人不需要撤销其意思表示，受领人也不能撤销意思表示，因为他并没有表示什么东西。只有在受领人自己受错误理解的影响而发出了意思表示的情况下，受领人才能撤销自己的意思表示。[②] 不过，此时受领人并非基于误解而撤销对方的意思表示，而是基于内容错误而撤销其自己的意思表示。因此，传统民法未规定受领人错误。

另外，传统民法理论认为，意思表示是否存在错误，首先应通过解释予以解决，即“解释先行于撤销”原则。[③] 虽然表意人存在意思表示错误，但如果受领人知其存在错误，

① 参见［德］迪特尔·梅迪库斯：《德国民法总论》，邵建东译，567～570 页，北京，法律出版社，2001。
② 参见［德］迪特尔·梅迪库斯：《德国民法总论》，邵建东译，570 页，北京，法律出版社，2001。
③ 参见王泽鉴：《民法总则》，293 页，北京，北京大学出版社，2009。

并对表意人的真意作出承诺，则依“错误的表示无害真意”的解释方法，应认定当事人双方达成合意，不存在错误（参见本书第三章第一节之二）。如果经由解释，虽然发现当事人存在错误，但在下列两种情形下，也应排除表意人的撤销权：（1）合同有利于表意人。例如，甲将房屋卖与乙，将价款50万元误写为55万元，乙不知而承诺时，甲不得因房屋价格涨至60万元，事后反悔而撤销合同。（2）相对人愿意接受表意人的内心真意。例如，甲将房屋卖与乙，将价款55万元误写为50万元。在甲发现错误后，乙仍愿以55万元成交。如允许甲撤销合同，既与民法规定意思表示错误的宗旨不符，又违背诚实信用原则。因此，甲无权撤销合同。

我国法律并未规定“错误”，而是规定了“重大误解”。从《民法通则司法解释》第71条规定来看，“重大误解”基本等同于传统民法的认识错误，而非“误解”[①]。从司法实践来看，我国法院还将表示错误归入“重大误解”的范畴。本书认为，无论在民法理论上，还是在两个词汇的中文含义上，“错误”与“误解”均存在明显区别，用“误解”描述本属于“错误”的内容，不仅不够严谨，而且导致了规范内容的不确定，造成了民法理论和司法实践的混乱。[②] 因此，我国未来的民事立法应取消“重大误解”概念，改采“错误”概念。

另外，《民法通则司法解释》第77条就传达错误作出了如下规定：意思表示由第三人义务转达，而第三人由于转达错误或者没有转达，使他人造成损失的，一般可由意思表示人负赔偿责任，但法律另有规定或者双方另有约定的除外。不过，该条仅规定了义务（无偿）传达人存在过失时的处理，并非对传达错误的全面规定。本书认为，我国未来的民事立法应在就“错误”作出规定时，一并解决“传达错误”的问题。

（五）合同成立时内容显失公平

所谓显失公平，是指一方当事人在合同订立过程中利用优势或者利用对方没有经验，致使合同双方的权利与义务明显违反公平、等价有偿原则。

显失公平的构成要件包括：（1）在主观上，当事人一方须利用自身优势或者利用对方没有经验。利用自身优势主要是指一方利用其经济上的优越地位，使对方难以拒绝对其明显不利的合同。没有经验既包括欠缺一般的生活经验，也包括欠缺商业交易经验。（2）在客观上，当事人双方的权利义务严重失衡，一方承担的义务明显大于对方，享有的权利明显小于对方。

在时间上，判断合同是否显失公平应以合同成立之时为准。合同在履行过程中，由于市场环境等因素的变化导致双方的经济利益失衡时，如此种变化属于正常的商业风险，则合同应继续履行，处于不利处境的一方无权撤销合同；如此种变化已经构成情势变更，则处于不利处境的一方可请求法院变更或者解除合同。

从比较法观察，我国法律规定的乘人之危与显失公平均被归入暴利行为（显失公平）之列。例如，《德国民法典》第138条第2款规定，暴利行为的主观要件是利用他人处于急

---

① 张淳：《论能够成为民事行为瑕疵的错误》，载《浙江社会科学》，2004（4）。

② 例如，有人认为我国法律规定的“重大误解”包含了错误与误解两个概念，包括了表意人的认识与表达错误，相对人的理解与表达错误，以及表意人的错误陈述（非欺诈）等情形。参见魏振瀛主编：《民法》，152页，北京，北京大学出版社、高等教育出版社，2010。由此可见，“重大误解”一词包含了太多的不确定的含义，与民法强调概念确定化的形式理性相悖。

迫情势、无经验、欠缺判断力或意志显著薄弱。我国台湾地区“民法”第74条规定，暴利行为的主观要件是乘他人之急迫、轻率或无经验。本书认为，传统民法中的暴利行为（显失公平）是对弱者的保护手段，无论处于弱势一方是否作出不真实的意思表示，均不影响暴利行为的构成，因此保护效果更佳。建议我国未来的民事立法取消乘人之危，将其归入显失公平的范畴。

三、撤销权

（一）撤销权的含义与性质

撤销权是指当事人享有的撤销法律行为的权利。对可撤销合同而言，撤销权是指当事人享有的撤销合同的权利。在法律性质上，撤销权属于形成权，撤销权人撤销合同的意思表示无须相对人同意，即能产生撤销合同而使之归于无效的效力。

（二）撤销权的行使

1. 撤销权人

所谓撤销权人，是指法律允许撤销合同的当事人。《合同法》第54条就欺诈、胁迫或者乘人之危情形，明确规定了撤销权人；对于重大误解与显失公平情形，该条仅规定“当事人一方”享有撤销权。此处的“当事人一方”是指任何一方还是指某一特定方，以及该特定方是谁，仍需确定。本书认为，我国规定的“重大误解”实属传统民法中的“错误”，撤销权人应为意思表示出现错误的一方当事人。在显失公平情形，撤销权人应为承受不利益的一方当事人。

据此，在我国，享有撤销权的当事人分别是：（1）在因受欺诈而订立的合同中，为受欺诈人；（2）在因受胁迫而订立的合同中，为受胁迫人；（3）在乘人之危而订立的合同中，为处于危难处境的一方当事人；（4）在因重大误解而订立的合同中，为意思表示出现错误的一方当事人；（5）在合同成立时内容显失公平的合同中，为承受不利益的一方当事人。

2. 撤销权的行使方式

《合同法》第54条规定，撤销权人须以向法院起诉或向仲裁机构申请的方式行使撤销权，而不能直接向相对人主张。因此，撤销权的实现有赖于法院或者仲裁机构的裁判。当事人行使撤销权不得附条件或期限。另外需要说明的是，撤销权人行使撤销权时，既可以请求法院或者仲裁机构撤销合同，从而使合同自始无效，也可以请求变更合同，使合同继续有效。当事人请求变更的，法院或者仲裁机构不得撤销，以尊重当事人的意思自治。

（三）撤销权的消灭

撤销权的消灭包括两种原因：

1. 除斥期间的经过

《合同法》第55条规定，具有撤销权的当事人自知道或者应当知道撤销事由之日起1年内没有行使撤销权的，撤销权消灭。

《合同法》的上述规定没有区别撤销权发生的原因，未免粗糙。德国民法考虑到只要胁迫的情形没有消除，被胁迫人的恐惧状态就会一直持续下去，被胁迫人难以行使撤销权，因此规定被胁迫人行使撤销权的除斥期间自胁迫终止之日起开始计算。这样的规定对于保护撤销权人的利益更为合理，值得我国借鉴。

2. 撤销权的抛弃

《合同法》第55条第2款规定，具有撤销权的当事人知道撤销事由后明确表示或者以自己的行为放弃撤销权的，撤销权消灭。

第五节　效力未定合同

一、效力未定合同的含义与特征

效力未定合同又称效力待定合同、未定的不生效合同或未决的不生效合同，是指虽已成立，但尚欠缺某种生效要件而处于效力不确定状态的合同。

效力未定合同具有如下特征：(1) 尚欠缺某种生效要件。这种要件主要表现为第三人的同意，如限制民事行为能力人在未经其法定代理人同意的情况下订立的合同，或无权代理人订立的合同。法律之所以要求这些合同须以第三人同意为生效要件，原因在于：1) 该合同直接涉及第三人利益，需其协助方可进行，如无权代理。2) 需要第三人对行为内容加以控制，具有保护目的，如法定代理人对限制民事行为能力人所订合同的同意。另外，这一要件还表现为行政主管机关的同意，或者当事人对合同设置的生效条件。[①] (2) 效力处于不确定状态，既非生效，也非确定无效。有学者将合同的此种效力状态描述为暂时无效，因为它还欠缺某种生效要件，但该要件又有可能得到满足。[②] (3) 合同的终极效力状态是生效或者无效。如果欠缺的生效要件在事后得到了补充，则合同溯及至成立时生效；如果欠缺的生效要件在事后已无可能得到补充，则合同自始无效。

因效力未定合同尚未生效，当然不能产生生效合同的效力，任何一方不得要求对方履行合同义务。不过，该状态下的合同仍然可以对当事人产生约束力，主要表现为任何一方不得单方废止合同，不得实施任何可能妨碍以后履行合同的行为，应当以正当方法促使合同欠缺的生效要件得到补充。不过，这只是效力未定合同约束力的一般描述，不同情形的效力未定合同各有其不同的约束力，本书会在后续内容中述及。

效力未定合同与无效合同的区别在于：(1) 前者存在效力瑕疵的原因是尚欠缺某种生效要件，即在量上未能满足全部生效要件；后者存在效力瑕疵的原因是当事人不具有相应的民事行为能力、意思表示不真实、违法或违背公序良俗，即在质上未能满足全部生效要件。(2) 前者在欠缺的生效要件获得满足之前处于效力不确定状态，后者则处于无效状态。(3) 前者在欠缺的生效要件已无法满足的情况下才会无效，后者的现状即为无效。(4) 前者存在成为生效合同的可能，而后者则不可能成为生效合同。

效力未定合同与可撤销合同的区别在于：(1) 前者的效力状态为暂时无效，后者的效力状态在未被撤销之前为有效。(2) 前者在欠缺的生效要件未能满足时，合同从未产生过效力；后者在被撤销时，合同已经发生的效力消灭。(3) 前者在欠缺的生效要件获得满足

---

① 参见［德］卡尔·拉伦茨：《德国民法通论》（下），王晓晔等译，668、670页，北京，法律出版社，2003。

② 参见［德］卡尔·拉伦茨：《德国民法通论》（下），王晓晔等译，669页，北京，法律出版社，2003。

时，合同确定地发生效力；后者在撤销权消灭时，合同已经发生的效力得以继续。(4) 在前者，决定合同效力的因素通常来自外部（对附生效条件的合同而言，这种因素可能来自合同当事人）；在后者，决定合同效力的因素是当事人自己（撤销权人）。

二、效力未定合同的发生原因

以德国为代表的传统民法认为，效力未定的法律行为主要包括：(1) 依法律规定，限制民事行为能力人需事先经其法定代理人同意方可进行的法律行为，但限制民事行为能力人未经其法定代理人事先同意即进行该法律行为；(2) 无权代理行为；(3) 无权处分行为；(4) 附生效条件的法律行为。《合同法》第45、47、48、51条已就此作出规定。不过，对于如何理解《合同法》第51条规定的无处分权人订立的合同，争议较大，本书将专门予以探讨。另外，效力未定合同并非仅限于上述情形，所有需要第三人同意，或需要某个行政机构的同意才能生效的合同，均为效力未定合同。① 因此，对于法律规定应当获得行政主管机关批准或者登记的合同，在获得行政主管机关批准或登记之前，该合同为效力未定合同。② 除此之外，《合同法》第50条还将超越代表权限的合同中的部分情形规定为效力未定合同。

由于本书将专节讲述附条件的合同，故在此仅分析效力未定合同的如下发生原因：(1) 限制民事行为能力人订立的合同；(2) 无权代理人订立的合同；(3) 代表人超越代表权限订立的合同；(4) 尚未获得行政主管机关批准或登记的合同；(5) 无处分权人订立的合同。

(一) 限制民事行为能力人订立的合同

如前所述，我国法律允许限制民事行为能力人独立订立纯获利益的合同、日常必需品合同、社会定型化行为的合同，或者与其年龄、智力、精神健康状况相适应的合同。除此之外的合同，限制民事行为能力人均不能独立订立，应当由其法定代理人代理订立，或者在征得其法定代理人同意后订立。如果限制民事行为能力人未经其法定代理人同意就订立了此类合同，则该合同为效力未定合同。如果法定代理人追认，则合同自订立时起生效。依《合同法司法解释二》第11条，追认的意思表示自到达合同相对人时生效。至于追认的形式，法律并未作明确规定，本书认为应以明示为原则。不过，如果法定代理人未以明示方式予以追认，但已经开始为限制民事行为能力人履行合同义务，应视为对合同的追认（意思实现）。如果法定代理人拒绝追认，则合同自始无效。

为了保障合同相对人的利益，《合同法》第47条赋予合同相对人催告权和撤销权。

催告权是指效力未定合同的相对人在得知合同存在效力未定的事由后，将效力未定事由告知同意权人，并催告同意权人于法定期限或合理期限内予以确认的权利。经催告后，同意权人没有在法定期限或合理期限内追认的，视为拒绝追认。《合同法》第47条规定，相对人可以催告法定代理人在一个月内予以追认。法定代理人未作表示的，视为拒绝追认。

---

① 参见［德］卡尔·拉伦茨：《德国民法通论》(下)，王晓晔等译，668页，北京，法律出版社，2003。

② 参见［德］卡尔·拉伦茨：《德国民法通论》(下)，王晓晔等译，670页，北京，法律出版社，2003；［德］迪特尔·梅迪库斯：《德国民法总论》，邵建东译，374页，北京，法律出版社，2001。

对于该条规定的“一个月”期限的法律意义，在实践中有不司的理解：有的认为属于法律的强制性规定，有的则认为是倡导性规范。[①] 本书认为，后一种观点更贴近立法的意图。也就是说，当事人不必严格地将追认期间限定在一个月内，相对人可以依交易的具体情形确定更短或更长的追认期间，或者由相对人和限制民事行为能力人的法定代理人协商确定追认期间。只有在当事人未自行选定追认期间时，才适用该条关于“一个月”追认期间的规定。至于“一个月”的追认期间如何计算，本书认为应与承诺期间的计算相同，请参见本书第三章第三节之四“承诺期间”的有关内容。

撤销权是指效力未定合同的相对人在同意权人追认之前，撤销该合同的权利。在限制民事行为能力人订立的合同中，相对人应向限制民事行为能力人的法定代理人行使撤销权。相对人行使撤销权的，效力未定合同自始无效。即使相对人已向限制民事行为能力人的法定代理人发出催告，也不影响其行使撤销权。相对人行使撤销权需要具备如下要件：（1）相对人须为善意，即相对人不知其订立的合同存在须由第三人追认的情形。（2）应采用明示的方式，《合同法》要求以通知的方式行使撤销权。（3）应于同意权人追认之前行使；同意权人追认后，该效力未定合同即确定地生效，相对人无权再予撤销。

（二）无权代理人订立的合同

无权代理人订立的合同是指代理人不具有代理权，但以被代理人的名义与第三人订立的合同。无权代理分为狭义无权代理和表见代理。

狭义无权代理是指行为人既没有代理权，也没有令第三人相信其有代理权的事实或理由，而以被代理人的名义与第三人订立合同。根据《民法通则》和《合同法》的相关规定，无权代理包括三种基本类型：自始无代理权的无权代理、代理权消灭以后的无权代理以及超越代理权的无权代理。在狭义无权代理中，代理人订立的合同是效力未定合同。

表见代理是指代理人虽无代理权，但是存在足以使第三人相信其有代理权的表征的代理。表见代理的要件包括：（1）行为人没有代理权，而以他人（被代理人）之名义与相对人订立合同；（2）相对人有理由相信行为人有代理权；（3）相对人为善意。从性质上说，表见代理属于无权代理，但能够产生有权代理的法律后果，被代理人应承受合同的法律效果，履行合同义务，并在违约时承担违约责任。应当说明的是，表见代理制度旨在保护善意第三人。如果被代理人因此而遭受损失，有权要求行为人赔偿。对此，《合同法司法解释二》第13条规定，在表见代理中，被代理人承担有效代理行为所产生的责任后，可以向无权代理人追偿因代理行为而遭受的损失。

根据《合同法》第48条，在狭义无权代理中，被代理人对无权代理行为享有追认权。《合同法司法解释二》第11、12条规定，追认的意思表示自到达相对人时生效；虽然被代理人未以明示方式追认，但已经开始履行合同义务的，视为对合同的追认（意思实现）。如果被代理人追认了无权代理行为，则合同自订立时起生效。如果被代理人拒绝追认，则合同不对被代理人发生效力，由行为人（无权代理人）充当合同当事人，对相对人履行合同或者承担损害赔偿责任。

对于无权代理人订立的合同，相对人享有催告权，可以催告被代理人在一个月内对合

---

① 参见尹忠显：《新合同法审判实务研究》，106页，北京，人民法院出版社，2006。

同予以追认，被代理人未作表示的，视为拒绝追认。至于此“一个月”的期限，与限制民事行为能力人订立的效力未定合同中催告期限的认定同理，也应视为倡导性规范，具体分析参见前文，此不赘述。

合同被追认之前，善意相对人有撤销合同的权利，撤销应当以通知的方式作出。

《民法通则》第66条规定：“本人知道他人以本人名义实施民事行为而不作否认表示的，视为同意。”这一规定似乎与《合同法》第48条的规定相互矛盾。但本书认为，《民法通则》第66条实为对表见代理的规定，与《合同法》第48条的规范对象不同，不可将二者混为一谈。

典型案例

甲公司、乙公司与丙银行借款合同纠纷案

甲公司、乙公司与丙银行签订了《抵押担保借款合同》，约定由丙银行向乙公司提供800万元的贷款，甲公司以其房地产为该贷款提供担保，相关手续由甲公司办理，并约定了还款期限。该合同上“抵押人”栏处加盖有甲公司的印章及“丁某”字样的个人私章，但据丁某签证资料记载，合同签订之日丁某不在中国。

上述《抵押担保借款合同》签订后，甲公司与丙银行共同向房管部门出具《房地产抵押登记申请表》。该表加盖了甲公司印章及“丁某”字样的私章。在甲公司出具的董事会决议上，载明甲公司董事会同意以上述房地产为乙公司作抵押。该决议中“董事会（签名）”一栏有“丁某”、“已某”的签名并加盖有甲公司的印章（但经文检鉴定，“丁某”签名字样与丁某本人样本笔迹不是同一人所写）。之后，房管部门办理了上述房地产的抵押登记手续。

因乙公司在借款到期日前没有足额缴纳欠款，丙银行遂向乙公司、甲公司发出贷款催收通知书，要求乙公司归还到期欠款本金及利息，甲公司对此承担担保责任。乙公司和甲公司为此向丙银行出具《还款计划书》，承诺于1个月内全部还清。在该份《还款计划书》上，乙公司及甲公司的“法定代表人”处均有“已某”签名。后因甲、乙两公司未按照《还款计划书》偿还贷款，丙银行遂将其诉至法院。

法庭查明，甲公司董事长为外方董事丁某、副董事长为中方董事已某，丁某为法定代表人。甲公司章程规定，有关公司资金借贷等重要经营事务，应由董事会讨论和决定。甲公司的印章由中方保管。另外，已某为乙公司的法定代表人。

在审理过程中，甲公司以董事会决议无效、已某违反公司章程的规定为由，主张抵押合同无效，拒绝承担担保责任。

董事以公司名义所签合同的性质与效力应如何认定？

本书认为，甲公司的章程规定有关资金借贷的事项应当由董事会讨论批准，而已某在未经甲公司董事会同意的情况下，违反章程规定以甲公司的财产为自己任职公司的债务提供抵押担保，属于无权代理。

本案的抵押担保关系设立过程中，已某是以甲公司副董事长的身份持甲公司的印章、

房地产权属证书签订抵押合同并办理抵押登记手续。这些无疑在客观上形成了己某具有设立抵押担保的代理权的表象，足以使丙银行相信己某是在其职权范围内行事。因此，己某以甲公司的名义设立抵押担保的行为符合表见代理的客观要件。

丙银行作为交易的相对方，无从知悉甲公司内部有关公章管理和使用的情况。在签订抵押合同时，丙银行已经对甲公司的公章及“丁某”私章的真实性进行核查。甲公司的董事会决议是应有关部门的要求而提交，丙银行无从核实该决议中董事签名的真伪。因此，在甲公司没有证据证明丙银行存在恶意的情况下，应当认定丙银行已尽到合理的注意义务而没有过错。

根据上述分析，己某作为甲公司的副董事长，利用甲公司的公章对外签订合同的行为构成表见代理，产生有权代理的法律后果，即抵押合同有效，由甲公司作为该合同的当事人，承受相应的法律后果。在本案中，丙银行实现抵押权的条件已经具备，因此甲公司应当承担担保责任。

（三）代表人超越代表权限订立的合同

代表是指基于自然人在法人或非法人组织中的特定身份，其以法人或非法人组织的名义进行的法律行为直接视为法人或非法人组织的行为，由法人或非法人组织对其行为的后果负责。享有法人代表权的自然人称为法定代表人，享有非法人组织代表权的自然人称为负责人。《民法通则》第 38 条规定，法人的法定代表人是依照法律或者法人组织章程的规定，代表法人对外行使法人职权的主要负责人。可见，我国对法人奉行单一代表人制，即法人的法定代表人只能由一个自然人充任。例如，《公司法》第 13 条规定，公司法定代表人由董事长、执行董事或者经理担任。不过，就非法人组织而言，我国法律并没有将其代表人限定为一人，而是允许非法人组织在相关法律文件中确定。例如，《合伙企业法》第 26 条第 2 款规定：“按照合伙协议的约定或者经全体合伙人决定，可以委托一个或者数个合伙人对外代表合伙企业，执行合伙事务。”无论是法人的法定代表人，还是非法人组织的负责人，其以法人或非法人组织的名义实施的法律行为直接视为法人或非法人组织的行为。也就是说，在对外活动中，法定代表人或负责人没有独立人格，其与法人或非法人组织属于同一法律人格，是同一个法律主体，而不是两个独立的民事主体。

代表与代理非常相似，容易混淆，应当注意区分。代表与代理的相同之处在于行为的效果均由法人或非法人组织承担。二者的区别在于：（1）代理人与其所代理的法人或非法人组织是两个独立的民事主体；代表人虽然在其他情况下是独立的民事主体，但在以代表人的身份代表法人或非法人组织订立合同时，其人格被该法人或非法人组织所吸收。（2）代理人所订合同的后果之所以归属于法人或非法人组织，是代理法律规则发生作用的结果；代表人所订合同的后果之所以归属于法人或非法人组织，则是因为该合同就是法人或非法人组织订立的合同。

代表人超越代表权限订立的合同是指法人的法定代表人或者非法人组织的负责人超越代表权限，以法人或非法人组织的名义订立的合同。所谓代表权限，是指法人或非法人组织通过章程、决议或协议，对其法定代表人或负责人对外代表法人或非法人组织进行活动所作的限制。《合同法》第 50 条规定：“法人或者其他组织的法定代表人、负责人超越权限订立的合同，除相对人知道或者应当知道其超越权限的以外，该代表行为有效。”

《合同法》规定法人或者非法人组织的法定代表人、负责人超越权限订立的合同一般是有效合同，其理论依据是法定代表人或负责人的越权行为准用表见代理规则。[①] 但是，如果相对人知道或者应当知道法定代表人或负责人超越代表权限，则该合同为效力未定合同。如果法人或非法人组织予以追认，则合同对法人或非法人组织发生效力，由法人或非法人组织充当该合同的当事人，履行合同或者承担违约责任；如果拒绝追认，则合同无效。

（四）尚未获得批准或登记的合同

在我国，某些合同只有在获得行政主管机关批准或登记时才能生效。在尚未获得批准或登记时，这些合同为效力未定合同。这种情形表现为：虽然合同已经具备其他生效要件，但当事人尚未向行政主管机关提出批准或登记的申请，或者虽然提出批准或登记的申请，但行政主管机关尚未批准或登记。如前所述，《合同法司法解释一》第 9 条以及《外商投资企业纠纷司法解释一》第 1 条将此类合同的性质认定为未生效，有违法理，应予纠正。

如果合同获得了行政主管机关的批准或登记，则合同自批准或登记之日起生效。如果合同最终没有获得行政主管机关的批准或登记，则合同自始无效。如果依法负有申请批准或登记义务的当事人未办理申请批准或登记的手续，导致合同无法满足生效要件，应视为违反诚实信用原则，应对相对人承担缔约过失责任。如果当事人以合同的方式约定了报批义务及相应的违约责任，则应当尊重当事人的意思自治，未履行报批义务的当事人应当承担违约责任。

（五）无处分权人订立的合同

《合同法》第 51 条就无处分权人订立的合同作出如下规定：“无处分权的人处分他人财产，经权利人追认或者无处分权的人订立合同后取得处分权的，该合同有效。”如对该条作反面解释，则可以得出如下结论：如果无处分权人处分他人财产，未经权利人追认，无处分权人订立合同后亦未取得处分权，则合同无效。因此，无处分权人订立的合同属于效力未定的合同。

不过，目前学界和司法实务界对《合同法》第 51 条的规定存在多种理解，差异甚大。本书认为，《合同法》第 51 条源自《德国民法典》第 185 条及我国台湾地区“民法”第 118 条，而后两者的规定均是针对处分行为的。如前所述，我国《合同法》调整的“合同”是以“债权合同”为模型，而债权合同属于负担行为，因此《合同法》第 51 条规定无处分权人订立的合同，是对《德国民法典》第 185 条及我国台湾地区“民法”第 118 条的误读，违反了民法的思维逻辑，应予废除。当然，对这一问题的探讨，涉及负担行为与处分行为的区分、瑕疵担保责任、物权变动的要件、无权处分的法律效果以及无权处分与善意取得的关系等诸多事项，极为复杂，非简单几句话可以说清楚。

---

① 参见梁慧星：《民法总论》，129 页，北京，法律出版社，2011。

理论研究

“无权处分合同”的效力

《合同法》第51条规定：“无处分权的人处分他人财产，经权利人追认或者无处分权的人订立合同后取得处分权的，该合同有效。”为了叙述的方便，本书权且将该合同称为“无权处分合同”。从该条所处的位置来看，立法者显然是将无权处分合同视为效力未定合同。如对该条作反面解释，则可以得出如下结论：如果无处分权的人处分他人财产，未经权利人追认，无处分权的人订立合同后亦未取得处分权，则合同无效。

虽然该条将无权处分合同规定为效力未定合同，但学界仍然存在较多争议，并形成如下两种主要观点：

（1）效力未定说。[①] 该说认为，无权处分人与第三人订立的合同，只有经权利人追认或无权处分人订立合同后取得处分权时才有效，否则无效。

（2）有效说。该说以负担行为与处分行为的区分为依据，认为负担行为的效力不受处分权的影响，处分行为则以行为人具有处分权为核心要件。在无权处分的情况下，处分人虽然没有处分权，但并不影响合同的效力，只是影响处分行为的效力。既然无权处分合同是负担行为，而非处分行为，其效力自然不应受处分权有无之影响。[②] 也就是说，物权行为的瑕疵不应反射到债权行为之上，因此无权处分合同只要不存在其他影响效力的因素，就应完全有效。

本书认为，《合同法》规定无权处分合同的做法属于立法错误，应予纠正。之所以出现这一错误，原因在于没有正确理解以德国为代表的传统民法中无权处分的法律结构。

以德国为代表的传统民法理论与立法根据法律行为的效果是否直接导致发生财产权转移或消灭，将法律行为分为负担行为与处分行为。

负担行为是指使一方相对于另一方承担为或不为一定行为义务的法律行为，即产生某种债务关系。负担行为的特点在于其生效后，债务人负有给付的义务，债权人享有请求给付的权利，即债权人需要债务人的履行行为，才能实现其利益，而负担行为本身不能直接发生财产权变动的效果。负担行为使债务人仅相对于债权人承担义务，其效力具有相对性。一般情况下，负担行为是当事人通过签订债务合同而设立的，但在例外情况下，单方法律行为亦可设立负担行为，如悬赏广告、遗赠。

处分行为是指直接使财产权利变更或者消灭的法律行为。“处分即为权利的转让，权利的消灭，在权利上设定负担或变更权利的内容。”[③] 有效的处分行为应当以处分人享有处分权为前提，即在处分行为生效时，处分人有权处分其权利。享有处分权的人一般是被处分权利的持有人，如所有权人、债权人。处分行为对权利归属所作的变更可以对抗任何人，其效力具有绝对性。最为典型的处分行为是物权行为，即直接发生物权设定、转移或消灭

---

① 参见魏振瀛主编：《民法》，168页，北京，北京大学出版社、高等教育出版社，2007；崔建远：《合同法》，115页，北京，法律出版社，2007。

② 参见韩世远：《合同法总论》，224～225页，北京，法律出版社，2011。

③ ［德］迪特尔·梅迪库斯：《德国民法总论》，邵建东译，168页，北京，法律出版社，2001。

效果的法律行为。物权行为有单独行为，如抛弃所有权；也有双方行为，如所有权的转移、抵押权的设定。

区分负担行为与处分行为的意义在于：(1) 处分行为适用标的物特定原则，如物权行为在其生效时，其标的物必须特定，并且必须就一个标的物成立一个物权行为（一物一权原则），而负担行为无此限制。(2) 有效的处分行为以处分人有处分权为要件。没有处分权而处分权利标的物的行为是无权处分，属于效力未定行为。负担行为则不以处分人有处分权为要件。例如，甲将乙的笔记本电脑以自己的名义卖给丙，此买卖合同（负担行为）有效，但甲将电脑交付给丙并转移电脑所有权的行为（处分行为）属于效力未定行为，只有在经权利人追认或者无处分权的人取得处分权时，该行为才能成为确定生效的法律行为。(3) 作为处分行为的物权行为适用公示原则，即物权的变动需要有足以让外界可以辨认的外部表现形式，以维护交易安全，避免第三人受到损害。不动产的公示方法为登记，动产的公示方法为交付。基于公示原则，信赖此物权变动的外部表现形式而有所作为者，即使该外部表现形式与真正的权利内容不符，其信赖亦受保护（公信原则），因而产生善意取得制度。[①] 债权行为不适用公示、公信原则。

因此，在区分负担行为与处分行为的情况下，处分行为以出让人享有处分权为生效要件，不享有处分权的出让人转让财产时，即构成无权处分行为。在这种情况下，负担行为的效力并不受出让人无处分权的影响，但处分行为是效力未定行为。

绝大多数学者都认为，我国民法不承认负担行为与处分行为的区分，处分权不应成为合同的生效要件，处分权仅对物权变动产生影响，即出让人有处分权是物权变动的要件。无处分权人处分他人财产的，不能发生所有权转移的法律后果，权利人可以请求受让人返还财产。上述结论在《物权法》第 106 条得到了确认。该条规定，无处分权人将不动产或者动产转让给受让人的，所有权人有权追回。可见，出让人无处分权影响的是物权变动的效果，合同效力并不受此影响。

基于上述理由，本书认为，《合同法》不应规定“无权处分合同”，因为“无权处分”不属于合同法调整的范畴，而应将其纳入物权法之中，我国《物权法》第 106 条也是这样处理的。

《买卖合同司法解释》第 3 条第 1 款规定：“当事人一方以出卖人在缔约时对标的物没有所有权或者处分权为由主张合同无效的，人民法院不予支持。”显然，该条规定与《合同法》第 51 条的规定背道而驰。根据该司法解释起草者的理解，这一规定旨在依据《物权法》第 15 条关于物权变动原因与结果区分原则之规定精神，理顺《合同法》第 51 条与第 132 条之间的关系。根据合同归《合同法》调整，物权变动归《物权法》规制的原则，在买卖合同法律关系中，买卖合同是物权变动的原因行为，所有权转移是物权变动之结果。出卖人在缔约时对标的物没有所有权或者处分权，并不影响作为原因行为的买卖合同的效力，但能否发生所有权转移的物权变动效果，则取决于出卖人嗣后能否取得所有权或者处分权，物权变动处于效力待定状态。[②]

---

① ［德］迪特尔·梅迪库斯：《德国民法总论》，邵建东译，265 页，北京，法律出版社，2001。

② 参见奚晓明主编：《最高人民法院关于买卖合同司法解释理解与适用》，69 页，北京，人民法院出版社，2012。

对于该司法解释起草者的上述理解，本书仅同意其前半部分的认定，即出卖人在缔约时对标的物没有所有权或者处分权，并不影响作为原因行为的买卖合同的效力，但并不同意其后半部分的认定，即能否发生所有权转移的物权变动效果，取决于出卖人嗣后能否取得所有权或者处分权，物权变动处于效力待定状态。之所以不同意其后半部分的认定，是因为其将物权变动认定为“效力待定”（法律行为或合同），显然采纳了负担行为与处分行为、债权行为与物权行为区分的民法理论和立法模式，该司法解释的起草者也认可了这一点。[①] 但是，从《物权法》第 15 条来看，我国在物权变动上，根本没有接受负担行为与处分行为、债权行为与物权行为区分的理论与立法，因此，《买卖合同司法解释》起草者曲解了我国物权变动要件。虽然其用意甚好，想解决《合同法》第 51 条给司法实务带来的困扰，且《买卖合同司法解释》第 3 条的规定也确能通过替代《合同法》第 51 条实现这一效果。但是，该司法解释起草者欲以认可负担行为与处分行为的区分，来维持《合同法》第 51 条与《买卖合同司法解释》第 3 条之间和平共处，则是完全错误的想法。

基于上述分析，本书认为，我国未来修改《合同法》时，应当废除第 51 条及与其相关的第 132 条之规定。另外，为了切割处分权与合同效力，可作出如下规定：当事人对标的没有处分权，不影响合同的效力。这样，就可以把“无权处分”从合同法中赶出去，将其归入物权变动之中，由《物权法》加以调整。

第六节　附条件的合同与附期限的合同

一、附条件的合同

（一）附条件的合同的含义

附条件的合同是指当事人在合同中约定一定的条件，并把条件的成就或者不成就作为合同生效或失效的根据的合同。所谓条件，是指当事人以将来客观上成就与否不确定的事实，作为决定合同效力发生或者消灭的附款，它具有限制合同效力的作用。当事人对合同效力设定条件，可以加强对事态发展的控制，以满足特定目的。《民法通则》和《合同法》尊重当事人的意思自治，允许当事人订立附条件的合同。

（二）条件的类型

1. 生效条件与解除条件

根据条件对合同效力的影响，可以将条件分为生效条件与解除条件。生效条件又称延缓条件、停止条件，是指限制合同生效的条件。解除条件又称消灭条件、失效条件，是指限制合同效力消灭的条件。

2. 积极条件与消极条件

根据作为条件的事实属于积极事实还是消极事实，可以将条件分为积极条件与消极条

---

① 参见奚晓明主编：《最高人民法院关于买卖合同司法解释理解与适用》，78～79、87 页，北京，人民法院出版社，2012。

件。积极条件又称肯定条件，是以某事实的发生为条件的成就。消极条件又称否定条件，是以某事实的不发生为条件的成就。

（三）条件的构成要件

条件的构成要件是指条件应当具备的法律上的要求。条件可以是自然事实，也可以是人的行为，但均应符合如下要求：

第一，条件应是将来的事实，即条件须是当事人订立合同时尚未发生的事实。已经发生的事实，无论当事人是否知晓，均不构成条件，对合同效力没有影响。

第二，条件应是不确定的事实。条件须是可能发生、也可能不发生的事实。确定发生的事实不是条件，而是期限，以此为附款的合同应为附期限的合同。确定不会发生的事实则不能作为条件。如果以确定不会发生的事实作为生效条件，则合同无效；如果以确定不会发生的事实作为解除条件，则视为合同未附条件或所附条件无效。例如甲、乙约定，如果人类移居到太阳居住，甲就把自己的房子卖给他。由于该买卖所附条件不可能实现，因而该买卖合同无效。再如甲、乙约定，如果甲能够发明永动机，则甲、乙双方的房屋租赁合同终止。由于发明永动机不可能实现，故应视为该合同未附条件或所附条件无效，甲、乙双方的合同得以继续履行。

第三，条件应是当事人约定的事实，而非法律规定的事实。如果合同所附条件属于法律规定，则视为未附条件，对合同效力没有影响。

第四，条件应是合法的事实。如果当事人约定的条件违法或违背公序良俗，一般应认定合同无效。

（四）条件的效力

1. 条件的成就与不成就

所谓条件成就，是指构成条件内容的事实已经实现。对于积极条件，以条件事实的发生为条件成就。对于消极条件，以条件事实的不发生为条件成就。

所谓条件不成就，是指构成条件内容的事实不能实现。对于积极条件，以条件事实的不发生为条件不成就。对于消极条件，以条件事实的发生为条件不成就。

2. 条件成就或不成就的拟制

《合同法》第45条第2款规定："当事人为自己的利益不正当地阻止条件成就的，视为条件已成就；不正当地促成条件成就的，视为条件不成就。"此条即是对条件成就或不成就的拟制规定。这是诚实信用原则在附条件合同中的具体应用，其目的是"使任何人都不能出于自私的目的，从一个有违诚实信用的行为中得到法律上的利益"①。因此，如果合同当事人为了自己的利益促使条件成就或者阻止条件成就，他的行为就因违反诚实信用原则的要求而产生相反的法律后果。

条件成就或不成就的拟制的构成要件是：（1）阻止条件成就或不成就的人，必须是因条件成就或不成就而获得利益的当事人。如果是第三人阻止条件的成就或促成条件的成就，则不构成拟制。（2）当事人须以不正当行为阻止条件的成就或促成条件成就。何为不正当，应依诚实信用原则及相关情势作出衡量。例如，甲、乙约定："若甲的马生小马，则卖给

① ［德］卡尔·拉伦茨：《德国民法通论》（下册），王晓晔等译，693页，北京，法律出版社，2003。

乙。”后因马得疫病，甲杀之，则不视为不正当行为。

阻止条件成就或不成就的当事人一方是否应对其行为承担法律责任，我国法律并未规定。德国学者梅迪库斯认为，该当事人应当承担责任，不仅要赔偿消极利益，还要赔偿履行利益，因为附有条件的订约，其意义显然大于缔约的单纯开始。[①] 本书同意这一观点。

3. 条件成就或不成就时的效力

附生效条件的合同在条件成就时发生效力，附解除条件的合同在条件成就时失去效力。我国法律没有对条件确定不成就时的合同效力作出明文规定。通说认为，附生效条件的合同在条件确定不成就时，合同无效。附解除条件的合同在条件确定不成就时，合同继续发生效力。

4. 条件成就与否未确定前的效力

民法学说认为，在条件成就与否未确定前，当事人应负有注意义务，使法律行为（合同）所意图实现的法律效果于条件成就时，可以获得实现。在这一期间，因条件成就而受益的当事人享有期待权。[②] 如此种期待权受到侵害，可请求损害赔偿。例如我国台湾地区“民法”第 100 条规定：“附条件之法律行为当事人，于条件成否未定前，若有损害相对人因条件成就所应得利益之行为者，负赔偿损害之责任。”《德国民法典》第 160 条规定，因条件之成就而取得某种权利或恢复原来权利状态的人，如因相对人于条件成就与否未确定前的过失而受到损害，可以在条件成就时，要求对方给予损害赔偿。

我国法律没有对条件成就与否未确定前的效力作出明文规定。本书认为，我国可参考上述立法例，在未来立法中明定当事人在条件成就与否未确定前的注意义务及损害赔偿责任，以保护因条件成就而受益的合同当事人的期待权。

5. 条件的放弃

条件是当事人为其合同效力设定的要件，如其事后放弃条件的适用，法律应尊重当事人的意思自治。我国法律体现了这一精神，如《租赁合同司法解释》第 4 条规定，当事人约定以办理登记备案手续为房屋租赁合同生效条件的，从其约定。但当事人一方已经履行主要义务，对方接受的除外。可见，当事人可通过履行行为放弃合同生效条件的约束。

二、附期限的合同

（一）附期限的合同的含义

附期限的合同是指当事人在合同中约定一定期限，并把该期限的到来作为合同生效或失效要件的合同。所谓期限，是指当事人用以决定合同效力发生或消灭的、将来确定发生的事实。

条件与期限的相同点在于：二者都是当事人意思表示的组成部分；都是用于限制合同的效力；都是未来的事实。条件与期限的不同点在于：条件是将来发生与否不能确定的事实，而期限是将来确定发生的事实。

---

① 参见［德］迪特尔·梅迪库斯：《德国民法总论》，邵建东译，631 页，北京，法律出版社，2001。

② 参见［德］卡尔·拉伦茨：《德国民法通论》（下册），王晓晔等译，699 页，北京，法律出版社，2003；王泽鉴：《民法总则》，343 页，北京，北京大学出版社，2009。

（二）期限的类型与效力

1. 期限的类型

（1）始期与终期

根据对合同效力产生的影响，可以将期限分为生效期限与终止期限。

生效期限又称始期、延缓期限，是指限制合同生效的期限。例如，甲、乙约定：本租赁合同15日后生效。

终止期限又称终期、解除期限，是指限制合同失效的期限。例如，甲、乙约定：本租赁合同的有效期为3年。

（2）确定期限与不确定期限

根据确定性程度，可以将期限分为确定期限与不确定期限。

确定期限是指不仅事实的发生已经确定，而且事实发生的时间也已确定。如甲、乙约定：本租赁合同15日后生效。

不确定期限是指事实的发生虽已确定，但事实的发生时间尚不确定。如甲、乙约定：甲父死亡之时，甲将房屋出租给乙。

2. 期限与清偿期的区别

在实践中，应当注意期限与清偿期的区别。期限影响合同的生效或失效，而清偿期则不具有此功能，其只是当事人约定履行义务的时间。例如，甲、乙二人约定：本买卖合同15日后生效，甲方应于合同生效后3个月内交货，乙方应于甲交货后1个月内付款。本合同中的3个时间，第一个属于生效期限，对买卖合同的生效具有决定作用；后两个属于清偿期，是当事人履行合同义务的期限，对买卖合同的生效没有影响。

3. 期限到来的效力

附生效期限的合同在期限到来时生效，附终止期限的合同在期限到来时失效。

4. 期限到来前的效力

我国法律未对期限到来前的附期限合同的效力作出规定。通说认为，此种状态下的合同效力与附条件的合同在所附条件未成就时的效力相同，此不赘述。

第七节　合同无效或被撤销的法律后果

一、概述

《合同法》第56条规定，无效的合同或者被撤销的合同自始没有法律约束力。也就是说，无效或被撤销的合同不能产生当事人在订立合同时预期的法律后果。但是，这并不意味着它不能发生任何法律后果。在合同被法院确认无效或被撤销之前，当事人可能已经按照合同的约定实施了某些行为，如交付标的物、支付货款，此时就会产生返还财产等责任。另外，无效合同往往违反了法律的强制性规定或违背公序良俗，因此，当事人除应承担民事责任外，还可能会承担其他性质的法律责任，如行政处罚。

根据《民法通则》第61条和《合同法》第58、59条的规定，合同无效或被撤销的法律后果主要包括返还财产和损害赔偿。如果合同损害了国家、集体或者第三人的利益，则应将该利益收归国家所有或者返还集体、第三人。

另外要说明的是，合同无效或者被撤销，并不影响合同中独立存在的有关解决争议方法的条款的效力。法律之所以确立这一规则，主要是为合同纠纷的解决提供便利。

二、返还财产

在合同被法院确认无效或者被撤销之前，如果当事人一方已从对方取得财产，则应当予以返还。不能返还或者没有必要返还的，应当折价补偿。

关于返还财产的法律性质，我国法律没有作出明确的规定。从比较法角度观察，以德国为代表的、区分债权行为与物权行为并承认物权行为无因性的国家，采取两种模式处理返还财产问题。第一，如果债权行为无效而物权行为有效，则当事人取得的财产为不当得利，应予返还。第二，如果债权行为和物权行为均无效，则当事人取得的财产并未发生所有权转移，他应将财产返还对方。这种返还责任属于物权法上的所有物返还。以法国为代表、否认物权行为无因性的国家，则认为当财产转移所赖以发生的原因——合同无效或被撤销后，合同标的物的所有权自始没有有效转移，因此，物之所有权人基于物上请求权而请求返还。①

本书认为，我国法律未区分债权行为与物权行为，一旦合同无效或被撤销，依合同取得财产的一方即不具备取得财产所有权的要件，对方仍然是合法的所有权人，可以主张返还财产的物上请求权。因此，不应将返还财产视为不当得利返还，而应作为所有物返还看待。

在原物存在的情况下，返还原物应当是第一选择。要注意的是，此处的原物既包括动产，也包括不动产。动产的返还依交付即可完成，不动产的返还则相对复杂。如果在合同被确认无效或被撤销之前，不动产已经依登记发生所有权转移的效力，在此情况下，它的返还应当通过如下两个程序完成：(1) 撤销现有的不动产所有权登记；(2) 将不动产交还原物所有权人并重新进行权属登记。

例外的情况是，原物虽然存在，但已经有偿转让给善意第三人。此时，为了维护交易的安全和稳定，第三人可以根据善意取得制度取得原物的所有权，当事人不能主张返还原物。所以在原物不存在或者虽然存在但不能返还的情况下，当事人可以获得折价补偿。此种折价补偿应当属于不当得利的返还。

三、损害赔偿

损害赔偿是指因当事人的过错导致合同无效或被撤销，并造成了对方当事人的损失，有过错的当事人应当对该损失负赔偿责任。在法律性质上，它属于缔约过失责任。如果当事人双方都有过错，且因此造成了对方的损失，则应当根据各自对相对方造成的损失，承担相应的赔偿责任。关于缔约过失责任，请参见本书第三章“合同的订立与成立”的相关内容。

---

① 参见李永军：《民法总论》，487页，北京，法律出版社，2009。

四、当事人因合同取得的财产收归国家所有或者返还集体、第三人

如果当事人恶意串通，利用合同损害了国家、集体或者第三人的利益，则合同无效，当事人因该合同取得的财产收归国家所有或者返还集体、第三人。

《民法通则司法解释》第74条规定，当事人取得的财产包括已经取得和约定取得的财产。在实践中，国家无须作为当事人提起诉讼，只要法院认定无效合同属于上述情形，则可直接判决合同当事人取得的财产收归国家所有。不过，集体或者第三人欲保护自己的利益，就应当作为当事人参与诉讼，行使相应的请求权。在法律性质上，这一请求权属于所有物返还请求权。

五、合同被确认无效或被撤销与诉讼时效的适用

诉讼时效又称消灭时效，是指因请求权人在一定期间内未行使权利，义务人取得拒绝给付抗辩权的民事法律事实。《诉讼时效司法解释》第1条规定，诉讼时效适用于债权请求权。在诉讼时效完成后，债务人有权拒绝履行合同义务。

（一）合同被确认无效与诉讼时效的适用

合同被确认无效并非当事人请求权的内容，亦非当事人行使请求权的结果，而是法院或仲裁机构依职权对合同进行审查后的效力认定。即使当事人未提出合同无效的诉讼请求或抗辩，法院或仲裁机构仍可认定合同无效。因此，合同无效的确认不受诉讼时效的限制。

至于合同被确认无效后产生的返还财产、赔偿损失等结果是否受诉讼时效限制，我国法律并未作出规定。不过，《诉讼时效司法解释》第7条规定，合同被撤销，返还财产、赔偿损失请求权的诉讼时效期间从合同被撤销之日起计算。因合同被撤销的法律后果与合同被确认无效相同，所以上述规定可类推适用于合同被确认无效后的返还财产、赔偿损失请求权的行使，即这些请求权受诉讼时效限制，并应自合同被确认无效之日起计算诉讼时效期间。但是，应当注意的是，如果返还的财产为物，则该返还原物的请求权为物上请求权。在我国法律未明确规定物上请求权是否适用诉讼时效的情况下，依物权法原理，应认定返还原物请求权不受诉讼时效限制。

（二）合同被撤销与诉讼时效的适用

合同撤销权属于形成权，其行使受到《合同法》第55条规定的1年除斥期间的限制，而不受诉讼时效的限制。如果撤销权人提出了撤销合同的诉讼（或仲裁）请求，相对人将其误认为请求权而提出诉讼时效抗辩，法院或仲裁机构不予支持。

不过，如前所述，合同如被撤销，因此而产生的返还财产、赔偿损失请求权是受诉讼时效限制的，并应自合同被撤销之日起计算。

【深度阅读】

1. 王利明．合同法新问题研究．北京：中国社会科学出版社，2011．第八、九、十章

2. 李永军．合同法．北京：法律出版社，2010．第五、七、十章

3. 韩世远．合同法总论．北京：法律出版社，2011. 第四章

4. 杨永清．批准生效合同若干问题探讨．中国法学，2013（6）

5. 黎桦．实质正义下的合同效力控制问题研究．武汉大学学报（哲学社会科学版），2012（4）

6. 张凡．再论未生效合同的解除．法学，2012（3）

7. 黄忠．比例原则下的无效合同判定之展开．法制与社会发展（双月刊），2012（4）

8. 李永军．论私法合同中意志的物化性——一个被我国立法、学理与司法忽视的决定合同生效的因素．政法论坛，2003（10）

9. 余延满．合同撤销权的限制与排除问题研究．法学评论（双月刊），2000（6）

10. 柳经纬，李茂年．论欺诈、胁迫之民事救济——兼评《合同法》之二元规定．现代法学，2000（12）

11. 徐志军，张传伟．欺诈的界分．政法论坛，2006（7）

12. 王利明．论无权处分．中国法学，2001（3）

13. 崔建远．无权处分辨——合同法第 51 条规定的解释与适用．法学研究，2003（1）

14. 齐恩平．合同上的胁迫与不正当影响．法学，2000（1）

15. 朱庆育．意思表示与法律行为．比较法研究，2004（1）

16. 徐涤宇．合同效力正当性的解释模式及其重建．法商研究，2005（3）

17. 米健．意思表示分析．法学研究，2004（1）

【问题与思考】

1. 合同成立与合同生效的关系是什么？区分二者有何意义？为什么？
2. 如何理解合同的效力？
3. 合同的一般生效要件有哪些？
4. 无效合同、可撤销合同、效力未定合同各自的发生原因有哪些？
5. 无效合同具有哪些特点？
6. 如何理解合同无效中的“违法性”？
7. 条件的构成要件有哪些？如何区别条件与期限？
8. 合同被确认无效或被撤销会产生哪些后果？

第五章
合同的解释

导读

本章分析了合同解释的必要性、含义、类型、合同解释的理论发展及具体规则，格式条款的特殊解释规则，以及合同漏洞的补充等问题。在合同解释的类型中，应重点掌握有权解释、补充性解释、修正性解释；在合同解释的规则中，应重点掌握各种具体规则的含义；在格式条款的解释中，应重点掌握其规则的法理依据和不同的操作规则，包括统一解释、限制解释和不利于条款使用人的解释；在合同漏洞补充中，应重点掌握合同漏洞补充与合同解释的区别，以及对合同漏洞进行补充的步骤。

第一节　合同的解释概述

一、合同解释的必要性与含义

合同是当事人双方意思表示一致而达成的协议，但这并不意味着当事人对合同内容的理解完全一致。恰恰相反，当事人往往对合同内容有着不同的理解，甚至对他们之间是否存在合同、合同是否生效、合同是何性质也会存在不同的认识。例如，承诺是否构成对要约的实质性变更，当事人的意思表示是否存在错误，合同是否违法或违反公序良俗，合同性质是买卖还是赠与，送货是出卖人义务还是买受人义务，发生纠纷时应诉讼还是仲裁。在当事人对上述情形存在歧义时，就需要对合同进行解释。

传统民法一般将合同解释归入意思表示的解释之中。由于我国立法并未系统规定意思表示的解释，因而《合同法》第 125 条专门就合同解释作出了规定。不过，就文义观察，该条将解释对象定为“合同条款”，会让人误以为仅限于书面合同内容的解释（因为书面合同往往以条款方式表现出来，以口头或者默示方式订立的合同往往不会由排列有序的条款构成）。如果将“合同条款”改为“合同内容”，则会消除这一误解。但即使作如此修改，该条仍不能包容合同解释的全部内容。其实，自当事人进入缔约过程，其所作出的意思表示就已经属于解释的内容了，甚至对某一行为是否属于意思表示也需要借由解释予以确定(例如，甲在某拍卖会上举牌是否属于应买的意思表示)。因此，在我国法律未规定意思表示解释的情况下，合同解释不应仅限于合同内容的解释，其解释的对象还应当包括当事人在形成合同过程中的意思表示。

根据上述分析，本书认为合同解释是指理解当事人缔约过程中各种意思表示及合同内容之意义的行为。

通过合同解释，可以解决如下问题：(1) 当事人的某种行为是否属于意思表示；(2) 当事人的某种意思表示是要约还是承诺；(3) 当事人是否达成了合意；(4) 合同是否因未满足成立要件而不成立；(5) 合同是否存在无效、可撤销、效力未定的情形；(6) 合同性质如何；(7) 合同内容是什么；(8) 合同是否存在漏洞，如何进行补充。可见，合同解释就是理解合同当事人意思表示的意义，而理解意义则是作出判断的前提。[①] 在司法实务中，无论法官还是律师，均以合同解释作为其重要的工作内容。

二、合同解释的主体、客体与目的

(一) 合同解释的主体

关于合同解释的主体，广义的合同解释理论和狭义的合同解释理论有不同的理解。广义的合同解释理论认为，合同解释的主体不仅包括法院、仲裁机构等有权机构，还包括当事人本身以及诉讼代理人等其他人。而狭义的合同解释理论认为，合同解释的主体应当仅限于有权解释的主体，即只能是受理合同纠纷并对合同的含义作出具有法律拘束力的解释的法院和仲裁机构等有权机构。[②] 本书认为，任何人均可基于其特定目的对合同进行解释：律师基于保护其委托人利益的目的，法官基于公平解决合同纠纷的目的，民法学者基于学术研究的目的。不过，能够对解决当事人之间的合同纠纷有实质性作用的合同解释是由法院或仲裁机构等争议解决机构作出的。

(二) 合同解释的客体

合同解释的客体是指解释的对象。从意思表示角度而言，合同解释的客体就是需受领的意思表示。从具体表现而言，合同解释的客体一般为合同内容，即《合同法》第 125 条所称的“合同条款”。另外，当事人在缔约过程中以各种形式（口头、书面、作为、不作为）所作意思表示均为合同解释的客体。

理论研究

合同解释的客体是否仅限于“争议条款”

一种意见认为，文字有疑义时，才有解释的必要。即将解释的对象限于“争议条款”[③]。

① 参见［德］迪特尔·梅迪库斯：《德国民法总论》，邵建东译，232 页，北京，法律出版社，2001。

② 参见王利明：《合同法新问题研究》，240 页，北京，中国社会科学出版社，2011。

③ 李永军：《合同法》，472 页，北京，法律出版社，2010。

合同解释的根本目的在于探求当事人意思表示之确切含义，使当事人之间的权利、义务清晰化，并最终解决当事人之间的合同纠纷。因此，在合同解释实践中，在当事人之间不发生合同争议或虽有争议但已协商解决的情况下再作解释，是没有法律价值的。

另一种意见认为，合同解释的客体不仅仅限于“发生争议的合同中使用的语言文字”，“没有争议的合同文字也同样需要解释”①。

本书赞同第一种观点。如果当事人对意思表示或者合同内容存在不同理解，当然需要通过解释确定其意义，自不必多言。但是，如果当事人的理解一致，则按双方当事人的理解确定其意义即可，不应进行解释。正如有的学者所言，“如果某项意思表示本身具有多种意义，但双方实际上是在同一种意义上理解该项表示的，那么……法律没有理由将另一种不同于双方当事人所表达的意义强加给他们”②。因此，合同解释的客体应当仅限于当事人存在不同理解的意思表示或合同内容。

（三）合同解释的目的

传统民法理论认为，意思表示解释的目的是探求当事人的真意。《合同法》第125条将合同解释的目的规定为“确定该条款的真实意思”，与传统民法追求的目标相同。不过，何为当事人的真意，则存有疑问，这其中涉及意思表示理论的演变，请参见本章第二节之一“合同解释的理论发展”的相关内容。

三、合同解释的类型

（一）有权解释与自由解释

按照合同解释的主体及由此决定的解释的效力的不同，可以把合同解释分为有权解释与自由解释。有权解释是由法院或仲裁机构等有权机构对合同所作的解释，此种解释对当事人有法律约束力。自由解释则是指当事人及其诉讼代理人或法学研究人员等其他人所作的解释，此种解释对当事人不具有法律拘束力。

本书仅探讨有权解释，即采用狭义的合同解释概念。

（二）阐释性解释、补充性解释与修正性解释

根据对表示行为阐明的程度及态度的不同，可将合同的解释分为阐释性解释、补充性解释和修正性解释。

1. 阐释性解释

阐释性解释是指在合同内容完备，但当事人的意思不够明确时，借解释方法使合同内容趋于明确的解释。相对于修正性解释和补充性解释而言，阐释性解释可以称得上是“真正的解释”。

由于当事人用以约定权利义务的语言、文字具有模糊性，因而，阐释性解释往往表现为明确合同所用语言、文字的含义。当然，解释的目的在于探求当事人的真意，并非对词

---

① 崔建远主编：《合同法》，355页，北京，法律出版社，2010。

② ［德］卡尔·拉伦茨：《德国民法通论》（下），王晓晔等译，458页，北京，法律出版社，2003；隋彭生：《合同法要义》，416页，北京，中国政法大学出版社，2005。

句进行“翻译”。因此，虽然阐释性解释总是围绕着文字的通常含义进行，但也不局限于文义解释。在许多案例中，当事人的真实意思除了文义解释外，还需要参考合同的目的、交易习惯等因素方能显现。所以，不能将阐释性解释等同于文义解释。

阐释性解释是最典型的合同解释，我们一般也是在此意义上理解合同解释的。

2. 补充性解释

补充性解释又称合同补缺或合同漏洞的补充，是指在合同欠缺某些内容以至于当事人的权利、义务关系不明确的情况下，对欠缺意思的补充。

阐释性解释和补充性解释构成合同解释的两个阶段，其区分标准为该解释活动是否超出合同词句的可能文义范围：阐释性解释须在已作出的意思表示的可能文义范围内进行；补充性解释则应在可能文义范围之外进行，即填补当事人意思表示的漏洞。由此可见，合同漏洞的补充构成合同解释的延长。因此，相对于修正性解释，学理上也倾向于接受补充性解释为合同解释的组成部分。[①]

3. 修正性解释

修正性解释即拟制解释，是指法院或仲裁机构无视当事人在合同中的意思表示，而基于公共政策或公平妥当之考虑，拟定合理、妥当的特定合同意思。[②]

合同解释的本来意义在于使不明确的意思明确化以及使隐含的意思显现出来，即合同的解释是基于对合同文本所含意义的理解。因此，合同解释要受到合同文义的限制，补充性解释也是建立在当事人意思基础上的一种拟制，解释者在进行补充性解释时亦须受当事人选择之价值基础的约束。修正性解释却无视当事人的意思。因此，尽管修正性解释确实时有发生，但正如有的学者所指出的那样，此种解释严格言之已非合同的解释，而是合同的创设、变更或消灭，虽名为“解释”，充其量只是假借解释的形式，掩盖法院之法律创造活动的假象而已。[③] 它以有权解释主体所理解的社会普遍理念取代当事人的意思，实质上是合同公正或合同社会化观念对意思自治原则的限制或修正。所以，此种解释方法应受到严格限制，一般仅在格式条款解释方面有所体现。

本书所称合同解释，主要是指阐释性解释，另外考虑到补充性解释对合同漏洞的填补作用，对补充性解释亦略作论述。

四、合同解释的性质

所谓合同解释的性质，是指合同解释是为了确定当事人意思表示的准确含义，还是为了对意思表示的法律价值作出判断。如果是前者，则合同解释是一个事实问题；如果是后者，则合同解释是一个法律问题。

---

① 参见邱聪智：《契约社会化对契约解释理论之影响》，载邱聪智：《民法研究》（一），47 页，台北，三民书局，1986；王泽鉴：《债法原理》，171～172 页，北京，北京大学出版社，2009。

②③ 参见邱聪智：《契约社会化对契约解释理论之影响》，载邱聪智：《民法研究》（一），38 页，台北，三民书局，1986。

理论研究

合同解释是事实问题还是法律问题

关于合同解释是事实问题还是法律问题，大陆法系有三种观点：

1. 事实问题说。日本判例认为，原则上法律行为的解释属于事实问题，只有在解释的标准违反经验法则、通常的交易观念等场合，才成为法律问题。[①] 但对此立场，日本学说多持反对意见。

2. 法律问题说。日本学说和我国台湾地区通说都认为合同解释不是对事实的确定，而是运用解释规则，对合同文字、交易习惯、交易目的等事实进行法律判断，对当事人的意思表示予以明确和补充，确定表示行为在社会上所应有的合理性，因而合同解释是对意义的确定，属于法律上的判断，应当由法院依职权作出，不受当事人陈述的拘束，也不发生证据责任问题。

3. 折中说。折中说把合同解释分为两类：其一是仅就意思表示的事实客观性进行判定，此类解释是事实问题；其二是对意思表示的法律价值作出判断，以决定是否给予法律保护，此类解释是法律问题。[②]

英美法在理论上认为，合同解释是明确当事人赋予合同的合理意思，因而是事实问题，但在实践中，法院经常把解释作为法律问题。这是因为在英美法上，事实问题或法律问题主要体现了程序上的适用范围。在英美法系司法程序中，合同解释性质的定位会对如下问题产生影响：解释由陪审团决定还是由法官决定；上诉法院审理范围；对其后案件的约束力。结果是，英美法国家的法院对合同解释采实用态度，根据对上述情况的影响来确定合同解释是什么性质。[③] 出于技术上的考虑，很多时候法官会倾向于将合同解释定性为法律问题。

本书认为，作为一项确定当事人真意的活动，合同解释具有复杂性。仅就意思表示的客观性进行判断是事实问题，但若涉及要约、承诺的构成要件，合同是否成立或者生效，合同的性质如何等，则属于法律问题。法官在解释合同时必须依据法律的规定和一定的原则对合同作出解释，除前述事实判断之外，合同解释均为法律问题。

第二节　合同解释的规则

一、合同解释的理论发展

合同的解释是对需受领的意思表示的解释。意思表示被认为是私法秩序中大多数法律

---

① 参见史尚宽：《民法总论》，470页，北京，中国政法大学出版社，2000。

② 参见陈阮雄：《民法总则新论》，620页。转引自胡基：《合同解释的理论与规则研究》，载梁慧星主编：《民商法论丛》（第8卷），29～30页，北京，法律出版社，1997。

③ 参见沈达明：《比较民事诉讼法初论》（下），265页，北京，中信出版社，1991。

关系的起点，因此，对意思表示的解释一直是民法学最重要的理论之一。作为一种法律行为的解释，合同的解释伴随着意思表示理论的发展而经历了三个阶段的发展。

(一) 意思说——主观主义理论

大陆法系的意思说（主观主义理论）的基本思想源自德国18世纪的理性学派，19世纪时在德国的法律行为学说中居支配地位。该理论认为，法律行为（意思表示）的实质在于行为人的内心意思，即行为人的意思“被视为产生、变更和消灭权利义务的实质性因素……意思是法律行为的核心”[①]。因此，探求行为人在行为时的真正主观意思应该成为解释法律行为的目标，而表示仅起从属作用。至19世纪晚期，主观主义解释理论在法律文化中占据了主导地位。

大陆法系许多国家的民法典都将主观主义解释理论作为合同解释的基本原则。如《法国民法典》第1156条规定：“解释契约，应从契约中寻找缔结契约之诸当事人的共同本意，而不应局限于用语的字面意思。”《德国民法典》第133条规定：“解释意思表示，应探求当事人的真实意思，而不得拘泥于所用的字句。”《瑞士债务法》第18条第2款规定：“判断契约应就其方式及内容，注意当事人一致的真实意思，不得着重于当事人误解或隐蔽真意所使用的不当文字或词语。”

19世纪初，英美法对合同的解释也主要采用主观解释的方法，认为当事人如对合同用语的理解存在实质性的差异，则合同不能成立。

但事实上，当事人内心的意思往往是很难判断的，尤其是在当事人作出了某种意思表示以后，相对人会对此种意思表示产生某种信赖，而主观主义理论过于倾向于保护表意人，对这种信赖利益和交易安全则有考虑不周之处。因此，主观主义理论受到了较多的批评。除此之外，意思说存在的另一个问题是，在实际运用过程中，很难判定究竟何为“当事人的真意”：当双方当事人就合同内容发生分歧时，要探求当事人的真实意思是十分困难的，甚至是不可能的。其事实上的结果恰恰是导致法官滥用司法权力，从而危及私法自治。所以，许多国家的民法典虽然规定了“解释合同应探求当事人的真实含义”，但在司法实践中，往往都是以一个合理第三人的可能的意思为标准来确定所谓的“当事人的真意”，从而实际上借助了客观主义的标准。

(二) 表示说——客观主义理论

表示说（客观主义理论）是19世纪末德国民法学说争论的产物，其早期的代表人物为耶林。这一理论在20世纪得到极端的发展，倡导者中又以弗卢梅与韦克尔最富代表性。按照这一理论，行为人的内心意思不是意思表示的成立要件，只要有外部意思的表示即足以认定其成立。也就是说，法律行为的本质不是行为人内心的意思，而是行为人“表示的意思”。法律行为成立的全部问题，仅仅在于意志是如何表示的，或意志怎样才能被理解。[②]

因此，在合同解释方面，表示说主张应以当事人客观表示出来的意思为标准，而不能根据当事人自己的意思解释。在解释的过程中注重从订约时或订约后的客观情况去推定，以相对人足以合理、客观了解的表示内容为准，以保护相对人的信赖利益。具体来说，主

① 董安生：《民事法律行为》，172页，北京，中国人民大学出版社，2002。

② 参见董安生：《民事法律行为》，172页，北京，中国人民大学出版社，2002。

要体现为以下两点：其一，对于合同的解释原则上采取客观立场，在表示与意思不一致的情况下，应以表示为准，因为内心的意思如何，非外人所能窥知。其二，对合同的解释应以相对人足以合理、客观了解的表示内容为准，以保护相对人的信赖利益。更有学者提出要以“标准意思”或“客观意思理解”去“证实”外在事实的存在，被称为“绝对客观的表示主义”①。表示说更加注重解释的客观性，无论是解释材料（如订约时的客观情况），还是解释时应当顾及的因素（如诚实信用原则），都体现了这一点。与主观主义理论相比，客观主义理论更加注重对交易安全的保护，但并不意味着放弃对表意人的尊重。

从立法例来看，《德国民法典》第157条之规定“合同应按照诚实信用原则及一般交易上的习惯进行解释”，就体现了一定的客观主义标准；另如《美国第二次合同法重述》第20条的注释——“法律所要求的不是相互间的同意，而是这种同意的外部表示”也较多体现了表示说。

然而，极端的客观主义也受到一定的批评。法官依据客观标准所解释出来的用语，与当事人双方的意思相去甚远。正是基于这个原因，当代无论是大陆法系还是英美法系都抛弃了极端的主观主义和极端的客观主义，而采纳了一种折中的理论，即合同的解释在两大法系呈现出了一种社会化的倾向，大陆法上体现为“客观主义结合主观主义”原则，英美法上则体现为“修正的客观解释说”。

（三）折中说

就大陆法系而言，主要是对意思表示逐渐采取了单一的概念。因为早期无论是主观主义理论还是客观主义理论，均是基于将意思表示机械划分为“意思”和“表示”两部分。而意思表示作为一个法学上的单一概念，在理解时予以这样的切割其实是一种便利方法，而非基于逻辑上的合理性。未表示出来的意思是无意义的，而事实上也不可能存在无意思的表示（从表示的真正内涵上来理解），所以，现代民法均注重从整体上理解意思表示。卡尔·拉伦茨认为，在对意思表示进行解释时，既要考察表意人所表达的意思是什么，同时也要考察在不考虑表意人所指的内容，只考虑其他人或表示受领人对表示进行理解的可能性的情况下，在“客观上”应如何理解该项意思表示。②

因此，在解释合同的过程中，应当将内心的意思和外在的表示结合起来考虑，从而确定当事人的真实意思，即采取意思主义与表示主义相结合的方式。具体而言，首先必须明确合同解释旨在探讨当事人的真实意思，如果在合同订立时，相对人已经知道了表意人的真实意思，则即使外部的表示是不明确的甚至是模棱两可的，也应该按相对人已经知道的真实意思进行解释。如果当事人有确凿的证据证明，在订立合同时，对于该用语赋予了特别的含义，则应当按照该特别的含义解释。如果相对人在缔约时没有理解表意人的意思，则应当按照一个合理的相对人在缔约时能够从表意人的表示行为中合理理解的含义来进行解释。在确定相对人是否理解时，要考虑其对信息了解的情况，并综合考虑各种因素加以判断。③

英美法系经历了从主观解释到客观解释再到修正的客观解释的理论发展，现与大陆法

① 郑玉波：《民法债编论文选辑》，314～315页，台北，五南图书出版公司，1984。

② 参见［德］卡尔·拉伦茨：《德国民法通论》（下），王晓晔等译，457页，北京，法律出版社，2003。

③ 参见王利明：《合同法研究》（第一卷），419～420页，北京，中国人民大学出版社，2002。

系趋同。

关于合同解释的理论，我国学者大多主张采取客观标准与主观标准相结合的方法。从立法上看，《合同法》第125条的规定："当事人对合同条款的理解有争议的，应当按照合同所使用的词句、合同的有关条款、合同的目的、交易习惯以及诚实信用原则，确定该条款的真实意思。""确定该条款的真实意思"要求解释合同应当努力探索当事人的真意，表明在合同解释方面，不得由法官自由行使解释权而忽视当事人内心的真实意思，这体现了主观主义的要求。而"按照合同所使用的词句、合同的有关条款、合同的目的、交易习惯以及诚实信用原则"进行解释，则又体现了客观主义的要求。由此可见，《合同法》实际上也采纳了折中的观点。

二、合同解释的具体规则

解释活动应当遵循一定的规则。按照我国学理上的一般理解和《合同法》第125条的规定，合同解释的规则包括文义解释、整体解释、目的解释、习惯解释和诚信解释。

（一）文义解释

所谓文义解释，是指通过对合同所使用的文字、词句的含义的解释，探求合同所表达的当事人真实意思。[①] 考虑到当事人在文化和法律知识上存在不足，难免使用不准确、不适当的词句，甚至可能有的当事人故意用不当词句隐蔽其真实意思，因此文义解释应探求合同当事人共同的真实意思，不得拘泥于合同所使用的不适当的词句。

对文义解释规则应作如下理解：第一，如果词句是一般的用语，就应当按照一般的通常的含义来理解；如果词句是专业用语，就应当按照专业上的特殊含义来理解。第二，如果当事人双方都已经明确同意合同内容所表达的是某一种意思，应当按照当事人双方共同接受的含义来进行解释。第三，如果双方对合同内容的含义理解各不相同，应当以一个合理的人处于缔约环境中对合同用语的理解为准，来探求合同用语的含义，并应当充分考虑谈判过程、交易习惯、履约准备和履约过程等多种因素。第四，对于口头证据的采用，应当遵循证据法上的规则来确定，关键是要确定口头证据的证明力。[②]

从解释规则逻辑关系上讲，文义解释是合同解释的第一步，在合同内容发生争议以后，首先应当考虑文义解释。因为，毕竟合同内容是当事人合意的产物，它最接近于当事人的真实意图，不能完全撇开合同内容来任意作出解释。传统的合同解释理论认为文义解释是最为基本的解释方式，如果文义已经明确，则无解释的必要．只有在文义解释不能实现合同解释的目的时，才可采用合同解释的其他规则。

（二）整体解释

所谓整体解释，又称体系解释，是指把合同各项内容以及各个构成部分作为一个完整的整体，根据各个条款及各个部分的相互关联性、争议内容与整个合同的关系、在合同中所处的地位等各方面因素，来确定所争议的合同内容的含义。[③] 整体解释作为一种重要的合

---

① 参见梁慧星：《合同的解释规则》，载梁慧星主编：《民商法论丛》（第6卷），539页，北京，法律出版社，1997。

② 参见王利明：《合同法研究》（第一卷），432页，北京，中国人民大学出版社，2002。

③ 参见王利明：《合同法研究》（第一卷），437页，北京，中国人民大学出版社，2002。

同解释规则，已经得到了各国立法的广泛认可，如《法国民法典》第 1161 条规定：“契约之诸条款可互为解释，以赋予每一条款依据整个契约而产生的意义。”

整体解释实际上就是要从整个合同的全部内容上理解、分析和说明当事人存在争议内容的含义。合同是由全部的条款构成的一个整体，各个条款之间存在密切关联，如果将某个条款单独解释，或许很难确定当事人的真实意思。但如果以整体的眼光去看，或许就不难理解。另外，整体解释要求合同解释不能局限于合同的字面含义，也不应当仅仅考虑合同的条款，更不能断章取义，将合同的只言片语作为当事人的真实意图。这就要求考虑合同的订立过程，即综合考虑当事人订约的时间、地点和背景等情况，考虑当事人作出的各种书面的、口头的陈述，或当事人已经作出的行为，考虑先前的交往过程和履约过程等。[①]从这一点上来说，也体现了有的学者所认为的“历史原则”。

（三）目的解释

所谓目的解释，是指合同所使用的文字或某个条款可能作两种解释时，应取其中最适于合同目的的解释。如《法国民法典》第 1158 条规定：“用语可作两种解释时，应取最适于契约之实际目的的解释。”该法典第 1157 条又规定：“一项条款可作两种解释时，宁取该条款能够产生某种效果的解释，而不取不能产生任何效果的那种解释。”

当事人订立合同必有其目的，解释合同时应当判断当事人的目的。合同目的可分为抽象目的与具体目的。前者是指当事人订立合同时使合同有效的目的，它指定了合同解释的粗略方向。后者是指合同本身所欲追求的具体的经济或社会的效果，这是合同目的意思的内容。它应为当事人双方表示于外部的共同目的，或者至少是为对方当事人已知或应知的一方当事人的目的。合同的目的解释规则，既要考虑抽象的目的，也要考虑具体的目的。[②]

目的解释规则具体表现如下：第一，如果某一合同既可以被解释为有效，也可以被解释为无效，则应当尽可能按照有效来解释。第二，在根据合同目的进行解释时，应考虑的是当事人订立合同时的目的。第三，考虑缔约目的是指要考虑当事人双方而非一方缔约时的目的。第四，如果合同条款中所使用的文字的含义与当事人所明确表达的目的相违背，而当事人双方对该条款又发生争议，在此情况下不必完全拘泥于文字，可以按照该合同的目的进行解释。第五，如果当事人在有关合同文本中所使用的用语的含义各不相同，应当根据合同的目的进行解释。[③]

典型案例

合同的目的解释规则

南方某省的甲公司欲开拓北方市场，决定在乙市火车站的入口处设置广告牌。甲公司

---

① See Farnsworth, *Contracts*, second edition, Little, Brown and Company, 1990, p. 511. 转引自王利明：《合同法研究》（第一卷），439 页，北京，中国人民大学出版社，2002。

② 参见胡基：《合同解释的理论与规则研究》，载梁慧星主编：《民商法论丛》（第 8 卷），47 页，北京，法律出版社，1997。

③ 参见王利明：《合同法研究》（第一卷），436～437 页，北京，中国人民大学出版社，2002。

与乙市的丙广告公司签订了一份合同，约定：丙公司为甲公司制作一幅规格为3m×5m的广告牌，广告内容由甲公司提供。广告牌制作完成后，应于12月30日前置于乙市火车站入口处。悬置广告占用乙市火车站的租金，由丙公司自行支付。为此，甲公司一次性付给丙公司80万元人民币。

12月初，丙公司按甲公司的要求制作了广告牌。随后丙公司与乙市火车站联系租用场地时得知，该广告牌如置于火车站入口处中央大厅的墙壁上，应支付75万元租金；但如置于候车室通往站台的高架天桥的墙壁上，只需支付50万元租金。丙公司就与乙市火车站签订协议，将该广告牌悬挂于上述高架天桥的墙上。12月30日，甲公司代表应邀前来检查合同的履行情况，发现了上述问题，当即提出丙公司应将广告牌改放在中央大厅之内。丙公司称合同中只说了“入口处”，并未指明是入口处的中央大厅。而旅客上车是必须经过前述高架天桥的，因此高架天桥也是“入口处”。甲公司诉至法院，请求解除合同，并责令丙公司承担违约责任。

丙公司应否承担违约责任？

解决本案纠纷的关键在于如何理解合同约定的广告牌的放置地点“入口处”的确切含义，这涉及合同解释规则的适用问题。

在本案中，甲公司与丙公司之间的合同并未明确约定广告牌放置于火车站“入口处”是指入口处的“中央大厅”还是旅客上车时的必经之处“高架天桥”。对该“入口处”的解释，从合同所使用的词句、合同的有关条款以及交易习惯来看，是难以明确其确切含义的，但可以采用目的解释规则阐释此“入口处”的真正含义。甲公司设置此广告牌的目的是很明显的，就是希望在乙市尽可能地扩大其知名度。但是广告牌放置于高架天桥的墙上与放置于候车大厅的墙上，其效果大不相同。作为专业制作广告的丙公司明知其理，但为了节省成本以获得更大利润，却将广告牌悬挂于高架天桥的墙上。丙公司的这种做法不符合甲公司设置广告牌的目的，丙公司的做法构成违约，甲公司请求解除合同并由丙公司承担违约责任的主张应予支持。

（四）习惯解释

所谓习惯解释，是指合同所使用的文字、词句有疑义时，应参照当事人的习惯加以解释。合同之所以需要借助于习惯进行解释，原因在于人们的行为除受到法律的支配以外，还经常受到习惯的支配。习惯是一种在人们的生产劳动过程中，逐渐养成的共同的行为模式或行为标准，是一种许多人在实践中共信共行的规范。① 在合同当事人的意思存在缺陷或不当时，应当基于合同社会化的立场，借助习惯来补充或修正合同的内容。习惯解释已经成为各国法律及国际公约所认可的一种合同解释规则。如《法国民法典》第1159条规定：“有歧义的文字，按契约缔结地习惯上的意义解释之。”该法典第1160条又规定：“属于契约习惯上的条款，即使在契约中未予写明，应以此种条款作为补充。”再如，《德国民法典》第157条规定：“对合同的解释，应遵守诚实信用原则，并考虑交易上的习惯。”

---

① 参见郑定、春杨：《民事习惯及其法律意义——以中国近代民商事习惯调查为中心》，载《南京大学学报》，2005（23），65页。

《合同法》第61条规定："合同生效后，当事人就质量、价款或者报酬、履行地点等内容没有约定或者约定不明确的，可以协议补充；不能达成补充协议的，按照合同有关条款或者交易习惯确定。"该法第125条也规定，解释合同应当依据交易习惯进行解释。这就确立了习惯解释的规则。《合同法》不仅在总则中将交易习惯确定为填补合同漏洞的标准，而且在分则的大量条文中都涉及了根据交易习惯填补合同漏洞的问题。

值得注意的是，作为解释依据的习惯应当达到以下要求：第一，该习惯应当是当事人双方共同遵守的习惯，如果仅为一方的习惯，除非订立合同时已将该习惯告知对方，否则不应作为解释的依据。第二，该习惯应当是客观存在的，并且该习惯的适用已经得到对方当事人的认可。无论地方习惯还是行业习惯，其是否存在以及是否为对方所认可，应当由主张该习惯的一方当事人承担举证责任。[①] 第三，该习惯应当是当事人双方已经知道或者应当知道的。至于如何判断当事人已经知道或应当知道，应当从实际的交易中去合理地确定，如根据当事人的文化程度和从事特定交易的专业知识、时间和经验与该习惯的适用范围、影响力等加以判断。第四，该习惯必须合法，即不得与法律的强制性规定或公序良俗相冲突。否则，即使合同当事人有采用此项习惯的意思，也不能以此确定或填补合同的内容。

（五）诚信解释

所谓诚信解释，是指以民法中的诚实信用原则作为合同解释的依据，它是合同社会化的必然结果。诚实信用原则是现代民法中指导当事人正当地行使权利和履行义务的基本原则，同时也是指导法院正确解释合同的基本原则。根据诚实信用原则，合同所使用的文字、词句有疑义时，应依诚实信用原则确定其正确意思。无论采取何种解释方法，所致结果都不得违反诚实信用原则。合同内容经解释仍然不能与诚实信用原则相协调的，合同无效。[②] 以诚实信用原则作为合同解释的方法，最大功效表现在对格式条款尤其是免责条款的修正、调整上。

在立法例上，许多国家明文确认了诚信原则作为合同解释方法的地位，如《德国民法典》第157条规定："合同应按照诚实信用原则及一般交易上的习惯解释。"在国际公约上，《联合国国际货物销售合同公约》第7条规定："在解释公约时，应考虑到本公约的国际性质和促进其适用的统一以及在国际贸易上遵守诚信的需要。"我国《合同法》第125条也明确规定了诚信解释。

第三节　格式条款的解释

一、格式条款解释的特殊性

格式条款的特殊性在于其双重性质。首先，它是合同的组成部分，一经相对人同意，

① 参见梁慧星：《合同的解释规则》，载梁慧星主编：《民商法论丛》（第6卷），542页，北京，法律出版社，1997。

② 参见梁慧星：《合同的解释规则》，载梁慧星主编：《民商法论丛》（第6卷），543页，北京，法律出版社，1997。

即对其产生约束力。其次，格式条款是由当事人一方（本节将其称为条款使用人）预先制定的，另一方当事人没有参与制定过程，一般只能被动接受。从这一角度而言，格式条款还是一种交易制度或规范。即使不承认它是一种法源，格式条款所具有的为大量交易设定一般的、定型化的内容的特点，也使其在交易上具有制度或规范的性质。正因为格式条款兼具规范与合同条款的特征，所以不应单纯从合同解释或法律（规范）解释的角度来看待格式条款的解释问题，而应在合同解释与法律（规范）解释之间寻求其解释的原则。这就意味着，“按定型化契约条款实质上兼含有制度性及规范性，则其解释应有‘规范解释’之倾向，但以其形成过程、理论基础与价值判断，仍植根于一般契约之上，受国家实证法及其他规范之约束，不得主张如国家法之权威价值，因此其解释原则，亦兼有‘契约解释’之倾向，犹如 Hildebrandt 与 Raiser 所谓‘定型化契约条款之解释，在其效力上正反映着在法律行为的意思表示与法典意义解释之中间位置’”①。格式条款所具有的特殊法律性质，决定了它在解释方法上的特殊性。

因此，在格式条款的解释中，重要者并不在于对合同当事人个人的意义，而在于对条款内容的社会意义的探究，这是因为格式条款是使用人为了与大多数不特定的相对人订立合同之用而预先拟定的，在任何一个特定的格式合同中，相对人都是大量潜在的订约人中的一分子。为使格式条款的解释能够对广大潜在订约者具有普遍的适用价值，就应当摒弃当事人在合同中的个别意思表示，更注重解释的客观意义。

二、格式条款解释的特殊规则

《合同法》第 41 条专门就格式条款的解释作出了规定。因此，在解释格式条款时，首先应遵循《合同法》第 41 条确定的精神，并结合《合同法》第 125 条规定的各种解释规则，同时兼顾民法学理予以展开。据此，格式条款解释的特殊规则包括：

（一）客观解释

格式条款具有约款与规范或制度的双重特征，因此其解释应当同时适用法律解释与合同解释的规则，并依客观、合理的标准进行。也就是说，对于格式条款的解释，从消极的方面而言，应不受交易当事人个别主观的情事的影响；从积极的方面而言，则应使以格式条款为内容的将来不特定多数的交易具有统一适用的内容。也就是说，在适用合同解释中的客观标准对格式条款进行解释时，应当以该条款所预定适用的特定或不特定对象（顾客或消费者）之平均、合理的理解可能性为标准。

对格式条款的客观解释主要体现在：第一，解释资料的客观性；第二，探求当事人真意的客观性；第三，利益衡量的客观性。其中，最为重要的就是探求当事人真意的客观性。

（二）统一解释

由于格式条款适用对象的大量性与广泛性，因而对其解释不应当以特定合同当事人之间的个别的意思为解释标准，即应超越合同当事人订约时的特别环境及特殊意思表示，以该条款所预定适用之对象的平均、合理的理解可能性为标准。因此，为了使条款充分发挥

① 刘宗荣：《定型化契约条款之研究》，载《台大法学论丛》，第 4 卷第 2 期，333 页，转引自苏号朋：《格式合同条款研究》，222 页，北京，中国人民大学出版社，2004。

其所具有的规范或制度的作用，使得对某一条款的解释能够对其他任何采用该条款的情形产生效力，就必须实现格式条款解释的统一。

根据格式条款的统一解释规则，即使条款内容中的某些知识或术语无法被作为交易对象的特定相对人所了解，也应当根据条款所预定适用的对象的平均、合理的理解为标准进行解释，以免产生分歧。应予研讨的是，虽然条款中的某些术语或文句所含有的特殊意义不能被预定适用的对象的平均、合理的理解可能性所能了解，但由于在特定交易中，当事人双方均具有专门知识，对条款所使用的术语或文句所含有的特殊意义都非常清楚，在此情形下，能否排除统一解释规则，而根据在该特定交易中当事人所了解的特殊含义进行解释？对于这一问题，拉伦茨认为，在对格式条款进行解释时，只能考虑那些参与该交易范围内的每一个人都能知晓的情况。至于某一顾客是否由于他所知晓的情况或者向他所作的解释而对该条款可能有不同于一般顾客的理解或许业已作出了不同理解则是无关紧要的，只要该条款未例外地成为个别的约定（这是因为在格式条款的解释中，另外需要遵循的一个原则是个别约定优先）。[①] 本书赞同这一见解，即在此情形下，仍然应当对格式条款使用的术语或文句作统一解释。

（三）限制解释

限制解释又称严格解释，是指对格式条款的含义应当从狭解释。格式条款作为私法上的一种交易制度或规范，是以不违反法律的强制性规定为前提而存在的，其本身并不具备自足完整性，而且，格式条款是由企业经营者单方拟定的，因此，条款内容本身必然更侧重于保护企业经营者的利益，这与由国家立法机构制定的，以维护普遍的公平与正义为目的的法律有着显著的不同。为了避免因完全根据条款的文义进行解释所可能产生的对合同相对人不公平的结果，防止条款使用人滥用权利片面维护自身利益，需要对条款所用词语、文句的含义进行限制性解释。

在适用限制解释规则时，对于格式条款没有规定或规定不完备的事项，不得如在法律规定欠缺或不明确时那样，采用论理的解释方法，类推其他条款的规定而扩张其适用范围或补充其规定的欠缺。某一条文或词语在适用范围上不明确时，如存在广义与狭义的多种理解，则应当采最狭义的含义进行解释。此外，对于格式条款的解释，还存在着所谓“同类限制或同一种类原则”，即格式条款如将具体事项一一加以列举，最后用“其他”或“等等”字样进行概括规定，对于此种概括词语，应当解释为与先前所列举的具体事项属于同一种类。[②]

应当加以说明的是，格式条款解释的指导原则是探求条款预定适用的对象中一般成员所能了解的合理意义。在进行限制解释时，也应当以此为指针，“限制”本身并非指以条款文字为限进行严格的文义解释。

（四）不利于条款使用人的解释

“不利于条款使用人的解释”规则源于罗马法上“对书面文件上的用语作不利于文件提

---

① 参见［德］卡尔·拉伦茨：《德国民法通论》（下），王晓晔等译，778 页，北京，法律出版社，2003。

② 参见刘春堂：《一般契约条款之解释》，载郑玉波主编：《民法债编论文选辑》（上），233 页，台北，五南图书出版公司，1984。

出人的解释”的法谚。由于条款使用人极力要通过格式条款减轻或者免除自己的责任，因而这一解释规则对格式条款的解释尤其重要。在格式条款中，如果有含义不明确的文句或其文字有疑义，为保护相对人的利益，应由条款使用人承担不利的解释后果，此即所谓利用者不利益的解释规则。英国普通法、《意大利民法典》第1370条、《德国民法典》第305c条、我国《合同法》第41条都规定，在条款不明确时，应当作出对相对人有利，而对条款使用人不利的解释。本规则主要适用于格式条款使用人提出的免责事由，即通过适用本规则，对格式条款中的免责条款作出符合文义的狭义解释，即使条款使用人意欲达到某种广义的解释者亦然。[①] 因此，本规则作为一般的合同解释规则，在格式条款以外的领域也可以适用。

典型案例

某银行诉王某借款合同纠纷案

某年，王某与某银行签订了《借款合同》（格式合同），约定：银行贷给王某人民币20万元，贷款期为5年；王某保证于期满时偿还全部本金、利息；利息按照月息10.1‰计算。之后，银行将20万元转给了王某。同年12月，银行开始向王某追讨利息，于多次追讨后，王某先后支付利息共计5 000元。同时王某提出按季付息，但遭拒绝，双方产生纠纷。次年8月，银行以王某不按合同约定及时支付利息为由起诉，要求终止合同，并要求其偿还本金及相关利息。王某则辩称双方约定的是贷款5年期满后一次偿还，无按月付息的约定。

在本案中，关于付息的格式条款该如何解释?

在本案中，涉及的法律问题就是如何对《借款合同》中的利息条款进行解释。合同仅仅约定了利息的计算方式，即按照月息计算，但对于如何支付该利息则产生了不同的意见。银行认为，既然利息是按月计算的，那么就应当按月支付；而王某则认为，利息按月计算，不一定要按月支付，可以在贷款期间届满时一次清偿。根据《合同法》第41条，应当采用不利于提供格式条款一方（也就是银行一方）的解释。因此，本案利息的支付方式应当是于贷款到期后一次性清偿。

（五）个别约定优先的解释

所谓个别约定，是指当事人双方就其合同经个别协商之后所作出的具体约定。格式条款是当事人一方为与不特定多数人订约而预先拟定的合同条款，在性质上属于一般的、通用的合同内容，如果双方当事人就他们之间的个别合同经协商后，就合同内容的全部或一部分达成了约定，而且该约定与当事人一方使用的格式条款相抵触，则因为个别约定更能反映当事人在具体交易中的真实意图，所以应当首先尊重当事人的特别意思，优先适用个别约定条款。此即在个别约定条款与格式条款产生冲突时，个别约定条款的效力优先于格式条款效力的解释规则。

---

① 参见［德］迪特尔·梅迪库斯：《德国民法总论》，邵建东译，427页，北京，法律出版社，2001。

此优先之个别约定条款既可以与格式条款载于同一文件之中，也可以另外载于一个单独的文件里。个别约定条款既可以是书面的，也可以是口头的，明示或默示也在所不问。该项合意，是在缔约时或缔约后作成，均无不可。而且，合同相对人在与格式条款使用人达成此合意时，是否知道对方已经就该约定所涉事项另外订有格式条款供通常订约之使用，原则上亦无关紧要。

如果格式条款的内容较个别约定条款的内容更有利于相对人，使用格式条款的当事人明知此事实，但相对人却并不知情时，存在着三种可能的处理方案：第一，仍然适用个别约定条款优先于格式条款的原则；第二，相对人可以根据民法中关于错误或欺诈的规定要求撤销合同；第三，对第一种方案作目的限缩，将其限定为仅适用于格式条款的内容较个别约定条款不利于相对人的情形，因此，如果格式条款的内容较个别约定条款更有利于相对人，但相对人却在进行个别约定时并不知情，则仍然应当适用格式条款作为确定双方权利、义务的依据。本书认为，根据民法中的诚实信用原则，并基于格式条款的使用人在订立合同时所承担的向相对人提供充分和正确信息的义务，应当采用第三种处理方法，以防条款使用人在合同中谋取不当利益。

典型案例

产品说明书中的格式条款的解释

乙公司是一家电脑生产企业，其在产品的说明书中承诺，在客户提出要求后的3天内上门提供安装电脑服务，但是没有具体约定该服务的内容。甲公司购进电脑后，按照合同的约定要求乙公司上门提供安装服务。乙公司在电话里询问甲公司需要提供哪些具体的服务，甲公司答称有一部分硬件需要安装，有一部分电脑中预装的软件不能正常工作。乙公司称对硬件可以按照合同的约定无偿上门服务，但是对软件调试则要收费。甲公司表示异议，认为在合同中没有约定对软件的调试要收费，按照通常理解，上门服务应当包括硬件服务和软件服务。但是乙公司称合同并没有约定对软件调试不收费，所以，客户要求上门服务调试软件的，要收取适当的费用。

乙公司能否就软件调试收取费用？

该案的关键在于对于产品说明书中规定的“上门安装服务”作何解释，即“上门安装服务”是否应当包括软件调试服务。

《消费者权益保护法》第23条第2款规定：“经营者以广告、产品说明、实物样品或者其他方式表明商品或者服务的质量状况的，应当保证其提供的商品或者服务的实际质量与表明的质量状况相符。”而此类表明商品和服务质量状况的表示是从属于买卖合同的担保合同，应为格式合同。在本案中，乙公司提供的产品说明书就是电脑买卖合同的商品和售后服务的质量担保合同，属于格式合同。而《合同法》第41条规定：“对格式条款的理解发生争议的，应当按照通常理解予以解释。对格式条款有两种以上解释的，应当作出不利于提供格式条款一方的解释。格式条款和非格式条款不一致的，应当采用非格式条款。”由于甲、乙两公司对“服务”有两种不同解释，甲公司主张包括硬件服务和软件服务，且均不收费；而乙公司主张软件服务要收费，则根据《合同法》第 41 条，应当作出不利于乙公司一方的解释，即乙公司应当无偿提供软件调试服务。

第四节　合同漏洞的补充

一、合同漏洞补充的含义

合同漏洞是指当事人对于合同内容应当约定而没有约定或者约定不明确的现象。一般来说，合同漏洞的发生是因为当事人在订立合同时并不知道就某些事项未作出明确的约定，或者是因为合同内容及当事人赋予合同用语的含义违反法律强制性规定而无效，导致当事人就某些事项的约定产生空缺。但是，也存在这样的情形，即当事人明知其未作约定，而留待日后补充，或者认为按照法律的规定或习惯做法就足以补足而予以忽略。合同漏洞的存在影响了当事人权利的实现，因此有必要加以补充。

合同漏洞的补充又称合同补缺、补充性解释，是指在合同欠缺某些内容导致当事人的权利、义务关系不明确时，对当事人欠缺意思的补充。从广义上说，合同漏洞的补充可归入合同解释之中，二者都是对当事人意思表示的确定。不过，严格地说，合同漏洞的补充与合同解释有着明显的不同：前者是法院或仲裁机构对当事人欠缺意思的补充；后者则是确定当事人意思表示的意义。

二、合同漏洞补充的步骤

对于合同漏洞的补充，《合同法》第 61 条规定："合同生效后，当事人就质量、价款或者报酬、履行地点等内容没有约定或者约定不明确的，可以协议补充；不能达成补充协议的，按照合同有关条款或者交易习惯确定。"该法第 62 条也规定了填补合同漏洞的各项标准。

根据学理和《合同法》规定，合同漏洞补充的步骤如下：先应当依照当事人的意图进行补充；然后参考习惯进行补充；如果仍不能达到填补漏洞的效果，则应依法律任意性规定进行补充。

(一) 依照当事人的意图补充

填补合同漏洞的第一步是依照当事人的意图进行，这既包括依照当事人明示的意图补充，也包括依照推定的当事人的意图补充。

按照合同自由原则，合同的内容应当由当事人自由约定，那么，在当事人就合同的条款约定不明确的情况下，依照当事人明示的意图来填补合同的漏洞，就充分体现了合同自由原则。同时，通过当事人达成协议来解决当事人之间的争议，也是最有效的填补漏洞的方式。

(二) 依照习惯补充

在不能依照当事人意图达成一致对合同漏洞进行补充的情况下，则应当按照交易习惯来确定。

在具体填补过程中，要注意如下几点：第一，按照当事人双方在订约时理解的习惯来填补漏洞；第二，如果可用以补充的地区习惯和行业习惯发生冲突，则应当以行业习惯优先；第三，如果可用以补充的地区和行业习惯与当事人之间的交易习惯发生冲突，应当以当事人之间的交易习惯为准先行补充。

（三）直接依照法律规定补充

直接依照法律规定补充即要求当事人直接依照法律的规定确定合同内容。它建立在这样的推定之上：对于合同的空白，当事人默示地同意以法律的规定填补。

在立法技术上，这种补缺性的法律规定主要有两种：一种是用"有疑问时，应如何……"的公式，如《合同法》第62条规定："当事人就有关合同内容约定不明确，依照本法第六十一条的规定仍不能确定的，适用下列规定：（一）质量要求不明确的，按照国家标准、行业标准履行；没有国家标准、行业标准的，按照通常标准或者符合合同目的的特定标准履行。（二）价款或者报酬不明确的，按照订立合同时履行地的市场价格履行；依法应当执行政府定价或者政府指导价的，按照规定履行。（三）履行地点不明确，给付货币的，在接受货币一方所在地履行；交付不动产的，在不动产所在地履行；其他标的，在履行义务一方所在地履行。（四）履行期限不明确的，债务人可以随时履行，债权人也可以随时请求履行，但应当给对方必要的准备时间。（五）履行方式不明确的，按照有利于实现合同目的的方式履行。（六）履行费用的负担不明确的，由履行义务一方负担。"另外一种则是法律首先提出一种作为强制性规定的解决办法，然后规定"当事人另有约定的，不在此限"。如《合同法》第142条规定："标的物毁损、灭失的风险，在标的物交付之前由出卖人承担，交付之后由买受人承担，但法律另有规定或者当事人另有约定的除外。"

【深度阅读】

1. 王利明．合同法新问题研究．北京：中国社会科学出版社，2011. 第七章
2. 王泽鉴．债法原理．北京：北京大学出版社，2009. 第二章第六节
3. 韩世远．合同法总论．北京：法律出版社，2011. 第十三章
4. 苏号朋．格式合同条款研究．北京：中国人民大学出版社，2004. 第五章
5. 梁慧星．诚实信用原则与漏洞补充．民商法论丛．第2卷．北京：法律出版社，1994
6. 梁慧星．合同的解释规则．民商法论丛．第6卷．北京：法律出版社，1997
7. 胡基．合同解释的理论与规则研究．民商法论丛．第8卷．北京：法律出版社，1997（2）
8. 叶金强．合同解释理论的一元模式．法制与社会发展（双月刊），2013（2）
9. 崔建远．合同解释与法律解释的交织．吉林大学社会科学学报，2013（1）
10. 陈文华．民间规则与合同解释．甘肃政法学院学报，2013（3）
11. 张晓飞．合同解释如何产生法律效力——对有权解释论的反思．学术论坛，2006（8）
12. 叶金强．私法效果的弹性化机制——以不合意、错误与合同解释为例．法学研究，2006（1）
13. 宋耀红．论合同的解释．现代法学，2000（4）
14. 张建军，刘晓康．对格式合同特殊解释规则的法理探讨．甘肃社会科学，2005（3）
15. 王越宏，李媛．论合同漏洞的补充．中国法学，2001（5）
16. 王利明．论合同漏洞的填补．法学前沿，2000（2）

【问题与思考】

1. 为什么要对合同进行解释？
2. 阐释性解释、补充性解释与修正性解释的功能分别是什么？
3. 合同解释的性质是什么？
4. 试分析合同解释的理论发展。
5. 合同解释的具体规则有哪些？
6. 格式条款解释的特殊性的法理依据是什么？格式条款解释的特殊规则有哪些？
7. 合同漏洞补充的步骤有哪些？

第六章 合同的履行

导读

合同履行是债务人全面、适当地完成所负义务，使债权圆满实现的行为，对债权人和债务人均有重要意义。本章介绍了合同履行的原则、具体规则、双务合同履行中的抗辩权、情势变更对合同履行的影响。本章应重点掌握的内容是：合同履行的原则，履行主体、履行标的、履行方式，双务合同履行中的同时履行抗辩权和不安抗辩权的含义、适用条件及效力以及情势变更原则的适用。

第一节　合同履行的原则与规则

一、合同履行的含义

合同履行是指债务人按照合同的约定，全面、适当地完成自己所负义务的行为。

履行与给付、清偿三者有时候会交替使用，在一定的场合下也确实可以互相替代，但它们仍有一定的区别。给付作为合同法律关系的标的，反映了合同债权的目的和内容，是指债务人应为的特定行为，往往具有抽象、静态的意义；履行则指债务人为给付的行为，体现债的效力，具有具体、动态的意义；而清偿则是从满足债权的角度而言的，体现了债务人履行的效果，是债的消灭原因。履行或者给付都是为了达到清偿的效果。

合同的效力集中体现为履行的效力。在合同生效后，任何一方当事人不得因姓名、名称的变更或者法定代表人、负责人、承办人的变动而不履行合同义务（《合同法》第76条）。这是诚实信用原则对合同履行的要求。

合同之债消灭的正常途径就是履行。履行与违约责任关系密切：二者都是合同效力的体现——履行效力是合同的基本效力，而违约是对合同义务的违反，违约效力从属于履行效力。本章仅探讨正常情况下合同履行所涉及的内容，至于违约责任，本书第十章将作详细探讨。

二、合同履行的原则

合同履行的原则是指当事人在履行债务时所应遵循的基本准则。

学者们对合同履行原则提出了不同见解，如果将他们的观点总结起来，则合同的履行原则主要包括实际履行原则、全面履行原则、协作履行原则、正确履行（或适当履行）原则、增进效益（或经济合理）原则、诚实信用原则、亲自履行原则、同时履行原则、情势变更原则、合同落空原则、遵守约定原则等。本书认为，在确定合同履行的原则时，应当遵循如下标准：首先，该原则应当是专门适用于合同履行的原则，而不是民法或合同法的基本原则。例如，诚实信用原则是当事人履行合同时应当遵守的基本准则，《合同法》第 60 条第 2 款也明确规定："当事人应当遵循诚实信用原则，根据合同的性质、目的和交易习惯履行通知、协助、保密等义务。"不过，诚实信用原则适用于整个民法领域，不是合同履行所专有的原则，因此无须将其列为合同履行的原则。其次，合同履行原则应当具有"普适性"，即适用于所有合同的履行，而不是仅针对某类合同的履行而设定的原则。基于上述标准，本书认为，合同履行的原则包括全面履行原则、协作履行原则和亲自履行原则。

（一）全面履行原则

全面履行原则又称适当履行原则或正确履行原则，是指当事人应按照合同约定的标的及其质量、数量，由适当的主体在适当的履行期限、履行地点，以适当的履行方式，全面完成合同履行的原则。《合同法》第 60 条第 1 款规定："当事人应当按照约定全面履行自己的义务。"这一规定即体现了全面履行原则。

依法成立的合同在当事人之间具有相当于法律的效力。合同当事人应受合同的约束，履行合同约定的义务。法律谚语早有"合同必须严守"的要求，《民法通则》第 88 条第 1 款亦要求"合同的当事人应当按照合同的约定，全部履行自己的义务"。虽然《民法通则》与《合同法》在用语的选择上有"全部"和"全面"的差别，但表达了相同的意思。可以认为，《合同法》确认全面履行原则是对合同法基本原理的强调和重申。

应当注意全面履行与实际履行的联系与区别。实际履行要求当事人按照合同约定提供给付，至于给付内容是否适当，则非其关注的重点。即使发生违约，也不能以违约金、损害赔偿等责任替代合同义务的履行。可见，实际履行过多地强调当事人的履行在形式上的意义，无法全面反映法律对当事人履行义务的基本要求。全面履行原则不仅要求当事人按照合同约定提供给付，还要求其提供的给付是适当的，即在标的的数量与质量、履行时间与地点及履行方式等方面均满足当事人的约定。因此，全面履行必然是实际履行，而实际履行未必是全面履行。① 也就是说，全面履行涵盖了实际履行的要求，不必将后者单独列为合同履行的原则。

（二）协作履行原则

协作履行原则是指合同一方当事人不仅要全面履行自己的债务，还应根据具体情形，为对方当事人提供协助或便利，使其完成合同的履行。该原则是诚实信用原则在合同履行阶段的具体体现，《合同法》第 60 条第 2 款体现了协作履行原则。

---

① 参见崔建远主编：《合同法》，126 页，北京，法律出版社，2010。

合同当事人的给付义务往往需要相对人的协助方可完成，只有债务人的履行行为，没有债权人的受领行为，合同内容仍然难以实现。在一些合同中，债务人实施给付行为本身就需要债权人的配合，如建设工程合同、技术开发合同。因此，履行合同不仅是债务人的义务，也与债权人直接相关，只有双方当事人在合同履行过程中互相配合、相互协作，合同才能得到全面履行。一般认为，协作履行原则含有以下内容：(1) 债务人履行债务，债权人应及时、适当受领给付；(2) 债务人履行债务需要债权人创造必要的条件时，债权人应提供方便。

协作履行一方面要求双方当事人在合同履行过程中应相互协助，另一方面还强调必要性，即根据履行的具体情形确定是否需要对方当事人的协助、协助的内容及程度。《合同法》第 60 条亦规定，当事人应当根据合同的性质、目的和交易习惯履行协助义务。

如当事人的行为违反了协作履行原则，法律将保护相对人的利益。例如，依《合同法》第 70 条，债权人分立、合并或者变更住所没有通知债务人，致使履行债务发生困难的，债务人可以中止履行或者将标的物提存。

(三) 亲自履行原则

亲自履行原则是指当事人应当亲自履行合同义务。当事人之间订立合同，往往是基于对相对人履行能力的信赖。因此，当事人亲自履行债务是合同履行的基本要求。虽然《合同法》第四章“合同的履行”未规定此原则，但该章的规定均是以债务人亲自履行为要求的。

只有在法律有规定或者当事人有约定的情况下，才允许第三人代为履行义务。基于意思自治原则，《合同法》第 65 条允许当事人约定由第三人向债权人履行债务。在某些类型的合同中，法律允许第三人履行一些次要义务。例如，依《合同法》第 253、254 条，在承揽合同中，承揽人应当亲自完成主要工作，辅助工作可以交由第三人完成。但是，如果承揽人未经定作人同意将主要工作交由第三人完成，定作人可以解除合同。

三、合同履行的规则

(一) 履行主体

1. 债务人

合同债务的履行主体首先是债务人。债务人履行时是否应具备民事行为能力，要依履行行为的性质决定。履行行为系事实行为时，不要求债务人有民事行为能力；履行行为为法律行为时，需要债务人有民事行为能力。此外，如果债务人通过转移财产权利来履行债务，还需要有对财产的处分权。

2. 第三人

合同可以约定由第三人履行，即由第三人代债务人向债权人履行，但第三人并非合同的当事人。由第三人履行债务不是债务的转移，而是债务人依照其与债权人的约定指令第三人履行。

《合同法》第 65 条规定：“当事人约定由第三人向债权人履行债务的，第三人不履行债务或者履行债务不符合约定，债务人应当向债权人承担违约责任。”《合同法司法解释二》第 16 条规定，人民法院可根据具体案情将上述规定中的第三人列为无独立请求权的第三人，但不得依职权将其列为该合同诉讼案件的被告或者有独立请求权的第三人。可见，第三人履行具有如下特点：(1) 第三人不因合同的订立而负给付义务。(2) 第三人履行与否，纯属自由。如不履行，无论其所持理由为何，均应由债务人对债权人承担责任。(3) 债务人的责任原则上为损害赔偿责任，而非代为履行的责任。

实务探讨

第三人代为履行债务与债务承担的区分

在实践中，有时候很难将第三人代为履行债务与债务承担区分开来。例如，合同双方约定由第三人向债权人履行债务，第三人也表示同意，但事后第三人拒绝履行义务，此时应当由谁承担违约责任？换言之，在这种情况下，合同约定"由第三人向债权人履行债务"属于第三人代为履行债务，还是债务承担？如果是前者，则应由债务人承担违约责任；如果是后者，则应由第三人承担违约责任。

所谓债务承担，是指在不改变债的内容的前提下，债权人或债务人通过与第三人订立转让债务的协议，将债务全部或部分地转移给第三人。也就是说，通过第三人与债权人或债务人订立债务转让合同，使该第三人承受债务或者加入债的关系中而成为债务人；如果构成债务承担，则第三人成为变更后合同的债务人，在不履行债务时应承担违约责任。

可见，第三人代为履行债务与债务承担的最大区别在于合同主体是否变更，第三人是否与债权人或债务人就债务的转移达成合意，从而成为合同当事人。

因此在区分二者时，主要应当考察是否满足债务承担的法定条件（第三人必须与债权人或债务人就债务的转移达成合意），并参考合同目的和交易习惯，区别对待：

第一，如果合同双方单纯约定"由第三人向债权人履行债务"，并无其他条件，应认定为"第三人代为履行债务"。在第三人未履行或未全面履行时，由债务人承担违约责任。第二，如果合同双方虽明确约定"由第三人向债权人承担债务清偿责任"，但第三人与债务人之间并未达成债务承担协议，第三人也未向债权人明确表示愿意承担债务履行责任，则仍属"第三人代为履行债务"。第三，如债权人、债务人以及第三人三方共同达成协议，约定债务由第三人向债权人履行（主要体现为清理三角债关系，债权人、债务人、次债务人三方约定由次债务人直接向债权人履行付款义务），则根据合同目的及交易习惯，应当推定三方当事人具有债务转移的意思（债权人、债务人以及次债务人均同意由次债务人向债权人承担债务清偿责任），从而构成债务承担，由第三人根据三方协议对债权人承担直接的清偿责任。

（二）履行标的

履行标的是指债务人履行行为指向的对象，具体表现为物（即动产或不动产，如房屋、汽车、机械设备、货款）、权利（如股权、知识产权）、行为（如运输、保管）和工作成果（如建设工程）。

如合同就标的的质量、价款或报酬有明确约定，当事人应依约定履行。

如合同对标的的质量、价款或报酬未作约定或约定不明确，可以协议补充；不能达成补充协议的，可按照合同有关条款或者交易习惯确定。如依据上述方式仍不能确定，对于标的质量，应按照国家标准、行业标准履行；没有国家标准、行业标准的，则按照通常标准或者符合合同目的的特定标准履行；对于价款或报酬，应按照订立合同时履行地的市场价格履行；依法应当执行政府定价或者政府指导价的，应按照规定履行。在合同约定的交付期限内政府价格调整时，按照交付时的价格计价。逾期交付标的物的，遇价格上涨时，按照原价格执行；价格下降时，按照新价格执行。逾期提取标的物或逾期付款的，遇价格上涨时，按照新价格执行；价格下降时，按照原价格执行。

如合同约定的履行标的只有一种，则当事人应按照该种标的履行合同义务；如合同约定的履行标的不止一种，并允许择一履行时，当事人可通过行使选择权，使标的确定。这种选择权在性质上为形成权，其归属应依合同约定或法律规定而定，或归于债权人，或归于债务人，或归于第三人均无不可。如法律没有明确规定且当事人未作约定时，本书认为该选择权应归债务人享有。这是因为，由债务人行使该权利，既便于其选择最适合履行的标的，也无损于债权人的利益，并且有利于提高履行效率。

对于履行标的，合同可以约定一次性全部履行，也可以约定分批履行。如合同未作特别约定，债务人应以一次性全部履行为原则。如债务人部分履行，债权人有权拒绝受领，但部分履行不损害债权人利益的除外。债务人部分履行给债权人增加的费用，由债务人负担（《合同法》第 72 条）。

（三）履行的期限、地点、方式与费用

1. 履行期限

履行期限是当事人完成合同义务的时间，包括期日和期间。前者如某月、某天、某时；后者如自 1 月 1 日至 1 月 31 日或者 5 月底之前。

当事人对履行期限有约定时，依照约定。当事人可以约定一宗债务划分为各个部分，每个部分各有一个履行期限；还可以约定数个履行期限，届时可以选择确定；在双务合同中可分别约定两个对立债务的履行期限。合同没有约定或约定不明确的，当事人可以协议补充。如果达不成补充协议，则按照合同有关条款或者交易习惯确定。如果仍然不能确定，则依《合同法》第 62 条，债务人可以随时履行，债权人也可以随时要求履行，但应当给对方必要的准备时间。

期限利益是指当事人因期限的存在而享有的利益。就履行期限而言，债务人享有的利益是在期限到来前可以不履行债务；债权人享有的利益是在期限到来前可以不受领给付。

在许多情况下，履行期限利益由债务人享有，但也有一些履行期限利益由债权人或双方共同享有。对于第一种情况，债权人不得随时请求履行，但债务人可以抛弃其期限利益，在履行期限届至前履行债务。对于第二种情况，债权人可以在期限届至前请求债务人履行，债务人不得拒绝，但债务人不得要求债权人于期前受领给付。对于第三种情况，债务人无权要求债权人于期前受领给付，债权人也不得要求债务人于期前履行。[①] 对于履行期限利益，《合同法》第 71 条作出如下原则性规定：债权人可以拒绝债务人提前履行债务，但提

① 参见崔建远主编：《合同法》，134 页，北京，法律出版社，2010。

前履行不损害债权人利益的除外。债务人提前履行债务给债权人增加的费用，由债务人负担。

2. 履行地点

履行地点是债务人履行债务的地点。只有在适当的履行地点履行债务，才会发生债的消灭的效力。

履行地点具有重要的法律意义，主要体现在以下几点：(1) 履行费用的分配。原则上债务人应承担前往履行地点的费用。(2) 风险的转移。对于风险的转移，《合同法》原则上采交付主义（第 142 条），而履行的地点也就是交付的地点，因此履行地点往往是风险在当事人之间发生转移的地点。(3) 违约与否的判断标准之一。债务人如果是在一个错误的地点履行债务，则通常构成违约；债权人如果因为对履行地点判断错误，导致在约定的时间没有受领履行，则会构成受领迟延。(4) 诉讼管辖的准据之一。如果当事人没有通过协议约定地域管辖，则可由合同履行地人民法院管辖（《民事诉讼法》第 23 条）。①

合同的履行地点可由当事人约定。当事人为多数时，可以有不同的履行地点。同一个合同的数个履行不必约定相同的履行地点，尤其是双务合同中的两个债务可以在两个履行地点履行。即使是同一个债务，也可以约定数个履行地点，供当事人选择。

如果合同对履行地点没有约定或约定不明确的，当事人可以协议补充。如果达不成补充协议，则按照合同有关条款或者交易习惯确定。如果仍然不能确定，则依《合同法》第 62 条规定，给付货币的，在接受货币一方所在地履行；交付不动产的，在不动产所在地履行；其他标的，在履行义务一方所在地履行。另外，法律对履行地点有特别规定时，依其规定。

3. 履行方式

履行方式是债务人履行债务的方法，如标的物的交付方法、工作成果的完成方法、运输方法、价款或酬金的支付方法。履行方式与当事人的利益有密切关系，履行方式不符合要求的，有可能造成标的物缺陷、费用增加、迟延履行等后果。

合同对履行方式有约定的，依其约定；没有约定或约定不明确的，可以协议补充。不能达成补充协议的，按照合同有关条款或者交易习惯确定。如果仍然不能确定，则依《合同法》第 62 条之规定，按照有利于实现合同目的的方式履行。

4. 履行费用

履行费用是指履行合同义务的必要费用，如物品交付的费用、运输费用、包装费用、汇费邮资。

如果合同对履行费用有约定的，依其约定。合同没有约定或约定不明确的，当事人可以协议补充。如果达不成补充协议，则按照合同有关条款或者交易习惯确定。如果仍然不能确定，则依《合同法》第 62 条之规定，由履行义务一方负担。

---

① 参见韩世远：《合同法总论》，255 页，北京，法律出版社，2011。

第二节 双务合同履行中的抗辩权

一、双务合同履行中的抗辩权概述

双务合同的履行抗辩权是合同当事人在符合法律要求的条件时，对抗相对人的履行请求权，暂时拒绝履行其债务的权利。传统民法将双务合同的履行抗辩权分为同时履行抗辩权和不安抗辩权。《合同法》除规定这两种抗辩权外，还另行规定了先履行抗辩权。

抗辩权又称反对权，是权利主体对抗相对人的请求权或其他权利，永久或暂时阻止其效力发生的权利。一般来说，抗辩权是与请求权相对应的，享有抗辩权的民事主体有权拒绝对方请求给付的要求。不过，抗辩权不仅限于对抗请求权，也可以用来对抗形成权。应当注意的是，抗辩权的作用不在于否认相对人权利的存在，也不在于变更或消灭相对人的权利，而在于阻止相对人的权利发生效力。因此，抗辩权是一种防御性的权利。

根据作用的不同，抗辩权分为延期抗辩权和永久性抗辩权。延期抗辩权又称一时性抗辩权，是指暂时阻止相对人的权利发生效力的抗辩权，双务合同履行中的抗辩权即属延期抗辩权。永久性抗辩权是指永久阻止相对人的权利发生效力的抗辩权，如因诉讼时效期间届满而取得的诉讼时效抗辩权。

双务合同履行中的抗辩权是合同效力的体现。当事人行使此类抗辩权的结果是拒绝对方的履行请求，即抗辩权人在一定期限内暂时中止履行合同，但对方的请求权并未消灭。在抗辩权产生的原因消失后，债务人仍然应当依约履行。

二、同时履行抗辩权

（一）同时履行抗辩权的含义

所谓同时履行抗辩权，是指在当事人应同时履行债务的双务合同中，当事人一方在相对人为对待给付前，可以拒绝履行自己债务的权利。《合同法》第 66 条就同时履行抗辩权作出了如下规定："当事人互负债务，没有先后履行顺序的，应当同时履行。一方在对方履行之前有权拒绝其履行要求。一方在对方履行债务不符合约定时，有权拒绝其相应的履行要求。"

同时履行抗辩权的存在基础是双务合同的牵连性，即在双务合同中，给付与对待给付不可分离。此种牵连性表现为三个方面：一是发生上的牵连性，即一方的给付义务不发生时，相对人的对待给付义务亦不发生；二是履行上的牵连性，又称功能上的牵连性，即当事人一方的给付与相对人的对待给付互为前提，一方不履行其义务，相对人亦无须履行；三是存续上的牵连性，即当事人一方的债务因不可归责于双方当事人的事由而不能履行时，该方免除给付义务，相对人亦免除对待给付义务。同时履行抗辩权即为双务合同在履行上的牵连性的体现。

在英美法中，对应"同时履行"的是"对流条件"。"当合同双方有义务在同一时间履行其义务时，双方的履行构成对流条件（concurrent conditions）。”① 因对流条件未能满足而拒绝履行自己的义务，其效果相当于大陆法系的同时履行抗辩权。

（二）同时履行抗辩权的成立要件

1. 当事人双方在同一双务合同中互负同时履行的债务。首先，当事人双方互负的债务是基于同一双务合同产生的。虽然当事人互负债务，但并非基于同一双务合同产生，即使双方债务存在事实上的密切联系，亦无同时履行抗辩权的适用余地。其次，当事人双方互负的债务应当同时履行，即在履行时间上具有一致性。如果当事人双方履行债务的时间有先后之分，则当事人可能行使先履行抗辩权或不安抗辩权，但绝无同时履行抗辩权的适用可能。最后，当事人双方互负的债务属于给付与对待给付的关系，即二者构成对价关系。所谓对价关系，并非指当事人双方互负的债务在客观上具有同一价格，而是指主观上互相依存，互为因果，一方的债务与另一方的债务之间互有补偿性质，彼此互为代价。② 因此，对价关系存在于当事人双方的主给付义务之间，如买方的付款义务与卖方的转移标的物所有权的义务；而一方的主给付义务与对方的从给付义务之间无对价关系，一方不能因对方不履行债务的行为而主张同时履行抗辩权。

2. 当事人双方的债务均已届清偿期。只有在债务已届清偿期时，债权人才可以请求债务人履行债务。在当事人双方应同时履行债务的双务合同中，当履行期届至时，任何一方均应履行债务，任何一方也均可向对方发出履行请求。

3. 请求履行一方未履行或未适当履行自己的债务。当事人一方向对方请求履行债务时，如果己方负有的与对方债务构成对待给付关系的债务未履行，则对方可主张同时履行抗辩权。如果一方履行债务没有完全符合约定而请求对方履行全部债务，则对方可主张同时履行抗辩权，拒绝其相应的履行要求。但是，在此情形下，如果对方主张同时履行抗辩权有违诚实信用原则，则不得主张。例如，甲、乙约定甲以100万元购买乙的成套设备，双方同时履行债务。在履行期届至时，甲向乙支付了95万元，则乙不应因甲未全部履行债务而主张同时履行抗辩权，相应扣减己方的履行。这是因为，乙应交付的标的物为成套设备，只有在全部交付时才能实现甲的合同目的，所以乙应本着诚实信用原则的要求，顾及甲的利益，将成套设备全部交付给甲。

4. 须对方的对待给付是可能履行的。只有在对方的对待给付是可能履行时，当事人行使同时履行抗辩权才具有实际意义。如果对方的对待给付已经不可能实现，则构成不能履行，同时履行的目的已经无法实现，无同时履行抗辩权的行使余地，应依合同解除制度处理。

（三）同时履行抗辩权的行使及效力

当事人应以明示的方式行使同时履行抗辩权，至于采用口头还是书面形式，均无不可。

当事人行使同时履行抗辩权的效力是拒绝对方的履行请求，易言之，抗辩权人不履行己方债务是正当行使权利，而非违约。其他的效力体现在对抵销的影响、对履行迟延的构成等方面。就对抵销的影响而言，债权受同时履行抗辩的，不得以之为主动债权主张抵销。

① 王军：《美国合同法》，283页，北京，对外经济贸易大学出版社，2004。

② 参见孙森焱：《民法债编总论》（上），41页，北京，法律出版社，2006。

我国法律虽无明文规定，但应作此解释。就履行迟延的构成而言，同时履行抗辩权的存在本身即排除履行迟延的构成。在对方为对待给付前，当事人一方在债务已届清偿期而未清偿时，并不构成履行迟延。因此，在同时履行的情形下，一方当事人如欲使对方陷于履行迟延，须先履行己方债务，以消灭对方的同时履行抗辩权。

典型案例

债权让与的情况下同时履行抗辩权的行使

甲与乙于某年3月份签订一份合同，双方约定甲应于同年5月份向乙交付10台冰箱，乙应同时向甲交付价值5万元的制冷机。后来甲转产不再从事冰箱行业，但由于过去业务上的往来，欠丙5万元。甲于是与丙达成合意，由丙来接受乙交付的制冷机。甲、丙达成协议后，甲将此事通知了乙，乙表示到时会将制冷机交给丙。同年5月份，乙已准备好应该交付给丙的制冷机，但甲却于此时未向乙提供冰箱。乙于是对丙表示，除非甲对其履行，否则他为避免风险不会对丙履行。丙此时才知道甲、乙之间的关系，表示这与其无关，双方发生争议。丙遂要求甲马上向乙履行，否则甲就返还欠款。甲不同意，主张合同已签订，不能反悔，只说尽快履行其对乙的债务。

债权让与后，债务人是否可对受让人行使同时履行抗辩权？

债权让与是指在不改变债的同一性的前提下，债权人将债权移转给第三人的一种法律制度。受让人成为新的债权人后，债务人对原债权人的抗辩权得对抗新债权人。《合同法》第82条规定："债务人接到债权转让通知后，债务人对让与人的抗辩，可以向受让人主张。"债务人之所以享有对抗受让人的抗辩权，原因在于"一方之债权因继承、债权让与或命令债权移转而移转于第三人时，其债权债务不失同一性。故同时履行抗辩权，亦不消灭"[①]。正如普通法上流行的一句谚语："受让人穿的是让与人的鞋。"[②] 因此在债权让与时，让与人为对待给付前，债务人对于受让人可以拒绝给付。从表面上看，债权让与中的抗辩权似乎涉及三方主体，与通常的双务合同略有不同，但因债具有同一性，所以债务人仍可以行使同时履行抗辩权。

在本案中，甲将对乙的债权转让给了丙，并通知了债务人乙，债权转让对乙发生效力，作为债务人的乙对丙享有原对甲行使的同时履行抗辩权。在甲未为对待履行时，乙就可以行使同时履行抗辩权，对抗丙提出的履行合同的请求权。

三、先履行抗辩权

（一）先履行抗辩权的含义

所谓先履行抗辩权，是指在有履约顺序的双务合同中，后履行一方当事人在先履行一

① 史尚宽：《债法总论》，579页，北京，中国政法大学出版社，2000。

② 李永军：《合同法》，368页，北京，法律出版社，2010。

方当事人不履行合同或履行合同不符合约定时，有权拒绝先履行一方当事人的履约要求。《合同法》第67条就先履行抗辩权作出了规定："当事人互负债务，有先后履行顺序，先履行一方未履行的，后履行一方有权拒绝其履行要求。先履行一方履行债务不符合约定的，后履行一方有权拒绝其相应的履行要求。"

在大陆法系的传统民法理论中，双务合同的履行抗辩权包括两种：同时履行抗辩权和不安抗辩权，先履行抗辩权被包含在同时履行抗辩权之中，作为其特殊情形对待。在负有先履行义务的当事人不履行义务时，对方当事人可以主张同时履行抗辩权。《合同法》之所以将先履行抗辩权单列出来，是因为在该法通过之前的合同司法实践中，法官有时会将后履行一方因先履行一方未履行债务而拒绝己方履行的行为视为违约，忽视了双方债务之间的牵连关系，损害了后履行一方的履行顺序利益。本书认为，先履行抗辩权存在于有先后履行顺序的双务合同之中，且适用于先履行一方违约的情形，与同时履行抗辩权存在明显区别，《合同法》将其独立规定是合理的。

（二）先履行抗辩权的成立要件

1. 当事人双方互负的债务有先后履行顺序

首先，当事人双方在合同中互负对待给付义务。其次，当事人互负的债务有先后履行顺序，而非同时履行。

2. 先履行一方当事人未履行或未适当履行合同

在当事人约定或法律规定当事人双方在履行债务方面有顺序先后之分时，后履行一方享有期限利益，先履行一方应当全面、适当地履行合同义务。如果先履行一方未履行或未适当履行债务而要求后履行一方履行债务，则侵害了后履行一方的期限利益，后履行一方可拒绝其请求。

（三）先履行抗辩权的行使及效力

因后履行一方享有顺序利益，在先履行一方未履行或未适当履行债务时，后履行一方可以行使先履行抗辩权，即不履行债务或者拒绝先履行一方的履行要求，而且无须以明示方式行使，沉默亦为有效。

先履行抗辩权在行使时受到一定的限制，具体包括：（1）后履行一方所拒绝的履行义务应当与先履行一方未履行的义务保持一定的对价性，即后履行一方只能拒绝先履行一方相应的履约请求。先履行抗辩权的行使超出适当范围的，后履约一方应承担违约责任。（2）在先履行一方按约履行后，后履行一方不得再迟延履行，否则构成违约。

当事人行使先履行抗辩权的效力是拒绝对方的履行请求。易言之，抗辩权人不履行己方债务是正当行使权利，而非违约。

理论研究

以合同部分价款作为质量保证金约定的法律性质

在市场交易中，当事人之间有时会针对特定的交易类型，在合同中约定付款方保留部分价款作为质量保证金。这一现象在买卖、承揽、建设工程等交易领域尤其常见。以买卖合同为例，此类约定的典型情形为“买方将保留合同价款的5%作为质量保证金。如果货物在质保期内出现质量问题，卖方应当负责解决，且自己承担相关费用。如果卖方未予解决，买方有权自行修理，所需费用从质量保证金中扣除”。可见，此类质量保证金条款的特点是：(1) 由当事人在合同中约定；(2) 付款方保留部分应付价款作为质量保证金，作为对方当事人履行特定义务的对价，且形成先后履行顺序；(3) 对方当事人如果履行了特定义务，则可以请求付款方支付以质量保证金名义保留的对应价款。对方当事人如果没有履行特定义务或者没有全部履行特定义务，则付款方可以拒绝其相应的付款请求。可见，以合同部分价款作为质量保证金的约定是先履行抗辩权的特定表现形式，即当事人针对合同债务中特定部分约定了履行顺序，付款方作为后履行一方，在对方当事人（先履行一方）不履行合同或者履行合同不符合约定时，有权拒绝对方当事人的履行要求。

《买卖合同司法解释》第21条规定：“买受人依约保留部分价款作为质量保证金，出卖人在质量保证期间未及时解决质量问题而影响标的物的价值或者使用效果，出卖人主张支付该部分价款的，人民法院不予支持。”根据该司法解释起草者的理解，买卖合同约定的质量保证金是为了担保标的物的质量，由出卖人向买受人预先支付的一定数额的金钱。当质量保证期间届满而标的物无质量问题时，买受人应将该金钱返还出卖人。质量保证金是合同的特别担保措施，属于金钱担保，而非出卖人对标的物的质量瑕疵承担违约责任的一种具体方式。[①] 显然，此种观点存在严重的逻辑漏洞，是站不住脚的。(1) 质量保证金并不是由出卖人预先向买受人支付的，而是由买受人保留的应付价款。(2) 虽然名为质量保证金，但其目的并不是为了担保标的物的质量，而是作为卖方是否履行了特定义务（交付的标的物无质量问题，或者虽有质量问题，但卖方解决了该质量问题）的对价，二者形成对待给付关系，且有先后履行顺序。(3) 卖方如履行了上述特定义务，且请求买方支付所谓的“质量保证金”（其实是价款的一部分）时，买方应当履行其付款义务，而不是“将金钱返还出卖人”。(4) 当事人在买卖合同中约定的“质量保证金”是买方应当履行的合同债务，只是这种履行与出卖人履行特定义务形成先后履行关系，从而使得买方享有先履行抗辩权，而不是对合同的特别担保措施。这是因为，出卖人请求买受人支付合同价款，是其在买卖合同中享有的债权，根据担保法原理，出卖人不应以其在买卖合同中享有的债权担保其在该买卖合同中债务的履行，而是应以其信用（人的担保）或该买卖合同之外的特定财产（物的担保）作为提供担保的标的。(5) 作为法律效果，《买卖合同司法解释》第21条规定，如果出卖人在质量保证期间未及时解决质量问题而影响标的物的价值或者使用效果，出卖人主张支付该部分价款的，人民法院不予支持。这一认定未免太过严厉，且会导致不公平的结果，易使买受人获得不当利益。如果标的物存在的质量问题所致买受人损失低于买受人保留的价款，法院宜判令买受人支付高于其损失的那部分价款，而不是像上述规定所认定的那样，“人民法院不予支持”。

据此，本书认为，《买卖合同司法解释》第21条错误认识了“以合同部分价款作为质量保证金”约定的法律性质，其所创制的法律规则具有不合理之处，应予修改。此类质量

① 参见奚晓明主编：《最高人民法院关于买卖合同司法解释理解与适用》，357～358页，北京，人民法院出版社，2012。

保证金约定并非合同的担保方式，而是赋予了付款方以先履行抗辩权。

四、不安抗辩权

（一）不安抗辩权的含义

所谓不安抗辩权，是指合同中的先给付义务人在对方财产于订约后明显减少，有难为对待给付之虞时，在对方未为对待给付或提供担保之前，可以拒绝己方给付的权利。《合同法》第68条就不安抗辩权作出了如下规定："应当先履行债务的当事人，有确切证据证明对方有下列情形之一的，可以中止履行：（一）经营状况严重恶化；（二）转移财产、抽逃资金，以逃避债务；（三）丧失商业信誉；（四）有丧失或者可能丧失履行债务能力的其他情形。"

（二）不安抗辩权的成立要件

1. 当事人双方因同一双务合同而互负债务。当事人之间的债务须构成对待给付关系，且存在先后履行顺序，即当事人并非同时履行其债务。

2. 后给付义务人的履行能力明显降低，有不能为对待给付的现实危险。如前所述，在当事人双方的给付有先后顺序时，后给付一方享有顺序利益。因此，先给付义务人要行使履行抗辩权，不再按照合同约定先履行己方义务，就必须具有充分的合理性。因此，只有在后给付义务人存在不能为对待给付的现实危险时，先履行一方才可以中止自己的履行。《合同法》第68条规定了先履行一方可行使不安抗辩权的原因，包括：第一，后履行一方经营状况严重恶化，如发生巨额亏损、产品滞销；第二，后履行一方转移财产、抽逃资金，以逃避债务，如公司为逃债将其资产转移至其关联公司名下；第三，丧失商业信誉，如出现重大欺诈行为；第四，有丧失或者可能丧失履行债务能力的其他情形，如承揽合同的承揽人因车祸暂时失忆，无法继续履行合同。如果后给付义务人有履行能力，则先履行一方不得行使不安抗辩权。另外，先履行一方只有在有确切证据证明后履行一方有不能为对待给付的现实危险时，才可以行使不安抗辩权，以避免损害后履行一方正当的顺序利益，破坏交易秩序。

实务探讨

当事人行使不安抗辩权的法定事由是否必须发生在合同成立之后

"履行能力明显降低，有不能为对待给付的现实危险"是先履行一方行使不安抗辩权的事由，有学者认为该事由须发生在合同成立以后，如果在订立合同时即已存在，先给付义务人若明知此等情况却仍然缔约，则法律无必要对其加以特别保护；若不知情，则可以通过合同的撤销或无效等制度加以解决。[1] 关于这一点，本书认为不应绝对化。首先，在订立合同时如果已经存在此种不安事由而相对人不知情，此种情况并非绝对由于相对人本身过

---

① 参见崔建远主编：《合同法》，147页，北京，法律出版社，2010。

失所致。按照上述的观点，先履行一方不能行使不安抗辩权，而只能通过合同无效制度解决，未免过于僵硬。其次，从制度功能上看，不安抗辩权制度留给权利人的余地较大，在先履行一方行使不安抗辩权之后，如果对方能够提供担保或消除不安事由，则合同仍然可以继续。这较之于订约后发现订约前有不安事由而断然使合同无效这样的安排更加符合市场经济的要求，也更符合法理。再次，国外一些立法已认可在缔约时已存在财产恶化等危及对待给付的状况时可以行使不安抗辩权，如《奥利地民法典》第1052条之规定。[①] 而且，我国《合同法》第68条规定了可以适用不安抗辩权的法定事由，但对于此类不安事由是发生在订约前还是订约后并未明确限定，可对其作广义理解，即立法对此类不安事由并不要求一定发生在订约后。如果发生于订约前而为对方发现于订约后，仍然可以不安抗辩权制度保护自己。

（三）不安抗辩权的行使及效力

为了兼顾后给付义务人的利益，也为了便于其能及时提供适当担保，先给付义务人行使不安抗辩权的，应及时通知后给付义务人，该通知的内容为中止履行的意思表示，如在此通知中要求后给付义务人提供适当担保，亦无不可。先给付义务人及时通知后给付义务人，可使后给付义务人尽量减少损害，及时地恢复履行能力或提供适当的担保以消除不安抗辩权，从而恢复合同的正常履行秩序。行使不安抗辩权的先给付义务人负有证明后给付义务人的履行能力明显降低，有不能为对待给付的现实危险的责任，以防止其滥用不安抗辩权。如果先给付义务人没有确切证据而中止履行，应当承担违约责任。

行使不安抗辩权的直接法律效果是抗辩权人中止履行且不构成违约，但应当及时通知对方。对方提供适当担保时，应当恢复履行。中止履行后，对方在合理期限内未恢复履行能力并且未提供适当担保的，中止履行的一方可以解除合同。如果相对人在合理期限内恢复了履行能力或者提供了适当的担保，不安抗辩权即归于消灭，合同继续履行。

典型案例

不安抗辩权的行使

某年8月16日，王某与陈某经过协商达成《房屋买卖合同》，约定王某将其所有的房屋5间出卖给陈某，总价款为14.8万元，陈某于合同订立后先付3万元，其余11.8万元在王某将房屋腾空、陈某入住之时再分两次付清，王某应在当年12月底之前将房屋腾空并交付给陈某。当日，陈某即交付房款3万元。

同年12月5日，王某知悉陈某曾因盗窃被判刑3年，释放后仍旧习不改，因盗窃小额物品被拘留过两次，且无正当职业，遂担心陈某无力还款，即使能还款，也担心其钱款来路不明，会有麻烦。12月8日，王某以房价过低为由，要求解除合同。陈某当即反对，称该合同已经有效成立，如王某不在12月底之前腾空房屋，他将采取措施。其后王某提出了

① 参见郭玉坤：《不安抗辩权制度的不安事由探究》，载《法学杂志》，2009（9）。

资金问题，要求陈某找个保证人，在陈某找到保证人之前，暂不履行合同。陈某表示同意。12月12日，陈某到外地探亲，回来后已是次年1月8日，见王某仍未腾房，即要求王某立即腾房。王某则称陈某没有提供保证人，他已不准备卖房。陈某遂诉至法院，要求判令王某立即腾房，并承担违约责任。

王某未按合同约定时间腾房，是否应当对陈某承担违约责任？

在本案中，原、被告之间的房屋买卖合同是在双方平等协商一致情况下订立的，为有效合同。根据合同严守原则，负有先履行义务的王某应当按照合同约定履行义务，不得擅自变更或者解除合同，所以王某以房价过低为由要求解除合同的主张是毫无根据的。但是陈某曾因盗窃被判刑3年且释放后仍从事盗窃行为的事实，使王某有确切证据证明负有后给付义务的陈某有丧失履约能力、不能为对待给付的现实危险。于此情形，王某可依《合同法》第68条行使不安抗辩权，暂缓腾房，并要求陈某提供担保。陈某欲使合同继续履行，则必须在合理期限内恢复履约能力或者提供适当担保。但直至次年1月8日陈某也未提供担保，并且也无恢复履约能力的充分证明。在这种情况下，根据《合同法》第69条，王某可以解除合同，不再将房屋出卖给陈某。因此，王某未按合同约定时间向陈某交付房屋的行为是行使不安抗辩权的行为，而非违约行为，故不应向陈某承担违约责任。

第三节　情势变更对合同履行的影响

一、情势变更与情势变更原则

在合同成立后，如果作为合同基础的客观情况发生了重大变化，以致当事人之间发生了严重的利益失衡，是应继续维持原有合同效力，还是应采取一定的措施，校正当事人利益失衡的状态？为了解决这一问题，许多国家的合同法规定了情势变更原则。

所谓情势变更，又称情事变更，是指合同成立以后，客观情况发生了当事人在订立合同时无法预见的、非不可抗力造成的、不属于商业风险的重大变化。

所谓情势变更原则，又称情事变更原则，是指因发生情势变更，致使合同的基础动摇或丧失，若继续维持合同原有效力将显失公平或不能实现合同目的，故允许当事人变更合同内容或解除合同的原则。该原则的实质是为了应对合同履行中变化了的客观事实，调整乃至解除合同，以合乎诚实信用理念，维护公平正义。①

理论研究

情势变更原则的理论根据

有效成立的合同必须予以遵守，也即“合同严守”（pacta sunt servanda），被认为是整

① 参见韩强：《情势变更原则的类型化研究》，载《法学研究》，2010（4）。

个合同制度的理论基础。但是，合同的订立都是以当时的法律秩序、经济秩序、货币的购买力、通常的交易条件等特定的一般关系（或环境）为前提的，如果这些一般关系不可预见地发生了显著的变化，合同当事人是否仍然受合同内容的约束？如果不受约束，会产生什么法律后果？这就是情势变更理论的产生原因及制度内容要回答的问题。

德国学者认为情势变更的理论根据是法律行为基础丧失。法律行为基础学说产生于第一次世界大战结束后不久，是由奥特曼（Oertmann）创立的，并被帝国法院接受。奥特曼认为，法律行为基础是指双方当事人都具备的某种观念，或为一方当事人所具备，而另一方当事人至少知道其存在，并且有关的当事人将这种观念作为其考虑和决策的基础。很明显，他是从主观方面来认定法律行为基础的。有的学者，如克吕克曼、洛赫尔，则认为法律行为基础是处于法律行为之外的各种情形的总称，这些情形的存在或持续存在是一种先决条件，否则，鉴于法律行为典型的或在法律行为内容中体现出来的行为目的，法律行为不能作为一种有意义的规则存在下去。可见，他们是从客观方面来认定法律行为基础的。[①]拉伦茨则认为，无论主观行为基础还是客观行为基础都应当受到重视。他主张对二者进行区分，并将主观行为基础的欠缺归入动机错误而放在民法总论之中加以研究，将客观行为基础的丧失归入给付障碍的范围。[②]拉伦茨的这一观点受到了梅迪库斯的批评，他认为没有必要区分主观行为基础和客观行为基础，任何有关法律行为基础的事例，都类似于给付障碍。[③]

在很长的一段时间内，《德国民法典》并未就情势变更作出规定，法律行为基础学说是借助法学和司法实践逐步发展完善起来的，并以《德国民法典》第242条关于诚实信用原则的规定为依据。不过，经过长期的争论，这一学说最终在民法典中得到了确认。2001年修订的《德国民法典》第313条就法律行为基础丧失作出了规定。该条的标题为“行为基础的障碍”，内容是：“（1）已成为合同基础的情势在合同订立后发生重大变更，并且假使双方当事人预见到这一变更就不会订立合同或者会以不同的内容订立合同的，可以请求合同的改订，但以在考虑到个案的全部情况，特别是合同所规定的或者法定的风险分配的情况下，维持不改变的合同对一方来说是不能合理地期待的为限。（2）已成为合同基础的重要观念表明为错误的，与情势的变更相同。（3）合同的改订为不可能或者对一方来说是不能合理地期待的，遭受损害的一方可以解除合同。就继续的债务关系而言，以通知终止权代替解除权。”本条如拉伦茨主张的那样，将法律行为基础区分为主观行为基础和客观行为基础，不同的是，其未将主观行为基础的欠缺归入动机错误而放在民法总论中，将客观行为基础的丧失归入给付障碍的范围，而是赋予二者同样的法律效果，均为合同变更或解除的理由。

本书认为，当事人订立合同总是有其主观设想和客观条件的，它们都应当作为法律行为基础存在。为了分析的方便，可以将二者加以区分，但应赋予它们相同的法律效果。因此，法律行为基础又称交易基础，是指当事人订立合同（从事法律行为）时，当事人双方

---

① 参见［德］卡尔·拉伦茨：《德国民法通论》（下），王晓晔等译，534～535页，北京，法律出版社，2003。

② 参见［德］卡尔·拉伦茨：《德国民法通论》（下），王晓晔等译，535页，北京，法律出版社，2003。

③ 参见［德］迪特尔·梅迪库斯：《德国民法总论》，邵建东译，652～653页，北京，法律出版社，2001。

的共同设想，或者是为一方当事人所了解且并未反对的另一方当事人的设想，以及作为合同先决条件的客观情况。如果自始欠缺法律行为基础或者事后丧失法律行为基础，则不应再维持合同的效力，而应赋予当事人变更或解除合同的权利。

英美法解决情势变更问题的法律原则是合同落空（frustration of contract）。英美法系的学者一般认为合同落空是指合同的目的落空（frustration of purpose），并认为该理论源于1903年英国上诉法院判决的著名案例"克雷尔诉亨利案"，在该案中，法官强调，目的落空并不等于当事人不能履行。[①] 与大陆法系的"法律行为基础"相似的概念是"某种意外情况不发生是合同赖以订立的基本假设"。《美国第二次合同法重述》第265条规定，当事人若因发生意外情况而请求适用合同目的落空原则，就必须证明具备四个条件：第一，该事件使订立合同的"主要目的（principal purpose）""实质性地落空了（substantially frustrated）"；第二，该事件的不发生是合同赖以订立的基本假设；第三，目的落空不是因请求免责一方的过错而发生的；第四，请求免责方并没有在法律强加的义务之外承担额外的义务。美国法院一般认为，有三类事件是当事人在订立合同时假设不会发生的事件：一是政府不会直接干预和阻碍合同的履行；二是主要履行合同的人不会在履行前死亡或丧失履行能力；三是履行所需之物在履行期间一直存在。[②]

二、情势变更原则在我国的确立

我国民法学者普遍承认情势变更原则。

在司法上，早在20世纪90年代初就已经出现适用情势变更原则处理合同纠纷的法院判决。于1992年审结的"武汉市煤气公司诉重庆检测仪表厂煤气表装配线技术转让合同、煤气表散件购销合同违约纠纷案"中，二审法院认为，"在合同履行过程中，由于发生了当事人无法预见和防止的情势变更，即生产煤气表散件的主要原材料铝锭的价格，由签订合同时国家定价为每吨4 400元至4 600元，上调到每吨16 000元，铝外壳的售价亦相应由每套23.085元上调到41元，如要求仪表厂仍按原合同约定的价格供给煤气表散件，将显失公平。对此，应依据《民法通则》规定的公平、诚实信用原则和《经济合同法》的有关规定，适用情势变更原则予以处理"[③]。

在立法上，《合同法》未规定情势变更原则。不过，合同法领域的司法解释则逐步取得了突破。

《农村土地承包纠纷司法解释》第16条规定："因承包方不收取流转价款或者向对方支付费用的约定产生纠纷，当事人协商变更无法达成一致，且继续履行又显失公平的，人民法院可以根据发生变更的客观情况，按照公平原则处理。"虽然该条没有明确使用"情势变更"，但显然是对情势变更原则的规定。

《合同法司法解释二》第26条规定："合同成立以后客观情况发生了当事人在订立合同

---

① 参见王军：《美国合同法》，304～307页，北京，对外经济贸易大学出版社，2004。

② 参见王军：《美国合同法》，298～301页，北京，对外经济贸易大学出版社，2004。

③ 最高人民法院中国应用法学研究所编：《人民法院案例选》（总第6辑），115～116页，北京，人民法院出版社，1994。

时无法预见的、非不可抗力造成的不属于商业风险的重大变化，继续履行合同对于一方当事人明显不公平或者不能实现合同目的，当事人请求人民法院变更或者解除合同的，人民法院应当根据公平原则，并结合案件的实际情况确定是否变更或者解除。”可见，该司法解释明确规定了情势变更原则。

三、情势变更原则的适用条件

第一，在合同成立后、履行完毕前，客观情况发生了重大变化。此处的“客观情况”应当理解为作为合同成立基础或环境的一般客观情况，如政治、经济和社会形势，物价、币值、市场、行政管理措施。所谓“重大变化”，是指客观情况发生了异常变化，已经导致合同订立和存在的基础丧失。在时间上，客观情况的重大变化必须发生在合同订立后、履行完毕前。如果情势变更已经于合同订立之时或之前发生，则合同是以已经变化的客观情况为基础的，不允许当事人再主张情势变更。如果合同履行完毕后发生情势变更，则因合同关系已经消灭，情势如何变化均与合同无关。

第二，客观情况的重大变化既不可归责于当事人，也不是当事人在订立合同时可以预见的。如果客观情况的变化可归责于当事人，则应由主观上有过错的当事人承担风险责任或违约责任，其不得以情势变更为由来请求免除自己的过错责任。如果当事人在订立合同时能够预见到客观情况的重大变化，则表明其已经接受该种风险，因此也不能主张情势变更。

第三，客观情况的重大变化既非不可抗力造成的，也不属于商业风险。首先，应当注意区分情势变更与不可抗力。情势变更是指作为合同基础的一般客观情况发生了重大变化，不可抗力则表现为影响合同履行的特定客观情况的发生，如地震等自然灾害，罢工等社会事件。其次，应当注意区分情势变更与商业风险。商业风险属于从事商业活动的固有风险，诸如尚未达到异常变动程度的供求关系变化、价格涨跌；而情势变更是当事人在缔约时无法预见的非市场系统固有的风险。在判断某种重大客观变化是否属于情势变更时，可以考虑该风险类型是否属于社会一般观念上的事先无法预见、风险程度是否远远超出正常人的合理预期、风险是否可以防范和控制、交易性质是否属于通常的“高风险高收益”范围等因素，综合作出判断。

第四，客观情况的重大变化导致继续履行合同对于一方当事人明显不公平，或者不能实现合同目的，即导致当事人之间的利益严重失衡。这是适用情势变更原则的实质性条件。如果只是客观情况发生了重大变化，但并没有造成当事人之间利益严重失衡，当事人就不能主张情势变更。所谓“继续履行合同对于一方当事人明显不公平，或者不能实现合同目的”，包括履行特别困难、履行成本大大增加、债权人受领严重不足、履行对债权人无利益等。

四、情势变更原则的适用程序与效果

（一）情势变更原则的适用程序

在《合同法司法解释二》第26条确立情势变更原则后，考虑到法院在认定“情势变更”时有一定难度且认定结果对于相关当事人利益影响很大，最高人民法院随即于2009年

4 月 27 日发布了《关于正确适用〈中华人民共和国合同法〉若干问题的解释（二）服务党和国家的工作大局的通知》（以下简称《通知》）。该《通知》明确规定，对于《合同法司法解释二》第 26 条，各级人民法院务必正确理解、慎重适用；如果根据案件的特殊情况，确需在个案中适用的，应当由高级人民法院审核，必要时应报请最高人民法院审核。

2009 年 7 月 7 日，最高人民法院又发布了《审理民商事合同的指导意见》，进一步要求慎重适用情势变更原则：人民法院在调整尺度的价值取向把握上，仍应遵循侧重于保护守约方的原则；对于当事人在诉讼中提出适用情势变更原则变更或解除合同的请求，应依据公平原则和情势变更原则严格审查。如人民法院决定适用情势变更原则作出判决，则必须按照上述《通知》的要求，严格履行适用情势变更的相关审核程序。

由此可见，虽然《合同法司法解释二》已经确立了情势变更原则，但其适用程序极为严格，反映了司法界对待该原则的慎重态度。

另外要注意的是，如果当事人认为作为缔约基础的客观情况发生了重大变化，可据此向法院提出适用情势变更原则的主张，但法院不得主动适用该原则。

（二）情势变更原则的适用效果

关于情势变更原则的适用效果，大陆法系国家普遍认为应包括变更合同和解除合同两项内容，而英美法系国家的做法则是直接解除合同，免除当事人进一步履行的义务。这反映了两大法系对于“契约必须严守”要求程度的不同。[①]

依《合同法司法解释二》第 26 条，情势变更原则的适用效果是：（1）如当事人请求法院变更合同，法院应当根据公平原则，并结合案件的实际情况确定是否变更。如认为应当变更，则作出变更合同的判决。（2）如当事人请求法院解除合同，法院亦应根据公平原则，并结合案件的实际情况确定是否解除。如认为应当解除，则作出解除合同的判决。但是，如当事人只提出了变更合同的请求，法院不应解除合同。

典型案例

情势变更原则的适用

2009 年 10 月 5 日，甲公司与乙公司签订房屋买卖合同，约定乙公司将其正在建设的某栋大楼出卖给甲公司，建筑面积为 2 000 平方米，售价为每平方米 5 000 元，总售价为 1 000 万元。甲公司于合同订立后 7 日内预付房款 300 万元；当年年底之前再付 400 万元；余款 300 万元待工程交工验收合格后结清。房屋交付使用时间为 2010 年年底；双方按国家规定的质量规范进行验收，并办理交接手续。合同签订后，甲公司按约支付了前两期款项。2010 年 11 月，该大楼完成施工建设。同年 12 月 6 日，该工程验收合格。

在大楼施工期间，由于建材价格大幅度上涨，乙公司所在地的市政府于 2010 年 8 月下发了《关于 2010 年建设工程材料价格及价差调整的通知》，规定从 2010 年 1 月 1 日起，建筑工程结算以原合同所定直接费用的 50%～70%计取上涨价差。在此情况下，乙公司通知

① 参见夏芸帆：《情势变更原则的立法思考》，载《河南省政法管理干部学院学报》，2009（6）。

甲公司，将房屋价格由每平方米5 000元，调整至每平方米7 000元，并要求甲公司于2010年12月15日前结清余款300万元，并支付房屋调价款400万元。甲公司不同意上调房价，遂向法院起诉，要求按房屋买卖合同约定的房价履行。乙公司答辩称，因合同在成立后发生了情势变更，应当调整合同内容，提高房屋价格。

在本案中，建材价格大幅度上涨是否构成情势变更？

《合同法司法解释二》第26条规定，所谓情势变更，是指合同成立后客观情况发生了重大变化。在司法实践中，应当从严理解情势变更，不应将任何客观情况的变化均认定为情势变更。第一，作为“情势”的客观情况必须是指作为合同成立基础或环境的一般客观情况；第二，必须是客观情况发生了重大变化，以致当事人之间的利益严重失衡；第三，客观情况的重大变化不属于商业风险的范畴；第四，客观情况的重大变化是当事人在订立合同时无法预见的。一般而言，在房地产市场中，建材价格的涨跌是正常的商业风险，乙公司作为房地产开发企业，对此商业风险应有预见，并在确定房屋价格时将此风险考虑在内。如果建材价格的涨跌已经超出正常的商业风险范围，是房地产开发企业无法预见的，可视为情势变更，如某种重要建材的价格上涨了数倍，导致房地产开发企业的开发成本大幅度提高，如仍按原房屋买卖合同约定的价格履行，对房地产开发企业显失公平。在这种情况下，应允许房地产开发企业主张情势变更。在本案中，依乙公司所在地的市政府文件，房地产开发企业只需向施工企业多支付相当于直接费用50%～70%的价差，应属于正常的商业风险范围。乙公司以此主张情势变更，不应获得支持。

【深度阅读】

1. 王利明．合同法新问题研究．北京：中国社会科学出版社，2011. 第十二章

2. 韩世远．合同法总论．北京：法律出版社，2011. 第六章

3. 王成．情事变更、商业风险与利益衡量．政治与法律，2012（1）

4. 吴一平．情势变更原则法律适用比较分析．江苏社会科学，2013（3）

5. 崔建远．先履行抗辩权制度的适用顺序．河北法学，2012（12）

6. 王平侠．情势变更原则理论的比较考察．求索，2010（12）

7. 王德山．情势变更原则中显失公平认定研究．法律适用，2010（11）

8. 史大贤．论不可抗力与情势变更的异同．知识经济，2009（18）

9. 王利明．从合同法草案到审议通过．中华人民共和国合同法及其重要草稿介绍．北京：法律出版社，2000，229页

10. 张金海．预期违约与不安抗辩制度的界分与衔接——以不履行的可能性程度为中心．法学家，2010（3）

11. 赵曜．论附随义务．法制与社会，2011（1）

12. 马开轩．论预期违约与不安抗辩的冲突与取舍．河南省政法管理干部学院学报，2010（4）

13. 韩世远．构造与出路：中国法上的同时履行抗辩权．中国社会科学，2005（3）

14. 韩世远．试论向第三人履行的合同——对我国《合同法》第64条的解释．法律科学（西北政法学院学报），2004（6）

15. 郭玉坤．不安抗辩权制度的不安事由探究．法学杂志，2009（9）

【问题与思考】

1. 合同履行应遵循哪些基本原则？
2. 同时履行抗辩权的成立要件包括哪些？
3. 不安抗辩权的成立要件包括哪些？
4. 同时履行抗辩权与不安抗辩权行使的效力分别是什么？二者有何不同？
5. 情势变更原则的适用条件和适用效果是什么？

第七章 合同的保全

导读

本章论述了合同的保全制度，包括合同保全的含义与意义，债权人代位权制度与债权人撤销权制度。在债权人代位权制度中，应重点掌握债权人代位权的性质、成立要件和行使条件，债权人代位权的行使效力以及代位诉讼如何进行；在债权人撤销权制度中，应重点掌握债权人撤销权的成立要件和行使条件、债权人撤销权的行使效力以及撤销诉讼如何进行。

第一节　合同的保全概述

一、合同保全的含义

合同保全即对合同之债的保全，是指法律为防止债务人责任财产的不当减少给债权人的债权实现带来危害，而赋予债权人干预债务人对其财产的自由处分的权利，从而保证债权实现的法律制度。合同保全由债权人代位权和债权人撤销权两项制度构成。债权人代位权是指债权人代债务人之位，以自己的名义向第三人行使债务人的权利的法律制度；债权人撤销权是指债权人请求法院撤销债务人与第三人之间法律行为的制度。

立法背景

合同保全的发展及在我国立法中的确立

合同保全制度中的撤销权起源于罗马法上的撤销之诉，又称为保罗诉权（actio pauliana)。《法国民法典》继受了这一制度，并又创设了债权人代位权制度，为西班牙、意大利及日本民法承袭。由于德国、瑞士等国家的强制执行制度非常发达，因而代位权制度并未得到承认。我国台湾地区“民法”师从《法国民法典》，规定了债权人代位权与债权人撤销权这两项制度。《民法通则》没有规定这一制度，而《合同法》第73、74条分别确立了债权人代位权制度和债权人撤销权制度，填补了我国民事立法的空白。《合同法司法解释一》、《合同法司法解释二》对合同保全制度又作了较为详尽的补充和发展，使合同保全制度的具体应用更具可操作性。当然，这些规定仍有商榷余地，本书对此将作进一步探讨。

虽然债权人代位权和债权人撤销权规定在《合同法》中，但并不意味着这些债的保全措施仅适用于合同之债。在传统民法中，债的保全制度适用于各种债的保障。本书认为，《合同法》在一定程度上承担了一般债法的功能，因此，部分具有债法总则意义的规定得适用于其他类型的债，《合同法》有关债权人代位权和债权人撤销权的规定即属于此种情形。当然，本书在探讨过程中，仍然以合同之债为分析对象。

二、合同保全的意义

合同的保全涉及当事人之外的第三人，属于合同的对外效力，从而与合同的相对性原则发生冲突。合同的保全允许债权人对第三人的行为或财产行使权利，是对债务人与第三人之间法律行为的严重干涉。法律之所以允许这种打破债法基本原理的制度存在，表明该制度具有充分的正当性和合理性。那么，此种正当性和合理性是什么呢?

债权的实现有赖于债务人的履行，但债务人有时会由于主、客观原因没有履行或没有适当履行债务，导致债权人无法全面实现其债权。为了保障债权实现，民法设计了两种重要制度：一是积极保障，即设定抵押、质押、保证等特别担保形式。当债务人不履行债务时，债权人可以行使其担保权，以确保债权的实现。二是强制执行和损害赔偿制度。当债务人不履行债务时，债权人可以请求法院强制执行或令其赔偿损害。但是，上述两种制度各有其缺陷：第一种制度仅能保护已经设定特别担保的债权人，对于无担保的债权人来说，其债权的实现仍然没有保障，并且特别担保手续过于复杂，不能对债权人之债权提供及时、有效的保障。例如，抵押权的设立往往需要当事人办理抵押登记；保证不仅需要保证人的同意，而且不能阻止债务人责任财产减少的情形发生。因此，特别担保未必具有选择上的优势。在第二种制度下，债权救济的实现是否可能，则要取决于债务人是否具有充足的财产。此时，债务人的财产便成为所有债权的一般担保，称为“责任财产”。一般债权人（不享有特别担保权的债权人）能否实现债权，最终取决于债务人有多少责任财产。因此，债务人责任财产的减少对于债权人有着直接的利害关系。债务人如果有充足的财产，则原则上其可以自由地利用或处分其财产；如果债务人的责任财产不充分，仍然允许其自由地利用或处分其财产，则必然会对一般债权人的债权实现带来非常大的风险。法律为了保护特定情况下处于不利地位的一般债权人，设计了债的保全制度，特别地允许一般债权人干涉债务人对其财产的自由处分。① 其中，债权人代位权制度针对的是债务人的消极行为，即当债务人有权利但怠于行使时，法律允许债权人代债务人之位，以自己的名义向第三人主张债务人怠于行使的权利，目的在于保持债务人的财产；债权人撤销权针对的是债务人的积

① 参见韩世远：《合同法总论》，324页，北京，法律出版社，2011。

极行为，即当债务人不履行其债务却以积极的方式减少其责任财产从而对债权人债权的实现造成危害时，法律允许债权人请求法院撤销债务人的行为，目的在于恢复债务人的财产。由此可见，合同保全的正当性和合理性在于保障一般债权的实现，维护交易秩序。

第二节 债权人代位权

一、债权人代位权的含义

债权人代位权是指债务人怠于行使其对第三人（以下称次债务人）享有的到期债权，有害于债权人的债权时，债权人为保障自己的债权而以自己的名义行使债务人对次债务人的债权的权利。

债权人代位权起源于法国习惯法，《法国民法典》规定了“代位诉权”，也称“间接诉权”[①]。此后《西班牙民法典》、《意大利民法典》、《日本民法典》也都对债权人代位权作出了规定。德国、瑞士两国关于强制执行方法的规范颇为完备，因此没有承认债权人的代位权。我国《民事诉讼法》关于强制执行的规定也比较完备，但《合同法》及其两个司法解释仍详细规定了债权人代位权。

理论研究

债权人代位权的性质

关于债权人代位权的性质，学术界存在很大争议。学说上曾经出现过代理权说、为自己的委托说，从而将债权人代位权解释为由债务人享有但由债权人行使的权利，但现在的多数意见采固有权利说。这是因为，债权人代位权是债权人以自己的名义行使债务人权利的权利，所以不是代理权，而是债权人固有的权利。[②] 在将代位权认定为债权人享有的权利的前提下，如何认定代位权的性质，仍然值得进一步探究。

债权人代位权不是请求权。这是因为，债权人行使请求权的目的是获得给付，但代位权的行使并不是为了直接获得给付，而是为了保持债务人的财产。

债权人代位权也不是形成权。所谓形成权，是指仅凭权利人单方意思表示即可引起既存民事法律关系变动的权利。[③] 形成权人行使权利既可以使其与他人的民事法律关系发生变动，如当事人行使解除权既可以消灭其与相对人之间的合同关系；也可以使他人之间的民事法律关系发生变动，如法定代理人拒绝追认限制民事行为能力人与他人之间订立的合同，则合同无效。虽然债权人行使代位权的结果会导致债务人与次债务人之间的民事法律关系发生变动，与形成权类似，但债权人单纯行使代位权并不能直接引起债务人与次债务人之

---

① 崔建远主编：《合同法》，150页，北京，法律出版社，2010。

② 参见崔建远主编：《合同法》，150页，北京，法律出版社，2010。

③ 参见苏号朋主编：《民法学》，59页，北京，对外经济贸易大学出版社，2007。

间的民事法律关系发生变动，而是要借助于次债务人的履行方可产生此种效果。因此，债权人代位权并非形成权。

本书认为，关于债权人代位权的性质，可以从如下几个方面理解：

第一，债权人代位权属于债权的对外效力。债的保全制度是对合同相对性原则的突破。债权人为了保全其债权，可以基于自己的债权请求次债务人为某种行为，因而属于债权的对外效力。

第二，债权人代位权属于实体法上的权利。代位权对于债权人具有实际的财产利益，而非仅具有程序性意义。判断一项权利究竟是实体法上的权利，还是程序法上的权利，关键是看该权利的设定对当事人之间的法律关系是否有实质性的影响，能否导致当事人之间的法律关系的变动。债权人行使代位权会导致债务人与次债务人之间的法律关系发生变化。此外，债权人代位权行使的效果在于通过获取作为债务人怠于行使的权利标的物的财产，增强债务人的履约能力，确保债权的圆满实现，故而有别于诸如诉讼保全、担保物权执行、强制执行申请等体现诉讼上利益的诉讼权利。因此，债权人代位权并非诉讼法上的权利，而是具有保全债务人责任财产意义的实体权利。

第三，债权人代位权属于财产管理权。债权人的代位权是行使债务人债权的权利，它在本质上是以行使他人权利为内容的管理权。[①] 因此，应当将债权人代位权的性质认定为财产管理权。

二、债权人代位权的成立要件

《合同法司法解释一》第 11 条规定："债权人依照合同法第七十三条的规定提起代位权诉讼，应当符合下列条件：（一）债权人对债务人的债权合法；（二）债务人怠于行使其到期债权，对债权人造成损害；（三）债务人的债权已到期；（四）债务人的债权不是专属于债务人自身的债权。"对此司法解释，理论界有学者认为第二个要件可以包括第三个要件，因为债务人怠于行使其到期债权，本身意味着债务人的债权已经到期。[②] 结合该条及《合同法》第 73 条之规定并参酌学理，本书认为可以从以下四个方面来理解债权人代位权的成立要件。

（一）债务人已履行迟延

所谓履行迟延，是指债务人在清偿期已经届满时仍未履行债务。

（二）债务人怠于行使其对第三人的到期债权

债务人对次债务人享有到期债权，但却怠于行使该权利。所谓怠于行使权利，是指应行使并且能行使而不行使其权利。所谓应行使，是指若不及时行使，权利将有消灭或丧失的可能，例如，请求权将因诉讼时效完成而消灭。所谓能行使，是指不存在行使权利的任何障碍，债务人在客观上有能力行使其权利。所谓不行使，即消极地不作为。至于是否出于债务人的过错，其原因如何，均在所不问。不过，有学者主张，为保护债权人的利益，

---

① 参见孙青平：《论代位权及其实现方式》，载《河南社会科学》，2009（1）。

② 参见王利明、房绍坤、王轶：《合同法》，154 页，北京，中国人民大学出版社，2013。

应将债务人怠于行使的债权范围进一步扩及至未到期债权。[①] 本书认为，如果采纳这种观点，则会侵害债务人的期限利益，并且在实践中也将难以判断债务人是否“怠于”行使了其债权。因此，《合同法》将代位权的客体限定于“到期债权”是适当的。

《合同法司法解释一》第 13 条第 1 款规定：“合同法第七十三条规定的‘债务人怠于行使其到期债权，对债权人造成损害的’，是指债务人不履行其对债权人的到期债务，又不以诉讼方式或者仲裁方式向其债务人主张其享有的具有金钱给付内容的到期债权，致使债权人的到期债权未能实现。”有学者认为，该司法解释要求债务人应“以诉讼方式或者仲裁方式”行使到期债权，否则即属于“怠于行使”，过分干涉了债务人处分其权利的自由；将债务人怠于行使的债权的内容限定为“具有金钱给付内容”的到期债权，人为地限缩了债权人代位权制度应有功能的发挥。[②] 本书认为，针对我国目前广泛存在的债务人不诚信履约的状况，该司法解释严格要求债务人应以诉讼或仲裁方式行使债权，否则即属“怠于行使”，这种规定既便于满足债权人代位权的成立要件，又避免了债务人以其已经向次债务人主张债权为由，逃避债权人代位权的适用，是非常合理的。不过，该司法解释将债务人债权的范围限为“具有金钱给付内容”，虽用意可以理解（便于履行），但却大大限制了债权人代位权的行使范围，是不合理的，应当将其扩至各种到期债权，但专属于债务人自身的除外。

（三）债权人有保全债权的必要

债权人有保全债权的必要是代位权产生的基础。判断债权人之债权存在保全必要的标准是债务人怠于行使债权的行为给债权人造成了损害。也就是说，由于债务人不积极行使其债权，导致债务人无法向债权人履行债务，债权人有不能依债的内容获得满足的危险。

（四）债务人对第三人的债权不具有专属性

《合同法》第 73 条规定，债权人代位行使的债权必须是非专属于债务人的权利。专属于债务人自身的权利是指与债务人的身份或特定的不可或缺的生活需要紧密相连的权利。这些权利都属于自然人的权利，直接关系到自然人个体基本生活保障，因此，法律对债务人此类权利予以特殊保护，将其排除在代位权的客体之外。

《合同法司法解释一》第 12 条规定：“合同法第七十三条第一款规定的专属于债务人自身的债权，是指基于扶养关系、抚养关系、赡养关系、继承关系产生的给付请求权和劳动报酬、退休金、养老金、抚恤金、安置费、人寿保险、人身伤害赔偿请求权等权利。”由此可见，专属于债务人自身的债权包括两类：一类是基于个人身份关系产生的给付请求权，带有强烈的人身性质，不得代位行使；另一类则是直接关系到自然人的基本生活和生存问题，因而不能强制执行的债权，当然也不能作为代位权的客体。

三、债权人代位权的行使

债权人行使代位权必须在如下两个方面符合法律要求：一是行使程序上的要求；二是行使范围上的要求。

（一）行使程序上的要求

根据《合同法》第 73 条及《合同法司法解释一》的相关规定，债权人应以向人民法院

---

① 参见刘蔚文：《试论我国代位权的客体》，载《理论界》，2009（2）。

② 参见崔建远主编：《合同法》，152 页，北京，法律出版社，2010。

起诉的方式行使代位权。代位权诉讼是一种专门的诉讼，在诉讼类别上属于给付之诉。关于代位权诉讼，本节将作专门讨论。

（二）行使范围上的要求

《合同法》第73条规定，代位权的行使范围以债权人的债权为限。《合同法司法解释一》第21条规定："在代位权诉讼中，债权人行使代位权的请求数额超过债务人所负债务额或者超过次债务人对债务人所负债务额的，对超出部分人民法院不予支持。"对此规定的含义应作准确理解。代位权源于债权人对债务人的债权和债务人对次债务人的债权，债权人的请求要以这两个债权的数额为限。首先，"债权人的债权"是指行使代位权的单个债权人的债权，而非所有债权人的债权。因为该债权人是以自己的名义行使代位权的，并不代表其他债权人，所以只能在与自己债权价值相当的范围内行使代位权。其次，在代位权诉讼中，债权人行使代位权的请求数额也不能超过次债务人对债务人所负的债务额。再次，如果能通过代位行使债务人的一项债权满足自己债权的，债权人就不应再对债务人的其他债权行使代位权。

四、债权人的代位权诉讼

（一）代位权诉讼的主体

债权人行使代位权，必须要以自己的名义作为原告起诉债务人的债务人（即次债务人），要求其履行债务，因此，代位权行使的主体只能是债权人。债务人的各个债权人在符合法律规定的条件下均可以代位行使债务人的权利，因此，在他们同时行使代位权时，这些债权人作为共同原告。此外，两个或两个以上债权人以同一次债务人为被告提起代位权诉讼的，法院可以合并审理。

对于谁应充当代位权诉讼中的被告，存在如下三种见解：一是认为以债务人为被告，次债务人为第三人；二是认为以次债务人为被告，债务人为第三人；三是认为以债务人与次债务人为共同被告。本书认为，代位权诉讼是针对次债务人提起的，它所解决的不仅是债权人和债务人之间的债务纠纷问题，更是债权人和第三人之间因代位权的行使而产生的法律关系问题。因此，债权人的代位权诉讼应以次债务人为被告，而以债务人为无独立请求权的第三人。对此，《合同法司法解释一》第16条作了规定："债权人以次债务人为被告向人民法院提起代位权诉讼，未将债务人列为第三人的，人民法院可以追加债务人为第三人。"

典型案例

代位权诉讼中被告的确定

某木材公司与某家具公司于某年9月3日签订了一份《购销合同》，家具公司向木材公司购买木材一批，价值人民币138万元。木材公司依约发货后，家具公司未能在合同约定期限到来之时给付货款。木材公司多次催款，均未果。木材公司得知，百货公司曾在半年前向家具公司购买家具，共计200万元，至今尚未清偿货款，但由于其是家具公司的老主顾，家具公司不愿意与之发生诉讼。木材公司遂向人民法院起诉，请求判令百货公司立即偿还所欠家具公司的货款。①

在本案中，如果木材公司提起代位权诉讼，应以谁为被告？

针对本案的案情，出现了不同的处理意见：第一种意见认为，由于家具公司怠于行使自己对百货公司的到期债权，致使木材公司的到期债权不能得到及时清偿，因而木材公司可以不受此债的关系的相对性的限制，直接以百货公司为被告，提起诉讼。第二种意见认为，木材公司为了保证自己债权的实现，可以干预家具公司与百货公司之间的债权债务关系，但是只能以家具公司为被告，以百货公司为第三人。

根据《合同法司法解释一》的规定，债权人应将次债务人作为被告，将债务人作为无独立请求权的第三人提起诉讼，即木材公司应向百货公司所在地的人民法院提起代位权诉讼，以百货公司为被告，以家具公司为第三人，请求人民法院判决百货公司直接向木材公司履行债务。

（二）代位权诉讼中次债务人的抗辩权

《合同法司法解释一》第 18 条就次债务人在代位权诉讼中的抗辩权作出了如下规定："在代位权诉讼中，次债务人对债务人的抗辩，可以向债权人主张。债务人在代位权诉讼中对债权人的债权提出异议，经审查异议成立的，人民法院应当裁定驳回债权人的起诉。"有学者认为，我国法律还应当规定次债务人有权对债权人行使债务人对债权人的抗辩权，即使债务人没有行使自己的抗辩权，次债务人仍有权行使，否则可能对次债务人不公平。因为，若次债务人不能对债权人行使债务人对债权人的抗辩权，则意味着次债务人可能被合理免责的机会的丧失。② 对于这一观点，本书持赞成态度。

（三）费用的负担

《合同法》第 73 条第 2 款规定，债权人行使代位权的必要费用，由债务人负担。而《合同法司法解释一》第 19 条却规定："在代位权诉讼中，债权人胜诉的，诉讼费由次债务人负担，从实现的债权中优先支付。"从表面看，似乎该司法解释修改了《合同法》的规定，其实这两个条文的基本精神是一致的。债权人胜诉后诉讼费用虽由次债务人承担，但却是从实现的债权中优先支付的，而该实现的债权部分本来就是应由次债务人向债务人履行的债务，其实就是债务人的责任财产。所以，司法解释的规定没有改变《合同法》的规定，而是使债权人行使代位权的必要费用的承担更具有操作性。

所谓"必要费用"，参照《合同法司法解释一》第 26 条的规定，应包括律师代理费、差旅费等，当然也包括诉讼费用。

五、债权人代位权行使的效力

债权人行使代位权对三方当事人都将产生影响，使其相互之间的法律关系发生改变。由于代位权属于债的对外效力，直接由债权人对第三人行使权利，因而有其特殊之处。

---

① 参见杨立新主编：《合同法判例与学说》，160 页，长春，吉林人民出版社，2005。

② 参见隋彭生：《合同法要义》，243 页，北京，中国政法大学出版社，2005。

（一）债务人处分权的限制

债权人行使代位权后，债务人对于被代位行使的债权的处分权便受到限制。这是因为，如果对于债务人的处分权限不加任何限制，任由债务人任意处分其财产，则债权人代位权制度设立的目的就有落空的危险。① 债务人获知债权人代位行使其债权后，就不得再对该权利为处分行为。

但是，对于超过债权人代位请求数额的债权部分，债务人仍有处分权。对此，《合同法司法解释一》第22条规定："债务人在代位权诉讼中，对超过债权人代位请求数额的债权部分起诉次债务人的，人民法院应当告知其向有管辖权的人民法院另行起诉。债务人的起诉符合法定条件的，人民法院应当受理；受理债务人起诉的人民法院在代位权诉讼裁决发生法律效力以前，应当依法中止。"

（二）时效的中断

债权人提起代位权诉讼，可以同时发生两方面的时效中断效果，即一方面使债权人的债权的诉讼时效中断，另一方面使债务人对次债务人的债权的诉讼时效中断。对此，《诉讼时效司法解释》第18条明确规定："债权人提起代位权诉讼的，应当认定对债权人的债权和债务人的债权均发生诉讼时效中断的效力。"

（三）债权人代位权行使效果的归属

关于债权人行使代位权后的效果归属问题，存在不同的观点。第一种观点认为，债权人行使代位权的效果归属于行使代位权的债权人；第二种观点认为，债权人行使代位权的效果应当归属于该债务人的全部债权人；第三种观点认为，债权人行使代位权的效果应归属于该债务人。

《合同法司法解释一》第20条规定："债权人向次债务人提起的代位权诉讼经人民法院审理后认定代位权成立的，由次债务人向债权人履行清偿义务，债权人与债务人、债务人与次债务人之间相应的债权债务关系即予消灭。"这一做法是《合同法司法解释一》的独创。在传统上，根据债权平等原则，债权人只能代为受领次债务人的给付或者只能由债务人受领后加入债务人的责任财产，而不能由行使代位权的债权人优先受偿。不过，对于如何理解该司法解释的规定，我国学者仍存在分歧。有学者认为，在债务为金钱债务时，虽然债权人事实上可以优先受偿，但其并不具有法律上当然的优先受偿权，代位权行使的效果并非直接地归属于债权人，而是借助于抵销制度间接地归属于债权人。② 但有学者指出，如此界定代位权的行使效果，既在主观上造成对债权人行使代位权的激励不足，又在客观上造成了其他债权人的"搭便车"现象。③

本书认为，在中国特定的国情下，将债权人行使代位权的效果直接归属于行使代位权的债权人，是一种合理的选择，理由在于：其一，激励债权人积极行使代位权。因为如果债权人对行使代位权的效果无优先受偿权，则对行使代位权的债权人有失公正，不利于鼓励债权人行使代位权。其二，由于债务人尚未进入破产程序，也未进入强制执行程序，没

---

① 参见韩世远：《合同法总论》，340页，北京，法律出版社，2011。

② 参见崔建远主编：《合同法》，157页，北京，法律出版社，2010。

③ 参见张敏：《代位权实现后果的归属探讨——关于〈合同法〉中代位权制度规定的漏洞补充》，载《政法论丛》，2000（5）。

有必要要求所有的债权人都申报债权。所以，如果没有其他债权人对同一次债务人提起代位权诉讼并获得胜诉，人民法院可以直接判令次债务人向该债权人履行债务。其三，由次债务人向债权人履行债务，能够节省诉讼成本，符合“诉讼经济”的思想，而且有利于解决现实经济生活中大量存在的“三角债”问题。

第三节　债权人撤销权

一、债权人撤销权的含义与性质

（一）债权人撤销权的含义

债权人撤销权是指债权人对于债务人所为的危害债权的行为，可请求法院予以撤销以维持债务人责任财产的权利。撤销权制度的目的就是防止债务人责任财产的不当减少，以保护交易的安全。《合同法》第 74 条对此作了明确规定：“因债务人放弃其到期债权或者无偿转让财产，对债权人造成损害的，债权人可以请求人民法院撤销债务人的行为。债务人以明显不合理的低价转让财产，对债权人造成损害，并且受让人知道该情形的，债权人也可以请求人民法院撤销债务人的行为。”另外，《合同法司法解释二》也对此作了进一步规定。其第 18 条规定：“债务人放弃其未到期的债权或者放弃债权担保，或者恶意延长到期债权的履行期，对债权人造成损害，债权人依照合同法第七十四条的规定提起撤销权诉讼的，人民法院应当支持。”第 19 条第 3 款规定：“债务人以明显不合理的高价收购他人财产，人民法院可以根据债权人的申请，参照合同法第七十四条的规定予以撤销。”显然，针对《合同法》存在的法律漏洞，《合同法司法解释二》采用了目的性扩张的填补方法。

立法背景

债权人撤销权的发展历史及在我国立法中的确立

债权人撤销权起源于罗马法，因它是由罗马法务官保罗（Paulus）所创设，故又称为“保罗诉权”（actio pauliana）。虽然撤销权是债权人为了维护自身的合法权益而请求法院撤销债务人处分财产的行为，但在当时只适用于债务人破产的情形。后世立法继受了这一制度，并将债权人撤销权区分为破产上的撤销权和破产外的撤销权。例如，法国先在《商法典》第 424 条以下的数个条文规定了破产上的撤销权，后在《民法典》第 1167 条“契约对第三人的效果”中规定了破产外的撤销权。德国亦采此体例，将前者规定在破产法中，后者则在 1889 年的《债权人撤销权法》中加以规定。日本的做法是分别在《破产法》和《日本民法典》中加以规定。这种分别规定的做法已经成为通例。

《民法通则司法解释》第 130 条规定：“赠与人为了逃避应履行的法定义务，将自己的财产赠与他人，如果利害关系人主张权利的，应当认定赠与无效。”这一规定体现了债权人撤销权的基本原理，但它仅适用于赠与人恶意赠与财产损害利害关系人权利的行为，具有局限性，没有从根本上解决债的保全制度的适用问题。《合同法》第 74 条规定：“因债务人放弃其到期债权或者无偿转让财产，对债权人造成损害的，债权人可以请求人民法院撤销债务人的行为。债务人以明显不合理的低价转让财产，对债权人造成损害，并且受让人知道该情形的，债权人也可以请求人民法院撤销债务人的行为。撤销权的行使范围以债权人的债权为限。债权人行使撤销权的必要费用，由债务人负担。"第75条规定："撤销权自债权人知道或者应当知道撤销事由之日起一年内行使。自债务人的行为发生之日起五年内没有行使撤销权的，该撤销权消灭。"这是我国立法第一次明确规定债权人撤销权制度。《合同法司法解释一》第23～26条及《合同法司法解释二》第18、19条对债权人撤销权又作了进一步的规定。

此外，《企业破产法》第31条规定："人民法院受理破产申请前一年内，涉及债务人财产的下列行为，管理人有权请求人民法院予以撤销：（一）无偿转让财产的；（二）以明显不合理的价格进行交易的；（三）对没有财产担保的债务提供财产担保的；（四）对未到期的债务提前清偿的；（五）放弃债权的。"第32条规定："人民法院受理破产申请前六个月内，债务人有本法第二条第一款规定的情形，仍对个别债权人进行清偿的，管理人有权请求人民法院予以撤销。但是，个别清偿使债务人财产受益的除外。"第33条规定："涉及债务人财产的下列行为无效：（一）为逃避债务而隐匿、转移财产的；（二）虚构债务或者承认不真实的债务的。"

可见，我国关于债权人撤销权的规定也依从通例做法，将债权人撤销权区分为破产上的撤销权和破产外的撤销权，并分别由《企业破产法》和《合同法》作出规定。破产上的撤销权与保全债权的破产外的撤销权在要件与效果上均有不同。本节所讨论的仅指破产外的撤销权。

（二）债权人撤销权的性质

之所以要讨论债权人撤销权的性质问题，是因为它直接决定着债权人撤销之诉的性质是形成之诉还是给付之诉；诉的被告是债务人、受益人还是二者兼有；诉的效力是绝对效力还是相对效力；以及是否应在判决正文中记载对该损害债权行为的撤销等。

理论研究

债权人撤销权的性质

关于债权人撤销权的性质，存在以下不同观点：

1. 形成权说。该说认为债权人撤销权属于形成权，债权人行使撤销权是一种依债权人的意思而使债务人与第三人之间的法律行为（诈害行为）绝对无效的行为。根据这一学说，撤销诉讼属于形成之诉，债权人要以诈害行为的当事人即债务人与第三人为被告。如第三人已将其依诈害行为取得的财产另行转让他人（转得人），则在债权人行使撤销权时，转得人要将财产作为不当得利返还债务人；如转得人不予返还或者虽返还但债务人不予受领的，债权人只有再行使债权人代位权以使债务人的财产复归。但这一说法不仅超越保全责任财产的目的，强调撤销的绝对效力而引起不当交易关系的混乱，而且使取回责任财产还要援用债权人代位权，会带来不便，故不足取。[①]

2. 请求权说。该说将债权人撤销权解释为纯粹的债权请求权，是直接请求第三人返还因债务人的诈害行为而获得的财产的权利。[②] 在该学说中，撤销只是返还请求的前提，并不是对债务人诈害行为效力的否定。因此，撤销诉讼属于给付之诉，债权人仅以受益人或转得人为被告，债务人不必被列为被告。该说的优点在于将债权人行使撤销权对第三人的影响降至最低限度。但是，该说仅将撤销权解释为请求权，否认撤销权本身的独立价值，仍有不足之处。

3. 折中说。该说认为债权人撤销权同时具有形成权和请求权的性质，债权人行使撤销权既可以使债务人与第三人的法律行为无效，又可以使债务人的责任财产回复原状。根据该说，撤销诉讼兼具形成之诉与给付之诉的性质，撤销的效果是使诈害行为相对无效，被告仅限于归还财产的人，并不以债务人为被告。[③] 我国学者多赞同该说。

本书认为折中说较为合理。债权人行使撤销权，一方面以撤销债务人与受益人之间的具有诈害性质的法律行为为内容，另一方面又具有请求受益人返还因债务人的诈害行为而获得的利益，从而恢复债务人责任财产原状的内容。当然，债权人行使撤销权的主要目的乃是撤销诈害行为，而返还财产只是因行为的撤销所产生的后果。

二、债权人撤销权的成立要件

债权人撤销权的成立要件因债务人的行为是无偿行为还是有偿行为而有所不同。如为无偿行为，只须具备客观要件；如为有偿行为，则须同时具备客观要件和主观要件。

（一）客观要件

1. 债务人实施了减少责任财产的行为

根据《合同法》第 74 条第 1 款及《合同法司法解释二》第 18、19 条的规定，债务人实施的减少责任财产的行为有以下几种：（1）放弃其到期或未到期的债权；（2）无偿转让财产；（3）放弃债权担保；（4）以明显不合理的低价转让财产；（5）以明显不合理的高价收购他人财产；（6）恶意延长到期债权的履行期。其中，第（1）、（2）、（3）种行为为无偿行为，第（4）、（5）种行为为有偿行为，第（6）种行为既非无偿行为，亦非有偿行为，而是属于为债权人行使撤销权故意设置障碍的恶意行为，在适用要件上，应比照无偿行为。另外，《合同法司法解释二》第 19 条第 1、2 款还规定，对于《合同法》第 74 条规定的“明显不合理的低价”，人民法院应当以交易当地一般经营者的判断，并参考交易当时交易地的物价部门指导价或者市场交易价，结合其他相关因素综合考虑予以确认。转让价格达不到交易时交易地的指导价或者市场交易价 70%的，一般可以视为明显不合理的低价；对转让价格高于当地指导价或者市场交易价 30%的，一般可以视为明显不合理的高价。需注意的是，对于季节性产品和易腐烂变质的时令蔬果等特殊产品，在临近换季或保质期将届满时，为

---

① 参见韩世远主编：《合同法》，346 页，北京，法律出版社，2011。

② 参见崔建远主编：《合同法》，159 页，北京，法律出版社，2010。

③ 参见韩世远主编：《合同法》，346 页，北京，法律出版社，2011。

回笼资金而大幅甩卖的，或者在市场疲软、有价无市、资金占用利息损失巨大的情况下为挽回经营损失而以低价转让财产的，以及在其他情形下当事人可以提出事实和证据证明其转让价格具有合理性时，即使该转让价格达不到交易时交易地的指导价或者市场交易价的70%，也不宜认定其属于前述规定中的“明显不合理的低价”[①]。

债权人撤销权制度的立法本旨在于使债务人的责任财产维持在适当状态，以达到保障债权人债权实现的目的。有学者提出，只要债务人的行为减少了责任财产，并害及债权人的债权，债权人就可以行使撤销权。[②] 本书不支持这种观点，而是认为《合同法》及其司法解释中对债务人减少责任财产行为类型的规定是比较适当的，不应过分扩张债权人撤销权的行使范围。

2. 债务人的行为须以财产为标的

所谓以财产为标的的行为，是指当事人的权利、义务直接指向财产。债务人的行为必须以财产为标的，如其行为不以财产为标的，则债权人不得撤销，如结婚、离婚、收养。

债务人拒绝财产增加的行为虽然以财产为标的，但若此种行为并未减少债务人的责任财产，则不应列为债权人撤销权的行使对象，如拒绝赠与要约、拒绝第三人承担债务、抛弃继承或遗赠的行为。

3. 债务人的行为害及债权

债权人撤销权是对合同相对性原则的突破，其效力涉及合同债务人之外的第三人，是对债务人与第三人之间法律关系的破坏。由于撤销权不仅对交易安全构成威胁，而且对债务人活动自由或私法自治精神也构成威胁，所以，法律必须在强化债权人权益和债务人自治以及交易安全之间达成一个平衡，该平衡点即为“债务人的行为是否有害于债权”，应以此为界线划分债务人的自由空间与债权人对债务人行为干涉的范围。

债务人害及债权的行为主要可以分为两类：减少积极财产的行为和增加消极财产的行为。前者如让与所有权、免除债务，后者如债务人负担新的债务。但是应当注意的是，债务人实施的买卖、互易等改变现有财产数量的行为，只要有相当的对价，并未减少债务人的清偿资力，就不属于害及债权人债权的行为。

在判断“害及债权”时，应以债务人无资力清偿债权为标准，即债务人因减少其清偿资力而不能使债权获得满足。对于如何认定债务人无资力，各国观点不同。瑞士民法认为无资力是指“债务超过”，德国和奥地利的民法则把无资力认定为“支付不能”。《合同法》并未就此作出明确规定，本书认为宜以“债务超过”作为判断标准，即债务人处分其财产后，其剩余财产不足以清偿债权人的债权。也就是说，债务人负担的债务数额超过了其责任财产的数额。

（二）主观要件

如果债务人的行为是无偿行为，则只要具备客观要件，债权人就可以行使撤销权。如果债务人的行为是有偿行为，则债权人行使撤销权还要具备主观要件。之所以作此区分，

---

① 人民法院出版社法规编辑中心编：《最高人民法院合同法司法解释（二）问答》，83～85页，北京，人民法院出版社，2009。

② 参见崔建远主编：《合同法》，161页，北京，法律出版社，2010。

是因为在无偿行为的情况下，债权人撤销债务人的行为仅使受益人失去无偿所得的额外的利益，对其固有利益并无影响，所以首先应当保护受到损害的债权人利益。但是，要撤销有偿行为，就有必要充分考虑第三人的利益。《合同法》第74条规定，债务人以明显不合理的低价转让财产，对债权人造成损害，只有在受让人知道该情形时，债权人才可以行使撤销权。《合同法司法解释二》第19条规定的债务人以明显不合理的高价收购他人财产的行为，参照上述规定予以撤销。这是对债权人行使撤销权主观要件的规定。依此规定并结合民法原理，成立债权人撤销权的主观要件包括债务人的恶意和第三人的恶意。

1. 债务人的恶意

关于债务人的恶意的界定，存在观念主义和意思主义两种主张。依观念主义，只要债务人对其行为可能影响其履行资力并害及债权人的后果具有一定的认识，即构成恶意，不必有诈害的意思；而依照意思主义，债务人不仅要认识到危害后果，主观上还必须要有诈害的故意。法国民法、日本民法和我国台湾地区“民法”均采观念主义。《合同法》未将“诈害故意”作为认定债务人恶意的标准，故采取的也是观念主义。

衡量债务人的恶意，应当以行为时为时间标准予以判断。对债务人恶意的证明，应当实行推定规则。因为从实务操作的方面考虑，债权人仅能证明债务人对其行为可能害及债权的后果具有认识，如果要求债权人对债务人在行为时存有恶意的主观心理状态也进行证明，未免过于严苛。

2. 第三人的恶意

第三人包括两种情形：一是指基于债务人的行为而取得利益的人，即受益人，《合同法》将其称为“受让人”；二是从受益人处取得利益的人，此类人在法国法中称为转得人，在德国法中称为权利转受人，我国学者一般将其称为转得人。

受益人的恶意是指受益人自债务人处取得利益时，已经知道债务人所为的行为害及债权人的债权。至于受益人是否具有故意损害债权人的意图，在所不问。如果受益人受益时属善意，则债务人不得对其行使撤销权。实务中应由受益人举证证明其主观上善意的状态。受益人必须在受益时为恶意，在受益后才为恶意的，债权人不得行使撤销权。

转得人的恶意是指转得人受让财产时有恶意，即知道其行为有害于债权人的债权。债权人在对转得人行使撤销权时，应以转得人有恶意为要件。如果转得人在受让财产时为善意，则债权人不得行使撤销权。如果转得人在受让财产时为善意，在转得后才为恶意的，债权人也不得行使撤销权。从比较法观察，有的国家（如日本）允许债权人对转得人行使撤销权。不过，我国法律未作规定，应理解为不允许债权人对转得人行使撤销权。

三、债权人撤销权的行使

（一）撤销权人

撤销权人是指因债务人的不当行为而受到损害的债权人。如果债权人为多数人，则既可以共同享有并行使债权人撤销权，也可以由每个债权人独立行使，而且每个债权人行使撤销权对全体债权人发生效力。

（二）撤销权的客体

债权人撤销权的客体是指债务人实施的以财产为标的的法律行为，诉讼中的承认债务、和解，以及其他能够产生财产上法律效果的行为。

(三) 撤销权行使的范围

关于撤销权行使的范围，学界有三种不同主张：一是以行使撤销权的债权人的债权额为限；二是以全体债权人的债权额为限；三是以债务人不法处置的财产额为限。[①]《合同法》第74条第2款规定，撤销权的行使范围以债权人的债权为限。此处的债权人，是指行使撤销权的债权人。但是，如果债务人诈害行为的标的物是不可分物，债权人无法仅就其债权范围内的标的物部分行使撤销权，则可以就该不可分物整体主张撤销。

四、债权人的撤销权诉讼

(一) 债权人撤销权诉讼的主体

债权人撤销权的行使必须由享有撤销权的债权人以自己的名义向法院提起诉讼，请求法院撤销债务人不当处分财产的行为。如果债权人为多数人，可以共同享有并行使撤销权。如果债权人为连带债权人，则所有的债权人可以共同行使撤销权，也可以由连带债权人中的一人或数人提起诉讼。如果数个债权因债务人的同一行为而受到损害，则各个债权人均有权提起诉讼，请求撤销债务人的行为，但其请求的范围仅限于各自债权的保全范围。《合同法司法解释一》第25条第2款规定："两个或者两个以上债权人以同一债务人为被告，就同一标的提起撤销权诉讼的，人民法院可以合并审理。"

撤销权诉讼应以谁作为被告，是撤销权制度中的一大争议。

实务探讨

债权人撤销权诉讼中被告的确定

迄今为止，各国（地区）判例和学说对此形成了三种截然不同的观点：

1. 根据对债权人撤销权的性质和效力的认识来确定撤销之诉的被告。具体来说，第一，如果采取形成权说，撤销之诉应依据债权人单方面的意思而发动，并依债权人的意思而产生撤销权的效力，因此，被告应当根据债权人所希望撤销的意图来确定：如果债权人希望撤销债务人的单独行为，那么撤销之诉的被告为债务人；如果债权人希望撤销债务人和第三人的行为，则撤销之诉的被告为债务人和第三人。第二，如果采请求权说，则撤销权是向因债务人的行为受有利益者请求其返还所得利益的权利，因此，撤销权针对受益人或转得人而行使，这样就应当以受益人或转得人为被告。第三，如果采取请求权与形成权结合说，撤销权也应当针对受益人和转得人而行使，不应当以债务人为被告。因为撤销权行使的目的是撤销债务人的法律行为，使债务人的财产得以返还，所以只能以受益人或转得人为被告。

2. 以行为的当事人为被告。即如果债务人实施的是单独行为，则应当以债务人为被

---

① 参见周琳、崔永亮：《探究民法中债权人撤销权的行使范围问题》，载《辽宁公安司法管理干部学院学报》，2010（1）。

告；如果债务人实施的是双方行为，则以债务人和受让人为被告，但不得以任何转得人为被告。采此观点者是考虑到撤销之诉针对的是债务人的行为，因此应当根据债务人的行为的内容和性质来确定不同的被告。

3. 根据撤销权诉讼的性质确定。如果撤销之诉为形成之诉，以行为的当事人为被告；兼有给付之诉时，则还应以受益人或转得人为被告。

《合同法司法解释一》第24条规定："债权人依照合同法第七十四条的规定提起撤销权诉讼时只以债务人为被告，未将受益人或者受让人列为第三人的，人民法院可以追加该受益人或者受让人为第三人。"可见，该司法解释仅承认撤销之诉的被告为债务人，至于受益人或受让人则不能作为撤销之诉的被告，只能作为诉讼中的第三人。本书认为，如果债务人所实施的是单独行为，如免除受益人的到期债务等，仅以债务人为被告是合理的，因为受益人并未实施一定的积极行为，只是消极地接受了财产。债权人撤销债务人的单独行为，自然会使受益人所取得的财产失去法律依据，因此不宜将受益人也列为被告。但是，如果债务人实施的是双方行为，则仅以债务人作为被告是缺乏合理性的。在此情况下，应将受益人列为共同被告，而非第三人。

（二）债权人撤销权的行使期间

债权人撤销权的行使是对债务人与第三人之间的法律行为的严重干涉，如果对债权人行使撤销权的时间不加以限制，而任由债权人在经历很长的时间后仍可行使撤销权，则对于债务人与第三人间的财产关系的稳定性影响太大，有失公平。因此，《合同法》第75条专门规定了债权人撤销权的行使期间："撤销权自债权人知道或者应当知道撤销事由之日起一年内行使。自债务人的行为发生之日起五年内没有行使撤销权的，该撤销权消灭。"在学理上，此条规定的期间应属于除斥期间，是一个绝对不变的期间。本条规定的除斥期间采用双重的计算方法：如果自债权人知道或者应当知道撤销事由之日起计算，则除斥期间为1年；由于这个期间并非完全确定的期间，该条又规定了5年的期间作为补充，即"自债务人的行为发生之日起五年内没有行使撤销权的，该撤销权消灭"。

（三）费用的负担

债权人撤销权的行使完全是债务人和第三人行为的结果，因此，撤销权行使的费用由债务人和第三人承担应为当然之理。《合同法》第74条第2款规定："债权人行使撤销权的必要费用，由债务人负担。"《合同法司法解释一》第26条又进一步规定："债权人行使撤销权所支付的律师代理费、差旅费等必要费用，由债务人负担；第三人有过错的，应当适当分担。"

典型案例

债务人与第三人恶意串通行为的处理

甲于某年5月20日向乙借款10万元购买一辆卡车跑运输，约定1年后还款。因不懂经营，甲不仅没有赚到钱，反将家中原有积蓄花费殆尽。1年后，乙多次要求甲还钱，甲均表示无钱可还。该年8月，甲为逃避债务，与其弟丙恶意串通，将卡车赠与丙，并办理了过户登记。该年12月，乙知道此事后，向法院提起诉讼，要求撤销甲的赠与行为。

在本案中，法院应认定甲、丙之间的赠与合同无效，还是应撤销甲的赠与行为？

对于本案的处理，存在两种不同的意见：一种意见认为，由于甲的赠与行为损害了乙的债权，乙有权依《合同法》第74条，请求法院撤销甲的行为。另一种意见认为，甲与丙恶意串通而订立的赠与合同损害了乙的利益，法院应依《合同法》第52条认定合同无效，不应允许乙行使撤销权。

上述争议涉及的民法理论问题是：无效合同能否被撤销？对此存在两种观点：一种观点认为，在合同已经由于某种原因而无效（自始、当然无效）时，不能再依其他原因而被撤销（溯及地无效），即一个法律效果不可能两次发生，或两次消灭。依此观点，无效合同不能被撤销。另一种观点认为，无论合同无效，还是合同被撤销，所产生的法律效果均相同。如果合同既存在无效的原因，又存在被撤销的原因，纵然在被撤销后产生的法律效果与合同无效相同，最多也只能认为其撤销在实际上无必要，但不能认为其撤销在概念上不可能。① 依此观点，无效合同可以被撤销。

本书认为，虽然甲、丙之间的赠与属于恶意串通损害债权人乙的利益的合同，法院可依《合同法》第52条认定其无效，但是，如果乙依《合同法》第74条行使撤销权，法院将该合同撤销，亦无不可。因上述两种处理方式的法律效果完全相同，不妨允许当事人选择适用，以便更加充分地保护债权人利益。

五、撤销权行使的效力

债权人行使撤销权的效力是使债务人的行为自始无效。如果债务人尚未依该行为为给付，则当事人间的法律关系自然恢复到不存在该行为的状态，这是债权人撤销权作为形成权的性质的体现；如果当事人已为一定给付，则债权人可以要求相应的财产返还，这又是债权人撤销权为请求权的性质的体现。在给付标的物存在的情形下，产生具有物权效力的财产返还；在给付标的物已经灭失的情形下，则相应地发生作价返还的效果。此外，就受领的标的物，行使撤销权的债权人并没有优先受偿权，而是应当与其他债权人平等受偿。

【深度阅读】

1. 王利明．合同法新问题研究．北京：中国社会科学出版社，2011. 第十三、十四章
2. 韩世远．合同法总论．北京：法律出版社，2011. 第六章
3. 崔建远．债权人代位权的新解说．法学，2011（7）
4. 徐澜波．合同债权人代位权行使的效力归属及相关规则辨析．法学，2011（7）
5. 叶名怡，韩永强．保险人代位权与被保险人求偿权竞合时的处理规则．现代法学，2009（6）
6. 刘蔚文．试论我国代位权的客体．理论界，2009（2）
7. 洪学军．债权人代位权的性质及其构成研究．现代法学，2002（8）

① 参见王泽鉴：《民法总则》，394～395页，北京，北京大学出版社，2009。

8. 胡鸿高．李磊．保险代位求偿权在人身保险中的适用问题研究．当代法学，2009（1）

9. 张驰．代位权法律制度比较研究．法学，2002（10）

10. 周琳，崔永亮．探究民法中债权人撤销权的行使范围问题．辽宁公安司法管理干部学院学报，2010（1）

11. 王林清．代位求偿权法律适用问题探讨．人民司法，2010（7）

12. 孙青平．论代位权及其实现方式．河南社会科学，2009（1）

13. 韩世远．债权人撤销权研究．比较法研究，2004（3）

14. 高振东．债权人撤销权问题探析．人民司法，2009（16）

【问题与思考】

1. 债的保全制度对于交易安全有何意义？
2. 债权人代位权的性质是什么？
3. 债权人代位权的成立要件有哪些？
4. 如何行使债权人代位权？债权人行使代位权的效力有哪些？
5. 债权人撤销权的性质是什么？
6. 债权人撤销权的成立要件有哪些？
7. 如何行使债权人撤销权？债权人行使撤销权的效力有哪些？

第八章 合同的变更与转让

导读

本章介绍了合同变更与转让的核心内容。在合同变更中，应重点掌握合同变更的条件与效力；在合同转让中，应重点掌握债权让与的限制、条件与效力，债务承担的类型、条件与效力，以及权利义务概括转移的类型与效力。

第一节　合同的变更

一、合同的变更概述

合同的变更有广义与狭义之分。广义的合同变更包括合同主体和合同内容的变更，其中合同主体的变更即合同的转让；而狭义的合同变更是指合同主体不变，仅合同的内容发生改变。本节所讲的是狭义的合同变更。

根据民法原理及《合同法》的规定，合同的变更主要有如下几种情形：

1. 当事人协商变更合同。依合同自由原则，当事人在不违反法律和公序良俗的情况下，可通过协商任意变更合同内容。

2. 享有形成权的合同当事人行使权利。形成权的特点在于，一经行使即可使现存民事法律关系发生改变。因此，如果合同当事人行使形成权，则必然会使合同内容发生变更，甚至消灭整个合同。例如，当事人可依《合同法》第 54 条，通过行使撤销权变更合同。再如，当事人行使抵销权会消灭全部或部分债权，如消灭的是部分债权，则为合同的变更；如消灭的是全部债权，则为合同权利义务的终止。

3. 情势变更。因情势变更导致合同履行显失公平，如当事人请求变更合同以恢复公平，且得到法院或仲裁机构的准许，则发生合同的变更。

二、合同变更的条件

（一）当事人之间存在并非无效的合同

合同的变更是对合同内容的改变，以当事人之间存在合同且非无效合同为前提。如为无效合同，则属自始、当然、确定、绝对无效，即使变更合同内容，也不能使其有效，而应视为当事人之间重新订立了合同。因此，在观念上，当事人无从变更无效合同的内容。

无论生效合同、可撤销合同，还是效力未定合同，当事人均可变更其内容。

（二）须依当事人约定或法律规定的方式进行

关于合同变更的方式，应当根据不同情况区别对待。如当事人协商变更合同，则依当事人约定的方式进行。如合同因形成权人行使权利而变更，则依形成权人的单方意思表示实施，例如，选择权人行使选择权使合同变更。如发生情势变更，当事人可请求法院或者仲裁机构变更合同，至于是否变更，则由法院或者仲裁机构依职权决定。另外，在可撤销合同中，撤销权人欲变更合同，亦应请求法院或者仲裁机构作出决定。

（三）合同变更的内容明确

为避免发生争议，合同变更的内容必须明确。《合同法》第 78 条规定：“当事人对合同变更的内容约定不明确的，推定为未变更。”

需说明的是，《合同法》第 77 条第 2 款规定，法律、行政法规规定变更合同应当办理批准等手续的，依照其规定。也就是说，合同变更除应具备上述三个条件外，如法律、行政法规有批准等手续的要求，当事人还应依法办理这些手续。

三、合同变更的效力

合同变更的效力是合同内容发生变化。它通常表现为合同条款的修改、补充或删减，主要包括如下情形：（1）履行标的的变更；（2）合同履行方式、地点、期限的变更；（3）合同价款的变更；（4）合同性质的变更；（5）合同所附条件或期限的变更；（6）合同担保的变更；（7）其他内容的变更。

合同变更后，当事人应当按照变更后的合同内容履行，任何一方违反变更后的合同内容，均构成违约，而未变更的部分继续有效。

合同变更原则上仅对将来发生效力，对已按原合同所作的履行没有溯及力，任何一方不能因为合同的变更而要求对方返还已为的给付，但法律另有规定或当事人另有约定的除外。另外，根据《民法通则》第 115 条，合同的变更不影响当事人要求赔偿损失的权利。

如合同变更涉及第三人利益，尤其是增加第三人的负担的，应当征得第三人的同意，否则，合同变更不对其发生效力。例如，《担保法司法解释》第 30 条第 1 款规定：“保证期间，债权人与债务人对主合同数量、价款、币种、利率等内容作了变动，未经保证人同意的，如果减轻债务人的债务的，保证人仍应当对变更后的合同承担保证责任；如果加重债务人的债务的，保证人对加重的部分不承担保证责任。”

第二节　合同的转让

一、合同转让概述

合同转让即合同权利、义务的转让，是指在不改变合同内容的前提下，合同一方当事人将其权利、义务全部或者部分转让给第三人，也即合同的主体发生变化。依《合同法》第 87 条，法律、行政法规规定转让权利或者转移义务应当办理批准等手续的，依照其规定。

合同的转让主要基于如下原因发生：

（一）法律行为

此为合同转让的最主要原因。合同转让既可因单方法律行为而发生，如遗赠；也可因双方法律行为即合同而发生，如合同当事人与第三人达成合意，将合同权利或义务转让给该第三人。

（二）法律规定

在法律规定的特定情形下，合同当事人的权利、义务发生转移，由第三人享有或承担。例如，根据《合同法》第 90 条，当事人订立合同后合并的，由合并后的法人或非法人组织行使合同权利，履行合同义务。

就依法律规定发生的合同转让而言，其发生的条件及效力均具有强制性，无须赘述。

由于依合意而进行的合同转让是最为普遍的合同转让原因，因而下文所指的合同转让，除非另有说明，仅指依合意而发生的合同转让。

根据转让内容的不同，可以将合同转让分为债权让与、债务承担及合同权利义务的概括转移。各种类型的合同转让既可以是全部转让，也可以是部分转让。

二、债权让与

（一）债权让与的含义

债权让与是指在保持债权同一性的前提下，债权人将其债权转移给第三人享有。其中的债权人称为让与人，第三人称为受让人。

债权让与以让与人和受让人达成债权让与的合意为必要。债权让与合意的特殊性在于：它在性质上属于处分行为，即直接使财产权利发生变更的法律行为。另外，债权让与合意为无因行为，原因无效不影响债权让与合意的效力。[①] 例如，甲欠乙赌债，甲遂与乙达成协议，甲将其对丙享有的债权转让给乙，用于偿还赌债。纵然赌债无效（原因无效），但债权让与合意仍然有效。债权让与合意亦为合同，因此其成立及生效应遵循我国法律关于合同成立及生效的要求，具体规则请参见本书第三章“合同的订立与成立”及第四章“合同的效力”的相关内容，此不赘述。

---

① 参见苏号朋：《民法总论》，253、256 页，北京，法律出版社，2006。

（二）被转让的债权的条件

1. 有效性

被转让的债权应当是有效债权。首先，该债权所属合同应非无效合同。无效合同的债权不能转让，即使当事人达成了债权转让的合意，该合意亦无效。其次，该债权真实存在且未消灭，但并不意味着其一定能够实现。也就是说，让与人仅负有保证该债权确实存在的义务，并不负有债权能够实现的担保责任。

对“有效的债权”应从宽解释，不要求它必须是效力齐备的债权。诉讼时效已完成的债权，因仍存在债务人履行的可能性，可以成为让与的标的；可撤销的债权在被撤销前是有效的，可以成为让与的标的；已经成为权利质权标的的债权、附条件或者期限的债权，也可以成为让与的标的。

2. 可让与性

被转让的债权应当具备可让与性。如果债权没有可让与性，就不会发生债权转移的法律效果。一般而言，债权都具有可让与性。

（三）不可转让的债权

有时，法律或者合同当事人会对债权的可让与性作出一定的限制。另外，基于某些类型合同自身的性质，债权也可能是不可转让的。

根据民法原理及《合同法》第 79 条，不可转让的债权主要包括如下几种情形：

1. 根据合同性质不可转让的债权

根据合同性质不可转让的债权又称根据债权性质不容转让的债权，是指如债权人改变就不能维持债的同一性或者就不能达到债权目的的债权。根据权利的性质，某些合同债权只能在特定当事人之间发生效力，如果当事人将其转让给第三人，将会使合同内容发生变更，从而使转让后的合同内容和转让前的合同内容失去联系性和同一性，且违反当事人订立合同的目的。[①] 例如，在雇佣、委托、承揽等以特定当事人之间的信赖关系为基础的合同中，债务人只愿对债权人承担给付义务。如果允许当事人将债权转移给第三人，则势必使合同当事人之间的信赖基础遭受破坏，有悖于当事人订立合同的初衷。所以，此类合同所生之债权原则上不能转让。但是，如经合同相对人同意，债权人仍然可将其债权让与第三人。

2. 根据当事人约定不可转让的债权

根据合同自由原则，合同当事人可以作出禁止债权让与的特别约定。禁止债权让与的约定可以在合同订立之时作出，也可在合同订立之后作出，但必须在合同履行之前作出。合同当事人可以约定禁止受让的第三人的范围，既可以是泛指的，即约定债权不得让与一切之他人，也可以是特指的，即约定债权不得让与某一特定的人。合同当事人还可以约定不得让与的债权的具体内容，甚至可以约定债权不得让与的期限。只要当事人禁止债权让与的约定没有违反法律的强制性规定及公序良俗原则，法律就应尊重当事人的自由选择。

---

① 参见王利明、房绍坤、王轶：《合同法》，177 页，北京，中国人民大学出版社，2013。

理论研究

当事人禁止转让债权约定的效力

有学者指出，有时，在排他性地向原来的债权人履行其债务方面，债务人会有相当的利益，此种情况下，债务人为了保护自己，通过在合同中约定债权不可让与，从而达到防止债权人变更的目的。[①] 对于这种约定的效力，学界和各国立法有不同主张。有的学者主张这种禁止无效，因为如此一来，债权将失去流通性，从而减少债权应有的价值。而且，对债权让与的限制将会影响国民经济领域中所需要的金融信贷的便捷。[②] 法国法采纳了上述观点，规定此种约定无效。但《德国民法典》第399条却规定其有效。《日本民法典》第466条规定此种约定有效，但不得对抗善意第三人。在英美法中，禁止转让合同权利的条款通常是有效的，而且此种条款不仅约束合同方，还约束知情的受让人，即恶意第三人，但此种约定不得对抗善意第三人。《美国第二次合同法重述》仍坚持了这一规则。[③]

本书认为，绝对禁止此种约定或否认此种约定的效力是不可取的，只要当事人的此种约定没有违反法律的强制性规定及公序良俗，即应承认其效力，但在涉及第三人时，此种约定不能对抗善意第三人。不过，如果此种约定是以格式条款的形式出现，则应依法律关于格式条款的规定审查其效力。

3. 根据法律规定不可转让的债权

法律规定不得让与某些种类的债权，多是基于社会政策以及维护社会公共秩序的客观需求。例如，根据《企业破产法》的规定，对于违反法律规定处分破产企业财产的，管理人可以请求人民法院予以撤销。此处所谓“处分财产”包括转让债权的情形。

4. 因法院或仲裁机构的裁判不可转让的债权

在有些情况下，为保护相关当事人的合法权益，某些债权会因法院或仲裁机构的裁判而被冻结或扣押，导致该债权的让与性受到极大限制。虽然《合同法》并未对此作出规定，但基于法院或仲裁机构裁判的强制性，该类债权不得转让应为当然之理。

理论研究

未来的合同权利可否转让

关于未来的合同权利可否转让的问题，有肯定说与否定说两种主张。肯定说认为，对将来债权的事前处分应为有效，德国学者拉赫曼即持此种观点；否定说则认为，债权让与

---

①② 参见［德］海因·克茨：《欧洲合同法》（上），周忠海、李居迁、宫立云译，389页，北京，法律出版社，2001。

③ 参见李永军：《合同法》，362～363页，北京，法律出版社，2010。

是处分债权的行为，处分时应以债权的存在为前提，所以对将来的债权不得让与。[①] 而且，如果一个债台高筑的债务人可以让与他的未来合同权利，则会产生进一步的风险。[②]

根据英美合同法理论，未来的合同权利是当事人所期望的可在将来获得的合同权利，包括基于现有的合同而产生的未来的权利和未来订立合同的权利。英国判例表明，在财产权确实存在之前，不存在任何转让。美国许多法院则认为，让与未来合同权利的有效性取决于这些权利在让与时是否是“潜在的存在”。《美国统一商法典》也认可肯定说，规定未来的权利包括未来订立合同的权利是可以转让的，只要有关的文件是适当填写的。德国判例也允许未来合同的权利转让，条件是这种债权具有“可识别性”，即只要当时该债权的存在和范围足够像当事人所描述的那样清楚。[③]

我国《合同法》并未对这一问题作出明确规定。本书认为，考虑到未来合同权利让与所存在的较大的不确定性及风险性，应允许基于现有的合同而产生的未来权利的转让（如保证人的求偿权），而对于尚未订立的合同将产生的未来权利则不应允许其转让。因为后者能否发生很难把握，而允许此种权利的转让无疑会妨碍法律的确定性。

（四）债权让与的效力

1. 债权让与的对内效力

债权让与的对内效力是指债权让与在让与人和受让人之间发生的效力，具体表现为：

（1）法律地位的取代。在债权全部让与的场合，让与人即原债权人丧失其对债务人享有的债权，由受让人取代他的地位，成为新的债权人。在债权部分让与时，让与人仅就让与的部分丧失债权。

（2）从权利的转移。《合同法》第 81 条规定，债权人转让权利的，受让人取得与债权有关的从权利。此处所称的“从权利”，包括担保权、利息债权、违约金债权以及其他从权利。例如，《担保法司法解释》第 28 条规定，保证期间，债权人依法将主债权转让给第三人的，保证债权同时转让，保证人在原保证担保的范围内对受让人承担保证责任。

不过，《合同法》第 81 条还作出了例外规定，即当从权利专属于债权人自身时，即使债权人转让权利，受让人亦不能取得该从权利。所谓专属于债权人自身的从权利，是指与债权人不可分离的从权利。例如，在保证合同中，如保证人和债权人约定专为债权人设定保证债权，则该保证债权便与债权人不可分离，不得随同主债权的转让而转移给受让人。

（3）债权人应对债权瑕疵负担保义务。债权让与只是变更债权的主体，该债权的性质并不因此而有所变更，如债权本身存在瑕疵，则该瑕疵将与债权一并转移于受让人，有害于受让人行使债权。因此，让与人应对转让的债权负权利瑕疵担保义务，在债权存在瑕疵时，类推适用《合同法》第 150 条规定，对受让人承担违约责任。

（4）让与人应将有关债权的全部文件交与受让人，并告知受让人行使债权必需的一切情况。此为诚实信用原则的当然要求。

---

① 参见李永军：《合同法》，364 页，北京，法律出版社，2010。

② 参见［德］海因·克茨：《欧洲合同法》（上），周忠海、李居迁、宫立云译，392 页，北京，法律出版社，2001。

③ 参见李永军：《合同法》，364～365 页，北京，法律出版社，2010。

（5）让与人占有的债权担保物，也应全部移交于受让人。

2. 债权让与的对外效力

债权让与的对外效力包括让与人和债务人之间的效力，以及受让人和债务人之间的效力两个方面。

债权让与合同生效后，让与人和受让人之间即发生债权让与的法律效果。但是，由于债权让与合同不具有公示性，债务人可能不知道债权让与的事实，仍然可以依其与原债权人之间的合同约定向原债权人履行合同债务。如果允许生效的债权让与合同同时约束债务人，则债务人因不知债权让与的事实而向原债权人为给付，却不能发生清偿的效果，同时对新债权人（受让人）负有债务不履行的责任，显然不公平。[①] 但是，如果以债务人的同意作为债权让与对债务人产生约束力的条件，则有损于债权的自由流转，过于严苛。因此，《合同法》第 80 条第 1 款确立的规则是，债权人只有将债权让与的事实通知债务人，债权让与始对债务人具有约束力。未经通知，债权让与对债务人不发生效力。该规定表明，债权人转让债权不以债务人的同意为必要，但应当通知债务人。未经通知，不产生债务人向受让人履行的义务。需要注意的是，让与通知并不是债权让与合同生效的要件，而只是对债务人产生拘束力的要件。[②] 因此，在债权让与通知前，债务人对于原债权人的清偿、免责行为，或者让与人对于债务人为免除或者抵销，均为有效；受让人对于债务人不得主张债权，受让人请求债务人清偿时，债务人有权拒绝。

债权让与通知是意思表示，要符合民法关于意思表示的一般要求，并应采明示形式。除法律另有规定或者当事人另有约定外，无论口头还是书面，均能产生通知的效果。至于通知人，学界有人主张应为转让人，也有人认为应为受让人，还有人认为既可以是转让人，也可以是受让人。[③] 本书赞同第三种观点。一般情况下，原债权人或受让人应当直接通知债务人，但在特殊情况下，可以采取公告等间接方式通知。例如，金融资产管理公司受让国有银行债权后，银行或金融资产管理公司在报纸上发布债权转让公告或通知，即视为完成债权让与通知。

另外，《合同法》第 80 条第 2 款还规定："债权人转让权利的通知不得撤销，但经受让人同意的除外。"这是为了保护受让人利益而作的规定。

在让与人和债务人之间，债权让与的效力体现为：在债权全部转让时，债务人不再对债权人负履行义务；在债权部分转让时，债务人就转让的债权不再对债权人负履行义务。

在受让人和债务人之间，债权让与的效力体现为：首先，债务人就转让的债权对受让人负履行义务。其次，债务人对受让人享有抗辩权。《合同法》第 82 条规定："债务人接到债权转让通知后，债务人对让与人的抗辩，可以向受让人主张。"再次，债务人对受让人享有抵销权。《合同法》第 83 条规定："债务人接到债权转让通知时，债务人对让与人享有债权，并且债务人的债权先于转让的债权到期或者同时到期的，债务人可以向受让人主张抵销。"

---

① 参见崔建远主编：《合同法》，221 页，北京，法律出版社，2010。

② 参见申建平：《对债权让与通知传统理论的反思》，载《求是学刊》，2009（4）。

③ 参见申建平：《论债权让与通知的主体》，载《河南省政法管理干部学院学报》，2009（5）。

典型案例

债权让与中的抗辩纠纷案

某年3月，甲公司与乙超市签订采购合同，由甲公司于当年5月底之前供应乙超市10吨精品橄榄油，乙超市于当年7月15日之前支付货款30万元。合同签订后不久，橄榄油价格普遍上涨。甲公司在供货时，以普通橄榄油冒充精品橄榄油。其后，甲公司又与丙公司达成协议，由乙超市直接将货款30万元付给丙公司，以充作甲公司欠丙公司的货款。甲公司将其与丙公司达成的协议通知了乙超市。同年7月10日，乙超市发现甲公司交付的货物中大部分并非精品橄榄油，立即要求甲公司降低价格，甲公司则以已经将该合同债权转让给丙公司为由予以拒绝。7月15日，丙公司要求乙超市立即付款，乙超市以货物质量有问题为由予以拒绝。丙公司遂以甲公司和乙超市为被告诉至法院。

乙超市是否有权拒绝丙公司的付款请求？

在本案中，甲公司的履行不符合约定，乙超市可向甲公司主张先履行抗辩权，拒绝支付货款。在甲公司将其请求乙超市支付货款的债权转让给丙公司后，乙超市可依《合同法》第82条的规定，向丙公司主张其对甲公司享有的上述抗辩权。因此，丙公司要求乙超市付款时，乙超市可以主张先履行抗辩权而予以拒绝。因乙超市主张抗辩权导致丙公司行使债权受到不利影响后，基于让与人对转让债权负有的瑕疵担保义务，甲公司应向丙公司承担违约责任。

三、债务承担

（一）债务承担的含义

债务承担又称债务转移，是指不改变合同关系的内容，债务人将其债务全部或部分地转移给第三人承担。债务人称为转让人，第三人称为承担人。与债权让与合意一样，债务承担合意亦为无因行为。

与被让与债权的可让与性及其限制同理，债务承担也存在着债务可否由他人任意承担的问题。在法律对其转移的态度及约束机制上，债务承担与债权让与并无实质性不同。因此，《合同法》第79条关于债权转让的法律规定，应参照适用于债务承担，即债务承担也应受到合同性质、当事人约定及法律强制性规定的限制。

根据原债务人是否就第三人承担的债务免除责任为标准，可以将债务承担分为免责的债务承担和并存的债务承担。

（二）免责的债务承担

免责的债务承担是指第三人就其承担的债务取代原债务人的地位，并使原债务人就该部分债务免除责任的债务承担。由此可见，免责的债务承担并非一定由第三人承担原债务人的全部债务，即使其承担的是原债务人的部分债务，只要使得原债务人就该部分债务免于承担责任，就可成立免责的债务承担。

免责的债务承担一般是由债务人与第三人订立债务承担合同，债务人将其全部或者部分债务转由该第三人承担。根据《合同法》第 84 条，债务人将合同义务全部或者部分转移给第三人的，应当经债权人同意。此为保障债权人利益得以实现特设的法律机制。如债权人直接与第三人订立债务承担合同，则一般不必经债务人同意即可成立免责的债务承担，但应当通知债务人。例外的情形是，当该债务承担使得债务人的利益受有影响，或者债务人与债权人事先订有债务不得由他人代偿之约定时，应取得债务人的同意，否则不发生债务承担的法律效果。

免责的债务承担使承担人取代原债务人的地位，成为新的债务人，直接向债权人承担债务。原债务人不再承担履行义务，在承担人违约时，原债务人亦不再承担违约责任。另外，原债务人对承担人的偿还能力不负担保责任。

《合同法》第 85 条规定："债务人转移义务的，新债务人可以主张原债务人对债权人的抗辩。"另依该法第 86 条规定，新债务人还应承担与主债务有关的从债务，但该从债务专属于原债务人自身的除外。

如果他人为债务人履行债务提供了担保，则债务人将其债务转由第三人承担时，应当征得担保人的同意，否则担保人不再对转让的债务承担担保责任。例如，《物权法》第 175 条规定："第三人提供担保，未经其书面同意，债权人允许债务人转移全部或者部分债务的，担保人不再承担相应的担保责任。"

（三）并存的债务承担

并存的债务承担又称债务加入、附加的债务承担或重叠的债务承担，是指第三人加入到债的关系中，与原债务人一起对债权人承担债务。

并存的债务承担可以通过债务人与第三人订立债务承担合同的方式，使得第三人与原债务人一起对债权人负担债务。在这种情形下，债权人的债权并未受到损害，反而因为第三人的加入，使债权实现的可能性得以强化，故不以债权人的同意为必要。

并存的债务承担也可以通过债权人与第三人订立债务承担合同的方式，使第三人与原债务人一起对债权人负担债务。在这种情形下，原债务人并未因此受到损害，因此也不以债务人同意为必要。

在并存的债务承担中，原债务人与承担人对债权人所负债务的性质如何，我国法律并未作出规定。多数学者将其认定为连带债务。[①] 本书认为，如将债务人与承担人的债务性质理解为按份债务，则债务人与承担人的债务相互独立，即债务人对承担人所负债务完全免责，此时应视为就部分债务成立免责的债务承担，而非并存的债务承担，因此"按份债务说"不具有合理性。如将债务人与承担人的债务性质理解为连带债务，则其中一人享有的抗辩事由对另一人亦有效力，对债权人不利，有违并存债务承担设立的初衷，亦不具有合理性。如将债务人与承担人的债务性质理解为不真正连带债务，则一方面可使债务人与承担人对债权人负连带债务，另一方面又可避免债务人与承担人在抗辩事由上的相互影响，使得债权获得双重保障，与并存债务承担的制度价值相吻合，因此，这种理解应当成为解释并存债务承担中债务人与承担人对债权人所负债务性质的最佳选择。

当然，上述分析针对的是当事人未就债务性质作出明确约定的情况。如果当事人将债

---

① 参见王利明、房绍坤、王轶：《合同法》，181 页，北京，中国人民大学出版社，2013。

务性质明确约定为连带责任，则应尊重当事人的约定。

四、合同权利义务的概括转移

（一）合同权利义务概括转移的含义

合同权利义务的概括转移是指不改变合同关系的内容，合同一方当事人将其权利义务一并转移于第三人，第三人概括地继受该权利义务。

合同权利义务的概括转移，主要基于当事人之间的法律行为而产生，此为意定概括转移。《合同法》第 88 条规定："当事人一方经对方同意，可以将自己在合同中的权利和义务一并转让给第三人。"合同权利义务的概括转移有时也基于法律的规定而产生，此为法定概括转移。《合同法》第 90 条规定："当事人订立合同后合并的，由合并后的法人或者其他组织行使合同权利，履行合同义务。当事人订立合同后分立的，除债权人和债务人另有约定的以外，由分立的法人或者其他组织对合同的权利和义务享有连带债权，承担连带债务。"

需要说明的是，《合同法》规定的合同权利义务的"一并转让"，意在表明合同当事人既转让合同债权，也转让合同债务，而非是指合同权利义务的全部转移。因此，合同权利义务的概括转移可以是合同权利义务全部转移给承受人，即全部转移，承受人因此取代出让人的法律地位，成为新的合同当事人；还可以是合同权利义务的部分转移，即一部转移，在此情况下，承受人依其与出让人之间达成的合同权利义务转移的份额和性质，享有合同权利，承担合同义务。

（二）合同权利义务概括转移的表现形式

1. 合同承受

合同承受又称合同承担，是指合同一方当事人将其权利和义务全部或部分转移给第三人，由该第三人在转移的范围内承受合同上的地位，享有合同权利、承担合同义务。

合同承受一般基于当事人和第三人之间的合意而发生，但也可基于法律规定而发生。例如，《合同法》第 229 条规定："租赁物在租赁期间发生所有权变动的，不影响租赁合同的效力。"据此，租赁物买卖合同的买受人取得租赁物所有权的同时，还承受了原出租人的权利和义务。又如，《城市房地产管理法》第 42 条规定："房地产转让时，土地使用权出让合同载明的权利、义务随之转移。"

《合同法》第 88 条规定，合同承受必须经对方当事人的同意才能产生合同承受的法律效力。另外，承受的合同须为双务合同，而不能是单务合同。因为单务合同只能发生特定承受，即债权让与或债务承担，不可能发生债权债务的概括转移。

2. 当事人的合并与分立

当事人的合并是指在合同有效存续期间，合同一方当事人与第三人合并为一个民事主体。当事人的分立是指在合同有效存续期间，合同一方当事人分立为两个或两个以上的民事主体。无论当事人的合并还是当事人的分立，仅针对当事人为法人或非法人组织的情形。

在当事人合并或分立时，发生主体的变更，一个新的民事主体承受原当事人在合同中的权利和义务，因此属于合同权利义务的概括转移。

当事人合并或分立引起的债权债务的概括转移属于法定转移，并非基于当事人的合意，不以相对人的同意为必要。

《合同法》第 90 条规定，当事人订立合同后合并的，由合并后的法人或非法人组织行使合同权利，履行合同义务。当事人订立合同后分立的，除债权人与债务人另有约定外，由分立的法人或者非法人组织对合同的权利和义务享有连带债权，承担连带债务。

（三）合同权利义务概括转移的效力

合同权利义务的概括转移既包括合同债权的转让，也包括合同债务的转移。根据《合同法》第 89 条，权利和义务一并转让的，涉及合同权利转让的部分适用债权让与的有关规定，涉及合同义务转移的部分则适用债务承担的有关规定。

【深度阅读】

1. 王利明．合同法新问题研究．北京：中国社会科学出版社，2011．第十五章
2. 韩世远．合同法总论．北京：法律出版社，2011．第八章
3. 吴国喆．债权让与中的受让人保护．西北师大学报（社会科学版），2012（6）
4. 李宇．债权让与的优先顺序与公示制度．法学研究，2012（6）
5. 徐伟，黄喆，沈杰．工程承包合同变更的限制．东南大学学报（哲学社会科学版），2012（3）
6. 申建平．对债权让与通知传统理论的反思．求是学刊，2009（4）
7. 赵葳．论债权让与对债务人之效力——以通知与承诺为视角．法制与社会，2009（7）
8. 黄小育．我国债权让与制度的完善．行政与法，2009（12）
9. 崔聪聪．债权让与融资的法律障碍及其克服．政法论坛，2011（1）
10. 申建平．论债权让与通知的主体．河南省政法管理干部学院学报，2009（5）
11. 王屹东．同一债权双重让与不适用善意取得．人民司法，2009（10）

【问题与思考】

1. 合同变更的条件和效力分别是什么？
2. 不可转让的合同债权有哪些？
3. 债权让与的效力是什么？
4. 免责的债务承担与并存的债务承担有何区别？

第九章 合同权利义务的终止

导读

合同权利义务的终止是指由一定的法律事实所引起的合同当事人权利义务消灭的法律现象。本章介绍了合同权利义务终止的含义、原因及效力，并详细分析了导致合同权利义务终止的六种方式——清偿、解除、抵销、提存、免除和混同。应重点掌握这六种方式的含义、特点、构成要件及效力，以及我国法律规定的一些相关具体制度。

第一节 合同权利义务的终止概述

一、合同权利义务终止的含义

合同权利义务的终止是指由一定的法律事实所引起的合同当事人权利义务消灭的法律现象。依《合同法》第6章规定，合同权利义务终止的原因包括清偿、解除、抵销、提存、免除和混同。

二、合同权利义务终止的原因

在民法理论上，合同权利义务终止的原因分为如下四类：

1. 合同目的消灭。这又可以分为目的实现和目的不能达到两种情况。合同目的实现是指债务人按照约定履行了合同，这是导致合同权利义务终止最主要的原因。例如，合同关系因清偿而终止。合同目的不能达到是指当事人的合同利益在客观上无法实现。由于不可归责于当事人的原因，债务不能履行，债务人的履行义务即可免除，从而合同权利义务终止。例如，在与当事人人身不可分离的合同关系中，债务人死亡或者丧失民事行为能力导致合同义务无法履行，合同权利义务终止。

2. 当事人的意思。例如，合同权利义务因当事人以协议、行使解除权的方式予以解除而终止；互负债务的当事人之间，在有可抵销的情形时，一方可以抵销的方式消灭当事人之间的权利义务。

3. 法律规定的某种事实的发生。法律为了维护财产关系的稳定性，规定当某种法律事实出现时，合同权利义务终止。此类情形以混同为典型，即债权人和债务人为同一主体时，债务的履行成为不必要，直接产生合同权利义务终止的效果。

4. 作为合同权利义务存在基础的法律行为被撤销。合同当事人在意思表示不真实或者显失公平的情形下订立的合同，是可撤销的合同，在合同被撤销后，合同归于无效，合同权利义务终止。

《合同法》第 91 条规定："有下列情形之一的，合同的权利义务终止：（一）债务已经按照约定履行；（二）合同解除；（三）债务相互抵销；（四）债务人依法将标的物提存；（五）债权人免除债务；（六）债权债务同归于一人；（七）法律规定或者当事人约定终止的其他情形。"该条规定的各种合同终止的原因分别属于上述不同的情形。实践中，当事人死亡或丧失民事行为能力而合同权利义务无人继受、合同期满等情况的出现，也使得合同权利义务终止。另外，该条"法律规定或者当事人约定终止的其他情形"的规定也表明，除《合同法》及其他法律规定的合同权利义务终止的情形外，法律还允许当事人约定合同权利义务终止的原因，这反映了《合同法》充分尊重当事人意思自治的立法原则。

此外，当事人以一个新合同取代一个旧合同，使旧合同的权利义务终止，确立新的权利义务关系，在学理上称为合同更新，但我国法律未对此作出规定。

三、合同权利义务终止的效力

合同权利义务的终止产生如下法律效力：

1. 合同关系消灭，从权利义务终止。一般情况下，在合同权利义务终止时，当事人不必主张即自动脱离合同关系，并使合同关系消灭。合同关系消灭后，依附于该合同的从权利义务也随之消灭，如各种担保物权、保证债务均归于消灭。不过，有的终止原因并不导致合同关系全部消灭，而只是使某一方当事人的权利义务消灭，或只是在一定范围内使当事人双方的权利义务终止，如抵销、提存、免除。

2. 返还负债字据。负债字据为合同权利义务的证明，合同关系消灭后，债权人应当将负债字据返还给债务人。如果字据丢失，债权人应当向债务人作出债务消灭的证明，以维护交易的安全和稳定。

3. 合同权利义务的终止并不影响合同中结算、清理条款和有关争议解决条款的效力。《合同法》第 98 条规定："合同的权利义务终止，不影响合同中结算和清理条款的效力。"结算和清理条款是处理双方在经济往来中产生的、合同终止后遗留的财产问题的条款，争议解决条款是当事人解决合同纠纷的处理办法，二者都是当事人事先约定的，涉及对合同权利义务终止后事务的处理，具有相对独立性，不受合同关系消灭的影响。

4. 违反合同一方对受损害方仍需承担损害赔偿责任。在合同存续期间内，如一方当事人违反合同，损害了相对人的利益，则在合同权利义务消灭时，违约方仍应承担损害赔偿责任。

5. 当事人仍负有后合同义务。后合同义务是指合同权利义务终止后，当事人依照诚实信用原则和交易习惯应当履行的义务。《合同法》第 92 条规定："合同的权利义务终止后，当事人应当遵循诚实信用原则，根据交易习惯履行通知、协助、保密等义务。"法律规定当事人负有后合同义务是为了维护合同履行效果以及妥善处理合同权利义务终止后的事务，保护正常的交易秩序。后合同义务虽不属于原合同的义务，但合同当事人违反后合同义务的，也应当承担相应的损害赔偿责任。《合同法司法解释二》第 22 条明确规定："当事人一方违反合同法第九十二条规定的义务，给对方当事人造成损失，对方当事人请求赔偿实际损失的，人民法院应当支持。"

典型案例

张某诉甲医院损害赔偿纠纷案

某年 10 月 22 日，张某因难产，赴甲医院救治。该院在对张某采取了急救措施后，告知张某需转院治疗。张某家人遂自行联系车辆和医院，将张某转至乙医院救治。在转院途中，甲医院未派医护人员陪送。张某入住乙医院后，因胎死且出血不止，乙医院为其进行了子宫次全切除术。后经有关部门鉴定，张某的子宫次全切除构成 5 级伤残。次年 7 月 4 日，当地医学会对该医疗事故作出技术鉴定，认为甲医院对张某妊娠高血压疾病、胎盘早剥医疗风险认识不足，病情观察不细，处理措施不规范，子宫次全切除与胎儿死亡有因果关系，张某病例构成二级乙等医疗事故。张某遂诉至法院，要求甲医院承担损害赔偿责任。①

本案中，甲医院是否应对张某承担损害赔偿责任，其依据是什么？

张某因难产赴甲医院救治，即与甲医院建立医疗服务合同关系。该合同于张某停止在甲医院的治疗时终止。不过，在张某转院途中，甲医院仍应负有指派医护人员护送的后合同义务。甲医院在张某病情严重的情况下，未派员护送其转院，违反了后合同义务，并造成了张某的实际损害，应当承担损害赔偿责任。

第二节　清　偿

一、清偿概述

清偿是指债务人按照合同的约定适当地履行合同义务，实现债权人权利的行为。清偿与履行的意义基本相同，只不过履行是从合同的效力、合同的动态角度而言的，而清偿则是从合同权利义务终止、合同关系消灭的角度着眼的。

当事人订立合同就是为了实现合同目的。债务一旦得到了清偿，债权人的合同利益即

---

① 参见沈德咏、奚晓明主编：《最高人民法院关于合同法司法解释（二）理解与适用》，164～165 页，北京，人民法院出版社，2009。

得以实现。在单务合同中，债务清偿即产生合同权利义务终止的效果；但在双务合同中，只有合同双方的债务均得以清偿，才发生合同权利义务终止的法律效果。因此，作为合同权利义务终止原因的清偿，指的是使合同关系中单方或者双方的所有债务负担均消灭的清偿。

清偿的最终目的是合同债权的实现。从这个意义上说，债务人或第三人的履行都可以实现清偿的效果。债务人履行债务实现债权人利益，当然构成清偿；第三人对债权人为给付，也是一种清偿行为。此外，即使依强制执行或者实现担保物权而使债权得到满足，也发生清偿的效果。

关于清偿（履行）的具体内容，请参见本书第六章的有关内容，此处仅介绍两种特殊的清偿情形：清偿抵充和代物清偿。

二、清偿抵充

（一）清偿抵充概述

清偿抵充是指债务人对同一债权人负有同种类的数宗债务，但没有能力清偿所有债务时，决定其履行行为抵充其中某宗或某几宗债务的规则。当设有担保物权的债务、一般的债务、附条件与未附条件的债务、到期与未到期的债务都存在于该数宗同种类债务的时候，债务人的清偿究竟抵充哪一宗债务，关系到当事人双方甚至是第三人的利益。清偿抵充通过决定这些债务的清偿顺序，来解决这种复杂的履行问题。

清偿抵充需具备如下构成要件：（1）必须是债务人对同一债权人负有数宗债务。该数宗债务的取得方式、有无担保、是否到期，均在所不问。若债务人仅负担一宗债务，在其履行不能完全清偿债务时，仅发生部分清偿而非清偿抵充。（2）该数宗债务的种类必须相同。种类不相同的债务不发生清偿抵充的问题，只要债务人对某宗债务为给付行为，该宗债务即可消灭。（3）必须是债务人的履行不足以清偿所有债务，但能够清偿其中至少一宗债务，否则债权人可以拒绝其部分履行，而不发生清偿抵充的效果。[①]

（二）清偿抵充的方法

清偿抵充的方法一般有约定抵充、债务人指定抵充和法定抵充三种。对于抵充的顺序，大多数国家所确立的规则是：有约定从约定，无约定依指定，无指定依法定。[②]（1）约定抵充。当事人约定该履行行为消灭哪一宗债务时，依其约定。该约定既可以是明示的，也可以是默示的。但在该抵充的债务消灭后，当事人之间不得再就该履行行为缔结关于债务清偿抵充的合同，这主要是为了防止已消灭的债务复活，从而使已免责的保证人等第三人的利益受到影响。[③]（2）债务人指定抵充。若当事人之间没有约定，债务人有权单方面指定其履行行为清偿的是哪一宗债务。债务人的该项权利是一种形成权，行使时必须向债权人以明示方式作出意思表示，一经行使，不得撤回。（3）法定抵充。当事人没有约定、债务人也没有指定时，则依法律所确立的规则确定抵充顺序。鉴于审判实践中遇到的指定抵充较

---

① 参见崔建远主编：《合同法》，269页，北京，法律出版社，2010。

② 参见沈德咏、奚晓明主编：《最高人民法院关于合同法司法解释（二）理解与适用》，156页，北京，人民法院出版社，2009。

③ 参见陈建勋：《论债的清偿抵充》，载《人民司法》，2001（11）。

为少见，故《合同法司法解释二》只规定了约定抵充和法定抵充。[①] 该司法解释第 20 条规定："债务人的给付不足以清偿其对同一债权人所负的数笔相同种类的全部债务，应当优先抵充已到期的债务；几项债务均到期的，优先抵充对债权人缺乏担保或者担保数额最少的债务；担保数额相同的，优先抵充债务负担较重的债务；负担相同的，按照债务到期的先后顺序抵充；到期时间相同的，按比例抵充。但是，债权人与债务人对清偿的债务或者清偿抵充顺序有约定的除外。"

另外，《合同法司法解释二》第 21 条规定："债务人除主债务之外还应当支付利息和费用，当其给付不足以清偿全部债务时，并且当事人没有约定的，人民法院应当按照下列顺序抵充：（一）实现债权的有关费用；（二）利息；（三）主债务。"

三、代物清偿

代物清偿是指债务人以其他种类的给付代替合同原定种类的给付，债权人受领而使债务消灭的制度。《合同法》并未规定代物清偿制度，其他大陆法系国家如德国、日本对此作了规定。

依通说，代物清偿的构成要件如下：（1）合同的原债务存在。如果债务自始不存在或者已经消灭，债务人的代物清偿无效，可请求返还。（2）债务人以新的不同种类的给付代替合同约定的给付。债务人给付的标的可以是行为、财产（包括物、无形财产和工作成果）或者权利，这三者间可以互相替代。即使前后给付的标的同属于三者之一，但只要种类不同亦可。至于前后给付标的在价值上的差异，并不影响代物清偿的成立，只要合同当事人达成合意即可。如果前后给付的标的相同，则为正常的债务清偿，而非代物清偿。（3）当事人必须就代物清偿达成合意。如果只有债权人或者债务人一方的意思，则不能成立代物清偿。当第三人代为清偿时，其也可以与债权人达成给付其他种类标的的合意，从而发生代物清偿的效果。约定或者法定的清偿人与清偿受领人之间均可约定代物清偿。[②]（4）债务人为给付行为且债权人现实地受领给付。如果只有当事人的合意，债务人没有给付或者债权人没有实际受领给付，则不发生代物清偿的效果。

典型案例

张某诉丁某债务清偿纠纷案

丁某向张某借款 20 万元用于经商，后又与市城建办公室签订预购商业街店面房合同，约定：房屋建成后，由丁某验收，并负责办理房产证。商业街店面房建成后，丁某交付了房款，从市城建办公室接管使用所购得的店面房，并在房管部门办理了产权登记，领取了产权证书。因欠张某的借款，丁某便与张某订立以店面房抵债合同，约定该店面房以 20 万元抵偿给张某，产权归张某所有。后来因丁某与其他人发生债务纠纷，该店面房被当地人

---

① 参见沈德咏、奚晓明主编：《最高人民法院关于合同法司法解释（二）理解与适用》，157 页，北京，人民法院出版社，2009。

② 参见崔军：《代物清偿的基本规则及实务应用》，载《法律适用》，2006（7）。

民法院查封，致使张某未能办成店面房产权过户登记手续，引起纠纷。张某要求丁某偿还债务，丁某则认为债务在店面房抵债合同成立时即已偿还。张某遂向法院起诉，要求丁某偿还债务。

在本案中，丁某以店面房抵偿其所欠张某的借款是否发生代物清偿的效力？

代物清偿要发生消灭债的关系的效力，必须具备下列构成要件：合同的原债务存在，债务人以新的不同种类的给付代替合同中约定的给付，当事人必须就代物清偿达成合意，债务人为给付行为且债权人现实地受领给付。在本案中，丁某以其享有合法产权的房屋抵偿其所欠张某的债务，双方当事人的意思表示真实，但是法院查封了该店面房使得张某没能办理登记过户手续，因而张某没有现实地受领该代偿给付，代物清偿并没有完成。因此，债务人丁某与债权人张某之间债的关系没有消灭，丁某仍负有偿还义务。

第三节 解 除

一、解除概述

（一）解除的含义

解除是指合同履行完毕之前，依一方意思表示或双方合意，当事人双方均终止履行尚未履行的债务，并对已经履行的债务进行清算，从而消灭合同。

合同严守是合同法的基本原则，生效合同对当事人具有法律效力。当事人应当依照约定履行自己的义务，不得擅自变更或者解除合同。但是，在合同有效存续期间，可能会出现当事人不能预见的客观情况的变化，或者当事人违反合同义务，使得合同的履行成为不必要或者不可能，合同当事人一方甚至双方订立合同的目的难以实现等情况。此时，若仍固守合同的约束力，对合同当事人一方甚至双方并无益处，对于社会整体利益的促进也无意义。因此，法律应允许当事人通过合意或者行使解除权的方式，终止权利义务。

（二）解除的特点

1. 解除以并非无效的合同为标的

无效合同自始、当然、确定、绝对地没有法律约束力，没有解除的必要。其他效力状态下的合同，均可成为解除的对象。可撤销合同在被撤销之前是有效的，当然可以解除。效力未定合同因未完全满足生效要件而处于效力不确定状态，如当事人不愿继续受此种效力状态的合同约束，则可合意解除合同。不过，一般而言，解除以生效合同为标的，且以该合同尚未履行完毕为要求。本节后述内容即以生效合同为分析对象。如果合同权利义务已因清偿、抵销、混同等原因终止，即无解除的可能。

2. 一般只有在具备解除条件时，合同才能解除

在合同生效后，当事人不得随意解除合同，以维护合同严守原则。只有在发生合同约定或法律规定的解除条件时，当事人才可行使解除权，消灭合同。不过，在当事人合意解除合同时，当事人意思表示一致是解除合同的唯一事由，不需要特定的解除条件。

3. 原则上必须有解除行为

我国并不采取合同当然解除主义，具备解除条件只是具备了解除的前提。因此，除因适用情势变更原则，法院或者仲裁机构决定解除合同外，当解除条件具备时，当事人须实施解除行为，才能发生合同解除的效果。合意解除本身就含有解除行为；当事人行使解除权须通知合同相对人，解除通知到达相对人时合同解除。

4. 解除的法律后果是当事人双方均终止履行尚未履行的债务，并对已经履行的债务进行清算，从而消灭合同。

《合同法》第 97 条规定，合同解除后，尚未履行的，终止履行；已经履行的，根据履行的情况和合同性质，当事人可以要求恢复原状、采取其他补救措施，并有权要求赔偿损失。

二、解除的类型

（一）合意解除与单方解除

根据解除合同的方式的不同，可以将解除分为合意解除和单方解除。

合意解除又称协议解除，是指当事人通过协商达成合意，将合同解除的行为。它不以解除权的存在为必要，解除行为体现为当事人的合意。合意解除实质上是一种合同行为，即当事人之间达成一个新合同，而该合同的内容就是终止另一既存合同的履行，并对已履行债务进行清算。

单方解除是指当具备解除条件时，当事人一方或双方行使约定或法定解除权，将合同解除的行为。单方解除以当事人享有约定或法定的解除权为必要，当事人行使解除权不需要对方的同意，只要把解除合同的意思表示通知对方，通知到达时即可产生解除的效力。如果对方当事人有异议，则可以向法院或者仲裁机构请求确认解除的效力。

由此可见，合意解除与单方解除的区分并不在于解除主体的人数，而在于是否以解除权的存在为必要。合意解除要通过当事人协商而实现，单一主体不能完成解除行为；而在单方解除中，即使当事人双方均享有解除权，但只要一方行使了解除权，即可产生合同解除的法律效果。

（二）约定解除与法定解除

根据解除权是基于当事人之间的约定还是法律的规定，可以将单方解除分为约定解除和法定解除。约定解除和法定解除都以解除权的存在为前提，要达到合同解除的效果，享有解除权的一方必须向对方作出解除的意思表示。

1. 约定解除

约定解除是指当事人在合同中为一方或双方设定行使解除权的条件，当解除条件出现时，当事人即可行使解除权，以解除合同。基于合同约定而产生的解除权称为约定解除权，当事人之间达成的解除权合意称为解约条款。约定解除权可以赋予当事人一方，也可以赋予当事人双方。只要解约条款不违反法律的强制性规定和公序良俗，解除的条件成就时，享有解除权的一方就可以直接通知相对人来解除合同。在约定解除中，解除权的行使、期限和效力均可由当事人约定。

2. 法定解除

法定解除是指法律规定合同当事人行使解除权的条件，当解除条件出现时，当事人即可行使解除权，以解除合同。基于法律规定而产生的解除权称为法定解除权，其既可由当事人一方享有（如一方根本违约时，只有对方当事人享有解除权，违约方则无解除权），也可由当事人双方享有（如发生不可抗力致使当事人双方的合同目的均不能实现时，合同双方均享有解除权）。当事人不得以约定排除法定解除权，否则约定无效。例如，合同不得约定一方拒绝履行时，非违约方无权解除合同。但是，约定解除可以对法定解除进行补充，并可对法定解除事由作扩大解释，只要不违反法律的强制性规定和公序良俗即可。例如，合同可以约定一方违反某项附随义务时，对方有权解除合同。

实务探讨

约定解除权与法定解除权在行使上的关系

对于当事人是否可同时行使约定解除权和法定解除权，有人主张基于意思自治原则，约定解除权可排斥法定解除权；但也有人持反对观点，主张法定解除权大于约定解除权，法定解除权在任何时候都可适用。[①]

本书认为，关于约定解除权与法定解除权在行使上的关系，应依情形具体分析。如解除条件并无覆盖、交叉之处，则二者并行不悖，互不排斥。如解除条件存在覆盖，则在覆盖部分，当事人可以择一行使解除权，亦可同时行使法定解除权和约定解除权。对覆盖之外的部分，则由当事人行使该解除条件对应的解除权。例如，甲与乙之间的合同约定，任何一方迟延履行债务，对方当事人均有权解除合同。依《合同法》第 94 条，当事人一方迟延履行主要债务，经催告后在合理期限内仍未履行，或者当事人一方迟延履行债务致使不能实现合同目的，当事人可以解除合同。如甲迟延履行债务，则乙既享有约定解除权，又享有法定解除权，且约定解除权的解除条件大于法定解除权的解除条件，即前者覆盖后者。就覆盖部分的解除条件，应允许乙自行决定如何行使解除权。他既可以选择行使约定解除权，也可以选择行使法定解除权，还可以同时行使约定解除权和法定解除权。就覆盖部分之外的解除条件，乙只能行使相对应的解除权，即约定解除权。总之，如解除条件存在交叉，则在交叉部分，当事人既可以择一行使解除权，亦可同时行使法定解除权和约定解除权。对交叉之外的部分，则由当事人行使该解除条件对应的解除权。

3. 一般法定解除与特别法定解除

根据解除条件适用的合同范围不同，可以将法定解除分为一般法定解除与特别法定解除。一般法定解除是指法定的解除条件适用于所有或绝大多数合同的解除，主要指《合同法》第 94 条规定的合同解除。特别法定解除是指法定的解除条件仅适用于特定合同的解除，如《合同法》分则及其他法律针对特定合同类型规定的解除条件。

---

① 参见崔建远、吴光荣：《我国合同法上解除权的行使规则》，载《法律适用》，2009（11）。

三、解除条件

（一）约定解除的条件

约定解除最本质的特点就是行使解除权的条件完全由合同当事人约定。当事人可以在合同中约定一方或双方行使解除权的条件，也可以另行合意确定一方或双方行使解除权的条件。约定的解除条件只要不违反法律的强制性规定或者公序良俗，即具有法律效力。当约定的条件成就时，享有解除权的一方就可以直接通知对方解除合同。

（二）法定解除的条件

因法定解除包括一般法定解除与特别法定解除，因而法定解除的条件也存在法定解除的一般条件与法定解除的特别条件之分。

1. 法定解除的一般条件

根据《合同法》第 94、69 条及《合同法司法解释二》第 26 条之规定，法定解除的一般条件包括如下情形：

（1）因不可抗力致使不能实现合同目的

不可抗力是指在合同有效存续期间发生的，当事人不能预见、不能避免并不能克服的客观情况，如地震、洪水等自然灾害或罢工、政变等社会事件。关于不可抗力的阐述，请参见本书第十章的相关内容。只有在不可抗力的发生致使当事人不能实现合同目的时，当事人才可行使解除权。这是因为，在此种情况下，当事人的合同利益丧失，合同失去了继续存在的基础。因不可抗力导致合同目的无法实现的一方当事人，享有解除权。如当事人双方的合同目的均因不可抗力而无法实现，则双方当事人均享有解除权。

（2）债务人在履行期限届满之前拒绝履行主要债务

拒绝履行是指债务人无正当理由拒不履行义务。拒绝履行既可发生在履行期限届满之前，也可发生在履行期限届满之后。《合同法》第 94 条第 2 项规定，“在履行期限届满之前，当事人一方明确表示或者以自己的行为表明不履行主要债务”的，当事人可以解除合同。可见，当债务人在履行期限届满之前拒绝履行时，债权人有权解除合同。“履行期限届满之前”包含两种情况：一是履行期限到来之前，二是履行期限到来之后至届满之前。

此处的“主要债务”是指合同中的主给付义务，即合同关系所固有、必备，并用以决定合同类型的基本义务。如果主给付义务不可分，则“主要债务”是指主给付义务的全部（如交付一台电视机）。如主给付义务可分，则“主要债务”是指主给付义务的多数。

另外，只有在债务人无正当理由拒绝履行主要债务的情况下，债权人才可行使解除权。如果债务人具有合理的抗辩理由而拒绝履行合同义务，如行使同时履行抗辩权或不安抗辩权，则不构成拒绝履行，债权人无权解除合同。

（3）债务人迟延履行主要债务，经催告后在合理期限内仍未履行

迟延履行是指债务人能够履行，但履行期限届满仍未履行债务。《合同法》第 94 条第 3 项规定，当事人一方迟延履行主要债务，经催告后在合理期限内仍未履行时，相对人可解除合同。

这一规定适用于履行期限在合同的内容上不特别重要的情形，即使债务人在履行期限

届满后履行，也不至于使合同目的落空。[①] 所以，虽然当事人一方迟延履行的债务属于主要债务，但相对人如要解除合同，仍然需要经过催告程序，即债权人应向债务人发出履行催告，并可给予其履行的宽限期。如果债务人在该宽限期内仍未履行债务，则债权人可解除合同。但应当注意的是，宽限期应具合理性，债权人不应过于苛求债务人，以达到解除合同的目的。如果债权人给予债务人履行宽限期，债务人在合理期限内仍未履行债务的，则债权人可解除合同。例如，《商品房买卖司法解释》第 15 条规定，出卖人迟延交付房屋，经催告后在 3 个月的合理期限内仍未履行，买受人可解除合同。

（4）其他违约行为致使不能实现合同目的

对于因违约而解除合同的法定条件，《合同法》第 94 条除规定上述两种情形外，还规定了另外一种情形，即“当事人一方迟延履行债务或者有其他违约行为致使不能实现合同目的”，本书将其概括为“其他违约行为致使不能实现合同目的”。

依该条规定，无论违约行为的类型如何，违反合同义务的性质如何，只要其严重程度达到使相对人不能实现合同目的的程度，相对人即可解除合同。本书认为，违约行为的类型可以分为不能履行、拒绝履行、迟延履行、不完全履行和债权人迟延。无论是哪种违约行为，均可能导致合同解除。至于当事人违反合同的义务，可以是主给付义务，也可以是从给付义务（《买卖合同司法解释》第 25 条还专门就债务人违反从给付义务时，债权人是否可以解除合同作出如下规定：“出卖人没有履行或者不当履行从给付义务，致使买受人不能实现合同目的，买受人主张解除合同的，人民法院应当根据合同法第九十四条第（四）项的规定，予以支持。”这是我国合同立法首次引入“从给付义务”概念，并就违反该种义务的法律效果作出明确的规定）、附随义务。所谓“合同目的”，是指当事人意欲通过合同履行达到的效果，应依合同的具体情形而定。即使就同一性质的合同，不同当事人的合同目的亦不相同，有的追求时间效率，有的追求履行地点的特定性，有的则要求标的物的完美无缺。如果当事人已经在合同中表达了特定合同目的，或者其特定合同目的已为对方所知，则在对方违约致使该合同目的不能实现时，该当事人可以解除合同。如当事人无特定合同目的，则对合同目的的判断应依合同的性质而定。例如，就买卖合同而言，买受人的合同目的是取得标的物的所有权，且该标的物应无瑕疵。因此，《合同法》第 148 条规定，因标的物质量不符合质量要求，致使不能实现合同目的的，买受人可以解除合同。《商品房买卖司法解释》第 8 条规定，商品房买卖合同订立后，出卖人未告知买受人又将该房屋抵押给第三人，导致商品房买卖合同目的不能实现的，无法取得房屋的买受人可以请求解除合同。

（5）先履行方行使不安抗辩权，对方未恢复履行能力且未提供适当担保

依《合同法》第 69 条，在双务合同中，应当先履行义务的当事人行使不安抗辩权后，对方在合理期限内未恢复履行能力并且未提供适当担保的，先履行方可以解除合同。

（6）因情势变更而由法院解除合同

《合同法司法解释二》第 26 条规定，在发生情势变更时，当事人请求人民法院解除合同的，人民法院可根据公平原则，并结合案件的实际情况确定解除合同。

---

① 参见崔建远主编：《合同法》，249 页，北京，法律出版社，2010。

2. 法定解除的特别条件

《合同法》第 94 条第 5 项规定，有“法律规定的其他情形”的，当事人亦可解除合同。所谓“法律规定的其他情形”，是指《合同法》分则或其他法律针对特定类型的合同规定的解除情形。这些情形中的绝大多数均要求具备解除条件，即法定解除的特别条件。例如：《合同法》第 167 条第 1 款规定，分期付款的买受人未支付到期价款的金额达总额 1/5 时，出卖人有解除权。该法第 203 条规定，借款人违反贷款用途时，贷款人有解除权。该法第 224 条第 2 款规定，承租人擅自转租时，出租人有解除权。

由于法定解除的特别条件因合同的种类和性质不同而差异很大，因而难以一一列举。

在《合同法》分则或其他法律规定的解除情形中，应当注意有关任意解除权的规定。所谓任意解除权，是指法律赋予当事人一方或双方无须任何理由而解除合同的权利。此种解除权是基于合同的特殊性质、双方的信赖关系以及不定期的合同而产生的，主要包括：不定期租赁合同中双方的任意解除权（《合同法》第 232 条）、承揽合同中定作人的任意解除权（《合同法》第 268 条）、货运合同中托运人的任意解除权（《合同法》第 308 条）、委托合同中双方的任意解除权（《合同法》第 410 条）。

四、解除程序

合意解除在当事人就解除合同事宜达成合意时，即产生解除的法律效果，无须特定程序。但是，当事人行使解除权则须经过一定的程序。

各国关于解除程序的规定主要存在如下模式：(1) 自动解除。合同在具备解除条件时自动解除，不以当事人的意思表示为必要。此为日本法所采用。(2) 当事人以意思表示的方式解除合同。在具备解除条件的情况下，解除权人将解除合同的意思通知对方时，发生解除的效力。此为德国法所采用。(3) 法院裁判。解除必须通过法院的司法行为进行裁判，当事人不得以意思表示终止合同关系。此为法国法所采用。不过，考虑到该种解除方式过于严苛，法国法规定了两种例外：一是特别规定的例外，对于食品及其他动产之买卖，法国法规定其解除可不经诉讼程序；二是约定例外，当事人在合同中订有明示的解除条款而排除司法解除时，则无须向法院提出。[①]

根据《合同法》第 96 条，我国采纳的基本规则是由当事人以意思表示的方式解除合同。在特殊情况下，由法院或仲裁机构裁判解除合同（情势变更原则之适用）。

(一) 当事人以意思表示解除合同

当合同约定或法律规定的解除条件出现时，当事人即可行使解除权。解除权人在法定期限或约定期限内将解除的意思通知合同相对人，即可发生解除的效果。《合同法》第 96 条规定，当事人解除合同的，应当通知对方，合同自通知到达对方时解除。

行使解除权的当事人依解除权产生的根据不同而有所差异：(1) 在约定解除的场合，应当根据当事人的意思而定。当事人既可以约定双方均可行使解除权，也可以约定只有一方可行使解除权。(2) 在法定解除的场合，可以分为因不可抗力产生的解除权和因当事人违约产生的解除权。因不可抗力导致合同目的不能实现时，如仅有一方的合同目的不能实

---

① 参见曾祥生：《论解除权之行使》，载《法学评论》，2010 (2)。

现，则该方可行使解除权；如双方的合同目的均不能实现，则双方均可行使解除权。在一方违约符合解除条件时，守约方可行使解除权，违约方不得行使解除权。在双方违约均符合解除条件时，任何一方均可以对方违约为由行使解除权。

当事人行使解除权应遵循如下规则：(1) 通知相对人。解除权是形成权，解除权人把解除的意思通知相对人即可产生解除的法律效果，不必采用诉讼或仲裁的方式，也不必征得对方的同意。通知的形式既可以是口头的，也可以是书面的。该通知到达相对人时，合同解除。在特殊情况下，解除权的行使可以采取推定的方式。① 如《企业破产法》第 18 条规定，法院受理破产申请后，管理人对破产申请受理前成立而债务人和对方当事人均未履行完毕的合同有权决定解除或者继续履行，并通知对方当事人。管理人自破产申请受理之日起 2 个月内未通知对方当事人，或者自收到对方当事人催告之日起 30 日内未答复的，视为解除合同。(2) 解除权人应在除斥期间内通知。除斥期间是形成权的存续期间。解除权既然属于形成权，当事人就不能无期限地永远享有，否则与形成权的性质相悖。② 因此解除权的行使应受除斥期间的限制，即当事人应在除斥期间内行使解除权。如除斥期间届满当事人仍未行使解除权，则解除权消灭。一般而言，除斥期间由法律规定或者当事人约定，如《商品房买卖司法解释》第 15 条第 2 款将商品房买卖合同解除权的除斥期间规定为“解除权发生之日起一年”。如果法律没有规定或者当事人没有约定解除权行使期限，且经对方催告后解除权人在合理期限内仍不行使解除权，则解除权消灭。例如，《商品房买卖司法解释》第 15 条第 2 款规定，如果法律没有规定或者当事人没有约定解除权的行使期限，则经对方当事人催告后，解除权行使的合理期限为 3 个月。(3) 法律、行政法规规定解除合同应当办理批准等手续的，当事人应依照其规定办理。(4) 相对人对合同解除有异议的，可以请求法院或仲裁机构确认解除合同的效力。《合同法司法解释二》第 24 条规定，当事人对合同解除有异议的，应在约定的异议期限内提出；如果当事人没有约定异议期间，则应当自解除合同通知到达之日起 3 个月内请求法院或者仲裁机构确认解除合同的效力。超过这一期限的，丧失提出异议的权利。在相对人对解除合同有争议时，解除权人亦可请求法院确认其解除合同的效力。

(二) 法院或仲裁机构裁判解除合同

法院或者仲裁机构裁判解除合同的程序是指在合同履行过程中发生情势变更时，当事人诉请法院或者仲裁机构裁判解除合同。由于当事人对情势变更的判断可能会与法律确定的标准有着相当大的差异，所以要由法院或者仲裁机构根据具体案情确定是否发生了情势变更，并决定是否解除合同，当事人自己无权直接解除合同。

五、解除的效力

(一) 解除的效力概述

传统民法理论认为，合同一经解除，则合同效力消灭。至于是溯及地消灭，还是仅向将来消灭，学者间见解不一，并形成如下三种学说：(1) 直接效果说。该说认为合同效

① 参见崔建远主编：《合同法》，257 页，北京，法律出版社，2010。

② 参见李先波、易纯洁：《无催告情形下合同解除权的消灭》，载《法学杂志》，2010 (2)。

力因解除而自始溯及消灭，与未订立合同时相同，未履行债务当然消灭，已履行债务则因欠缺法律上原因，应依不当得利返还。（2）间接效果说。该说认为解除并不能消灭合同关系，仅具有阻止其效力的作用，对于尚未履行的债务，产生拒绝履行抗辩权；对于已经履行的债务，产生新返还请求权。（3）折中说。该说认为解除仅向将来发生效力，未履行债务当然消灭，已履行债务则产生新返还请求权。[①] 以上三种学说可称为合同效力消灭说。

另有一种学说主张，解除仅消灭尚未履行的债务，合同效力并未消灭。在继续存在的合同框架下，将已履行债务回转成为清算了结关系。也就是说，在清算了结结束之前，合同继续存在，对于已履行债务，通过改变方向而成为“对置”（返还）关系；对于未履行债务，则因解除而消灭。[②] 此说已经成为德国民法学者的通说。此种学说认为，原以给付为中心的意定债务关系转变为以给付之返还为中心的法定债务关系[③]，原合同只是起到清算了结框架的作用。该学说可称为合同效力存续说。

本书认为，《合同法》将解除视为“合同权利义务终止”的方式，采取得是合同效力消灭说。另外，《合同法》第 97 条规定，合同解除后，尚未履行的，终止履行；已经履行的，根据履行情况和合同性质，当事人可以要求恢复原状、采取其他补救措施，并有权要求赔偿损失。可见，该条既未赋予未履行方以拒绝履行抗辩权，亦未明确规定解除的溯及力，且在恢复原状、采取其他补救措施、赔偿损失时，均应参考甚至依照合同约定进行。因此，《合同法》既未采直接效果说，亦未采间接效果说，应理解为采折中说。至于合同效力存续说，与《合同法》立法宗旨不符，不宜作为理解我国法上解除效力的依据。

基于上述分析，解除的效力是：（1）合同效力向将来消灭，双方当事人无须履行尚未履行的债务；（2）对于已履行债务，应恢复原状或采取其他补救措施；（3）违约方承担损害赔偿责任；（4）在清算完结之前，合同仍然存在，作为清算的依据，清算完结，合同消灭；（5）即使合同已经解除且清算完结，后合同义务仍然继续存在。

（二）不再履行尚未履行的债务

解除使合同效力向将来消灭，对于尚未履行的债务，终止履行。

（三）对于已履行债务，应恢复原状或采取其他补救措施

所谓恢复原状，是指合同当事人双方恢复到合同债务未履行的状态。因此，恢复原状一般表现为返还原物（包括动产和不动产）。在履行标的物为不动产且已办理移转登记时，应当先将受领人的登记注销，使登记恢复到给付人的名下。因解除并未使合同效力溯及消灭，受领人已经取得标的物的所有权，所以受领人返还原物并非所有物返还，宜理解为因解除而产生的、以恢复原状为内容的法定债权债务关系。

---

① 参见刘春堂：《民法债编通则（一）契约法总论》，389～390 页，台北，自版，2001。

② 参见杜景林、卢谌：《债权总则给付障碍法的体系建构》，226～227 页，北京，法律出版社，2007。

③ 参见［德］迪特尔·梅迪库斯：《德国债法总论》，杜景林、卢谌译，392 页，北京，法律出版社，2004。

理论研究

恢复原状与解除溯及力的关系

我国学者的传统观点认为恢复原状是解除溯及力的表现。[①] 有人对此提出质疑，认为恢复原状并非只能建构在解除具有溯及力的基础之上。解除并不消灭之前发生的合同关系，而是对已经履行的债务发生恢复原状的效果。[②] 本书认为，根据《合同法》第97条规定的合同解除可产生恢复原状的法律后果，即认为解除具有溯及力，或者认为恢复原状必为解除溯及力之表现的观点，就推论过程而言，的确值得商榷。不过，这并不意味着其结论必然错误。

问题的关键之一在于如何理解"解除溯及力"。如像法国法那样，将解除溯及力理解为合同效力溯及至合同成立时起消灭，即合同被视为从未成立[③]，则无法解释合同既未成立，为何解除权人可请求违约损害赔偿，也无法解释结算条款和解决争议条款的存续问题，所以此种意义上的"解除溯及力"是不足取的。为此，有学者提出了另外一种对"解除溯及力"的认识，即解除仅使双方当事人基于合同所发生的给付义务溯及订约时失其效力，当事人不得依该合同请求履行给付义务，至于当事人之间的合同关系并未随之消灭，从而合同中有关解决纠纷方法、合同解除后双方当事人权利义务关系或违约金等约定，均不因合同解除而受影响或失其效力。不过，合同内容有所变更，由请求履行给付义务的关系，转变为请求恢复原状及损害赔偿的关系。[④] 此种观点能够较好地解决本段前述内容提出的两个问题，但仍有不足之处，即所谓的"当事人之间的合同关系并未因解除消灭"是指合同整体，还是仅指合同中有关争议解决方法和结算的约定，不甚明确。

问题的关键之二在于解除溯及力是否为恢复原状的唯一根据。法国法认为恢复原状是解除溯及力的表现，而德国学者则认为解除不具有溯及力，并不消灭原债务关系，只是将其转变为返还性债务关系。[⑤] 可见，解除溯及力并非解释恢复原状的唯一理由。

本书认为，对恢复原状的理解，仍应在坚持合同效力消灭说的基础上展开，坚持解除仅使合同效力向将来消灭，当事人双方均无进一步履行的义务。但是，解除并无溯及力，对于已经履行的债务，合同仍然有效。不过，因合同解除，已经履行的债务发生法定的恢复原状的效果。合同成为解除清算的依据，而非当事人之间履行债务的依据。

如原物灭失，或者履行的标的为金钱、行为或者使用收益，则无法返还原物，只能采取其他补救措施，一般采取替代物返还或者折价返还的方式。如履行标的为金钱，还应返还自受领之日起的利息。如履行标的为金钱之外的物，且受领人在占有该物期间获得利益，则应返还所获利益，如受领物产生孳息，则应返还孳息。受领人保管给付所支出的必要费

① 参见王利明：《合同法新问题研究》，568页，北京，中国社会科学出版社，2011。

② 参见韩世远：《合同法总论》，531页，北京，法律出版社，2011。

③ 参见尹田：《法国现代合同法》，413页，北京，法律出版社，2009。

④ 参见刘春堂：《民法债编通则（一）契约法总论》，390～391页，台北，自版，2001。

⑤ 参见［德］迪特尔·梅迪库斯：《德国债法总论》，杜景林、卢谌译，392页，北京，法律出版社，2004。

用，可请求给付人偿还。

如当事人相互间所作给付的价值相当，且愿意维持给付状态，则应尊重当事人的意愿，无须恢复原状。

（四）损害赔偿

合同解除并不影响当事人追究对方的违约责任，除非该违约责任与合同解除的效力相冲突（如在合同解除后，当事人不得再要求对方继续履行合同），因此，合同解除与损害赔偿、支付违约金等违约责任形态可以并存。《合同法》第97条规定，合同解除后，当事人有权要求赔偿损失。不过，如何在合同解除的情况下适用损害赔偿的违约责任，则需进行具体分析。

1. 在当事人合意解除合同的情况下，合同解除可以与损害赔偿并存，当事人可依合同履行的具体情况确定损害赔偿责任的承担。

2. 在合同因不可抗力而解除时，由于合同解除无法归责于任何一方当事人，所以一般不产生损害赔偿责任。但是，在下述情况下，仍然会发生损害赔偿：（1）当事人一方迟延履行后发生不可抗力，致使不能实现合同目的；（2）在不可抗力发生时，当事人应采取补救措施，尽量减少不可抗力造成的损失。如果当事人未采取适当的补救措施，则应对扩大的损失负赔偿责任。

3. 在合同因一方违约而解除时，合同解除可以与损害赔偿并存。

4. 在合同任意解除的情况下，合同解除可以与损害赔偿并存。

（五）在清算完结之前，合同仍然存在

解除只是使合同效力向将来消灭，未履行的债务无须履行，已履行的债务恢复原状，但合同本身仍然存在，不过其功能已经发生改变，不再作为当事人之间设定债权债务关系的依据，而是作为清算的依据。《合同法》第97条规定，解除不影响合同中结算和清理条款的效力。结算条款是指约定当事人之间经济收支往来核算的合同条款，如运费的结算条款。清理条款是指约定合同终止时全面、彻底处理当事人之间权利义务的合同条款，如违约金条款、补偿条款、合作合同中剩余财产的分配条款、承包经营合同中对外债权债务的处理条款。至于结算和清理条款之外的其他合同内容，对当事人已经不再具有其原义上的效力（即作为履行债务依据的效力），而是作为清算的依据。例如，合同约定的履行期限是计算迟延履行违约金的依据。

在实践中，当事人一般在解除合同时即进行清算。但是，有时也会出现合同虽已解除，但未作清算或未全部完成清算的情形。在此情形下，任何一方当事人均可要求进行清算，或者请求法院或仲裁机构以裁判的方式进行清算。

在清算完结之后，合同消灭。

（六）后合同义务仍然存在

《合同法》第92条规定，合同的权利义务终止后，当事人应当遵循诚实信用原则，根据交易习惯履行通知、协助、保密等义务。因此，合同解除时，当事人应负后合同义务。即使合同解除且清算完结，合同已经消灭，如有需要，后合同义务仍然继续存在，不因合同消灭而消失，此种情形尤其表现为保密义务。

典型案例

某公司诉某厂代理经销纠纷案

某年10月，原告某公司与被告某厂签订《委托经销“一指牌”保健酒协议》。该协议约定，原告作为被告的代理经销商，负责在北京市内独家代理销售被告生产的“一指牌”保健酒，被告保证该保健酒符合国家食用卫生标准，并提供卫生部出具的保健品批准证书，代理经销期限为1年。协议书签订并生效后，原告交付押金15万元及预付酒款20万元给被告，被告给原告发送“一指牌”保健酒400箱。次年2月，原告以该保健酒缺少卫生部审批的《保健品批准书》为由将销售后剩余的保健酒退还被告。被告分两次将预付款20万元退还原告，但却未退还押金15万元。经多次追讨未果，原告遂诉至法院。

在本案中，原告是否有权主张解除合同？本案应如何处理？

《合同法》第94条规定，当事人一方违约致使不能实现合同目的的，另一方当事人有权解除合同。在本案中，原告的合同目的是通过在北京市场销售“一指牌”保健酒获利。但是，被告提供的“一指牌”保健酒不符合约定，致使原告的合同目的无法实现，因此原告有权解除合同。

在本案中，原告将不符合约定的保健酒退给被告后，被告接受并将预付款退还原告，表明双方当事人以其行为达成了解除合同的合意，也即合意解除，产生合同解除的效果。合同解除后，已经履行的，根据履行情况和合同性质，当事人可以要求恢复原状、采取其他补救措施，并有权要求赔偿损失。因此，被告应当将其受领的全部费用返还原告，包括15万元押金。如原告提出请求，被告还应支付20万元预付款和15万元押金的利息，并赔偿损失。

第四节 抵 销

一、抵销的含义与功能

抵销是指合同当事人之间存在两个或多个债的关系，且互负债务，当事人各以其债权充当债务的清偿，从而使双方的债务在对等额内相互消灭的制度。主张抵销的债权为主动债权（自动债权），被抵销的债权为被动债权（受动债权）。

抵销具有如下制度功能：(1) 简化履约程序，节约交易成本。在当事人之间存在两个或多个债的关系，并且任一当事人均应向对方为给付义务时，双方当事人均应适当地履行自己的债务。但是，如果双方当事人以各自的债权充当债务的清偿，相互抵销债务，直接实现消灭两个或多个债的关系的效果，则可以免除各自的实际履行义务，简化了履约程序，节约了交易成本。(2) 担保债权。在合同履行过程中，债务人可能会丧失履行能力或者有各种违约行为，为债权人合同利益的实现制造极大的障碍，特别是在没有设定债权担保的情况下。所以，在当事人双方因两个或多个债的关系而互负债务时，抵销制度可为合同当事人债权的实现提供一定的保障，这在破产法中体现得最为明显，即当债务人因不能清偿到期债务而破产时，如果债权人在破产申请受理前对债务人也负有债务，则该债权人可以在破产清算前，以其对债务人享有的债权充当债务的清偿，避免因债务人破产而不能获得充分的清偿。

依产生的根据不同，可以将抵销分为法定抵销和合意抵销。《合同法》第 99 条第 1 款规定："当事人互负到期债务，该债务的标的物种类、品质相同的，任何一方可以将自己的债务与对方的债务抵销，但依照法律规定或者按照合同性质不得抵销的除外。"这是关于法定抵销的规定。该法第 100 条又规定："当事人互负债务，标的物种类、品质不相同的，经双方协商一致，也可以抵销。"这是关于合意抵销的规定。本书在下文将分别讲述法定抵销与合意抵销的相关内容。

二、法定抵销

（一）法定抵销的含义

法定抵销是指法律规定合同当事人双方抵销债务的要件，当要件具备时，依当事人一方的意思表示即可使双方的债务在对等额内相互消灭的制度。在法定抵销中，当事人享有的依其意思表示使双方债务在对等额内消灭的权利为抵销权，是典型的形成权。

（二）法定抵销的构成要件

《合同法》第 99 条规定，法定抵销须具备如下构成要件：

1. 当事人双方互负合法有效的债务

首先，当事人双方必须互负债务。抵销的目的在于使当事人双方的债务在对等额内相互消灭，因此，只有在当事人双方互负债务、互享债权的情况下，才能发生抵销。如果一方当事人只享有债权而不负担债务或者只负担债务而不享有债权，均无从发生抵销的可能。

其次，当事人双方互负的债务必须是合法、有效的。若任何一项债务不能有效存在，就不能发生抵销的效果。就主动债权而言，该债权必须具有请求力，请求力被排除的不完全债权不能作为主动债权。在附条件的债权中，如所附条件为生效条件，则在条件成就前，债权尚未发生效力，不能作为主动债权；如所附条件为解除条件，则在条件成就前，债权仍有效存在，可以作为主动债权，即使在抵销后条件成就，仍不影响抵销的效力。超过诉讼时效的债权，不得作为主动债权而主张抵销。另外，第三人的债权，即使取得该第三人的同意，也不能以之为抵销。[①] 不过，在特殊情况下，法律为追求实质公平，例外地允许当事人以其对债务人享有的债权与第三人的债权相抵销，如《合同法》第 83 条规定："债务人接到债权转让通知时，债务人对让与人享有债权，并且债务人的债权先于转让的债权到期或者同时到期的，债务人可以向受让人主张抵销。"

最后，双方的债务还必须是确定的，不确定的债务不能抵销。如果当事人一方对另一方的债权享有抗辩权，则该债务即为不确定的债务，不能抵销。

2. 当事人双方互负债务的标的物种类、品质相同

在抵销时，双方互负的债务的标的物必须种类和品质都相同，以便于清楚地计算双方

---

① 参见孙森焱：《民法债编总论》（下），905～906 页，北京，法律出版社，2006。

债务对等的额度。若是债务种类不同，则说明当事人对债的履行有不同的要求，仅以单方的意思予以抵销，极有可能达不到当事人当初订立合同的目的，而且会给被动债权一方带来利益上的损失，出现不公平的结果，所以不能抵销。如果标的物种类相同，但品质不同，原则上也不能抵销。但如果用品质高的标的物抵销品质低的标的物，表明主动债权人放弃了一部分债权利益，这对于被动债权人来说并无不利，因此可以抵销，并不需要征得被动债权人的同意。

用于抵销的债务的标的物应当是种类物或者货币。由于特定物包含当事人不同的履行要求，所以特定物之间不能抵销，即使属于同一种类也不能抵销，除非当事人之间达成合意抵销。如果当事人一方的债务标的为特定物，另一方的债务标的是和该特定物属于同一种类的种类物，则允许以该特定物抵销种类物，但不能用种类物抵销该特定物。如果当事人双方债的标的物都是种类物，而且属于同一种类，则允许以该种类中范围小的种类物抵销范围大的种类物，反之则不能抵销。①

3. 主动债权已届清偿期

债权人只有在清偿期届至时，才能请求债务人清偿。如果债权未届清偿期，就允许该债权作为主动债权与对方的债权抵销，则意味着债权人强迫债务人牺牲期限利益，提前清偿债务，有失公平。因此，主动债权只有在已届清偿期时，才允许抵销。不过，对于被动债权，即使未届清偿期，也应允许抵销。这是因为，被动债权的债务人有权抛弃期限利益，在无相反的规定或者约定时，可以在清偿期前清偿。② 因此，《合同法》第 99 条以“当事人互负到期债务”作为法定抵销的要件，未免要求过于严苛。

4. 当事人双方互负的债务并非不得抵销的债务

《合同法》第 99 条就法定抵销规定了例外情形，即依照法律规定或者按照合同性质不得抵销的债务，不得按照法定抵销的方式消灭。此外，《合同法司法解释二》第 23 条规定，依照《合同法》第 99 条规定可以抵销的到期债权，如当事人约定不得抵销的，则亦属于不得抵销的范畴。

有些债务按照合同的性质是不能抵销的，否则就违反了债务设立的本旨，不能实现合同的目的。例如，不作为债务不能抵销，要求当事人一方亲自作为的劳务合同、承揽合同所产生的债务也不能抵销。这些债务具有很强的人身属性，需要当事人亲自履行才能达到合同的目的。

法律规定不得作为抵销标的的债务（债权）主要包括：（1）公法上的债权一般不得抵销，如应当缴纳的税款。（2）工资、失业救济金、抚恤金、养老金等债务一般也不能抵销。这是因为，此类债务影响到债权人的日常生活等基本利益需要。（3）因故意侵权行为所产生的损害赔偿之债，债务人不得以其债权抵销该损害赔偿义务，否则债权人在其债权得不到清偿时就可能故意侵害他人权利。（4）被扣押、冻结的债权因为其不能自由流转，权利受到了限制，也不能抵销。（5）违法的债权不得抵销，如以赌博债权进行抵销是不允许的，

---

① 参见王利明：《合同法新问题研究》，597 页，北京，中国社会科学出版社，2011。

② 参见崔建远主编：《合同法》，273 页，北京，法律出版社，2010。

因为赌博债权本身就是无效的。[①]

要特别说明的是，在破产程序中，破产债权人对债务人享有的债权，不论种类、品质是否相同，也不论是否已届清偿期，或者是否附有期限或解除条件，均可与后者对前者享有的债权抵销（《企业破产法》第40、46、47条）。

（三）法定抵销的方法

关于抵销的方法，主要有两种立法例。一是抵销当然主义，即在当事人双方的债务得为抵销时，也就是法律规定的抵销构成要件完全具备、抵销权发生之时，不需要当事人作出任何行为，依照法律规定自动产生抵销的法律后果。此以法国法为代表。二是抵销意思主义，即由立法规定在当事人双方互负债务得为抵销时，不能自动发生抵销的效果，而仅赋予当事人抵销权，于抵销权人向对方发出抵销的意思表示，且该意思到达对方时才能产生抵销的效果。此以德国法为代表。抵销当然主义无视当事人对自己权利的处分权，有违意思自治原则，且在实践中不便操作；而且依此立法主义，抵销使得作为交易一般保证的财产减少时，第三人无从知晓，不利于保护交易的安全。[②] 抵销意思主义尊重了当事人是否行使抵销权的意愿，且便于第三人知悉债的关系以及财产的变化，因此比抵销当然主义更为合理。

《合同法》第99条第2款规定："当事人主张抵销的，应当通知对方。通知自到达对方时生效。抵销不得附条件或者附期限。"可见，《合同法》采取抵销意思主义。而且，抵销权人行使抵销权无须对方当事人的同意即可发生抵销的法律效力，故抵销为单方法律行为，应适用法律关于法律行为的相关规定：抵销权人必须具有相应的民事行为能力，而且必须有处分其债权的权利；抵销权人应当明示地作出抵销的意思表示，该意思表示既可以向被动债权人作出，也可以向其代理人作出，但不能向第三人作出；抵销在形式上既可以采用书面形式，也可以采用口头形式；当事人抵销的意思表示的通知到达对方时产生抵销的效果，且抵销的意思表示不能撤销。

《合同法司法解释二》第24条规定，当事人对于《合同法》第99条所规定的债务抵销虽有异议，但在约定的异议期限届满后才提出异议并向法院起诉的，法院不予支持。如当事人没有约定异议期间，在债务抵销通知到达之日起3个月以后才向法院起诉的，法院不予支持。

抵销权为形成权的性质决定了抵销不能附条件或者期限，否则就会使抵销的效力处于不确定的状态，与抵销的本旨、功能相悖，特别是在一方不能清偿的场合，为抵销设定条件或者期限将会极大地损害债权人的受偿利益。所以，附条件或者期限的抵销不发生抵销的法律效力。

（四）法定抵销的效力

当事人行使抵销权后，双方互负的债务在对等额内消灭。债务消灭后，不发生恢复原状的后果。债务不相等的，未为抵销的部分依然存在，债务人对债权人仍负有清偿的义务。抵销具有溯及力，其效力溯及于抵销权产生之时，按照当时双方互负的债务额进行抵销。

---

① 参见王利明：《合同法新问题研究》，599页，北京，中国社会科学出版社，2011。

② 参见廖军：《论抵销的形式及其效力》，载《法律科学》，2004（3）。

这是因为，当事人在法定抵销的构成要件具备时会认为可以随时抵销，故往往怠于作出抵销的意思表示，如果抵销的意思表示仅向将来发生效力，就容易产生不公平的后果。[①] 由于为抵销的意思表示时，以抵销权的存在为必要，如果因清偿等原因使抵销权归于消灭，则即使再为抵销的意思表示，也不发生抵销的效力。[②] 债务抵销后，除了抵销的债务消灭以外，双方的从债务比如担保债务、违约金债务和损害赔偿债务等溯及于抵销权产生时消灭。

三、合意抵销

合意抵销是指合同当事人双方协商一致将互负的债务抵销，以消灭当事人之间的债权、债务。

关于合意抵销的性质，有的认为属于清偿或拟制清偿；有的认为属于代物清偿；有的认为其是两个互无关系的免除合同；也有的认为其是一个双务的免除合同；还有的将其归为独立种类的合同。[③] 本书认为，合意抵销实质上是双方约定成立的以抵销债务为内容的合同，因此关于合意抵销的成立及效力应适用《民法通则》关于法律行为的规定，以及《合同法》关于合同成立与效力的规定。

为贯彻意思自治原则，法律应允许合同当事人自由商定合意抵销的条件及效力，以为当事人处分自己的债权留有更大的余地。因此，前述关于法定抵销的条件对于合意抵销而言，并不当然适用。由此，非为同种类、同品质的，甚至有一方或者双方均未到履行期限的债权、债务，当事人也可以通过协商予以抵销；而且，合意抵销也不应受债权债务性质的影响，除非该抵销违反公序良俗原则。因此，本书认为，即使在具备法定抵销的构成要件的情形下，当事人也可以达成合意将互负的债务抵销，因为这样更有利于实现各方的利益。

《合同法》第100条规定："当事人互负债务，标的物种类、品质不相同的，经双方协商一致，也可以抵销。"该条规定的基本精神在于充分尊重合同当事人的意思自治，赋予当事人自主决定抵销的条件及效力的权利。

综上所述，合意抵销应遵循如下规则：(1) 须当事人之间互负合法、有效的债务，这是基本的前提；(2) 合同债务的标的物无论种类、品质是否相同，均可以合意抵销；(3) 无论当事人的债务是否已届履行期限，均可以合意抵销，即双方可以约定未到期的债权与到期债权相互抵销，均已到期或均未到期的债权之间也可以相互抵销；(4) 对于法定抵销中对抵销意思表示不得附条件或期限的规定，当事人可以协商排除其适用。

第五节　提　存

一、提存的含义

提存有广义和狭义之分。广义的提存包括清偿提存和担保提存两种类型。前者是合同

---

① 参见崔建远主编：《合同法》，275页，北京，法律出版社，2010。

② 参见韩世远：《法定抵销的效力》，载《人民法院报》，2001-12-07。

③ 参见史尚宽：《债法总论》，870～871页，北京，中国政法大学出版社，2001。

法上的概念，是一种消灭债务、终止合同权利义务的方法；后者是担保法上的概念，是一种担保债务履行的手段，并不发生债的关系消灭的效果。例如，《担保法》第 49 条规定，抵押人转让抵押物所得的价款，应当向抵押权人提前清偿所担保的债权，或者向与抵押权人约定的第三人提存。狭义的提存仅指清偿提存。本节所讨论的提存采用狭义的提存概念，即清偿提存。

提存是指债务履行期限到来后，由于债权人的原因致使债务人无法向其履行债务，债务人将债的履行标的物交给提存部门保存，从而使债务消灭的行为。

虽然合同内容的实现主要依靠债务人的履行行为，但债权人也需要受领给付，以协助债务人完成其履行行为。债权人无正当理由拒绝受领或者不能受领时，债务人仍负有给付义务，因而其处于不利的被动地位。为解决这一问题，《合同法》规定了提存制度，债务人可以通过把债的履行标的物交给提存部门保存来消灭债务，以便从债权债务关系的束缚中解脱出来，提高交易效率，保护其正当利益。

理论研究

提存的性质

关于提存的性质，学术界主要有两种主张，即“公法行为说”与“私法行为说”。德国采纳了“公法行为说”，其依据主要有：（1）提存机关系由国家所设且经特定行政手续方可成立；（2）提存机关与提存人之间的保管关系是基于提存机关负有受领提存物的公法义务才得以建立的，而非其意思自治的体现。我国台湾地区则采纳“私法行为说”，认为提存为私法上的寄托契约，并且有为第三人利益契约的性质。①

本书认为，在我国，提存部门一般为公证机构，并非国家设立的行政机关，如将提存理解为公法行为，显然不妥。就提存的法律关系结构观察，债务人将履行标的物交付提存部门保管，其法律后果是消灭债的关系，并为提存部门设定了保管标的物并将其交付给债权人的义务，这对债权人来说是一种利益，因此，此种法律关系具有为第三人利益设立的合同的典型特征。这是一种典型的私法上的合同关系，当事人之间并不存在行政法上的权利义务关系。据此，本书认为将提存的法律性质看作是为第三人利益成立的保管合同更为合理。

二、提存的原因

根据《合同法》第 101 条和司法部《提存公证规则》的相关规定，提存的发生应具备如下原因：

1. 债权人无正当理由拒绝受领或迟延受领。债权人无正当理由拒绝受领或迟延受领的行为会导致债的关系迟迟不能终结，给债务人造成不必要的负担，因此债务人可以通过将

① 参见张诚：《提存权性质及提存款可执行性研究》，载《中国司法》，2010（3）。

履行标的物提存来消灭债务。这里有一个重要的前提，即债权人能够接受债务人的履行，且债务人现实地按照合同约定履行了债务。如果债务人的履行不符合合同约定，就构成了违约行为，债权人有权以这种正当理由作为抗辩，拒绝接受履行，此时债务人不得将标的物提存。在因不可归责于债权人的不可抗力引起的受领不能或者受领迟延时，债务人同样也不能采取提存措施。另外，若债权人在履行期届满前拒绝受领，债务人不得提前采取提存措施，因为在履行期届满前，债权人并未受领迟延，而且债务人有保管标的物的义务，所以债务人必须等到履行期届满后才能提存。①

2. 债权人下落不明。债权人下落不明包括如下情形：债权人不明确；债权人变更或者离开住所不知去向；债权人地址不详；债权人失踪而无财产代管人等。债权人下落不明的，债务人无法给付，因此可以将履行标的物提存而摆脱债的关系的束缚。如果债权人有代理人或者财产代管人的，债务人应当向其履行债务而不得提存。应当说明的是，债权人下落不明应基于其自身原因，而非基于可归责于债务人的原因。否则，债务人应当承担该风险，不得提存。

3. 债权人死亡未确定继承人，或者丧失民事行为能力未确定监护人。债权人死亡后，其债权由其继承人继承；丧失民事行为能力的自然人由其监护人代理行使其权利。继承人或者监护人未确定的，债务人因没有履行受领人而无法履行其给付义务，因此债务人可以将履行标的物提存，消灭债的关系。同样，在这种情况下，债权人死亡或者丧失民事行为能力也须不可归责于债务人，否则债务人不得提存。

4. 法律规定的其他情形。除上述情形外，如《合同法》或其他法律对提存有特别规定，则依其规定。例如，《合同法》第 70 条规定，债权人分立、合并或者变更住所没有通知债务人，致使履行债务发生困难的，债务人可以将履行标的物提存。

此外，当事人双方还可以在合同中约定提存条款，当条件成就时，债务人可以提存的方式消灭债务。

三、提存规则的适用

（一）提存的主体

提存的主体又称提存的当事人，包括提存人、提存部门和提存受领人（债权人）。一般来说，提存人是为清偿债务而向提存部门申请提存的债务人。提存是处分自己利益、消灭债务的法律行为，它要求债务人在提存时具有相应的民事行为能力，而且提存的意思表示必须真实。

合同之外的第三人能否成为提存人，各国（地区）立法有不同的规定。日本、我国台湾地区规定其他清偿人可以为提存行为，而法国和我国法律规定仅债务人可以提存。有学者认为，第三人与债权人之间没有合同关系，不能成为提存的主体；如果是有代偿权的第三人，其与债务的清偿有利害关系，法律应赋予其提存的权利，否则不利于消灭债的关系。② 本书认可此种观点。

---

① 参见韩世远：《论提存——〈合同法〉第 101～104 条的解释论》，载《现代法学》，2004（3）。

② 参见王利明：《合同法研究》（第二卷），341～342 页，北京，中国人民大学出版社，2003。

提存部门是接受且保管履行合同标的物，并应债权人的请求而将提存物交付给债权人的机构。在各国实践中，提存部门是法院、公证机构或者专门设立的提存所。我国《提存公证规则》规定公证机构为提存部门。

提存受领人是提存之债的债权人，其有权向提存部门领取提存物。

（二）提存物

提存的标的物是指债务人按照合同约定应当交付的并且适合于提存部门保管的标的物。债务人提存时，提存物必须与合同约定的标的物相符，否则不能产生债务消灭的后果。《提存公证规则》第 13 条第 2 款规定："提存标的与债的标的不符或在提存时难以判明两者是否相符的，公证处应告知提存人如提存受领人因此原因拒绝受领提存物则不能产生提存的效力。"此外，提存物必须适合于保存，提存费用不能过高。长期保存会使其价值明显降低的物品以及危险品不宜提存，如鲜活食品、化学药品等。保存费用过高的物品也不适宜提存。《提存公证规则》第 7 条规定："下列标的物可以提存：（一）货币；（二）有价证券、票据、提单、权利证书；（三）贵重物品；（四）担保物（金）或其他替代物；（五）其他适宜提存的标的物。"

提存物一般为动产。对于不动产是否可以提存，学术上存有争议。有学者认为，提存部门可亲自或委托管理不动产，由债权人负担费用，而且不动产长期保存后其价值可能增加，有利于保护债权人的利益，所以不动产可以提存。① 本书认为此观点较为合理，因为不动产在性质上并非不宜提存，只是提存程序较为复杂、费用较高而已，但这与不动产本身的价值相比是微不足道的。提存部门可以自行或者委托管理不动产。

《合同法》第 101 条第 2 款规定，标的物不适于提存或者提存费用过高的，债务人依法可以拍卖或者变卖标的物，提存所得的价款。因此，无论标的物为动产还是不动产，债务人均可依此规定提存。

（三）提存的程序

《提存公证规则》对提存的程序作了下列具体规定：

债务人应当向提存部门提交提存申请书。申请书上须载明提存人的姓名或名称、标的物的名称、种类、数量以及提存受领人的姓名或名称、地址等内容。债务人还应提交债权人拒绝受领或受领迟延的相关材料，证明该提存符合法定的提存原因。此外，其还需提供合同书等履行债务的依据，证明提存物与合同履行标的物相同。

提存人提交的申请材料符合条件的，提存部门予以受理。提存部门审查后，认为提存人具有民事行为能力、意思表示真实，提存之债真实、合法，提存符合法定的提存原因以及提存标的与债的标的相符并适宜提存的，应当予以提存。提存部门应当验收提存物并登记存档。对于不能提交的提存物，提存部门应派人到现场实地验收。对于难以验收的提存物，提存部门可予以证据保全，并在笔录和证书中注明。经验收的提存物，提存部门应采取封存、委托代管等必要的保管措施。对于易腐、易烂、易燃、易爆等物品，在保全证据后，由债务人拍卖或变卖，提存其价款。需要验收的提存物，以提存部门验收合格的日期为提存日期。无须验收的物品，以实际提交的日期为提存日期。提存之债从提存之日即为

① 参见付海燕、肖丕国：《关于完善我国提存制度的几个问题》，载《行政与法》，2001（6）。

清偿。

提存人应将提存事实及时通知提存受领人。以清偿为目的的提存或提存人通知有困难的，提存部门应自提存之日起 7 日内，以书面形式通知提存受领人，告知其领取提存物的时间、期限、地点以及方法。提存受领人不明确或下落不明、地址不详无法送达通知的，提存部门应以公告方式通知其受领。

四、提存的效力

提存涉及三方当事人，其所产生的法律效力也包括三个方面：

(一) 债务人与债权人之间的效力

自提存之日起，债务人的债务得到清偿，债权人对债务人的给付请求权消灭，不得再要求其履行合同。其他从债务如利息、担保债务等均归于消灭。《合同法司法解释二》第 25 条明确规定："依照合同法第一百零一条的规定，债务人将合同标的物或者标的物拍卖、变卖所得价款交付提存部门时，人民法院应当认定提存成立。提存成立的，视为债务人在其提存范围内已经履行债务。"

债务人将标的物提存后，应当及时通知债权人或者债权人的继承人、监护人。但是，如债权人下落不明，导致无法通知，则债务人不负通知义务。

提存物在提存期间所产生的孳息归债权人所有，提存物毁损、灭失的风险也转由债权人承担。因不可归责于提存部门的原因导致提存物毁损、灭失的，其后果由债权人承担。

(二) 债务人与提存部门之间的效力

当债务人的提存申请符合要求时，提存部门有义务予以提存，并有保管提存物的义务。

实务探讨

提存后债务人能否取回提存物

关于提存后债务人能否取回提存物，各国（地区）立法有不同的规定。德国法认为，债务人有权在提存后随时取回提存物，除非：(1) 债务人向提存所表示抛弃取回权；(2) 债权人向提存所表示受领；(3) 向提存所出示一份在债务人与债权人之间已宣告提存合法的确定判决。而我国台湾地区"民法"认为债务人不得取回提存物，除非其能证明提存是出于错误或者提存原因已消灭。① 我国《合同法》未规定债务人的取回权。

本书认为，作为一般规则，债务人在提存后不得再取回提存物。但是，如果在提存后因特定情势的发生，致使债务人如不取回提存物，将导致不公平的结果时，应当例外地赋予债务人取回提存物的权利。《提存公证规则》对提存物的取回作了相应的规定，即提存人可以凭人民法院生效的判决、裁定或提存之债已经清偿的公证证明取回提存物。提存受领人以书面形式向提存部门表示抛弃提存受领权的，提存人得取回提存物。提存人取回提存物的，视为未提存，因此产生的费用由提存人承担。提存人未支付提存费用前，

① 参见汪良平：《论提存的构成要件与效力》，载《河北法学》，2001 (3)。

提存部门有权留置价值相当的提存标的。另外，提存人取回提存物的，孳息归提存人所有。

（三）债权人与提存部门之间的效力

1. 提存部门对提存物有妥善保管的义务。提存部门应采取适当的方法妥善保管提存物，以防毁损、变质或灭失。对于不宜保存、提存受领人到期不领取或超过保管期限的提存物品，提存部门可以拍卖，保存其价款。提存部门挪用提存物或者由于其过错造成提存物毁损、灭失的，提存部门应负相应的损害赔偿责任。

2. 标的物提存后，债权人可以随时领取提存物及其孳息，提存部门有交付的义务。债权人符合提取条件的，提存部门应当向债权人交付提存物，拒绝交付给债权人造成损失的，提存部门应负赔偿责任。《合同法》第 104 条规定："债权人可以随时领取提存物，但债权人对债务人负有到期债务的，在债权人未履行债务或者提供担保之前，提存部门根据债务人的要求应当拒绝其领取提存物。债权人领取提存物的权利，自提存之日起五年内不行使而消灭，提存物扣除提存费用后归国家所有。"该条规定对债权人提取提存物的权利作了两个限制：一是债务人为了实现自身利益，可对债权人行使履行抗辩权，阻止债权人领取提存物。二是领取期间的限制。如果债权人长期不行使权利，不仅导致提存部门管理难度提高，而且还会使提存物长期处于闲置状态，不利于物尽其用。因此，如果债权人在 5 年内不领取提存物，提存物则归国家所有。

3. 债权人负有支付提存费用的义务。除当事人另有约定外，提存费用由提存受领人承担。因为提存是由于可归责于债权人的原因致使债务人不能正常履行债务而采取的补救措施，有利于保护债权人的利益，且此笔费用是因债权人引起的，所以由债权人承担提存费用是合理的。债权人支付提存费用前，提存部门有权留置价值相当的提存物。

第六节　免　除

一、免除的含义

免除是指债权人以消灭债务人的债务为目的而抛弃债权，从而全部或者部分地消灭合同权利义务关系的行为。清偿、抵销、提存等合同权利义务终止的方法都达到了债权实现的目的，与此不同的是，免除是债权人抛弃债权而不让其得以实现。

理论研究

免除的法律性质

免除使债务人不再承担履行义务，债的关系消灭。关于免除的性质，各国（地区）民法有不同规定，主要有两种观点。一种观点认为免除是双方行为，是合同当事人之间的合同。此为德国、法国以及瑞士民法所采纳。该观点有三点理由：第一，债的关系是合同当事人之间特定的法律关系，债务的消灭应当有双方当事人的合意，而不能以债权人的单方行为发生债务免除的法律后果。第二，免除对于债务人来说是一种恩惠，债务人当然可以接受，但是债务人反对时，则不能强迫其接受，否则就是对债务人人格的侵犯。第三，债权人免除债务人的债务肯定有一定的原因或目的，这些原因或目的有可能会损害债务人的合法利益。为了避免权利滥用，债务人应有机会表达自己的意思来保护其合法利益。① 另一种观点认为，免除是单方行为，债权人单方作出免除的意思表示即可发生债务消灭的效力。日本、我国台湾地区采用这种观点。该观点认为债权是债权人的利益，债权人可以依自己的意思抛弃，债务人的义务被免除只是债权抛弃的间接效果，债务人因此而受有利益，所以免除不必征得债务人的同意，否则就限制了债权人处分自己利益的自由。

我国有学者认为，免除为双方行为时才能保护当事人的精神利益，而法律应当体现当事人的精神利益，这是一种人格权。此与赠与有一定相似之处，即对方必须有接受恩惠的意思。② 另有学者认为，免除是债权人抛弃债权的行为，债权关系以个人间高度信任为前提，并非所有的债权均可抛弃，债权抛弃行为与其他权益的抛弃相比确实有其特殊性，因而要求有债务人的意思参与其中，所以免除是双方行为。③ 相反的观点认为，免除是债权人放弃财产权益的行为。按照私法自治的原则，在不损害公共利益和个人利益的情况下，债权人完全可以处分自己的债权，处分结果对债务人是有利的；如免除需要债务人的同意，则程序烦琐，不符合惯例。债务人不同意免除时，可以要求继续履行，债权人不接受的，可以采用提存的方法消灭债务。《合同法》第 105 条规定："债权人免除债务人部分或者全部债务的，合同的权利义务部分或者全部终止。"可见，我国法律并未以债务人的同意为免除成立的要件。④

本书赞同免除的单方法律行为说。这种债权处理方式保证了权利人处分自己利益的自由，避免了合同关系的不确定性以及可能由此产生的违约责任，而且提存制度赋予了债务人履行义务的机会，尊重了债务人的人格利益。实践中债权人和债务人之间也可以成立合同免除债务，但合同只是一种形式，这并不影响免除作为单方法律行为的性质。

二、免除的特征

1. 免除是单方法律行为。这一点在上文中已有说明，不再赘述。

2. 免除是无因行为。债权人之所以免除债务人的债务，可能基于和解、赠与等原因，但无论其原因无效或被撤销，均不影响免除的效力。因此，免除是无因行为。

3. 免除是无偿行为。通过免除消灭债务人的债务，并不需要债务人承担相应的对价。虽然免除的原因可以是无偿的，也可以是有偿的，但由于免除具有无因性，因而其原因的性质并不影响免除的无偿性。

4. 免除是处分行为。债权本身具有处分权能，债权人不需征得债务人同意而单方抛弃

---

① 参见崔建远主编：《合同法》，280 页，北京，法律出版社，2010。

② 参见隋彭生：《合同法要义》，305 页，北京，中国政法大学出版社，2005。

③ 参见张谷：《论债务免除的性质》，载《法律科学》，2003（2）。

④ 参见王利明：《合同法研究》（第二卷），353～354 页，北京，中国人民大学出版社，2003。

债权就可发生债务免除的效力，所以免除是一种处分行为。

5. 免除是不要式行为。债权人免除的意思表示不需要特定的形式，既可以是明示的，也可以是默示的；既可以是书面的，也可以是口头的。

三、免除的条件

1. 债权人必须具有相应的民事行为能力。免除是处分债权、消灭债务的法律行为，因此债权人在作出该行为之时必须具有相应的民事行为能力。

2. 债权人必须向债务人作出免除的意思表示。如债权人对第三人作出免除的意思表示，则不发生免除的效力。

3. 免除不得损害第三人的合法利益。债权人虽有权利处分自己的债权，但他不得损害第三人的利益，主要包括：(1) 不得损害其他债权人的利益，否则其他债权人可行使撤销权。(2) 不得损害第三人的担保利益，即当债权人以自己的债权为第三人设定权利质权时，其不得抛弃债权、免除债务人的债务，而损害第三人的担保利益。(3) 不得损害破产债权人的清偿利益。《企业破产法》第 31 条规定，人民法院受理破产申请前 1 年内，债务人放弃债权的，管理人有权请求人民法院予以撤销。法律之所以作此规定，原因在于破产债务人对其债权的免除损害了破产债权人的清偿利益。

四、免除的效力

免除一经生效，即不得撤销。也就是说，免除发生债务绝对消灭的效果。免除可以附条件或期限。免除的债务既可以是到期债务，也可以是未到期债务；可以是金钱债务，也可以是非金钱债务。免除使附属于主债务的从债务，如利息债务、违约金债务、保证债务等也归于消灭。当债权人免除合同的一部分债务时，该部分债务消灭；若免除合同的全部债务，则债务人的全部债务消灭。有担保债务存在时，如果债权人仅免除担保人的担保债务，主债务不消灭；如果免除的是主债务，作为从债务的担保债务也随之消灭。债务被全部免除后，有债权证书的，债务人可以请求返还。

典型案例

父子债务纠纷案

甲（父亲）、乙（儿子）二人合伙做生意。某日逛商场时，乙为其女朋友选中了一枚戒指，但带的钱不够，于是，甲对乙说："我来帮你付钱"，并对收银员说："这 2 000 元由我替他付款。"付钱后，售货员将戒指交付于乙。半年后，父子发生矛盾，两人间的合伙解散。经亲属调解分割合伙财产时，对于甲以前欠乙的 3 000 元借款，乙当场表示免除这笔债务。后来乙反悔，多次向甲索要该笔债务，甲不同意，一怒之下将乙打伤。乙花去医疗费大概 2 000 元。乙向法院起诉，要求甲偿还 3 000 元债务，并赔付医疗费 2 000 元。甲提出其在商场为乙付款 2 000 元买戒指，现在乙受伤支付医疗费 2 000 元，二者抵销，互不欠账；合伙做生意的 3 000 元借款，乙已表示免除。乙则提出其父为自己付款 2 000 元，纯属赠与；合伙解散结算时所免除的3 000元债务，后来自己又不同意免除了，该债务仍应偿还。

在本案中，(1) 乙在商场购买戒指所欠商场债务因何种原因而消灭？(2) 甲欠乙的3 000元债务是否已经消灭？乙能否反悔？(3) 甲能否主张以其为乙支付的价款抵销医疗费用？

甲为乙支付价款购买戒指，消灭乙与商场间的债务关系，是一种代为清偿行为。所谓代为清偿，是指第三人主动为债务人履行其对债权人的债务，实现债权人的权利。商场的利益因甲的付款行为而实现，乙与商场之间债的关系因清偿而消灭。

由于乙已经免除甲欠其的3 000元债务，因而该债务已经消灭，乙不能撤销此前作出的债务免除行为。这是因为，免除一经生效，不得撤销。在本案中，乙在合伙解散后，当场明确表示免除甲的3 000元债务，甲的3 000元债务因此消灭。

甲不得主张以其为乙支付的价款抵销乙的医疗费用。抵销可以使当事人双方互负的债务在对等额内消灭。抵销分为法定抵销与合意抵销。《合同法》第99条规定，当事人互负到期债务，该债务的标的物种类、品质相同的，任何一方可以将自己的债务与对方的债务抵销，但依照法律规定或者依据合同的性质不得抵销的除外。实施故意侵权行为所产生的债务不得适用法定抵销。在本案中，甲、乙之间互负同种类的金钱债务，但是甲应承担的医疗费用债务是故意侵权行为之债，是不可抵销的债务，因此甲不得主张以其为乙支付的价款抵销乙的医疗费用。但是，如果甲、乙两人达成协议，将甲为乙支付的价款与乙的医疗费用抵销，则为合意抵销，可以发生消灭债的关系的效力。

第七节 混 同

一、混同的含义

混同是指因债权与债务同归于一人而消灭合同权利义务。债权是相对权，债权人和债务人是债的关系中两个必备的对立主体，二者如归为同一主体，既是权利的享有者，又是对应的义务承担者，则债的关系已无存在的必要，因而发生消灭的效果。混同的发生不需要当事人作出意思表示或为一定行为，只要有债权债务同归于一人的事实出现，就可以产生合同权利义务终止的效力。

我国民法上存在广义的混同，它是指不能并立的两种法律关系同归于一人而使其权利义务归于消灭的法律现象。[①] 它包括如下情形：(1) 同一物上所有权与设定于其上的他物权同归于一人，他物权因混同而消灭。(2) 同一物上他物权与以该他物权为标的的权利同属一人，在后权利消灭。(3) 主债务和保证债务同归于一人，保证债务消灭。(4) 债权与债务的混同，此为合同法上狭义的混同。本书仅讨论狭义的混同。

---

① 参见崔建远主编：《合同法》，282页，北京，法律出版社，2010。

二、混同的适用

（一）合同当事人对债权或债务的承受而使债权债务同归于一人

对于债权债务的承受，学理上分为两种情况：概括承受与特定承受。概括承受是指合同中确定的债权和债务一并转移给同一主体承受，该主体既可以是合同当事人，也可以是第三人。例如，买卖合同关系的出卖人与买受人合并，成立一个新的法人，则双方当事人的合同权利义务都转移给了新成立的法人，债权债务归于同一主体，合同关系消灭。又如，有继承关系的双方当事人之间有对待给付义务，当一方死亡时，其债权债务转移给继承人，债的关系因混同而消灭。特定承受是指债权人将自己的债权转让给债务人，或者债务人将自己的债务转由债权人承担，从而脱离原合同关系。特定承受实质上是合同当事人之间的债权让与和债务承担，此时直接发生混同的效果而终止合同权利义务关系。

（二）不得涉及第三人的利益

《合同法》第 106 条规定："债权和债务同归于一人的，合同的权利义务终止，但涉及第三人利益的除外。"混同使合同关系消灭，通常与第三人无关。当涉及第三人利益时，合同不得因混同而消灭。例如，债权人以其债权为第三人设定了权利质权，后来债务人将债务转移给债权人，此时虽然债权债务同归于债权人，但是如果发生混同的效果，债权消灭，则质权也就因为权利标的的丧失而消灭，影响了第三人的担保利益，所以在这种情况下不成立混同。

三、混同的效力

混同一旦成立，合同权利义务终止，债的关系绝对消灭。消灭的效力不仅及于主债权，而且及于从债权，如利息、违约金债权以及担保权。不过，混同的效力存在如下例外情况：（1）债权与保证债务混同时，保证债务消灭而主债权债务仍然存在；（2）票据出票后，在流通过程中又回到了原背书人或者出票人手中，其享有的票据权利与其保证付款的票据义务归于同一主体，但是为了维护票据的信用和流通性，票据权利和保证付款的义务并不因混同而消灭。

【深度阅读】

1. 王利明．合同法新问题研究．北京：中国社会科学出版社，2011. 第十六、十七章
2. 韩世远．合同法总论．北京：法律出版社，2011. 第九章
3. 杨晓峰．关于完善我国提存制度的思考．青海社会科学，2012（4）
4. 贺剑．合同解除异议制度研究．中外法学，2013（3）
5. 冉克平．论违约解除后的责任承担．法律科学（西北政法大学学报），2013（5）
6. 赵峰．诉讼时效与法定抵销权的行使．人民司法，2009（8）
7. 赵文英．合同债务中的法定抵销与约定抵销．人民司法，2008（16）
8. 王雪丹．对第三人承诺代为清偿的法律定位．法制与社会，2010（7）
9. 申海恩．论解除权效力之法理构成．政法论丛，2010（2）
10. 崔建远，吴光荣．我国合同法上解除权的行使规则．法律适用，2009（11）
11. 郑倩．解除权行使的疑难问题考析．人民司法，2009（19）

12. 曾祥生．论解除权之行使．法学评论，2010（2）
13. 李先波，易纯洁．无催告情形下合同解除权的消灭．法学杂志，2010（2）
14. 吕巧珍．委托合同中任意解除权的限制．法学，2006（9）
15. 张诚．提存权性质及提存款可执行性研究．中国司法，2010（3）

【问题与思考】

1. 合同权利义务终止的原因有哪些？
2. 合同权利义务终止的效力有哪些？
3. 清偿抵充的构成要件和方法是什么？
4. 合同解除的特点是什么？
5. 合同的一般法定解除条件有哪些？
6. 合同解除的程序是什么？
7. 合同解除产生哪些效力？
8. 法定抵销的构成要件有哪些？法定抵销的效力是什么？
9. 提存的原因有哪些？提存的效力是什么？
10. 免除的条件和效力是什么？
11. 混同的适用情形和效力是什么？

第十章 违约责任

导读

违约责任是合同当事人因其违约行为而应承担的民事责任。本章系统探讨违约责任的相关内容，应当全面掌握，其中重点内容包括：违约责任的性质和归责原则；各种违约行为形态的构成要件和法律后果；各种违约责任（继续履行、损害赔偿、违约金、减价）的含义、适用条件及相互关系；违约责任的免责事由；违约责任与侵权责任的竞合。

第一节 违约责任概述

一、违约责任的含义

违约责任是指合同一方当事人违约时应承担的民事责任。

违约责任与合同债务有着密切联系。合同生效即在当事人之间产生法律效力，当事人应按照合同的约定履行合同债务。当事人不履行合同债务，就应按照法律规定和当事人约定承担违约责任。违约责任与合同债务是两个既相互联系又相互区别的概念。合同债务是违约责任产生的前提，违约责任则是不履行合同债务的后果。

应说明的是，违约责任仅指违约方因其违约行为向守约方承担的民事责任，与行政责任和刑事责任完全分离。虽然《合同法》第127条规定，对于利用合同危害国家利益、社会公共利益的违法行为，行政主管机关可追究其行政责任；构成犯罪的，依法追究刑事责任。但该条规制的行为属于假借合同名义实施的违法行为，即违反法律、行政法规的强制性规定，且已危害国家利益或社会公共利益的行为，已非我们探讨违约责任时所称的符合生效要件的合同。

理论研究

债务与责任概念辨析

债务与责任这两个概念，在罗马法上并未加以区分，而是一并称为“法锁”（obligatio）。“obligatio”一词有时指债的关系，有时指债权，有时指债务，债务包含责任在内。德国普通法沿袭罗马法思想，也未区分这两个概念。英美合同法同样未作区分，并认为责任为不履行债务的当然结果，其中liability、duty既指义务又指责任。把二者加以区分起源于日耳曼法，日耳曼法把债务理解为“法的当为”，并不含有“法的强制”的意义；责任则是“替代”的关系，即债务人当为而未为给付或者为不完全给付时，应服从债权人的强制取得关系。债务并非当然伴有责任。为实现债的目的，责任具有担保作用，而债权人对于债务人的给付请求权并不存在于债权本体，而是基于公法的规定取得，即在于诉权的行使，责任是债权与诉权之间的桥梁。[①]

我国立法对债务与责任进行了严格区分，这明显反映在《民法通则》第84条和第106条的规定上。通说认为，债务是法律规定或者合同约定的当事人当为的行为，而责任则是债务人不履行债务时国家强制债务人继续履行或者承担其他负担的表现。责任是对原债权关系中债务的“替代”，责任是债务的转化形态，这是二者具有同一性的表现。二者的不同则在于，债务并不包括任何对债务人的强制，在债务人不履行义务时，强制其履行或赔偿损害，则属于民事责任问题。一方面，违约责任以合同债务的存在为前提，无合同债务即无违约责任；另一方面，有时虽有合同债务，也不产生违约责任，这也是债务和责任相分离的表现。

二、违约责任法律体系的建构

违约责任是合同当事人因其违约行为而应承担的不利后果。在建构违约责任的法律体系时，如何处理违约行为与违约责任之间的关系，是必须认真考虑的问题。基于认识的不同，对这一问题的解决形成了两种基本模式：法律原因进路和法律效果进路。

所谓法律原因进路，又称事实构成进路或原因进路，即全面、系统地整理并在立法中规定各种违约行为的形态，同时针对不同的违约行为的形态规定相应的违约责任。1896年《德国民法典》是此种模式的典型代表。该法典规定了债务人给付不能和债务人迟延，立法者认为这两项制度已经足以覆盖各种可能出现的债务人行为不符合债务关系要求的情形及其法律规制。但是，1902年积极侵害债权学说的出现，表明立法者精心设计的各种违约行为的形态根本无法涵盖社会生活中各种可能的违约情形。

所谓法律效果进路，又称法律救济进路或者救济进路，是指不再一一列举违约行为的形态，而是仅就违约的客观构成作出一般性描述，以期能够涵盖各种可能的违约行为的形

---

① 参见王利明：《违约责任论》，13～14页，北京，法律出版社，2003。

态。[①] 这种模式既避免了原因进路中可能出现的对违约行为的形态规定不周延的情形，又无须针对各种违约行为的形态分别规定违约责任，使得立法更为简约。德国于 2002 年完成的债法现代化改革使《德国民法典》对违约责任法律体系（表现为债法总则的给付障碍法）的建构由法律原因进路变更为法律效果进路，并将瑕疵担保责任并入债的一般履行障碍救济之中。德国的这一改革显然受到了《联合国国际货物销售合同公约》的影响。

《合同法》第七章规定了“违约责任”。该章首条（第 107 条）规定：“当事人一方不履行合同义务或者履行合同义务不符合约定的，应当承担继续履行、采取补救措施或者赔偿损失等违约责任。”这是该法对违约责任所作的一般规定，属于较为典型的法律效果进路的表述。另外，该法未规定独立的瑕疵担保责任，从而实现了违约救济的一元化。不过，该法第 94、108、111 条又规定了拒绝履行、迟延履行、瑕疵履行等违约行为的形态，是较为典型的法律原因进路的表述。这一现象表明，《合同法》的立法者并未有意识地遵循某一模式，而是将上述两种模式混用，并以法律效果进路为一般规则。

本书认为，在《合同法》的此种立法模式下，我们既要尽可能地系统整理各种违约形态，以便对各种违反合同的行为有清晰的认识，又要逐一分析各种违约责任形态，以便提高适用的准确度和精确度。基于这一考虑，本章第二节将探讨违约行为的形态，第三、四、五、六节将探讨各种违约责任形态。

理论研究

违约责任与物的瑕疵担保责任的关系

所谓物的瑕疵担保责任，是指债务人交付的履行标的物不符合合同约定或者法律规定的品质或数量要求，应对债权人承担的法律责任。

物的瑕疵担保责任源于罗马法。罗马市民法认为债的标的是特定行为，强调的是履行行为本身而不是作为给付对象的标的物。至于债的不履行形态，则仅包括履行不能与履行迟延（即债的一般履行障碍）。在强调“买者当心”的理念下，出卖人交付带有瑕疵的标的物不属于债务不履行。即使交付的标的物存在瑕疵，也视为债务已经履行，买受人无法获得救济。只有当出卖人存在欺诈或者就标的物作出特别的品质保证之时，买受人才能就标的物存在的瑕疵要求损害赔偿。但是，很多标的物的瑕疵在交付之时难以察觉，致使买受人利益受损。为了保护买受人的利益，在公元 2 世纪初，承担市场监督之责的市政官发布告示，要求出卖人就标的物存在的一切瑕疵承担说明义务。否则，买受人有权在买卖 6 个月之内提起解约之诉，12 个月之内提起减价之诉。物的瑕疵担保责任自此建立，从而形成与债的一般履行障碍救济并存的二元救济体系。德国债法在改革之前，基本采纳了罗马法的做法，即物的瑕疵担保责任与债的履行障碍救济体系并存。德国于 2012 年 1 月 1 日开始施行《债法现代化法》，建立了以“义务违反”为中心的一元履行障碍救济体系，使出卖人交付无瑕疵的标的物成为履行义务，不再存在独立的瑕疵担保责任。

---

① 参见杜景林、卢谌：《债权总则给付障碍法的体系建构》，6 页，北京，法律出版社，2007。

我国《合同法》对违约救济的规定主要集中在第七章“违约责任”之中。作为该章首条的第107条规定：“当事人一方不履行合同义务或者履行合同义务不符合约定的，应当承担继续履行、采取补救措施或者赔偿损失等违约责任。”该条属于合同履行障碍救济的一般条款，建立了以义务违反为中心的履行障碍模式。同法第111条规定，质量不符合约定的，应当按照当事人的约定承担违约责任。如前所述，在罗马法上，质量不符合约定属于违反物的瑕疵担保的范畴，但我国《合同法》则将其归入违约行为，当事人应对此承担违约责任。因此，我国法律不认可独立的瑕疵担保责任，而是将瑕疵担保责任归入违约责任领域，从而建立了合同履行障碍救济的一元体系。

不过，要说明的是，虽然《合同法》将瑕疵担保责任归入违约责任之中，但并未将其完全消化，而是保留了原瑕疵担保责任制度的一些特别要求，这是在适用时应当特别注意的。例如，债权人如果以债务人交付的标的物存在质量瑕疵为由，追究其违约责任，就应当履行通知义务。例如，《合同法》第158条第1款规定，当事人约定检验期间的，买受人应当在检验期间内将标的物的数量或者质量不符合约定的情形通知出卖人。买受人怠于通知的，视为标的物的数量或者质量符合约定。

三、违约责任的性质

(一) 违约责任的一般性质

违约责任作为一种民事责任，具有民事责任的一般属性，包括财产性与补偿性。

1. 违约责任具有财产性

违约责任主要表现为责任人向对方支付一定的金钱或者给付一定的财物，充分体现了民事责任的财产性。合同是最为常见的财产流转的法律形式，债权具有财产价值，而违约责任作为合同债务之替代，与合同债务有着同一性，所以表现为财产责任。

2. 违约责任具有补偿性

违约责任作为一种财产责任，其本质意义在于补偿性。当事人承担违约责任的主要目的在于补偿相对人因其违约行为所遭受的损失。违约责任是违反合同义务的后果，实质上可以看作是第二次给付，起到满足或补偿守约方履行利益的作用。

(二) 违约责任的特殊性质

违约责任除具有民事责任的一般性质外，还具有如下特殊性质：

1. 违约责任基于违约行为产生

违约责任的发生须以一方当事人不履行合同义务或其履行不符合合同约定为前提。例如，债务人迟延履行，通常以债务履行期限届满而债务人不履行债务为标准。另外，《合同法》第120条规定，当事人双方都违反合同的，应当各自承担相应的违约责任。

实务探讨

风险负担与违约责任

《合同法》第149条规定：“标的物毁损、灭失的风险由买受人承担的，不影响因出卖人履行债务不符合约定，买受人要求其承担违约责任的权利。”

标的物上的风险负担与违约责任的承担互相独立，既不互相排斥，也不互相吸收。标的物毁损、灭失的风险由买受人承担的，不影响因出卖人履行债务不符合约定，买受人要求其承担违约责任的权利；同样，标的物毁损、灭失的风险由出卖人承担的，也不影响因买受人履行债务不符合约定，出卖人要求其承担违约责任的权利。

买卖合同中的“风险”，仅指由于不可抗力或者意外事件等造成的损失，不包括由于一方履行义务不符合约定或者法律规定而给另一方造成的损失。所以，不论风险转移与否，一方对因违约而给对方造成的损失均应承担责任，即使其违约的后果是在风险转移后才变得明显起来。风险负担是法律对危险的一种分配机制，它与违约责任本身没有本质的联系。

2. 违约责任具有一定程度的可约定性

作为民事责任，违约责任必然具有强制性。但与侵权责任不同的是，违约责任具有一定程度的可约定性，法律允许当事人预先对违约责任作出约定。这表现在：第一，当事人可以在合同中约定违约责任形式，如约定违约金。第二，当事人可以事先确定违约金的数额、约定损失赔偿额或其计算方法等，这类约定具有方便诉讼的功能。第三，当事人还可以通过设置免责条款来限制和免除未来的违约责任。

3. 违约责任具有相对性

根据合同的相对性原则，违约责任具有相对性。这是指违约责任只能在合同当事人之间发生，合同以外的第三人不负违约责任，也不能由违约方向第三人承担违约责任。《合同法》第 121 条规定：“当事人一方因第三人的原因造成违约的，应当向对方承担违约责任。当事人一方和第三人之间的纠纷，依照法律规定或者按照约定解决。”不过，在例外情况下，第三人亦可向合同当事人追究违约责任。

理论研究

“合同相对性原则”的突破能否改变违约责任的性质

违约责任具有相对性是合同相对性的体现，但是，随着工商业的发展以及民事活动范围的不断扩大，市场主体为了谋求利益最大化而日益加剧了竞争，导致交易风险急骤上升，主体的正当利益难以得到有效的维护。要改变这种状况，使交易者有一个较为准确的交易预期，就需要有更为周密的合同制度来降低风险，稳定交易秩序。于是，各种突破合同相对性原则的具体制度设计也就应运而生，最典型的例子就是承认为第三人利益的合同。在这类合同中，违约责任有时是向特定的第三人承担的。例如，根据《保险法》的相关规定，保险合同的当事人是投保人和保险人，而被保险人和受益人虽然不是合同当事人，但在保险事故发生后，却可以向保险人提出保险金请求权。另外，国外的判例、学说或立法进一步扩张了合同关系对第三人的效力，使债务人对与债权人有特殊关系的第三人也负有保护、照顾等义务，债务人因违反这些义务给相关第三人造成损失时，应按照合同法规则向第三人承担责任。

这种在违约责任承担上突破“合同相对性原则”的做法并未从根本上改变违约责任的性质。债务人对第三人承担责任仅是“合同相对性原则”的例外，违约责任的相对性仍应为其基本属性。

为了贯彻违约责任的相对性，《合同法》未认可第三人侵害债权制度。关于该制度的详细内容，请参阅本书第一章第三节的有关内容。

四、违约责任的归责原则

(一) 违约责任的归责原则概述

所谓归责原则，是指特定民事不法事实发生后，责任的归属据以确定的标准和原则。换言之，其意义在于决定什么人依据什么基础对特定事实之后果承担责任。可以说，归责原则是确定责任成立和归属的核心，对于侵权责任和违约责任都具有重要意义。

违约责任的归责原则是指基于一定的归责事由而确定违约责任成立及违约方承担该责任的法律原则。归责原则决定着违约责任的构成要件和举证责任的内容，也影响着违约责任的形式和违约责任的范围。

(二)《合同法》确立的违约责任归责原则

《合同法》第107条规定：“当事人一方不履行合同义务或者履行合同义务不符合约定的，应当承担继续履行、采取补救措施或者赔偿损失等违约责任。”该条没有将违约方的过错作为其承担违约责任的要件，表明《合同法》采取了严格责任的归责原则。

所谓严格责任（strict liability），又称无过错责任，是指不论违约方主观上有无过错，只要其有违约行为，就应当承担合同责任，即此种责任的承担不考虑当事人的主观过错。《合同法》采纳严格责任，主要是为了强化合同的约束力，确保“合同必须严守”的原则，督促当事人严格履行合同，从而保障守约方的利益。在发生违约以后，守约方只需证明违约方的行为已构成违约，而无须证明违约方有过错，这就减轻了守约方的举证负担。违约方要想免于承担违约责任，必须就不可抗力、免责条款等免责事由举证证明。

值得注意的是，尽管《合同法》将严格责任原则作为归责的一般原则，但并未完全否定过错责任原则适用于例外情况。《合同法》分则规定的具体合同中有相当一部分采纳了过错责任原则，只不过将其作为法律特别规定的情况对待。

《合同法》分则中采用过错责任原则体现在对赠与、保管、仓储、委托等合同的相关规定中，主要有如下几种情形：

1. 赠与人故意不告知瑕疵或者保证无瑕疵，造成受赠人损失的，应当承担损害赔偿责任（《合同法》第191条）。

2. 无偿保管，保管人证明自己没有重大过失的，不承担损害赔偿责任（《合同法》第374条）。

3. 因保管人保管不善造成仓储物毁损、灭失的，保管人应当承担损害赔偿责任（《合同法》第394条）。

4. 有偿的委托合同，因受托人的过错给委托人造成损失的，委托人可以要求赔偿损失。无偿的委托合同，因受托人的故意或者重大过失给委托人造成损失的，委托人可以要求赔偿损失（《合同法》第406条）。

由此可见，《合同法》在违约责任的归责原则上，以严格责任为基本原则，而以过错责任为补充原则。

理论研究

《合同法》上违约责任归责原则之争

关于《合同法》确定的违约责任的性质，学界有不同见解。有的学者认为《合同法》采取的是过错责任原则，有的学者认为采取的是严格责任原则。过错责任原则是指以行为人的主观过错作为确定其承担责任的要件以及责任范围的依据。严格责任原则是指违约发生以后，确定违约当事人的责任应主要考虑违约的结果是否因违约方的行为造成，而不考虑违约方的故意或过失。把《合同法》中归责原则确定为严格责任原则的理由主要有：第一，严格责任原则的确立并非自《合同法》开始，在《民法通则》以及《涉外经济合同法》、《技术合同法》中已有关于严格责任原则的规定。第二，严格责任原则具有方便裁判和增强合同责任感的优点。第三，严格责任原则符合违约责任的本质。因为违约责任在本质上是合同义务转化而来的，是当事人之间的约定。在一方不履行合同时追究其违约责任，是在执行当事人的意愿和约定，因而无须额外要求过错因素。第四，确立严格责任原则有助于更好地同国际间经贸交往的规则接轨。如《联合国国际货物销售合同公约》、《国际商事合同通则》及《欧洲合同法原则》均规定了严格责任原则。①

本书认为，《合同法》在违约责任的归责原则上，是以严格责任为基本原则，以过错责任为补充原则。

五、违约责任与相关概念辨析

（一）违约责任与合同责任

对于这两个概念是否具有同样的意义，学界有肯定说与否定说两种见解。

肯定说认为，合同责任就是违约责任，它是指违反合同义务所生的民事责任，而不包括违反先合同义务所生的缔约过失责任。理由在于，缔约过失责任成立时不存在合同关系，把它叫做合同责任容易产生歧义。②

否定说内部的见解不完全统一。一种见解认为，合同责任是合同法上的民事责任，既包括违约责任，也包含缔约过失责任。违反合同义务所生的民事责任和违反先合同义务所生的民事责任，都属于合同责任。违约责任只是违反合同义务所生的民事责任，不包括缔约过失责任。另外一种见解则将合同责任定义为合同上的责任，而不仅指违反合同义务所产生的责任，认为合同责任是一个比违约责任更为广泛的概念，它除了包括违约责任，还

---

① 参见李永军：《合同法》，503页，北京，法律出版社，2010。

② 参见王利明：《合同法研究》（第二卷），390页，北京，中国人民大学出版社，2003。

包括：（1）变更、解除合同所产生的责任；（2）保证责任；（3）守约方未尽到防止或减轻损害的义务所应负的责任。此种见解与前一种见解的明显分歧在于，认为合同责任并不包括缔约过失责任。[①]

本书认为，合同责任泛指合同法领域内的各种民事责任，因此，无论违约责任、缔约过失责任，还是因合同解除而产生的返还责任等，均属于合同责任。因此，合同责任涵盖违约责任，二者并不相同。

（二）违约责任与缔约过失责任

缔约过失责任发生在合同订立过程中，与合同密切相关。但是，缔约过失责任与违约责任作为两种性质不同的民事责任，有着本质的不同。二者的区别在于：

1. 产生的依据不同

缔约过失责任是在订立合同的过程中，基于缔约一方当事人违背根据诚实信用原则所应负的通知、协助、忠实、照顾等先合同义务，导致合同不成立、无效或被撤销的情形而产生的责任。因此，缔约过失责任产生的依据是合同法的直接规定而非生效的合同。违约责任则只能产生于已生效的合同，它以合同关系的有效存在为前提。

2. 责任性质不同

缔约过失责任是基于法律的直接规定而产生的，具有法定性。而违约责任则在一定范围内允许当事人自行约定，当事人可以在合同中约定违约责任的形式、责任的范围及免责事由等，这是意思自治原则的体现。

3. 归责原则不同

缔约过失责任的基本归责原则是过错责任原则，即以过错作为确定责任的要件及责任范围的依据。违约责任的基本归责原则是严格责任原则，即违反合同义务的当事人无论主观上有无过错，均应承担违约责任，除非有法定免责事由。

4. 保护的利益不同

缔约过失责任主要是为了保护信赖利益，即缔约双方从开始接触、磋商到合同成立前或合同被撤销、被确认无效前，双方之间形成了一种特殊的信赖关系，并基于这种特殊的信赖关系期望通过合同的订立、履行去实现合同目的而产生的信赖利益。违约责任则重在保护合同当事人的履行利益，所谓履行利益是指合同当事人基于生效合同得到实际履行后所获得的利益。

（三）违约责任与侵权责任

侵权责任是指行为人因其侵权行为而依法应当承担的民事责任。违约责任与侵权责任是两类最为典型的民事责任形态，它们存在如下区别：

1. 责任基础不同

违约责任的责任基础是违反当事人之间的约定义务，侵权责任的责任基础是加害人违反法定义务。前者存在当事人基于意思自治的合意过程，后者则不存在此合意过程。

2. 归责原则不同

违约责任的基本归责原则为严格责任。侵权责任的基本归责原则为过错责任，对某些

---

① 参见韩世远：《合同法总论》，587页，北京，法律出版社，2011。

特殊的侵权行为实行严格责任（无过错责任）。

3. 责任构成要件和免责事由不同

在违约责任中，行为人只要实施了违约行为且不具有有效的抗辩事由，就应承担违约责任，而不以损害的发生为必要（损害赔偿责任除外）。但是在侵权责任中，损害事实是侵权责任成立的前提条件。无损害事实，便无侵权责任的产生。

在违约责任中，除了法定的免责事由以外，合同当事人还可以事先约定免除或限制责任；但在侵权责任中，免责事由只能是法定的。

4. 责任形式不同

违约责任形式较多，常见的有继续履行、损害赔偿和违约金等形式。而侵权责任主要表现为损害赔偿。

5. 责任范围不同

尽管违约责任和侵权责任都适用损害赔偿责任，但二者的责任范围并不相同。合同的损害赔偿责任主要是财产损失的赔偿，且法律常常采取“可预见性”等规则来限定赔偿的范围。侵权损害赔偿不仅包括财产损失的赔偿，还包括精神损害的赔偿，而且其赔偿范围不能以“可预见性”为限定。

6. 举证责任不同

在违约责任中，守约方无须证明违约方的故意或过失，只须证明合同有效存在以及合同不履行或履行不符合约定的事实即可；而违约方若想使自己免负违约责任，则必须证明免责事由的存在，否则就要承担违约责任。在侵权责任中，受害人一般要证明行为人的故意或过失（特殊侵权责任除外）。因此，受害人在侵权责任中比在违约责任中承担着相对较多的举证义务。

六、违约责任的形态

所谓违约责任的形态，是指合同当事人承担违约责任的方式。

《合同法》第107条、第109～114条就违约责任形态作出了规定。总结上述条文的规定，违约责任的形态主要包括继续履行、损害赔偿、违约金和减价。本章将在后续内容中分别予以讲述。

第二节 违约行为

一、违约行为的含义

所谓违约行为，是指合同当事人违反合同义务的行为。《合同法》第107条将其描述为“当事人一方不履行合同义务或者履行合同义务不符合约定”。

绝大多数的合同都会因当事人的履行而消灭，但少数合同会因出现履行障碍而无法圆满实现合同目的。除违约行为外，履行障碍还包括不可抗力、情势变更等。不过，违约行为是最主要的合同履行障碍。

对于违约行为，可以从如下五个方面进行理解：

第一，违约行为的主体一般是债务人，只有在债权人迟延的情况下，债权人才成为违约行为的主体。

第二，当事人违反的合同义务既包括当事人在合同中约定的义务，也包括当事人根据民法基本原则和法律规定应当履行的义务，具体包括主给付义务、从给付义务、附随义务和后合同义务。

第三，违约行为是合同项下的债务不履行。债务不履行是大陆法系的用语，指未依债务的内容为给付以满足债权的状态。英美法系没有统一的债法体系，合同与侵权没有体系上的联系，其合同法将不履行债务称为“违约”，将当事人承担的不履行合同债务的责任称为“违约责任”。尽管《合同法》采用了英美法中的“违约”和“违约责任”的概念，但是鉴于我国法律体系总体上属于大陆法系，因而应将违约行为置于债务不履行体系下予以考察。债务不履行可以分为各种形态，因此对违约行为也应当区分各种具体形态予以考察。

第四，违约行为是对合同当事人行为的客观判断，而不涉及对违约方的主观状态的判断。在判断当事人的行为是否构成违约时，不需要考虑其主观过错。只要当事人的行为违反了合同义务，即为违约行为。

第五，一般而言，违约即为违法。不过，此处的“违法”并不是指违约人的行为违反了某一法律强制性规定，而是指违约行为违反了“合同严守”的合同法精神。

二、违约行为的形态

违约行为的形态又称违约形态，是指根据违约行为违反义务的性质和特点而对违约行为所作的分类，如不能履行、迟延履行、不完全履行等。

关于违约行为的形态，我国学者有不同的观点。有的将其分为不能履行、履行迟延、履行拒绝与履行不当①；有的将其分为不能履行、迟延履行、不完全履行、拒绝履行与债权人迟延五种，并将预期违约归入拒绝履行之中②；有的将其区分为预期违约与实际违约，并将实际违约细分为拒绝履行、迟延履行、不适当履行、部分履行与其他不完全履行。③

本书认为，《合同法》对违约行为形态的规定分布于第 94 条、第 107～111 条。其中第 107 条处于中心地位，该条将违约行为描述为“不履行合同义务”及“履行合同义务不符合约定”；第 94 条就解除条件规定了拒绝履行和迟延履行，第 108 条规定了拒绝履行，第 109 条规定了不履行金钱债务的违约行为，第 110 条规定了不履行非金钱债务或者履行非金钱债务不符合约定的违约行为，第 111 条规定了履行标的质量不符合约定的违约行为。可见，《合同法》对违约行为形态的规定较为混杂。因此，对违约行为的形态进行全面、系统的整理，仍然是学习、研究合同法必须进行的基础工作。这一整理工作应当本着全面覆盖各种违约情形，且尽可能使各形态之间互不重复的原则进行。可依《合同法》第 107 条，将违约行为形态区分为不履行和履行不符合约定。不履行具体包括不能履行、拒绝履行、

---

① 参见李永军：《合同法》，508～509 页，北京，法律出版社，2010。

② 参见崔建远主编：《合同法》，286～292，北京，法律出版社，2010。

③ 参见王利明、房绍坤、王轶：《合同法》，205～212 页，北京，中国人民大学出版社，2013。

迟延履行三种情形，履行不符合约定则表现为不完全履行。违约行为的形态还包括债权人迟延，与前述四种违约形态所不同的是，此种违约形态是因债权人不履行不真正义务引起的。

本节如下内容分述各种违约行为的形态。

三、不能履行

（一）不能履行的含义

不能履行又称履行不能、给付不能，是指合同债务最终没有得到履行，表现为债务人在客观上已经没有履行能力，或者法律禁止债务的履行。关于不能履行的判断标准，不应当是物理学的法则，而应当依据社会观念予以判断，即根据具体情况，针对个案，斟酌交易观念予以判断。例如海底寻针，物理学上虽属可能，但在社会观念上则为不能。[①]

（二）不能履行的分类

1. 自始不能与嗣后不能

自始不能是指在给付义务成立之时给付即为不可能，属于债务生效的问题；嗣后不能是指给付在债务成立后始为不可能，属于债务履行的问题。这种分类虽发源于德国法，但在德国债法现代化改革以后已经不具有实践意义了，因为德国新债法已经不再采取“自始不能之合同无效”的原则，而将自始不能和嗣后不能都归于违反合同义务之下。而且《国际商事合同通则》、《联合国国际货物销售合同公约》及《欧洲合同法原则》等国际合同立法或示范法均未采用“自始不能之合同无效”的原则。[②] 我国亦将自始不能与嗣后不能统归于违约之列。

2. 永久不能与一时不能

永久不能是指债务的履行存在障碍，且该履行障碍在履行期限或者债务人可以履行的期限届满时不能消除。如果只是在此期间中的一段有障碍，即该障碍是暂时的，在履行期限或者债务人可以履行的期限内是可以消除的，则为一时不能。不能履行所指为永久不能，而非一时不能。一时不能构成履行迟延。

3. 全部不能与部分不能

全部不能是指合同债务全部不能履行，如标的物全部灭失。部分不能是指合同债务的一部分不能履行，如标的物的部分灭失，或者应转移完全的不动产所有权，但该不动产上存有已作登记的共有权。无论全部不能，还是部分不能，均为不能履行的表现。

4. 客观不能与主观不能

客观不能是指给付对任何人而言皆为不能。有基于自然原因的，如标的物已经灭失；有基于法律规定的，如标的物为法律禁止的流通物；有基于社会观念的，如海底寻针。主观不能是指虽然债务人不能履行，但债务人以外的人有能力履行之不能履行，如演员与剧院订立演出合同，但该演员因患病不能演出。无论客观不能，还是主观不能，均为不能履行的表现。

---

① 参见史尚宽：《债法总论》，368 页，北京，中国政法大学出版社，2000。

② 参见崔建远主编：《合同法》，286 页，北京，法律出版法，2010。

5. 事实上的不能履行与法律上的不能履行

事实上的不能履行也称自然不能履行，即基于自然法则的不能履行，如因标的物的灭失而不能履行。法律上的不能履行是指基于法律的规定而不能履行。如果在合同订立之时即属于法律上的不能履行，如买卖毒品，则合同无效。不过，本书认为在这种情形下宜以违法性为由认定合同无效。如在合同履行过程中发生法律上的不能履行，则属于此处所称不能履行。法律上的不能履行还表现为依法律规定在逻辑上不能履行，如给付标的属于债权人之物。

（三）不能履行的法律后果

基于不能履行是否可归责于债务人，不能履行的法律后果分为如下两种情形：

1. 可归责于债务人之不能履行

因可归责于债务人的事由导致不能履行时，应区分是全部不能还是部分不能来确定其效力：

第一，全部不能时，债权人可请求债务人承担因不履行而产生的代替履行的损害赔偿责任，并解除合同。

第二，如履行仅部分不能时，则对该不能履行之部分，债权人可请求代替履行的损害赔偿。对能履行之部分，债权人可请求债务人继续履行。但是，如该部分之履行已经无法实现债权人的合同目的，则债权人可解除合同并就全部合同请求代替履行的损害赔偿。

2. 不可归责于债务人的不能履行

因不可归责于债务人的事由（如第三人将标的物损毁）导致不能履行时，债权人仍可请求债务人承担代替履行的损害赔偿责任。另外，如债务人因该特定事由而取得补偿或者对第三人享有补偿请求权，债权人可以请求债务人返还其取得的补偿或者让与补偿请求权（代偿请求权）。但是，代替履行的损害赔偿数额应按债权人取得的补偿或补偿请求权的数额作相应减少，以免债权人获得不当利益。

四、拒绝履行

（一）拒绝履行的含义

拒绝履行是指债务人无正当理由拒不履行合同义务。《合同法》第108条规定，拒绝履行表现为债务人向债权人明确表示不履行合同义务，或者以自己的行为表明不履行合同义务。拒绝履行既可发生在履行期限届满之前，也可发生在履行期限届满之后。拒绝履行并非法律行为性质的意思表示，而是一种事实行为。[①] 如果债务人根据法律规定或者合同约定，在有正当理由的情况下拒绝履行，则不属于此处所称“拒绝履行”，如行使同时履行抗辩权或不安抗辩权。拒绝履行一般表现为债务人没有正当理由而否认合同义务，或者提出不正当的履行条件。最为明显的拒绝履行表现为虽承认合同义务，但明确表示不予履行。

（二）拒绝履行与预期违约的关系

预期违约（anticipatory breach of contract）又称先期违约，是指在合同生效后、履行期限到来前，一方当事人明确表示他将不履行合同，或一方当事人根据客观事实预见到另一

① 参见杜景林、卢谌：《债权总则给付障碍法的体系建构》，160页，北京，法律出版社，2007。

方当事人到期将不履行合同。

预期违约起源于19世纪中叶的英国和美国的普通法。[①] 1853年英国王座法院审理的“霍切斯特诉戴·纳·陶尔案”确立了普通法上的明示预期违约规则。1894年的“辛格夫人诉辛格案”则确立了默示预期违约规则，使预期违约制度趋于完善。[②] 所谓明示预期违约，又称明示毁约，是指在合同履行期到来前，一方当事人无正当理由，明确地向另一方当事人表示他将在履行期限到来时不履行合同。所谓默示预期违约，又称默示毁约，是指在履行期到来之前，一方以自己的行为表明其将在履行期到来之后不履行合同，且另一方有足够的证据证明一方将不履行合同，而一方也不愿意提供必要的履行担保。

预期违约早已不再是英美法系独有的制度。《联合国国际货物销售合同公约》、《国际商事合同通则》以及《欧洲合同法原则》均对合同履行期前救济予以关注，相继确立了预期违约制度。《合同法》汲取了该制度的合理内核，但并未将其作为一种独立的违约形态，而是将其置入拒绝履行之中。从时间上，我们可以把拒绝履行分为三种情形：（1）履行期限到来之前的拒绝履行；（2）履行期限到来至履行期限届满的拒绝履行；（3）履行期限届满之后的拒绝履行。第一种情形的拒绝履行即为英美法所称的预期违约。

理论研究

拒绝履行与不安抗辩权

不安抗辩权是大陆法系国家采用的制度，其旨在对双务合同中负有先履行义务的当事人提供对抗相对人请求的权利，以维护双务合同的对待给付的平衡，实现交易的公正。

《合同法》既汲取了英美法中预期违约的合理内核，将其归入拒绝履行之中，又吸收了大陆法的不安抗辩权制度，属于双重继受。不安抗辩权的行使要件与拒绝履行中的债务人“在履行期限到来之前以自己的行为表明不履行合同义务”的情形颇为相似，如发生时间均为合同生效后、履行期限届满之前；均为一方未明确表示将不履行合同义务，但另一方根据客观情况预见其有届时不履行的危险。虽然二者在功能上存在交叉之处，但一般认为，它们仍存在如下不同：（1）权利人不同。前者以双方履行时间有先后顺序为前提，且只有负先履行义务的一方才能行使；后者无涉合同双方义务的关联性，可以由合同当事人任何一方主张。（2）构成要件不同。前者发生的原因为后履行方经营状况严重恶化、丧失商业信誉、转移财产、抽逃资金，以逃避债务；后者发生的原因则为债务人的行为。（3）救济方法不同。前者以先履行义务一方中止自己的履行为救济方法，后者则赋予债权人更多、更主动的救济方法，除中止自己的履行外，还包括解除合同、请求损害赔偿等。

尽管二者存在上述区别，但如债务人的某一行为同时符合拒绝履行和行使不安抗辩权的要件时，则可由当事人自行选择适用。另外，法院有时会将二者的适用要件完全等同。

---

① 参见陈杨：《试论根本违约——与英美法系相关违约形态的比较研究》，载《时代法学》，2008（1）。

② 参见苏号朋主编：《民法学》，536页，北京，对外经济贸易大学出版社，2007。

例如，《审理民商事合同的指导意见》就曾指出："在当前情势下，为敦促诚信的合同一方当事人及时保全证据、有效保护权利人的正当合法权益，对于一方当事人已经履行全部交付义务，虽然约定的价款期限尚未到期，但其诉请付款方支付未到期价款的，如果有确切证据证明付款方明确表示不履行给付价款义务，或者付款方被吊销营业执照、被注销、被有关部门撤销、处于歇业状态，或者付款方转移财产、抽逃资金以逃避债务，或者付款方丧失商业信誉，以及付款方以自己的行为表明不履行给付价款义务的其他情形的，除非付款方已经提供适当的担保，人民法院可以根据合同法第六十八条第一款、第六十九条、第九十四条第（二）项、第一百零八条、第一百六十七条等规定精神，判令付款期限已到期或者加速到期。"显然，上述规定列举的情形既包括不安抗辩权的事由，也包括拒绝履行的事由，在法律适用上并未加以区分，允许法院选择适用。可见，相较于二者的区别，司法界显然更注重将二者的适用要件趋同，并将这两个制度结合起来，以维护当事人的合法权益。不过，这种做法是否适当，仍值得探讨。

（三）拒绝履行的构成要件

第一，存在有效的合同债务。

第二，债务人明确表示不履行合同义务，或者以其行为表明不履行合同义务。债务人拒不履行债务必须是严肃和最终性质的[①]，以避免因当事人之间单纯的意见分歧导致合同消灭的严重后果。

第三，债务人有履行债务的能力。在此点上，拒绝履行与不能履行存在根本性差异。

（四）拒绝履行的法律后果

在债务人拒绝履行主给付义务的情况下，债权人可要求其承担代替履行的损害赔偿责任和解除合同。当然，债权人也可以不解除合同，而要求债务人继续履行。至于债权人要求债务人承担违约责任的时间，一般在履行期限届满之后，但依《合同法》第108条，债权人亦可依具体情形在履行期限届满之前追究债务人的违约责任。

如债务人拒绝履行的是主给付义务之外的义务，债权人虽然可享有损害赔偿请求权，但不可解除合同，除非债务人的拒绝履行致使债权人的合同目的无法实现。

债务人能否撤回拒绝履行，以避免债权人解除合同，是一个值得研究的问题。本书认为，当事人订立合同的目的是通过履行而实现利益，在债务人违约时，如债务人能够履行债务，应优先适用继续履行的违约责任，不宜解除合同。因此，如债务人能够履行，且愿意履行，应当允许债务人撤回拒绝履行。与拒绝履行一样，撤回拒绝履行亦非法律行为性质的意思表示。不过，允许债务人撤回拒绝履行的前提是：债权人尚未行使合同解除权。如债权人在债务人拒绝履行后，已经在合理期间内行使解除权，或者债权人必须行使解除权（如买受人已经从他处购买了合同标的物），则债务人不能再撤回拒绝履行。

---

① 参见杜景林、卢谌：《债权总则给付障碍法的体系建构》，165页，北京，法律出版社，2007。

典型案例

拒绝履行违约纠纷案

某年5月，甲榨油厂（以下简称甲）与乙农户（以下简称乙）签订了一份花生买卖合同。合同约定：乙向甲供应脱皮花生5 000公斤，交货时间为当年11月中旬，交货方式为甲自提；甲向乙交付1万元定金。合同订立后，甲向乙交付了定金。然后，甲与某粮油公司订立了花生油买卖合同。同年9月，乙告知甲，由于当年雨水太少，花生长势不好，不能按合同约定的数量交货。甲立即派人到乙处了解详情，得知雨水问题并未影响花生的收成，乙不愿交货的真正原因是当年花生普遍歉收，花生价格上涨，乙已与他人签订了更高价格的买卖合同。甲多次表示希望乙能按期交货，但均遭到拒绝。甲遂提起诉讼，要求乙承担双倍返还定金的责任，并赔偿其利润损失。

法院经审理认为：被告乙在合同履行期限到来之前，为了获得更高的利润，明确向原告甲表示将不按合同约定的数量交货，被告的行为构成拒绝履行的违约行为。法院判决被告向原告双倍返还定金，并赔偿其利润损失。①

法院的判决是否正确？

在此案中，合同约定的履行期为某年11月中旬，但是被告于履行期到来之前，在无正当理由的情况下，明确表示不能按合同约定的数量交货，被告的行为构成了拒绝履行。因此，法院的认定是正确的。

五、迟延履行

（一）迟延履行的含义

迟延履行又称履行迟延，即债务人能够履行，但履行期限届满仍未履行债务，此为狭义的迟延履行，即给付迟延。广义的迟延履行包括狭义的迟延履行（给付迟延）和债权人迟延（受领迟延）。本书所称迟延履行仅指狭义的迟延履行，不包括债权人迟延。

（二）迟延履行的构成要件

第一，须有有效的合同债务存在。因此，附生效条件的合同在所附条件成就前，不发生迟延履行的问题。

第二，履行是可能的。如果债务已经不可能履行，则构成不能履行。

第三，债务人没有履行债务。此处强调的是债务人没有作出履行行为，至于履行效果是否发生，并非本要件的涵盖范围。

第四，履行期限已经届满。至于如何确定履行期限，则是实务中的一个重要问题。

---

① 参见房绍坤：《新版以案说法·合同法篇》，78～79页，北京，中国人民大学出版社，2005。

实务探讨

迟延履行中履行期限的确定

迟延履行中最关键的问题是确定合同的履行期限，具体可分为确定期限、不确定期限和履行期限不明确三种情形予以探讨。

如果合同约定了确定期限，则该确定期限届满之时，债务人未履行则当然地陷于迟延履行，无须另行催告。

不确定期限是指合同约定了履行期限，但是履行期限尚未确定的情形，如约定以某人死亡之日为履行之日。此种不确定期限因其可确定性而等同于确定期限加以处理。但是如果债权人先于债务人得知期限之确定，则根据诚实信用原则，债权人负有通知债务人的义务。如果非因债务人之过错而不知道期限已经确定并届满的，债务人不负迟延履行责任。

如果合同未约定履行期限或约定不明确，而且又无法根据法律的规定、债务的性质或其他情势确定履行期限的，则《合同法》第62条第4项规定，债务人可以随时履行，债权人也可以随时要求履行，但应当给对方必要的准备时间。此处所说的必要的准备时间也就是合理的履行期限，而债权人的“要求履行”即等同于“催告”。因此，“催告”成为此种场合确定履行期限并使债务人负迟延履行责任的必要条件。

第五，债务人不履行债务没有正当理由。如债务人依法行使同时履行抗辩权而暂不履行债务，则不构成迟延履行。如因债权人的原因造成迟延（如债权人改变地址未通知债务人），则应当由债权人负责，债务人不构成迟延履行。

（三）迟延履行的终结

迟延履行必须具备上述全部要件，如果其中任一要件不再具备，则迟延履行的状态即告终结。

导致迟延履行终结的原因主要包括：（1）债务人事后完全履行了合同义务；（2）债权人存在迟延；（3）在发生迟延履行后，标的已不能履行；（4）债务人行使形成权，如撤销权或者解除权，致使债权人的请求权归于消灭；（5）债务人取得或者行使抗辩权，如债权的诉讼时效期间届满；（6）债权人表示愿意推迟履行期限的到来，即允许延期履行。[①] 迟延履行的终结仅向将来发生效力，即不再发生进一步的迟延后果，但并不溯及地除去已经发生的迟延后果。

（四）迟延履行的法律后果

在发生迟延履行时，因债务尚可履行，且此种履行一般是债权人仍然需要的，所以债务人仍应继续履行。对于因迟延所发生的损害，债务人负有赔偿责任（迟延损害赔偿）。这些损害主要包括：债权人在债务人迟延履行期间以其他方式满足自己利益所支出的费用；债权人因债务人迟延交货而不能转卖所丧失的利益；债权人因对迟延履行的债务人进行权利追诉所发生的费用；债权人因货币贬值所发生的贬值损害；债权人因债务人迟延履行致

① 参见杜景林、卢谌：《债权总则给付障碍法的体系建构》，89页，北京，法律出版社，2007。

使自己不能及时履行义务所遭受的不利益等。[①] 另外，在金钱之债的情形下，债权人还可以向债务人请求迟延利息的赔偿。在迟延履行发生后，债务人不能再援用任何理由免责。例如，《合同法》第117条规定，当事人迟延履行后发生不可抗力的，不能免除其违约责任。

如因迟延导致债权人可能丧失因债务人履行可以得到的利益，债权人可以允许债务人延期履行。如在此期间届满时，债务人仍未履行，债权人可请求其承担代替履行的损害赔偿责任，并可解除合同。如因迟延导致债务履行对债权人而言已无利益，或者债务人在迟延期间拒绝履行，债权人无须允许债务人延期履行，可以径行请求其承担代替履行的损害赔偿责任，并可解除合同。如债务人已经履行了部分债务，即仅有部分债务陷于迟延履行，债权人仅能对陷于迟延的部分债务请求代替履行的损害赔偿。债权人只有在对债务人已为的部分履行不再具有利益时，才能够对全部债务请求代替履行的损害赔偿。

在债务人迟延履行后，如果出现了不能履行的情形，迟延履行即告终结。在这种情况下，法律效果依不能履行的规则确定。[②] 也就是说，不能履行排斥迟延履行。

如果债务人在履行期限届满之前拒绝履行，但债权人未追究其违约责任，则在履行期限届满之后，发生迟延履行。在此情况下，拒绝履行与迟延履行并存。[③] 如果债务人在已经发生迟延履行的情况下拒绝履行，拒绝履行与迟延履行亦可并存。只有在债权人请求代替履行的损害赔偿和解除合同时，迟延履行才能消灭。在二者并存的情况下，债权人既可以选择以迟延履行为由寻求救济，也可以选择以拒绝履行为由寻求救济。

六、不完全履行

（一）不完全履行的含义

不完全履行又称不适当履行，是指债务人虽然履行了债务，但并不全面、适当，即履行存在不符合合同约定与法律规定的情形。不完全履行既可发生在履行期限到来之前（如债权人愿意接受履行），也可发生在履行期限中或履行期限届满之后。我国台湾地区一般将其称为“不完全给付”，在日本称之为“不完全履行”，在德国则称之为“积极侵害债权”。

不完全履行一般表现为：因履行标的、数量、质量、地点、方式等方面不符合合同约定，使得债权人的履行利益未得到充分实现。严重的不完全履行则表现为因履行存在瑕疵侵害了债权人合同范围之外的法益，如人身安全、财产所有权。

（二）不完全履行的构成要件

第一，须有有效的合同债务存在。

第二，债务人履行了债务。

第三，债务人的履行存在违反合同约定或者法律规定的情形，致使债权人的债权没有得到充分实现，或者损害了合同范围之外的法益。

第四，债务人没有正当理由。如债务人因依法行使同时履行抗辩权而只是部分地履行了债务，则不构成不完全履行。例如，《合同法》第66条规定，当事人互负债务，没有先

---

① 参见杜景林、卢谌：《债权总则给付障碍法的体系建构》，91页，北京，法律出版社，2007。

② 参见杜景林、卢谌：《债权总则给付障碍法的体系建构》，82页，北京，法律出版社，2007。

③ 参见杜景林、卢谌：《债权总则给付障碍法的体系建构》，171页，北京，法律出版社，2007。

后履行顺序的，应当同时履行。一方在对方履行债务不符合约定时，有权拒绝其相应的履行请求，即可以仅进行部分履行。

（三）不完全履行的类型

根据不完全履行对债权人造成的损害后果，可以将不完全履行分为瑕疵给付、加害给付、其他不完全履行。

1. 瑕疵给付

瑕疵给付是指债务人交付的履行标的物不符合合同约定或者法律规定的品质或数量要求。例如，《合同法》第 111 条规定的履行标的“质量不符合约定”以及同法第 158 条规定的“标的物的数量或者质量不符合约定”的情形即属于瑕疵给付。

如前所述，《合同法》将传统民法中的瑕疵担保责任归入违约责任之中，不承认独立的瑕疵担保责任。但是，在债务人的违约行为属于瑕疵给付时，债权人欲追究债务人的违约责任，须负通知义务，这是在其他违约情形下追究违约责任所不需具备的要件。基于这一特殊性，本书认为有必要在不完全履行项下，将瑕疵给付单列为一类违约形态。

根据民法原理及《合同法》第 111、148、153、154、155、158 条等的规定，瑕疵给付包括质量瑕疵和数量瑕疵两种。所谓质量瑕疵，是指债务人交付的标的物在种类、性质、品质、规格等方面与合同约定或者法律规定不符。质量瑕疵根据检验的难易程度，分为外观瑕疵和隐蔽瑕疵。外观瑕疵一般包括标的物的表面性能和种类瑕疵，即产品的规格、型号、花色、品种等，隐蔽瑕疵包括通过通常的检验手段不能知道，需要专门检验或需要安装运转才能发现的瑕疵。[①] 数量瑕疵则是指债务人交付的标的物与合同约定或者法律规定不符。无论数量多，还是数量少，均属于数量瑕疵。

具体而言，瑕疵给付主要表现为如下情形：（1）履行标的与合同约定的标的不属于同一属性的事物。例如，合同约定出卖人应交付冰箱，但出卖人实际交付的为电视机。（2）履行标的的属性虽与合同约定的标的属性相同，但品种、规格及型号等不符合约定。例如，合同约定出卖人应交付轴承钢，但出卖人实际交付的为弹簧钢。（3）履行标的虽与合同约定相符，但存在质量缺陷。（4）履行标的的数量不符合约定，一般表现为数量短缺，有时则为数量超过约定。

2. 加害给付

加害给付是指债务人的不完全履行除了侵害债权人的履行利益外，还侵害了债权人的一般法益。

加害给付具有如下特点：

第一，债务人的履行不符合合同约定或法律规定。

第二，债务人的履行造成了债权人的履行利益外的其他利益的损害。所谓履行利益外的其他利益，学理上称为固有利益或维护利益，是指债权人享有的不受债务人和其他人侵害的现有财产和人身利益。例如，交付的财产有缺陷，造成他人的人身伤害，则交付的财产属于履行利益，人身伤害属于固有利益的损失。

① 参见奚晓明主编：《最高人民法院关于买卖合同司法解释理解与适用》，280 页，北京，人民法院出版社，2012。

第三，加害给付是一种同时侵害债权人相对权和绝对权的不法行为。履行利益是债权人享有的债权（相对权），而履行利益外的其他利益则主要是债权人享有的绝对权，这两种权利分别受到合同法和侵权法的保护。由于该行为同时侵害了债权人的相对权和绝对权，因而加害给付的行为同时构成违约行为和侵权行为。但这并不意味着在存在加害给付时，债权人可以同时请求债务人承担违约责任和侵权责任，而只能根据责任竞合的规则选择其中一种请求权。

3. 其他不完全履行

其他不完全履行是指除上述两种情形之外，债务人履行合同义务不符合约定，致使债权人的履行利益没有得到充分实现的情形。

其他不完全履行主要表现为如下情形：(1) 履行标的存在权利瑕疵，即履行标的上存在第三人可合法主张的权利。(2) 履行地点不符合约定。(3) 履行方式不符合约定，如合同约定使用高速公路运输，但当事人却使用普通公路运输。(4) 违反从给付义务，如履行方未按合同约定向对方交付质量鉴定书。(5) 违反附随义务，如没有为对方当事人提供必要的照顾。(6) 违反后合同义务。

(四) 不完全履行的法律后果

《合同法》没有像一些大陆法系国家那样区分瑕疵担保责任与违约责任，而是将当事人的履行违反合同的情形统一认定为违约行为，当事人应对其违约行为承担违约责任，未再规定瑕疵担保责任。

在瑕疵给付的情形，债权人首先应当将履行标的物存在瑕疵的具体情形在合同约定或者法律规定的时间内通知债务人，并可以要求债务人继续履行，具体包括更换、修理、重作、退货、补足数量，或者要求减少价款或者报酬。如因此发生迟延履行，还可请求迟延损害赔偿。对于债务人多交的标的物，债权人可以接收或者拒绝接收。债权人接收多交部分的，应当按照合同约定支付价款或者报酬；债权人拒绝接收多交部分的，应当及时通知债务人。如依具体情形，债务人的履行对债权人而言已无利益，则债权人可放弃履行请求权，请求债务人承担代替履行的损害赔偿责任，并解除合同。

在加害给付的情形，债权人除可依上述情形行使请求权之外，还可以请求固有利益的损害赔偿。

在其他不完全履行的情形，债权人可以要求债务人继续履行，具体包括更换、退货、按照合同约定地点履行、按照合同约定方式履行、履行从给付义务等。如因此发生迟延履行，还可请求迟延损害赔偿。如依具体情形，债务人的履行对债权人而言已无利益，则债权人可放弃履行请求权，请求债务人承担代替履行的损害赔偿责任，并解除合同。

七、债权人迟延

(一) 债权人迟延的含义与性质

债权人迟延又称受领迟延，是指债权人没有为债务人履行债务提供必要的协助，具体表现为未受领债务人的给付，或者未提供其他协助，导致债务人无法完成给付。

关于债权人迟延的性质，在理论上存在违反义务说和权利不行使说的争议。违反义务说认为，债权人受领债务人的履行乃是其义务，若未能按时受领，则违反了其义务。权利不行使说则认为，受领不是债权人的义务，而是债权人的权利，受领迟延是给付受领权的不行使。本书认为，除法律直接规定或当事人特别约定外，受领原则上属于债权人的权利，但债权人在合同中应当负有协助和合作的义务，这种义务被学者认为属于“不真正义务”或“间接义务”、“对己义务”[①]。如果债权人拒绝对方提出的履行或者从事某种行为阻碍对方履行，则构成对该义务的违反，应承担法律上的不利后果。

债权人迟延的制度目的是要保障已经实施必要履行行为的债务人不因债权人未给予必要的协助而遭受不利益。因此，债权人迟延可阻却债务人的迟延履行。

(二) 债权人迟延的构成要件

1. 合同债权内容的实现以债权人的受领或者其他协助为必要条件，也即债务的履行需债权人之行为方能完成，债权人有协助、配合等义务。

2. 合同债务已届履行期。

3. 债务人已依合同提供了履行。

4. 债权人拒绝给予协助或者拒绝为对待给付。拒绝协助以拒绝受领为典型表现。如当事人双方应同时履行债务，则一方虽然愿意受领对方的给付，却拒绝为对待给付的，则与拒绝受领相同。

(三) 债权人迟延的终结

在债权人迟延的各要件中，只要有一个要件不再具备，债权人迟延即告终结。在实践中，最为常见的情形是债权人最终受领了债务人的履行，或者为债务人的履行提供了必要协助。此外，债权人迟延还可因债权人的债权消灭、债务人不能履行或者债务人表示收回其履行内容而终结。

(四) 债权人迟延的法律后果

由于债权人的协助与配合义务属于不真正义务，因而我们虽然将债权人迟延视为违约行为，但其法律后果与债务人的迟延履行有较大的区别：(1) 债权人迟延既不产生债权人的损害赔偿义务，也不会赋予债务人以解除合同的权利。(2) 债权人迟延并不能使债务人免责，债务人仍负有继续履行的义务。只有当债务人将给付标的物或者变卖给付标的物所得价款提存时，债务始归于消灭。(3) 发生债权人迟延后，债务人仅须就保持自己的履行能力尽较低程度的注意义务。只有在债务人因故意或者重大过失致使履行标的毁损、灭失时，债权人才能请求损害赔偿。(4) 对于应当支付利息的金钱债务，自债权人迟延之时起，债务人支付利息的义务消灭。不过，如果债务人在债权人迟延期间自他人处收取了利息，且负有向债权人交付的义务，则债务人仍应向债权人交付其收取的利息收益。(5) 债务人因债权人迟延而未能完成履行，由此产生的因保管和维持履行标的而发生的必要费用，债务人可请求债权人偿还。这些费用包括运输费用、仓储费用、采暖费用、保险费用、动物饲养费用等。

---

① 王泽鉴：《债法原理》，36 页，北京，北京大学出版社，2009。

第三节 继续履行

一、继续履行概述

（一）继续履行的含义

继续履行又称强制履行、实际履行、特定履行或者强制实际履行。作为一种救济方式，继续履行是指在违约方违反合同时，非违约方要求其依据合同的约定继续履行。《合同法》第 107 条将继续履行规定为与损害赔偿并列的违约责任形态，第 109 条和第 110 条分别规定了金钱债务和非金钱债务的继续履行责任。另外，该法第 111、112 条亦有关于继续履行的规定。

继续履行的基本内容是要求违约方继续依合同约定履行。继续履行也是《合同法》第 60 条关于“当事人应当按照约定全面履行自己的义务”的规定的间接体现。

以德国为代表的大陆法系国家遵循“契约严守”的原则，非违约方当然享有继续履行请求权。英美法系国家将损害赔偿作为最主要的违约责任方式，继续履行只是违约救济的例外。在我国，依《合同法》第 107 条的规定，继续履行是最基本的违约责任承担方式。

（二）继续履行的性质

与其他违约责任形式相比，继续履行最不容易体现出责任性质，因为继续履行表现为按合同的约定继续履行。但是，它与正常的债务履行行为在性质上并不相同。非违约方请求违约方继续履行通常发生在合同履行期限届满后，与合同债务的履行时间有别。另外，继续履行有时要借助国家强制力予以实现。正是在这个意义上，有人将其称为“强制履行”[①]。本书认为，作为一种违约责任形态，继续履行在绝大多数情况下都是以非违约方向违约方请求的方式得到实现的，而借助于国家强制力而迫使违约方承担履行债务的法律责任，只是继续履行的例外现象。本书认为，使用“强制履行”这一术语不能准确地描述此种违约责任的特点，因此本书采用了《合同法》第 107 条所称的“继续履行”。

二、继续履行的构成要件

（一）须一方有违约行为

继续履行责任是一方违约所产生的民事责任，因此以违约行为的存在为适用的前提。至于违约行为的形态，可以是拒绝履行、迟延履行或不完全履行。不过，如为不能履行，则无继续履行适用之可能。另外，因债权人迟延违反的是不真正义务，所以亦无继续履行适用之余地。

（二）须非违约方提出继续履行的请求

基于意思自治，非违约方有权决定是否请求违约方继续履行，法院不能依职权代非违约方作出此种决定。

---

① 韩世远：《合同法总论》，600 页，北京，法律出版社，2011。

对于金钱债务，请求继续履行并无时间上的特别要求。对于非金钱债务，如果非违约方决定采取继续履行的补救措施，必须要在合理的期限内向违约方提出继续履行的要求。《合同法》第110条第3项规定，如果在一方违约后，非违约方未在合理期限内提出继续履行的要求，则不得再提出此种要求。

对非金钱债务的继续履行设立合理期限，既是为了实现双方的利益平衡，也是为了追求经济效益。因为，尽管继续履行的目的在于充分实现合同的债权，但如果非违约方可以不受期限约束地提出继续履行的请求，等于额外加重了违约方的负担。并且，要求非违约方及时提出继续履行的请求，也能够提高交易效率，尽快解决纠纷。因此，对于继续履行的适用应当以非违约方在合理期限内提出请求为必要。

（三）须违约方能够履行且标的适于履行

债务能够履行是适用继续履行的控制性要件。如债务不能履行，则只能寻求继续履行之外的救济方式。至于标的适于履行，是指依标的性质，要求违约方继续履行无损其人格尊严，且不违反经济合理的原则。

对于金钱债务，非违约方可请求违约方继续履行，违约方不得以任何理由拒绝履行。对于非金钱债务，非违约方一般亦可请求违约方继续履行。但是，《合同法》第110条第1、2项规定，非金钱债务如果属于下述情形，非违约方不得请求继续履行：

1. 不能履行

如果违约方在法律上或者事实上已无可能履行债务，则无法适用继续履行。

2. 标的不适合强制履行

《合同法》第111条将“债务的标的不适于强制履行”作为排除继续履行的情形。至于何为“强制履行”，本书认为应作狭义理解，即将其等同于民事诉讼法上的“强制执行”，而不能将其理解为“继续履行”。所谓强制执行，是指执行机构根据人民法院生效的判决、裁定及其他法律文书确定的内容，依照法定的措施，强制当事人履行所负义务的活动。可见，强制执行是借助于公权力而迫使违约方履行债务，是继续履行的特殊方式。对于存在人身信赖关系的合同所产生的债务，如果强制违约方履行义务，就是对违约方人身加以强制，这与现代法治社会的基本理念不符。如委托合同、合伙合同以及提供服务或劳务的合同中受托人、合伙人、服务或劳务提供人的债务就不适合强制履行。

3. 继续履行不具有经济上的合理性

这是从经济分析的角度对继续履行施加的限制。合同作为财产流转的主要形式，最根本的原则之一就是要具有经济上的合理性。违约救济亦应体现这一要求。如果请求违约方继续履行在经济上极不合理，则不但对当事人有害无利，对社会总体资源而言也是一种浪费。而且，如果履行不具有经济上的合理性，则选择继续履行这种违约救济形式就会成为对违约方不合理的刁难。因此当继续履行在经济上不合理时，应排除其适用。

三、继续履行的具体表现形式

（一）限期继续履行

无论是金钱债务还是非金钱债务，如果一方违反合同义务，除不能履行外，非违约方都可以提出一个新的履行期限，即宽限期或延展期，要求违约方在该期限内履行合同债务。

违约方仍不履行时，守约方可以请求法院强制违约方履行债务。当然，非违约方亦可直接请求法院判决违约方继续履行。

（二）修理、重作、更换、退货

这些继续履行的措施适用于违约方交付的履行标的与合同约定不符而非违约方仍需要的情况，且仅适用于非金钱债务。修理适用于履行标的存在的瑕疵并不严重，通过修理即可达到合同约定的质量的情形。重作主要适用于承揽合同中承揽人交付的工作成果质量不符合约定的情形，承揽人应当再次完成承揽工作并提交工作成果。更换主要适用于违约方交付的履行标的的一部分不符合约定的情形，违约方应以符合约定质量的标的更换不符合约定的部分。退货主要适用于违约方交付的货物全部不符合合同约定的质量或虽部分不符合约定的质量但已致非违约方合同目的无法实现，非违约方将全部货物退回，违约方应再次交付符合约定质量的货物。

另外，《买卖合同司法解释》第22条规定，买受人在检验期间、质量保证期间、合理期间内提出质量异议，出卖人未按要求予以修理或者因情况紧急，买受人自行或者通过第三人修理标的物后，主张出卖人负担因此发生的合理费用的，人民法院应予支持。

四、继续履行与其他违约救济方式的关系

继续履行和合同解除不能并用。合同解除的制度目的与继续履行相悖：解除合同的目的是消灭违约方尚未履行的债务，即违约方无须再履行义务；而继续履行则是请求违约方继续履行债务，因而这两种救济方式是相互排斥的。

关于继续履行与损害赔偿、违约金的关系，参见本章第四节、第五节的相关内容。

典型案例

甲商贸公司诉乙电化公司买卖合同纠纷案

某年7月，甲商贸公司（以下简称甲）与乙电化公司（以下简称乙）签订了一份树脂粉买卖合同。合同约定：甲以每吨5 000元的价格购买乙生产的树脂粉100吨，甲于合同签订后付款，乙于同年8月分两次将树脂粉运给甲。双方在合同中约定了履行的具体时间与数量。合同签订当日，甲即依约支付了全部货款。同年8月，第一次交货期届满，乙依约提供了50吨产品。此后，由于市场需求量加大，树脂粉价格上涨至每吨5 500元。乙不愿按照原合同履行，想提高价格或解除合同后再将树脂粉另卖，于是以按原合同履行显失公平为由，要求解除合同。甲不愿意解除合同，也不同意加价，认为合同既然已经签订，即具有法律效力，应当依约履行。双方协商不成，甲遂诉至法院，要求乙继续履行合同。[①]

甲的请求是否合理？能否得到法院的支持？

本书认为，甲与乙签订的树脂粉买卖合同合法有效，双方应继续履行。乙以按照原合同履行显失公平为由请求解除合同，不能得到支持。这是因为，只有在合同履行过程中发

① 参见房绍坤：《新版以案说法．合同法篇》，78～79页，北京，中国人民大学出版社，2005。

生情势变更导致当事人之间权利义务关系显失公平时，利益受损一方才可以请求法院解除合同。在本案中，树脂粉的价格上涨属于正常的商业风险。对于商业风险，交易双方在缔结合同时应有所预见，并应将风险合理计算在合同价款中，因此该风险应由乙自行承担。乙在未经甲允许的情况下终止履行，构成违约。甲请求乙继续履行符合《合同法》第110条的规定，应当得到法院的支持。

第四节 损害赔偿

一、损害赔偿概述

（一）损害赔偿的含义

损害赔偿也称赔偿损失，是指合同当事人对其违约行为，以金钱或实物的形式弥补相对人因此遭受的损失。

（二）损害赔偿的性质

关于损害赔偿的性质，主要有两种观点：一种观点认为，损害赔偿兼有补偿性和惩罚性；另一种观点则认为补偿性是损害赔偿的一般属性，惩罚性仅仅适用于例外情况，因为从设立损害赔偿这一责任形式的目的来看，损害赔偿在于对非违约方的补偿而非对违约方的惩罚。[①] 本书认为，损害赔偿的内容是违约方赔偿相对人因其违约所遭受的损失，其目的是使相对人回复到违约行为未发生时的利益状态。因此，损害赔偿仅具有补偿性的特点。为了保护消费者权益，我国法律亦认可惩罚性损害赔偿。但是，这只是一种特殊情形的损害赔偿制度，一般意义上的损害赔偿并不具有惩罚性。

二、损害赔偿的分类

（一）约定损害赔偿与法定损害赔偿

根据赔偿的依据是当事人的约定还是法律的直接规定，可以将损害赔偿分为约定损害赔偿与法定损害赔偿。

约定损害赔偿是指当事人在合同中约定的损害赔偿，这是由违约责任本身在一定程度上具有的可约定性所决定的。《合同法》第114条规定，当事人可以约定因违约产生的损失赔偿额的计算方法。可见，我国是允许当事人约定损害赔偿的。

法定损害赔偿是指法律规定的，因一方违约使非违约方遭受的损失应当由违约方承担的损害赔偿。

法定损害赔偿又分为一般法定赔偿和特别法定赔偿。一般法定赔偿是指依法律的一般规范而确定的损害赔偿。如《合同法》第113条第1款规定："当事人一方不履行合同义务或者履行合同义务不符合约定，给对方造成损失的，损失赔偿额应当相当于因违约所造成

① 参见王利明：《合同法研究》（第二卷），676页，北京，中国人民大学出版社，2003。

的损失，包括合同履行后可以获得的利益，但不得超过违反合同一方订立合同时预见到或者应当预见到的因违反合同可能造成的损失。”特别法定赔偿是指基于特殊的立法政策而由法律予以特别规定的损害赔偿。如《合同法》第113条第2款规定：“经营者对消费者提供商品或者服务有欺诈行为的，依照《中华人民共和国消费者权益保护法》的规定承担损害赔偿责任。”而《消费者权益保护法》第55条第1款则规定：“经营者提供商品或者服务有欺诈行为的，应当按照消费者的要求增加赔偿其受到的损失，增加赔偿的金额为消费者购买商品的价款或者接受服务的费用的三倍；增加赔偿的金额不足五百元的，为五百元。法律另有规定的，依照其规定。”

（二）迟延损害赔偿与代替履行的损害赔偿

根据损害赔偿的目的，可以将损害赔偿分为迟延损害赔偿和代替履行的损害赔偿。迟延损害赔偿产生于迟延履行场合，是与继续履行并用的损害赔偿，用来补偿因违约方迟延履行而给相对人造成的损害。

代替履行的损害赔偿又称代替给付的损害赔偿或填补损害赔偿，是代替合同约定的债务履行的损害赔偿。

三、损害赔偿的构成要件

（一）须当事人一方有违约行为

作为违约责任形式的损害赔偿必然要求以违约行为的发生为前提，这是作为违约责任形式的损害赔偿不同于侵权损害赔偿的本质所在。

（二）须相对人受到损害

违约行为并不必然造成损害。违约责任的承担原则上不以损害为要件，如继续履行就不要求以损害为前提。但是，作为违约责任形式之一的损害赔偿则要求以损害为构成要件。这是由损害赔偿这种责任形式本身的特征所决定的，也是其区别于其他种类的违约责任形式之处。

所谓损害，是指因当事人一方违约而使相对人受到的损失。至于如何确定损害，一般采差额说，将当事人如没有违约，则相对人原应存在的假想利益状态与当事人违约后相对人现在真实存在的利益状态相比较，其中的差额即构成损害。[①] 不过，依差额说得到的损害可能大到令人无法忍受。例如，甲将其汽车交给乙公司修理，约定三天后的确定日期取车。三天后，乙公司因尚未将车修好而无法交付于甲，甲只好乘坐出租车上班，但途中出租车出现故障，与另一辆汽车相撞，甲身受重伤，未能参加一项重要的商业谈判，使所在公司丧失了一个大客户。其后，甲被所在公司解雇。在此例中，因乙公司迟延履行，甲遭受了一系列不幸，因此发生的损害远远大于乙公司收取的修理费。如请求乙公司就全部损害承担赔偿责任，无疑过于宽泛，会产生不公平的结果。因此，有必要对应予赔偿的损害作出适当的限定。这种限定表现为因果关系，即建立违约与损害之间的合理的因果关系，从而将损害赔偿控制在一定的范围之内。

---

① 参见［德］迪特尔·梅迪库斯：《德国债法总论》，杜景林、卢谌译，437页，北京，法律出版社，2004。

（三）违约行为与损害之间存在着因果关系

1. 因果关系的二分法

所谓因果关系，是指违约行为与损害之间的相互关系。因果关系二分法将因果关系分为两个层次，即事实上的因果关系和法律上的因果关系。事实上的因果关系又称哲学、自然的因果关系，是两事物之间引起与被引起的联系，其目的在于确定引起结果的事实原因，不涉及价值判断。但是并非所有的事实原因造成的损害后果都由行为人承担责任，这就需要进行价值判断，以限制事实因果关系的无限扩展，这一工作由法律上的因果关系完成。因此，法律上的因果关系的作用就在于从纯粹的事实原因中挑选出在法律上有价值的原因，即判定在何种程度上使行为人承担责任。

因果关系的二分法在民法上的功能在于：通过事实上的因果关系确定责任的成立，通过法律上的因果关系确定责任的范围。

2. 事实上的因果关系

在确定责任的成立上主要依赖事实上的因果关系。检验两个事物之间是否存在因果关系，最基本的方法是必要条件规则，或称“若非，则无”检验法（the“but for”test）。必要条件规则是指一种“无彼即无此”的关系，即如果没有违反义务的行为，损害就不会发生，那么该违反义务的行为就是损害的发生原因。

必要条件规则在具体操作上有剔除法和代换法两种更为具体的方法。剔除法的检验方法是：如果没有违约方的行为，相对方的损害还会发生，则违约方的行为并非造成损害的原因。但由于剔除法对于消极行为并不适宜，故在判断消极行为时还要用到代换法。即不把违约方从案情中剔除出去，而是假设在其他条件不变的情况下，如果违约方合理、合法地作为，情况会如何：如果损害结果仍然发生，则违约方的不作为就不是损害的事实上的原因；反之则是。①

3. 法律上的因果关系

法律上的因果关系用以确定违约责任的范围，并主要通过可预见性规则体现出来。对此，本节将在损害赔偿责任的范围中详细论述。

（四）违约方不存在免责事由

在严格责任归责原则下，如果违约方有法定或者约定的免责事由，则可以免于承担赔偿责任。关于免责事由参见本章第七节。

四、损害的分类

（一）期待利益的损害、信赖利益的损害与固有利益的损害

期待利益也称履行利益或积极利益，是指当事人根据合同约定的给付本身所能获得的利益，如买卖合同中的货物或价款。期待利益的损害是合同有效成立但因债务不履行而发生的损害。对期待利益损害的赔偿应当达到如同合同正常履行一样的经济效果。② 期待利益的损害为违约损害赔偿的对象。

---

① 参见韩世远：《合同法总论》，628页，北京，法律出版社，2011。

② 参见苏号朋主编：《民法学》，548页，北京，对外经济贸易大学出版社，2007。

信赖利益的损害又称消极利益的损害。违约中的信赖利益损害是指当事人一方信赖相对人会依约履行义务，并因此支出了费用，但因对方未履约而受到的损害。例如，甲、乙之间签订机器买卖合同，甲为了按期交货，在市场上寻找货源，支出了相当的差旅费用，还建了一个仓库用于储存机器。但是，在合同履行完毕之前，乙告知甲其已经买到所需机器，不再向甲购买，并拒绝支付货款。乙的行为构成违约，甲为实现合同目的而支出的费用属于信赖利益的损失，应当得到补偿。信赖利益损害赔偿的结果应当达到如同合同未曾发生过一样。

固有利益的损害是指当事人一方的违约行为对另一方当事人现有财产和人身利益的损害。例如，甲向乙交付的电视机因质量问题发生爆炸，导致乙身体受伤，则乙受到的损害即为固有利益的损害。违约一方应当赔偿对方遭受的固有利益的损害。

（二）财产损害与非财产损害

财产损害又称有形损害，是指在财产上所发生的损害，如财产被他人毁坏，因身体受到伤害而支出的医药费。非财产损害又称无形损害，是指生理上和心理上所遭受的损害，即精神损害。

财产损害是违约损害赔偿的对象，自无异议。但是，对于非财产损害能否列入违约损害赔偿的范围，各国态度不一，但越来越多的国家和地区倾向于肯定此种损害赔偿。

理论研究

关于违约之非财产损害赔偿的比较研究

目前，法国和日本在民法实务中均认可违约损害赔偿既包括财产损害，也包括非财产损害。我国台湾地区“民法”第 227 条亦规定，债务人因债务不履行致债权人之人格权受侵害者，准用第 192 条至第 195 条及第 197 条之规定，负损害赔偿责任，即违约导致相对人非财产损害的，相对人可请求赔偿。

根据《德国民法典》原第 253 条规定，非财产损害仅在法律有特别规定之情形，始得请求金钱赔偿。依据德国民法原有的规定，除侵权领域外，在合同领域，仅有旅游合同与雇佣合同中可以请求非财产损害赔偿。2002 年修正后的《德国民法典》在原第 253 条的基础上增加了一款，规定“因侵害身体、健康、自由及性的自我决定而需赔偿损害的，也可以因非财产损害而请求公平的金钱赔偿”。这样，在涉及上述身体、健康、自由等方面时，当事人以违约责任为基础也可以寻求非财产权益的保护，而不再局限于原来的侵权法领域。这被称为德国民法上非财产损害赔偿制度的一次“划时代变革”。2006 年 8 月，德国《平等待遇法》生效，该法对非财产损害赔偿给予了更为一般性的规定。其中第 15 条主要规定了雇佣关系下的歧视性损害赔偿，包括财产损害及非财产损害的赔偿；第 21 条规定了其他情形中的歧视性损害赔偿，如货物或服务合同、教育、医疗等领域，其中同样包括非财产损害赔偿。[①] 这反映了德国在这一问题上的重大转变。

---

① 参见倪同木、夏万宏：《违约非财产损害赔偿问题研究——以〈德国民法典〉第 253 条之修改为中心》，载《法学评论》，2010（2）。

20世纪初，英国的判例和学说普遍认为对于因违约导致的创伤、精神痛苦或情感伤害等不允许给予一般的赔偿。[1] 但到了20世纪70年代，这一情况开始发生变化。在1973年的Jarvis v. Swan Tours Ltd. 案中，丹宁勋爵对度假合同中旅客的心神不适（mental upset and inconvenience）判予损害赔偿，这一判决开启了对违约案件中的精神损害（mental distress）给予赔偿的大门。[2]《美国第二次合同法重述》第353条规定："不允许对精神损害获取赔偿，除非违约同时造成了身体伤害，或者合同或违约系如此特殊以致严重的精神损害成为一种极易发生的结果。"从该条可以看出，美国也已经有条件地认可了违约精神损害赔偿。

对于违约可否请求非财产损害赔偿这一问题，我国民法学说长期以来多持否定态度，但也有不同观点。有学者认为，《合同法》虽然没有明确使用非财产损害或精神损害的用语，但第112条已为此留有解释的余地；另外，第122条肯定了违约责任与侵权责任的竞合。这些规定并没有排斥对非财产损害的赔偿。[3] 在司法实践中，有的判决已经表现出了承认违反合同时的非财产损害赔偿的倾向。[4] 有的学者认为，从《合同法》第113条作适当的推论，旅游服务合同的违约责任中可以包括精神损害赔偿，因为旅游度假以休闲娱乐为目的，这是一种期待精神利益，债务人在订立合同的时候能够预见到其违约行为将会导致精神利益的损害，具有可预见性，所以根据《合同法》第113条之规定，债务人应当予以赔偿。[5] 因此，如果旅行社不完全履行义务造成旅客根据合同所期待的精神利益受损，则旅客可以请求精神损害赔偿。不过，最高人民法院于2010年颁行的《旅游司法解释》对此持否定态度。该司法解释第21条规定："旅游者提起违约之诉，主张精神损害赔偿的，人民法院应告知其变更为侵权之诉；旅游者仍坚持提起违约之诉的，对于其精神损害赔偿的主张，人民法院不予支持。"

本书认为，不仅侵权可以产生精神损害，违约亦可导致这一结果。这种精神损害主要表现为精神痛苦和精神利益的丧失或减损，它可以来自于生理上的损害，也可来自于精神、心理上的损害，还可来自于特定财产的损害。因此，违约损害赔偿不能一概排除精神损害的赔偿，而是应借鉴美国的模式，承认违约之非财产损害赔偿，但设定较为严格的适用条件。只有在某些特定类型的合同中，精神利益格外显著，甚至已经成为合同目的时，才允许当事人请求精神损害赔偿。

（三）所受损失与所失利益

所受损失也称积极损害，是指因当事人一方违约导致相对人现有财产减少的数额。所

---

① 参见胡红蕊、郑瑞琨：《论违约责任中的精神损害赔偿》，载《行政与法》，2009（10）。

② J. L. Jowell & J. P. W. B. McAuslan edited: *The Judge and the Law*, Sweet & Maxwell, London, 1984, p. 51.

③ 参见崔建远主编：《合同法》，320页，北京，法律出版社，2010。

④ 参见《艾新民诉青山殡仪馆丢失寄存的骨灰损害赔偿纠纷案》，载《人民法院案例选》（总第5辑），83～86页，北京，人民法院出版社，1993；《马立涛诉鞍山市铁东区服务公司梦真美容院美容损害赔偿纠纷案》，载《人民法院案例选》（总第7辑），89～90页，北京，人民法院出版社，1994。

⑤ 参见宁红丽：《旅游合同研究》，载《民商法论丛》，第22卷，55页，香港，金桥文化出版（香港）有限公司，2002。

失利益也称可得利益、消极损害，是指因当事人一方违约致使相对人财产应增加而未增加的数额。无论所受损害，还是所失利益，均为违约损害赔偿的对象。

（四）直接损失与间接损失

对于如何区分直接损失与间接损失，学界有不同观点。第一种观点认为，应以违约与损害的因果关系为标准来区分二者。如果损失是由违约行为直接引起的，并没有介入其他任何因素，则此种损失为直接损失；如果损害并不是因为违约行为单独引起，而是介入了其他因素，则为间接损失。第二种观点认为，应以损害的标的作为区分标准。如果违约行为直接造成合同标的物的损失，即为直接损失；而标的物以外的损害，则为间接损失。第三种观点认为，应以违约行为损害的对象作为区分标准。因违约行为造成的债权人的损失为直接损失，而因违约行为给第三人造成的损失则为间接损失。[①] 本书认为，以违约与损失之间的因果关联性区分直接损失与间接损失最具理论说明价值，对司法实践亦有帮助。如果违约是损失发生的唯一原因，则为直接损失。对于该损失，应当全部列入损害赔偿范围。如果违约并非损失发生的唯一原因，则为间接损失。对于该损失，应当根据违约对损失发生的原因力，确定损害赔偿范围。

五、损害赔偿的范围

（一）基本规则：全部赔偿

全部赔偿又称完全赔偿或全额赔偿，是指违约方应当赔偿相对人因其违约所导致的全部损害，从而使相对人的利益恢复到没有受到损害时的状态。这是确定违约损害赔偿范围的基本规则。近年来，英美合同法出现了一种新型违约赔偿责任——违约获益赔偿责任。该种责任使得在一定条件下，如违约方因违约而获益时，守约方即使没有受到损害，也有权要求违约方交出所获利益。[②] 我国目前并无此种规定。

《合同法》第 113 条第 1 款规定，损害赔偿额应当相当于因违约所造成的损失，包括合同履行后可以获得的利益。可见，该法对违约损害赔偿范围采全部赔偿的规则。至于该条所称“可得利益”，依《审理民商事合同的指导意见》的相关规定，根据交易性质、合同目的等因素，主要包括生产利润损失、经营利润损失和转售利润损失等类型。其中，在生产设备和原材料等买卖合同违约中，因出卖人违约而造成买受人的可得利益损失通常属于生产利润损失。在承包经营、租赁经营合同以及提供服务或劳务的合同中，因一方违约造成的可得利益损失通常属于经营利润损失。先后系列买卖合同中，因原合同出卖方违约而造成其后的转售合同出售方的可得利益损失通常属于转售利润损失。

不过，如果严格执行全部赔偿的规则，将使违约方承担过重的赔偿责任，有失公平。因此，应当对损害赔偿的范围加以适当的限制，以平衡当事人之间的利益关系。损害赔偿的限制主要包括两种：一是约定限制，即当事人在合同中约定损害赔偿的最高额，这主要是通过免责条款来达成的。二是法定限制，即法律对损害赔偿的限制性规定，如可预见性

① 参见王利明：《合同法新问题研究》，653～654 页，北京，中国社会科学出版社，2011。

② 参见陈凌云：《论英美合同法之违约获益赔偿责任》，载《环球法律评论》，2010（3）。

规则、与有过失规则、减轻损失规则等。[①] 本部分后续内容将对损害赔偿的法定限制进行分析，具体包括可预见性规则、与有过失规则、减轻损失规则、损益相抵规则。

（二）可预见性规则

可预见性规则是指违约方只对在订立合同时能够合理预见的损害进行赔偿。《合同法》对损害赔偿以可预见性规则加以限制，是建立在如下价值判断基础上的：既然债务人应当对合同的履行负责，自然应当将合同任何一方当事人的风险都限定在订约时能够预见的损害之内，这样既可以使当事人对与订约相联系的资金风险作出判断和评估，也可以使当事人对将来的责任风险作出考虑和安排。[②] 该规则将债务人的责任风险控制在可预见的范围之内，对于保障交易活动的正常进行，促进交易的发展，具有重要意义。大陆法系的法国、意大利等国家以及英美法系国家的合同法均认可这一规则。《德国民法典》虽然未就此作出规定，但它以其他方式（相当关系说[③]和规范保护目的说[④]）作出了与此相类似的限制。

《合同法》第 113 条规定，损失赔偿额不得超过违反合同一方订立合同时预见到或者应当预见到的因违反合同可能造成的损失。因此，只有当违约所造成的损害是违约方在订约时可以预见到的情况下，才能认为损害与违约行为之间具有因果关系，违约方才应当对这些损害负赔偿责任。如果损害不可预见，则违约方不负赔偿责任。

1. 预见的主体

《合同法》第 113 条第 1 款明确规定损失赔偿额“不得超过违反合同一方订立合同时预见到或者应当预见到的因违反合同可能造成的损失”，因此预见的主体为违约方。

2. 预见的时间

《合同法》第 113 条第 1 款将预见的时间确定为“订立合同时”，有其合理性。因为合同的缔结是当事人以其当时了解的情况来对日后的风险所作的一种分配，并在这种分配的基础上讨价还价形成合同内容。如果以日后的情况加之于违约方，且又未使其有机会通过提升价格或者作其他适当安排防范风险，对他来说则是不公平的。[⑤]

3. 预见的内容

关于预见的内容存在两种不同的主张。一种主张以英国法为代表，认为只要违约方可预见到损害的种类即可，无须预见到损害的程度或数额。该说为《国际商事合同通则》所采纳。《国际商事合同通则》第 7・4・4 条规定：“不履行方当事人仅对在合同订立时他能预见到或理应预见到的、可能因其不履行而造成的损失承担责任。”该条的注释对预见的内容指出：“可预见性与损害的性质或类型有关，但与损害的程度无关，除非这种程度使损害

---

① 有学者认为，可预见性规则、减轻损失规则等正是构成效率违约的原因，即这些规定在某种程度上促使当事人选择违约而不是履行合同以实现其“效率”目的。详见陈凌云：《效率违约遏制论——以完善违约损害赔偿责任为线索》，载《当代法学》，2011（1）。

② 参见杜景林、卢谌：《债权总则给付障碍法的体系建构》，209～210 页，北京，法律出版社，2007。

③ 相当关系说或称相当说，是指如果违约行为一般（既非绝对，也非完全不可能）能够导致某种损害，则违约与损害之间构成相当关系，违约方应对此损害负赔偿责任。依此学说，损害发生的几率越高，获得赔偿的可能性越大。

④ 规范保护目的说又称规范目的说，是指通过对损害赔偿请求权规范进行目的解释，将其限定为仅保护某些特定的损害，而非保护一切可能的损害。

⑤ 参见王利明：《合同法新问题研究》，688 页，北京，中国社会科学出版社，2011。

转化为另一不同种类的损害。”另一种主张以法国法为代表，要求损害的类型与程度均应是可预见的。

本书认为，《合同法》第113条第1款将可预见的内容描述为“损失”，并未特别要求违约方应预见到损害的程度或数额，合同法领域的司法解释也从未将损害程度或数额列入可预见范围，因此应将预见的内容限定为损害的类型。

为了使可预见性规则更具操作性，应当将可预见的损害类型化，以指导司法实践。可预见的损害主要包括如下类型：（1）不履行损害，即当事人不履行合同义务或者履行合同义务不符合约定导致的损害，如因出卖人交付的标的物存在瑕疵，买受人支出的修理费。（2）丧失转卖利益，但超出正常范围的转卖利益一般不应认定具有可预见性。（3）因违约方履行标的有瑕疵，导致守约方向第三人承担的责任。如出卖人交付的标的物存在瑕疵，买受人将其转卖而须向第三人承担的法律责任。（4）营业中断损害，即违约导致守约方的生产或者营业中断而造成的损害。（5）因违约方交付的履行标的存在瑕疵，导致守约方合同之外的法益受到损害。（6）因违约而使守约方无谓支出的费用。（7）商誉损害。对此应作严格限制，只有当守约方在订约时向违约方明确说明的情况下，才能将商誉损害列入可预见的损害范围。但是，如守约方处于一个竞争激烈的市场环境，单纯的商誉损失亦应列入违约方损害赔偿的范围。① 要说明的是，违约方是否应全部赔偿上述可预见损害，还要依下述“判断可预见性的标准”予以确定。

4. 判断可预见性的标准

可预见性的判断通常是以客观标准进行的，即一个“理性人”在具体情况下以违约方视角所能够预见到的损害。对于典型的损害风险，应当认定存在可预见性，违约方应对此承担赔偿责任。对于异乎寻常的损害风险，不应当认定存在可预见性，违约方无须对此负责。不过，这只是一般规则。可预见性不应仅从经验性的角度去判断，还要在考虑合同的风险分配、合同目的等规范性因素基础上进行修正。② 本书认为，可预见性的判断标准应将“理性人”标准与规范性因素结合起来，以前者为基本标准，以后者为校正标准。如某种损害是违约方已经预见的，或者应当预见的，则应列入赔偿范围。但是，依合同的具体情形，如全部损害均由违约方承担有失公平时，则应运用规范性因素予以限定。

5. 举证责任

一般认为，可预见性的证明责任应由受损害方（守约方）承担。不过，《审理民商事合同的指导意见》之三第11条规定，对于可以预见的损失，既可以由非违约方举证，也可以由法院根据具体情况予以裁量。本书认为，可预见性的举证责任应由受损害方承担，但违约方可提出抗辩，并就其抗辩负举证责任。

（三）与有过失规则

1. 与有过失的含义

与有过失也称过失相抵，是指就损害的发生或者扩大，非违约方有过失时，法院可以减少违约方的赔偿数额，甚至免除其赔偿责任。

---

① 参见杜景林、卢谌：《债权总则给付障碍法的体系建构》，215～217页，北京，法律出版社，2007。

② 参见杜景林、卢谌：《债权总则给付障碍法的体系建构》，213～214页，北京，法律出版社，2007。

与有过失规则是诚实信用原则的具体化。就违约方的违约与非违约方的过失加以衡量，各自承担相应的责任，并最终表现为违约方的责任减免，从而使损害后果得以公平分担。

2. 与有过失规则的适用条件

（1）非违约方有过失

与有过失规则的适用前提是非违约方具有过失。非违约方的行为虽然是损害发生的共同原因，但如果非违约方没有过失，仍不得减免违约方的责任。就非违约方的过失而言，其行为虽无须为违法，但就其为自己的利益而言，应为不当的行为。所以，阻却违法的行为（如正当防卫、紧急避险）应不适用与有过失规则。此外，非违约方与有过失并不限于积极作为，也可包括消极的不作为。[①]

（2）非违约方的行为须助成损害的发生或扩大

所谓助成，是指非违约方的过失行为须是损害发生或扩大的共同原因，而不管其与违约行为发生的先后顺序如何。

3. 与有过失规则的适用范围与效果

（1）适用范围

关于与有过失规则的适用范围，立法及学说均存在分歧。大陆法系一般认为，与有过失规则适用于侵权损害赔偿与违约损害赔偿的场合，但有的学说认为还适用于其他依法律规定所发生的损害赔偿的场合。而英美法系则明确承认与有过失规则仅适用于侵权损害赔偿案件。我国学说倾向于大陆法系的理论，本书认为，虽然我国《合同法》确立的违约责任原则为严格责任为主、过错责任为例外的归责体系，但这并不影响与有过失规则的适用范围。在合同法上，该规则的适用与违约方是否有过失无关，只要非违约方对损害的发生或扩大具有过失，法院或者仲裁机构即可适用这一规则。

（2）适用效果

适用与有过失规则的效果，应依具体案情而定，一般是减少违约方的赔偿额，但少数情况下可以免责。而就免责的实质而言，实际上是在肯定非违约方过失为损害发生的唯一原因的基础上，免除违约方的责任。

《合同法》认可非违约方过失作为免责事由。如该法第311条规定，承运人对运输过程中货物的毁损、灭失承担损害赔偿责任，但承运人证明货物的毁损、灭失是因托运人、收货人的过错造成的，不承担损害赔偿责任。另外，《买卖合同司法解释》第30条就此作出如下规定：“买卖合同当事人一方违约造成对方损失，对方对损失的发生也有过错，违约方主张扣减相应的损失赔偿额的，人民法院应予支持。”

（四）减轻损失规则

1. 减轻损失规则的含义

减轻损失规则是指在一方违约并造成损害后，另一方应及时采取合理的措施以防止损失的扩大，否则应对扩大部分的损害负责，即不得就扩大的损失请求赔偿。各国的立法和判例广泛承认和采纳了这一规则。

《合同法》第119条第1款规定：“当事人一方违约后，对方应当采取适当措施防止损

---

① 参见韩世远：《合同法总论》，635页，北京，法律出版社，2011。

失的扩大；没有采取适当措施致使损失扩大的，不得就扩大的损失要求赔偿。”减轻损失规则是诚实信用原则的体现。从广义的过错责任角度而言，一方在另一方违约后未能采取合理措施防止损失扩大，其本身是有过错的，应对自己的过错行为所致的后果负责。当然，减轻损失规则对于减少财产的浪费和有效地利用资源，也具有重要意义。

非违约方在采取措施减轻损失的过程中，也要支付一定的费用。《合同法》第119条第2款规定：“当事人因防止损失扩大而支出的合理费用，由违约方承担。”因此，非违约方所支付的合理费用，最终应由违约方承担。

2. 减轻损失规则的适用条件

第一，一方的违约导致损失的发生，这是适用该规则的前提。也就是说，非违约方本身的行为不构成违约。此外，从广义上讲，非违约方没有尽到减轻损害的义务也表明非违约方具有过错，但是按照精确理解，与有过失仅指当事人双方对损害的发生具有过错，而不包括一方或双方对损害的扩大具有过错，而且在适用减轻损失规则时并不要求违约方必然有过错，因此减轻损失与与有过失是不同的。

第二，损失继续扩大。这就是说，违约已经发生并造成了损害，而非违约方未能防止损害的进一步扩大，导致该损失在量上有了增长。不过，在违反减轻损失的义务的情况下，非违约方并没有从对方违约中获得利益。如果对方的违约行为使非违约方受到了某种利益，例如，因对方违约而使非违约方免除了履行义务，并节省了履行费用，那么在确定损害赔偿额时，则应采取损益相抵的规则，扣除所得的利益，而不适用减轻损失的规则。

第三，非违约方未采取合理措施是导致损失继续扩大的原因。确定非违约方采取的措施是否合理，主要应考虑非违约方主观上是否按照诚实信用原则，努力采取一切措施以避免损失的扩大。非违约方采取的措施不仅要在经济上合理，而且要及时。例如，在违约发生后，非违约方应为违约方妥善保管标的物，而不能置标的物于不顾，使其遭受毁损、灭失。

3. 减轻损失的措施

减轻损失的措施主要包括：（1）停止履行。在对方违约后，非违约方应立即停止履行，减少费用支出。这仅要求非违约方消极地不作为。（2）替代交易。非违约方还应采取合理措施来进行适当的替代性交易以减少损失。例如在雇佣合同中，雇主毁约，劳务提供者则应当尽力寻找替代性的工作，避免赋闲，以减少损失。① （3）变卖标的物。在对方拒绝受领履行标的物时，如标的物不适于保存（如水果、海鲜等易腐烂之物），则应及时变卖。（4）减少无谓支出。如非违约方已经为对方履约做了准备工作，并支出了费用，则在对方违约后，应尽快采取措施减少无谓支出。例如，买受人已经租赁了仓库，以准备储存出卖人交付的标的物。在出卖人拒绝交货后，买受人应尽快解除仓储合同。

典型案例

甲建筑工程公司诉乙钢铁集团公司违约损害赔偿纠纷案

甲建筑工程公司（以下简称甲公司）与乙钢铁集团公司（以下简称乙公司）订立一份

① 参见苏号朋主编：《民法学》，553～554页，北京，对外经济贸易大学出版社，2007。

建筑材料购销合同。合同约定，甲公司向乙公司购买直径为3厘米的螺纹建筑用钢筋50 000吨，每吨单价2 800元，总价款为14 000万元；钢材综合质量达到国家一级标准；7月20日一次交清，货到后30日内付清全部货款。双方还约定，若乙公司违约，提供不合格钢材给建筑工程带来根本性损害，按受损工程实际造价计算损害赔偿金；如造成非根本性损害，则需对采取补救措施所支付的费用负赔偿责任。若不按时交货以致影响工程进度，则按每迟延一日交付2万元的工程损失费作为损害赔偿金。若甲公司不按时支付货款，则按日交纳所欠货款额的万分之八作为违约金。合同经双方当事人签字盖章后生效。

7月20日，乙公司按时将全部（50 000吨）钢材，依合同约定的规格与品种，运抵甲公司指定的地点完成履行。7月25日，甲公司将该批钢材投入建筑使用，用于盖一幢高层住宅楼。当使用该批钢材盖至楼房第二层时，发现底层钢筋变形。经鉴定，该批钢材硬度不够，未达到国家一级标准，不符合公司所建工程的质量要求。该楼房所盖第二层按要求应全部拆除重建，此时的工程造价为1 200万元。但甲公司为了节省时间，强抢工程的进度，继续使用该批不合格的钢材。楼房盖至第四层时，终因钢材质量不合格，楼房倒塌，而此时的工程造价已达2 300万元。

甲公司以楼房倒塌损失工程造价2 300万元是由于乙公司提供不合格的钢材所致为由，向乙公司主张损害赔偿。而乙公司则称，其提供的钢材硬度上有欠缺，不符合工程质量的要求，甲公司应及早采取措施，停止使用该批钢材，以避免损失的发生，但甲公司却并未采取相应措施，仍使用该批钢材，致使损失扩大。因此，工程造价的损失应由甲公司自己承担，乙公司不应承担赔偿责任。双方争执不下，遂诉至法院。法院判决乙公司向甲公司赔偿损失1 200万元。①

在本案中，楼房坍塌应由谁承担责任？法院的判决是否适当？

在本案中，甲公司与乙公司签订的钢材购销合同中明确约定钢材的质量标准为国家一级，但乙公司却未按该标准交付钢材，以致楼房倒塌，属于“给建筑工程带来根本性损害”的情形，构成严重违约，因此其应对由此造成的损失承担损害赔偿责任。甲公司在发现该批钢材存在明显质量问题后，为强抢工程进度仍继续使用该批不合格的钢材，致使工程造价损失扩大，其应对该扩大的损失承担责任。而乙公司只需对楼房盖至第二层时工程造价的损失即1 200万元承担责任。因此法院的判决是适当的。

（五）损益相抵规则

1. 损益相抵的含义与意义

损益相抵又称损益同销，是指违约方因违约所需支付的赔偿额应当减去非违约方因违约而减少的支出或者获得的利益。

损益相抵属于赔偿责任范围确定的问题，而不是两个债权的相互抵销；是确定非违约方因对方违约而遭受的“净损失”的规则，即计算非违约方所受“真实损失的法则”，而不是减轻违约方本应承担的责任的规则。例如，一方当事人交付的标的物有缺陷，对方在受

---

① 参见唐德华、孙秀君主编：《合同法（总则）及司法解释案例评析》，812～814页，北京，人民法院出版社，2004。

领该标的物的情况下，如就整个合同请求代替履行的损害赔偿，则赔偿额中应当扣除该缺陷标的物的现有价值。

损益相抵的理论依据是赔偿责任制度本身的目的，即补偿非违约方因违约而遭受的损失，而并非使非违约方因此获得额外的利益。

2. 损益相抵的构成要件

损益相抵的构成要件包括：（1）当事人之间成立损害赔偿之债；（2）非违约方受有利益；（3）损害事实与所获利益之间存在因果关系。前两个要件是前提，而第三个要件——因果关系则是关键。英美普通法在这点上的一个基本原则是：非违约方所获得的利益，仅当如未曾发生违约即不可能获得此利益时，才在计算损害赔偿时加以扣除。[①]《合同法》并未规定损益相抵规则，为了填补这一法律漏洞，《买卖合同司法解释》第31条规定："买卖合同当事人一方因对方违约而获有利益，违约方主张从损失赔偿额中扣除该部分利益的，人民法院应予支持。"虽然这一司法解释针对的是买卖合同，但基于买卖合同是最典型的有偿合同，其他有偿合同可根据《合同法》第124、174条之规定，适用这一司法解释的规定。另外，《审理民商事合同的指导意见》第11条规定，违约方一般应当承担非违约方因违约而获得利益的举证责任。

在司法实践中，法院或者仲裁机构应当综合运用以上诸项法律规则，以准确认定损害赔偿的范围。为了进一步指导司法实践，《买卖合同司法解释》第29条就可得利益的认定作出了规定。根据该规定，如果合同当事人一方违约造成对方损失，对方主张赔偿可得利益损失的，法院应当根据当事人的主张，依据《合同法》及该司法解释的相关规定所确立的法律规则（包括全部赔偿规则、可预见规则、与有过失规则、减轻损失规则、损益相抵规则）进行认定。例如，当出卖人未依约交货时，买受人要求其赔偿市场利润损失，法院在认定是否支持其主张或者支持多少金额时，应当综合考虑上述法律规则，根据案件事实，作出判断。

六、惩罚性损害赔偿

惩罚性损害赔偿又称惩戒性损害赔偿，或简称惩罚性赔偿，是指除补偿性损害赔偿之外给予的赔偿，即赔偿数额超出实际损害的赔偿。惩罚性损害赔偿的实施通常是因为行为人实施了特别严重的不法行为。

违约损害赔偿原则上不具有惩罚性，但在例外的情形下可以适用惩罚性损害赔偿，这主要是基于法律的特别规定，适用于与侵权损害赔偿具有一定重合因素的情形。

理论研究

惩罚性损害赔偿的比较法研究

惩罚性损害赔偿在英美法系尤其是在美国适用较多，但同时也受到严格限制，且多以

---

① 参见崔建远主编：《合同法》，336页，北京，法律出版社，2010。

公共政策保留加以解决。此种损害赔偿的理论基础是：法律通常关注的是补偿问题，但是当存在恶意欺诈、重大过失或胁迫时，法律可以给予惩罚性损害赔偿。其目的不仅在于补偿受害人，而且是对违法者的惩罚。美国联邦最高法院在1852年“达依诉伍德沃斯”（Day v. Woodsworth）一案中即采纳了此观点。在此后的案件中，美国联邦最高法院又多次重申陪审团享有给予惩罚性损害赔偿的权力。

大陆法系国家一般都对损害赔偿加以限制，其金额仅可使一方当事人恢复到受损害前的状态，即仅认可补偿性损害赔偿，不认可惩罚性损害赔偿。例如，在法国、德国以及瑞士，侵权与合同诉讼请求的损害赔偿仅限于使当事人恢复到损害未发生时的状态，或合同得以正常履行时的状态。但是这些国家允许追索非金钱损失，其中包括精神损害、侵犯隐私、偿还法律费用等。然而，此类非金钱损害赔偿在性质上没有被视为具有惩罚性，因为这些损害赔偿并非用来制裁或惩罚不法行为者，而仍是为了对受害人予以补偿。在大多数大陆法系国家中，只有在刑事诉讼程序当中才能判决带有惩罚性的制裁。

我国法律已经认可了惩罚性损害赔偿。《消费者权益保护法》第55条规定：“经营者提供商品或者服务有欺诈行为的，应当按照消费者的要求增加赔偿其受到的损失，增加赔偿的金额为消费者购买商品的价款或者接受服务的费用的三倍；增加赔偿的金额不足五百元的，为五百元。法律另有规定的，依照其规定。经营者明知商品或者服务存在缺陷，仍然向消费者提供，造成消费者或者其他受害人死亡或者健康严重损害的，受害人有权要求经营者依照本法第四十九条、第五十一条等法律规定赔偿损失，并有权要求所受损失二倍以下的惩罚性赔偿。”《食品安全法》第96条第2款规定：“生产不符合食品安全标准的食品或者销售明知是不符合食品安全标准的食品，消费者除要求赔偿损失外，还可以向生产者或者销售者要求支付价款十倍的赔偿金。”《旅游法》第70条第1款规定：“旅行社不履行包价旅游合同义务或者履行合同义务不符合约定的，应当依法承担继续履行、采取补救措施或者赔偿损失等违约责任；造成旅游者人身损害、财产损失的，应当依法承担赔偿责任。旅行社具备履行条件，经旅游者要求仍拒绝履行合同，造成旅游者人身损害、滞留等严重后果的，旅游者还可以要求旅行社支付旅游费用一倍以上三倍以下的赔偿金。”《侵权责任法》第47条规定：“明知产品存在缺陷仍然生产、销售，造成他人死亡或者健康严重损害的，被侵权人有权请求相应的惩罚性赔偿。”

《合同法》第113条第2款规定，经营者对消费者提供商品或者服务有欺诈行为的，依照《消费者权益保护法》的规定承担损害赔偿责任。可见，《合同法》已经引入了惩罚性赔偿，在经营者对消费者有欺诈行为，且消费者追究经营者的违约责任（而非撤销合同）时，可请求《消费者权益保护法》第55条规定的惩罚性赔偿。另外，依具体案情，在食品安全纠纷中，消费者如追究生产者或者销售者的违约责任（而非侵权责任），可请求《食品安全法》第96条第2款规定的惩罚性赔偿；依具体案情，在旅游纠纷中，旅游者可请求《旅游法》第70条第1款规定的惩罚性赔偿。

另外，《商品房买卖司法解释》第8、9条以及最高人民法院《关于审理食品药品纠纷案件适用法律若干问题的规定》第15条等司法解释亦有关于惩罚性赔偿的规定。

七、损害赔偿的方法

关于损害赔偿的方法，各国主要有两种立法例。

一为恢复原状主义，即违约方对于非违约方回复其损害发生前的状态。但是此处的回复原状并非重现以前的状态，而是指回复与以前有同一价值的状态。此种立法例的优点是符合损害赔偿的目的，但缺点是在很多情况下不能回复原状。

另一为金钱赔偿主义，即按照损害程度，使违约方对非违约方给付金钱，以填补其损害。其优点在于对于任何损害都可以金钱赔偿，简便易行，而缺点在于仅为间接填补而非直接排除损害，与损害赔偿的目的有所出入。我国采金钱赔偿主义。

八、损害赔偿与其他违约救济方式的关系

在当事人违约时，相对人可以请求其继续履行，并可视情况请求其赔偿损害，但就其效果而言，二者不能完全相互替代。这主要表现在以下两个方面：（1）二者可以并用。在当事人迟延履行的情况下，继续履行虽然可以使相对人得到合同履行的效果，但是对于其遭受的迟延损害，仍然可以请求迟延损害赔偿。（2）损害赔偿未必能完全替代继续履行。违约方发生迟延履行之外的违约行为时，损害赔偿是否可以与继续履行并存，则应当根据继续履行能否全部满足非违约方的目的而定。如果非违约方可以通过继续履行获得满足，则不应再请求损害赔偿。但是，如果非违约方不能通过继续履行满足其债权的，则仍可请求损害赔偿。《合同法》第112条体现了这一精神，即“当事人一方不履行合同义务或者履行合同义务不符合约定的，在履行义务或者采取补救措施后，对方还有其他损失的，应当赔偿损失”。当然，在继续履行对非违约方已无利益的情况下，非违约方可以不再请求继续履行，转而请求损害赔偿。

对于损害赔偿是否可以和定金并用的问题，《合同法》并未涉及。为了解决这一法律漏洞，《买卖合同司法解释》第28条规定：“买卖合同约定的定金不足以弥补一方违约造成的损失，对方请求赔偿超过定金部分的损失的，人民法院可以并处，但定金和损失赔偿的数额总和不应高于因违约造成的损失。”此条中的定金应为违约定金。① 关于定金的分类及其适用，请见下一节。

关于损害赔偿与合同解除、违约金能否并用的问题，请参见第九章第三节及本章第五节的相关内容。

第五节　违约金

一、违约金概述

（一）违约金的含义

违约金是当事人在合同中预先约定的或法律直接规定的，由违约一方支付给相对人的

① 参见奚晓明：《最高人民法院关于买卖合同司法解释理解与适用》，442页，北京，人民法院出版社，2012。

一定金额的金钱或其他给付。

(二) 违约金的特征

1. 违约金主要由当事人在合同中约定

当事人双方可以将违约金作为一项条款订入合同，也可以在合同订立之后，对违约金进行补充约定。需说明的是，法定违约金是法律直接规定的，无须当事人在合同中约定。

实践中，当事人主要以两种方式约定违约金数额：一是比例制，即按照合同价款（报酬）或者已付合同价款（报酬）的一定比例约定违约金，如约定任何一方迟延履行，应按日向对方支付合同总价款千分之一的违约金；或约定任何一方违约，应向对方支付相当于合同总价款1%的违约金。二是固定数额制，即将违约金确定为一个固定的数额，如约定任何一方迟延履行，应按日向对方支付100元；或约定任何一方违约，应向对方支付100万元。

如果当事人仅约定了违约金，但未约定违约金数额，可适用或参照适用最高人民法院《关于逾期付款违约金应当按照何种标准计算问题的批复》、《关于修改〈最高人民法院关于逾期付款违约金应当按照何种标准计算问题的批复〉的批复》以及《买卖合同司法解释》第24条的规定予以确定，即以中国人民银行同期同类人民币贷款基准利率为基础，参照逾期罚息利率标准计算。

如果当事人未约定违约金，且无法定违约金可资适用时，当事人不得主张违约金请求权。

2. 违约金责任多表现为一定数额的金钱给付

违约金是对违约责任的约定，它通常表现为由违约的一方当事人支付一定数额的金钱，但也可以金钱以外的其他给付充当，如以物、权利、行为等作为违约金责任的承担对象。

3. 当事人约定的违约金数额可能与实际损失不相当

《合同法》第114条第2款规定，约定的违约金低于或过分高于违约造成的损失的，当事人可以请求人民法院或者仲裁机构予以增加或适当减少。由此可见，约定违约金与实际损失在数量上不必完全相等。

4. 违约金的支付是独立于履行行为之外的给付

只要当事人没有特别约定，违约金的支付不能代替合同的履行。就迟延履行约定违约金的，违约方支付违约金后，还应当履行债务。

二、违约金的种类

(一) 补偿性违约金与惩罚性违约金

补偿性违约金又称赔偿性违约金，是旨在弥补一方因另一方违约所受到的实际损失而约定的违约金。合同当事人在约定赔偿性违约金的数额时，往往预先估计到违约可能导致的损失数额，以免使约定的违约金的数额与违约导致的损失数额差距过大而有失公平。据此，有学者认为赔偿性违约金是损害赔偿额的预定。[①] 此种违约金的运用，使当事人免除了事后计算损害赔偿数额的麻烦以及举证的困难。

---

① 参见韩世远：《合同法总论》，658页，北京，法律出版社，2011。

惩罚性违约金是对违约方施加的具有惩罚性质的违约金。在适用此种违约金时，违约方除须支付违约金外，还应承担因其违约所应承担的一切责任。如相对人除得请求违约金外，还可以请求损害赔偿。惩罚性违约金因对违约行为具有惩罚性，所以其数额可以大于守约方的实际损失。

依《合同法》第114条第2款规定及司法实践，我国对违约金性质的认定坚持补偿性为主、惩罚性为辅的原则，即在一般情况下，违约金仅体现为补偿性，不具惩罚性；在少数情况下（约定违约金高于因违约造成的损失时），允许违约金在以补偿性为主的前提下，体现出一定的惩罚性。但是，我国不承认纯粹的惩罚性违约金。

（二）法定违约金与约定违约金

法定违约金是指法律明确规定了当事人应当承担的数额、比率或标准的违约金。法定违约金多见于特别法上的规定。如《电信条例》第35条第1款规定："电信用户应当按照约定的时间和方式及时、足额地向电信业务经营者交纳电信费用；电信用户逾期不交纳电信费用的，电信业务经营者有权要求补交电信费用，并可以按照所欠费用每日加收3‰的违约金。"

约定违约金是指由双方当事人约定了适用条件及具体数额或比例的违约金。是否采用违约金这一补救办法以及如何适用，均由当事人在合同中明确约定。

在具体适用违约金时，除非法律就违约金作出明确规定，否则，如合同当事人无约定，则不得适用违约金这一责任形式。

民法理论认为，违约金作为一种违约责任，只能经由当事人约定产生，《合同法》第114条第1款也体现了这一精神。因此，我国其他法律规定法定违约金的做法既与民法理论相悖，也不符合《合同法》的立法精神，未来应予取消。

三、违约金的适用

（一）违约金责任的构成要件

1. 须有有效的合同存在

作为一种违约责任，违约金成立的前提是存在有效的合同关系，如果合同不成立、无效、不被追认或被撤销，则违约金也就不成立或无效。① 但因违约而解除合同时，根据《合同法》第98条，作为"合同中结算和清理条款"的违约金条款依然有效。

2. 须法律规定或合同约定有违约金条款

与继续履行或损害赔偿等无须约定的违约责任形式不同，违约金的适用除法律规定外，以合同约定有违约金条款为必要。

3. 须有违约行为存在

违约金的适用以违约行为的存在为必要，也就是说，一方当事人必须有不履行合同义务或者履行合同义务不符合约定的行为，这是构成违约责任的客观条件。但具体何种违约行为可适用违约金形式则依法律规定或当事人的约定而定。

---

① 参见崔建远主编：《合同法》，343页，北京，法律出版社，2010。

（二）违约金数额的调整

在违约方自愿支付违约金的情况下，一般不必考虑非违约方是否受到损害及损害的大小。在违约金与违约造成的损失相当时，违约金视为替代性的损害赔偿，非违约方只能在违约金与损害赔偿之间作出选择，而不能同时请求。在这种情况下，违约金体现为补偿性。

但是，在违约金数额低于或过分高于违约造成的损失，且当事人提出调整违约金数额的要求时，则必须考虑非违约方受到的实际损害，并可以此为基准予以调整。《合同法》第114条第2款规定："约定的违约金低于造成的损失的，当事人可以请求人民法院或者仲裁机构予以增加；约定的违约金过分高于造成的损失的，当事人可以请求人民法院或者仲裁机构予以适当减少。"违约金数额的调整须注意以下几个问题：

1. 违约金数额调整的前提是约定的违约金"低于造成的损失"或"过分高于造成的损失"。此处的损失应为因违约造成的实际损失（全部损失）。另外，《合同法司法解释二》第29条第2款规定，当事人约定的违约金超过造成损失的30%的，一般可以认定为"过分高于造成的损失"。

2. 违约金的调整必须由当事人主动提出请求，法院或仲裁机构不能依职权主动予以调整。一般而言，非违约方会提出增加违约金的请求，而违约方会提出减少违约金的请求，但是否调整由法院或仲裁机构审查决定。至于违约方请求调整违约金的方式，《合同法司法解释二》第27条规定，既可以采用反诉的方式，也可采用抗辩的方式。

3. 如约定的违约金低于造成的损失，非违约方可以请求法院或者仲裁机构予以增加，增加后的违约金数额不得超过实际损失额。增加违约金以后，非违约方不得再请求损害赔偿。在这种情况下，违约金体现为补偿性。

4. 如约定的违约金过分高于造成的损失的，违约方可以请求法院或者仲裁机构予以适当减少。在司法实务中，经常出现如下现象，即一方在要求对方支付违约金时，对方只是一味否定自己存在违约行为，却不直接请求法院或者仲裁机构调整违约金数额。在这种情况下，法院或者仲裁机构是否可以调整违约金，存在争议。为了解决这一问题，《买卖合同司法解释》第27条规定："买卖合同当事人一方以对方违约为由主张支付违约金，对方以合同不成立、合同未生效、合同无效或者不构成违约等为由进行免责抗辩而未主张调整过高的违约金的，人民法院应当就法院若不支持免责抗辩，当事人是否需要主张调整违约金进行释明。一审法院认为免责抗辩成立且未予释明，二审法院认为应当判决支付违约金的，可以直接释明并改判。"

法院或者仲裁机构在调整过高的违约金时，应当以实际损失为基础，兼顾合同的履行情况、当事人的过错程度以及预期利益等综合因素，根据公平原则和诚实信用原则予以衡量。减少后的违约金应当在实际损失额以上，但不得超过实际损失额的130%。在减少违约金后，非违约方亦不得再请求损害赔偿。在这种情况下，违约金体现为补偿性为主、惩罚性为辅。

（三）逾期付款违约金的特别规则

鉴于当事人经常在合同中约定逾期付款违约金，最高人民法院为了指导各级法院处理此类纠纷，发布了若干司法解释，其中最新的一个是《买卖合同司法解释》第24条。根据该条规定，买卖合同对付款期限作出的变更，不影响当事人关于逾期付款违约金的约定，但该违约金的起算点应当随之变更。买卖合同约定逾期付款违约金，买受人以出卖人接受价款时未主张逾期付款违约金为由拒绝支付该违约金的，人民法院不予支持。买卖合同约定逾期付款违约金，但对账单、还款协议等未涉及逾期付款责任，出卖人根据对账单、还款协议等主张欠款时请求买受人依约支付逾期付款违约金的，人民法院应予支持，但对账单、还款协议等明确载有本金及逾期付款利息数额或者已经变更买卖合同中关于本金、利息等约定内容的除外。买卖合同没有约定逾期付款违约金或者该违约金的计算方法，出卖人以买受人违约为由主张赔偿逾期付款损失的，人民法院可以中国人民银行同期同类人民币贷款基准利率为基础，参照逾期罚息利率标准计算。

根据这一司法解释，我国现行逾期付款违约金的适用应遵循如下规则：(1) 合同对付款期限所作变更，不影响此前约定的逾期付款违约金条款的效力，只是违约金的起算点依变更后的合同而定。(2) 在合同约定逾期付款违约金的情况下，如债务人超过合同约定的履行期限支付价款，即使债权人在接受时未主张逾期付款违约金，其仍然保有该项权利。如果债权人日后要求债务人支付逾期付款违约金，债务人不能以债权人接受付款时未主张逾期付款违约金作为抗辩。(3) 在合同约定逾期付款违约金的情况下，如当事人之间在履行过程中形成的一些还款承诺凭证未涉及逾期付款的违约责任，债权人并不因此丧失主张逾期付款违约金的权利。只有在如下情况下，债权人不再享有合同约定的主张逾期付款违约金的权利：第一，还款承诺凭证明确载有本金及逾期付款利息数额，这表明当事人之间已经就如何处理逾期付款违约责任达成了一致意见；第二，还款承诺凭证变更了原合同中关于本金、利息等约定，这表明当事人之间已经通过变更合同否定了原合同约定的逾期付款违约金的效力。(4) 如果合同约定了逾期付款违约金及其计算方法，则法律尊重当事人的约定。如果合同只约定了逾期付款违约金，但没有约定具体的计算方法，法院可以中国人民银行同期同类贷款基准利率为基础，参照逾期罚息利率标准计算。(5) 如果合同没有约定逾期付款违约金，则在债务人逾期付款时，债权人无权主张逾期付款违约金，只能要求对方赔偿损失。至于损失的计算方法，则与上述逾期付款违约金的计算方法相同。

四、违约金与其他违约救济方式的关系

(一) 违约金与继续履行

违约金能否与继续履行并用，应根据不同的违约情况加以具体分析。

如果是针对不能履行约定的违约金，则在发生不能履行时，因不适用继续履行，所以不发生违约金与继续履行并用的关系。

如果是针对拒绝履行约定的违约金，则在发生拒绝履行时，产生继续履行请求权和违约金请求权并存的情形，非违约方只能选择其一行使，不发生违约金与继续履行并用的关系，否则非违约方将获得双倍利益。

如果是针对不完全履行、迟延履行约定的违约金，则在发生不完全履行或迟延履行时，违约金可与继续履行并用。

(二) 违约金与损害赔偿

《合同法》第 114 条规定，除在部分情况下，违约金体现为一定的惩罚性之外，在其他多数情况下，违约金仅具有补偿性，视为损害赔偿额的预定。因此，如当事人就某一损害

约定了违约金，则在损害发生时，非违约方既享有违约金请求权，又享有损害赔偿请求权，并产生如下适用关系：(1) 非违约方选择行使违约金请求权，不行使损害赔偿请求权，并在违约金数额低于损失时，请求法院或者仲裁机构调整至与实际损失相当的程度；(2) 非违约方选择行使损害赔偿请求权，不行使违约金请求权；(3) 非违约方同时行使违约金请求权和损害赔偿请求权，这种情形适用于违约金低于实际损失，但非违约方仅请求违约金数额，不再要求进行调整，而就其余损失行使损害赔偿请求权。

如果违约金请求权与损害赔偿请求权针对的损害不同，则二者可以同时适用，互不影响。

(三) 违约金与合同解除

在当事人针对某一违约行为约定了违约金，且因一方有该违约行为而导致合同解除时，因违约金条款属于结算和清理条款，依《合同法》第 98 条，合同权利义务终止，不影响合同中结算和清理条款的效力，所以，违约金与合同解除可以并用。不过，对于约定过高的违约金，法院有权依照《合同法》第 114 条第 2 款的规定予以处理（《买卖合同司法解释》第 26 条规定："买卖合同因违约而解除后，守约方主张继续适用违约金条款的，人民法院应予支持；但约定的违约金过分高于造成的损失的，人民法院可以参照合同法第一百一十四条第二款的规定处理。"）。至于违约金与合同解除适用的具体情形，可参照损害赔偿与合同解除的适用规则，具体参见本书第九章第三节的相关内容。

(四) 违约金与定金

《合同法》第 116 条规定："当事人既约定违约金，又约定定金的，一方违约时，对方可以选择适用违约金或者定金条款。"该规定不甚具体，应作具体讨论。

根据《担保法》和《担保法司法解释》，我国存在如下五种定金：一是立约定金，是指当事人为保证以后订立合同而设立的定金；二是证约定金，是指为证明合同关系的存在而设立的定金；三是成约定金，是指以定金的交付作为合同成立要件的定金；四是违约定金，是指为担保合同的履行，根据法律规定或依当事人的约定，由当事人一方按合同标的额的一定比例，预先交付于对方而设立的定金；五是解约定金，是指当事人为保留合同解除权而交付的定金。

就违约金与违约定金的适用关系而言，如二者针对的违约情形相同，则二者不能并用。如二者针对的违约情形不同，则在当事人实施了不同情形的违约行为时，定金与违约金可以同时适用。

就违约金与解约定金的适用关系而言，如当事人以抛弃定金为代价而解除合同，并非因违约而解除合同，则不产生违约金请求权，因此不存在解约定金与违约金的并用问题。[①]

由于立约定金是保证正式立约的定金，可认定为预约的违约定金，因而此种定金可准用违约定金的规定。[②] 其与预约中约定的违约金的关系，与上述相同。

至于证约定金和成约定金均无定金罚则的意义，不存在与违约金的适用关系问题。

---

① 参见崔建远主编：《合同法》，350 页，北京，法律出版社，2010。

② 参见史尚宽：《债法总论》，512、514 页，北京，中国政法大学出版社，2000。

第六节 减价

一、减价的含义

减价是指合同当事人一方交付的标的质量不符合约定时，非违约方予以接受，并相应减少价款或者报酬的违约责任。《合同法》第111条规定了这一违约责任，其中减少价款以买卖合同为典型，适用于出卖人交付的标的物质量不符合约定的情形；减少报酬以承揽合同为典型，适用于承揽人交付的工作成果质量不符合约定的情形。不过，《合同法》第111条将减价规定为一般的违约责任，不仅适用于买卖合同和承揽合同，还可适用于诸如租赁、技术开发、技术转让等合同。

早在罗马法时期，减价责任即已在买卖合同中存在。大陆法系各国民法典继受了这一制度，多规定在买卖和承揽合同中，作为物的瑕疵担保的效力。我国《合同法》已经将物的瑕疵担保责任归入违约责任，减价自然成为一种违约责任的承担方式。

二、减价权的法律性质

减价权是当事人一方交付的标的质量不符合约定时，非违约方享有的减少价款或者报酬的权利。关于减价权的法律性质，存在请求权说和形成权说两种观点。

请求权说认为减价权在性质上属于请求权，非违约方行使该权利须经违约方同意，或者经由法院判决，才能发生效力。

形成权说认为减价权在性质上属于形成权，非违约方一经行使，即可发生效力，无须违约方同意或法院判决。

本书认为，将减价权认定为形成权更为合理。这是因为，一方交付的标的质量不符合约定，已经损害非违约方的利益，如非违约方仍然愿意接受存在瑕疵的标的，并要求相应地减少价款或者报酬，应当理解为非违约方单方变更了合同内容，对合同在现有履行状态下作出调整。因此，减价的功能在于，当给付不符合合同约定而使合同对待给付关系受到破坏时，通过在一个减低的给付水平上调整合同来重新恢复对待给付关系，以实现双方当事人的等价观念。[①] 从比较法角度观察，2002年之前的《德国民法典》将减价权设计为请求权，但进行债法改革后，减价权已经被设计为形成权。

三、减价的构成要件

（一）违约方交付的标的质量不符合约定

当事人一方有违约行为，且其违约行为限于交付的标的质量不符合约定的情形。至于严重程度如何，《合同法》第111条并未作出要求。因此，只要交付的标的质量存在与合同约定不符的情形，即符合本要件的要求。

---

① 参见杜景林、卢谌：《债权总则给付障碍法的体系建构》，235页，北京，法律出版社，2007。

(二)非违约方接受了履行

尽管违约方交付的标的质量不符合约定,但非违约方并未拒绝受领,而是接受了对方的履行。

四、减价的适用

在非违约方依《合同法》第111条选择要求违约方承担减价的违约责任时,因减价权系形成权,所以非违约方可直接向违约方作出减价的意思表示,并在该意思表示到达违约方时,即可发生减价的法律效果。

至于减价的数额,未必依非违约方在减价意思表示中确定的数额。也就是说,非违约方行使减价权,只是启动了减价程序,至于减价数额,则并非其单方能决定的,而应依违约方交付的标的按质论价。如非违约方在减价意思表示中确定的减价数额符合违约方交付标的的客观情况,违约方没有提出反对意见,则可依非违约方的减价数额确定。如非违约方在减价意思表示中确定的减价数额过高,违约方不予接受,则应由双方就具体减价数额进行协商。如双方达成合意,则依合意确定;如双方无法达成合意,任何一方均不得强迫对方接受其减价方案,在此情形下,往往要通过诉讼或者仲裁解决减价问题。

关于如何确定减价数额,《合同法》第111条并未作出规定。为了弥补法律漏洞,《买卖合同司法解释》第23条规定:"标的物质量不符合约定,买受人依照合同法第一百一十一条的规定要求减少价款的,人民法院应予支持。当事人主张以符合约定的标的物和实际交付的标的物按交付时的市场价值计算差价的,人民法院应予支持。价款已经支付,买受人主张返还减价后多出部分价款的,人民法院应予支持。"基于这一规定,计算差价的时间点为债务人实际交付标的物之时,减价的数额为符合约定的标的物和实际交付的标的物之间的差价。

在减价数额确定后,非违约方如已经支付了价款或者报酬,违约方应返还减价部分;非违约方如未支付价款或者报酬,则仅需支付扣除减价部分之后的价款或者报酬。

五、减价与其他违约救济关系

(一)减价与继续履行

《合同法》第111条规定,非违约方根据标的的性质以及损失的大小,可以合理选择要求对方承担修理、更换、重作、退货、减少价款或者报酬等违约责任。从减价本身的特点来看,由于它是以非违约方接受对方的履行为前提的,因而非违约方一旦选择减价,就不能再追究对方继续履行的违约责任,包括修理、更换、重作等。

在非违约方选择减价时,对方如予以拒绝,并主张对其履行予以补救,应如何处理?本书认为,对此可分两种情形:(1)如果违约方在合同约定的履行期间内及时采取措施进行了补救(如修理、更换),或者另行交付了符合约定质量的标的,则非违约方不得拒绝,即违约方对其违约行为的补救优先于非违约方的减价权。(2)如果违约方采取的补救措施已经超过了合同约定的履行期间,则应尊重非违约方的选择。如果其选择接受对方的补救措施,则不得再行使减价权。如果其选择拒绝接受对方的补救措施,就可以行使减价权。

（二）减价与损害赔偿

如违约方造成了非违约方的损害，则非违约方在减价之后，仍可要求违约方承担损害赔偿责任，即减价与损害赔偿这两种违约责任可以并用。这一规则在《合同法》第 262、280 条有明确规定。

（三）减价与违约金

减价只是用于解决交付标本身的质量减损问题，并不用于解决非违约方因对方交付有瑕疵的标的而造成的其他损失的问题。因此，如果合同就瑕疵给付约定了违约金，且违约方交付质量不符合约定的标的造成了非违约方的其他损失，则非违约方可以同时主张减价和违约金。

（四）减价与合同解除

因减价与合同解除在目标上存在矛盾，故不能并用。

第七节　违约责任的免责事由

一、免责事由概述

在合同履行过程中，并非所有的违约行为都必然导致违约责任。当出现法律规定或当事人约定的特定事由时，违约方将免于承担部分或全部违约责任，此特定事由被称为免责事由。免责事由包括法定的免责事由和约定的免责事由。

法定的免责事由又称免责条件，是指法律直接规定的当事人对其违反合同的行为不承担违约责任的事由，主要指不可抗力、货物本身的自然性质、货物的合理损耗及非违约方的过错等。其中，不可抗力是普遍适用的免责事由，其他则仅适用于个别场合。

约定的免责事由是指当事人约定的免除或限制未来违约责任的事由，具体表现为合同中的免责条款。也就是说，在不违反法律、行政法规的强制性规定及公序良俗原则的情况下，法律应允许合同当事人自己约定责任的免除，这是由合同所具有的任意性决定的。

二、不可抗力

（一）不可抗力的含义

不可抗力是指不能预见、不能避免并不能克服的客观情况。在合同签订以后，不是由于合同当事人的过失或疏忽，而是因为发生了当事人既不能预见又无法采取预防措施的客观情况，致使不能履行合同的，当事人可据此免除其履行合同的责任或允许其延期履行合同。《民法通则》第 107 条规定：“因不可抗力不能履行合同或者造成他人损害的，不承担民事责任，法律另有规定的除外。”《合同法》第 117 条第 1 款规定：“因不可抗力不能履行合同的，根据不可抗力的影响，部分或者全部免除责任，但法律另有规定的除外。当事人迟延履行后发生不可抗力的，不能免除责任。”

实务探讨

不可抗力与意外事件的区别

在理论上，不可抗力与意外事件十分接近。不可抗力的概念起源于罗马法，罗马法中的不可抗力包括意外事件在内，指完全不可预见或不可预防的事件，包括火灾、坍塌等。罗马法的这一规定对大陆法系国家的立法产生了一定影响。《法国民法典》第1147条规定，若因不可归责于债务人的外来原因导致合同不能履行，则债务人不负损害赔偿责任。此处的外来原因主要包括不可抗力和偶然事故。而我国《民法通则》以及《合同法》规定的不可抗力则不包括意外事件。

按照通说，不可抗力与意外事件的区别主要包括：(1) 意外事件是特定当事人不能预见和不能防止的，而不可抗力则是一般人主观上不可预见和不能防止的；(2) 意外事件的不可预见性是指特定的当事人尽到合理的注意也不可预见，而不可抗力是指一般人即使尽到高度的注意和十分的谨慎也不可预见；(3) 意外事件中损害的发生是偶然的，因此如果意外事件可以被预见到则损害是可以避免的，而不可抗力即使被预见到，其损害也是不可避免和不能克服的。

不过，近些年也有学者指出不可抗力与意外事件在现代民法中已趋向同一，并认为二者在立法上是同义语，无须在学理上严格区分。① 此种观点值得关注。

(二) 不可抗力的特征

1. 不可抗力具有不能预见性。在判断是否可以预见时，必须以一般人的预见能力及现有的科学技术水平作为能否预见的判断标准。

2. 不可抗力具有不能避免并不能克服性。对不可抗力事件，即使当事人已经尽到最大努力仍不能避免其发生，或者在事件发生以后，即使当事人已经尽到最大努力也不能克服事件所造成的损害后果以使合同得以履行。

3. 不可抗力是独立于当事人意志和行为以外的事实，具有客观性。

(三) 不可抗力的范围

从《民法通则》第153条对不可抗力的定义以及我国理论界对不可抗力的划分来看，不可抗力的范围包括：

1. 自然灾害

这主要是指地震、洪水、海啸、火灾等较严重的灾害性自然事件。尽管随着科学技术的发展，人类预见和抵御灾害性自然事件的能力已有所提高，但对于此类较为严重的自然灾害，人力仍显单薄。因此，自然灾害属于典型的不可抗力。

2. 政府行为

这是指当事人订立合同以后，政府颁布实施新的法律、法规和政策以及采取行政措施致使合同不能履行的情形。例如，合同订立后，由于政府颁布禁运的法律，合同不能履行。

---

① 参见陈帮锋：《论意外事故与不可抗力的趋同——从优士丁尼法到现代民法》，载《清华法学》，2010（4）。

3. 社会异常事件

这主要是指一些偶发的事件阻碍合同的履行，如罢工、骚乱等。这些事件是社会中人为的行为，但对于合同当事人来说，在订约时是不可预见的，而且当事人也往往无力抵御由此产生的后果，因此也可以作为不可抗力。

（四）不可抗力适用的法律效果

1. 不可抗力的发生可能使一方完全免除违约责任，也可能只是免除部分责任或者推迟合同的履行。《合同法》第 117 条第 1 款前半部分规定："因不可抗力不能履行合同的，根据不可抗力的影响，部分或者全部免除责任，但法律另有规定的除外。"这就是说，不可抗力是否导致责任的全部免除，关键在于不可抗力的影响程度。如果不可抗力的发生持续地产生影响，致使合同义务不能履行，则可以导致责任的全部免除；如果只是暂时阻碍合同的履行，则可以推迟合同的履行，等到影响合同履行的不可抗力因素消除后，当事人还应当继续履行合同；如果不可抗力因素并未导致合同的主要义务不能履行，则只能导致次要责任的免除。

2. 在迟延履行的情况下发生不可抗力，违约方仍应当承担违约责任。《合同法》第 117 条第 1 款后半部分规定："当事人迟延履行后发生不可抗力的，不能免除责任。"如果违约方没有迟延履行，则不可抗力的发生就不会导致合同的不能履行，所以当事人迟延履行后出现不可抗力的，违约方仍应承担违约责任。

3. 不可抗力发生后的通知义务。《合同法》第 118 条规定，在不可抗力发生以后，当事人一方因不可抗力而不能履行合同的，应及时通知对方合同不能履行或者需要迟延履行、部分履行的情况，并应在合理期限内提供有关证明；同时也应当尽最大努力消除事件的不利影响，以减少因不可抗力所造成的损失。如其怠于履行通知义务并因此给对方造成损失的，应承担相应的损害赔偿责任。

典型案例

由"非典"引起的不可抗力案

2003 年 2 月 11 日，韩某与某房地产开发公司签订了商品房买卖合同，约定房地产开发公司于 2003 年 8 月 31 日向韩某交付位于某小区的楼房一套，韩某按约定交付了房款。2003 年 4 月开始，非典型性肺炎（以下简称"非典"）在全国部分省市蔓延。为避免疫情扩大，国家采取了紧急措施，限制人员与物资的大范围流动，致使房地产开发公司从山西太原（疫区）某处购买的水泥不能按计划运到。由于缺乏建筑材料，该房地产开发公司被迫停工。直到"非典"过后，该公司才收到水泥开始施工。2003 年 12 月 15 日，公司通知韩某交付房屋，办理入住手续。韩某认为，公司的行为已经违反了合同的约定，应支付违约金；而公司则认为，自己逾期交房是因出现"非典"这一不可抗力所致，不应承担违约责任。双方对上述问题意见不一，韩某遂起诉至法院，要求公司支付违约金。

法院经审理认为：公司购买的水泥不能按计划运到是由"非典"造成的，而且"非典"在该事件中属于不能预见、不能避免且不能克服的客观现象，因此，公司迟延交付房屋是由不可抗力造成的。《合同法》第117条规定："因不可抗力不能履行合同的，根据不可抗力的影响，部分或者全部免除责任，但法律另有规定的除外。当事人迟延履行后发生不可抗力的，不能免除责任。"根据这一规定，法院认为，该公司对于没有按期交付房屋的行为应当免责，其对迟延交房不应承担违约责任。[①]

在本案中，法院的判决是否适当？

在本案中，公司从山西购买的水泥不能按时运到是由于"非典"造成的，且导致迟延交付房屋。本案的关键在于"非典"是否可以认定为不可抗力。本书认为，应当认定"非典"属于不可抗力的范围。理由如下：其一，"非典"具有不可预见性；其二，"非典"疫情具有不可避免的客观性，是不以当事人的意志为转移的；其三，"非典"具有不可克服的客观性，是依靠当事人的主观努力不能克服的事件。既然认定"非典"为不可抗力，而公司不能按期履行合同又是由"非典"造成的，所以其不应承担违约责任。法院的判决是适当的。

三、免责条款

（一）免责条款的含义

免责条款是指排除或限制当事人违约责任的合同条款。按照合同自由原则，当事人可以在法律规定的范围内，自由约定合同内容，包括约定免责条款。

（二）免责条款的特征

1. 免责条款是合同的组成部分。

2. 免责条款必须是明示的，不允许当事人以默示方式作出，也不允许法官推定免责条款的存在。

3. 免责条款是事先约定的，不同于违约责任产生之后当事人达成的减轻责任的和解协议。

（三）免责条款的合理性

免责条款的使用具有经济合理性，其功能在于把合同的风险预先分配给当事人承担。对某一方当事人责任的免除可以降低他所要求的对价，而另一方在知道对方所要承担的风险以后，也可以提前作出相应的安排。[②] 因此，不能因为免责条款的目的在于免除或限制一方的违约责任就对其采取敌视的态度。问题的关键并不在于免责条款存在本身是否合理，而是在于其免责的内容和范围是否合理。

（四）免责条款的限制

免责条款如被滥用，则可能导致合同当事人之间权利义务的严重失衡，因此必须对免责条款的适用予以严格的限制。

1. 免责条款不得免除造成对方人身伤害的责任，也不得免除因故意或者重大过失造成对方财产损失的责任。《合同法》第53条即明确规定："合同中的下列免责条款无效：（一）

---

① 参见房绍坤主编：《新版以案说法·合同法篇》，86～87页，北京，中国人民大学出版社，2005。

② 参见苏号朋：《格式合同条款研究》，85页，北京，中国人民大学出版社，2004。

造成对方人身伤害的；（二）因故意或者重大过失造成对方财产损失的。”

2. 格式化的免责条款，不得不合理地免除条款使用人的责任、加重对方的责任以及排除对方的主要权利。《合同法》第40条即明确规定：“格式条款具有本法第五十二条和第五十三条规定情形的，或者提供格式条款一方免除其责任、加重对方责任、排除对方主要权利的，该条款无效。”

第八节　违约责任与侵权责任的竞合

一、违约责任与侵权责任竞合概述

（一）违约责任与侵权责任竞合的含义

违约责任与侵权责任竞合是指某一不法行为同时具备违约责任和侵权责任的构成要件，符合合同法律规范和侵权法律规范，导致该数种法律规范皆可适用，但因责任内容相同，受害人只能择一适用的法律现象。

违约责任与侵权责任的竞合不同于民事责任的聚合。所谓民事责任的聚合，也称请求权聚合，是指不法行为人实施一种行为，可以产生两个以上内容不同的请求权（民事责任）的法律现象。二者的差别在于，前者的责任内容相同，只是请求权基础不同；后者的责任内容不同，请求权基础亦不同。

（二）违约责任与侵权责任竞合的特点

1. 行为人仅实施了一个不法行为。如果行为人实施了两个以上的不法行为，分别引起违约责任与侵权责任的发生，则应适用不同的法律规定，承担不同的责任。

2. 同一不法行为既符合违约责任的构成要件，又符合侵权责任的构成要件，从而使两个民事责任针对同一不法行为并存。

3. 承担责任的当事人必须是同一人。如因一个不法行为同时引起违约责任与侵权责任的发生，但责任主体并不相同，则不属于责任竞合。

4. 受害人只能择一请求。因责任内容相同，违约责任与侵权责任虽然并存，但相互排斥，当事人只能从中择一请求。

（三）违约责任与侵权责任竞合的具体表现

由于民事法律关系的复杂性以及民事违法行为性质的多重性，违约责任与侵权责任经常发生竞合。只要当事人之间存在合同关系，并且引起一方当事人人身、财产权益受到损害的违约行为同时也符合侵权行为的特征，就可能会产生违约责任与侵权责任的竞合。实践中较为常见的违约责任与侵权责任竞合的现象主要有如下几种情形：

1. 在买卖合同中，出卖人因故意或过失交付有瑕疵的标的物于买受人并致其受到损害的，出卖人依合同法规定应负违约责任，依侵权法规定应承担导致买受人的人身、财产损害的侵权赔偿责任，从而发生责任竞合。

2. 在租赁合同中，因出租人提供的租赁物瑕疵侵害承租人的身体健康或造成财产损失的，或者因承租人的过失行为致租赁物毁损、灭失时，均可产生违约责任与侵权责任的竞合。

3. 在医疗事故中，医院或医务人员依医疗合同约定应负违约责任，而依侵权法规定应负医疗事故的侵权责任，从而发生责任竞合。

4. 在保管合同中，保管人因过错行为致保管物损害，依保管合同应负违约责任，因为保管人违反了妥善保管的义务；而依侵权法规定，保管人因过错毁损他人财产，应负侵权损害赔偿责任，从而发生责任竞合。

5. 在运输合同中，无论客运合同还是货运合同，经常出现违约责任与侵权责任竞合的问题。《合同法》第302条规定，承运人应当对运输过程中旅客的伤亡承担损害赔偿责任；第311条规定，承运人对运输过程中货物的毁损、灭失承担损害赔偿责任。对于上述承运人违反运输合同义务的行为，如因其过失而发生，也同时构成侵权行为，则发生责任竞合。

6. 在旅游合同中，也会出现违约责任与侵权责任竞合的问题。《旅游司法解释》第3条规定，因旅游经营者方面的同一原因造成旅游者人身损害、财产损失，旅游者可选择要求旅游经营者承担违约责任或者侵权责任。

实务探讨

不成立违约责任与侵权责任竞合的情形

《合同法》第122条规定："因当事人一方的违约行为，侵害对方人身、财产权益的，受损害方有权选择依照本法要求其承担违约责任或者依照其他法律要求其承担侵权责任。"依该条规定，在发生违约责任与侵权责任竞合时，《合同法》对当事人要求对方承担违约责任或侵权责任的选择权没有加以限制，因此在实务中一般不应限制当事人的选择权。但在下列情况下，并不成立违约责任与侵权责任的竞合，当事人的选择权也因失去存在的基础而受到限制：

(1) 不法行为造成受害人的人身伤亡和精神损害的，如受害人请求精神损害赔偿，因《合同法》不承认精神损害赔偿，所以即使当事人之间存在合同关系，也应按侵权责任处理。

(2) 虽然当事人之间存在合同关系，但一方当事人与第三人恶意串通，损害合同另一方当事人的利益，则由于恶意串通的一方当事人与第三人的行为构成共同侵权，第三人与受害人之间又无合同关系存在，因而应按侵权责任处理，使恶意串通的行为人向受害人负侵权责任。

(3) 如合同约定，在责任竞合时，行为人仅承担合同责任而不承担侵权责任，则原则上应依照当事人的约定处理，一方不得行使侵权责任的请求权。但如发生上述第（1）种情形，则应承担侵权责任。

二、违约责任与侵权责任竞合的学说

对违约责任与侵权责任竞合的实质的不同认识构成了责任竞合理论的三种不同学说，

即法条竞合说、请求权竞合说及请求权规范竞合说。

（一）法条竞合说

法条竞合说也称法规竞合说，为早期德国学者所主张。该学说认为，违约行为是侵权行为的特别形式，二者均为不法行为，在本质上并无差别。侵权行为违反的是一般义务，违约行为违反的是特别义务，而违约行为的法律责任与侵权行为的法律责任相比处于特别法地位，根据特别法优于普通法之适用规则，只能追究违约责任，即只发生合同上的请求权。[①] 该理论的优点是体现了合同至上的精神，使法律适用更具确定性，也避免了多重法律规范的适用所带来的冲突。但其明显缺陷在于忽视了侵权责任与违约责任之间存在的巨大差异，不能客观、公平地保护权利人利益，可能导致显失公平的法律后果。

（二）请求权竞合说

请求权竞合说认为，一个行为同时具备侵权责任与违约责任的构成要件时，因之产生的违约损害赔偿和侵权损害赔偿可以并存，权利人可选择其一主张。

请求权竞合说又可分为请求权自由竞合说和请求权相互影响说。请求权自由竞合说主张违约责任与侵权责任各自独立，互不影响，权利人可同时享有两个独立请求权且可合并或择一行使。如其中一个请求权因目的达到而消灭，则另一个请求权也消灭。若其中一个请求权非因目的达到而消灭（如因时效而消灭），另一个请求权并不因此而消灭。并且，请求权自由竞合说允许权利人把请求权让与不同的人或保留其一而将另一请求权让与他人。

请求权相互影响说则认为，因竞合产生的两个请求权并不是绝对独立的，而是相互影响、相互作用的。合同上的请求权可适用于侵权行为产生的请求权，反之亦可。权利人一旦选择适用某一项请求权，另一请求权也随之适用该请求权的相关规定，从而构成两个请求权之间的相互影响。该说的目的在于克服承认两个独立请求权相互作用所发生的不协调或矛盾。

（三）请求权规范竞合说

请求权规范竞合说亦称为请求权基础竞合说，该学说认为违约行为与侵权行为发生竞合时并不产生两个独立的请求权，实质上仅产生一个请求权，但这个请求权为两个法律基础的共同指向：一为合同关系，另一为侵权关系。虽此请求权只能有一个救济目的，但因请求权基础不同，故举证责任亦不同。不管当事人基于何种原因起诉，法院均应按事实选择最适当的法律规范进行判决而无须在请求权中作出选择，权利人也无权在请求被驳回后以另一请求权重新起诉。

本书认为，对于违约责任与侵权责任的竞合，宜采请求权竞合说。《合同法》第122条规定："因当事人一方的违约行为，侵害对方人身、财产权益的，受损害方有权选择依照本法要求其承担违约责任或者依照其他法律要求其承担侵权责任。"可见我国法律允许责任竞合。如一个不法行为同时符合违约责任和侵权责任的构成要件，且责任内容相同，则分别产生两个请求权，并相互独立，彼此不生影响。

---

① 参见崔建远主编：《合同法》，310页，北京，法律出版社，2010。

三、违约责任与侵权责任竞合的处理模式

(一) 比较法上的处理模式

对于违约责任与侵权责任竞合的处理，各国有三种模式，即禁止竞合模式、允许竞合模式和有限制的选择诉讼模式。

1. 禁止竞合模式

该模式主张违约责任与侵权责任的“二元”立法，认为违约责任与侵权责任是互不相干的两种责任方式。法国法是禁止竞合的典型代表。法国民法认为，合同当事人不能将对方的违约行为视为侵权行为，只有在没有合同关系存在时才产生侵权责任，两类责任是不相容的，不存在竞合问题。

2. 允许竞合模式

该模式以德国民法为代表，认为在违约行为侵犯了对方的人身、财产权利时，受害人既可以提起违约之诉，也可以提起侵权之诉。当一项请求权因时效届满而被驳回时，还可以行使另一项请求权。

3. 有限制的选择诉讼模式

有限制的选择诉讼为英国的模式，认为如果原告属于双重违法行为的受害人，那么他既可以提起侵权之诉而获益，也可以提起合同之诉而获益。① 虽然英国法在实践中在允许当事人选择方面与德国法相似，但对责任竞合的处理原则与德国法并不一致。英国法认为，解决责任竞合的制度只是诉讼制度，它主要涉及诉讼形式的选择权，而不涉及实体法上的请求权的竞合问题。

(二) 我国法上的处理模式

《合同法》第 122 条规定：“因当事人一方的违约行为，侵害对方人身、财产权益的，受损害方有权选择依照本法要求其承担违约责任或者依照其他法律要求其承担侵权责任。”由此可见，我国采允许竞合模式。该条主要确立了以下三项规则：确认了责任竞合的构成要件；允许受害人就违约责任或侵权责任作出选择；受害人只能在两种责任中选择一种责任提出请求，不能同时基于两种责任提出请求。

另外，《合同法司法解释一》第 30 条规定，在发生责任竞合时，债权人在违约责任与侵权责任中选择其一向法院起诉后，在一审开庭以前又将诉讼请求变更为另外一种责任性质的，法院应当准许。

理论研究

违约责任与侵权责任竞合之立法完善

对于违约责任和侵权责任的竞合，各国包括我国在内，不论采用禁止竞合、允许竞合还是有限制的选择诉讼模式，都存在不足。而造成这种不足的根源在于，它们均试图以一

① 参见崔建远主编：《合同法》，311 页，北京，法律出版社，2010。

种请求权的实现或以一个诉讼去完全解决责任竞合产生的多重损害后果，因此难免顾此失彼。

本书认为，根据我国现行的法律制度并参考各国立法例，在肯定《合同法》第122条规定的同时，对违约责任和侵权责任竞合的处理应当考虑从以下几个方面加以完善：(1) 当原告某一种请求权因某种特殊原因不能实现时，允许其主张另一种请求权。(2) 承认原告两种请求权可以有条件地并存，即原告自由选择了一种请求权以后，不论其请求权最终是否实现，另一请求权并不因此当然消灭，应视具体情况而定。对于违法行为人同一违法行为所造成的损害后果，如通过某一请求权的行使和实现，受害人所遭受的损害即可充分地得到救济和补偿，则另一请求权消灭；如原告选择的某一请求权全部得以实现但仍不足以弥补全部损害后果，则应当允许其部分行使另一种请求权，以使同一违法行为所产生的双重损害后果能够兼顾并得到弥补。这样，既考虑到了违约责任和侵权责任部分相容又不完全相同的特点，又解决了法律允许原告有两种请求权却又只能实现其一的矛盾。对行为人而言，因其同一违法行为引发双重损害后果，让其对双重损害后果承担责任并无不公，同时又防止了其依不同的责任方式承担双份责任的可能；对受害人而言，则能够使双重损害全面兼顾地得到补救，且不会导致双重获利。

四、违约责任与侵权责任的比较

在发生责任竞合时，受害人选择行使违约责任请求权还是侵权责任请求权，要依具体案情确定，并应比较违约责任与侵权责任的差异。

在归责原则上，违约责任主要采严格责任原则，侵权责任则主要采过错责任原则。在发生责任竞合时，违约责任的举证责任较轻。

在损害赔偿范围上，违约责任受到可预见规则的限制，且不保护精神损害。侵权责任保护精神损害，且不受可预见规则的限制。

在诉讼时效上，违约责任请求权的诉讼时效期间一般为2年，少数情况下为1年或4年。侵权责任请求权的诉讼时效期间一般亦为2年，少数情况下为1年或3年。

典型案例

房屋质量纠纷案

李某于某年10月购买了甲房地产公司的商品房一套，之后甲公司为其进行了装修。次年5月，李某一家入住，但发现室内空气异常，全家人不同程度地出现鼻炎、咽炎、失眠、脱发、记忆力下降等症状。同年8月，经有关部门检测认定，李某家室内氨气严重超标，最高超过国家《民用建筑市内环境污染控制规范》10倍以上，原因是建房时使用了含有尿素的FDJ系列混凝土防冻剂。李某与甲公司多次协商未果，遂向法院提起诉讼，要求甲公司清除其室内氨气污染，使之符合国家标准，在此期间提供不低于现住房条件的临时住房，并赔偿相关损失。

本案是否存在违约责任与侵权责任的竞合？

本案中，甲公司在履行合同的过程中使用了违反国家质量标准的建筑材料，致使李某房屋内氡气严重超标，不适合居住，并给李某造成了固有利益的损失。甲公司的行为既构成了违约，又构成了侵权，从而发生责任竞合。李某可选择侵权之诉或违约之诉来维护自己的合法权益。如选择侵权之诉，则李某需要证明甲公司的过错，会增加其举证负担；而选择违约之诉，则李某只需证明对方违约即可，举证责任相对交轻，胜诉的可能性较大。

【深度阅读】

1. 王利明．合同法新问题研究．北京：中国社会科学出版社，2011．第十八、十九、二十、二十一章

2. 杜景林，卢谌．债权总则给付障碍法的体系建构．北京：法律出版社，2007，第一至九章

3. 韩世远．合同法总论．北京：法律出版社，2011．第七、十章

4. 潘红艳．保险人免责条款明确说明义务检讨及替代制度研究．甘肃社会科学，2013（3）

5. 李倩茹．论典当合同中的绝当及违约责任．河北法学，2014（5）

6. 张金海．论合同解除与违约损害赔偿的关系．华东政法大学学报，2012（4）

7. 王洪亮．强制履行请求权的性质及其行使．法学，2012（1）

8. 王洪亮．违约金功能定位的反思．法律科学（西北政法大学学报），2014（2）

9. 杭仁春．行政合同不完全履行及其法律后果．行政法学研究，2012（4）

10. 陈帮锋．论意外事故与不可抗力的趋同——从优士丁尼法到现代民法．清华法学，2010（4）

11. 郑辉．试析根本违约之合同目的落空．人民司法，2009（4）

12. 陈杨．试论根本违约——与英美法系相关违约形态的比较研究．时代法学，2008（1）

13. 章超．不可抗力的解除模式探讨．法制与社会，2010（4）

14. 胡红蕊，郑瑞琨．论违约责任中的精神损害赔偿．行政与法，2009（10）

15. 叶昌富．论强制实际履行合同中价值判断与选择．现代法学，2005（3）

16. 倪同木，夏万宏．违约非财产损害赔偿问题研究——以《德国民法典》第253条之修改为中心．法学评论，2010（2）

17. 易军．违约责任与风险负担．法律科学（西北政法学院学报），2004（3）

18. 陈凌云．论英美合同法之违约获益赔偿责任．环球法律评论，2010（3）

19. 徐亚龙．《合同法》预期违约阻却机制之建构评析．现代法学，2004（12）

20. 陈凌云．效率违约遏制论——以完善违约损害赔偿责任为线索．当代法学，2011（1）

【问题与思考】

1.《合同法》中违约责任的归责原则是什么？

2. 比较违约责任与缔约过失责任、侵权责任。

3. 违约行为的具体形态有哪些？

4. 哪些情况不能适用继续履行责任？

5. 试述损害赔偿责任的范围。

6. 如何认识损害赔偿责任中的可预见规则？

7. 违约损害赔偿是否应包括非财产损害赔偿？

8. 试分析惩罚性损害赔偿。
9. 试分析违约金与定金条款的适用关系。
10. 不可抗力与意外事件的区别是什么？
11. 试分析违约责任与侵权责任竞合的处理模式。

第二编

合同法分论

第十一章
买卖合同

导读

买卖合同是最典型的有偿合同，也是适用范围最广、发生数量最多的一类合同。本章对买卖合同作较为全面的分析，包括买卖合同的含义与特征、买卖合同的效力、特殊买卖合同。在买卖合同的含义与特征中，应重点掌握买卖合同的特征；在买卖合同的效力中，应重点掌握出卖人和买受人的义务、标的物的风险负担、所有权转移以及孳息归属等有关问题；在特殊买卖合同中，应掌握分期付款买卖合同、凭样品买卖合同、试用买卖合同、招标投标买卖合同、拍卖合同和互易合同的含义与特点。

第一节　买卖合同概述

一、买卖合同的含义与特征

（一）买卖合同的含义

买卖合同是当事人双方就出卖人转移标的物的所有权于买受人，买受人支付价款而达成的协议。转移标的物所有权的一方为出卖人或卖方，支付价款的一方为买受人或买方。

买卖是最为常见的交易行为，买卖合同则是最为重要、最具有典型意义的合同。“契约法的理论，多胚胎于此。”[①] 买卖合同为我们学习、研究合同法提供了最好的制度模型，《合同法》为买卖合同确定的诸项规则对其他有偿合同亦有参照适用的效力。

（二）买卖合同的特征

1. 买卖合同是一方当事人转移标的物的所有权，另一方当事人支付价款的合同

在买卖合同中，当事人双方具有不同的法律目的，买受人是为了获得标的物的所有权，

---

① 史尚宽：《债法各论》，1页，北京，中国政法大学出版社，2000。

出卖人则是为了获得价款。两个当事人要实现各自的目标，就要承担互为对价的义务：出卖人应当向买受人转移标的物的所有权，而买受人则应当向出卖人支付价款。基于这一特点，买卖合同有别于其他转移标的物所有权的合同，如赠与合同，以及转移财产使用权的合同，如租赁合同。

2. 买卖合同是最典型的有偿合同

在买卖合同中，任何一方要实现其交易目的，均应付出相应的代价。出卖人获得价款以转移标的物的所有权为代价，买受人获得标的物的所有权则以支付价款为代价。这是一种最典型的有偿合同的样态，为其他有偿合同提供了标准模型。

3. 买卖合同是双务合同

在买卖合同中，任何一方既享有权利，又承担义务，且双方的权利义务相互对应：出卖人的权利就是买受人的义务，买受人的权利就是出卖人的义务。因此，买卖合同是典型的双务合同。

4. 买卖合同是诺成合同

买卖合同在当事人双方意思表示一致时即告成立，不以当事人交付标的物或完成其他给付为成立要件。因此，买卖合同是诺成合同。

5. 买卖合同通常为不要式合同

一般情况下，买卖合同的成立不需要特定形式，因此是不要式合同。这就意味着买卖合同可以口头形式订立，但法律有明确规定或者当事人有特别约定的除外。例如，《城市房地产管理法》第41条规定，房地产转让，应当签订书面转让合同。

二、买卖合同的当事人

买卖合同的当事人包括出卖人和买受人。

（一）出卖人

《合同法》第132条规定，出卖人应当是标的物的所有权人或者其他有处分权的人。具体而言，可以成为出卖人的民事主体包括：

1. 所有权人。这是最典型、最常见、最主要的出卖人类型。

2. 国有资产的经营权人。《全民所有制工业企业法》第2条规定，全民所有制企业法人对国家授予其经营管理的资产享有经营权，包括以出卖的方式加以处分。另外，资产份额中含有国有资产的公司亦可出卖公司中的国有资产。

3. 行纪人。行纪人可以接受委托人的委托，以自己作为委托人之物的出卖人。

4. 抵押权人、质权人和留置权人。抵押权人、质权人和留置权人在行使其担保权时，有权出卖抵押物、质物和留置物。

5. 人民法院。《民事诉讼法》第244条规定，人民法院有权拍卖或变卖被执行人的财产。

（二）买受人

对于买受人的资格，《合同法》并无特别要求。不过，根据其他法律的规定和民法原理，某些具有特别身份的人不得成为特定买卖合同的买受人。具体情形主要包括：（1）监护人。监护人不得成为被监护人财产的买受人。（2）受托人。受托人一般不得成为委托人委托其出卖的标的物的买受人。(3) 拍卖人及其工作人员。拍卖人及其工作人员不得充当自己组织的拍卖活动的竞买人。(4) 公务人员及其近亲属。公务人员依职权出售的财产，其本人及其近亲属不得成为买受人。(5) 公司的董事、高级管理人员。公司的董事以及经理、副经理、财务负责人等高级管理人员不得违反公司章程的规定或未经股东会、股东大会同意而同本公司订立合同或者进行交易，成为特定买卖合同的买受人。

三、买卖的标的

买卖的标的是指买卖合同中出卖人出卖而由买受人受领的对象。值得注意的是，买卖的标的实际上即为买卖合同中当事人交付与受领的标的物，因此，本书有时以标的物指称买卖的标的。并不是所有法律意义上的物都可以成为买卖的标的，而是应当符合一定的条件，尤其是要具备可交易性。

实务探讨

买卖的标的

关于买卖的标的，各个国家和地区的规定不尽一致。《美国统一商法典》第 2—105 条将其限定为货物，并将货物定义为在特定买卖合同中可以移动的除用于支付价款的货币、投资证券和诉权物以外的所有的物，包括专门制造的货物，还包括尚未出生的动物子胎、生长中的农作物，以及有关拟与不动产分离的货物的条文所规定的附着于不动产上的其他特定物。可见，该法规定的买卖的标的仅指动产。

《德国民法典》第 433、453 条将买卖的标的规定为物、权利和其他标的。《日本民法典》第 555 条和我国台湾地区“民法”第 345 条均将买卖的标的规定为财产权，因此，物及无体财产权均可成为买卖的标的。《瑞士债务法》第 184、187、216 条将买卖的标的规定为物，包括动产和不动产；而依《瑞士民法典》第 713 条，动产包括自然力在内。

《合同法》第 130 条将买卖的标的限定为“物”，这就涉及一个重要的司法实务问题，即《合同法》对买卖合同确立的规则可否适用于物之外的标的的转让，如著作权、专利权、商标权、股权、国有土地使用权、企业、商号等的转让。

有人认为，尽管《合同法》关于买卖合同的规定原则上不调整权利买卖合同，但并不是说对权利买卖合同完全不适用。物的买卖是以有体物作为标的的实物买卖，而权利买卖则是以具有财产内容的权利作为买卖标的，这些权利因为具有财产内容而可以转让，故能够成为买卖的对象。虽然权利买卖已经受到特别法的调整，但在没有相关规定的情况下，则可以适用《合同法》关于买卖合同的规定。[①] 还有人明确指出，对于权利转让或权利让与，如债权让与、股权转让等，首先应适用相应特别法的特别规定，如无相应规定，才能适用《合同法》关于买卖合同的规定乃至总则。[②] 也有人认为，《合同法》将买卖的标的界

① 参见王利明：《中德买卖合同制度的比较》，载《比较法研究》，2001 (1)。

② 参见崔建远主编：《合同法》，383 页，北京，法律出版社，2010。

定在有体物的范围之内是不恰当的。物和其他财产权利同为财产的组成部分，均可成为买卖的标的，只是由于二者的表现形式不同，因而在立法上对权利买卖多采特别法加以调整，但《合同法》作为普通法，其对买卖含义的界定不应排斥权利买卖。①

本书认为，就《合同法》第130条的文义考查，买卖的标的应仅限于物，不含无体标的在内。我国法律对无体标的的转让以其他类型的合同加以调整。例如，《合同法》将专利权转让、专利申请权转让和技术秘密转让规定为技术转让合同，《城市房地产管理法》将国有土地使用权的转让规定为国有土地使用权转让合同。因此，当法律对无体标的的转让有特别规定时，应适用特别规定。不过，由于无体标的类型众多，法律不可能对其转让均加以规定，因而，在没有特别规定时，则应当参照适用《合同法》对买卖合同的有关规定。理由在于：第一，无体标的和物一样，均具有交易价值，可以作为有偿转让的标的；第二，物的买卖和无体标的的转让在性质上并无差异，都是出卖人向买受人转移标的的全部权利，买受人支付相应价款；第三，《合同法》是我国民事基本法的重要组成部分，其对买卖合同的规定具有极大的涵盖性。该法第174条规定："法律对其他有偿合同有规定的，依照其规定；没有规定的，参照买卖合同的有关规定。"根据这一规定的精神，在法律无特别规定时，对无体标的的转让可准用《合同法》有关买卖合同的规定。另外，《买卖合同司法解释》第45条对此也作出了明确规定："法律或者行政法规对债权转让、股权转让等权利转让合同有规定的，依照其规定；没有规定的，人民法院可以根据合同法第一百二十四条和第一百七十四条的规定，参照适用买卖合同的有关规定。权利转让或者其他有偿合同参照适用买卖合同的有关规定的，人民法院应当首先引用合同法第一百七十四条的规定，再引用买卖合同的有关规定。"

需要继续讨论的问题是，计算机信息是否可以成为买卖的标的。当今社会已经是信息社会，计算机信息产品已经成为重要的交易对象。随着互联网的普及，利用互联网直接下载作为交易对象的计算机信息，完全打破了传统交易模式中的有形物交付的模式，更对传统民法思维造成了冲击，即这种不以有体物为载体的计算机信息是否可以作为买卖的标的。从国外立法观察，既有明确规定计算机信息不是买卖标的的做法（如美国），也有倾向于将计算机信息作为买卖标的的做法（如俄罗斯）。到目前为止，我国尚无统一规定计算机信息交易的立法，但从《合同法》第137条（该条规定："出卖具有知识产权的计算机软件等标的物的，除法律另有规定或者当事人另有约定的以外，该标的物的知识产权不属于买受人。"）所表露的立法意图观察，我国立法倾向于将计算机信息作为买卖的标的。不过，《合同法》立法之初，利用互联网下载计算机信息尚不普及，立法者是否有将这种无实物载体的计算机信息交易视为买卖合同的考虑，值得怀疑。因此，这一问题还需要进一步研究。不过，作为尝试，《买卖合同司法解释》第5条将这种交易视为买卖。至于这一尝试是否经得起理论与实践的检验，尚待观察。

根据物的流通性，物可以分为流通物、限制流通物和禁止流通物。流通物是指法律允许在民事主体之间自由流转的物。限制流通物是指法律对其流转给予一定程度限制的物。

① 参见陈本寒、周平：《买卖标的之再认识》，载《法学评论》，2002（2）。

禁止流通物是指法律禁止自由流转的物。流通物是最主要的买卖标的，限制流通物（如金银、文物）在符合法律要求的情况下可以成为买卖的标的。禁止流通物（如土地、河流、海洋）绝对不可以成为买卖的标的，以此类物为标的的买卖合同违反《合同法》第52条第5项规定，为无效合同。

买卖的标的既可以是现存物，也可以是未来物。现存物是指已经存在并且作为所有权客体的物。未来物又称将来物，是指合同成立时尚不存在的物。现存物当然可以成为买卖的标的。虽然《合同法》没有就未来物可否成为买卖的标的作出明文规定，但本书对此持肯定态度。就交易实践而言，大量的买卖是以未来物作为标的的。

买卖的标的既可以是特定物，也可以是种类物。特定物是指自身具有独立的特征，或者被权利人指定而特定化，不能以其他物替代的物。种类物是指具有共同的特征，能以品种、规格、质量或者度量衡加以确定的物。特定物和种类物的分类的法律意义主要体现在交易中，具体表现为：特定物在交付前灭失的，因其具有不可替代性，故可以免除出卖人的交付义务，买受人只能请求赔偿损失；种类物在交付前意外灭失的，由于其具有可替代性，故不能免除出卖人的交付义务，可以责令出卖人交付同种类的物以继续履行合同。

四、买卖合同的内容

买卖合同的内容由当事人约定，主要包括标的物、数量、质量、包装方式、检验标准和方法、价款、结算方式、履行期限、履行地点、履行方式、违约责任、合同使用的文字及其效力，以及解决争议的方法等。

（一）标的物

标的物条款应当对标的物加以具体、准确的描述，包括标的物的名称、产地、商标、生产时间等。买卖合同的标的物不必在合同成立时就存在，只要在出卖人履行合同时存在即可。

（二）数量

标的物的数量是买卖合同成立应当具备的必要条款，也是确定买卖合同标的物的具体条件之一。标的物的数量要确切，应选择双方共同接受的计量单位。一般应采用通用的计量单位，也可以采用行业或者交易习惯认可的计量单位。要确定双方认可的计量方法，并允许约定合理的磅差或尾差。

（三）质量

标的物的质量是确定买卖合同标的物的具体条件，一般包括两个方面的要求：一是标的物的品种和规格，通常指标的物的类型、型号、批号、尺码、等级等；二是标的物的内在品质，即标的物应当具备的功能。买卖合同的质量条款中还应约定出卖人对商品质量负责的期限与条件，即约定质量异议期，质量异议期的长度应合理确定。[①]

（四）包装方式

包装可以保护或装饰标的物，并能够体现标的物的质量水准。对于产品包装有国家标

① 参见荣华、蔡东辉：《买卖合同质量异议期的理解与适用——兼评〈合同法〉第158条》，载《法律适用》，2004（4）。

准或行业标准的，按照相应标准执行。在没有上述标准的情况下，当事人双方可以根据具体情形对标的物的包装方式作出约定，包括包装方法、材料、规格等。

（五）检验标准和方法

检验是确定出卖人交付的标的物是否符合约定的重要环节，有必要在买卖合同中加以约定。检验条款主要包括检验标准、检验方式、检验期限、取样的方式、对标的物质量与数量提出异议和答复的期限等。

（六）价款

价款是买卖合同最为重要的内容之一，应当由当事人双方明确约定，包括价款数额、支付时间和地点、币种、不同币种之间的汇率等。另外，当事人双方还应就运费、保险费、装卸费、报关费等履行费用的承担作出约定。

（七）结算方式

结算方式是指出卖人向买受人交付标的物后，买受人向出卖人支付标的物价款、运费和其他费用的方式。为便于结算，买卖合同应注明双方当事人的开户银行、账户名称、账号和结算单位等。

（八）履行期限、地点和方式

买卖合同应当约定具体的履行期限，既可以是即时履行、定时履行，也可以是在一定期限内履行。如果是分期履行，还应写明每期的准确时间。

买卖合同应当约定具体的履行地点，包括出卖人所在地、买受人所在地、货物所在地、货物运输到达地等。

买卖合同应当约定具体的履行方式，包括一次交付还是分批交付，交付实物还是交付提取标的物的单证，采取铁路运输还是空运、水运等。

（九）合同使用的文字及其效力

涉外买卖合同应当约定合同使用的文字及其效力。如使用两种以上的文字，则应当约定哪种语言具有优先适用的效力。

（十）违约责任

买卖合同的违约责任条款应当尽可能详细地列明双方当事人违反合同的各种情形，并约定相应的责任承担方式。

如果当事人未在买卖合同中对上述条款作出明确约定，则可根据《合同法》第61、62、141、156、158、160、161条等加以补充确定。

五、《合同法》有关买卖合同的规定对其他有偿合同的准用

买卖合同是最典型的有偿合同类型，因此《合同法》对买卖合同的规定非常详细，共计46个条文。买卖合同在履行中涉及的标的物和价款的交付、所有权转移、风险负担、利益承受、检验等情形，也同样存在于其他有偿合同的履行中。为了提高立法效率，减少条文间的相互重复，《合同法》对其他有偿合同的规定一般不再包含上述内容，而是依该法第174条，参照适用该法对买卖合同的有关规定。这一规则同样适用于其他法律规定的有偿合同。这就意味着，在法律对其他有偿合同有规定时，适用其规定；在没有规定时，则准用《合同法》对买卖合同确立的相关规则。

第二节　买卖合同的效力

买卖合同的效力是指生效的买卖合同对当事人双方产生的约束力，表现为出卖人和买受人享有的权利和承担的义务。由于买卖合同是双务、有偿合同，一方当事人负担的合同义务即为对方当事人享有的合同权利，因而，本书仅从义务的角度分析买卖合同的效力。这一模式同样适用于对其他类型合同的效力的分析。

在买卖合同中，出卖人的合同义务主要是交付标的物、转移标的物的所有权、瑕疵担保、交付有关单证和资料及附随义务；买受人的合同义务主要是支付价款、受领标的物、检验和通知、暂时保管及应急处置拒绝受领的标的物。

一、出卖人的义务

（一）交付标的物

1. 交付的含义与类型

交付即转移占有，出卖人应当将标的物移交买受人占有。至于交付的方法，包括现实交付、简易交付、占有改定及指示交付。其中，后三者为现实交付的替代，学说上称为观念交付。[①]

现实交付是实践中最普遍的交付方法，是指转移标的物直接占有的交付，即出卖人将标的物置于买受人的实际控制之下。

观念交付又称拟制交付、象征交付，是指出卖人并不实际转移占有，而是将对标的物占有的权利转移给买受人，以代替实物的交付。观念交付分为简易交付、占有改定及指示交付。简易交付是指买卖合同成立前，买受人已实际占有标的物，则合同生效时间为交付时间（《合同法》第140条、《物权法》第25条）。占有改定是指当事人双方约定由出卖人继续占有标的物，买受人取得标的物的间接占有，以代替标的物的实际交付（《物权法》第27条）。指示交付是指出卖人将其对第三人享有的标的物返还请求权让与买受人，以代替现实交付（《合同法》第135条、《物权法》第26条）。

2. 交付标的物的要求

（1）出卖人应当按照约定的时间交付标的物。双方约定交付期间的，出卖人可以在交付期间内随时交付，但在交付前应当通知买受人。出卖人提前交付标的物应取得买受人的同意，否则买受人有权拒收，但提前交付不损害买受人利益的除外（《合同法》第71条第1款）。出卖人提前交付给买受人增加的费用，由出卖人负担（《合同法》第71条第2款）。当事人未约定标的物的交付期限或者约定不明确的，可以协议补充；不能达成补充协议的，按照合同有关条款或交易习惯确定；仍不能确定的，可以随时交付，但应当给买受人必要的准备时间。

（2）出卖人应当按照约定的地点交付标的物。交付标的物的地点关系到风险转移和费

---

① 参见王泽鉴：《民法概要》，489页，北京，中国政法大学出版社，2003。

用负担等问题，对双方当事人意义重大。当事人未约定交付地点或者约定不明确的，可以协议补充；不能达成补充协议的，按照合同有关条款或交易习惯确定；仍不能确定的，标的物需要运输的（即标的物由出卖人负责办理托运，承运人系独立于买卖合同当事人之外的运输业者的情形），出卖人应当将标的物交付给第一承运人以运交买受人；标的物不需要运输的，出卖人和买受人订立合同时知道标的物在某一地点的，出卖人应当在该地点交付标的物；不知道标的物在某一地点的，应当在出卖人订立合同时的营业地交付标的物（《合同法》第141条）。

（3）出卖人应当按照约定的包装方式交付标的物。对包装方式没有约定或者约定不明确的，可以协议补充；不能达成补充协议的，按照合同有关条款或交易习惯确定；仍不能确定的，应当按照通用的方式包装；没有通用方式的，应当采取足以保护标的物的包装方式（《合同法》第156条）。

（4）如果标的物为无须以有形载体交付的电子信息产品，当事人对交付方式约定不明确，且依照《合同法》第61条的规定仍不能确定的，买受人收到约定的电子信息产品或者权利凭证即为交付（《买卖合同司法解释》第5条）。

（5）其他注意事项：出卖人交付标的物，除当事人另有约定外，标的物的从物应当随同交付。出卖人交付标的物的义务可以亲自履行，也可以由第三人履行。在第三人履行交付义务时，若出现违约情形，仍应由出卖人承担违约责任。

在实践中，当事人之间往往就出卖人是否已经履行交付标的物义务而发生纠纷，这主要是由于出卖人与买受人未以某种特定形式确认标的物交付的事实引起的。出卖人有时会以增值税专用发票等凭证，证明自己已经交付了标的物。法院或者仲裁机构在审理买卖合同纠纷时，对于能否以此类证据认定出卖人履行了交付义务存在争议。为了指导司法实践，《买卖合同司法解释》第8条第1款规定："出卖人仅以增值税专用发票及税款抵扣资料证明其已履行交付标的物义务，买受人不认可的，出卖人应当提供其他证据证明交付标的物的事实。"所谓增值税专用发票，是指增值税一般纳税人销售货物或者提供应税劳务开具的发票，是购买方支付增值税额并可按照增值税有关规定据以抵扣增值税进项税额的依据。在买卖合同中，出卖人是增值税的纳税人。增值税专用发票比普通发票更为重要的功能是，它不仅是记载商品销售额和增值税税额的财务收支凭证，而且是兼记销货方纳税义务和购货方进项税额的合法证明，是购货方据以抵扣税款的法定凭证。正是由于增值税专用发票包含买卖双方交易的辅助信息，所以当发生纠纷时，出卖人往往会以其开具的增值税专用发票证明其已经履行交付义务。《买卖合同司法解释》第8条第1款的立法者认为增值税专用发票只是交易双方的结算凭证，并不能单独证明出卖人已经交付标的物。[①] 至于其他税款抵扣资料的证明力，与增值税专用发票相同。当然，如果买受人认可增值税专用发票或者税款抵扣资料在出卖人已经履行交付义务上的证明力，则另当别论。

（二）转移标的物的所有权

转移标的物的所有权是出卖人的一项主要义务，是指在交付标的物的基础上，实现标

① 参见奚晓明主编：《最高人民法院关于买卖合同司法解释理解与适用》，153页，北京，人民法院出版社，2012。

的物所有权从出卖人向买受人转移，使买受人获得标的物的所有权。这是买受人的最终交易目的。

《合同法》第133条规定，标的物的所有权自标的物交付时起转移，但法律另有规定或者当事人另有约定的除外。这表明，标的物所有权的转移方法可以有所不同：

（1）标的物是一般动产时，除法律有特别规定或当事人另有约定以外，所有权依交付而转移。把交付时间作为标的物所有权的转移时间，显得明确具体，符合物权公示原则（动产物权变动以交付为公示方法），可以减少就所有权归属问题产生的争议。[①] 所谓当事人另有约定，是指当事人就标的物所有权转移的时间作出有别于交付的约定，如当事人可以约定出卖人先行交付标的物，在买受人未履行支付价款或者其他义务时，标的物的所有权仍归出卖人所有，以担保买受人合同义务的履行，这就是所有权保留制度。所有权保留的约定在分期付款合同中比较常见。

（2）船舶、航空器、车辆等特殊类型的动产，其所有权一般也自交付之时起转移，但未依法办理登记手续的，所有权的转移不具有对抗第三人的效力。

（3）不动产所有权的转移须依法办理所有权的转移登记。未办理登记的，尽管买卖合同已经生效，但标的物的所有权不发生转移。

（4）出卖具有知识产权的计算机软件等标的物的，除法律另有规定或当事人另有约定的以外，该标的物的知识产权并不随同标的物的所有权一并转移于买受人（《合同法》第137条）。

（三）瑕疵担保义务

1. 瑕疵担保的性质

关于瑕疵担保的性质，学术界是有争议的，在理论发展的过程中，主要形成了法定责任说和债务不履行说两种学说。[②] 法定责任说认为，瑕疵担保为特定物买卖之特有制度，且在特定物买卖的场合，出卖人并不负有交付无瑕疵之物的义务，其应交付的是依物的现状存在的特定物，因此，即使出卖人交付了有瑕疵的特定物，也不构成合同义务的不履行。依该种学说，因瑕疵担保仅能适用于特定物买卖，所以瑕疵担保请求权也仅包括请求解除合同与价金减额，而不能以他物代替清偿。由于该观点不能有效地保护买受人的合法权益，故随着理论和实践的发展，该学说的影响力早已日渐减弱。

继法定责任说之后，在德、日民法理论中逐渐产生了债务不履行说。依此学说，瑕疵担保并非法定责任，其性质应属债务不履行的一种，无论是特定物还是种类物，出卖人均应承担瑕疵担保义务。并且，依该种学说，出卖人应负有向买受人交付无瑕疵物的义务，如出卖人所交付的物在品质、数量或权利上存在瑕疵，即认定为未按合同约定履行义务，应承担相应的法律责任。

对出卖人课以交付无瑕疵之物的义务，不仅符合当事人订立合同的目的，而且符合我国合同立法的宗旨。《合同法》关于瑕疵担保的规定即采债务不履行说。

2. 物的瑕疵担保义务

传统民法理论认为，物的瑕疵担保义务是指出卖人就其所交付的标的物具备约定或法

---

① 参见吴志忠：《试析买卖合同中货物所有权的转移》，载《河北法学》，2000（5）。

② 参见崔建远主编：《合同法》，387～388页，北京，法律出版社，2010。

定品质所负的担保义务。不过，《买卖合同司法解释》扩大了其范围，将标的物数量符合合同约定亦归入出卖人的物的瑕疵担保义务。[①] 因此，在中国法上，物的瑕疵担保义务是指出卖人就其所交付的标的物具备约定或法定的品质和数量所负的担保义务。例如，《合同法》第 153 条规定，出卖人应当按照约定的质量要求交付标的物。出卖人提供有关标的物质量说明的，交付的标的物应当符合该说明的质量要求。同法第 158 条第 1 款规定，当事人约定检验期间的，买受人应当在检验期间内将标的物的数量或者质量不符合约定的情形通知出卖人。

物的瑕疵是指标的物欠缺约定或法定品质和数量。在买卖合同中，当事人对于标的物的瑕疵的标准没有约定或约定不明确的，可以协议补充；不能达成补充协议的，按照合同有关条款或者交易习惯确定；仍不能确定的，出卖人交付标的物，应当符合通常标准或者能够实现特定合同目的。

出卖人交付的标的物不符合质量或数量标准即违反物的瑕疵担保义务的，应当按照当事人的约定承担违约责任。对违约责任没有约定或者约定不明确，也不能达成补充协议且按照合同有关条款以及交易习惯仍不能确定的，受损害方根据标的物的性质以及损失的大小，可以合理选择请求修理、更换、退货、拒绝接受货物或者减少价款等救济方式（《合同法》第 148、155 条）。退货，在通常情形下就是解除合同。此项解除权不得与减少价款、修理、更换同时主张。质量不符合约定，造成其他损失的，受损害方可以请求赔偿损失（《合同法》第 112 条）。

买受人要求出卖人承担违反物的瑕疵担保义务的违约责任，除非法律另有规定，应以买受人及时向出卖人通知标的物数量或者质量不符合约定为条件（《合同法》第 158 条）。买受人在订立买卖合同时知道或者应当知道标的物质量存在瑕疵，不得向出卖人主张物的瑕疵担保的权利。但是，买受人在缔约时不知道该瑕疵会导致标的物的基本效用显著降低的除外（《买卖合同司法解释》第 33 条）。对于出卖人多交的标的物，买受人可以接收或者拒绝。买受人接收多交部分的，按照原合同的价格支付价款。如果买受人拒绝接收多交部分的标的物，可以代为保管多交部分标的物，并有权要求出卖人负担代为保管期间的合理费用。对于代为保管期间非因买受人故意或者重大过失造成的损失，买受人有权要求出卖人承担。除少交不损害买受人利益的以外，买受人可以拒绝出卖人少交标的物。买受人拒绝的，应当及时通知出卖人，否则应当承担怠于通知产生的损害赔偿责任。若合同约定分批交付，出卖人应按照约定的批量分批交付；未按约交付的，应就每一次的不适当交付负违约责任。

买卖合同的当事人可以通过免责条款的方式，在不违反法律、行政法规禁止性规范的情况下（《合同法》第 53 条），预先免除出卖人的物的瑕疵担保义务。但是，合同约定减轻或者免除出卖人对标的物的瑕疵担保责任，但出卖人故意或者因重大过失不告知买受人标的物的瑕疵，出卖人主张依约减轻或者免除瑕疵担保责任的，人民法院不予支持（《买卖合同司法解释》第 32 条）。

---

① 参见奚晓明主编：《最高人民法院关于买卖合同司法解释理解与适用》，280 页，北京，人民法院出版社，2012。

3. 权利瑕疵担保义务

权利瑕疵担保义务是指出卖人保证其所转移的标的物不被他人主张权利以及不存在未告知的权利负担的义务。《合同法》第 150 条规定，出卖人就交付的标的物，除非法律另有规定，负有保证第三人不得向买受人主张任何权利的义务。

权利瑕疵大致有以下几种情况：权利部分或全部属于第三人；权利受第三人权利的限制；在标的物上有其他人享有的知识产权。① 根据《合同法》的规定，权利瑕疵必须在买卖合同成立时已经存在，且于合同成立后仍未能除去，同时买受人不知道权利瑕疵的存在，否则出卖人不承担权利瑕疵担保义务（《合同法》第 151 条）。另外，买受人如能够依据法律保护交易安全的规定，善意取得标的物所有权的，出卖人也无须承担权利瑕疵担保义务。

出现权利瑕疵时，买受人可以请求出卖人除去权利瑕疵；可以中止支付价款，但出卖人提供适当担保的除外（《合同法》第 152 条）；如果出卖人不提供相应的担保，买受人可以解除合同。此外，买受人还有权请求损害赔偿。

（四）交付有关单证和资料

《合同法》第 136 条规定，出卖人应当按照约定或者交易习惯向买受人交付提取标的物单证以外的有关单证和资料，具体包括保险单、保修单、普通发票、增值税专用发票、产品合格证、质量保证书、质量鉴定书、品质检验证书、产品进出口检疫书、原产地证明书、使用说明书、装箱单等。这是出卖人在买卖合同中所负担的从给付义务，用于辅助主给付义务来实现买受人的交易目的。

出卖人交付单证的时间、地点及方式也必须与合同约定相符。

（五）履行附随义务

除负担上述主给付义务和从给付义务外，出卖人还应遵循诚实信用原则，根据合同的性质、目的负担通知、协助、保密等附随义务（《合同法》第 60 条第 2 款）以及不真正义务（如《合同法》第 119 条）。

实务探讨

多重买卖时，出卖人应向哪个买受人履行义务

所谓多重买卖，是指出卖人就同一标的物订立数个买卖合同，分别出卖给数个买受人的行为。《合同法司法解释二》第 15 条规定，该数个买卖合同均为有效合同。买受人因不能按照合同约定取得标的物所有权时，可以追究出卖人的违约责任。当然，任何一个理性的市场主体都不是为了追究对方的违约责任而参与交易的。因此，在多重买卖时，需要讨论的问题是，哪个买受人可以优先获得履行。

对此，《买卖合同司法解释》第 9、10 条分别就普通动产的多重买卖和特殊动产的多重买卖下出卖人的履行义务作出了规定。

出卖人就同一普通动产订立多重买卖合同，在买卖合同均有效的情况下，买受人均要

---

① 参见赵钰、刘忠生：《论买卖合同中的瑕疵担保责任》，载《黑龙江省政法管理干部学院学报》，2001（4）。

求实际履行合同的，应当按照以下情形分别处理：(1) 先行受领交付的买受人请求确认所有权已经转移的，人民法院应予支持；(2) 均未受领交付，先行支付价款的买受人请求出卖人履行交付标的物等合同义务的，人民法院应予支持；(3) 均未受领交付，也未支付价款，依法成立在先合同的买受人请求出卖人履行交付标的物等合同义务的，人民法院应予支持。

出卖人就同一船舶、航空器、机动车等特殊动产订立多重买卖合同，在买卖合同均有效的情况下，买受人均要求实际履行合同的，应当按照以下情形分别处理：(1) 先行受领交付的买受人请求出卖人履行办理所有权转移登记手续等合同义务的，人民法院应予支持；(2) 均未受领交付，先行办理所有权转移登记手续的买受人请求出卖人履行交付标的物等合同义务的，人民法院应予支持；(3) 均未受领交付，也未办理所有权转移登记手续，依法成立在先合同的买受人请求出卖人履行交付标的物和办理所有权转移登记手续等合同义务的，人民法院应予支持；(4) 出卖人将标的物交付给买受人之一，又为其他买受人办理所有权转移登记，已受领交付的买受人请求将标的物所有权登记在自己名下的，人民法院应予支持。

不过，该司法解释并未就不动产多重买卖（在我国，土地所有权为禁止流转物，因此不动产买卖主要为房屋买卖）的履行作出规定。本书认为，对此可以参照《国有土地使用权合同司法解释》第 10 条及《买卖合同司法解释》第 10 条的规定，在买受人均要求实际履行合同时，按照以下情形分别处理：(1) 先行办理不动产所有权转移登记手续的买受人请求出卖人履行交付不动产等合同义务的，应予支持；(2) 均未办理不动产所有权转移登记手续，先行受领交付的买受人请求出卖人履行不动产所有权转移登记手续等合同义务的，应予支持；(3) 均未办理不动产所有权转移登记手续，又未受领交付，依法成立在先合同的买受人请求出卖人履行交付不动产和办理所有权转移登记等合同义务的，应予支持；(4) 出卖人将不动产交付给买受人之一，又为其他买受人办理所有权转移登记，已办理所有权转移登记的买受人请求出卖人履行交付义务，应予支持。

二、买受人的义务

(一) 支付价款

支付价款是买受人的主要义务。买受人须按照合同约定或者法律规定，或者参照交易习惯确定的数额、时间、地点支付价款。

1. 价款数额的确定

价款数额通常由双方当事人在合同中明确约定。当事人在合同中约定了确定价款数额的计算方法或标准的，视为价款确定。当事人对价款的确定，须遵守法律有关物价的规定，否则其约定无效。对价款没有约定或者约定不明确，也不能达成补充协议且按照合同有关条款以及交易习惯仍不能确定的，按照订立合同时履行地的市场价格履行，依法应当执行政府定价或者政府指导价的，按照规定履行。当事人在合同中约定执行政府定价的，在合同约定的交付期限内政府价格调整时，按照交付时的价格计价。逾期交付标的物的，遇价格上涨时，按照原价格执行；价格下降时，按照新价格执行。逾期提取标的物或者逾期付款的，遇价格上涨时，按照新价格执行；价格下降时，按照原价格执行（《合同法》第63条）。

价款数额一般由单价和总价构成，总价为单价与标的物数量的乘积。

2. 价款的支付时间

买受人应当按照约定的时间支付价款。对支付时间没有约定或者约定不明确的，可以协议补充；不能达成补充协议的，按照合同有关条款或者交易习惯确定；仍不能确定的，按照同时履行的原则，买受人应当在收到标的物或者提取标的物的单证的同时支付。这是因为买卖合同为双务合同，买卖双方享有同时履行抗辩权。

价款支付迟延时，买受人不但有义务继续支付价款，而且还有责任支付迟延利息。买受人在出卖人违约的情况下，有拒绝支付价款、请求减少价款、请求返还价款的权利。如出卖人交付的标的物有重大瑕疵以致难以使用时，买受人有权拒绝接受交付，并有权拒绝支付价款。如出卖人交付的标的物虽有瑕疵但买受人同意接受，买受人可以请求减少价款。标的物在交付后部分或全部被第三人追索的，买受人不但有权解除合同、请求损害赔偿，还有权要求返还全部或部分价款。

3. 价款的支付地点

买受人应当按照约定的地点支付价款。对支付地点没有约定或者约定不明确，也不能达成补充协议，并且按照合同有关条款以及交易习惯仍不能确定的，买受人应当在出卖人的营业地支付；若约定支付价款以交付标的物或者交付提取标的物的单证为条件，则在交付标的物或者提取标的物的单证的所在地支付。

4. 价款的支付方式

价款的支付方式可由当事人约定。如果以现金支付，则不得违反国家关于现金管理的规定。随着市场经济的日益成熟和国际贸易的日益发达，价款由传统的现金支付向信用卡、跟单信用证、票据、托收、交互计算等多种支付方式发展。

在实践中，当事人之间有时会就买受人是否已经履行付款义务而发生纠纷，这主要是由于出卖人与买受人未以某种特定形式确认付款的事实引起的。买受人往往会以发票等凭证，证明自己已经付款。法院或者仲裁机构在审理买卖合同纠纷时，对于能否以此类证据认定买受人履行了付款义务存在争议。为了指导司法实践，《买卖合同司法解释》第8条第2款规定："合同约定或者当事人之间习惯以普通发票作为付款凭证，买受人以普通发票证明已经履行付款义务的，人民法院应予支持，但有相反证据足以推翻的除外。"普通发票是指在购销商品、提供或接受服务以及从事其他经营活动中，所开具和收取的收付款凭证。它是相对于增值税专用发票而言的，即任何单位和个人在购销商品、提供或接受服务以及从事其他经营活动中，除增值税一般纳税人开具和收取的增值税专用发票之外，所开具和收取的各种收付款凭证均为普通发票。从交易实践来看，出卖人向买受人开具普通发票与买受人付款之间并非是一一对应关系，经常出现买受人即使未付款，出卖人却先向买受人开具普通发票的情形。因此，一般情况下，买受人不能单独以出卖人开具的普通发票证明其已付款。例外情况是，如果合同约定或者当事人之间习惯以普通发票作为付款凭证，则买受人可以普通发票证明已经履行付款义务。但是，如果出卖人有相反证据证明买受人未付款，则法院或者仲裁机构应当根据出卖人提供的证据，就买受人是否已经付款作出判断。

（二）受领标的物

受领标的物既是买受人的义务，也是买受人的权利。出卖人按照合同的约定交付标的物时，买受人不得拒绝受领。买受人拒绝受领或不按合同约定受领时，应当承担违约责任，而且要承担因此发生的标的物的风险。出卖人不按合同约定的条件交付标的物时，买受人有权拒绝接受。

（三）检验与通知义务

买受人受领标的物后，应当依通常程序，在约定的检验期间内检验，并在检验期间内将标的物的数量或者质量不符合约定的情形通知出卖人。买受人怠于通知的，视为标的物的数量或者质量符合约定。但是，如果出卖人知道或者应当知道提供的标的物不符合约定，则买受人的通知义务不受检验期间的限制。如果当事人约定的检验期间过短，依照标的物的性质和交易习惯，买受人在检验期间内难以完成全面检验的，法院或者仲裁机构应当认定该期间为买受人对外观瑕疵提出异议的期间，并可以根据具体案情确定买受人对隐蔽瑕疵提出异议的合理期间（关于合理期间的认定，请参见下文）。如果当事人约定的检验期间短于法律、行政法规规定的检验期间，法院或者仲裁机构应当以法律、行政法规规定的检验期间为准。

如果当事人没有约定检验期间，买受人应当及时检验，并在发现或者应当发现标的物的数量或者质量不符合约定的合理期间内通知出卖人。买受人在合理期间内未通知或者自标的物收到之日起两年内未通知出卖人的，视为标的物的数量或者质量符合约定。法院或者仲裁机构在具体案件中认定“合理期间”时，应当综合当事人之间的交易性质，交易目的，交易方式，交易习惯，标的物的种类、数量、性质，安装和使用情况，瑕疵的性质，买受人应尽的合理注意义务，检验方法和难易程度，买受人或者检验人所处的具体环境、自身技能以及其他合理因素，依据诚实信用原则进行判断。上述“两年”（即《合同法》第158条第2款规定的“两年”）是最长的合理期间，且该期间为不变期间，不适用诉讼时效中止、中断或者延长的规定。当买受人在合理期间内提出异议时，如果出卖人以买受人已经支付价款、确认欠款数额、使用标的物等为由，主张买受人放弃异议的，法院或者仲裁机构不予支持，但当事人另有约定的除外。如果出卖人知道或者应当知道提供的标的物不符合约定，则买受人的通知义务不受上述通知时间的限制。

如果当事人对标的物约定了质量保证期间，则出卖人负有确保标的物在质量保证期间不存在质量缺陷，并在出现质量缺陷时予以处理的义务。如果当事人约定的质量保证期间短于法律、行政法规规定的质量保证期间，法院或者仲裁机构应当以法律、行政法规规定的质量保证期间为准。

应当说明的，质量保证期间是出卖人保证标的物无质量缺陷并在出现质量缺陷时予以处理的时间，并非检验期间，也不能将其直接认定为当事人未约定检验期间时确定买受人通知义务的“合理期间”。如果买卖合同只约定了质量保证期间，而未约定检验期间，法院或者仲裁机构应当依照《合同法》第158条第2款的规定，确定买受人在发现或者应当发现标的物的数量或者质量不符合约定通知出卖人的“合理期间”。至于最长“合理期间”，如质量保证期间短于《合同法》第158条第2款规定的“两年期间”，则为质量保证期间；如质量保证期间长于《合同法》第158条第2款规定的“两年”，则为《合同法》第158条第 2 款规定的“两年期间”。

如果当事人既约定了检验期间，又约定了质量保证期间，由于检验期间是对标的物在交付时存在的瑕疵提出异议的期间，质量保证期间则是出卖人保证标的物无品质瑕疵并对出现品质瑕疵时予以处理的时间，至于该品质瑕疵是在交付时就存在，还是在使用过程中产生，在所不问。超过了检验期间，仅仅是视为标的物在交付时不存在瑕疵，并不妨碍买受人针对使用中出现的品质瑕疵在质量保证期间内要求出卖人承担相应责任。因而，两种期间可以同时存在，并非排斥或替代关系。因此，检验期间短于质量保证期间的，买受人超过检验期间未将标的物数量或者质量不符合约定的情形通知出卖人，将视为交付的标的物无瑕疵，买受人不再享有瑕疵请求权，但如果没有超过质量保证期间的，买受人有权要求出卖人履行承诺的处理义务。从实践中的情况来看，当事人同时约定检验期间和质量保证期间的，基本上都是检验期间短于质量保证期间，检验期间长于质量保证期间的情形还没有看到过。①

虽然当事人对标的物的检验期间未作约定，但买受人签收的送货单、确认单等已经载明标的物数量、型号、规格，法院或者仲裁机构可以认定买受人已对数量和外观瑕疵进行了检验。但是，有相反证据足以推翻上述认定的除外。

出卖人依照买受人的指示向第三人交付标的物，出卖人和买受人之间约定的检验标准与买受人和第三人之间约定的检验标准不一致的，法院或者仲裁机构应当以出卖人和买受人之间约定的检验标准为标的物的检验标准。

在《合同法》第 158 条规定的检验期间、合理期间、两年期间经过后，买受人主张标的物的数量或者质量不符合约定的，法院不予支持。但是，出卖人自愿承担违约责任后，又以上述期间经过为由反悔的，法院不予支持。不过，这一规定的适用涉及上述期间与质量保证期间的关系。根据本书的上述分析，因检验期间与质量保证期间功能不同，所以二者并行不悖。如果买卖合同约定了质量保证期间，且其与上述检验期间、合理期间、两年期间相比更长，则即使检验期间、合理期间、两年期间届满，买受人仍然可以合同约定的质量保证期间为由，要求出卖人处理标的物质量问题。如果出卖人拒绝处理，买受人可追究其违约责任。

（四）暂时保管及应急处置拒绝受领的标的物

如果发现出卖人交付的标的物存在瑕疵，买受人可拒绝接受出卖人交付的标的物，但有暂时保管并应急处置标的物的义务。这是买受人所应负担的附随义务。

三、买卖合同中标的物的所有权转移、风险负担与孳息归属

（一）买卖合同中标的物的所有权转移

标的物的所有权转移是指买卖合同的标的物所有权自出卖人转移至买受人享有。转移时间是标的物所有权转移中的关键问题。《合同法》第 133 条规定，标的物的所有权自标的物交付时起转移，但法律另有规定或者当事人另有约定的除外。另外，《物权法》第 9 条规

---

① 参见奚晓明主编：《最高人民法院关于买卖合同司法解释理解与适用》，332 页，北京，人民法院出版社，2012。

定，不动产物权的设立、变更、转让和消灭，经依法登记，发生效力。未经登记，不发生效力，但法律另有规定的除外。据此，除法律另有规定或者当事人另有约定外，动产所有权通常自交付时起转移；不动产所有权自登记时起转移；当事人以特殊约定排除登记规定的，约定无效。

实务探讨

买卖合同标的物所有权的转移时间

各国关于买卖合同标的物所有权的转移时间，主要有三种立法例：

第一种是自买卖合同有效成立时起转移，以《法国民法典》为代表。这种立法例有利于维护合同的严肃性，防止“一物数卖”，保证买受人取得标的物的所有权。不过，这一模式亦使买受人“不得不于实际占有标的物之前就要承担作为所有人的风险”[①]，且于买卖合同成立时，标的物可能尚处于无法确定的状态。

第二种是标的物的所有权自标的物确定之时起转移，以《美国统一商法典》为代表。这种立法例兼顾了买卖双方的利益，但由于所有权转移缺乏明确的公示方法，可能会损害善意第三人的利益。

第三种是标的物的所有权自标的物交付之时起转移，这是大多数国家采取的立法例。

对于买卖合同标的物所有权的转移时间，我国亦以交付为一般规则。较之前两种立法例，这种立法例符合一般的交易观念，符合现代交易活动的特点，也符合物权公示原则，具有显著的优点。[②]

所有权保留是动产所有权转移的特殊情形。《合同法》第 134 条规定，当事人可以在买卖合同中约定买受人未履行支付价款或者其他义务的，标的物的所有权属于出卖人。据此应认定，在当事人约定所有权保留时，买受人先占有、使用标的物，但在买卖合同约定的条件（一般为买受人支付大部或全部价款，或者履行其他特定的义务）成就之前，出卖人仍然保留标的物的所有权。只有在合同约定的条件成就时，所有权才转移至买受人。

需要注意的是，《物权法》第 23 条规定：“动产物权的设立和转让，自交付时发生效力，但法律另有规定的除外。”有学者认为，该条规定将动产标的物所有权的移转方式由《合同法》第 133 条确立的任意性规范修改为了强制性规范[③]，据此，当事人只能按照法律规定移转标的物的所有权，而不能另作约定。还有学者在肯定这一观点的基础上进一步指出，《合同法》第 134 条规定的所有权保留条款已不能发生物权效力。[④] 对此，本书持不同意见。本书认为，《合同法》第 133、134 条的规定属于《物权法》第 23 条所指的“法律另有规定”的情形，即《合同法》对于动产标的物所有权的移转作出了有别于《物权法》的

---

① 黄建中：《合同法分则重点疑点难点问题判解研究》，30 页，北京，人民法院出版社，2006。
② 参见吴志忠：《试析买卖合同中货物所有权的转移》，载《河北法学》，2000（5）。
③ 参见崔建远：《合同法》，第 385 条，北京，法律出版社，2010。
④ 参见王利明：《物权法研究》（上），232 页，北京，中国人民大学出版社，2007。

规定，应优先适用。另外，买卖合同作为交易的最普遍形式，应当充分体现当事人的意思自治，允许其根据交易需要作出特别约定，如所有权保留等，从而更好地保障交易安全。因此，无论从法律解释还是从实践层面来看，《物权法》第23条规定都未否定《合同法》第133、134条规定，合同双方当事人仍然可以就动产所有权的转移作出特别约定，只要这些约定不违反法律的强制性规定及公序良俗，即应承认其有效性。

关于所有权保留的标的物，《合同法》未作出规定。《买卖合同司法解释》第34条规定，所有权保留只能适用于动产，而不能适用于不动产。这一规定的主要理由是：《物权法》对不动产物权变动采取的是债权形式主义，不动产物权变动除了需要买卖双方达成合意外，还需要进行转移所有权的变更登记，才能发生所有权的变动。而所有权保留制度的目的是在使买受人占有、使用标的物的情形下，保障出卖人债权的充分实现。在不动产买卖中，出卖人将不动产交与买受人使用，在买受人付清全部价款前，双方不办理权属变更登记，该不动产的所有权仍属于出卖人，但实际使用人是买受人，这样就可以兼顾买受人利用和出卖人价款权利保障的双重目的，而不必一定采取所有权保留的方式，且买受人可以通过《物权法》第20条规定的预告登记制度保障其未来获得标的物所有权的权利不受侵犯。[①] 本书亦认为将所有权保留制度的适用范围限定在动产是较为合理的。

在所有权保留制度下，当买受人未依约履行义务时，对出卖人最为有效的保障措施就是赋予其取回权。所谓取回权，是指在所有权保留情形下，买受人有违约行为且严重损害出卖人利益时，出卖人从买受人处取回标的物的权利。取回权既可以由当事人在买卖合同中约定，也可以由法律直接规定。《合同法》未规定出卖人的取回权，《买卖合同司法解释》第35、36条作了如下补充：当事人约定所有权保留，在标的物所有权转移前，买受人有下列情形之一，对出卖人造成损害，出卖人主张取回标的物的，法院应予支持：（1）未按约定支付价款的；（2）未按约定完成特定条件的；（3）将标的物出卖、出质或者作出其他不当处分的。取回的标的物价值显著减少，出卖人要求买受人赔偿损失的，法院应予支持。但是，买受人已经支付标的物总价款的75%以上，出卖人主张取回标的物的，法院不予支持。另外，如果买受人将将标的物出卖、出质或者作出其他不当处分，第三人依据《物权法》第106条的规定已经善意取得标的物所有权或者其他物权，出卖人主张取回标的物的，法院不予支持。

要说明的是，出卖人取回标的物的目的是实现剩余的价款债权，不是为了解除合同、向买受人返还价款。因此，出卖人取回标的物后，买受人可以在双方约定的或者出卖人指定的回赎期间内，消除出卖人取回标的物的事由，主张回赎标的物的权利。所谓买受人的回赎权，是指在所有权保留买卖中，在出卖人行使取回权后，买受人在一定期间内消除出卖人取回标的物的事由，从而享有的重新占有标的物的权利。通过行使回赎权，买受人可以阻止出卖人将标的物出卖给第三人，并通过继续履行买卖合同约定的义务，满足取得所有权的条件。如果买受人在回赎期间内没有回赎标的物的，出卖人可以另行出卖标的物，出卖所得价款依次扣除取回和保管费用、再交易费用、利息、未清偿的价金后仍有剩余的，

---

① 参见奚晓明主编：《最高人民法院关于买卖合同司法解释理解与适用》，526页，北京，人民法院出版社，2012。

应返还原买受人；如有不足，出卖人可以要求原买受人清偿，但原买受人有证据证明出卖人另行出卖的价格明显低于市场价格的除外。

典型案例

所有权保留纠纷案

甲公司与乙公司协商购买建材事宜，乙公司表示货物有轻度受潮情况，甲公司未表示异议。甲公司在看货后认为货物符合自己的需要，双方即签订建材买卖合同。根据合同约定，甲公司保证在货到后3日内付款，而乙公司担心甲公司不及时付款，遂坚持要求在合同中写明：在付款前，货物仍归乙公司所有。合同签订后，乙公司于次日将货物运送至甲公司指定工地，工地以货物受潮为由拒绝卸货。甲公司遂将货物转卖给丙公司，后又另外组织货源。乙公司交货后经多次催讨货款未果，遂诉至法院，要求甲公司返还货物并赔偿损失。

在本案中，乙公司的请求是否应当得到法院的支持?

本案是一起典型的所有权保留的案件。乙公司与甲公司在合同中明确约定付款前乙公司仍然保留货物所有权，因此，甲公司将货物卖给丙公司，对乙公司造成了严重损害，乙公司可行使取回权，且在取回的标的物价值显著减少时，可要求甲公司赔偿损失。但是，如丙公司已经善意取得货物所有权，则乙公司只能要求甲公司赔偿损失。

（二）买卖合同中标的物的风险负担

买卖合同中标的物的风险是指买卖合同的标的物由于不可归责于买卖合同双方当事人的事由毁损、灭失所造成的损失。

《合同法》第142条规定，标的物毁损、灭失的风险，在标的物交付之前由出卖人承担，交付之后由买受人承担，但法律另有规定或者当事人另有约定的除外。根据这一规定，标的物的风险负担应依如下规则确定：

1. 当事人如有约定，则从其约定

根据当事人意思自治原则，如果买卖双方当事人约定风险负担的时间界限，则从其约定。在许多买卖实践中，当事人往往都会通过各种方式确定风险转移的时间。例如，双方当事人可以约定标的物的风险自发运时转移。

2. 如当事人无约定，风险一般依交付而转移

《合同法》第142条规定，标的物毁损、灭失的风险，在标的物交付之前由出卖人承担，交付之后由买受人承担。这是买卖合同中标的物风险负担最基本的原则，也即交付主义原则。

需要注意的是，交付仅指转移占有，不涉及所有权转移问题，所以并不当然包括权利登记等因素。例如，《合同法》第147条规定，出卖人按照约定未交付有关标的物的单证和资料的，不影响标的物毁损、灭失风险的转移。同时，因为交付并不必然涉及所有权移转问题，所以，标的物风险负担中的交付主义原则既适用于动产买卖，也适用于不动产买卖。

《商品房买卖司法解释》第11条就规定，除当事人另有约定外，房屋占有的移转即为交付；房屋毁损、灭失的风险，在交付前由出卖人承担，交付后由买受人承担；买受人接到出卖人的书面交房通知，无正当理由拒绝接收的，除法律另有规定或当事人另有约定外，房屋毁损、灭失的风险自书面交房通知确定的交付使用之日起由买受人承担。

典型案例

某公司诉某汽车制造厂汽车买卖风险负担纠纷案

某公司与某汽车制造厂达成购买汽车的合同。合同签订后，某公司即向汽车制造厂交付车款，汽车制造厂也将汽车钥匙及有关汽车的有效单证等交给了某公司工作人员。但因天降大雨，某公司工作人员担心天黑路滑不安全，当天未将车开走，而是请汽车制造厂将选定的汽车开进车库保管，双方约定3日内由某公司派人自提。但3日后某公司未派人提车。在此后的某夜，车库因遭雷击而突起大火，某公司选定的汽车被烧毁。某公司得知后，要求汽车制造厂退还车款，但遭到拒绝，某公司遂向法院提起诉讼，要求汽车制造厂返还车款。①

在本案中，汽车毁损的风险应由谁承担？汽车制造厂应否返还车款？

《合同法》第142条规定："标的物毁损、灭失的风险，在标的物交付之前由出卖人承担，交付之后由买受人承担，但法律另有规定或者当事人另有约定的除外。"这是关于买卖合同中标的物的风险负担最基本的原则，也即交付主义原则。但《合同法》针对某些情况也作了例外规定，同时根据当事人意思自治原则，买卖双方当事人也可以自行约定风险的负担。

就本案而言，某公司与某汽车制造厂订立了购买汽车的合同，双方约定由某公司于3日内派人自提。但3日已过，某公司未提车，属于未按时受领标的物。根据《合同法》第143条，因买受人的原因致使标的物不能按照约定的期限交付的，买受人应当自违反约定之日起承担标的物毁损、灭失的风险。因此，某公司应自行承担汽车损毁、灭失的风险，而无权要求汽车制造厂返还车款。

3. 法律如有特别规定，则从其规定

法律就标的物的风险负担所作的特别规定主要包括如下情形：

（1）未经特定的标的物

在种类物买卖中，出卖人有时会将一批货物用于履行若干份合同。此时，如何在出卖人与买受人间分配风险，《合同法》并未作出规定，属于法律漏洞。《买卖合同司法解释》第14条作了如下补充：当事人对风险负担没有约定，标的物为种类物，出卖人未以装运单据、加盖标记、通知买受人等可识别的方式清楚地将标的物特定于买卖合同，买受人主张不负担标的物毁损、灭失的风险的，人民法院应予支持。根据这一规定，在买卖的标的物

---

① 参见郭明瑞、张平华：《合同法学案例教程》，148～149页，北京，知识产权出版社，2003。

为种类物时，将标的物特定化是买受人负担风险的前提。

（2）因买受人的原因造成迟延交付的标的物

因买受人的原因造成迟延交付时，标的物虽仍在出卖人的控制之下，并未交付，但此时风险仍按原来所约定的标的物的交付日期转移给买受人负担（《合同法》第143条）。

（3）买卖在途的标的物

买卖在途标的物时，买卖双方都可能不太清楚标的物是否有毁损或灭失的情况，往往很难判断其毁损、灭失发生在何时，因此就很难确定风险应当由谁负担。为此，《合同法》第144条规定，出卖人出卖由承运人运输的在途标的物，除当事人另有约定的以外，毁损、灭失的风险自合同成立时起由买受人承担。但是，如果出卖人在合同成立时知道或者应当知道标的物已经毁损、灭失却未告知买受人，出卖人应当负担标的物毁损、灭失的风险（《买卖合同司法解释》第13条）。

（4）需要第三人运输的标的物

在合同约定出卖人应将标的物交由第三人运输的情况下，风险何时转移，对当事人利益影响甚大。对此，《买卖合同司法解释》第12条规定，出卖人根据合同约定将标的物运送至买受人指定地点并交付给承运人后，标的物毁损、灭失的风险由买受人负担，但当事人另有约定的除外。显然，该规定将出卖人向承运人交付标的物作为风险转移的时间。

（5）交付地点不明的标的物

根据《合同法》第141条第2款第1项及第145条的规定，交付地点不明且标的物需要运输（是指由出卖人负责办理托运，承运人系独立于买卖合同当事人之外的运输业者的情形）时，出卖人将标的物交付第一承运人后，标的物毁损、灭失的风险由买受人承担。也就是说，出卖人仅负责将标的物交付给第一承运人之前的风险，运输过程中的风险则由买受人承担。显然，该规定也是将出卖人向承运人交付标的物作为风险转移的时间。

（6）买受人违反受领义务的标的物

买受人未按约受领时，风险负担分为两种情况：若双方对交付地点有约定，则出卖人按照约定将标的物置于约定地点，即完成交付任务，此后不再承担标的物毁损、灭失的风险，风险自买受人违反约定之日起转由买受人承担（《合同法》第146条）。双方未约定交付地点或约定不明确，协商之后还不能确定的，在标的物不需要运输时，依据《合同法》第141条规定，出卖人和买受人订立合同时知道标的物在某地的，应在该地交付标的物；不知道标的物在某地时，应在出卖人订立合同时的营业地交付标的物。若出卖人已将标的物置于上述地点，而买受人未按约受领，标的物毁损、灭失的风险从买受人应受领而未受领标的物时起转移。

（7）出卖人违约时的标的物

《合同法》第148条规定，因标的物质量不符合质量要求，致使不能实现合同目的的，买受人可以拒绝接受标的物或者解除合同。买受人拒绝接受标的物或者解除合同的，标的物毁损、灭失的风险由出卖人承担。

需要注意的是，如果标的物虽有瑕疵，但并未影响合同目的的实现，即出卖人尚未构成重大或根本违约，此时买受人不得拒收，否则应当承担标的物毁损、灭失的风险。

理论研究

违约状态下的风险负担

关于在当事人违约时，标的物的风险应当由谁负担的问题具有复杂性，存在两种观点：一种观点认为，出卖人或者买受人的严重违约行为可以阻碍风险转移，即由违约方负担风险。这实际上是由过错来确定风险分配的模式。① 另一种观点认为，即使一方有违约行为，也不影响风险的转移，不过，此时非违约方可以依法享有各种救济。②

本书认为，应当根据违约形态的不同分别适用上述两种不同的处理模式。在当事人一方存在重大违约行为时，该违约行为将阻碍风险的转移，由违约方负担风险。例如，《合同法》第146条规定，出卖人将标的物置于交付地点，买受人违反约定没有收取的，标的物毁损、灭失的风险自违反约定之日起由买受人承担。该法第148条规定，因标的物质量不符合质量要求，致使不能实现合同目的的，买受人可以拒绝接受标的物，标的物毁损、灭失的风险由出卖人承担。在当事人存在一般违约行为时，违约并不阻碍风险转移，此时可以由非违约方负担风险，而由违约方承担违约责任。因此，可能发生违约责任归属于一方，而风险负担归属于另一方的情况。例如，《合同法》第149条规定，标的物毁损、灭失的风险由买受人承担的，不影响因出卖人履行债务不符合约定，买受人要求其承担违约责任的权利。

(三) 买卖合同中的孳息归属

孳息是标的物本身产生的利益，包括天然孳息和法定孳息。天然孳息是物依照其自然属性所产生的收益，如植物的果实、动物的幼仔等；法定孳息是物依据法律的规定所产生的收益，如利息、租金等。《合同法》第163条规定，标的物在交付前产生的孳息，归出卖人所有；标的物交付后产生的孳息，归买受人所有。但合同另有约定的，依其约定。《物权法》第116条则规定，天然孳息，除当事人另有约定外，由所有权人取得；既有所有权人又有用益物权人的，由用益物权人取得。法定孳息，当事人有约定的，按照约定取得；没有约定或约定不明确的，按照交易习惯取得。这一规定与《合同法》的规定并不一致，本书认为，在二者发生冲突时，应优先适用《物权法》的规定。

理论研究

买卖合同中的孳息归属

如前所述，关于买卖合同中的孳息归属问题，《合同法》第163条规定与《物权法》第116条规定之间既有一致之处，也有不同之处。二者的一致之处在于：均肯定了当事人对孳

① 参见杨永清：《买卖合同中的风险负担规则》，载《人民司法》，1999（8）。

② 参见贾林青、仝炳军：《〈合同法〉有关买卖合同意外风险承担规则的适用研究》，载《法律适用》，2004（9）。

息归属的自由决定权，即当事人之间有约定的，依照约定处理。二者的不同之处在于：根据《合同法》第163条，买卖合同中的孳息归属与标的物的交付密切相关，有学者称之为“交付主义”[①]。而《物权法》依据孳息类型的不同，对其归属问题的处理也不同：天然孳息的归属与物权人相连，即孳息由所有权人取得；有用益物权人的，由用益物权人取得。法定孳息的归属则依照交易习惯确定。

上述规定的不同易导致二者在适用时产生冲突。如在保留所有权的动产买卖中，动产所有权通常会在交付之后一段时间才发生移转，倘若在动产交付后、所有权转移前产生了孳息，依据《合同法》的规定，该孳息应归买受人所有；而依据《物权法》的规定，该孳息应由所有权人即出卖人取得。在不动产买卖中，若已经交付但尚未办理登记（变更）手续的，也会出现这种情形。

对此，学者们的观点并不一致。有学者认为，从操作层面而言，《物权法》颁布在后，其第116条属于孳息归属的一般规定；《合同法》颁布在前，其第163条仅是针对买卖合同标的物交付前后所生孳息的归属问题，属于特别规定。因此，二者之间属于新的一般法与旧的特别法的关系，当二者发生冲突不能确定如何适用时，应根据《立法法》第85条的规定，由全国人民代表大会常务委员会裁决。但从理论角度分析，《物权法》的规定更为合理：首先，它区分了天然孳息与法定孳息，分别规定了不同的归属规则；其次，就天然孳息的归属而言，纵观各种立法例，均未有交付主义的规定。孳息要么基于原物的属性而产生，要么基于当事人的劳作而产生，但一般并不因占有（交付主义）而产生。因此，在具体适用时，《物权法》的规定应该适用于各种情形下的孳息归属，包括买卖合同标的物交付前后产生的孳息。[②] 另有学者认为，《物权法》第116条与《合同法》第163条均属于关于孳息取得的规定，就其规范内容而言，并非一般规定与特别规定的关系，不过根据新法优于旧法的基本原则，《合同法》第163条规定应停止适用。[③] 还有学者认为，在发生标的物所有权移转与交付不一致的情况下，如在动产所有权保留买卖中，动产所有权保留的，天然孳息应随同保留，故在动产交付买受人后，孳息仍应归出卖人所有。这与所有权保留则从物、附着物随同保留是一样的道理。如果原物与孳息分属双方当事人，那么，在出卖人未收到价款时发生天然孳息所有权的转移，对其而言就是不公平的；另外在出卖人要求返还的时候，对原物是物权请求权，对天然孳息只能是债权请求权，这在技术上也是不适宜的。因此在动产所有权保留买卖中，应排除《合同法》第163条的适用。[④]

本书认为，与《合同法》的规定相比，《物权法》就孳息归属的规定分类更为合理，所采“原物主义”也与大陆法系传统相一致，且《物权法》颁布在后，故应当优先于《合同法》的规定适用。

---

① 宋振玲：《买卖合同中标的物孳息归属判断规则之我见》，载《丹东师专学报》，2003（4）。

② 参见罗昆：《〈物权法〉第116条的适用范围探讨》，载《法学杂志》，2009（10）。

③ 参见江平主编：《中华人民共和国物权法精解》，151页，北京，中国政法大学出版社，2007。

④ 参见隋彭生：《天然孳息的属性和归属》，载《西南政法大学学报》，2009（4）。

四、买卖合同的解除

（一）买卖合同的解除对主物与从物的效力

《合同法》第 164 条规定，因标的物的主物不符合约定而解除合同的，解除合同的效力及于从物。因标的物的从物不符合约定而解除合同的，解除的效力不及于主物。这是因为，离开主物，从物没有单独的实用价值；而离开从物，买受人仍可实现合同目的。

（二）买卖合同的解除对数物的效力

《合同法》第 165 条规定，标的物为数物，其中一物不符合约定的，买受人可以就该物解除合同，但该物与他物的分离使标的物的价值显受损害的，当事人可以就数物解除合同。

（三）分批交付时的解除

分批交付时，出卖人对其中一批标的物不交付或交付不符合约定，致使该批标的物不能实现合同目的的，买受人可以就该批标的物解除合同；出卖人不交付其中一批标的物或者交付不符合约定，致使今后其他各批标的物的交付不能实现合同目的的，买受人可以就该批以及今后其他各批标的物解除合同；该批标的物与其他各批标的物相互依存的，买受人可以就已经交付和未交付的各批标的物解除合同（《合同法》第 166 条）。

第三节　特殊买卖合同

一、分期付款买卖合同

（一）分期付款买卖合同的含义

分期付款买卖合同是当事人双方就买受人将其应付的总价款，按照一定期限分次向出卖人支付而达成的协议。根据《买卖合同司法解释》第 38 条、《合同法》第 167 条第 1 款规定的“分期付款”，系指买受人将应付的总价款在一定期间内至少分三次向出卖人支付。目前，分期付款已经广泛应用于房屋、机动车、家具、办公用品等标的物的买卖之中。

（二）分期付款买卖中的所有权保留特约

所有权保留特约是分期付款买卖合同中最常见的一种特约。分期付款买卖的出卖人为保证自己能按期收取价款，可以约定标的物虽交付买受人，但出卖人保留其所有权，买受人全部支付价金或者在买受人支付若干期价款或者已经支付的价款达到全部价款的一定比例后，买卖标的物的所有权方能转移至买受人。[①]

（三）分期付款买卖合同中的风险负担

除当事人另有约定或法律另有规定外，分期付款买卖合同中，无论是否存在所有权保留特约，标的物的风险在交付后一律由买受人承担。

（四）分期付款买卖合同中孳息的归属

由前述关于买卖合同孳息归属的分析可知，除当事人另有约定外，天然孳息一般由所

---

① 参见王冬梅：《论分期付款买卖合同的几个问题及法律适用》，载《黑龙江省政法管理干部学院学报》，2000（4）。

有权人取得；法定孳息按照交易习惯取得。据此，在分期付款买卖合同中，对于天然孳息，除当事人另有约定外，在标的物所有权发生转移前，孳息归出卖人所有；所有权移转给买受人后，孳息归买受人所有。而对于法定孳息，如无约定或约定不明，则须依通常的交易习惯来确定孳息归属。

（五）分期付款买卖合同的解除

除合同法总则关于合同解除的一般规定外，基于分期付款买卖合同的特殊性，相关法律就其解除还作出了特别规定。《合同法》第167条即规定："分期付款的买受人未支付到期价款的金额达到全部价款的五分之一的，出卖人可以要求买受人支付全部价款或者解除合同。出卖人解除合同的，可以向买受人要求支付该标的物的使用费。"据此，分期付款买卖合同的出卖人在买受人未支付到期价款的比例达到全部价款的1/5时，可以行使法定解除权，而无须当事人就此作出专门约定。如果分期付款买卖合同的约定违反上述规定，损害买受人利益（如约定"即使买受人未支付的到期价款金额低于全部价款的五分之一，出卖人也可以要求买受人支付全部价款或解除合同"），买受人可以主张该约定无效。

分期付款买卖合同约定出卖人在解除合同时可以扣留已受领价金。不过，对于出卖人扣留的金额超过标的物使用费以及标的物受损赔偿额的部分，买受人可以请求返还。当事人对标的物的使用费没有约定的，可以参照当地同类标的物的租金标准确定。

二、凭样品买卖合同

（一）凭样品买卖合同的含义

样品又称货样，是指当事人选定的用以决定标的物品质的商品，通常是从一批商品中抽取出来的或由生产、使用部门加工、设计出来的，用以反映和代表整批商品品质的少量实物。凭样品买卖合同又称货样买卖合同，是指当事人双方约定一定的样品，出卖人交付的标的物应与样品具有相同品质的买卖合同。凭样品买卖合同的特殊性在于，确定合同标的物品质确的依据主要是样品，而非合同条款。

（二）凭样品买卖合同的效力

由于凭样品买卖合同是在普通买卖合同中附加了一项"出卖人交付的标的物应与样品具有相同品质"的担保，因而，除适用法律关于普通买卖合同的规定外，该合同还具有下列效力：

第一，当事人应当封存样品，并且可以对样品质量予以说明。出卖人交付的标的物应当与样品及其说明的质量相同（《合同法》第168条）。出卖人应当依据合同的性质以及交易的习惯判断交付的标的物是否与样品及其说明的质量相同。合同约定的样品质量与文字说明不一致且发生纠纷时当事人不能达成合意时，如果样品封存后外观和内在品质没有发生变化的，应当以样品为准；如果外观和内在品质发生变化，或者当事人对是否发生变化有争议而又无法查明的，应当以文字说明为准（《买卖合同司法解释》第40条）。

第二，凭样品买卖合同中，买受人不知道样品有隐蔽瑕疵的，即使交付的标的物与样品相同，出卖人交付的标的物的质量仍然应当符合同种物的通常标准（《合同法》第169条）。所谓隐蔽瑕疵，是指经过通常的检查不易发现的品质瑕疵。

理论研究

样品存在隐蔽瑕疵时出卖人是否应当承担责任

关于在凭样品买卖合同中，当样品存在隐蔽瑕疵时，出卖人是否应当承担责任的问题，存在不同的观点。一种观点认为，样品是凭样品买卖中判断出卖人交付的标的物品质的唯一标准。只要交付的标的物与样品的品质一致，出卖人的交付就是合格的，即使样品本身存在瑕疵。这对买受人来说，应该是一种合理的风险，因此不能由出卖人承担责任。另一种观点认为，样品虽然是确定出卖人交付的标的物品质的标准，但并不是唯一标准。这一标准建立在当事人对标的物品质具有真实认识的基础上，样品本身存在隐蔽瑕疵是买受人当时所不能认识的。因而出卖人最终交付的标的物的品质与样品相符，但存在隐蔽瑕疵的，出卖人应对此承担瑕疵担保责任。[①] 本书基本同意后一种观点。这是因为，样品的效力仅及于样品在双方能够认识的范围和程度，超出该范围和程度的，样品就失去了确定标的物品质的效力，此时应当以通常的标准作为确定标的物品质的最低标准。不过，对于隐蔽瑕疵，出卖人承担的并非瑕疵担保责任，而是违约责任。

典型案例

篮球鞋样品买卖合同纠纷案

2010 年 10 月，甲公司计划组织篮球队参加比赛。为取得更好的成绩，甲公司准备为每位队员购买一双篮球专用鞋，便安排员工叶某前往某运动品牌专卖店购买比赛用鞋。经过仔细挑选，叶某最终选定了一款篮球运动鞋，并决定购买 20 双。但由于该款篮球鞋是当年流行款式，专卖店原有的货源已基本售完，只剩下 1 双样品。专卖店便建议叶某先拿走该款篮球鞋的样品，待货品调齐后再取走剩下的 19 双篮球鞋。叶某同意了专卖店的建议，并支付了全部的货款。不久，专卖店调齐了余下的 19 双运动鞋并按照合同约定交付给叶某。两周后，公司篮球队穿着从专卖店购买的篮球鞋参加比赛，结果多双运动鞋鞋底出现开线现象，直接影响了篮球比赛的成绩。叶某随即赶到专卖店要求更换篮球鞋，但遭到专卖店的拒绝，表示产品只保修 10 天，其余问题一概不负责。由于协商不成，甲公司遂将专卖店诉至法院。[②]

本案应当如何处理?

在本案中，甲公司与专卖店之间就篮球鞋的买卖达成合意，且选定 1 款篮球鞋作为样品，属于典型的凭样品买卖合同。该合同中的样品——某一款篮球鞋被甲公司员工在比赛中使用时出现了鞋底开线的现象，以致不适于在篮球运动中使用。这一容易开线的瑕疵，在专卖店交付给叶某样品时已经存在，且在一般检验的情况下不能够被发现，只能在使用一段时间后才会显现，因此属于隐蔽瑕疵。根据《合同法》第 169 条，虽然专卖店交付给

---

① 参见孙晓：《合同法各论》，35～36 页，北京，中国法制出版社，2002。

② 参见赵东航：《凭样品买卖商品存在瑕疵如何处理?》，载《人民之声》，2010 (12)。

叶某的篮球鞋与样品相符，但由于该款篮球鞋不符合同类商品的通常标准，所以专卖店仍应承担违反瑕疵担保义务的责任，按同种商品的质量标准重新交付20双篮球鞋。

三、试用买卖合同

（一）试用买卖合同的含义与特征

试用买卖合同又称试验买卖合同，是指当事人双方约定，于合同成立时，出卖人将标的物交付买受人试验或检验，并以买受人在约定期限内对标的物的认可为生效要件的买卖合同。

试用买卖合同具有以下特征：

第一，试用买卖合同的买受人具有试验或检验标的物的权利。

第二，试用买卖合同是附生效条件的买卖合同，以买受人对标的物的认可为生效条件。

（二）试用期间

确定试用期间对试用买卖合同至关重要。当事人可以约定标的物的试用期间；没有约定或约定不明确的，可以协议补充；不能达成补充协议的，按照合同有关条款或者交易习惯确定；如仍不能确定，则由出卖人确定。出卖人确定试用期间应通知买受人。

（三）试用的认可

试用的认可是试用买卖合同的生效条件。认可一般应以明示方式，在约定期限内向出卖人作出。试用期间届满，试用人对是否购买标的物未作表示的，视为同意购买。试用买卖的买受人在试用期内已经支付一部分价款的，应当认定买受人同意购买，但合同另有约定的除外。在试用期内，买受人对标的物实施了出卖、出租、设定担保物权等非试用行为的，表明其已经将标的物视为己物，应当认定买受人同意购买。

试用买卖的当事人没有约定使用费或者约定不明确，在买受人拒绝购买时，出卖人无权要求买受人支付使用费。

典型案例

张某与某科技公司试用买卖合同纠纷案

某科技公司研制出一种名为“近视克星”的视力治疗仪。为了促销，该公司特别在广告中声明：有意向购买产品者可先不付款，只需登记基本信息，便可将该产品带回无偿使用半个月。张某为某机关单位的办公室人员，因平常处理公文需要频繁使用计算机，经常感到眼睛疲劳，视力有所下降。看见广告后，张某便来到该科技公司为自己登记领取了一个“近视克星”。使用半个月后，张某感到眼睛疲劳的状况的确有明显好转，但仍拿不定主意，决定再使用一段时间再说。科技公司的销售人员此时便来电告之张某试用期已满，并询问其购买意向，若不购买请归还产品。张某搪塞说正在考虑，并未明确表态是否购买。又使用十来天后，张某觉得该产品还是没有达到自己预想的效果，便决定退货。但该科技公司认为试用期已过，张某只能购买该产品，不能退货。张某却认为试用期太短，不能保证自己作出准确合理的判断，该科技公司应从实际情况出发，接受自己的退货要求。双方协商未果，张某遂诉至法院。

法院经审理后认为，原告张某与被告某科技公司之间系试用买卖合同关系。根据《合同法》第171条，试用期届满，买受人对是否购买标的物未作表示的，视为购买。在本案中，双方约定的产品试用期届满时，被告方的销售人员给原告去电，告之试用期已满，询问其购买意向后，原告未作明确表示，应视为其同意购买，因此原告应履行其付款义务。据此法院判决：原告应向被告支付货款500元。

（四）试用买卖合同中标的物的风险负担

《合同法》关于买卖合同标的物的风险负担采交付主义原则，据此在试用买卖合同中，如果没有特别约定或特殊的交易习惯，标的物的风险负担也应自交付时起发生转移。但由试用买卖的特殊性所决定，只有在试用买卖合同生效的情况下才存在标的物风险由谁负担的问题。具体而言，在买受人不购买试用物品时，因买卖合同根本未生效，所以不存在标的物风险转移的问题，标的物意外毁损、灭失的风险仍应由出卖人承担；但若由于买受人的原因导致标的物毁损、灭失的，买受人应负赔偿责任。在买受人购买试用物品时，买卖合同生效，标的物的风险应自出卖人交付标的物于买受人时起发生转移。但是，如果标的物的毁损、灭失是基于标的物自身存在的瑕疵或者交付以前已经造成的损害所致，则不存在风险转移的问题。

（五）试用买卖的排除

试用买卖是以买受人通过对标的物的试用而认可标的物为生效要件的买卖合同，不应受其他条件的限制。如果当事人约定买卖合同效力受制于其他条件，或者约定了与试用买卖特点不符的当事人权利或义务，则此类买卖不应被视为试用买卖，具体包括：（1）约定标的物经过试用或者检验符合一定要求时，买受人应当购买标的物的买卖合同；（2）约定第三人经试验对标的物认可时，买受人应当购买标的物的买卖合同；（3）约定买受人在一定期间内可以调换标的物的买卖合同；（4）约定买受人在一定期间内可以退还标的物的买卖合同。

四、招标投标买卖合同

（一）招标投标买卖合同概述

招标投标买卖合同是指由招标人向数人或公众发出招标通知或招标公告，从众多投标人中选择自己最满意的投标人并与其订立的买卖合同。目前，世界上许多国家在政府机构采购较大数量货物和兴建较大的工程项目时，普遍采取招标投标的方式，以保证这些交易活动的公开性、合理性以及有效性。

（二）订立招标投标买卖合同的一般程序

1. 招标、投标

招标是指招标人以招标邀请书或招标公告发出投标邀请的行为。投标是指投标人（出标人）按照招标文件的要求，在规定的期间内向招标人提出报价的行为。

2. 开标、验标

开标是指招标人在投标人会议上，公开标书内容的行为。验标即验证标书的效力，对不具备投标资格的标书、不符合招标文件规定的标书以及超过截止日期送达的标书，招标人可宣布其无效。

3. 评标、定标

评标是招标人按照规定的标准和方法评审有效的投标文件的行为。定标是指招标人在有效投标文件中选择自己满意的投标人，决定其中标的行为。

4. 签订合同

中标人接到中标通知后，在指定的期间与地点同招标人签订合同书，合同始告成立。

五、拍卖合同

（一）拍卖合同的含义与特征

拍卖合同是以公开竞价的方法，将标的物的所有权转移给最高应价者的买卖合同。拍卖合同作为一种竞争性的买卖合同，其特点在于：

第一，买卖活动涉及委托人、拍卖人、竞买人三方，法律关系较为复杂。

第二，公开竞价，价高者得。

第三，现场成交，即竞买人通过拍卖现场公开应价，表示买进；拍卖人通过法定程序确定买受人，交易即告成立。

（二）拍卖的分类

1. 法定拍卖与意定拍卖

这是根据拍卖发生原因所作的分类。法定拍卖是指基于法律的规定而进行的拍卖。意定拍卖是指按照当事人的意思进行的拍卖。

2. 公开拍卖与定向拍卖

这是根据对竞买人资格限制所作的分类。公开拍卖是指对竞买人资格仅有一般限制的拍卖。定向拍卖是指对竞买人资格有特殊要求，从而将竞买人限制在一定范围内的拍卖。

3. 一般式拍卖与荷兰式拍卖

这是根据拍卖起价方式所作的分类。一般式拍卖先由拍卖人出底价，然后由竞买人竞相加价直至无人加价。荷兰式拍卖则先由拍卖人出最高价为起价，若在规定时间内无人承诺，则逐次降低价格，直至成交。

（三）拍卖的程序

拍卖一般经过拍卖表示、应买表示、卖定表示三个阶段。经拍卖人确认的出价最高的竞买人即为买受人。拍卖经拍板成交后，买受人和拍卖人应当签署成交确认书。签署成交确认书并不是订立合同，而是对经拍卖成立的买卖合同的一种确认。

六、互易合同

（一）互易合同概述

互易合同是指当事人约定交换金钱以外的标的物的所有权的合同。互易是早期商品交换的合同形态，在现代民间小额贸易中，仍有一席之地。

互易合同除当事人双方均以从对方取得标的物的所有权为目的外，具有买卖合同的各种特征，因此，可以把互易合同视为一类特殊的买卖合同。《合同法》第175条规定，当事人约定易货交易，转移标的物所有权的，参照买卖合同的有关规定。

（二）互易合同中当事人的义务

1. 交付标的物并且转移标的物的所有权于对方。

2. 承担瑕疵担保义务。

3. 在合同附有补足价金条款时，负担补足价金义务的一方应当按照约定补足价金。

【深度阅读】

1. 李征．买卖合同中风险负担的制度研究．求索，2011（5）

2. 杜景林．企业买卖中的给付障碍和瑕疵担保责任．法学，2011（10）

3. 宁红丽．分期付款买卖法律条款的消费者保护建构．华东政法大学学报，2013（2）

4. 王利明．所有权保留制度若干问题探讨．法学评论（双月刊），2014（1）

5. 徐丽雯．单位与职工之间房屋买卖合同的法律效力分析．法学杂志，2010（8）

6. 王利明．中德买卖合同制度的比较．比较法研究，2001（1）

7. 翟云岭．论样品买卖．法学，2004（1）

8. 赵家仪，陈华庭．我国买卖合同中的交付与风险转移．法商研究，2003（2）

9. 隋彭生．天然孳息的属性和归属．西南政法大学学报，2009（4）

10. 申卫星．所有权保留买卖买受人期待权之本质．法学研究，2003（2）

11. 王立海．试论出卖人所有权转移义务的履行．政法论坛，2002（6）

12. 罗昆．物权法第116条的适用范围探讨．法学杂志，2009（10）

13. 邱雪梅，金锦城．农村私房买卖合同效力之认定．法律适用，2010（1）

14. 杨柏勇，王磊．商品房买卖合同纠纷案件存在的问题及对策——对最高法院商品房司法解释执行前后的调研分析．法律适用，2005（4）

15. 姚欢庆，陈亚飞．买卖合同若干法律问题研究．浙江社会科学，2002（6）

16. 温世扬，丁文．论出卖他人之物的买卖合同的效力——兼评《合同法》第51条．浙江社会科学，2002（4）

【问题与思考】

1. 买卖的标的是否仅限于物？各国是如何规定的？

2. 买卖合同具有哪些特征？

3. 出卖人的义务有哪些？

4. 买受人的义务有哪些？

5. 交付有哪些类型？

6. 买卖合同中标的物所有权的转移方法有哪些？

7. 简述买卖合同中标的物风险负担的规则。

第十二章 供用电、水、气、热力合同

导读

供用电、水、气、热力合同均为提供公共服务的合同。本章简要介绍供用电、水、气、热力合同的含义与特征，并重点分析了供用电合同的相关法律问题，应重点掌握供电人与用电人的权利与义务。

第一节 供用电、水、气、热力合同概述

一、供用电、水、气、热力合同的含义

供用电、水、气、热力合同是当事人双方就一方在一定期限内提供一定种类、品质、数量的电、水、气、热力给另一方使用，另一方支付相应对价而达成的协议。供用电、水、气、热力合同是转移电、水、气、热力等财产所有权的合同，是一种特殊类型的买卖合同。因此，《合同法》有关买卖合同中财产所有权转移的规定，对于此种合同同样有适用效力。

二、供用电、水、气、热力合同的特征

（一）合同主体的特殊性

供用电、水、气、热力合同的供应人通常是专营的，并且在一定行政区域内往往是唯一的。电、水、气、热力的使用者是一般的社会公众。

（二）合同标的的特殊性

电、水、气、热力是人们生产和日常生活所必需的物资，一般由国家垄断经营，国家严格控制其价格，供应人不得随意提高收费标准。此外，供用电、水、气、热力合同的标的物需要特定的设施才能到达使用者处，以满足其需要。①

① 参见黄建中：《合同法分则重点疑点难点问题判解研究》，144 页，北京，人民法院出版社，2006。

（三）合同履行的持续性

供用电、水、气、热力合同是持续性合同。供应人提供能源和使用人支付价款都处于持续状态。因此，供用电、水、气、热力合同终止的效力仅作用于将来，不能溯及既往。

（四）合同目的的公益性

供用电、水、气、热力合同不以供应方获利为主要目的，而是为了满足社会公众生产、生活的需要。因此，供应人有强制缔约义务，不得拒绝使用人通常、合理的供应要求。这也是国家对此类合同的收费标准进行限制的原因之一。

三、供用电、水、气、热力合同的法律适用

《合同法》对供用电合同作出了专门规定，根据《合同法》第 184 条，供用水、气、热力合同参照适用供用电合同的有关规定。

典型案例

张某与某供暖公司供暖纠纷案

2008 年，张某入住其在某小区购买的楼房。供暖季开始后，张某觉得自己的房屋并不温暖。为此，其多次找到供暖公司，但未能解决。在张某的强烈要求下，供暖公司到张某家测温，测出室内温度为 15.9 摄氏度，并出具了证明。因当地规定的供暖最低温度为 16 摄氏度，张某认为供暖温度不达标，所以一直拒绝交纳供暖费。供暖公司遂诉至法院，要求张某给付 2008 年度的供暖费 1 991.88 元。在本案审理过程中，供暖公司承认测温证明是其出具，但认为张某家室内温度基本达标，不同意减免张某的供暖费。

本案应当如何处理？

本案中的当事人因供暖而引起纠纷，属于供用热力合同纠纷，应参照适用供用电合同的相关规定。在供用热力合同中，供热人有按照合同约定或者国家规定的质量、时间、方式，及时、连续、安全供暖的义务，而使用人有按时支付供暖费的义务。供热人未按照合同约定或国家规定的供热标准供热的，应当承担相应的责任。

在本案中，供暖公司为张某的房屋提供了供暖服务，张某应按照收费标准交纳供暖费。但因供暖温度达不到 16 摄氏度的最低标准，供暖公司的供暖服务存在瑕疵，其应承担相应的违约责任，故可酌情减少收取供暖费。据此，法院最终判决张某交纳 80%的供暖费计 1 593.5 元。

第二节　供用电合同

一、供用电合同的含义与特征

供用电合同是当事人双方就一方向另一方提供电力，另一方使用电力并支付电费而达

成的协议。提供电力的一方为供电人，支付电费的一方为用电人。

供用电合同具有以下特征：

（一）合同的主体是供电人与用电人

供电人是供电企业。电对生产、生活意义重大，因此，供电人必须取得供电营业资格，即供电人必须经过审查并取得《供电营业许可证》。在某些公用供电设施未到达的地区，根据《电力供应与使用条例》第 20 条第 2 款，供电企业可以委托有供电能力的单位就近供电。非经供电企业委托，任何单位不得擅自向外供电。但应注意的是，受供电企业委托供电的营业网点、营业所并不是供电人，仅为受托履行合同。用电人包括自然人、法人以及非法人组织等，范围非常广泛。

（二）合同的标的物是电力

供用电合同的标的物是电力。电力具有特殊性，无法大量储存，其生产、供应与消费具有同时性。

（三）供用电合同是持续性合同

电是一种特殊的物质，电的供应与使用都是连续的，因此，合同的履行方式处于一种持续状态。[①] 除发电、供电系统出现故障外，供电人应当连续向用电人供电，不得中断；用电人在合同约定的时间内，享有连续用电的权利。

（四）供用电合同是强制缔约的合同

《电力法》第 26 条规定："供电营业区内的供电营业机构，对本营业区内的用户有按照国家规定供电的义务；不得违反国家规定对其营业区内申请用电的单位和个人拒绝供电。"可见，供电人对用电人的要约必须进行承诺，没有缔约自由。

（五）供用电合同具有计划性

电力是关系国计民生的重要能源，国家对电力的供应和使用实行计划管理。《电力法》第 35 条第 2 款规定："电价实行统一政策，统一定价原则，分级管理。"国家通过划分供电营业区来进行供电，在划分时要考虑电网的结构和供电合理性等因素。一个供电营业区内只设立一个供电营业机构，供电营业机构应在且只能在批准的供电营业区内向用户供电。而且，供电营业机构不得擅自变更电价，对同一电网内的同一电压等级、同一用电类别的用户，也须执行相同的电价标准。

二、供用电合同的分类

供用电合同依据用电人及用电目的的不同可分为以下两种类型：

一是生产经营性供用电合同。这类合同的用电人为从事生产经营的主体，主要包括法人、非法人组织；其用电目的在于为生产经营提供电力需求。对于此类合同，供电人与用电人一般应在供电前根据供电人的供电能力和用电人的需求就用电数量、供电质量等作出专门约定。在电力供应紧张时期，用电人还须事先编制计划，向供电人申请。[②]

二是生活消费性供用电合同。这类合同的用电人为自然人，往往以户为单位；其用电

---

① 参见郑咏梅、张承安：《供用电合同法律特征及其纠纷解决方式选择》，载《大众用电》，2005（1）。

② 参见崔建远主编：《合同法》，409 页，北京，法律出版社，2010。

目的在于满足生活需要。此类合同的标准较为一致，一般无须与供电人作特殊约定。在实际生活当中，用电人一般是通过去电力公司或其经营网点或代售网点购买一定数量电量的方式来与供电人形成供用电合同。

作此分类的意义在于：二者在缔结方式和合同内容（尤其是数量、价格等）等方面存有较大差异。

三、供用电合同的内容

供用电合同的内容主要包括供电的方式、质量、时间；用电容量、地址、性质、计量方式；电费的结算方式；供用电设施的维护责任。供电人和用电人订立供用电合同时，应当将上述内容在合同中予以明确。

四、供用电合同的效力

(一) 供电人的权利与义务

1. 按照合同约定或者国家规定的标准供电

供电人应当按照合同约定或者国家规定的数量、质量、时间、方式，及时、连续、安全供电。供电人未按照合同约定或国家规定的供电标准安全供电，造成用电人损失的，应当承担损害赔偿责任。

实务探讨

供用电合同的履行地点

《合同法》第178条规定，供用电合同的履行地点由当事人约定；当事人没有约定或者约定不明确的，供电设施的产权分界处为履行地点。供电设施的产权分界处是划分供电设施所有权归属的分界点：分界点电源侧的供电设施归供电人所有，分界点负荷侧的供电设施归用电人所有。在用电人为单位时，供电设施的产权分界处通常为该单位变电设备的第一个瓷瓶或开关；在用电人为散户时，供电设施的产权分界处通常为进户墙的第一个接收点。

2. 中断供电的通知义务

供电人非因供电设施计划检修、临时检修、依法限电或者用电人违法用电，不得中断。出现上述原因需要中断供电时，供电人应当按照国家有关规定事先通知用电人。未事先通知就中断供电，造成用电人损失的，应当承担损害赔偿责任。引起中断供电的原因消除后，供电人应尽快恢复供电。

3. 对事故断电的抢修义务

事故断电是指因不可抗力或意外事故损毁供电设施，造成电力无法持续正常供应。发生事故断电时，供电人应当按照国家有关规定及时抢修；未及时抢修造成用电人损失的，应当承担损害赔偿责任。

4. 行使不安抗辩权

《合同法》第182条规定："用电人应当按照国家有关规定和当事人的约定及时交付电费。用电人逾期不交付电费的，应当按照约定支付违约金。经催告用电人在合理期限内仍不交付电费和违约金的，供电人可以按照国家规定的程序中止供电。"此处的"中止供电"是供电人行使不安抗辩权的行为。供电人行使不安抗辩权必须注意两个问题：第一，要有催告程序；第二，为了避免损害国家利益和社会公共利益，不得对国家机关、公益事业单位行使不安抗辩权。

典型案例

供电人行使不安抗辩权纠纷案

某食品厂由于经营状况恶化，欠某供电公司电费达60万元，如该厂破产倒闭，供电企业将遭受巨额经济损失。供电公司依据《电力法》、《合同法》的规定，通知该厂于3日内交清电费，同时告知该厂：必须为下期用电电费提供担保，否则将中止供电。该食品厂交清了电费，却拒绝提供担保，供电公司按规定程序中止对该厂供电。该食品厂以供电公司停电属违约为由提起诉讼，认为供电公司要求其提供担保没有《电力法》的相关规定作为依据，要求法院判令供电公司恢复供电，并赔偿停电导致的损失15万元。

供电公司能否中止供电？

法院经审理认为，原告食品厂与被告供电公司在本案中系供用电合同关系，该法律关系属民事法律关系，应受《民法通则》、《合同法》等民事法律规范调整。供用电合同为异时履行的双务合同，供电人有先供电、后收费的义务。但当用电人出现《合同法》第68条所列的经营状况严重恶化，转移资产、抽逃资金以逃避债务，丧失商业信誉，有丧失或者可能丧失履行债务能力等情形且供电人有确切的证据予以证明的情况下，供电人在履行了通知义务后，在用电人未恢复履行能力前，可以要求用电人提供电费担保，用电人拒绝提供担保的，供电人可以中止供电。据此法院判令驳回原告的诉讼请求。① 在这起案例中，供电公司依法行使了不安抗辩权。

（二）用电人的权利与义务

1. 按时支付电费的义务

支付电费是用电人的基本义务。《电力法》第33条第3款规定，用户应当按照国家核准的电价和用电计量装置的记录，按时交纳电费。用电人拖欠电费的，应当按照约定支付违约金。经催告，用电人在合理期限内仍不交付电费和违约金的，供电人可以按照国家规定的程序中止合同，在用电人补交电费并支付违约金之后再重新供电。

2. 安全用电义务

用电人应当按照国家规定和当事人的约定安全用电。对于已经安装的用电线路和保险

---

① 参见荣成：《对一起供用电合同纠纷案例的评析》，载《农电管理》，2003（12）。

装置，用电人不得随意拆换。同时，用电人也不得在已经检修合格的用电设施中再随意拉线，连接用电设施。用电设施出现故障需要修理的，用电人不应自行修理。否则，造成损失或发生危险的，供电人不负责任。

3. 容忍与协助义务

如果因供电人对电力设施进行必要检修造成停电、限电，或者因特殊情况需要限制供电总量，用电人应当容忍，不得随意主张排除。供电人检修电力设施时需要用电人协助的，用电人有协助义务。

4. 安全获得电力的权利

用电人有权安全获得电力，用电人在正当、合理用电的情况下，其人身和财产安全不应因供用电而受到损害。

【深度阅读】

1. 杨宏斌．供用电合同效力问题的研究．供电企业管理，2007（6）
2. 金秋萍．供用电合同管理的风险及其防范．武汉电力职业技术学院学报，2008（3）
3. 张咏梅，张承安．供用电合同法律特征及其纠纷解决方式选择．电力营销，2005（1）
4. 郭舜杰．试论不安抗辩权在供用电合同履行中的运用．供用电企业管理，2009（1）
5. 祝琳．浅谈供用电合同续签问题．经营管理者，2009（21）

【问题与思考】

1. 供用电、水、气、热力合同的特征有哪些？
2. 在供用电合同中，供电人的权利与义务有哪些？用电人的权利与义务有哪些？

第十三章 赠与合同

导 读

本章介绍赠与合同的含义与特征、赠与合同的效力以及赠与合同的终止等内容。在赠与合同的含义与特征中，应重点掌握赠与合同的性质；在赠与合同的效力中，应重点掌握赠与人的义务及责任；在赠与合同的终止中，应重点掌握赠与合同的撤销及撤销事由。

第一节 赠与合同概述

一、赠与合同的含义与特征

赠与合同是当事人双方就赠与人将自己的财产无偿给予受赠人，受赠人表示接受而达成的协议。赠与合同是转移财产权利的合同，其中转让财产的一方为赠与人，接受财产的一方为受赠人。赠与的财产既可以是物（动产或者不动产），也可以是财产权利（如知识产权中的财产权、建设用地使用权）。

赠与合同具有以下特征：

（一）赠与合同是无偿合同

在赠与合同中，仅赠与人一方负有将其财产给予受赠人的义务，而受赠人取得赠与财产无须支付相应的对价，因此，赠与合同是典型的无偿合同。赠与人既无要求受赠人支付对价的权利，故从情理而言，也不应使其负担过于严苛的义务，《合同法》对此有所体现，即《合同法》仅对赠与人规定了较轻的注意义务，并且原则上赠与人不负担赠与财产的瑕疵担保义务。

（二）赠与合同是单务合同

赠与合同以受赠人不负有任何义务为常态，以受赠人负有一定义务为特殊和例外。也就是说，一般而言，仅赠与人负有给予赠与财产的义务，受赠人并无对待给付的义务。但赠与合同并非不可附任何条件或义务。《合同法》第190条规定："赠与可以附义务。赠与附义务的，受赠人应当按照约定履行义务。"此为《合同法》关于附义务赠与的规定。不过，在附义务赠与中，受赠人须负担的一定义务并非赠与的对待给付义务。因此，该义务的存在并不能改变赠与合同的单务性。正是因为赠与合同的单务性，赠与人不享有双务合同当事人享有的同时履行抗辩权；另外，受赠人也不以必须具有民事行为能力作为其接受赠与的前提条件。

（三）赠与合同是诺成合同

只要赠与人与受赠人意思表示一致，赠与合同即可成立，无须以赠与财产的交付作为合同的成立要件。因此，赠与合同是诺成合同。

不过，我国长期存在赠与合同是诺成合同还是实践合同的争论。

理论研究

赠与合同是诺成合同还是实践合同

《民法通则》对赠与合同的性质并未作出规定，其后颁布的《民法通则司法解释》第128条则规定："公民之间赠与关系的成立，以赠与物的交付为准。"据此规定，公民间赠与合同为实践合同，以标的物的交付为成立要件。但《合同法》第185条却规定："赠与合同是赠与人将自己的财产无偿给予受赠人，受赠人表示接受赠与的合同。"据此，赠与合同又是以双方当事人意思表示一致即可成立的诺成合同。不过，《合同法》第186条又规定："赠与人在赠与财产的权利转移之前可以撤销赠与。具有救灾、扶贫等社会公益、道德义务性质的赠与合同或者经过公证的赠与合同，不适用前款规定。"这一规定似乎又削弱了赠与合同的诺成性质。

其实，无论是在《合同法》颁布之前还是颁布之后，有关赠与合同性质的争论就从来没有停止过。《合同法》颁布之前，学者对赠与合同是诺成合同还是实践合同就存在分歧，如王家福、谢怀栻等学者主张赠与合同是诺成合同①；而佟柔、郑立、王作堂等学者主张赠与合同是实践合同。②《合同法》颁布之后，学者们提出了更多新的观点：第一种认为口头赠与是实践合同，书面赠与是诺成合同③；第二种认为赠与合同原则上是实践合同，但具有社会公益、道德义务的赠与和经过公证的赠与属诺成合同④；第三种认为赠与合同为较弱的、可以撤销的诺成合同。⑤

本书认为，形式并不决定实质，赠与合同的形式并非赠与合同实践性与诺成性的真正分野所在，不能因为合同是口头形式的，就认为其性质是实践性的，反之就是诺成性的。

---

① 参见王家福、谢怀栻主编：《中国民法学·民法债权》，645页，北京，法律出版社，1991。

② 参见佟柔主编：《中国民法》，75页，北京，法律出版社，1990；郑立、王作堂主编：《民法学》，367页，北京，北京大学出版社，1995。

③ 参见赵中孚等主编：《合同法实务全书》，767页，北京，西苑出版社，1999。

④ 参见徐景和主编：《中华人民共和国合同法通解》，288页，北京，中国检察出版社，1999。

⑤ 参见曹士兵：《合同法律制度的具体化》，载《人民司法》，1999（7）。

具有公益性质、道德义务的赠与，即使采取口头形式，也是诺成性的，并不是在交付赠与财产时合同才成立并生效。比如，某企业在慈善大会上称要向希望小学捐助50台电脑，希望小学表示接受，尽管这是口头合同，却仍然是诺成合同，而且是不可撤销的。

本书认为，赠与合同不是原则上的实践合同，例外上的诺成合同；也不是较弱的、可撤销的诺成合同，赠与合同应是诺成合同，理由如下：

第一，在现代社会，民事合同以诺成为原则，以实践为例外。[①]《合同法》第25条规定："承诺生效时合同成立。"第44条规定："依法成立的合同，自成立时生效。"第8条规定："依法成立的合同，对当事人具有法律约束力。当事人应当按照约定履行自己的义务，不能擅自变更或者解除合同。依法成立的合同受法律保护。"赠与合同是合同的一种，《合同法》对赠与合同的实践性并没有作出特别规定，因此，赠与合同应适用《合同法》总则的规定，即赠与合同是诺成合同。

第二，诺成性不等于不可撤销，赋予赠与人撤销权不等于确认赠与合同就是实践合同。诺成合同与不可撤销的合同是合同按照两种不同的标准进行的类别上的划分。诺成合同与实践合同的划分标准在于合同何时成立，何时对当事人产生法律效力（以合同的成立是否须交付标的物或完成其他给付为标准）；而合同是否可以撤销则是以合同产生法律效力后，当事人是否有权撤销已生效的合同，从而使其从开始时就不再具有法律约束力为标准进行的划分。[②] 因此，《合同法》规定的赠与合同的可撤销性并不能削弱其为诺成合同的性质，反而更增强了其诺成性，因为赠与撤销的前提在于合同已成立，若合同根本未成立，那么撤销权也就无从谈起了。

第三，确认赠与合同的实践性将面临司法困境。《合同法》第189条规定："因赠与人故意或者重大过失致使赠与的财产毁损、灭失的，赠与人应当承担损害赔偿责任。"如果认为赠与合同是实践合同，那么在赠与财产交付之前，赠与合同并没有成立的情况下，赠与人将自己的财产损毁、抛弃，是不必向他人承担赔偿责任的。

立法背景

我国法律对赠与合同性质的认定

在《合同法》颁布之前，《民法通则》和《经济合同法》等法律都未对赠与合同作出明确规定，只有最高人民法院的司法解释涉及了这一问题。《民法通则司法解释》第128条规定："公民之间赠与关系的成立，以赠与物的交付为准。赠与房屋，如根据书面赠与合同办理了过户手续的，应当认定赠与关系成立；未办理过户手续，但赠与人根据书面赠与合同已将产权证书交与受赠人，受赠人根据赠与合同已占有、使用该房屋的，可以认定赠与有效，但应令其补办过户手续。"据此规定，自然人之间的赠与合同为实践合同，以标的物的交付为成立要件。

---

① 参见陈小君、易军：《论我国合同法上的赠与合同的性质》，载《法商研究》，2001（1）。

② 参见邓忠安：《论赠与合同的诺成性》，载《甘肃科技纵横》，2005（5）。

在《合同法》制定过程中，对赠与合同性质之规定多有反复。试拟稿第207条曾采日本、我国台湾地区立法例，将赠与合同性质规定为诺成合同。征求意见稿第335条、1998年公布的草案第181条及第183条改采德国、意大利等国的立法例，将赠与合同规定为实践合同。1999年第四次审议稿第187条第1款规定："赠与自受赠人表示接受该赠与时生效。"显然又回到了起点，仍然借鉴日本民法以及我国台湾地区"民法"的规定，将赠与规定为诺成合同。正式颁布的《合同法》删除了该款规定，并对该条第2、3款略作变动，这就是《合同法》第186条的规定。[①] 也就是说，《合同法》最终确认了赠与合同的诺成性质。

在《合同法》草案中，立法部门曾将赠与合同作两分法划分，规定口头赠与合同为实践合同，而书面赠与合同为诺成合同，但《合同法》没有作此区分，仅在第185条中规定："赠与合同是赠与人将自己的财产无偿给予受赠人，受赠人表示接受赠与的合同。"这也确认了赠与合同的诺成性质，且不再作口头赠与和书面赠与的区分。

（四）赠与合同为非要式合同

《合同法》并未对赠与合同的形式作出特别规定，因此，赠与合同为非要式合同。

二、赠与合同的分类

根据不同标准，可以将赠与合同分为不同的类型：

（一）履行道德义务的赠与和非履行道德义务的赠与

这种划分的依据是赠与人赠与的目的是否是履行道德义务。赠与人赠与的目的如是履行道德义务，则为履行道德义务的赠与；反之，则为非履行道德义务的赠与。例如，养子女对于在法律上无扶养义务的生父母，在其生活较为困难时赠与一定的财产；虽无扶养义务，但对于其亲属以赠与合同的方式约定为扶养给付等，均为履行道德义务的赠与。值得注意的是，此履行道德义务的赠与应包括具有社会公益性质的赠与，即为了救灾、扶贫、助学等目的或为了资助公共设施建设、环境保护等公益事业所为的赠与。

作这种区分的意义主要在于：对履行道德义务的赠与，法律会设定较多的限制，如《合同法》规定此类赠与合同不得任意撤销；而对于非履行道德义务的赠与，则可以任意撤销。

（二）现实赠与和非现实赠与

这种划分的依据是赠与合同的成立和履行时间之间的关系不同。现实赠与又称即时赠与，是指在合同成立之时，赠与人即将赠与财产交付于受赠人的赠与。而非现实赠与则是指合同成立之后，赠与人才按照合同的约定将赠与财产交付于受赠人的赠与。

作这种区分的意义在于：现实赠与因于合同成立时即完成给付，因此可以采用口头形式。而非现实赠与因合同成立与给付的完成之间尚有一定的时间间隔，所以一般应采用书面形式。值得一提的是，由实践合同的实践性所决定，在实践合同中只存在现实赠与，而不存在非现实赠与，因此只有在赠与合同为诺成合同的立法中，才有现实赠与和非现实赠与的划分。

---

① 参见陈小君、易军：《论我国合同法上的赠与合同的性质》，载《法商研究》，2001（1）。

（三）一般赠与和附义务赠与

这种划分的依据是受赠人是否应承担一定的义务。一般赠与又称单纯赠与，是指单纯以一方当事人对他方当事人无偿给予财产为内容的赠与。附义务赠与又称附负担赠与，是指受赠人应当负担一定义务的赠与。

作这种区分的意义在于：赠与人是否应对赠与的财产负瑕疵担保义务。在一般赠与中，赠与人不负瑕疵担保义务。在附义务赠与中，赠与人应在附义务的限度内承担与出卖人相同的瑕疵担保义务，如赠与财产有瑕疵，则赠与人在此限度内承担违约责任。

第二节　赠与合同的效力

赠与合同为单务合同，因此，在赠与合同生效以后，一般情况下仅赠与人一方负担合同义务。所谓赠与合同的效力，往往就是赠与人依据业已生效的赠与合同所负担的义务以及在特定情况下享有的抗辩。另外，本节还将探讨赠与人的违约责任。

一、赠与人给付赠与财产并转移其权利

赠与合同以转移赠与财产归受赠人为目的，赠与人依照赠与合同约定的期限、地点、方式、标准，将赠与财产转移给受赠人并转移其权利（所有权或类似权利）是其主要的义务。

如赠与的财产为动产，则赠与人将赠与财产交付受赠人即可。但是，如果赠与的财产为不动产或其他依法需要办理登记等手续才能转让的权利（如建设用地使用权），则应当办理有关手续。

对于具有社会公益、道德义务性质的赠与合同或者经过公证的赠与合同，赠与人有较强的给付义务。如果赠与人不交付赠与的财产，受赠人可以要求交付（《合同法》第188条）。

对于其他赠与合同，因赠与人可在赠与财产的权利转移之前任意撤销赠与，所以赠与人几乎等于无给付义务。这是因为，在此类赠与合同中，受赠人虽然并非没有给付请求权，但在受赠人请求履行时，赠与人如不愿履行给付义务，即可撤销赠与。因此，此类赠与合同所产生的赠与人给付义务效力甚弱。

二、赠与人的违约责任

（一）具有社会公益、道德义务性质或经过公证的赠与合同中赠与人的违约责任

对于具有社会公益、道德义务性质的赠与合同或者经过公证的赠与合同，如赠与人不交付赠与财产或者转移赠与财产的权利，受赠人可请求其履行。如赠与人交付赠与财产或者转移赠与财产的权利不完全符合约定，受赠人可请求其依约定弥补其履行上的不足。例如，如交付地点与约定不符，则应在约定地交付；如部分交付，则应补足剩余部分。不过，如交付的赠与财产有瑕疵，《合同法》第191条规定，赠与人不承担责任。因此，赠与人无除去瑕疵、更换、损害赔偿等责任。

但是，赠与人故意不告知赠与财产的瑕疵或保证赠与财产无瑕疵，造成受赠人损失的，应当承担损害赔偿责任。所谓故意不告知赠与财产的瑕疵，是指赠与人自合同订立时起到

合同履行时止已经了解到了赠与财产的瑕疵，但未告知不知情的受赠人。所谓保证赠与财产无瑕疵，一般是指保证赠与财产为普通的无瑕疵状态，而非保证其有特殊的品质。所谓造成赠与人损失，是指受赠人因相信赠与财产无瑕疵所产生的损失，解释上应认为既包括赠与财产完全无瑕疵时应得利益（履行利益）的损失，也包括信赖利益和固有利益的损失。另外，对于附义务的赠与，赠与财产有瑕疵的，赠与人在附义务的限度内承担与出卖人相同的违约责任，包括修理、更换、损害赔偿等责任。

因赠与人故意或者重大过失致使赠与的财产毁损、灭失，即不能履行时，受赠人可请求赠与人承担损害赔偿责任。至于损害赔偿的范围，应限定为赠与财产的价值，而不能请求其他损害赔偿（如迟延利息）。

（二）其他赠与合同中赠与人的违约责任

在其他的赠与合同中，因赠与人享有任意撤销权，所以赠与人的违约责任仅体现为因赠与财产存在瑕疵产生的责任。首先，因赠与合同为无偿合同，所以赠与人一般不因赠与财产存在瑕疵承担违约责任。其次，对于附义务的赠与，赠与的财产有瑕疵的，赠与人在附义务的限度内承担违约责任。再次，赠与人故意不告知赠与财产的瑕疵或保证赠与财产无瑕疵，造成受赠人损失的，应当承担损害赔偿责任。

实务探讨

赠与人因故意或重大过失致使赠与财产毁损、灭失应负的责任

《合同法》第 189 条规定："因赠与人故意或者重大过失致使赠与的财产毁损、灭失的，赠与人应当承担损害赔偿责任。"本书认为，关于此处"赠与人应当承担损害赔偿责任"的问题，值得探讨。

如前文所述，依《合同法》第 185 条，赠与合同应为诺成合同，但同时该法第 186 条又规定，如果赠与合同并非具有社会公益、道德义务性质或者经过公证的赠与合同，则"赠与人在赠与财产的权利转移之前可以撤销赠与"。这就是说，只要赠与人与受赠人关于赠与的意思表示达成一致，赠与合同即告成立，但赠与人在赠与财产权利转移之前可以任意撤销该赠与合同。《合同法》之所以如此设计，是由赠与的无偿性、单务性决定的。

赠与人在赠与财产权利转移之前，既然可以任意撤销赠与，则赠与人因故意或者重大过失致使赠与财产毁损、灭失，可认为赠与人已不愿将赠与财产赠与受赠人。《合同法》对于赠与人于赠与财产权利转移之前撤销赠与尚且允许，却让其对因其故意或重大过失致使赠与财产毁损、灭失承担损害赔偿责任，不免有失公允。

当然，在赠与财产的权利转移之前，受赠人可能会因为相信赠与人的赠与许诺而为接受赠与做一定的准备，从而付出一定的代价，却由于赠与人撤销权的行使而蒙受一定的损失。故有学者主张，受赠人可以基于信赖利益损失的理由要求赠与人赔偿损失。[①] 但是，依

① 参见孟庆瑜主编：《合同法实施中的疑难问题》，222 页，北京，中国人民公安大学出版社，2009；王荣珍：《论赠与人的任意撤销权与赠与人的责任》，载《社会科学家》，2003（9）。

《合同法》第186条规定可知，除该法第188条所列情形外，赠与人没有交付赠与财产的强制义务，受赠人的所谓信赖利益并没有存在的基础，故受赠人的损失也不应该由赠与人予以赔偿。

本书认为，赠与人的撤销权并非适用于所有的赠与合同。对于具有救灾、扶贫等社会公益、道德义务性质的赠与合同以及经过公证的赠与合同，依《合同法》第186条第2款，在赠与财产权利转移之前不得由赠与人随意撤销；另依《合同法》第188条之规定，此类赠与合同的赠与人不交付赠与财产的，受赠人可以要求交付。因此，对于此类赠与合同，赠与人交付赠与财产的义务是强制性的，赠与人不得拒绝交付赠与财产。如因其故意或重大过失致使赠与财产毁损、灭失，导致不能履行的，赠与人应向受赠人负损害赔偿责任。对于其他赠与合同，因赠与人享有任意撤销权，所以赠与人不应因其故意或者重大过失致使赠与财产毁损、灭失承担损害赔偿责任。

《合同法》第189条未区分不同性质的赠与合同，一概规定赠与人应当承担损害赔偿责任，是不妥当的。从法律解释的角度，本书认为，应将《合同法》第189条视为第188条的延续性规定，以限缩其适用范围。如通过修改《合同法》，将第188、189条合为一个条文，则更能彰显立法的妥当性。

典型案例

张某诉某商家赠与U盘质量纠纷案

2008年2月初，张某在某电脑城看见某商家推出的“买一送一”的告示牌，遂从该商家购买了一台品牌液晶显示器，并得到其赠送的价值160元的U盘。后来通过查询，张某发现所赠U盘本身的产地与其外包装不符，便与该商家联系，要求更换与其所赠U盘外包装相符的U盘或依法赔偿，但遭到拒绝。经多次协商未果，张某遂诉至法院，要求该商家给付正版U盘。

商家辩称：U盘是张某购买显示器的赠品，此U盘为次品并不是我方的责任，因此我方无更换的义务。若是显示器有瑕疵，我方立刻更换。

法院在审理过程中，根据案情实际需要，同意张某的鉴定申请，对U盘做了鉴定，结果表明该赠品U盘为次品。法院认为，该商家与张某就U盘而发生的关系为赠与合同法律关系。商家为赠与人，张某为受赠人，赠与财产为U盘。张某从该商家购买了显示器，因此U盘虽系商家的赠品，但实际上赠与U盘是张某向商家购买显示器时的附加条件，是商家的附属义务。张某虽没有单独就U盘付款给商家，但付款义务已经转移到作为商家进行赠与的前提条件的商品（即显示器）中。故商家应根据《合同法》第191条之规定，承担由赠品U盘带来的民事责任，即予以更换或赔偿。据此，法院判决商家向张某给付正版U盘，并承担鉴定费用50元。

三、赠与人拒绝履行赠与义务的权利

《合同法》第195条规定：“赠与人的经济状况显著恶化，严重影响其生产经营或者家庭生活的，可以不再履行赠与义务。”该条赋予赠与人在经济状况显著恶化时的拒绝履行抗辩权，又称穷困抗辩权。

赠与人的拒绝履行抗辩权的成立要件为：（1）须于赠与财产权利转移之前，受赠人请求赠与人履行时行使。赠与人如已将赠与财产的权利转移给受赠人，则无援用拒绝履行抗辩权的余地。在赠与财产的权利转移于受赠人之前，如果受赠人不请求其履行，亦无行使拒绝履行抗辩权的必要。（2）适用于各种类型的赠与合同。无论是具有社会公益、道德义务性质或者经过公证的赠与合同，还是其他赠与合同，赠与人均可行使该履行抗辩权。（3）须赠与人经济状况显著恶化，严重影响其生产经营或者家庭生活。经济状况显著恶化，应依客观情况判断，如经营的企业破产、遭遇重大天灾、家庭成员患病花去巨额医药费。如果经济状况显著恶化的程度已经达到严重影响其生产经营或者家庭生活的程度，则可行使该履行抗辩权。

赠与人表示拒绝赠与时，即可发生不再履行的效力。不过，此项抗辩权属于延期抗辩权，仅发生暂时拒绝履行的效力。赠与合同继续存在，一旦赠与人的经济状况好转，受赠人仍可请求赠与人履行。

典型案例

孙某诉李某赠与合同纠纷案

家在安徽农村的孙某家的11岁的儿子孙乙不幸患病，经医院诊治后确认必须更换心脏才能保住性命。但更换心脏需要一大笔费用，这对于在农村务农的孙某家来说简直是个天文数字，孙某不得已每天举着求救书沿街乞讨。他的行为感动了当地一家报社的记者，于是记者在报纸上发表了一篇文章。文章见报后，在社会上引起了一定的反响，孙某陆续收到了社会上许多好心人和热心单位、团体的捐款。但孙某所筹集到的款项离手术费还差10万元。此时，和孙某同村的一直在外经商的李某回当地联系业务，碰巧在报上读到有关孙乙的报道，深受感动，就找到孙某，表示愿意捐给孙乙15万元，用来支付孙乙手术费的差额以及手术后的营养费，让孙某赶快送孙乙住院进行手术，等他出差回去后立即把钱汇给孙某。孙某在得到李某的承诺后，第二天就把孙乙送往医院住院，准备手术。但是在手术后，李某突然来电话，告知孙某由于生意亏本，他没那么多钱捐给孙乙了，只能尽其所能捐5万元。在无奈之下，孙某作为孙乙的法定代理人将李某告上了法庭，要求李某履行诺言，支付给孙乙其余的10万元。而李某认为他们之间并没有签订书面合同，他也没有义务必须捐钱，而且确是由于他做生意亏本，才没有能力捐那么多钱，所以他不应该承担捐款义务。

法院经审理查明，李某在许诺捐给孙乙15万元后确实在一桩生意上亏了本，资金周转变得很困难，但李某还是给孙乙寄来了5万元款项供其手术急用。法院认为，赠与合同是实践性合同，合同的成立以标的物的交付为要件，赠与人在赠与财产的权利转移之前可以撤销赠与。据此，法院判决：被告李某已经赠与5万元捐款的赠与行为有效，未给付的10万元捐款的赠与没有生效，被告不负有交付剩余10万元捐款的义务。

法院的判决是否正确？

在本案中，李某承诺为孙乙的手术捐款15万元，双方虽然没有订立书面合同，但我国法律对赠与合同并没有作出书面形式的强制性规定，所以口头形式的赠与合同同样具有法律效力。问题的关键是本案的赠与合同从性质上来说到底是实践合同还是诺成合同。根据《合同法》的规定，它应该属于诺成合同。从本案来看，李某的捐赠行为是为了帮助社会弱者，救助社会弱者的生命，显然不是一般形式的赠与，而是具有道德义务的赠与。依据《合同法》第186条，具有救灾、扶贫等社会公益、道德义务性质的赠与合同，在赠与财产权利转移之前是不可以随意撤销的。也就是说，李某应按照合同的约定支付赠与款，如李某不支付，孙乙享有请求支付的权利。但《合同法》第195条又规定，赠与人的经济状况显著恶化，严重影响其生产经营或者家庭生活的，可以不再履行赠与义务。在本案中，赠与人李某确实在一桩生意上亏了本，资金周转变得很困难，在这种情况下，若仍要求其履行过重的赠与义务，与法不符，李某有权拒绝履行赠与义务。综上所述，本案中法院的判决结果是正确的，但所持理由是错误的。

第三节　赠与合同的终止

赠与合同为单务合同，原则上仅赠与人一方负有合同义务，因此，该类合同的终止主要是赠与人义务的消灭。本节仅探讨赠与合同的特殊终止方式：赠与的撤销。

一、赠与的撤销概述

由赠与的无偿性、单务性及诺成性所决定，赠与人可以依法行使撤销权，使业已成立的赠与合同归于无效。在有偿合同中，主体间相互支付对价，法律只需赋予各个主体基于其自由意思形成的合意以拘束力，即可实现主体间的利益平衡。而在无偿合同中，仅一方当事人即利益出让方负给付义务，不符合公平交易之理念。因此，法律对有偿合同和无偿合同的规制有所差异。在赠与合同中，赠与人无对价而出让利益，受赠人不负担任何对待给付义务即可获得利益，双方地位严重不均衡。因此，法律应尽可能采取各种措施使赠与人与受赠人之利益大体趋于平衡。其中，赠与的撤销就是立法为赠与人与受赠人之间的利益平衡而作出的一种制度设计。

理论研究

如何理解赠与人的撤销权

在赠与合同中，赠与人享有对赠与的撤销权。但学者对“撤销”的理解有所不同：

有学者认为，此处使用“撤销”这一语汇并不恰当。因为赠与合同一般经当事人双方意思表示一致即成立并生效，是合法有效的合同。而根据《民法通则》和《合同法》总则的相关规定，某一合同可撤销则是由于存在效力上的瑕疵，如受到欺诈、胁迫或存在重大误解等，此时的合同不是一个完全有效的合同。实际上，赋予赠与人撤销权是为了消灭其与受赠人之间的赠与合同关系，而将一个合法有效的合同关系归于消灭，应借助合同解除制度。因此，使用“解除”的用语或者在解释上理解为解除更为合适，从而与因赠与意思作出时存在胁迫等情形而使得赠与人所享有的撤销权相区别。①

也有学者认为，此种情形下赠与人撤销的是赠与合同，且该行为与合同解除并不相同。他们指出，要正确理解赠与人的撤销权，须先明确该撤销权针对的对象，即到底是赠与人的意思表示，还是已经生效的赠与合同。基于赠与合同的诺成性，赠与人的意思表示经受赠人同意，赠与合同即成立并生效。此时，赠与人的意思表示已不具有独立性，不能认为是单独撤销其意思表示。因此，赠与人撤销的是合法有效的赠与合同。而且，此处的撤销与合同解除在法律效果上仍存在一定差别：撤销赠与合同的效力是使其溯及地消灭；但是合同解除并不能消灭原债务关系，只是将其转变为返还性债务关系。故不宜将赠与的撤销归入合同解除之中。②

本书认为，正确理解赠与人的撤销权的前提在于正确理解撤销的意义。如认为撤销仅能针对存在效力瑕疵的法律行为（合同），当然不能得出赠与可被撤销的结论。不过，此种对撤销的理解过于狭窄，与民法中撤销的类型与功能并不相符。实际上，撤销在民法上具有多种意义。狭义的撤销仅指对有瑕疵的意思表示或法律行为的撤销，从而使其不发生效力，如撤销因错误、受欺诈、受胁迫而订立的合同。广义的撤销除此之外，还包括：(1) 其他意思表示的撤销，如要约的撤销；(2) 其他法律行为的撤销，如赠与的撤销；(3) 非法律行为的撤销，如宣告死亡的撤销。③ 因此，《合同法》规定赠与可以被撤销是基于意思自治原则而赋予赠与人的权利，既不同于合同存在效力瑕疵时的撤销，也不同于合同的解除（合同解除的理由主要是对方当事人存在违约行为）。

根据撤销发生的原因不同，赠与的撤销可以分为任意撤销和法定撤销。

二、赠与的任意撤销

赠与的任意撤销是指赠与合同成立以后，无须具备法定的原因情形，赠与人得基于自己的意思而撤销赠与。这种撤销虽名为任意，实则不尽如此。鉴于赠与对于受赠人的意义，法律上对赠与的任意撤销作出了一些必要的限制。根据《合同法》第 186 条的规定，赠与人行使任意撤销权有如下限制：

第一，赠与财产的权利尚未转移。即对动产而言，赠与人尚未交付该动产；对不动产而言，赠与人尚未办理转移登记。对于不动产业已交付，但未办理转移登记的情形，由于赠与财产权利尚未转移，赠与人仍可撤销合同。对于赠与财产权利部分转移、部分未转移的，则对未转移部分，可以撤销。

---

① 参见庚寒蕊：《浅析赠与合同的任意撤销权》，载《法制与社会》，2009 (3)。

② 参见王文军：《论赠与合同的任意撤销》，载《法学论坛》，2010 (6)。

③ 参见苏号朋：《民法总论》，322 页，北京，法律出版社，2006。

第二，具有社会公益、道德义务性质的赠与以及经过公证的赠与不得任意撤销。对于具有社会公益、道德义务性质的赠与，若允许赠与人任意撤销，则不利于倡导扶贫济困的社会道德风尚，即限制任意撤销此种性质的赠与的目的在于维护道德观念。而经过公证的赠与不得撤销的主要原因在于：赠与人对于赠与已经过深思熟虑，并非贸然应允，故应使其受意思表示的拘束，并且公证具有权威性与较强的证明力，不应由当事人随意否定其效力。

三、赠与的法定撤销

在赠与合同中，赠与财产的权利转移之后，赠与人即丧失了任意撤销赠与的权利，但在具备一定的条件时，赠与人或其继承人、法定代理人仍可享有撤销赠与的法定权利。

《合同法》第192条规定，当发生下列情形之一时，赠与人可以撤销赠与：

1. 受赠人严重侵害赠与人或者赠与人的近亲属。受赠人的此种行为以德报怨，有悖善良风俗。因此，在此情况下，由赠与人享有撤销赠与的权利，合情合理，值得肯定。

2. 受赠人对赠与人有扶养义务而不履行。这里所指的受赠人不履行其扶养义务，是指受赠人有扶养能力和条件却拒不履行义务的情形，不包括受赠人在客观上无扶养能力而无法履行的情形。至于这种义务是限于法定义务还是也包括约定义务，学者们意见不一。通说认为，只要受赠人对赠与人有扶养义务即可，而不问该义务是法定抑或约定。本书对此表示赞同。

3. 受赠人不履行赠与合同约定的义务。对于附义务的赠与合同，受赠人应当按照约定认真履行义务。由于赠与合同是无偿、单务合同，因而受赠人的义务与赠与人的给付义务不具有同质性，否则赠与合同的赠与性质将受到影响。针对受赠人不履行义务的行为，赠与人可以撤销赠与。

《合同法》第192条规定，赠与人的撤销权，自知道或者应当知道撤销原因之日起1年内行使。该期间为除斥期间。

除此之外，《合同法》第193条第1款还规定："因受赠人的违法行为致使赠与人死亡或者丧失民事行为能力的，赠与人的继承人或者法定代理人可以撤销赠与。"这里需注意的是，赠与人的死亡或者丧失民事行为能力必须由受赠人的不法行为所致，如果是受赠人的正当行为导致赠与人死亡或者丧失民事行为能力的，不发生撤销赠与的问题。该法第193条第2款规定，该撤销权自撤销权人知道或者应当知道撤销原因之日起6个月内行使。该期间也为除斥期间。

实务探讨

关于赠与人行使撤销权的法定事由之一"严重侵害赠与人或者赠与人的近亲属"的探讨

《合同法》第192条规定了三种情况下赠与人可以撤销赠与，其中一种情况为严重侵害赠与人或者赠与人的近亲属。此处的"严重侵害"应如何解释？是否要求主观上为故意，抑或在程度上须触犯刑法构成犯罪？有些国家和地区的立法要求只有受赠人的侵害行为构成犯罪时，赠与人方可行使撤销权。例如，法国、德国的民法典以及我国台湾地区“民法”均明文规定，受赠人对于赠与人及其亲属有故意侵害行为，应受刑事处罚的，赠与人方可撤销赠与。但是，《合同法》并无此项要求。本书认为，对此处的“严重侵害”应采客观认定标准，即受赠人的侵害行为不应局限于犯罪行为，还包括虽不构成犯罪，但对赠与人或其近亲属造成严重损害的其他违法行为，甚至应该包括因过失导致严重侵害的行为。因为在赠与人或其近亲属遭受严重侵害的情况下，赠与人在感情上会遭到严重打击，如只有当受赠人的侵害行为达到犯罪程度才允许赠与人撤销赠与，将对赠与人十分不公，也与赠与人赠与的目的不符。相比较而言，将赠与人撤销赠与的条件限定为“严重侵害”，是一种灵活的做法，可以更好地体现赠与人赠与撤销权的权利属性，有效地体现法律的公平。

此外，《合同法》第 193 条还规定了赠与人的继承人或法定代理人撤销赠与的法定事由，即“受赠人的违法行为致使赠与人死亡或者丧失民事行为能力”。此处的“违法行为”严重程度如何，不甚明了。本书认为，与上文同理，此处的“违法行为”不仅包括程度严重的犯罪行为，也包括一般的违法行为。

四、赠与人撤销权的行使及其效力

赠与人可以通过向受赠人为明确的意思表示，也可以通过诉讼或者遗嘱的方式行使撤销权。赠与被撤销后，溯及地自始无效。尚未履行的部分，赠与人无须继续履行；已经履行的部分，得依照所有物返还请求权或者不当得利制度请求返还。

【深度阅读】

1. 宁红丽．附义务赠与合同的法律构造．江海学刊，2013（5）

2. 陈小君，易军．论我国合同法上赠与合同的性质．法商研究，2001（1）

3. 李彦芳．中美法律中关于赠与合同若干问题的比较研究．兰州学刊，2008（6）

4. 周辉斌．论附负担赠与合同的含义及效力——以我国首起助学合同纠纷案为例．时代法学，2006（6）

5. 李志强．论我国赠与合同体系之不协调性及其解决．法学杂志，2009（10）

6. 王德山．论赠与人的责任．政法论坛，2000（5）

7. 王文军．论赠与合同的任意撤销．法学论坛，2010（6）

【问题与思考】

1. 赠与合同的特征有哪些？
2. 赠与人的义务是什么？
3. 赠与合同的撤销有哪几种情形？

第十四章 借款合同

导读

借款合同是一类常见的合同，可分为商业银行借款合同与民间借款合同。本章主要介绍借款合同的含义与特征、借款合同的效力。在借款合同的含义与特征中，应重点掌握借款合同主体上的特殊性；在借款合同的效力中，应重点掌握商业银行借款合同中借款人和贷款人的义务，以及实践中出现的以贷还贷借款合同效力的认定。

第一节　借款合同概述

一、借款合同的含义与特征

借款合同是当事人双方就借款人向贷款人借款，到期返还借款或并支付利息而达成的协议。在借款合同中，提供借款的一方为贷款人，接受借款、到期返还借款或并支付利息的一方为借款人。

《合同法》规定的借款合同与传统民法上的借贷合同不同。借贷合同是指当事人双方约定，一方将物品或者金钱转移于对方，对方于一定期限内返还的合同。借贷合同一般可分为使用借贷合同与消费借贷合同。使用借贷合同又称为借用合同，是指一方将物转移于对方使用，对方于一定期限内依约定返还原物的合同。消费借贷合同是指一方将一定数量的金钱或者其他物品转移于对方，对方于一定期限内依约定以同等种类、品质、数量的物返还甚至给付出借方相应回报的合同。借款合同属于借贷合同中的消费借贷合同。

借款合同具有如下特征：

1. 借款合同的标的物为货币。货币具有流通性和交换性，是可消耗物、特殊的种类物，因此，借款人在到期时返还给贷款人的标的物不是原物，而是同种类、同数量的货币。而借用合同的标的物则与借款合同不同，借用人在到期时返还给出借人的标的物还是原物。

这是借款合同与借用合同区别的关键所在。

2. 借款合同一般为有偿合同。在我国，借款合同有狭义和广义之分。狭义的借款合同仅指以商业银行为贷款人的商业银行借款合同。广义的借款合同不仅包括商业银行借款合同，还包括以商业银行之外的主体（包括自然人、法人、非法人组织）为贷款人的所谓“民间借款合同”（又称“民间借贷”）。由于商业银行是以营利为目的的法人，因而其在向借款人发放贷款时，不仅要求借款人在到期时按照约定返还本金，还要求借款人按期支付一定的利息，因此，商业银行借款合同是有偿合同。而民间借款合同是有偿还是无偿，可以由当事人自行约定。对支付利息没有约定或者约定不明确的，视为不支付利息。

3. 借款合同一般为诺成合同。对商业银行借款合同来说，只要双方当事人协商一致，借款合同即告成立。依法成立的合同，自成立时起生效。因此，商业银行借款合同为诺成合同。而民间借款合同则视具体情况而定，如果法律对其有明确规定，则依法律规定确定；如果法律未作规定，则依当事人之间的约定确定；如果既无法律规定，又无当事人的约定，则应为诺成合同。例如，《合同法》第 210 条规定，自然人之间的借款合同，自贷款人提供借款时生效。据此，多数人认为自然人之间的借款合同属于实践合同，本书亦持此种观点。但也有学者认为，自然人之间的借款合同应为诺成合同，因为上述第 210 条规定只是将借款的提供作为合同的生效要件，而非成立要件，即经当事人协商一致后合同已经成立，只是自借款提供时才生效。[①] 对此，本书在第一章第二节“合同的分类”中已有论述，即对于当事人交付标的物或完成其他给付究竟应为实践合同的成立要件还是生效要件，《合同法》的态度并不一致，建议今后修改《合同法》时统一认定为成立要件。

4. 借款合同一般为双务合同。在商业银行借款合同中，商业银行负有依约定向借款人交付一定数额款项的义务，借款人则负有依约定按期返还借款并支付利息的义务，因此，商业银行借款合同为双务合同。另外，大多数民间借款合同亦为双务合同。不过，由于自然人之间的借款合同是实践合同，自贷款人提供借款时才成立并生效，所以，借款合同生效后，只有借款人负有按期返还本金或并支付利息的义务。因此，自然人之间的借款合同是单务合同。

5. 借款合同一般是要式合同。《合同法》第 197 条规定：“借款合同采用书面形式，但自然人之间借款另有约定的除外。”根据这一规定，贷款人为商业银行的借款合同，应当采用书面形式。至于民间借款合同（包括自然人之间的借款合同）的形式，则由当事人自由决定，既可以采用口头形式，也可以采用书面形式。

理论研究

借款合同转让的是标的物的所有权还是处分权

在借款合同中，贷款人转让的是标的物的所有权还是处分权，学术界对此存有不同见解。

---

① 参见崔建远主编：《合同法》，419 页，北京，法律出版社，2010。

一种观点认为，借款合同转让的是标的物的所有权，因为借款人在生活或者生产中处分借款合同的标的物，应当以取得所有权为前提，且借款到期后，借款人偿还的是同种类和同数量的货币，而不是原货币。① 另一种观点认为，借款合同转移的是标的物的处分权而不是所有权，理由在于，从形式上看，借款人是取得了标的物的所有权，但借款人的目的是取得标的物的占有、使用和处分权，借款合同到期后，借款人仍要承担返还同等数量金额或并支付利息的义务，可以看出，借款合同与转移标的物所有权的买卖合同和赠与合同是不同的。②

本书认为第一种观点更为合理，理由在于：首先，货币是一种特殊的种类物，具有高度的替代性，其所有权和占有不能分离，占有货币的人即被推定为货币的所有权人。③ 其次，货币丧失占有后，不存在作为物上请求权的返还请求权，只存在不当得利返还请求权，所以，在借款合同中，贷款人并不是依据所有权要求借款人返还货币以及利息，而是依据债权要求返还；在同时存在多个债权时，贷款人的请求权与其他债权人的效力平等。因此，借款合同只能是转移标的物所有权的合同，而不是转移处分权的合同。

二、民间借款合同的法律效力

长期以来，我国在借款合同领域形成的惯性思维是：金融机构尤其是商业银行是贷款的主要来源，企业之间的借贷因违反我国金融法规或政策而不能得到法律保护，至于自然人为主体的借款合同，则在一定范围内允许其合法存在。这一思维在最高人民法院的多个司法解释中体现出来：(1) 最高人民法院在《关于对企业借贷合同借款方逾期不归还借款的应如何处理问题的批复》中明确规定："企业借贷合同违反有关金融法规，属无效合同。"依照这一司法解释，对于企业之间的借贷合同，法院除判决返还本金外，对贷款人已经取得或约定取得的利息应当收缴，对借款人应处以相当于银行利息的罚款。(2) 最高人民法院《关于审理联营合同纠纷案件若干问题的解答》规定，企业法人、事业法人作为联营一方向联营体投资，但不参加共同经营，也不承担联营的风险责任，不论盈亏均按期收回本息，或按期收回固定利润的，是名为联营实为借贷，违反了有关金融法规，应该认定合同无效。对出资人除本金可以返还外，对出资人已经取得或约定取得的利息应予收缴，对另一方应处以相当于银行利息的罚款。(3) 最高人民法院《关于如何确认公民与企业之间借贷行为效力问题的批复》规定，自然人与非金融企业（下称企业）之间的借贷行为属于民间借贷，只要双方当事人意思表示真实即可认定有效。但是，具有下列情形之一的，应认定无效：一是企业以借贷名义向职工非法集资；二是企业以借贷名义非法向社会集资；三是企业以借贷名义向社会公众发放贷款；四是其他违反法律、行政法规的行为。

近年来，最高人民法院开始逐渐改变此前长期坚持的严格限制民间借款合同的态度，

---

① 参见何志：《合同法原理与审判实务》，449页，北京，法律出版社，2002；孙应征主编：《借款合同法律原理与实证解析》，10页，北京，人民法院出版社，2006。

② 参见吴合振：《合同法理论与实践应用》，357页，北京，人民法院出版社，2002；唐德华、孙秀君主编：《合同法及司法解释理解与适用》，523页，北京，人民法院出版社，2004。

③ 参见孙晓：《合同法各论》，90页，北京，中国法制出版社，2002。

相继出台了《关于依法妥善审理民间借贷纠纷案件促进经济发展维护社会稳定的通知》（法［2011］336号）和《关于人民法院为防范化解金融风险和推进金融改革发展提供司法保障的指导意见》（法发［2012］3号）。虽然到目前为止，最高人民法院尚未在民间借贷领域出台富有新意的司法解释，也未明文废止此前施行的各司法解释的效力，但已经通过上述司法文件及审判工作会议透露出对民间借贷适当“松绑”的倾向，强调保护合法的民间借贷法律关系，依法认定民间借贷合同的效力，保障民间借贷对正规金融的积极补充作用，推动中小微企业“融资难、融资贵”问题的解决。对于企业之间的借贷，强调区别认定不同借贷行为的性质与效力。对于不具备从事金融业务资质，但实际经营放贷业务、以放贷收益作为企业主要利润来源的，应当认定借款合同无效。在无效后果的处理上，因借贷双方均有过错，借款人不应当据此获得额外收益。根据公平原则，借款人在返还借款本金的同时，应当参照当地的同期同类贷款平均利率的标准，返还资金占用期间的利息。对不具备从事金融业务资质的企业之间，为生产经营需要所进行的临时性资金拆借行为，如提供资金的一方并非以资金融通为常业，不属于违反国家金融管制的强制性规定的情形，不应当认定借款合同无效。对于因赌博、吸毒等违法犯罪活动而形成的借贷关系或者出借人明知借款人是为了进行上述违法犯罪活动的借贷关系，依法不予保护。

第二节　借款合同的效力

一、商业银行借款合同

（一）借款人的义务

1. 提供真实情况的义务

《合同法》第199条规定：“订立借款合同，借款人应当按照贷款人的要求提供与借款有关的业务活动和财务状况的真实情况。”由于提供借款是一种风险较大的经营活动，因而，为了最大限度地降低经营风险，商业银行作为贷款人向借款人提供借款时，有权了解借款人的经营情况和财务状况。

2. 按照约定的日期和数额收取借款的义务

贷款人应当按期、足额向借款人提供贷款。对于借款人来讲，则应当按照约定的日期和数额收取借款。贷款人提供贷款是一种商业行为，主要依靠收取利息来实现其营利目的，所以贷款人对自己的资金使用状况都有统一的安排和完整的计划，借款人如果未按照约定的日期和数额收取借款，必然会影响贷款人资金的正常周转，损害贷款人的合法利益。对于商业银行借款而言，贷款人所受到的损失主要就是利息损失。因此，《合同法》第201条第2款规定：“借款人未按照约定的日期、数额收取借款的，应当按照约定的日期、数额支付利息。”

3. 按照约定用途使用借款的义务

借款人必须按照约定的借款用途使用借款，不得擅自挪作他用。由于贷款人是根据借款用途来确定借款人的偿还能力而同意贷款的，如果借款人不按照约定用途使用借款，会使当事人最初共同预期的收益变得不确定，增加贷款人的经营风险。因此，《合同法》第203条规定："借款人未按照约定的借款用途使用借款的，贷款人可以停止发放借款、提前收回借款或者解除合同。"

典型案例

某银行诉王某借款合同纠纷案

个体运输户王某为购买汽车跑长途，向当地某银行申请贷款10万元，月息1分4厘，借款期限为半年。后王某在买卡车还是买客车之间犹豫不决。杨某是王某的朋友，因做生意急需一笔资金，王某遂将此贷款转借给杨某，双方签订了借款协议，借款期限为3个月，月息2分。此后，杨某因经营不善，无力按协议还钱，致使王某到期不能归还某银行的贷款。某银行遂诉至法院，请求收回贷款本息并加收罚息。①

在本案中，王某未按约定用途使用借款是否应当承担法律责任？

在借款合同中，借款用途是贷款人审核是否发放贷款的重要依据之一，也是贷款人判断借款人是否正确履行借款合同的一个标准。借款人不按借款合同约定的用途使用借款的行为属于违约行为，贷款人一旦发现这种情况，可以按照法律规定停止发放借款、提前收回借款或者解除合同，这就是借款人擅自改变借款用途应承担的法律后果。但如果经贷款人同意，借款人改变原借款用途，则属于双方当事人意思表示一致的新约定，不属于违约行为。

在本案中，王某与某银行签订的借款合同合法有效，双方当事人均应按合同约定履行义务。某银行作为贷款人，依约向王某发放了贷款；王某作为借款人，也应当知晓按期归还借款并支付利息，以及按约定用途使用借款是其基本义务。因此，借款人王某擅自改变借款用途，转贷给杨某做生意，并想靠利率差获利，又不按期归还借款，已构成严重违约。根据《合同法》第203条之规定，某银行应该胜诉，王某擅自改变借款用途，应该归还借款并支付逾期利息。

4. 接受检查、监督的义务

《合同法》第202条规定："贷款人按照约定可以检查、监督借款的使用情况。借款人应当按照约定向贷款人定期提供有关财务会计报表等资料。"这说明，该项义务产生于双方当事人的约定。当事人约定贷款人对借款使用状况进行检查、监督的，借款人不得无故拒绝或者阻碍贷款人正当的检查、监督，否则应当视为其未按照合同的约定使用借款。

5. 按期返还本金的义务

《合同法》第206条规定，借款人应当按照合同约定的还款期限返还借款。借款合同对返还借款的期限未作约定或者约定不明确的，依照《合同法》第61条，当事人可以协议补充；不能达成补充协议的，按照合同有关条款或者交易习惯确定；仍不能确定还款期限的，

① 参见黄建中：《合同法分则重点疑点难点问题判解研究》，208页，北京，人民法院出版社，2006。

借款人可以随时返还，贷款人也可以催告借款人在合理期限内返还。

当然，当事人还可以协商一致延长返还本金的期限，即贷款展期，但展期不能无限延长，而须受到相关规定的限制。中国人民银行 1996 年发布的《贷款通则》第 12 条第 1、2 款即规定，不能按期归还贷款的，借款人应当在贷款到期日之前，向贷款人申请贷款展期。是否展期由贷款人决定。其中，短期贷款展期期限累计不得超过原贷款期限，中期贷款展期期限累计不得超过原贷款期限的一半，长期贷款展期期限累计不得超过 3 年，国家另有规定的除外。若借款人未申请展期或申请展期未得到批准，则其贷款从到期日次日起便转入逾期贷款账户。2010 年中国银行业监督管理委员会发布的《个人贷款管理暂行办法》第 39 条就个人贷款展期也作出了规定：1 年以内（含）的个人贷款，展期期限累计不得超过原贷款期限；1 年以上的个人贷款，展期期限累计与原贷款期限相加，不得超过该贷款品种规定的最长贷款期限。

借款人未能按期返还本金的，应当承担违约责任。《合同法》第 207 条规定，逾期未返还本金的，应当按照约定或国家有关规定支付逾期利息。支付逾期利息是借款人承担逾期还款违约责任的主要方式，逾期本金数额为到期未返还的借款数额，逾期天数为自合同约定应返还借款之日至借款人还清借款之日，逾期利息应按照中国人民银行规定的逾期利息标准和计算方式来确定。另外，对于公民之间的无息借贷而言，若是定期的，或虽不是定期但经催告不还的，出借人也有权要求借款人偿付逾期利息，具体数额可参照银行同类贷款的利率计算。

在商业银行借款合同中，若借款人到期不归还贷款且借款合同附有担保的，商业银行还依法享有就该担保物优先受偿的权利。但《商业银行法》第 42 条规定，商业银行因行使这一权利而取得的不动产或者股权，应当自取得之日起 2 年内予以处分。

6. 按期支付利息的义务

支付利息是借款人的主要合同义务。利息利率的确定，应当符合国家有关利率的规定，在中国人民银行规定的利率限度内上下浮动，但不得超过该幅度，否则超过部分无效。《合同法》第 205 条规定："借款人应当按照约定的期限支付利息。对支付利息的期限没有约定或者约定不明确，依照本法第六十一条的规定仍不能确定，借款期间不满一年的，应当在返还借款时一并支付；借款期间一年以上的，应当在每届满一年时支付，剩余期间不满一年的，应当在返还借款时一并支付。"

在实务中，经常会遇到银行将贷款利息及罚息计入本金，以此为本金再计算此后所生的利息，俗称"复利"。对于复利应否给予保护，我国立法未作出明确规定，只在司法解释及有关行政规章中有所涉及。中国人民银行发布的《利率管理暂行规定》第 18 条规定，金融机构对企业的流动资金贷款和技术改造贷款，按季结息，每季度末月的 20 日为结息日，对不能支付的利息，可计收复利；基本建设贷款，按年结息，每年 12 月 20 日为结息日，对不能支付的利息，不计收复利；中国人民银行对金融机构的贷款，按季结息，每季度末月的 20 日为结息日，对不能支付的利息，可计收复利。由此可知，以商业银行为出借人的借款合同中，只要当事人关于计算复利的约定不违反中国人民银行的上述规定，人民法院就应当给予保护。

（二）贷款人的义务

1. 按约定期限、数额提供贷款的义务

在商业银行借款合同中，提供贷款是贷款人的主要合同义务。贷款人应当按照合同约定的日期和数额向借款人交付借款。《合同法》第201条第1款规定，贷款人未能按照约定的日期、数额提供贷款，造成借款人损失的，应当赔偿损失。

2. 不得预先扣除借款利息的义务

在实践中，商业银行在向借款人提供贷款时，常以预扣利息、收取贷款保证金、利息备付金等形式变相提高利率，扰乱正常的金融秩序。对此，《合同法》第200条规定："借款的利息不得预先在本金中扣除。利息预先在本金中扣除的，应当按照实际借款数额返还借款并计算利息。"

3. 保密义务

《合同法》第202条规定，贷款人行使检查、监督借款使用情况及了解有关财务会计报表等资料的权利时，很可能会了解到借款人的商业秘密。作为贷款人一方的商业银行，对于其在合同订立和履行阶段所掌握的借款人的各项商业秘密，负有保密义务，不得泄露或者进行不正当使用。保密义务是贷款人应承担的附随义务。

实务探讨

"以贷还贷"借款合同的效力

"以贷还贷"在目前商业银行贷款业务中是一种很普遍的现象。所谓"以贷还贷"，又称"借新还旧"，是指同一借款人在尚未清偿银行前一笔到期贷款的情况下，又与该银行签订新的借款合同，并用新贷款偿还旧贷款的行为。对于这种行为，如何认定其效力？

一种观点认为"以贷还贷"借款合同应认定为有效，理由在于：（1）随着市场经济的发展，各商业银行有权根据市场和企业的偿债能力决定自己的信贷规模，"以贷还贷"仅是商业银行对贷款处理的方式之一，目前有的商业银行在借款用途中直接约定"以贷还贷"。（2）"以贷还贷"借款合同并非是一个新合同，而是对原合同内容的变更，该合同是在双方当事人协商一致的情况下签订的。（3）现行金融法律、法规对"以贷还贷"行为并没有禁止性规定。① 另一种观点认为"以贷还贷"借款合同应为无效，理由在于：（1）商业银行独立自主的经营行为逾越了法律的界限，模糊了正常贷款与不良贷款之间的法定界限，掩盖了借贷关系的本来面目。（2）"以贷还贷"借款合同对原合同中利息计算方法的变更行为违反了金融法的规定。（3）"以贷还贷"是拿银行的新贷款直接用于偿还银行的旧贷款，实质上是拆东墙补西墙，对借款企业自身的发展没有任何实质意义。②

本书认为，从保护贷款人利益出发，从为经济服务的角度看，不宜将"以贷还贷"借款合同认定为无效。这是因为，首先，我国现行法律、行政法规对"以贷还贷"没有强制

---

① 参见孟祥刚：《借款合同纠纷案件审判实务》，载《山东审判》，2005（3）。

② 参见王亦平：《对"以贷还贷"借款合同效力的思考》，载《北京工商大学学报》（社会科学版），2005（3）。

性规定，并且也没有事实能够确切证明“以贷还贷”行为具有社会危害性，如果“以贷还贷”确实是双方当事人真实意思的表示，应当认定为有效。其次，“以贷还贷”的结果是原借款合同期限的延长，在这种情况下，必然也会涉及重新计算利息的问题，但有关利息的计算方法在我国是由法律规定的，因此不存在当事人协商对原合同中利息计算方法予以变更的问题。再次，“以贷还贷”有利于借款企业积累资金，增强企业偿还贷款的能力。借款企业在借新还旧之前由于尚未归还所欠借款，已背负一定数额的本金和罚息，如果不允许“以贷还贷”方式的存在，势必会使该企业难有喘息的机会。而“以贷还贷”可以减轻企业的负担，避免旧贷的利息和罚息越滚越多，同时也给企业利用新资金摆脱困境提供了机会。对银行而言，企业只有走出困境才有能力偿还贷款的本息，银行资金才不会遭受损失。最后，由于目前“以贷还贷”现象在信贷领域大量存在，标的数额相当惊人，如动辄认定“以贷还贷”无效，负面影响很大，社会效果不好。况且，作为金融监管机关的中国人民银行也没有对这一行为进行禁止，相反在《关于借款合同有关法律问题的复函》中对“以贷还贷”借款合同作出了有效的认定。[①] 另外，在司法实践中，最高人民法院也曾在有关案例中明确认可此类合同的效力，这对各级法院处理类似案件具有重要的指导意义。[②]

二、民间借款合同

(一) 民间借款合同的认定

由于民间借款合同的当事人多为自然人或中小企业，他们所签订的合同多有不规范之处，甚至连书面合同都没有，只是达成了口头协议，或者以“欠条”、“收条”等凭证证明他们之间的借款合同关系。因而，法院在审理民间借贷纠纷案件时，应当依法全面、客观地审核双方当事人提交的全部证据，从各证据与案件事实的关联程度、各证据之间的联系等方面进行综合审查判断。对形式有瑕疵的“欠条”或者“收条”，要结合其他证据认定是否存在借贷关系。对现金交付的借贷，可根据交付凭证、支付能力、交易习惯、借贷金额的大小、当事人之间的关系以及当事人陈述的交易细节经过等因素综合判断。

(二) 民间借款合同的利息问题

《合同法》并未对民间借款合同的利息问题作出统一规定，其第 211 条只是针对自然人之间的借款合同利息作出了如下规定：“自然人之间的借款合同对支付利息没有约定或者约定不明确的，视为不支付利息。自然人之间的借款合同约定支付利息的，借款的利率不得违反国家有关限制借款利率的规定。”另依最高人民法院《关于人民法院审理借贷案件的若干意见》第 6 条的规定，民间借贷（该司法解释将“民间借贷”限定为自然人之间的借贷、

---

① 中国人民银行于 1997 年发布的《关于借款合同有关法律问题的复函》的主要内容如下：(1)“以贷还贷”是指借款人向银行贷款以清偿先前所欠同一银行贷款的行为，新的借款合同只是对原借款合同中贷款期限等合同条款的变更，不能视为新借款合同虚构借款用途、双方意思表示不真实。该行为并未违反《中华人民共和国商业银行法》及《贷款通则》等有关金融法律、行政法规和规章的规定。因此，“以贷还贷”的借款合同应属有效。(2) 借款人与贷款银行签订新的借款合同以贷还贷，原借款合同如有担保人的，应当取得原担保人的书面认可。新借款合同没有取得原担保人认可的，原担保人只在原借款合同规定的期限内承担担保责任。

② 参见孟庆瑜主编：《合同法实施中的疑难问题》，229 页，北京，中国人民公安大学出版社，2009。相关案例为：“甘肃省农垦总公司与中国农业银行阿克塞哈萨克族自治县支行借款合同保证纠纷上诉案”。

自然人与法人之间的借贷以及自然人与非法人组织之间的借贷）利率最高不得超过银行同类贷款利率的 4 倍，对超过部分的利息不予保护。本书认为，应当将上述司法解释的规定扩大适用至所有的民间借款合同，即对于所有的民间借款合同而言，只要其约定的利率没有超过借贷行为发生时中国人民银行公布的同期同类借款基准利率的 4 倍，就应当受到法律保护。

对于以企业为贷款人（出借人）的民间借款合同，本书认为不应适用《合同法》第 211 条所规定的“借款合同对支付利息没有约定或者约定不明确的，视为不支付利息”，而是应当根据当事人之间的交易习惯，参照中国人民银行公布的同期同类借款基准利率或者当地同期民间借贷的平均利率水平予以确定利息标准。

如果当事人双方就本金与利息的偿还顺序作出了约定，则应尊重其约定。如果没有约定，则应当按照先息后本的顺序确定偿还顺序。如果当事人既约定了逾期还款的违约金，又约定了逾期利率，在借款人未依约还款时，出借人可以同时主张逾期利息与违约金，但总额不得超过中国人民银行公布的同期同类借款基准利率的 4 倍。如果借款人向小额贷款公司、典当公司借款，当事人之间可以同时约定利息和其他合理费用，但总额一般也不得超过中国人民银行公布的同期同类借款基准利率的 4 倍。

至于民间借款合同能否计算复利的问题，《民法通则司法解释》第 125 条曾规定，自然人之间的借贷，出借人将利息计入本金计算复利的，不予保护。但最高人民法院之后颁布的《关于人民法院审理借贷案件的若干意见》第 7 条则规定，民间借贷的出借人不得将利息计入本金谋取高利；审理中发现债权人将利息计入本金计算复利的，其利率如超出银行同类贷款利率的 4 倍（包含利率本数），则超出部分的利息不予保护。据此，有学者指出，后一规定实际上是对前一规定的修正，其并未否定民间借贷的当事人就借款约定复利，只是规定了利率的上限，若复利的利率在银行同类贷款利率 4 倍以下（包含 4 倍）的，该约定有效；超过 4 倍的部分则无效，法律不予保护。本书对此表示赞同。正如有些学者所言，法律并不禁止自然人用计算复利的方式确定借款利息，而是反对以复利的方式谋取高利、暴利。① 另外，本书还认为，应当将该司法解释的规定扩大适用至所有的民间借款合同。

民间借款合同的出借人将利息预先在本金中扣除的，借款人应当按照实际借款数额返还借款并计算利息。当事人仅约定借期内的利率，未约定逾期利率时，出借人可以借期内的利率主张逾期还款利息。当事人既未约定借期内的利率，也未约定逾期利率时，出借人可以参照中国人民银行同期同类贷款基准利率，主张自逾期还款之日起的利息损失。

【深度阅读】

1. 刘中杰．论民间借贷的组织模式与法律规制．河北法学，2014（4）

2. 岳彩申．民间借贷的激励性法律规制．中国社会科学，2013（10）

3. 龙著华．一般有效、例外无效：非金融机构企业之间借款合同效力的应然安排．社会科学，2011（11）

4. 吴晓静．企业间借款合同的效力问题．人民司法，2007（23）

---

① 参见孟庆瑜：《合同法实施中的疑难问题》，234 页，北京，中国人民公安大学出版社，2009。

5. 阳雪雅．地震对房屋抵押借款合同效力的影响．求索，2008（8）

6. 杨东霞，商振涛．试论借款合同无效的确认与处理．河南金融管理干部学院学报，2002（2）

7. 范英惠．借款合同法律保护及影响．经济论坛，2004（11）

8. 孙应征主编．借款合同法律原理与实证解析．北京：人民法院出版社，2006

9. 孙晓．合同法各论．北京：中国法制出版社，2002

10. 孟祥刚．借款合同纠纷案件审判实务．山东审判，2005（3）

11. 王亦平．对“以贷还贷”借款合同效力的思考．北京工商大学学报（社会科学版），2005（3）

【问题与思考】

1. 在借款合同中，贷款人向借款人转移的是货币的所有权还是处分权？

2. 借款合同的主体有哪些特殊性？

3. 在实践中，商业银行与借款人常常约定“提前还款要支付违约金”，你认为这种约定是否有效？试结合借款合同的性质分析此约定的效力。

4. 如何认定“以贷还贷”借款合同的效力？

5. 在民间借款合同中，当事人对借款利息没有约定或约定不明时应如何处理？

第十五章 租赁合同

导读

本章详细介绍租赁合同的含义与特征、租赁合同的效力、租赁合同的变更与终止等内容。在租赁合同的效力中，应重点掌握出租人的义务、承租人的义务、“买卖不破租赁规则”及房屋承租人的优先购买权问题；在租赁合同的变更与终止中，应重点掌握变更类型和终止事由。

第一节 租赁合同概述

一、租赁合同的含义与特征

租赁合同是当事人双方就出租人将租赁物交付承租人使用、收益，承租人支付租金而达成的协议。在租赁合同中，交付租赁物供对方使用、收益的一方为出租人，使用租赁物并支付租金的一方为承租人。对于实践中存在的“一房多租”现象，《租赁合同司法解释》第6条规定，出租人就同一房屋订立数份租赁合同，在合同均有效且承租人均主张履行合同的情况下，按照下列顺序确定履行合同的承租人：(1) 已经合法占有租赁房屋的；(2) 已经办理登记备案手续的；(3) 合同成立在先的。不能取得租赁房屋的承租人，有权请求解除合同、赔偿损失。

租赁合同是当事人之间调剂余缺、发挥现有物资作用、促进生产和满足生活需要不可缺少的法律形式，它具有如下特征：

(一) 租赁合同是转让财产使用、收益权的合同

租赁合同以承租人使用、收益租赁物为直接目的，承租人所取得的仅是对租赁物的使用、收益权，而非租赁物的所有权。这是租赁合同与买卖合同的根本区别。租赁合同的承租人不享有对租赁物的处分权，这是租赁合同区别于消费借贷合同的关键所在。

(二) 租赁合同是诺成、双务合同

在租赁合同中，出租人与承租人双方意思表示达成一致，合同即告成立，所以租赁合同为诺成合同。其中，出租人享有收取租金的权利，负有将租赁物交由承租人使用，并在租赁期间保持租赁物符合约定用途等义务；承租人享有租赁权，负有按期交纳租金的义务，因此，租赁合同为双务合同。

(三) 租赁合同是有偿合同

租赁合同当事人任何一方在从对方取得利益时，必须支付一定代价。如出租人收取租金必须向承租人转移租赁物的使用、收益权，承租人享有租赁物使用、收益权的同时也必须交付租金，因此，租赁合同为有偿合同。

(四) 租赁合同的租赁权具有物权化的特征

从本质上讲，租赁权是承租人依租赁合同而享有的一种债权。但为了稳定租赁关系，法律赋予租赁权特别的法律效力，使之物权化，并确立了“买卖不破租赁”的原则，即租赁财产在租赁期间发生所有权变动的，不影响租赁合同的效力。

二、租赁合同的分类

(一) 一般租赁合同与特殊租赁合同

根据法律对租赁合同有无特别规定，租赁合同可分为一般租赁合同与特殊租赁合同。一般租赁合同是指法律没有特别规定的租赁合同；特殊租赁合同是指法律有特别规定的租赁合同。此种划分旨在确定不同类型的租赁合同成立程序的不同。一般租赁合同的范围十分广泛，而特殊租赁合同则通常由特别法予以特别规定，如《城市房地产管理法》规定的房屋租赁、《海商法》规定的船舶租赁、《航空法》规定的航空器租赁等。

(二) 动产租赁合同与不动产租赁合同

根据租赁物特性的不同，租赁合同可分为动产租赁合同与不动产租赁合同。动产租赁合同的标的物为动产；不动产租赁合同的标的物为不动产。二者划分的意义在于：因不动产租赁合同往往关乎承租人的居住权等基本权利，故法律会对其设定特殊规则。例如，享有《合同法》第 230 条规定的优先购买权的当事人只能是房屋租赁合同的承租人，动产租赁合同的承租人则不能享有这一权利。

(三) 定期租赁合同与不定期租赁合同

定期租赁合同是在合同中明确约定租赁期限的租赁合同；不定期租赁合同是对于租赁期限无约定或约定不明确的租赁合同。二者划分的意义在于：明确当事人在不同条件下订立合同的法律程序要求与合同解除权的行使。对此，《合同法》第 215、232、236 条均作了较详细的规定。

三、租赁合同的期限

《合同法》第 214 条规定：“租赁期限不得超过二十年。超过二十年的，超过部分无效。租赁期间届满，当事人可以续订租赁合同，但约定的租赁期限自续订之日起不得超过二十年。”值得一提的是，《合同法》关于租赁合同最长期限的规定并未因动产与不动产而有所不同。有学者主张应区分动产与不动产而设定不同的租赁期限的限制，即不动产租赁期限

的最长限度可以为 20 年，但动产租赁期限的最长限度应相应减少。[①] 本书认为，此观点具有一定的合理性，我国未来立法应适当考虑区分不动产租赁与动产租赁的最长期限，作出不同的规定。另外，根据《租赁合同司法解释》第 3 条规定，租赁临时建筑的，若租赁期限超过临时建筑的使用期限，则超过部分无效；但在一审法庭辩论终结前经主管部门批准延长使用期限的，人民法院应当认定延长使用期限内的租赁期间有效。该司法解释第 15 条还规定，承租人经出租人同意将租赁房屋转租给第三人时，转租期限超过承租人剩余租赁期限的，人民法院应当认定超过部分的约定无效；但出租人与承租人另有约定的除外。

《合同法》第 232 条规定，当事人对租赁期限没有约定或约定不明确的，视为不定期租赁。对于不定期租赁，当事人可以随时解除合同。但为平衡合同当事人之间的利益，该条同时规定，出租人解除合同应当在合理期限之前通知承租人。该法第 215 条规定，租赁期限 6 个月以上的，应采用书面形式，当事人未采用书面形式的，也视为不定期租赁。此外，该法第 236 条规定，定期租赁合同租赁期间届满，承租人继续使用租赁物，出租人没有提出异议的，原租赁合同继续有效，但租赁期限也为不定期。

典型案例

不定期租赁合同解除纠纷案

陈某原为某机械厂的职工，住在厂里的一间宿舍里。陈某与机械厂之间的劳动合同关系解除后，机械厂并未让陈某搬离。2004 年 2 月 8 日，陈某与机械厂签订了关于该宿舍的租赁合同，约定：租赁期限从 2004 年 1 月 1 日起至 2005 年 12 月 31 日止，租金 80 元/月。在该合同履行过程中，陈某一直按约支付租金。2005 年 12 月 31 日合同期满后，陈某继续在该宿舍居住，并按原合同约定向机械厂支付租金，机械厂未提出异议，并继续收取了租金。2007 年 1 月，双方口头约定租金变为 100 元/月，陈某继续承租。2007 年 7 月至 12 月，因当时张贴出拆迁公告，机械厂主动提出免交租金，故陈某在此期间未支付租金。后机械厂因业务发展急需用房，遂于 2008 年 12 月 12 日书面通知陈某于 2009 年 1 月 10 日腾空房屋。但陈某拒不退还该房屋，也未支付 2009 年 1 月以后的租金。经协商未果，机械厂遂于 2010 年 3 月提起诉讼，请求法院判决解除双方的租赁合同，并要求陈某支付拖欠的租金。

法院经审理后认为，原告机械厂与被告陈某之间于 2004 年 2 月 8 日签订了租赁合同，该租赁合同是双方真实意思的表达，合法有效。合同到期后，被告继续租赁该房屋并向原告交付租金，原告未提出异议且继续收取租金，依据《合同法》第 236 条规定，可推定双方合意续租，原租赁合同继续有效，不过此时的租赁期限为不定期，双方都有解除权，可以随时解除合同。但是，若出租人解除合同，应在合理的期限通知承租人，让承租人有足够的时间另觅住处，以保障其基本生活。据此，法院判决解除原、被告之间的租赁合同，被告于判决生效之日起 90 日内搬离房屋，并向原告支付从 2009 年 1 月至搬离房屋期间的租金。

---

① 参见崔建远主编：《新合同法原理与案例评释》，1065 页，长春，吉林大学出版社，1999。

四、租赁权的物权化

租赁合同本质上为一种债权债务关系，在早期民法上，承租人只能向出租人本人主张对租赁物的使用、收益权，租赁权不能对抗第三人。这种权利构造体现了重物之归属、轻物之用益功能的理念。随着社会的不断发展，物权立法意图已由重视物的归属阶段转入重视物的用益阶段，因此出现了“买卖不破租赁”规则。[①] 民法逐渐承认在房屋等财产的租赁关系中，租赁物所有权在租赁期间内的转移并不影响承租人的权利，原租赁合同对受让租赁物的第三人仍然有效，该第三人不得解除租赁合同。这一原则突破了传统的合同相对性原则，使租赁权具有了对抗第三人的效力。这种现象被称为租赁权的物权化。对于此种现象，立法究应如何规制，乃民法理论和实务界颇为关注的问题。[②]

一般认为，“买卖不破租赁”规则的适用受到以下条件的严格限制：

1. 当事人之间存在合法、有效的租赁合同，即租赁合同必须合法、有效且期限未满。只有这样才能保证租赁关系的存续状态，从而为“买卖不破租赁”规则的适用提供前提条件。

2. 出租人将租赁物交付给承租人且承租人继续占有租赁物。租赁权可依出租人是否已将租赁物交付给承租人而被区分为两个阶段：租赁物交付请求权与租赁物用益权。[③] 第一阶段的租赁权纯为债权，此时若出租人将租赁物让与第三人，承租人作为租赁权人只能依债务不履行为由请求出租人承担违约责任，而不能对受让的第三人主张任何权利。而在租赁物交付后，承租人才得以对租赁物使用、收益，才有通过强化租赁权的效力来保障承租人对租赁物使用、收益的可能性与必要性，才可以适用“买卖不破租赁”规则使承租人的租赁权得以对抗第三人受让的权利。此外，承租人的租赁权得以对抗第三人受让的权利，除须出租人交付租赁物外，还必须承租人继续占有租赁物。若承租人于租赁物交付后未继续占有租赁物，则其租赁权不能发生对抗第三人受让权利的效力。这是由“买卖不破租赁”规则设计的本旨所决定的。

3. 出租人交付租赁物于承租人之后将租赁物所有权转让给第三人。至于出租人将租赁物所有权转让给第三人的原因，虽以买卖为典型，但并不以此为限，赠与、互易等均无不可。也就是说，对“买卖不破租赁”中“买卖”含义的解释，应从广义的角度理解，而不应仅限于双方互有对价的买卖行为。

我国民法理论与实践一贯承认“买卖不破租赁”规则，并在《合同法》第 229 条中有所体现，即：“租赁物在租赁期间发生所有权变动的，不影响租赁合同的效力。”但鉴于实际生活中引起租赁房屋所有权变动情形的复杂性，《租赁合同司法解释》在肯定上述规则的同时，也规定了几种例外情况。其第 20 条规定，租赁房屋在租赁期间发生所有权变动，承租人请求房屋受让人继续履行原租赁合同的，人民法院应予支持。但租赁房屋具有下列情形或者当事人另有约定的除外：（1）房屋在出租前已设立抵押权，因抵押权人实现抵押权

---

① 参见章杰超：《对所谓债权物权化的思考》，载《法学论坛》，2005（5）。

② 参见宁红丽：《我国租赁权对抗力制度的理论反思》，载《法学杂志》，2003（1）。

③ 参见易军、宁红丽：《合同法分则制度研究》，214 页，北京，人民法院出版社，2003。

发生所有权变动的；（2）房屋在出租前已被人民法院依法查封的。据此，当合同当事人之间另有约定或存在上述两种特定情形时，将不能适用“买卖不破租赁”规则。

典型案例

买卖房屋后要求解除原租赁合同纠纷案

某市仪表厂聘请王某为总工程师，王某在上任前提出需要解决住房问题，仪表厂遂于当年3月购买了一套住房，租给王某使用，双方订立了租赁合同。合同约定租期为3年，并约定：“如果乙方（即王某）不愿受聘于甲方（即仪表厂），则解除租赁合同。”1年以后，仪表厂发现王某能力有限，不能设法使仪表厂扭亏为盈，遂提出不再聘请王某；考虑到聘用合同没有约定聘用期等原因，王某也表示同意，但提出房屋租期未满，不能交回房屋。仪表厂多次要求王某交房，均遭王某拒绝。后仪表厂将该房卖给本厂职工李某，李某因急需住房，也多次要求王某搬房，王某不同意，李某遂向法院提起诉讼，要求王某腾退房屋。

本案在审理中存在两种截然相反的意见：第一种意见认为，租赁合同约定如果王某不再受聘于仪表厂，则应解除租赁关系，因此，既然王某离开了仪表厂，就应当根据合同约定交回房屋。第二种意见认为，根据合同约定，只有在王某不愿接受聘任时才应解除租赁合同，而王某并未主动提出不接受聘任，因此其不应交房。虽然李某已买到了该房屋，但按照“买卖不破租赁”规则，其无权要求王某腾房。①

王某与仪表厂的房屋租赁合同应否解除？房屋新所有人李某能否提前收回房屋？

从本案来看，王某与仪表厂在租赁合同中明确约定，如果王某“不愿受聘”于仪表厂，则解除租赁合同。王某“不愿受聘”于仪表厂是解除该租赁合同的条件，但事实上该条件并未成就。王某并不是不愿意继续受聘，而是仪表厂不愿继续聘用王某，而王某考虑到聘用合同没有约定聘用期等原因，才接受了解聘的事实。所以本案中王某“不愿受聘”的事实不存在，仪表厂无权解除合同。在合同未解除而租期尚未届满的情况下，王某当然有权继续租用房屋。

那么，仪表厂在将该房屋转让给李某后，租赁合同是否解除呢？对此，《合同法》第229条规定：“租赁物在租赁期间发生所有权变动的，不影响租赁合同的效力。”此为“买卖不破租赁”规则，即在租赁关系存续期间，即使出租人将租赁物让与他人，对租赁关系也不产生任何影响，租赁合同继续有效，买受人不能以其已成为租赁物的所有人为由否认原租赁关系的存在并要求承租人返还租赁物。在本案中，尽管仪表厂已将出租给王某的房屋转让给本厂职工李某，但由于仪表厂与王某之间的租赁关系不应解除而应继续有效，因而王某所享有的租赁权可以对抗租赁物新所有人李某的所有权，而在承租人王某与受让人李某之间，也无须另外订立租赁合同。王某与李某之间因租赁物所有权的转移自然发生租赁关系，李某成为出租人，王某仍为承租人，租金的数额、支付方法和租赁期间维持不变，并且只有在租期届满后才能终止该合同。

---

① 参见李后龙：《以案说法》，264～266页，南京，南京大学出版社，1999。

第二节　租赁合同的效力

租赁合同的效力是指租赁合同生效后具有的法律约束力，具体表现为租赁合同当事人即出租人与承租人之间的权利和义务。

一、出租人的义务

（一）交付适格租赁物并保持租赁物在租赁期间适于使用的状态

《合同法》第 216 条规定："出租人应当按照约定将租赁物交付承租人，并在租赁期间保持租赁物符合约定的用途。"另外，《租赁合同司法解释》第 2 条规定："出租人就未取得建设工程规划许可证或者未按照建设工程规划许可证的规定建设的房屋，与承租人订立的租赁合同无效。但在一审法庭辩论终结前取得建设工程规划许可证或者经主管部门批准建设的，人民法院应当认定有效。"第 3 条规定："出租人就未经批准或者未按照批准内容建设的临时建筑，与承租人订立的租赁合同无效。但在一审法庭辩论终结前经主管部门批准建设的，人民法院应当认定有效。租赁期限超过临时建筑的使用期限，超过部分无效。但在一审法庭辩论终结前经主管部门批准延长使用期限的，人民法院应当认定延长使用期限内的租赁期间有效。"由此可见，出租人所交付的租赁物必须适格，否则即会影响租赁合同的效力；而且，出租人还应当在租赁期内保持租赁物适于使用的状态。应当说，这些义务都是为了保证承租人对租赁物的正常使用，因此，它们属于出租人的最基本义务。

（二）维修租赁物的义务

由于出租人负有在租赁期间保持租赁物符合约定用途的义务，因而《合同法》第 220 条规定："出租人应当履行租赁物的维修义务，但当事人另有约定的除外。"出租人维修义务的发生应当符合以下条件：（1）有维修的必要。即租赁物需要修缮方能继续符合约定的用途。（2）租赁物需要维修并非是基于可归责于承租人的事由。至于是否可归责于出租人，则在所不问。（3）维修在经济上可能。即需要维修的租赁物不仅在事实上能够修复，而且在经济上也合理。（4）承租人履行了通知义务。即承租人在租赁物需要维修时，在合理期限内通知了出租人。承租人应为通知而未为通知的，出租人不负维修租赁物的义务。

（三）瑕疵担保义务

租赁合同中，出租人对租赁物应当承担瑕疵担保义务，包括物的瑕疵担保义务和权利瑕疵担保义务。

1. 物的瑕疵担保义务

出租人对物的瑕疵担保义务包括两个方面的内容：（1）交付时租赁物符合约定用途；（2）整个租赁期间租赁物符合约定用途。如果租赁物具有使承租人不能正常使用的瑕疵，则出租人应当承担违约责任，承租人可以根据《合同法》第 111、155 条规定解除合同或者请求减少租金。出租人承担此种违约责任必须具备两个条件：其一，租赁物存在瑕疵。租赁物的瑕疵包括质量瑕疵和数量瑕疵，即标的物的品质不符合约定的质量标准或者不具备通常的使用功能以及数量不足。其二，承租人在订立合同时不知道租赁物存在瑕疵。承租人在订立合同时明知租赁物存在瑕疵的，出租人可以不负瑕疵担保义务。但是，《合同法》第233条规定，租赁物危及承租人的安全或者健康的，即使承租人在订立合同时明知该租赁物质量不合格，承租人仍可解除合同。

2. 权利瑕疵担保义务

《合同法》第228条规定："因第三人主张权利，致使承租人不能对租赁物使用、收益的，承租人可以要求减少租金或者不支付租金。"该条是关于出租人权利瑕疵担保义务及违反该义务时须承担的违约责任的规定。据此，出租人因违反权利瑕疵担保义务而承担违约责任必须具备三个条件：第一，须有第三人就租赁物向承租人主张权利的事实发生。第二，第三人就租赁物向承租人所主张的权利，妨碍了承租人对租赁物的使用、收益。第三，承租人于合同订立时不知道存在权利瑕疵。[①] 只要具备上述条件，承租人就可以向出租人主张违反权利瑕疵担保义务的违约责任。

二、承租人的义务

（一）支付租金的义务

租金是承租人使用租赁物的对价，而支付租金是承租人的主要义务。《合同法》第226条规定了承租人的租金支付义务："承租人应当按照约定的期限支付租金。对支付期限没有约定或者约定不明确，依照本法第六十一条的规定仍不能确定，租赁期间不满一年的，应当在租赁期间届满时支付；租赁期间一年以上的，应当在每届满一年时支付，剩余期间不满一年的，应当在租赁期间届满时支付。"此外，该法第227条规定，承租人无正当理由未支付或者迟延支付租金的，出租人可以要求承租人在合理期限内支付；承租人逾期不支付的，出租人可以解除合同。

（二）按约定使用租赁物并妥善保管租赁物的义务

《合同法》第217条规定，承租人应当按照约定的方法使用租赁物。对租赁物的使用方法没有约定或者约定不明确的，可以补充协议；不能达成补充协议的，按照合同有关条款或交易习惯确定；按上述方法仍不能确定的，应当按照租赁物的性质使用。承租人按照约定的方法或者租赁物的性质使用租赁物导致租赁物受损耗的，不承担损害赔偿责任；除此情形外，导致租赁物受损耗的，出租人可以解除合同并要求赔偿损失。

承租人在租赁期间，应当妥善保管租赁物；租赁物能产生收益的，承租人须按照合同约定的方法或通常规则善尽义务以免使其丧失收益能力；承租人未履行该义务造成租赁物毁损、灭失，以致影响到租赁物的正常使用、收益或返还租赁物的，根据《合同法》第222条之规定，承租人应当承担损害赔偿责任。需要注意的是，承租人不仅应对自己违反使用和保管义务的行为承担责任，而且对因承租人的共同居住人或经承租人允许使用租赁物的第三人的原因造成的租赁物的毁损、灭失，也应承担责任。

另外，在房屋租赁中，按约定使用租赁物并妥善保管租赁物的义务还意味着承租人不得擅自变动房屋结构或对房屋予以扩建、装修等。《租赁合同司法解释》对此作了专门规定。其第7条规定，承租人擅自变动房屋建筑主体和承重结构或者扩建，在出租人要求的

---

① 参见郑玉波：《民法债编总论》，186页，北京，中国政法大学出版社，2004。

合理期限内仍不予恢复原状的，出租人可以请求解除合同并要求赔偿损失。其第13条规定："承租人未经出租人同意装饰装修或者扩建发生的费用，由承租人负担。出租人请求承租人恢复原状或者赔偿损失的，人民法院应予支持。"

典型案例

擅自改变租赁物结构，确定添附物归属纠纷案

2010年2月1日，甲、乙二人签订《租赁合同》，约定：甲将某旅馆租赁给乙经营，租期2年，自2010年2月1日起至2012年2月1日止；租赁期间，乙不得随意改变内屋结构和设施；双方不得借故解除合同，若甲确需收回自用，必须提前2个月书面通知乙，并向其补偿损失费2 000元。合同签订后，甲即按约将某旅馆交付给乙经营，乙也按约交付了一年的租金2万元给甲。2010年3月11日，乙请木工将旅馆的两间三人间改成四间单人间，并于当年4月下旬装修完毕。在改装期间，甲曾到场观察，并表示反对，但乙仍按己意装修。装修完毕后，甲要求解除合同，并就装修物的归属等问题与乙协商，经协商未果后，甲诉至法院。

法院经审理后认为，甲、乙二人所订《租赁合同》合法有效，双方均应按约履行。但在履行中，乙未得到甲明确同意即单方改变租赁物结构，且在甲反对后仍继续装修，违反了其作为承租人应履行的基本义务。该合同已不宜继续履行。法院据此判决：解除《租赁合同》；乙装修的添附物归甲所有，甲为此补偿乙5 000元。

(三) 不得随意转租的义务

随意转租是指承租人不退出租赁合同关系，而将租赁物出租给次承租人使用、收益。《合同法》第224条规定了承租人不得随意转租的义务："承租人经出租人同意，可以将租赁物转租给第三人。承租人转租的，承租人与出租人之间的租赁合同继续有效，第三人对租赁物造成损失的，承租人应当赔偿损失。承租人未经出租人同意转租的，出租人可以解除合同。"不过《租赁合同司法解释》第16条对所谓"出租人同意"作了进一步补充性规定。根据该规定，如果出租人知道或者应当知道承租人转租，但在6个月内未提出异议，其以承租人未经同意为由请求解除合同或者认定转租合同无效时，人民法院不予支持。

理论研究

承租人转租行为的效力

《合同法》第224条规定，承租人经出租人同意，可以将租赁物转租给第三人；承租人未经出租人同意转租的，出租人可以解除合同。在此，未经出租人同意的承租人转租行为的效力是个值得研究的问题。对此，主要存在两种观点：第一种观点认为是效力未定合同。理由是：《合同法》第224条规定，承租人只有经出租人同意才有权处分租赁物，否则即为无权处分。在出租人不予追认时，承租人的转租行为即为无效合同。第二种观点认为是有

效行为。理由是：租赁权的权源是合法占有、使用，承租人既有合法权利，其理应有权转租。[①]

本书认为，未经出租人同意订立的转租合同是效力未定合同。《合同法》第212条规定，承租人对租赁物享有占有、使用和收益的权利，但不享有处分权，而承租人将租赁物转租给他人属于对租赁物所为的法律上的处分，故不在租赁权的范围之内。因此，承租人要与第三人之间建立没有任何法律障碍的转租合同法律关系，就应当征得出租人的同意。否则，承租人的转租行为即为无权处分，依《合同法》第51条，该转租合同为效力未定合同。如出租人拒绝追认或者承租人未取得处分权，则合同无效。在此情况下，出租人可以行使所有物返还请求权，也可以依《合同法》第224条，解除其与承租人之间的租赁合同。不过，《租赁合同司法解释》第16条规定，如出租人知道或者应当知道承租人转租，但在6个月内未提出异议，则视为其以沉默的方式追认了转租行为，转租合同有效。

（四）返还租赁物的义务

租赁合同结束后，承租人应当将租赁物返还给出租人。对此，《合同法》第235条规定："租赁期间届满，承租人应当返还租赁物。返还的租赁物应当符合按照约定或者租赁物的性质使用后的状态。"承租人不及时返还租赁物的，应当承担违约责任，除返还租赁物给出租人外，承租人还应当交付逾期返还的租金以及给付违约金或赔偿损失，承担租赁物在逾期返还期间意外灭失的风险。

三、房屋承租人的优先购买权

房屋承租人的优先购买权是指当出租人出卖作为租赁物的房屋时，承租人在同等条件下，依法享有的优先于其他人购买该房屋的权利。该权利是依法产生，而非根据当事人之间的合意而产生的，且该优先购买权只能属于承租人享有，具有专属性，承租人不能将该权利转让给他人享有。

《合同法》第230条规定："出租人出卖租赁房屋的，应当在出卖之前的合理期限内通知承租人，承租人享有以同等条件优先购买的权利。"这是《合同法》对房屋承租人优先购买权的明确规定。在此之前，也有一些立法与司法解释就承租人的优先购买权作出规定，如《民法通则司法解释》第118条规定，出租人出卖出租房屋，应提前3个月通知承租人，承租人在同等条件下，享有优先购买权；出租人未按此规定出卖房屋的，承租人可以请求人民法院宣告该房屋买卖无效。不过，《租赁合同司法解释》对上述规定进行了一些修正。

《租赁合同司法解释》同样认可并保护房屋承租人的优先购买权，如其第22条规定："出租人与抵押权人协议折价、变卖租赁房屋偿还债务，应当在合理期限内通知承租人。承租人请求以同等条件优先购买房屋的，人民法院应予支持。"第23条也规定："出租人委托拍卖人拍卖租赁房屋，应当在拍卖5日前通知承租人。"但在采取上述措施保障房屋承租人优先购买权的同时，该司法解释也对此项权利作了一定的限制。如第23条虽认可了承租人的优先购买权，从而要求出租人应提前5日通知承租人拍卖，但同时也规定，承租人未参

---

① 参见林才合：《转租行为立法模式浅论——兼析合同法第224条》，载《中山大学学报论丛》，2006（2）。

加拍卖的，法院应认定承租人放弃优先购买权。其第 24 条还规定，具有下列情形之一，承租人主张优先购买房屋的，人民法院不予支持：（1）房屋共有人行使优先购买权的；（2）出租人将房屋出卖给近亲属，包括配偶、父母、子女、兄弟姐妹、祖父母、外祖父母、孙子女、外孙子女的；（3）出租人履行通知义务后，承租人在 15 日内未明确表示购买的；（4）第三人善意购买租赁房屋并已经办理登记手续的。此外，针对承租人优先购买权被侵犯后的救济，《租赁合同司法解释》还明确作出了与《民法通则司法解释》第 118 条不一致的规定。其第 21 条规定："出租人出卖租赁房屋未在合理期限内通知承租人或者存在其他侵害承租人优先购买权情形，承租人请求出租人承担赔偿责任的，人民法院应予支持。但请求确认出租人与第三人签订的房屋买卖合同无效的，人民法院不予支持。"据此可知，法律对该权利的保护被严格限制在损害赔偿的范围之内，与之前的规定相比，目前对房屋承租人优先购买权的法律保护已被大大弱化。[①]

理论研究

房屋承租人优先购买权的行使条件

依据《合同法》及相关司法解释的规定，房屋所有人出卖出租房时，应在合理期限内通知承租人，承租人在同等条件下享有优先购买权。由此可见，承租人享有优先购买权的前提是承租人与出租人之间存在有效的房屋租赁合同关系，且须有房屋所有人出卖该出租房屋的事由发生。只有在这个前提下，房屋承租人才有在同等条件下优先购买该房屋的权利。但何为同等条件，却是个颇有争议的问题。有人认为，同等条件主要是指价格条件，但对如何认定价格条件，学者之间也有争议[②]；有人认为，同等条件应理解为合同条款相同，即房屋出卖人和优先购买权人之间的合同条款与房屋出卖人和第三人所订合同条款相同[③]；还有人认为，对同等条件的认定应从标的物相同以及价格相同两个方面予以考察。[④]本书倾向于最后一种观点。

本书认为，就标的物方面而言，承租人享有优先购买权的，应是指房屋出卖人所卖房屋的部位、数量与承租人承租部分相同的房屋，对于超出所承租的部位、数量的部分，承租人并不享有优先购买权。即使对于承租人承租的部分房屋，承租人也并不当然地享有优先购买权，而应视具体情况而定：如果房屋所有人出卖的是整栋房屋且承租人承租的部分与整栋房屋是不可分的，因该部分房屋于事实上不能成为买卖合同的标的物，因而承租人不能享有优先购买权；如果该部分房屋于事实上是可以与整栋房屋相分离的，则承租人享有优先购买权应是当然之理。

关于价格相同，一是指价格的同一，即承租人支付的价款应等同于第三人在合同中允诺支付的价款；二是指付款的期限、方式也要同一。但是现实生活是纷繁复杂的，同等价

---

① 参见徐丽雯：《论房屋承租人优先购买权的限制性保护》，载《首都经济贸易大学学报》，2010（6）。

② 参见隋彭生：《合同法要义》，505 页，北京，中国政法大学出版社，2005。

③ 参见苏海键：《论优先购买权行使的同等条件》，载《商场现代化》，2006（8）。

④ 参见张艳、马强：《承租人优先购买权行使条件的探讨》，载《法律适用》，2006（7）。

格的形成也是一个十分复杂的过程。房屋出租人确定出卖房屋的价格时，往往并不仅仅考虑经济方面的利益，即便仅仅考虑这一方面，其决定因素也是多元化的，并非由其所卖房屋的价格一个因素所能周全。例如，精神利益的享受以及人情方面的因素有时也是出卖人所考虑的因素。由此，房屋出租人以如下方式处分自己的房屋时，承租人一般不能享有优先购买权：赠与、互易、遗赠。但《租赁合同司法解释》第 24 条规定，仅将排除承租人优先购买权的情形限定四种，即房屋共有人行使优先购买权、出租人将房屋卖给近亲属、出租人履行通知义务后承租人在15 日内未明确表示购买及第三人善意购买且已办理登记手续。对此，本书认为，上述规定之情形似嫌狭隘，应适度扩大。

付款期限、方式的同一是指承租人优先购买房屋支付房款的期限、方式应与第三人允诺购买房屋支付房款的期限、方式相同，至少不能比第三人的支付期限、方式更为优越。如第三人允诺支付的期限为 1 个月，则承租人支付的期限须最长为 1 个月时，方能行使优先购买权。

实务探讨

房屋承租人是否享有优先承租权

《合同法》第 229 条规定：“租赁物在租赁期间发生所有权变动的，不影响租赁合同的效力。”第 230 条规定：“出租人出卖租赁房屋的，应当在出卖之前的合理期限内通知承租人，承租人享有以同等条件优先购买的权利。”法律如此规定，是从房屋承租人往往因合同关系的不稳定而处于弱者的地位方面加以考虑的，是对当事人利益的平衡保护。相对而言，承租人较出租人在租赁合同中处于更为不利的地位，因为承租人一旦失去租赁的房屋，就会造成暂时的困难。因此，法律规定承租人享有优先购买权，并设定了“买卖不破租赁”的规则，以保护承租人的适当利益。但是，房屋承租人是否享有优先承租权呢？对此，理论和实务界有不同认识。本书认为，既然承租人享有出租人出卖出租房屋的优先购买权，从而使租赁权与所有权重合，那么出租人在租期届满继续出租房屋时，承租人享有同等条件下的优先承租权也应是当然之理。也就是说，承租人享有优先租赁权是从优先购买的权利中推理衍生而来，优先购买的权利应当隐含优先承租的权利。承租人的优先购买权是一种法律直接规定的权利，而优先承租权因其包含在优先购买权之内，也应是一种法定请求权，其存在及行使不以当事人的约定为前提。

本书主张，承租人行使优先承租权应当符合下列条件：

(1) 承租人和出租人之间有合法有效的房屋租赁合同，并已实际履行完毕。如果租赁合同被确认无效或被撤销，自无承租人优先承租权之说。

(2) 租期届满后，原房继续出租，且原承租人仍愿租用原房。如果租期届满，出租人收回自用或不再出租，承租人不能主张优先承租权。

(3) 租期届满后，原房屋的共有人或所有权人的近亲属未提出承租房屋的要求。如果房屋的共有人或所有权人的近亲属提出承租的要求，承租人不享有优先承租权。

(4) 优先承租权的行使只限于租赁物为房屋的情形。

(5) 承租人的优先承租权必须在出租人继续出租房屋的司等条件下行使。所谓同等条件是指租金价格、租赁期限等主要条件相同。

第三节　租赁合同的主体变更与终止

一、租赁合同的主体变更

租赁合同的主体变更包括出租人的变更和承租人的变更。

(一) 出租人的变更

在租赁关系存续期间，出租人死亡的，一般由其继承人取得出租人资格；出租人转让租赁物的，受让人取得出租人地位。这些都属于出租人的变更。

(二) 承租人的变更

我国法律规定了租赁权的法定转让。如《合同法》第234条明确规定，承租人在房屋租赁期间死亡的，与其生前共同居住的人可以按照原租赁合同租赁该房屋。该条规定的租赁权的标的物是房屋，关于是否适用于其他类型的财产，本书认为可以参照适用。另外，《租赁合同司法解释》第19条规定："承租人租赁房屋用于以个体工商户或者个人合伙方式从事经营活动，承租人在租赁期间死亡、宣告失踪或者宣告死亡，其共同经营人或者其他合伙人请求按照原租赁合同租赁该房屋的，人民法院应予支持。"

关于承租人能否依约定转让租赁权，《合同法》未有明确规定。本书认为，因租赁权表现为承租人在租赁期间持续占有、使用租赁物，故租赁合同有明显的人身信任性质，以不允许约定转让为宜。

二、租赁合同的终止

租赁合同因下列事由而终止：

(一) 期限届满

《合同法》第236条规定："租赁期间届满，承租人继续使用租赁物，出租人没有提出异议的，原租赁合同继续有效，但租赁期限为不定期。"因此，如果双方当事人在合同期限届满时未续签合同，又未有上述情形存在的，租赁合同自然终止。

(二) 当事人解除合同

租赁合同期限虽未届满，但出现法定或约定的情形，而由当事人双方或一方解除合同的，租赁合同也发生终止的效果。如《合同法》第232条规定，对于不定期租赁合同，出租人和承租人均可以随时解除租赁合同，但出租人解除合同应当在合理期限之前通知承租人。该规定体现了《合同法》保护处于弱势地位的承租人权益的立法倾向。又如《合同法》第231条规定，因租赁物部分或者全部毁损、灭失，致使不能实现合同目的的，承租人可以解除合同。在《租赁合同司法解释》中也有此类规定，如其第8条就规定，因下列情形之一，导致租赁房屋无法使用的，承租人可以解除合同：(1) 租赁房屋被司法机关或者行政机关依法查封的；（2）租赁房屋权属有争议的；（3）租赁房屋具有违反法律、行政法规关于房屋使用条件强制性规定情况的。

【深度阅读】

1. 王利明．论“买卖不破租赁”．中州学刊，2013（9）

2. 马勇．房屋租赁合同强制执行公证的困境与出路．华东政法大学学报，2012（1）

3. 魏秀玲．出租房屋承租人优先购买权法律问题之探讨．政法论坛，2003（3）

4. 章杰超．对所谓债权物权化的思考——以买卖不破租赁为例．法学论坛，2005（5）

5. 冯桂，黄莹．房屋转租合同的法律思考．法学，2002（9）

6. 任泰山，何文强．房屋租赁关系中承租人、次承租人优先购买权顺位探讨．当代法学，2003（7）

7. 徐晓峰．违法转租与无权处分、不当得利．法律科学（西北政法学院学报），2003（1）

8. 张艳，马强．承租人优先购买权行使条件的探讨．法律适用，2006（7）

9. 徐丽雯．论房屋承租人优先购买权的限制性保护．首都经济贸易大学学报，2010（6）

【问题与思考】

1. 为什么说“买卖不破租赁”规则体现了租赁权的物权化？
2. 出租人有哪些义务？承租人有哪些义务？
3. 承租人转租的效力如何？
4. 房屋承租人享有优先购买权的法理基础是什么？你是怎样认识这个问题的？
5. 房屋承租人是否享有优先承租权？理由何在？

第十六章
融资租赁合同

导读

融资租赁合同集融资与融物于一身，发挥融资、担保、使用等多种经济功能，具有复杂的法律结构和权利义务关系。本章主要介绍融资租赁合同的含义与特征，融资租赁合同中承租人与出租人的权利、义务等内容。应重点掌握融资租赁合同的性质、承租人的直接索赔权、出租人的取回权及免责权、融资租赁合同的解除、融资租赁合同的违约责任承担。

第一节　融资租赁合同概述

一、融资租赁合同的含义

融资租赁合同是指出租人与承租人就出租人根据承租人对出卖人、租赁物的选择，向出卖人购买租赁物，提供给承租人使用，承租人支付租金而达成的协议。由此定义可以看出，融资租赁合同具有融资、融物的双重性。从形式上看，出租人出资购买承租人指定的标的物，提供给承租人使用、收益，而不是直接提供贷款，但实质上是以融物代替融资；承租人通过向出租人融物解决自己增置生产设备的资金需求，并在此基础上追求生产利润。

二、融资租赁合同的特征

（一）缔约当事人为双方，但合同履行涉及三方

融资租赁合同的缔约当事人是出租人与承租人，但合同的履行则涉及三方当事人，除出租人和承租人外，还有租赁物的出卖人，并涉及两个合同，即融资租赁合同和出租人与出卖人之间的买卖合同。出卖人虽然不是融资租赁合同的缔约当事人，但融资租赁合同的

履行却有赖于出卖人基于买卖合同的交货义务的履行。[①] 融资租赁合同和买卖合同紧密相连，融资租赁合同的出租人为买卖合同的买受人，而买卖合同的出卖人、标的物则由融资租赁合同的承租人选定，出卖人应当直接向承租人交付标的物，而承租人则享有与受领标的物有关的买受人的权利。如果出卖人不履行买卖合同的义务，一般由承租人行使索赔的权利。但是，融资租赁合同与买卖合同之间并非包容关系或者主从关系，而是相互独立的两个合同，只是两个合同在当事人、权利义务方面均涉及对方，均有对方的当事人参与合同的履行。因此，二者均为涉他合同，其中买卖合同属于为第三人利益的合同，融资租赁合同则属于第三人给付的合同。

（二）出租人依照承租人的要求购买租赁物

融资租赁合同与租赁合同都是由出租人向承租人提供租赁物的合同，但二者在租赁物的购买上有所不同。在租赁合同中，租赁物并非出于承租人的需要和依承租人的要求购买的，而是依出租人自己的需要和要求购买的，出租人购置租赁物与租赁合同无关；而在融资租赁合同中，出租人必须按照承租人的要求购买租赁物，出租人购置租赁物的行为与出租行为是联系在一起的，是为了出租而购买租赁物的。

（三）租金实为出租人购买租赁物支出及合理利润的分期支付

在租赁合同中，租金是承租人占有、使用、收益租赁物应当支付的对价。但是，融资租赁合同中的租金并非如此，它实际上是出租人购买租赁物价款及合理利润的分期支付，具体包括租赁物的价款、利息、合理利润、其他实际支出等。在这一点上，融资租赁合同的融资性特点显露无遗。

（四）出租人对租赁物一般无瑕疵担保义务

在租赁合同中，出租人与买卖合同中的出卖人一样负有瑕疵担保义务，须使租赁物符合合同约定的使用、收益的状态，并保证第三人不对租赁物主张权利。而在融资租赁合同中，由于出租人是依承租人的指示和要求去筹措资金购买租赁物，因而，除承租人依赖出租人的技能确定租赁物或者出租人干预选择租赁物的情况外，出租人对租赁物不符合约定或者不符合使用目的不承担责任。

（五）融资租赁合同为诺成、双务、有偿、要式合同

融资租赁合同自双方当事人意思表示一致时成立，不以出租人交付租赁物为合同的成立要件。合同成立后，当事人双方都负有一定的义务，都享有一定的权利，双方的权利义务具有对价性，承租人取得租赁物的使用、收益权，是以支付租金为代价的。因此，融资租赁合同为诺成、双务、有偿合同。另外，《合同法》第238条第2款规定："融资租赁合同应当采用书面形式。"因此，融资租赁合同为要式合同。

（六）融资租赁合同在主体要求上具有特殊性

融资租赁合同中的出租人应为专门从事融资租赁业务的租赁公司，这主要是考虑融资租赁交易具有融资性，因而只有经金融管理部门批准许可经营的公司，才可从事融资租赁

---

① 参见奚晓明主编：《最高人民法院关于融资租赁合同司法解释理解与适用》，37页，北京，人民法院出版社，2014。

交易，订立融资租赁合同。[①] 虽然《合同法》并未明确作出此类规定，但规范融资租赁的部门规章则设有专条，如《金融租赁公司管理办法》（2014 年 3 月 13 日施行）第 2 条规定："本办法所称金融租赁公司，是指经银监会批准，以经营融资租赁业务为主的非银行金融机构。金融租赁公司名称中应当标明'金融租赁'字样。未经银监会批准，任何单位不得在其名称中使用'金融租赁'字样。"

理论研究

融资租赁合同的性质

对于融资租赁合同的性质，主要有以下几种学说：

（一）分期付款买卖合同说

该学说认为，租赁公司即出租人对于租赁物仅限于担保利益，承租人的租金相当于购买租赁物的价金，并且承租人在支付第一笔租金后，即可取得标的物的所有权，符合分期付款买卖的特征。这种学说将融资租赁视为分期付款买卖，从而使法律关于买卖合同的规定得以直接对其适用。[②]

（二）租赁合同说

租赁合同说又分为典型租赁合同说与非典型租赁合同说。典型租赁合同说认为，融资租赁合同是以物的使用为目的，而不是以物本身为目的；租金是物的使用的对价，而非物的对价，因此融资租赁合同在性质上与通常的租赁合同没有差异。非典型租赁合同说强调融资租赁合同的融资功能，重视合同内容中的特约，认为融资租赁非单纯的租赁，民法关于租赁的规定难以对其适用，因此将其理解为非典型的租赁合同或特殊租赁合同。[③] 法国 1966 年《融资租赁业法》将融资租赁明定为租赁。

（三）动产担保交易说

该说认为融资租赁具有动产担保交易的性质，其主要依据是：第一，美国法上，融资性租赁的性质为动产担保交易；第二，融资租赁具有与动产担保交易相同的融资功能、担保功能和使用功能；第三，动产担保交易说可以包容金钱消费借贷说和特殊租赁说的长处，且能克服各学说的缺点。[④] 此学说受到了学者的批评，认为美国法律视为动产担保交易的租赁并非现今所谓融资租赁。美国在 19 世纪后期产生了动产设备信托租赁与分期付款买卖租赁形态，二者均以担保债权为目的，被称为担保目的租赁。进入 20 世纪后，担保目的租赁通过法院判例及立法，被列入保留所有权买卖即动产担保交易之中。

本书认为，以上学说过分强调融资租赁合同的"融资"功能，而忽视了其"融物"的特征，将合同背后的经济作用与达成该经济作用的法律形式混为一谈。这些学说虽都从某一方面不同程度地揭示了融资租赁合同的本质或特征，但它们试图将其归入与之相关的买

---

① 参见王利明、房绍坤、王轶：《合同法》，352 页，北京，中国人民大学出版社，2009。

② 参见王冰路：《论融资租赁合同的性质及法律特征》，载《企业经济》，2004（6）。

③ 参见马志宇：《浅谈融资租赁合同的法律特征》，载《辽宁行政学院学报》，2006（7）。

④ 参见郑田卫：《融资租赁合同的法律适用研究》，载《中国海商法年刊》，2006（2）。

卖、租赁或借贷等某一种传统的合同形式的做法都不太合适，都失之片面。实际上，融资租赁合同应是一种集买卖、租赁和借贷等多种传统合同于一体，而又不同于其中任何一种合同的新的独立的合同类型。

三、融资租赁合同的认定

在我国的商业实践中，融资租赁业务发展较快，从最初的大型机械设备，到飞机、轮船等大型交通设备，近年来又出现了以房地产项目、城市道路、城市地下管网、知识产权等为租赁物的融资租赁交易，从而引发了如下争论：融资租赁合同的租赁物是否应有特定范围，或者说租赁物的类型对融资租赁合同的效力是否有影响。另外，有时候当事人之间签订了名为融资租赁的合同，但从合同约定内容来看，则属于其他类型的合同。此类合同应当认定无效，还是根据其内容认定为其他类型的合同。

为了解决上述争议，指导司法实践，《融资租赁合同司法解释》第 1 条规定："人民法院应当根据合同法第二百三十七条的规定，结合标的物的性质、价值、租金的构成以及当事人的合同权利和义务，对是否构成融资租赁法律关系作出认定。对名为融资租赁合同，但实际不构成融资租赁法律关系的，人民法院应按照其实际构成的法律关系处理。"依据这一规定，在认定某一合同是否构成融资租赁法律关系时，应当以《合同法》第 237 条对融资租赁合同的定义为基础，并结合标的物的性质、价值、租金构成以及当事人的权利义务，作出准确的判断。例如，有些融资租赁合同以房地产为租赁物，该司法解释的起草者并未明确否认此类"融资租赁合同"的效力，但对此类合同是否构成融资租赁合同关系，仍应进一步综合《合同法》第 237 条的规定和个案情况来认定。[①] 再如，有的"融资租赁合同"以各种收费权、知识产权等权利作为租赁标的。由于权利并非物，不符合《合同法》第 237 条对融资租赁合同的规定，因而不应将此类合同认定为融资租赁合同。但是，不能因为此类合同不构成融资租赁合同即认定该合同无效。《融资租赁合同司法解释》第 1 条出于促进交易、减少合同无效的考虑，倾向于将此类合同认定有效，只是应当按照其实际构成的合同法律关系来处理。虽然这些合同不构成融资租赁合同，但可能属于借款合同、分期付款买卖合同、收费权质押合同等。如果这些合同不违反法律、行政法规的强制性规定，则应认定为有效合同。

在实践中，有一类融资租赁具有特殊性，即售后回租。所谓售后回租，是指承租人为了实现融资的目的，将其自有物的所有权转让给出租人，再从出租人处租回该物，并按期向出租人支付租金的交易模式。与典型的融资租赁相比，售后回租的特点是出卖人与承租人是同一主体，在外观上看，与抵押贷款非常类似。不可否认，商业实践中的确存在售后回租的融资租赁模式，但并不多见。有些市场主体则利用售后回租的形式，规避相关法律及政策的要求，实现不正当的交易目的，如虚构租赁物、出租人并未完成取得租赁物所有权的法律程序等。因此，对于存在售后回租表现形式的交易，既不能一概认定其构成融资

① 参见奚晓明主编：《最高人民法院关于融资租赁合同司法解释理解与适用》，47 页，北京，人民法院出版社，2014。

租赁，也不能一概否定。基于这一考虑，《融资租赁合同司法解释》第 2 条规定："承租人将其自有物出卖给出租人，再通过融资租赁合同将租赁物从出租人处租回的，人民法院不应仅以承租人和出卖人系同一人为由认定不构成融资租赁法律关系。"也就是说，在认定此类合同的性质时，不应受"承租人和出卖人系同一人"这一特点的影响，而是应当以《合同法》第 237 条的规定为基础，结合租赁物的性质、价值、租金的构成以及当事人的合同权利和义务等因素，作出准确的判断。

四、融资租赁合同无效的法律后果

融资租赁合同作为《合同法》规定的有名合同，《合同法》总则关于合同无效的规定对其当然适用。除此之外，基于融资租赁的复杂性以及商业实践中融资租赁交易的不规范，融资租赁合同无效还有其特殊的事由。另外，法院或者仲裁机构应当在准确理解法律规定的前提下，判断融资租赁合同是否无效。例如，如果根据法律、行政法规规定，承租人对于租赁物的经营使用应当取得行政许可的，法院或者仲裁机构就不应仅以出租人未取得行政许可为由认定融资租赁合同无效（《融资租赁合同司法解释》第 3 条）。这是因为，在融资租赁法律关系中，出租人是以融物的方式向承租人提供融资，租赁物的经营使用与出租人没有直接关系。法律、行政法规规定租赁物的经营使用应当取得行政许可，针对的是租赁物的实际使用人，即承租人，而非出租人。

根据《合同法》第 58 条关于合同无效法律后果的规定，融资租赁合同被认定无效后，法院或者仲裁机构应当判决或裁决承租人向出租人返还租赁物。但是，由于融资租赁合同具有其特殊性，合同无效的处理应当综合考量合同无效的原因以及租赁物价值和使用价值的发挥。[①]《融资租赁合同司法解释》第 4 条规定，融资租赁合同被认定无效后，租赁物的处理按照如下顺序进行：(1) 如果当事人就融资租赁合同无效情形下租赁物归属有约定的，从其约定。(2) 未约定或者约定不明，且当事人协商不成的，租赁物应当返还出租人。(3) 但是，因承租人原因导致合同无效，出租人不要求返还租赁物，或者租赁物正在使用，返还出租人后会显著降低租赁物价值和效用的，法院或者仲裁机构可以判决租赁物所有权归承租人，并根据合同履行情况和租金支付情况，由承租人就租赁物进行折价补偿。

第二节　融资租赁合同的效力

一、承租人的权利与义务

(一) 承租人的权利

1. 受领租赁物的权利

《合同法》第 239 条规定："出租人根据承租人对出卖人、租赁物的选择订立的买卖合

---

① 参见奚晓明主编：《最高人民法院关于融资租赁合同司法解释理解与适用》，87 页，北京，人民法院出版社，2014。

同，出卖人应当按照约定向承租人交付标的物，承租人享有与受领标的物有关的买受人的权利。”在融资租赁合同中，出租人按照承租人的指示购买租赁物，出租人购买租赁物的目的并非在于获得租赁物的所有权，而在于通过收取租金的方式获得商业利润；出卖人应向承租人交付租赁物，承租人享有受领租赁物的权利。

2. 拒绝受领租赁物的权利

如果出卖人违反合同（包括融资租赁合同和买卖合同）约定的向承租人交付标的物的义务，承租人在下列两种情形下有权拒绝受领租赁物：（1）租赁物严重不符合约定；（2）出卖人未在约定的交付期间或者合理期间内交付租赁物，经承租人或者出租人催告，在催告期满后仍未交付（《融资租赁合同司法解释》第5条）。应当注意的是，承租人拒绝受领租赁物时，应当及时通知出租人。

3. 依约对出卖人行使直接索赔权

《合同法》第240条规定：“出租人、出卖人、承租人可以约定，出卖人不履行买卖合同义务的，由承租人行使索赔的权利。承租人行使索赔权利的，出租人应当协助。”在融资租赁合同中，因买受人为出租人，所以在出卖人违约时，一般应由出租人向出卖人行使索赔的权利。不过，考虑到融资租赁合同履行的具体特点及索赔的便利性，应当允许当事人对索赔权的行使作出约定，使承租人可以直接对出卖人行使索赔权。

4. 价值返还请求权

《合同法》第249条规定：“当事人约定租赁期间届满租赁物归承租人所有，承租人已经支付大部分租金，但无力支付剩余租金，出租人因此解除合同收回租赁物的，收回的租赁物的价值超过承租人欠付的租金以及其他费用的，承租人可以要求部分返还。”即当承租人已经支付大部分租金，但无力支付剩余租金，出租人因此解除合同时，若租赁物的剩余价值加上承租人已交付的租金大于出租人的合理利益，则出租人收回租赁物构成不当得利，承租人享有价值返还请求权，返还数额为租赁物的剩余价值与承租人欠付租金及其他费用的差额。

（二）承租人的义务

1. 按时接受出卖人交付的标的物

在融资租赁合同中，承租人负有按照合同的约定及时接受出卖人交付的标的物的义务。承租人在接受标的物时，应按照合同的约定及时对标的物进行验收，并应当将收到标的物的情形通知出租人。承租人无正当理由不得拒收租赁物，否则须承担违约责任。

2. 承担占有租赁物期间租赁物毁损、灭失的风险

在融资租赁中，出租人的主要职责是融资，并不管控租赁物。租赁物是由承租人选定，并由出卖人直接交付承租人占有、使用。如果按照通常的风险负担规则，由所有权人承担标的物毁损、灭失的风险，对出租人有失公平。因此，承租人占有租赁物期间，租赁物毁损、灭失的风险应当由承租人承担（《融资租赁合同司法解释》第7条）。

3. 按照约定支付租金

在融资租赁期间，承租人应当按照合同约定向出租人支付租金，这是承租人的基本义务。《合同法》第243条规定：“融资租赁合同的租金，除当事人另有约定的以外，应当根据购买租赁物的大部分或者全部成本以及出租人的合理利润确定。”可见，融资租赁合同的

租金不是承租人使用租赁物的对价，而是出租人向承租人提供融资的对价，出租人是通过收取租金的形式收回其向出卖人购买租赁物所支付的价款。

承租人对出卖人行使索赔权，不影响其履行融资租赁合同项下支付租金的义务。但是，承租人以依赖出租人的技能确定租赁物或者出租人干预选择租赁物为由，主张减轻或者免除相应租金支付义务，法院或者仲裁机构应予支持（《融资租赁合同司法解释》第6条）。

如前所述，承租人应当承担租赁物毁损、灭失的风险。在承租人占有、使用期间，租赁物毁损、灭失的，承租人应当继续履行支付租金的义务，但当事人另有约定或者法律另有规定的除外（《融资租赁合同司法解释》第7条）。

4. 保管和维修租赁物

《合同法》第247条规定："承租人应当妥善保管、使用租赁物。承租人应当履行占有租赁物期间的维修义务。"根据这一规定，承租人对租赁物不仅负有妥善保管的义务，而且负有维修的义务。

5. 合同终止时返还租赁物

《合同法》第250条规定："出租人和承租人可以约定租赁期间届满租赁物的归属。对租赁物的归属没有约定或者约定不明确，依照本法第六十一条的规定仍不能确定的，租赁物的所有权归出租人。"可见，在融资租赁合同终止时，如果当事人对租赁期间届满租赁物的归属没有特别约定的，承租人应将租赁物返还给出租人。

二、出租人的权利与义务

（一）出租人的权利

1. 一定条件下的瑕疵担保免责权

在租赁合同中，出租人应当对租赁物在租赁期间的可使用性作出保证。但在融资租赁合同中，出租人可依法免除这项义务。《合同法》第244条规定："租赁物不符合约定或者不符合使用目的的，出租人不承担责任，但承租人依赖出租人的技能确定租赁物或者出租人干预选择租赁物的除外。"

典型案例

甲租赁公司与乙企业的租赁物瑕疵担保纠纷案

甲租赁公司与乙企业签订一份合同，约定由甲租赁公司投资购买德国的一条生产线并出租给乙企业。合同签订后，德国供货商按照甲租赁公司指定的设备及约定的日期将生产线设备交付给乙企业，乙企业出具了验收证明并将受领设备的事实通知了甲租赁公司。乙企业利用该生产线进行生产一个月后，发现该设备存在严重缺陷，无法正常使用。乙企业就向甲租赁公司提出减少租金，并由甲租赁公司对该生产线设备进行维修的要求。而甲租赁公司则认为，它只是为乙企业购买设备，设备存在缺陷属于供货商的责任，不应由其承担责任。双方协商不成，乙企业遂诉至法院。

甲租赁公司对乙企业承租的租赁物是否应承担瑕疵担保义务？

本书认为，在本案中，甲租赁公司应对乙企业租赁的生产线的瑕疵承担担保义务。融资租赁合同的出租人是以融物的形式向承租人提供融资的，其主要义务是出资购买租赁物提供给承租人使用收益。出租人与供货商之间的权利义务中与受领标的物有关的内容由承租人承受。在租赁期间，租赁物的维修也由承租人负责。正因为如此，融资租赁合同的出租人对租赁物的瑕疵一般不负担保义务。但《合同法》第244条规定，在承租人依赖出租人的技能确定租赁物或者出租人干预选择租赁物的例外情形下，出租人对租赁物应承担瑕疵担保义务。

在本案中，甲租赁公司并不是根据承租人的选择决定出卖人和租赁物的，而是自己选择了供货商；该供货商也是按照甲租赁公司的指定提供设备的，应属于“承租人依赖出租人的技能确定租赁物或者出租人干预选择租赁物”的情形，因此，根据《合同法》的规定，甲租赁公司应当对乙企业承租的该设备承担瑕疵担保义务。

2. 风险负担免责权

在融资租赁合同中，出租人风险负担免责权存在的依据主要为：融资租赁合同的租金是融资的对价，并非如租赁合同的租金是使用收益的对价，因而只要出租人按承租人的指示购买了租赁物，支付了价款，就履行了租金的对待给付义务，即使因不可归责于当事人双方的事由造成租赁物毁损、灭失，承租人仍须支付租金，承担租赁物毁损、灭失的风险。

3. 租赁物造成第三人损害的免责权

《合同法》第246条规定：“承租人占有租赁物期间，租赁物造成第三人的人身伤害或者财产损害的，出租人不承担责任。”

典型案例

乙钢铁厂因租赁物造成第三人损害诉丙租赁公司赔偿纠纷案

黎某是甲集装公司的负责人，在与乙钢铁厂洽谈合作项目时，到该厂参观。当参观至某车间时，突然发生爆炸事故，致使黎某严重伤残，后经住院治疗，支出医疗费若干元。黎某遂向乙钢铁厂索赔，乙钢铁厂也按照黎某的伤残情况作出了赔偿。由于引起这次事故的锅炉是乙钢铁厂向丙租赁公司通过订立融资租赁合同租来的设备中的一部分，于是，乙钢铁厂以租赁物存在瑕疵并造成严重事故为由，向法院起诉，要求丙租赁公司承担损害赔偿责任。法院在调查中查明以下事实：第一，引起事故的原因是车间内锅炉的一个阀门松动了；第二，该锅炉是乙钢铁厂自己选择并确定出卖人的；第三，锅炉阀门松动并非租赁物的瑕疵所致，而是乙钢铁厂使用不当所致。

谁应当对黎某的伤害负责？

本案的关键在于确定黎某的损害是因租赁物本身的瑕疵还是租赁物的设置、使用、保管不当所致，以及该损害是否发生在租赁期间内。在本案中，租赁物处于乙钢铁厂占有期间，并且是因租赁物给黎某造成人身伤害的。从法院查明的事实来看，租赁物和出卖人均是由乙钢铁厂自己选定的，因此，根据《合同法》第244条的规定，丙租赁公司不承担瑕疵担保义务。此外，锅炉阀门松动不属于租赁物的质量瑕疵，而是因乙钢铁厂使用时过失所致，因此，丙租赁公司无须承担责任。当然，如果本案属于租赁物质量有瑕疵的情形，则乙钢铁厂可以根据《合同法》第 240 条行使作为买受人的权利，向出卖人索赔。乙钢铁厂也可根据《产品质量法》的有关规定向设备的生产者索赔。

4. 向承租人索赔权

如前所述，在出卖人违反合同（包括融资租赁合同和买卖合同）约定的向承租人交付标的物的义务时，承租人在下列两种情形下有权拒绝受领租赁物：(1) 租赁物严重不符合约定；(2) 出卖人未在约定的交付期间或者合理期间内交付租赁物，经承租人或者出租人催告，在催告期满后仍未交付。但是，承租人拒绝受领租赁物后，未及时通知出租人，或者无正当理由拒绝受领租赁物，造成出租人损失，出租人享有向承租人主张损害赔偿的权利。

5. 租赁物归属不明时取得租赁物所有权的权利

《合同法》第 250 条规定："出租人和承租人可以约定租赁期间届满租赁物的归属。对租赁物的归属没有约定或者约定不明确，依照本法第六十一条的规定仍不能确定的，租赁物的所有权归出租人。"

如果当事人约定租赁期间届满后租赁物归出租人，但租赁物因毁损、灭失或者附合、混同于他物导致承租人不能返还，出租人可以要求承租人给予合理补偿（《融资租赁合同司法解释》第 10 条）。

6. 排除善意取得制度适用的权利

在融资租赁合同履行过程中，租赁物一直在承租人的控制之下。如果承租人或租赁物的实际使用人未经出租人同意转让租赁物，第三人能否依《物权法》第 106 条规定的善意取得制度，取得租赁物的所有权。针对这一问题，《融资租赁合同司法解释》第 9 条作出了规定。首先，承租人或者租赁物的实际使用人，未经出租人同意转让租赁物或者在租赁物上设立其他物权，第三人可以依据《物权法》第 106 条的规定取得租赁物的所有权或者其他物权，出租人无权主张第三人物权权利不成立。其次，在下列情形下，出租人可以排除善意取得制度的适用，主张第三人的物权权利不成立：(1) 出租人已在租赁物的显著位置作出标识，第三人在与承租人交易时知道或者应当知道该物为租赁物；(2) 出租人授权承租人将租赁物抵押给出租人并在登记机关依法办理抵押权登记；(3) 第三人与承租人交易时，未按照法律、行政法规、行业或者地区主管部门的规定在相应机构进行融资租赁交易查询；(4) 出租人有证据证明第三人知道或者应当知道交易标的物为租赁物的其他情形。

(二) 出租人的义务

1. 购买租赁物并不得擅自变更合同中与承租人有关的内容

在融资租赁合同中，租赁物的规格、功能、质量、数量等均关系到承租人的利益，只有满足承租人的要求，融资租赁合同才有意义，因而出租人须按承租人指示购买租赁物，未经承租人同意不得变更合同中与承租人有关的内容。

2. 交付租赁物

由于融资租赁合同在性质上兼具融资与传统租赁的要素，因而出租人也应负有标的物交付义务，但其交付不同于出卖人的现实交付，而是观念交付。在实践中，承租人从出卖人处取得租赁物且向出租人发出租赁物受领通知，一般即视为出租人已履行其交付义务。

3. 保证承租人占有、使用租赁物

《合同法》第245条规定："出租人应当保证承租人对租赁物的占有和使用。"承租人订立融资租赁合同的目的在于对租赁物的使用、收益，故出租人须保证承租人在租赁期间内对租赁物的占有和使用。因出租人非法干预承租人对租赁物的正常使用或者擅自取回租赁物，造成承租人损失的，出租人应承担赔偿责任。

4. 特定情况下出租人的赔偿责任

一般情况下，出卖人应承担租赁物的质量、数量不符合合同约定时的违约责任，而出租人对此是不负责任的。但是，如果出租人损害承租人对租赁物的占有或使用，或者实施其他损害承租人利益的行为，承租人有权要求出租人赔偿损失。与此相关的论述请见下节。

第三节　融资租赁合同的解除与违约责任承担

一、融资租赁合同的解除

关于合同的解除，《合同法》第93、94条分别规定了约定解除和法定解除的情形。这些规定当然适用于融资租赁合同的解除，不再详述。

不过，融资租赁合同与买卖合同紧密相连，且其履行具有鲜明的特点，其合同解除的事由更为复杂，有必要加以特别规定。正是基于这一考虑，《融资租赁合同司法解释》专门规定了"合同的解除"。

（一）出租人与承租人均可解除合同的情形

出租人与承租人均可解除融资租赁合同的情形包括：(1) 出租人与出卖人订立的买卖合同解除、被确认无效或者被撤销，且双方未能重新订立买卖合同；(2) 租赁物因不可归责于双方的原因意外毁损、灭失，且不能修复或者确定替代物；(3) 因出卖人的原因致使融资租赁合同的目的不能实现（《融资租赁合同司法解释》第11条）。

（二）出租人可以解除合同的情形

出租人可以解除融资租赁合同的情形包括：(1) 承租人未经出租人同意，将租赁物转让、转租、抵押、质押、投资入股或者以其他方式处分租赁物；(2) 承租人未按照合同约定的期限和数额支付租金，符合合同约定的解除条件，经出租人催告后在合理期限内仍不支付；(3) 合同对于欠付租金解除合同的情形没有明确约定，但承租人欠付租金达到两期以上，或者数额达到全部租金15%以上，经出租人催告后在合理期限内仍不支付；(4) 承租人违反合同约定，致使合同目的不能实现的其他情形（《融资租赁合同司法解释》第12条）。

（三）承租人可以解除合同的情形

因出租人的原因致使承租人无法占有、使用租赁物，承租人可以请求解除融资租赁合同（《融资租赁合同司法解释》第13条）。

（四）解除融资租赁合同的效力

首先，《合同法》第 97 条有关解除效力的规定当然适用于融资租赁合同的解除。其次，基于融资租赁合同当事人之间权利义务关系及合同解除原因的复杂性，融资租赁合同解除的效力具有其特殊性，具体表现在：（1）融资租赁合同因租赁物交付承租人后意外毁损、灭失等不可归责于当事人的原因而解除，出租人可以要求承租人按照租赁物折旧情况给予补偿（《融资租赁合同司法解释》第 15 条）。（2）融资租赁合同因买卖合同被解除、被确认无效或者被撤销而解除，出租人可以根据融资租赁合同约定，或者以融资租赁合同虽未约定或约定不明，但出卖人及租赁物系由承租人选择为由，主张承租人赔偿相应损失。但是，出租人的损失已经在买卖合同被解除、被确认无效或者被撤销时获得赔偿的，应当免除承租人相应的赔偿责任（《融资租赁合同司法解释》第 16 条）。

另外，《融资租赁合同司法解释》第 8 条规定，出租人转让其在融资租赁合同项下的部分或者全部权利，受让方不得以此为由请求解除或者变更融资租赁合同。

二、融资租赁合同的违约责任承担

《合同法》第七章“违约责任”的相关规定当然适用于融资租赁合同当事人，自不赘言。此处仅介绍融资租赁合同违约责任承担的特殊规则。

（一）出租人违约责任的承担

第一，出租人有下列情形之一，影响承租人对租赁物的占有和使用，承租人可以依照《合同法》第 245 条的规定，要求出租人赔偿相应损失：（1）无正当理由收回租赁物；（2）无正当理由妨碍、干扰承租人对租赁物的占有和使用；（3）因出租人的原因导致第三人对租赁物主张权利；（4）不当影响承租人对租赁物占有、使用的其他情形（《融资租赁合同司法解释》第 17 条）。

第二，出租人有下列情形之一，导致承租人对出卖人索赔逾期或者索赔失败，承租人可以要求出租人承担相应责任：（1）明知租赁物有质量瑕疵而不告知承租人；（2）承租人行使索赔权时，未及时提供必要协助；（3）怠于行使融资租赁合同中约定的只能由出租人行使对出卖人的索赔权；（4）怠于行使买卖合同中约定的只能由出租人行使对出卖人的索赔权（《融资租赁合同司法解释》第 18 条）。

第三，租赁物不符合融资租赁合同的约定且出租人实施了下列行为之一，承租人可以依照《合同法》第 241、244 条的规定，要求出租人承担相应责任：（1）出租人在承租人选择出卖人、租赁物时，对租赁物的选定起决定作用；（2）出租人干预或者要求承租人按照出租人意愿选择出卖人或者租赁物；（3）出租人擅自变更承租人已经选定的出卖人或者租赁物。不过，承租人主张其系依赖出租人的技能确定租赁物或者出租人干预选择租赁物，应当对上述事实承担举证责任（《融资租赁合同司法解释》第 19 条）。

（二）承租人违约责任的承担

第一，承租人逾期履行支付租金义务或者迟延履行其他付款义务，出租人可以按照融资租赁合同的约定要求承租人支付逾期利息、相应违约金（《融资租赁合同司法解释》第 20 条）。

第二，如果出租人既请求承租人支付合同约定的全部未付租金，又请求解除融资租赁合同，法院或者仲裁机构应告知其依照《合同法》第248条的规定作出选择。出租人请求承租人支付合同约定的全部未付租金，法院判决或者仲裁机构裁决后承租人未予履行，出租人再行起诉请求解除融资租赁合同、收回租赁物的，法院或者仲裁机构应予受理（《融资租赁合同司法解释》第21条）。

第三，出租人依照《融资租赁合同司法解释》第12条的规定请求解除融资租赁合同，可以同时请求收回租赁物并赔偿损失。损失赔偿范围为承租人全部未付租金及其他费用与收回租赁物价值的差额。合同约定租赁期间届满后租赁物归出租人所有的，损失赔偿范围还应包括融资租赁合同到期后租赁物的残值（《融资租赁合同司法解释》第22条）。

（三）租赁物价值的确定

在违约诉讼期间，如果承租人与出租人对租赁物的价值有争议，法院或者仲裁机构可以按照融资租赁合同的约定确定租赁物价值；融资租赁合同未约定或者约定不明的，可以参照融资租赁合同约定的租赁物折旧以及合同到期后租赁物的残值确定租赁物价值。承租人或者出租人认为依上述方式确定的价值严重偏离租赁物实际价值的，可以请求法院或者仲裁机构委托有资质的机构评估或者拍卖确定（《融资租赁合同司法解释》第23条）。

（四）欠付租金纠纷的诉讼时效期间

《民法通则》第135条规定，普通诉讼时效期间为2年，但法律另有规定的除外。《民法通则》第136条规定了四种诉讼时效期间为1年的情形，其中包括“延付或者拒付租金”。对于司法实务中出现的融资租赁合同当事人之间的欠付租金纠纷，究竟应适用2年普通诉讼时效期间，还是1年短期诉讼时效期间，存有争议。为了解决这一问题，《融资租赁合同司法解释》第25条规定：“当事人因融资租赁合同租金欠付争议向人民法院请求保护其权利的诉讼时效期间为两年，自租赁期限届满之日起计算。”之所以规定适用2年普通诉讼时效期间，原因在于融资租赁合同中的租金具有特殊性，且我国诉讼时效期间较短，如果再适用短期诉讼时效期间，对权利人保护不利。

【深度阅读】

1. 高圣平，王思源．论融资租赁交易的法律构造．法律科学（西北政法大学学报），2013（1）

2. 马思萍．论融资租赁合同的基本特征．当代法学，2006（4）

3. 蔡庆辉．试论融资租赁合同．河北法学，2006（8）

4. 林珂东．浅谈融资租赁合同．学理论，2011（6）

5. 姬新江，李利．论融资租赁合同中承租人的索赔权．当代法学，2005（11）

6. 程卫东．国际融资租赁法律问题研究．现代法学，2006（7）

7. 付荣．制约我国融资租赁业发展的法律瓶颈及其破解．法学，2006（7）

【问题与思考】

1. 融资租赁合同有何特征？

2. 融资租赁合同中当事人的权利义务关系是怎样的？

3. 买卖合同对融资租赁合同的影响有哪些？

4. 在哪些情形下，出租人可以排除善意取得制度对租赁物的适用？

5. 出租人有哪些免责权？

第十七章 承揽合同

导读

本章介绍承揽合同的含义与特征、承揽合同的效力等问题。应重点掌握承揽合同的特征，承揽合同与买卖合同、雇佣合同的区别，定作人与承揽人的权利和义务。

第一节　承揽合同概述

一、承揽合同的含义与特征

承揽合同是当事人双方就承揽人按照定作人的要求完成工作并交付工作成果，定作人支付报酬而达成的协议。完成工作并交付工作成果的一方称为承揽人，接受承揽人的工作成果并给付报酬的一方称为定作人，承揽人完成的工作成果称为定作物。承揽活动与人们的生产、生活息息相关，是现实社会生活中广泛存在的合同类型。

承揽合同具有以下特征：

(一) 承揽合同是承揽人独立地完成工作的合同

承揽人以自己的设备、技术和劳务独立地为定作人完成一定的工作，并交付工作成果。在承揽合同关系中，定作人所注重的是承揽人的人力、技术设备等劳动条件，因为这些劳动条件对工作成果起决定作用，而工作成果的质量水平决定着定作人的特殊物质利益能够得到保障的程度，所以，承揽人独立为定作人完成一定工作是承揽合同的特点之一。当然，定作人所需要的不是承揽人的单纯劳务，而是其劳务的结果即工作成果，承揽人的劳务体现在其完成的工作成果上。

(二) 承揽合同的标的具有特定性

承揽合同的标的是承揽人完成并交付的工作成果。这一工作成果既可以是体力劳动成果，也可以是脑力劳动成果，但它必须具有特定性，是按照定作人的特定要求，能够满足定作人特殊需要的物或其他财产。承揽合同的标的物是不能通过市场大量供应的，而只能由承揽人依定作人的要求通过自己的劳动技能来完成。

（三）承揽合同一般是继续性合同

承揽合同一般都不能即时履行，因为承揽人的工作常常需要持续一段时间，此点与雇佣合同、劳动合同、合伙合同、租赁合同、借用合同、保管合同、仓储合同一样，属于继续性合同。

（四）承揽合同是双务、有偿、诺成、不要式合同

承揽合同一经成立，当事人双方便都负有一定义务，且双方的义务具有对应性，一方的义务即为他方的权利，所以是双务合同。在承揽合同关系中，承揽人的义务表现为按照定作人的要求完成工作，交付工作成果；定作人的义务则表现为受领该工作成果并支付约定的报酬。双方当事人中的任何一方从另一方获益均应作出价值对等的给付，所以承揽合同为有偿合同。当事人双方意思表示一致，承揽合同即可成立，而不以当事人一方交付标的物为合同成立要件，所以承揽合同是诺成合同。当事人的意思表示可以采用口头形式，也可以采用书面形式，所以承揽合同是不要式合同。

二、承揽合同的分类

根据承揽合同具体内容的不同，可以将承揽合同分为如下类型：

1. 加工合同

加工合同是指定作人向承揽人提供原材料，承揽人按照定作人的要求，以自己的技能、设备和劳务为对原材料进行加工，并将加工制成品交付给定作人，定作人支付报酬的合同。

2. 定作合同

定作合同是指承揽人按照定作人的要求，以自己的技能、设备和劳务对自己的原材料进行加工，并将加工制成品交付给定作人，定作人支付报酬的合同。定作合同与加工合同的最大区别就在于原材料的提供者不同：定作合同由承揽人提供原材料，而加工合同则是由定作人提供原材料。

3. 修理合同

修理合同是指承揽人按照定作人的要求，修理定作人交付的有损坏的物品，定作人支付报酬的合同。至于修理所能达到的程度，则取决于物品的毁损程度以及定作人的要求，并不以完全修复为必要。

4. 复制合同

复制合同是指承揽人根据定作人提供的样品，复制与样品相同的制成品，并将制成品交付给定作人，定作人支付报酬的合同。复制合同的原材料原则上由定作人提供，但不排除双方约定由承揽人提供原材料的情况。

5. 测试合同

测试合同是指承揽人根据定作人的要求，对定作人指定的项目或工程进行测试，并将获得的测试结果交付定作人，定作人支付报酬的合同。

6. 检验合同

检验合同是指承揽人根据定作人的要求，对定作人指定的检验品进行检验，并将检验

结论交付定作人，定作人支付报酬的合同。

三、承揽合同与其他合同的区别

在实践中，承揽合同有时与买卖合同、雇佣合同难以区分，导致法律适用的困难。一般而言，要确定一个合同是否属于承揽合同，最基本的方法是看当事人的基本权利义务的内容。如果一方的义务是按对方的要求完成工作并交付工作成果，对方的义务是接受工作成果并支付报酬，而又无法律特别规定为其他有名合同（如建设工程合同、运输合同等），则该合同为承揽合同。如不具有上述基本的权利义务，则该合同并非承揽合同。

（一）承揽合同与买卖合同的区别

承揽合同与买卖合同区别的关键在于：承揽合同是以完成一定的工作并交付工作成果为目的的合同，而买卖合同则是以转移标的物所有权为目的的合同。在承揽合同中，双方当事人的权利义务所指向的对象主要是一定的行为及其成果；而在买卖合同中，双方当事人的权利义务所指向的对象都是一定的物。

具体而言，二者的区别表现在以下几个方面：

1. 买卖合同的标的物既可以是特定物，也可以是种类物。在现代社会中，买卖合同的标的物一般都是种类物。但在承揽合同中，如果工作成果是有形的，则其标的物是特定物；如果工作成果是无形的，就根本不存在物的转移。另外，买卖合同必须要转移标的物的所有权，这是卖方最基本的合同义务；而在承揽合同中，如涉及转移标的物所有权，其仅是合同的从属义务。

2. 买卖合同的标的物在合同成立时既可能存在，也可能根本不存在；而承揽合同的工作成果在合同成立时绝对不存在，只能在承揽人完成工作后方可能存在。

3. 在承揽合同中，承揽人要亲自完成主要工作，以满足定作人的特殊需要；而在买卖合同中，卖方既可以自己生产标的物，也可以从他人处购买，或者将生产工作完全交由第三人完成。

4. 在买卖合同中，买方对卖方仅得请求交付符合质量要求的标的物，对卖方无检验监督的权利；在承揽合同中，定作人有权对承揽人的工作进行检验监督，同时负有协助义务，而且定作人违反协助义务后果严重的，甚至可能导致承揽人解除合同。

5. 承揽合同标的物毁损、灭失的风险，在工作成果完成前，只能由承揽人承担；而在买卖合同中，标的物毁损、灭失的风险，当事人可以约定自合同成立时起由卖方转移给买方。

典型案例

某钢铁公司诉某机械厂承揽合同纠纷案

某年4月，某机械厂与某钢铁公司订立了一份买卖合同。某钢铁公司从某机械厂购买应用于M设备的配件三套，每套单价1 000元。因为某机械厂生产的配件不能完全符合M设备的要求，故某钢铁公司要求某机械厂按其提供的图纸进行生产，某机械厂同意，并在合同中注明了这一点。同年6月，三套配件做成并运至某钢铁公司，某钢铁公司随即按合同支付了货款。7月初，某钢铁公司在安装配件之前进行测试时发现配件存在一些问题，即要求某机械厂来人处理。经修理后，某钢铁公司安装时发现M设备远远达不到技术要求，原因是某机械厂的配件没有完全按某钢铁公司提供的图纸制作。由于配件存在以上问题，致使M设备无法正常投入使用。某钢铁公司受到损失，遂向法院提起诉讼。①

该案中的合同是买卖合同，还是承揽合同？合同性质的不同对案件的结果有无影响？本案应如何处理？

在本案中，某钢铁公司要求某机械厂按其提供的图纸进行生产，双方所签订的合同名为买卖合同，实为承揽合同。虽然依买卖合同规则，卖方交付的标的物存在质量瑕疵时也应承担违约责任，但是两种法律关系所确定的当事人的权利义务是不一样的。在承揽合同中，承揽人应保证完成的工作成果符合定作人的质量要求，定作人有权对承揽人的工作情况进行监督和检查，如果承揽人没有按照定作人的要求进行工作，应当承担相应的违约责任。但在买卖合同中，买受人则无权对出卖人的生产情况进行检查。由于某机械厂没有完全按照某钢铁公司提供的图纸制作配件，构成违约行为，某钢铁公司可以要求某机械厂承担修理、重作、减少报酬、赔偿损失等违约责任。

（二）雇佣合同与承揽合同的区别

《合同法》并未规定雇佣合同。最高人民法院《关于审理人身损害赔偿案件适用法律若干问题的解释》第9条规定，所谓从事雇佣活动，是指从事雇主授权或者指示范围内的生产经营活动或者其他劳务活动。这是我国法律对雇佣合同的界定。

关于雇佣合同与承揽合同的区别，有学者认为有以下几个方面：（1）从双方当事人的地位看，雇佣合同中的雇佣人与受雇人之间存在隶属关系；而承揽人除了按照合同的约定提供服务之外，不受定作人的管理与监督。（2）承揽合同强调工作的完成及工作成果的交付；雇佣合同则强调劳务本身，并不重视劳务的结果。（3）承揽合同是私法上的合同，适用合同自由原则；而雇佣合同则很大程度上受到公法的调整，在现代甚至可以说它已不属于私法上的合同。②

亦有学者认为二者的区别在于：（1）从受雇的时间来看，如果是长期的，一般都是雇佣合同；如果是短期的，则一般都是承揽合同。（2）从工作性质来看，如从事的是日常业务，则是雇佣合同；如果是处理临时事务，则是承揽合同。（3）从提供工具和设施的主体来看，如为受雇人提供工具和设备，则是雇佣合同；如受雇人自备工具和设备的，则是承揽合同。③

实践中，上述标准能够对雇佣合同和承揽合同进行大致判别，但不能彻底解决二者的区分问题。本书认为，二者的区别主要在于：（1）雇佣合同以直接提供劳务为目的；而承

---

① 参见王泽功：《承揽合同案例评析》，9～18页，北京，知识产权出版社，2003。

② 参见谢友清、张春华、曹佃州：《浅论承揽合同与雇佣合同的区分规则》，载《西南科技大学学报》，2006（3）。

③ 参见韩学平、张治民：《试论承揽合同与雇佣合同的区分》，载《北方经贸》，2001（3）；施佰军、朱朝晖：《从一起管辖权异议案件看承揽合同与买卖合同》，载《河南公安高等专科学校学报》，2005（10）。

揽合同中提供劳务仅是完成工作成果的手段。(2)雇佣合同履行中所生风险由接受劳务的雇佣人承担；而承揽合同履行中所生风险由完成工作成果的承揽人承担。(3)雇佣合同的受雇人在一定程度上要受雇佣人的支配，在完成工作中要听从雇佣人的安排、指挥；承揽合同的当事人之间不存在支配与服从的关系，承揽人在完成工作中具有独立性。不过，有的受雇人在实际工作中也具有相对的工作自主性和独立性，有的定作人也会对承揽人的工作作出具体的指示并现场指挥（如家庭装修等）。

典型案例

承揽工作中触电身亡索赔案

2008年3月，孙某的丈夫姚某为曾某购买的某房屋做贴地板砖工程。当月18日晚上9点多钟，姚某在喝了酒后一个人进入了曾某的房屋，准备加班给其贴地板砖，结果3月19日早上8点多钟被发现死在了曾某的房屋内。公安部门经调查后发现，姚某为给室内贴地板砖而自己架设了用电线路，姚某系触电死亡。姚某为曾某房屋贴地板砖的价格是8元/m^2，一共贴了60m^2，事故发生后，曾某已经将480元工程款结算给孙某。但孙某认为，姚某与曾某之间存在雇佣关系，因此曾某应为姚某的死亡负赔偿责任。而曾某则认为双方系承揽合同关系，姚某在从事承揽工作过程中发生事故，责任应由其自己承担。双方对此争执不下，遂诉至法院。

曾某与姚某之间所成立的是承揽合同还是雇佣合同？本案应如何处理？

本书认为，曾某与姚某之间系承揽合同关系。首先，在本案中，受害人姚某的工作是完成为曾某的房屋贴地板砖这一工程，这显然是以完成工作成果为目的的，而提供劳务仅仅是一种手段；其次，曾某与姚某之间不存在控制、支配、从属的关系，姚某可以自由选择时间，自由进出曾某的房屋，即在完成工作中具有独立性，不受曾某的安排、指挥，没有工作时间的限制，其报酬也是一次性结算的。因此，曾某与姚某之间系承揽合同关系，而非雇佣关系。依照《人身损害赔偿司法解释》第10条，承揽合同履行过程中所产生的风险由承揽人自己承担，定作人仅对定作、指示或者选任上的过失，承担相应赔偿责任。因此，本案中孙某要求曾某赔偿的请求不应得到法院的支持。

第二节 承揽合同的效力

一、承揽人的权利与义务

(一)承揽人的权利

承揽人应按合同约定完成工作并交付工作成果，定作人应接受该工作成果并支付约定报酬，这是双方当事人的基本义务。承揽合同的标的是动产，且定作人未支付报酬或材料价款的，承揽人对完成的工作成果享有留置权。留置权是一种法定担保物权，所以一旦债务人（承揽合同中的定作人）不履行债务时，债权人（承揽合同中的承揽人）就可以留置其占有的定作人的动产并以此作为担保。承揽人留置财产后，给定作人的履行期限应不少于2个月。留置物折价或拍卖、变卖后，其价款超过债权数额的部分，应返还给债务人。对不足部分债务人仍应负清偿责任。但是，即使是动产，当事人也可以约定不得留置。① 此外，承揽合同的标的是不动产的，承揽人不得行使留置权。

（二）承揽人的义务

1. 亲自完成主要工作的义务

《合同法》第253条规定，承揽人应当以自己的设备、技术和劳力完成主要工作，但当事人另有约定的除外。之所以要求承揽人必须亲自完成其承揽工作的主要部分，是由承揽合同的人身信任性质所决定的。

承揽人将其承揽的主要工作交由第三人完成的，应当就该第三人完成的工作成果向定作人负责；未经定作人同意的，定作人也可以解除合同。承揽人可以将其承揽的辅助工作交由第三人完成，并且承揽人应当就该第三人完成的工作成果向定作人负责。

2. 合理使用材料的义务

承揽合同既可由承揽人提供材料，也可由定作人提供材料。如承揽人提供材料，承揽人应当按照约定选用材料，并接受定作人检验。如定作人提供材料，承揽人应当及时检验，发现不符合约定时，可拒绝进行承揽工作，并应当及时通知定作人予以调换或补齐。此外，承揽人不得擅自更换定作人提供的材料，也不得更换不需要修理的零部件。

3. 及时通知、接受监督的义务

承揽人发现定作人提供的图纸或者技术要求不合理，应当及时通知定作人，以避免给定作人造成损失。承揽人在工作期间，应当接受定作人必要的监督、检验，以使定作人了解工作完成情况，及时发现和解决问题。

4. 交付工作成果的义务

承揽人完成工作后，应当向定作人交付工作成果，并提交必要的技术资料和有关质量证明。此项义务可以说是承揽人最主要的一项义务，也是定作人实现其目的的体现。在实际交付工作成果之前，承揽人对已完成的工作成果以及定作人提供的材料，应予以妥善保管。

二、定作人的权利与义务

（一）定作人的权利

1. 变更承揽工作的权利

《合同法》第258条规定，定作人有权中途变更承揽工作的要求，但因此给承揽人造成损失的，应当赔偿损失。

2. 随时解除承揽合同的权利

《合同法》第268条规定："定作人可以随时解除承揽合同，造成承揽人损失的，应当赔偿损失。"承揽合同是定作人为了满足其特殊需求而订立的，承揽人根据定作人的指示进

---

① 参见郭洁：《承揽合同的若干法律问题研究》，载《政法论坛》，2000（6）。

行工作，如果定作人在合同成立后因情势发生变更等原因致其获得承揽人交付的工作成果已无必要，继续履行合同已无实际意义，就可以随时解除合同，但应承担因自己解除合同给承揽人造成损失的赔偿责任。许多国家的民法都赋予了定作人随时解除合同的权利。如《日本民法典》第641条规定，在承揽人未完成工作期间，定作人无论何时都得赔偿损害而解除合同。根据承揽合同的特点，参照国外有关立法例，《合同法》也作了同样的规定，赋予定作人随时解除合同的权利。此处的"随时"意味着解除权的行使在时间上不受限制，可以是合同生效后至履行完毕前的任何时间。

定作人行使解除权是无条件的，只要定作人认为自己不再需要继续此项工作，即可随时予以解除。[①] 定作人行使解除权，不以赔偿承揽人的损失为前提，赔偿承揽人的损失是解除合同的法律后果，而不是定作人行使解除权的条件。因此，无论承揽人有无过错，是否已经开始工作，定作人均可解除合同。

合同解除后，承揽人应当将已完成的部分工作成果交付定作人。定作人提供材料的，如有剩余，承揽人也应当返还定作人。定作人预先支付报酬的，在扣除已完成部分的报酬后，承揽人应当将剩余部分返还定作人。

（二）定作人的义务

1. 按照约定提供材料的义务

在某些承揽合同中，原材料由定作人提供。定作人及时提供质优量足且符合定作物使用目的的原材料，是承揽人履行合同进行加工制作等活动并取得圆满成功的前提。因此，合同应当明确约定提供原材料的时间、数量、质量、规格以及验收标准。

2. 协助工作的义务

承揽合同是双务合同，其最终完成需要双方的努力协作。没有定作人的协作与支持，承揽人无法开始工作。即使承揽人已顺利进入履行阶段，当发现定作人提供的图纸或技术要求存在谬误时，仍然需要双方配合解决。

3. 支付报酬的义务

定作人支付报酬的义务即承揽人请求报酬的权利。

对于支付报酬的标准，合同有约定的，按照约定支付。没有约定但有国家定价的，按照国家定价履行。没有国家定价的，按通常标准支付。所谓通常标准，是指以工作成果交付的当地当时即合同履行地同种类工作的市场价格为报酬标准。定作人支付报酬的表现形式，一般应为货币形式，当事人另有约定时，也可以交付实物作为报酬。[②]

对于支付报酬的期限，合同有约定的，定作人应当按照约定的期限支付。没有约定或者约定不明确的，可以协议补充；不能达成补充协议的，按照合同有关条款或者交易习惯确定；按照上述方法仍不能确定的，定作人应当在承揽人交付工作成果时支付；工作成果部分交付的，定作人应当相应支付。

【深度阅读】

1. 佟欣秋．承揽合同与买卖合同的性质辨析．辽宁师范大学学报（社会科学版），2010（3）

---

① 参见黄建中：《合同法分则重点难点问题判解研究》，337页，北京，人民法院出版社，2006。

② 参见李国光主编：《中华人民共和国合同法实务全书》，206～217页，北京，中国检察出版社，2003。

2. 崔建远．承揽合同四论．河南省政法管理干部学院学报，2010（2）
3. 陈望来．承揽合同的随时解除权、留置权如何确定．中国审判，2010（4）
4. 孙志远．承揽合同在实践中经常遇到的问题．山东审判，2005（3）

【问题与思考】

1. 承揽合同与买卖合同的区别是什么？
2. 承揽合同与雇佣合同的区别是什么？
3. 定作人的合同解除权具有什么特点？
4. 承揽人的义务有哪些？

第十八章
建设工程合同

导读

建设工程合同是一种具体类型的承揽合同，具有一定的特殊性。本章介绍建设工程合同的含义与特征、建设工程合同中发包人与承包人的权利、义务等内容。应重点掌握建设工程合同在主体、标的方面的特殊性，司法实践中判断建设工程合同有效与否的因素，以及建设工程合同中承包人的法定优先权。

第一节　建设工程合同概述

一、建设工程合同的含义

建设工程合同是当事人双方就承包人进行工程建设，发包人支付价款而达成的协议。建设工程合同的标的是建设工程，包括房屋、桥梁、涵洞、水利、道路工程等。承包人是指在建设工程合同中负责工程勘察、设计、施工任务的一方当事人；发包人是指在建设工程合同中委托承包人进行工程勘察、设计、施工的一方当事人。

二、建设工程合同的特征

建设工程合同原为承揽合同的一种，属于承揽完成不动产工程项目的合同。但由于建设工程具有建设周期长、投资规模大、技术要求高等特点，因而，《合同法》第十六章对建设工程合同作了专门规定。

建设工程合同除具有与一般承揽合同相同的特征（如均为诺成合同、双务合同、有偿合同）外，还具有如下特点：

（一）主体资格的特殊性

《建筑法》第12条规定，建设工程合同的承包人是指从事建筑活动的建筑施工企业、勘察单位和设计单位，并且应当具备下列条件：（1）有符合国家规定的注册资本；（2）有与其从事的建筑活动相适应的具有法定执业资格的专业技术人员；（3）有从事相关建筑活动所应有的技术装备；（4）法律、行政法规规定的其他条件。由此可见，建设工程合同的承包人是经过批准的具有相应资质的民事主体，其合同的主体资格是有所限制的，即只能是满足上述条件的单位。而自然人是不允许作为建设工程的承包人的，这是因为建设工程合同的标的是建设工程，具有投资大、周期长、质量要求高、对国计民生影响较大等特点，作为自然人是难以独立完成的。这是建设工程合同在主体资格上不同于承揽合同的特点。承揽合同的主体资格是没有限制的，可以是自然人，也可以是法人、非法人组织。

除此之外，经过批准的持有相应资质证书的勘察、设计和施工单位也只能在其资质等级许可的范围内承揽工程而成为建设工程合同的主体；法律禁止单位无资质或超越本单位资质等级许可的范围承揽工程。

（二）标的的特殊性

建设工程合同的标的是特定的，只能是完成建设工程的行为，而不能是其他事物。建设工程本身在属性上具有不可移动、长期存在的特点。这里所说的建设工程，是指土木工程、建筑工程、线路管道和设备安装工程及装修工程，包括房屋、港口、矿井、水库、电站、桥梁、水利工程、铁路、机场、道路工程等，其工作要求比较高，而且价值较大。对于一些结构简单、价值较小的工程项目，如居民建造的自住的住宅、企业建造的临时设施等，并不作为建设工程，不适用建设工程合同的有关规定。

标的的特殊性还表现为建设工程具有次序性强的特点。由于建设工程的建设周期长，质量要求高，涉及面广，各阶段的工作之间有比较严格的顺序，因而建设工程合同也就具有次序性强的特点。例如，没有经过立项，就不能进行勘察工作；未经勘察，就不能进行设计工作；没有完成勘察、设计工作，就不能进行施工等。

（三）较强的国家管理性

建设工程合同的订立和履行，受到国家的严格管理和监督。在我国，规范和调整建设工程合同的规范性文件，除了《合同法》、《建筑法》等法律外，还包括大量的行政法规、部门规章、地方性法规以及地方政府规章，对工程建设的各个环节进行严格管理。

（四）建设工程合同为要式合同

《合同法》第270条规定，建设工程合同必须采用书面形式，这是国家对建设工程进行监督管理的需要，也是由建设工程合同的履行特点所决定的。因此，建设工程合同是要式合同。

三、建设工程合同的分类

（一）建设工程勘察合同、建设工程设计合同与建设工程施工合同

建设工程合同根据承包的内容不同，可分为建设工程勘察合同、建设工程设计合同与建设工程施工合同。

1. 建设工程勘察合同

建设工程勘察合同是当事人双方就承包人进行工程勘察，发包人支付价款而达成的协议。建设单位或者有关单位称为发包人，建设工程勘察单位称为承包人。

建设工程勘察合同的标的是完成为建设工程需要而作的勘察成果。工程勘察是工程建

设的第一个环节，也是保证建设工程质量的基础环节。为了确保工程勘察的质量，勘察合同的承包人必须是经国家或省级主管机关批准，具有法人资格，依法取得相应等级的资质证书，并在其资质等级许可范围内承揽工程的勘察单位。

建设工程勘察合同必须符合国家规定的基本建设程序，勘察合同由建设单位或有关单位提出委托，经与勘察单位协商，双方取得一致意见，即可签订，任何违反国家规定的建设程序的勘察合同均是无效的。

2. 建设工程设计合同

建设工程设计合同是当事人双方就承包人进行工程设计、发包人支付价款而达成的协议。建设单位或有关单位为发包人，建设工程设计单位为承包人。

建设工程设计合同的标的是完成为建设工程需要而作的设计成果。工程设计是工程建设的第二个环节，也是保证建设工程质量的重要环节。工程设计合同的承包人必须是经国家或省级主管机关批准，具有法人资格，依法取得相应等级的资质证书，并在其资质等级许可范围内承揽工程的设计单位。

3. 建设工程施工合同

建设工程施工合同是建设工程合同中最核心的合同，也是在实践中极易产生纠纷的一类合同。所谓建设工程施工合同，是指当事人双方就承包人进行工程施工，发包人支付价款而达成的协议。其中，发包人既可以是自然人，也可以是法人或非法人组织，而承包人则必须是法人或非法人组织。《合同法》第275条规定，建设工程施工合同的内容主要包括工程范围、建设工期、中间交工工程的开工和竣工时间、工程质量、工程造价、技术资料交付时间、材料和设备供应责任、拨款和结算、竣工验收、质量保修范围和质量保证期、双方相互协作等条款。

实践中，常会出现因建设工程施工合同违法而导致其无效的情形。建设工程施工合同作为具体的一类合同，在认定其无效时自然应按《合同法》的有关规定执行。此外，《施工合同司法解释》第1条还特别规定，如下建设工程施工合同无效：(1) 承包人未取得建筑施工企业资质或者超越资质等级的；(2) 没有资质的实际施工人借用有资质的建筑施工企业名义的；(3) 建设工程必须进行招标而未招标或者中标无效的。其第4条也规定："承包人非法转包、违法分包建设工程或者没有资质的实际施工人借用有资质的建筑施工企业名义与他人签订建设工程施工合同的行为无效。人民法院可以根据民法通则第一百三十四条规定，收缴当事人已经取得的非法所得。"不过，如承包人超越资质等级许可的业务范围签订建设工程施工合同，但在建设工程竣工前取得相应资质等级，当事人请求按照无效合同处理的，不予支持，另外，具有劳务作业法定资质的承包人与总承包人、分包人签订的劳务分包合同，当事人以转包建设工程违反法律规定为由请求确认无效的，不予支持。

至于建设工程施工合同无效的后果，根据《施工合同司法解释》第2、3条的规定，建设工程施工合同无效，但建设工程经竣工验收合格，承包人请求参照合同约定支付工程价款的，应予支持；建设工程施工合同无效，且建设工程经竣工验收不合格的，按照以下情形分别处理：(1) 修复后的建设工程经竣工验收合格，发包人请求承包人承担修复费用的，应予支持；(2) 修复后的建设工程经竣工验收不合格，承包人请求支付工程价款的，不予支持。但因建设工程不合格造成的损失，发包人有过错的，也应承担相应的民事责任。

（二）总承包合同与分别承包合同；总包合同与分包合同

建设工程合同根据合同联系结构的不同，可分为总承包合同与分别承包合同以及总包合同与分包合同。

1. 总承包合同与分别承包合同

总承包合同是当事人双方就发包人将整个建设工程（包括勘察、设计、施工）承包给一个总承包人而达成的协议。总承包人就整个工程对发包人负责。

分别承包合同是发包人将建设工程的勘察、设计、施工工作分别承包给勘察人、设计人、施工人而订立的勘察合同、设计合同、施工合同。勘察人、设计人、施工人作为承包人，就其各自承包的勘察、设计、施工工作部分，分别对发包人负责。

2. 总包合同与分包合同

总包合同是发包人与总承包人或者勘察人、设计人、施工人就整个建设工程或者建设工程的勘察、设计、施工工作订立的承包合同。其中，总承包人或者勘察人、设计人、施工人既可以是单方主体，也可以是几方主体，即可以通过组成联合体的方式，共同成为总承包人或者勘察人、设计人、施工人。总包合同包括总承包合同与分别承包合同，总承包人和分别承包人都直接对发包人负责。

分包合同是总承包人或者勘察人、设计人、施工人经发包人同意，将其承包的部分工作承包给第三人而达成的协议。分包合同与总包合同是不可分离的。分包合同的发包人就是总包合同的总承包人或者分别承包人（勘察人、设计人、施工人）。分包合同的承包人即分包人，就其承包的部分工作与总承包人或者勘察、设计、施工承包人向总包合同的发包人承担连带责任。

上述几种承包方式，均为我国法律所承认和保护。但建设工程的肢解承包、转包以及再分包这几种承包方式，均为我国法律所禁止。①

第二节　建设工程合同的效力

一、发包人的权利与义务

（一）发包人的权利

1. 随时进行作业检查的权利

发包人在不妨碍承包人正常作业的情况下，可以随时对作业进度和质量进行检查。发包人对承包人工作的监督、检查一般有两种方式：一是委派工地代表检查；二是委托监理人检查。委托监理的，发包人应当与监理人采用书面形式订立委托监理合同。

---

① 参见雷鑫、王鹏：《建设工程施工合同纠纷的法律问题分析》，载《湖南经济管理干部学院院报》，2006(3)。

工地代表或者监理人若在检查中发现工程设计不符合建筑质量要求，应当报告发包人要求设计人改正；若发现施工不符合设计要求、技术标准和合同约定，工地代表或监理人有权要求承包人改正。

2. 检查隐蔽工程的权利

隐蔽工程是指地基、电气管线、供水供热管线等需要覆盖、掩埋的工程。如果发现隐蔽工程有质量问题，还得重新挖开，修理好了以后再掩埋，造成的损失很大。为了避免当事人双方的损失，保证工程质量和工程顺利完成，《合同法》第 278 条规定："隐蔽工程在隐蔽以前，承包人应当通知发包人检查。发包人没有及时检查的，承包人可以顺延工程日期，并有权要求赔偿停工、窝工等损失。"承包人没有通知发包人检查，自行隐蔽工程的，发包人有权检查，检查费用由承包人负担。

（二）发包人的义务

1. 协助义务

《合同法》第 283 条规定，发包人负有按照约定的时间和要求提供原材料、设备、场地、资金、技术资料的义务。这些义务是为承包人履行义务而作的必要协助，称为协助义务，主要包括如下几个方面：

（1）依约在开工前接通施工现场水源、电源和运输道路。发包人必须按照约定将水源、电源接到约定工程地点；为满足施工运输的需要应将约定工程地点与城乡公共道路接通。

（2）应组织有关单位对施工图等技术资料进行必要的审定，并按合同约定的时间和份数交付给承包人。

（3）应依约向承包人提供符合约定标准的建筑材料及设备等，但该约定标准如低于强制性标准，则须依强制性标准执行。

（4）应保证资金供应，按约及时拨款和结算。发包人应按合同约定的时间、方式、数额预付或支付工程价款。

发包人违反上述义务的，承包人可以顺延工程日期，并有权要求赔偿停工、窝工等损失。在建设工程施工合同中，《施工合同司法解释》第 9 条规定，若因发包人违反上述义务导致承包人无法施工且在催告的合理期限内仍未履行相应义务的，承包人可以解除合同。

2. 对工程的验收义务

《合同法》第 279 条规定，建设工程竣工后，发包人应及时对工程进行验收。所谓验收，是指建设工程全部完成后，承包人依约向发包人提供竣工材料及竣工验收报告，发包人、承包人会同勘察设计、质检、消防、公安、城建等诸多相关部门，依照国家有关规定及建设工程合同的约定，对工程进行检查验收，检验合格后，由发包人予以接受的工作。[①] 验收的依据主要包括：

（1）施工图纸及说明书。

一项工程的进行一般都需经过勘察、设计、施工几个阶段。施工通常以设计图纸为依据，但在施工过程中，往往会对设计图纸予以更改，如果设计图纸与施工图纸不一致，验收时应以施工图纸为准。施工图纸及说明书是建设工程合同的有机组成部分，是对承包人

---

① 参见孟庆瑜：《合同法实施中的疑难问题》，266 页，北京，中国人民公安大学出版社，2009。

施工条款的具体化，应作为工程验收的重要依据。

（2）国家颁发的施工验收规范。

（3）国家颁发的建设工程质量检验标准。

工程的验收是发包人对承包人所承建工程的质量是否符合合同约定和法律规定的标准的确认。建设工程必须经过验收并由发包人正式接收该项工程后方可投入使用，未经验收的建设工程，发包人不得使用。发包人擅自使用未经验收的建设工程，发现质量问题的，由发包人承担责任。《施工合同司法解释》第13条规定，建设工程未经竣工验收，发包人擅自使用后，又以使用部分质量不符合约定为由主张权利的，不予支持；但是承包人应当在建设工程的合理使用寿命内对地基基础工程和主体结构质量承担民事责任。

3. 支付价款并接收工程的义务

支付工程价款是发包人应承担的主要合同义务。工程价款的支付一般包括三个部分：一是开工前支付工程预付款，即发包人应按建设工程的一定比例支付工程预付款；二是开工后进行中间结算，即按“工程价款结算账单”和“已完成工程月报表”支付进度款；三是竣工决算，即在竣工验收合格后，发包人按合同的约定，扣除一定的质量保证金后，将剩余的工程价款按约定方式支付给承包人。当然，根据《施工合同司法解释》第11条的规定，因承包人的过错造成建设工程质量不符合约定，承包人拒绝修理、返工或者改建的，发包人有权减少支付工程价款。

另外，发包人还应与承包人及时办理移交手续，正式接收该项建设工程。

二、承包人的权利与义务

（一）承包人的权利

1. 请求赔偿停工、窝工等损失的权利

发包人未按照约定的时间和要求提供原材料、设备、场地、资金、技术资料的，承包人可以请求顺延工程日期，还可以请求赔偿停工、窝工等损失。发包人有义务向承包人提供开展勘察、设计、施工工作所需的有关基础资料或文件，并对提供的时间、进度与资料或文件的可靠性负责。

2. 法定优先权

建设工程竣工验收合格后，发包人有义务按合同约定向承包人支付工程价款。在实践中，发包人常常违背此项义务。为此，《合同法》第286条赋予了承包人法定优先权以保障其工程价款的实现。

《合同法》第286条规定，发包人未按约定支付价款的，承包人可以催告发包人在合理的期限内支付价款。发包人逾期不支付价款的，除按照建设工程的性质不宜折价、拍卖的以外，承包人可以与发包人协议将该工程折价，也可以申请人民法院将该工程依法拍卖。建设工程的价款就该工程折价或者拍卖的价款优先受偿。由此可见，建设工程竣工交付验收后，发包人虽未按约支付价款，承包人也不能立即实现优先权。承包人还须对发包人进行催告，为发包人确定支付价款的合理期限，在期限届满后仍不支付的，承包人方可行使优先权。

此外，根据最高人民法院《关于建设工程价款优先受偿权问题的批复》的规定，承包人法定优先权担保的建设工程价款包括承包人为建设工程应当支付的工作人员报酬、材料款等实际支出的费用，不包括承包人因发包人违约所遭受的损失；法定优先权担保的建设工程价款优先于其他民事主体的债权，也优先于其他民事主体在建设工程上设定的抵押权所担保的债权得到实现；消费者交付购买商品房的全部或大部分款项后，承包人的优先受偿权不得对抗买受人；并且承包人行使优先权的期限为自建设工程竣工之日或者建设工程合同约定的竣工之日起 6 个月内。

（二）承包人的义务

1. 承包人有接受检查、监督的义务

工程的进度、质量对发包人的利益影响较大，故承包人有义务接受发包人、监理人对工程进度和工程质量的必要的检查、监督。对发包人、监理人的检查、监督，承包人应予以支持和协助。如果发包人、监理人的检查、监督影响到工程的正常作业，承包人有权在说明理由的基础上予以拒绝。

2. 承包人的报告、通知义务

承包人应及时向发包人提交开工通知书、施工进度计划表、施工平面布置图、隐蔽工程验收通知书、竣工验收报告，以及应由发包人提供的材料、设备的供应计划。

在隐蔽工程隐蔽前，承包人应及时通知发包人进行检查，以确定工程质量是否符合合同约定和法律规定。因怠于通知造成的损失，由承包人承担。即使发包人没有及时对隐蔽工程进行检查，承包人也不能自行检查后将工程隐蔽。但是，承包人可以顺延工程日期，并享有请求赔偿停工、窝工损失的权利。

3. 如期保质完工并交付工程的义务

承包人负有严格按照施工图与说明书进行施工，确保工程质量，按合同约定的时间如期完工和交付工程的义务。判断承包人是否履行了此项义务的一个重要标准是竣工时间，但对于这一时间的认定，在实践中争议颇多。为此，《施工合同司法解释》第 14 条作了专门规定，当事人对建设工程实际竣工日期有争议的，按照以下情形分别处理：（1）建设工程经竣工验收合格的，以竣工验收合格之日为竣工日期；（2）承包人已经提交竣工验收报告，发包人拖延验收的，以承包人提交验收报告之日为竣工日期；（3）建设工程未经竣工验收，发包人擅自使用的，以转移占有建设工程之日为竣工日期。

未能按期完工，且在发包人催告的合理限内仍未完工的，发包人可以解除建设工程合同。因承包人过错造成建设工程质量不符合约定的，承包人应负责修理、返工或者改建，由此造成逾期交付的，承包人应当承担违约责任。①

承包人对承建的工程质量负有瑕疵担保义务。在工程质量保证期内，工程所有人或者使用人发现工程存在瑕疵的，有权直接请求承包人修理或返工、改建。对于质量保证期的期限，当事人可以在建设工程合同中约定，也可以在单独的保修合同中约定。

---

① 参见张学文：《建设工程承包人优先受偿权若干问题探讨》，载《法商研究》，2000（3）。

典型案例

甲服务公司诉乙建筑设计院建设工程合同质量纠纷案

甲服务公司因建办公楼与丙建设工程总公司签订了《建筑工程承包合同》。其后，经甲服务公司同意，丙建设工程总公司分别与乙建筑设计院和丁建筑工程公司签订了《建设工程勘察设计合同》和《建设工程施工合同》。《建筑工程勘察设计合同》约定由乙建筑设计院对甲服务公司的办公楼及采暖外管线工程提供勘察、设计服务，作出工程设计书及相应施工图纸。《建设工程施工合同》约定由丁建筑工程公司根据乙建筑设计院提供的设计图纸进行施工，工程竣工时依据国家有关验收的规定及设计图纸进行质量验收。合同签订后，乙建筑设计院按时作出设计书并将相关图纸资料交付丁建筑工程公司，丁建筑工程公司依据设计图纸进行施工。工程竣工后，甲服务公司会同有关质量监督部门对工程进行验收，发现工程存在严重质量问题，其原因是设计不符合规范。原来，乙建筑设计院未对现场进行仔细勘察导致设计不合理，给甲服务公司带来了重大损失。由于乙建筑设计院拒绝承担责任，丙建设工程总公司又以自己不是设计人为由推卸责任，甲服务公司遂以乙建筑设计院为被告向法院起诉。法院受理后，追加丙建设工程总公司为共同被告，让其与乙建筑设计院一起对工程建设质量问题承担连带责任。

在本案中，谁应当对甲服务公司承担违约责任？

《合同法》第272条规定，总承包人或者勘察、设计、施工承包人经发包人同意，可以将自己承包的部分工作交由第三人完成。第三人就其完成的工作成果与总承包人或者勘察、设计、施工承包人向发包人承担连带责任。

在本案中，甲服务公司是发包人，丙建设工程总公司是总承包人，乙建筑设计院和丁建筑工程公司分别是《建设工程勘察设计合同》和《建设工程施工合同》的分包人。工程质量问题是因《建设工程勘察设计合同》的分包人乙建筑设计院的设计不符合规范所致，与丁建筑工程公司无关。根据《合同法》第272条的上述规定，乙建筑设计院应与丙建设工程总公司对甲服务公司共同承担连带责任。丙建设工程总公司不得以该工程并非自己勘察设计为由拒绝承担违约责任，乙建筑设计院也不得以其与发包人没有合同关系为由拒绝向发包人承担违约责任。

【深度阅读】

1. 张继承．自治与强制的反思：以建设工程合同缔结为分析视角．求索，2012（7）

2. 李志国．建设工程合同并入承揽合同是契约精神的理性回归．学术交流，2010（11）

3. 梁慧星．合同法第二百八十六条的权利性质及其适用．山西大学学报（哲学社会科学版），2001（3）

4. 雷鑫，王鹏．建设工程施工合同纠纷的法律问题分析．湖南经济管理干部学院院报，2006（3）

5. 杨家学，崇维洁．建筑工程实务中优先受偿权法律问题研究．重庆建筑，2004（1）

6. 宋宗宇．在发包人与承包人之间寻求权利平衡．重庆建筑，2005（5）

7. 汪治平．建设工程价款优先受偿权的若干问题．人民司法，2002（8）

【问题与思考】

1. 与普通承揽合同比较，建设工程合同有哪些特殊性？

2. 建设工程合同的承包人如何行使法定优先权？

3. 由于发包人的原因，承包人未能如期开工以及建设工程未能达到合同约定的质量标准时，违约责任应当如何承担？

第十九章 运输合同

导读

本章介绍运输合同的含义与性质、客运合同、货运合同、多式联运合同。应重点掌握运输合同的性质与特征，客运合同的成立与生效，旅客或托运人与承运人的权利、义务，以及多式联运合同下的责任承担。

第一节 运输合同概述

一、运输合同的含义与分类

运输合同又称运送合同，是当事人双方就承运人将旅客及其行李或货物运送到约定地点，旅客、托运人或收货人支付票款或运费而达成的协议。在运输合同中，经营运输业务、运送旅客及其行李或货物的一方为承运人或运送人；与承运人订立运输合同的一方为旅客或托运人；承运人运输的货物称为运送物或运输物。

运输合同根据不同的标准，可以分为不同的种类：以运输对象为标准，可以将运输合同分为客运合同与货运合同；以运输工具为标准，可以将运输合同分为铁路运输合同、公路运输合同、水上运输合同、航空运输合同、海上运输合同，以及管道运输合同等；以承运人的多少为标准，可将运输合同分为单一运输合同与联合运输合同。① 不同的运输合同之中，当事人的权利义务乃至合同纠纷案件管辖权也不尽相同。例如，一般因运输合同纠纷提起的诉讼，由运输始发地、目的地或者被告住所地人民法院管辖；但在海路运输方式下，案件则由海事法院管辖；而在铁路运输方式下，案件则是由铁路法院管辖的。如《铁路运输人身损害赔偿司法解释》第 3 条规定，赔偿权利人如选择要求承运人承担违约责任，即依据合同法而非侵权法来要求承运人承担人身损害赔偿时，则应由运输始发地、目的地或

① 参见王利明、房绍坤、王轶：《合同法》，343 页，北京，中国人民大学出版社，2013。

者被告住所地的铁路运输法院管辖。

理论研究

运输合同性质之争

对于运输合同的性质，理论上有不同看法：雇佣合同说认为，运输合同系提供运送劳务以获得报酬，故为雇佣合同；委托合同说认为，运输合同是委托他人处理运输事务，故为委托合同；承揽合同说认为，运送合同的目的在于完成一定的工作，故应为承揽合同。[①]

本书认为，运输合同应为一类独立的合同。运输合同中，承运人向旅客或托运人提供的是一种运送服务，因此，可以认为运输合同是提供劳务或服务的合同。但是，承运人向旅客或托运人提供运送服务即为已足，并不需提供某项工作成果，故与完成工作之承揽合同并不相同；承运人系以自己名义完成旅客或货物的运送，且独立承担责任，因此也不同于委托合同和雇佣合同。

二、运输合同的特征

(一) 运输合同一般为双务、有偿合同

《合同法》第290、291条规定，承运人应当在约定期间或合理期间将旅客、货物运输到约定地点；承运人应当按照约定或通常的运输路线将旅客、货物运输到约定地点。因此，在运输合同中，承运人负有将旅客、货物安全运送至目的地的义务。同时，依《合同法》第292条，旅客、托运人或收货人有支付票款或运费的义务。可见，双方的义务互为条件且具有牵连性，故运输合同为双务合同。承运人从事运输业务，目的在于收取运费或票款以获得利润，而旅客或托运人、收货人有向承运人付款的义务，因此运输合同多为有偿合同。但有时也存在例外，如承运人与按照规定免票的旅客或者经承运人许可搭乘的无票旅客之间所订立的运输合同即为无偿合同。

(二) 运输合同为诺成合同

托运人与承运人双方意思表示一致，即可成立运输合同，因此，运输合同是诺成合同。不过，在民法理论上，对于运输合同是诺成合同还是实践合同，仍然存有争议。

理论研究

运输合同是诺成合同还是实践合同

关于运输合同究为诺成合同还是实践合同的问题，学者观点并不一致：

一种观点认为，运输合同为实践合同，当事人双方除就运输合同的主要条款达成一致

---

① 参见蒋玉珍：《对货物运输合同的思考》，载《铁路运输》，2006（1）。

外，还要求托运人将托运的货物交付给承运人，运输合同才成立。[①] 第二种观点认为，运输合同是实践合同还是诺成合同应依具体情况而定：依指令性计划签订的运输合同是诺成合同；旅客运输合同在旅客取得客票时合同成立，也是诺成合同；非指令性计划的货物运输合同和旅客行李运输合同为实践合同。[②] 第三种观点认为，运输合同为诺成合同。[③]

本书赞同第三种观点。这是因为，某一合同是否为实践合同，须由法律作出特别规定，否则即为诺成合同。《合同法》并未将运输合同规定为实践合同，因此，应将其认定为诺成合同。另外，若认定运输合同为实践合同，则双方当事人达成合意后，如果承运人拒绝接受货物或者托运人不交付货物，则因合同尚未成立，利益受损害方无权请求对方承担违约责任，这与实践操作不符，也不利于保护受损害方的利益。

（三）运输合同一般为格式合同

在运输合同中，承运人往往是铁路、公路、航空等具有垄断地位的公用事业部门，它们在经济上较普通消费者居于优势的地位，运输合同的条款往往由承运人预先拟定，客票、货运单、提单经统一印制，运费亦统一规定，因此，运输合同一般为格式合同。

（四）从事公共运输的承运人依法负有强制缔约义务

《合同法》第 289 条规定，从事公共运输的承运人不得拒绝旅客、托运人通常、合理的运输要求。该规定即为承运人的强制缔约义务。因此，在托运人或旅客发出请求承运的要约后，从事公共运输的承运人负有承诺的义务。

第二节　客运合同

一、客运合同概述

（一）客运合同的含义

客运合同是旅客运输合同的简称，是当事人双方就承运人将旅客及其行李运送至约定地点，旅客支付票款而达成的协议。

（二）客运合同的成立与生效

1. 客运合同的成立时间

关于客运合同的成立时间，《合同法》第 293 条规定："客运合同自承运人向旅客交付客票时成立，但当事人另有约定或者另有交易习惯的除外。"依此规定，客运合同的成立分为以下两种情形：

（1）通常情形下，客运合同自承运人向旅客交付客票时成立

通常情形下，旅客向承运人要求购买客票的行为属于要约，承运人向旅客交付客票的行为属于承诺。自承运人向旅客交付客票时起当事人双方的意思表示达成一致，客运合同

---

① 参见何林：《试论运输合同性质》，载《公路运输》，2006（12）。

② 参见刘语：《运输合同中几个法律问题的思考》，载《国际货运》，2006（4）。

③ 参见李永军：《合同法》，435 页，北京，中国人民大学出版社，2005。

也就成立了。但在订票的情形下，客运合同自何时起成立呢？对此，主要有两种不同的观点：一种观点认为，在订票的情况下，客运合同在承运人承诺交付客票时成立。[①] 另一种观点认为，在订票的情况下，客运合同也自客票交付时起成立。在采用取票制预订场合，预订行为为预约合同，旅客要求取票为要约，交付客票为承诺，合同自交付客票时成立；在采取送票制预订场合，预订行为为预约合同，承运人送票为要约，旅客签收为承诺，合同自客票被送达旅客所在单位或居所并由旅客收取时成立。[②] 本书同意后一种观点。旅客的订票属于预约，但既然《合同法》没有区分交付客票的不同情况，就应当认定在订票情形下，客运合同也是自交付客票时起成立。

（2）当事人另有约定或者另有交易习惯的，合同的成立时间依约定或者交易习惯而定

客运合同自交付客票时起成立，是以当事人没有另外约定或者无另外的交易习惯为条件的。也就是说，在当事人另有约定或者另有交易习惯时，客运合同不是自交付客票时起成立，合同的成立时间应依当事人的特别约定或者交易习惯确定。这里分两种情形：

一是当事人对合同的成立时间有约定。允许当事人约定客运合同的成立时间，这也是合同自由原则的体现。如果当事人对合同的成立时间有约定，则应尊重当事人的约定。例如，若当事人约定，旅客订票时，承运人同意出票合同即成立，则客运合同的成立时间也就依其约定，而不是自交付客票时起成立。

二是另有交易习惯。即依交易习惯，客运合同不是从交付客票时成立，而是依交易习惯认定的合同成立时间为合同成立时间。例如，在目前很多城市公交中实行的投币或刷卡乘车的情况下，公共汽车到站停车即为要约，旅客上车即为承诺，因此，此类运输合同自旅客进入运输工具时即告成立。

2. 客运合同的生效时间

关于客运合同的生效时间，一种观点认为应当自检票时起生效，另一种观点则认为自成立时起生效。本书认为，我国法律并未对客运合同的生效规定特别要件，因此，应当依《合同法》关于合同生效的一般规则确定其生效时间。《合同法》第 44 条规定，依法成立的合同，自成立时生效。因此，如果不存在无效的情形，则客运合同自成立时生效，而不是在检票时才生效。正如有的学者指出的那样，“不能认为，在检票之时真正的接受运输服务的旅客才能确定，此时客运合同才能生效；也不能认为因为旅客可以在约定的时间之内自由退票，所以合同尚未生效。旅客的退票只是法律给予购票人的一种特殊保护，退票就是解除合同”[③]。

二、客运合同的效力

（一）旅客的权利与义务

1. 退票或者变更的权利

《合同法》第 295 条规定，旅客因自身原因不能按照客票记载的时间乘坐运输工具的，

---

① 参见李永军：《合同法》，355 页，北京，中国人民大学出版社，2005。

② 参见江平主编：《中华人民共和国合同法精解》，229 页，北京，中国政法大学出版社，1999。

③ 李永军：《合同法》，355～356 页，北京，中国人民大学出版社，2005。

应当在约定的时间内办理退票或者变更手续。据此，在客运合同成立并生效后，旅客仍然享有变更或者解除客运合同的权利，其中，变更即为变更运输合同，退票即为解除运输合同。

旅客行使变更或者解除运输合同的权利是有时间限制的，一般应在客票记载的时间之前办理，并需缴纳一定的手续费。承运人扣除手续费后将剩余票款退还给旅客。逾期办理的，承运人可以不退票款，并不再承担运输义务。

2. 支付票款的义务

《合同法》第 292 条规定了旅客的此项义务。支付票款为旅客的基本义务，旅客不支付票款的，承运人可以拒绝运输。

3. 持有效客票乘运的义务

《合同法》第 294 条规定："旅客应当持有效客票乘运。旅客无票乘运、超程乘运、越级乘运或持失效客票乘运的，应当补交票款，承运人可以按照规定加收票款。"客票是运输合同存在的证明，由于其往往具有流通性和一次性使用的特点，所以旅客应当持有效客票乘运。

4. 限量携带行李的义务

《合同法》第 296 条规定："旅客在运输中应当按照约定的限量携带行李。超过限量携带行李的，应当办理托运手续。"旅客在运输过程中，有权按照运输合同的约定，免费携带一定体积和重量的行李。如果超过规定的限量，则旅客须将超量的行李交由承运人托运。

需要注意的是，旅客限量携带的行李属于旅客自带物品，旅客在运输过程中对其负有保管义务。因此，《合同法》第 303 条规定，在运输过程中旅客自带物品毁损、灭失的，只有当承运人有过错时，才承担损害赔偿责任。但对于托运的行李，由于旅客已交承运人保管，故其毁损、灭失应适用货物运输的有关规定。

5. 不得携带、夹带危险品和违禁品的义务

《合同法》第 297 条第 1 款规定："旅客不得随身携带或者在行李中夹带易燃、易爆、有毒、有腐蚀性、有放射性以及有可能危及运输工具上人身和财产安全的危险物品或者其他违禁物品。"这是为了保证运输安全而对旅客施加的法定义务。根据该条第 2 款，旅客违反该义务的，承运人可以将违禁物品卸下、销毁或者送交有关部门；旅客坚持携带或者夹带违禁物品的，承运人应当拒绝运输。

（二）承运人的义务

1. 安全、按时运输的义务

作为运输合同的一种，承运人首先应承担安全、按时运送旅客的义务。

承运人应当在运输过程中保证旅客的人身安全，包括已支付票款或者运输费用的旅客，以及按照规定免票、持优待票或者经承运人许可搭乘的无票旅客。若旅客出现人身伤亡，根据《合同法》第 302 条，承运人应当对运输过程中旅客的伤亡承担损害赔偿责任，但伤亡是由旅客自身健康原因造成的，或者承运人证明伤亡是旅客故意、重大过失造成的除外。《铁路运输人身损害赔偿司法解释》第 12 条也规定，铁路旅客运送期间发生旅客人身损害，赔偿权利人要求铁路运输企业承担违约责任的，人民法院应当依照合同法的有关规定，确定铁路运输企业是否承担责任及责任的大小。

另外，《合同法》第 299 条规定，承运人还应当按照客票载明的时间和班次运输旅客；承运人迟延运输的，应当根据旅客的要求安排改乘其他班次或者退票。

2. 告知义务

《合同法》第 298 条规定："承运人应当向旅客及时告知有关不能正常运输的重要事由和安全运输应当注意的事项。"如此规定是因为，在旅客运输中，旅客一般相对被动，与掌握几乎所有运输信息的承运人相比，处于严重的信息不对等状态。从保护消费者知情权的角度出发，承运人必须向旅客告知有关的运输信息。如果因承运人未履行告知义务而导致纠纷的，承运人应当承担相应的责任。

3. 不得擅自变更服务标准的义务

《合同法》第 300 条规定，承运人擅自变更运输工具而降低服务标准的，应当根据旅客的要求退票或者减收票款。承运人应当按照合同约定的运输工具进行运输，如果擅自改变运输工具，降低了服务标准，承运人应当承担违约责任。如果承运人擅自改变运输工具的行为提高了服务标准，则承运人不必承担违约责任，但因为事先未征得旅客的同意，故承运人无权向旅客加收票款。

4. 救助的义务

《合同法》第 301 条规定："承运人在运输过程中，应当尽力救助患有急病、分娩、遇险的旅客。"例如，飞机上应当备有急救箱，以便在必要的时候采取紧急救助措施。

第三节　货运合同

一、货运合同概述

（一）货运合同的含义

货运合同是货物运输合同的简称，是当事人双方就承运人将货物从起运点运输到约定地点并交付给收货人，托运人或收货人支付运费而达成的协议。

（二）货运合同的特征

货运合同除具备运输合同的一般特征以外，还有以下特点：

1. 货运合同的标的是运送货物

货运合同以将货物从约定起始地运输到目的地为目的，承运人运输的对象是货物。这是货运合同与客运合同的基本区别。

2. 货运合同大多是为第三人利益的合同

托运人和承运人为货运合同的双方当事人，托运人既可以为自己的利益托运货物，也可以为第三人利益托运货物。托运人为自己利益托运货物时以自己为收货人，托运人为第三人利益托运货物时以第三人为收货人。当收货人为第三人时，货运合同是为第三人利益的合同。实践中，货运合同的收货人多为第三人。

3. 货运合同中承运人负有将货物交付给收货人的义务

在旅客运输合同中，承运人将旅客运送到目的地，合同义务即履行完毕。但是，在货物运输合同中，承运人将货物运输到目的地，其义务并未完结，承运人只有将运送的货物交付给收货人，其义务才履行完毕。

二、货运合同的效力

（一）托运人的权利与义务

1. 任意解除权与变更权

《合同法》第 308 条规定："在承运人将货物交付收货人之前，托运人可以要求承运人中止运输、返还货物、变更到达地或者将货物交给其他收货人，但应当赔偿承运人因此受到的损失。"该条是对托运人任意解除权和变更合同的权利的规定。

2. 如实申报与说明义务

《合同法》第 304 条第 1 款规定："托运人办理货物运输，应当向承运人准确表明收货人的名称或者姓名或者凭指示的收货人，货物的名称、性质、重量、数量，收货地点等有关货物运输的必要情况。"托运人办理托运手续，承运人要求填写托运清单的，应当按照要求如实填写托运单，除法律规定托运人应当如实向承运人告知的事项外，凡承运人要求托运人告知的事项，以及托运人基于运输货物的特性所知道的可能影响正常运输的事项，托运人均应当告知承运人。《合同法》第 304 条第 2 款规定："因托运人申报不实或者遗漏重要情况，造成承运人损失的，托运人应当承担损害赔偿责任。"

3. 按照合同约定和国家规定妥善包装的义务

《合同法》第 306 条规定，托运人应当按照约定的方法包装货物。对包装方式没有约定或者约定不明确的，该法第 156 条规定，当事人可以协议补充；不能达成补充协议的，应当按照通用的方式包装；没有通用方式的，应当采用足以保护标的物的包装方式。货物包装是货物安全运输的基本保障，也是提高运输质量的重要基础，还是分清当事人责任的指标。托运人违反该义务的，承运人可以拒绝运输。

另外，依据《合同法》第 307 条，托运人托运易燃、易爆、有毒、有腐蚀性、有放射性等危险物品的，应当按照国家有关危险物品运输的规定对危险物品妥善包装，作出危险物标志和标签，并将有关危险物品的名称、性质和防范措施的书面材料提交承运人。如果托运人违反上述规定，承运人可以拒绝运输，并采取相应措施以避免损失的发生，因此产生的费用由托运人承担。

（二）承运人的权利与义务

1. 承运人的权利

（1）运费请求权与对运输货物的留置权

承运人可向托运人或收货人请求支付运费或其他相关费用，自不必言。但如托运人或收货人拒绝支付，承运人可通过何种途径获得清偿，则成为一个重要的实务问题。对此，各国主要有两种立法例：一是法定质权主义，即规定承运人对运输物享有质权，如德国。二是法定留置主义，即规定承运人对运输物享有留置权，如日本。《合同法》第 315 条规定："托运人或者收货人不支付运费、保管费以及其他运输费用的，承运人对相应的运输货物享有留置权，但当事人另有约定的除外。"可见，我国亦采法定留置主义。不过，承运人只能留置已经运送至目的地的货物，而不得以托运人未交付运费为由而留置货物不予运送。

对于如何理解《合同法》第315条中的“相应”，本书认为应参酌《担保法》第85条之规定而确定。即当运输物为不可分物时，承运人可以就占有之全部运输物主张留置权；当运输物为可分物时，承运人仅得留置价值与运费和其他费用数额相当之运输物，即承运人留置的货物的价值应与承运人未受偿的债权数额相当。如果数人相继运输，则最后承运人可就各前承运人应得之运费和其他费用合并计算而为留置。

留置权虽为法定担保物权，但是当事人可以特别约定排除其适用，即托运人与承运人约定承运人不得留置的，承运人不得留置运输物。如果承运人与托运人或收货人对运费及其他费用的金额有争议，则收货人或托运人可以将有争议的金额提存而请求承运人交付运输物，此时，由于承运人可以从提存金额中获得清偿，因而不得主张留置，而应当将运输物交付给收货人或提单持有人。

典型案例

某厂诉某运输公司运输纠纷案

1999年5月，原告某厂与被告某运输公司签订了一份运输协议。该协议约定：由被告对原告生产的玻璃药瓶进行运送，被告负责清点货物数量、确认货物规格并签字认可，然后按原告指定的时间、地点将货物完好无损地交给收货方，并负责带回收货后的收条交原告入账后结算运费。合同签订后，被告依约履行，原告陆续支付运费10 541元，至1999年10月，尚欠被告运费26 941元，被告多次索要未果。2000年8月，原告又让被告将价值83 248元的药瓶运往某市化学制药厂，途中被告私自将货扣至某仓库。后原告向法院提起诉讼，被告则通知原告于10日内履行还款义务，否则将对该货物进行处理。10日期限届满后，被告将货物以27 540元卖出。诉讼中，被告提出反诉，要求原告给付扣除各种费用后尚欠的16 115元运费。

被告是否可以行使留置权?

《担保法》第82条及《担保法司法解释》第109条规定，债权人享有留置权必须具备以下要件：(1) 债权人按照合同约定占有债务人的动产；(2) 债权已届清偿期；(3) 债权人对债务人动产的占有与债权人的债权具有牵连关系。在本案中，原告于2000年8月要求被告运输货物，是在1999年5月的运输合同之外另一个单独的运输合同，不能将该合同视为1999年5月的合同的继续。被告债权的发生是基于1999年5月的运输合同，而被告对原告动产的占有，则是基于2000年8月的运输合同，因此，被告债权的发生和其所留置的动产间没有牵连关系，被告不能对该批货物行使留置权。因此案发生于《物权法》生效之前，故应适用《担保法》及《担保法司法解释》予以处理。不过，《物权法》第231条规定：“债权人留置的动产，应当与债权属于同一法律关系，但企业之间留置的除外。”也就是说，企业之间留置时，留置的动产可以与债权不属于同一法律关系，即不具有牵连关系。另依《物权法》第178条“担保法与本法规定不一致时，适用本法”之规定，《物权法》优先于《担保法》适用。因此，如本案发生在《物权法》生效（2007年10月1日）后，则法院的判决结果将大相径庭，即根据《物权法》第231条之规定，被告可以对该批货物行使留置权。

（2）提存权

承运人将货物运送到目的地后，负有将货物交付给收货人的义务，但是收货人不明或收货人无正当理由拒绝受领货物的，承运人应如何处置？依《合同法》第316条规定，于此情形承运人可以提存货物。如果收货人不明，但是承运人稍作调查即可获知，如收货人移居而承运人知悉其新址无多大困难，是否也属于收货人不明？本书认为，在这种情况下，承运人应当进行调查，而不得以收货人不明为由直接提存。当然，如果调查费用过高或时间过长，则承运人不必调查即可提存。

是否只要具备收货人不明或收货人无正当理由拒绝受领这两项要件之一，承运人就可不履行任何手续，直接向提存机关提存？对此，《合同法》并无规定。根据德国、日本、瑞士的民法典及我国台湾地区“民法”的规定，收货人不明或拒绝受领运送物时，运送人应通知托运人并请求其指示，如存在托运人的指示事实上不能实行等情形时，承运人才可进行处置。虽然我国《铁路法》并未赋予承运人拍卖权，但是容许承运人变卖货物，并且承运人在变卖以前应当通知托运人，只有托运人未作答复的，承运人才可以变卖。因此，本书认为，承运人在提存货物以前也应当履行一定手续，即承运人应当及时通知托运人并请求其在合理期限内对货物的处置作出指示，只有无法通知托运人或托运人在合理期限内未作指示或指示事实上不能实行的，承运人才可以提存货物。

货物不宜提存或者提存费用过高的，承运人依法可拍卖、变卖该物，在扣除运费、保管费和其他费用后提存剩余的价款。

2. 承运人的义务

（1）安全按时将货物运送到目的地的义务

承运人应按照合同约定的时间和要求配备运输工具，并依合同约定的时间将货物安全运到指定地点。承运人错发到货地点或错交收货人的，应当采取补救措施，将货物无偿运至合同约定的到货地点或交给收货人。承运人未在约定的时间内安全地将货物运到指定地点的，应当承担违约责任。

（2）通知义务

《合同法》第309条规定：“货物运输到达后，承运人知道收货人的，应当及时通知收货人，收货人应当及时提货。收货人逾期提货的，应当向承运人支付保管费等费用。”承运人履行此通知义务，使收货人得以为受领货物做准备。至于通知时间，则不限于到达之日。只要承运人依诚实信用原则于适当日期内履行此义务即可。收货人不明或收货人拒绝受领货物的，承运人应当及时通知托运人，并请求其在合理期限内作出如何处理货物的指示。

（3）货物毁损的赔偿义务

承运人对运输过程中货物的毁损、灭失承担损害赔偿责任，但承运人证明货物的毁损、灭失是因不可抗力、货物的自然属性或者合理损耗以及托运人、收货人的过错造成的，不承担损害赔偿责任。应当特别指出的是，如果货物在运输过程中因不可抗力灭失，承运人对此不负赔偿责任，但未收取运费的，承运人不得要求支付运费；已收取运费的，托运人可以要求返还。

关于货物的毁损、灭失的赔偿额，当事人有约定的，按照其约定；没有约定或者约定不明确的，当事人可以协议补充；不能达成补充协议的，按照合同有关条款或者交易习惯确定；仍然不能确定的，依交付或者应当交付时货物到达地的市场价格计算。法律、行政法规对赔偿额的计算方法和赔偿限额另有规定的，依照其规定。

（三）收货人的权利与义务

根据《合同法》的有关规定，在货运合同中，收货人也有一定的权利和义务，主要包括：

1. 支付运费

如果货运合同约定由收货人支付运费，收货人即应当承担此项义务。如果收货人不履行该义务，承运人对相应的运输货物有留置权，但当事人另有约定的除外。

2. 提取货物

依约提货既是收货人的权利，也是其义务。《合同法》第 309 规定，收货人在收到承运人的提货通知后，应及时提货；收货人逾期提货的，应向承运人支付保管费等费用。另外，《合同法》第 316 条规定，如果收货人无正当理由拒绝受领货物的，承运人可以提存货物。

3. 检验货物

同提取货物一样，检验货物既是收货人的权利，也是其义务。《合同法》第 310 条规定，收货人提货时应当按照约定的期限检验货物。对检验货物的期限没有约定或者约定不明确的，可以协议补充；不能达成补充协议的，按照合同有关条款或者交易习惯确定；按上述方法仍不能确定的，应当在合理期限内检验货物。收货人在约定的期限或者合理期限内对货物的数量、毁损等情况未提出异议的，视为承运人已经按照运输单证的记载交付货物的初步证据。

4. 请求承运人承担损害赔偿责任

货运合同是典型的为第三人利益的合同，收货人享有请求权。对于运输过程中发生的货物毁损、灭失，收货人可请求承运人承担损害赔偿责任。

第四节　联运合同

一、联运合同概述

所谓联运合同，即联合运输合同，是指当事人双方就两个或者两个以上的承运人通过衔接运送，用同一凭证将货物运送到约定地点，托运人或收货人支付运输费用而达成的协议。

联合运输合同可以分为单式联运合同与多式联运合同两类。所谓单式联运合同，是指托运人与两个以上的承运人以同一种运输方式就货物运输所达成的协议。为解决这类合同中承运人的责任承担问题，《合同法》第 313 条规定：“两个以上承运人以同一运输方式联运的，与托运人订立合同的承运人应当对全程运输承担责任。损失发生在某一运输区段的，与托运人订立合同的承运人和该区段的承运人承担连带责任。”这与多式联运合同的责任承担方式有所不同，下文将重点介绍多式联运合同。

二、多式联运合同概述

（一）多式联运合同的含义

多式联运合同是当事人双方就多式联运经营人以两种以上不同的运输方式将货物从起运地运输到约定地点，托运人支付运输费用而达成的协议。

（二）多式联运合同的特征

多式联运合同作为运输合同的一种，除具有运输合同的一般特征之外，还具有如下特征：

1. 多式联运合同必须以两种以上的运输方式进行运输

这是多式联运与一般运输的主要区别。在多式联运中，承运人必须以两种以上的方式将货物运输到目的地。如果以一种运输方式将货物运输到目的地的，或者以一种运输方式分几段将货物运输到目的地的，都不属于多式联运，其中，前者属于单一运输，后者属于一般相继运输。

2. 多式联运合同的一方当事人为多式联运经营人

在多式联运合同中，一方当事人为托运人，另一方为专门从事联运经营业务的多式联运经营人。虽然从运输行为的履行主体看，一般为两人或两人以上，但为了保护托运人或收货人的利益，《合同法》特别规定多式联运合同的一方当事人只能是从事多式联运业务的经营人，其他参与多式联运的各区段承运人，并不是多式联运合同的一方当事人，仅仅是与多式联运经营人有一定关系的人。

3. 托运人一次交费并使用同一运输凭证

在多式联运合同中，虽然存在两种以上的运输方式或两个以上的实际承运人，但托运人只与多式联运经营人订立多式联运合同，只向多式联运经营人交付运输费用，只从多式联运经营人处获取运输凭证，在托运货物时，不需另行交纳费用和办理运输手续。实践中将其称之为“一次托运、一次收费、一票到底、一次保险、全程负责”的一条龙服务的综合性运输方式。[①] 因此，多式联运合同是一个合同，而非数个合同的组合。[②]

三、多式联运合同的效力

（一）多式联运经营人的义务

多式联运经营人与托运人订立运输合同后，即成为承运人，其所承担的承运义务与一般运输合同中的承运义务并无区别。多式联运经营人可以实际承运人的身份履行该多式联运合同，也可通过将货物分别交给不同区段的承运人加以运输来完成承运义务。在后一种情况下，多式联运经营人需要与各区段的承运人就多式联运合同的各区段运输约定相互之间的权利、义务及责任。但是，《合同法》第318条规定，多式联运经营人与各区段承运人所作的约定并不影响多式联运经营人对全程运输承担的义务。这意味着，多式联运经营人

① 参见崔建远主编：《合同法》，475页，北京，法律出版社，2010。

② 参见王利明、房绍坤、王轶：《合同法》，348页，北京，中国人民大学出版社，2013。

与各区段承运人之间的关系不能对抗其与托运人之间的关系。

另外，《合同法》第319条规定，多式联运经营人收到托运人交付的货物时，应当签发多式联运单据。按照托运人的要求，多式联运单据可以是可转让单据，也可以是不可转让单据。

（二）托运人的义务

在多式联运合同中，托运人的义务与其在普通运输中的义务没有本质的区别。但是，因为多式联运单据可以转让，所以为了平衡托运人和联运单据受让人之间的利益，《合同法》第320条规定："因托运人托运货物时的过错造成多式联运经营人损失的，即使托运人已经转让多式联运单据，托运人仍然应当承担损害赔偿责任。"

（三）违反多式联运合同的责任

1. 责任期间

多式联运经营人的责任期间自其接收货物时起至将货物交付给收货人时止。

2. 责任形式

按照法律和多式联运单据，多式联运经营人对运输全程负责，即货物的毁损或灭失不论发生在哪个区段，也不论多式联运经营人与各区段承运人之间的约定如何，多式联运经营人都应负赔偿责任。但是，在多式联运中，货物的毁损、灭失多发生在由某种运输工具承运的某一特定运输区域内，而各个运输领域往往有不同的赔偿责任及责任限额的特殊规定，且不同运输领域中上述责任的相关规定还存在明显差异。[①] 为此，《合同法》第321条规定，货物的毁损、灭失发生于多式联运的某一运输区段的，多式联运经营人的赔偿责任和责任限额，适用调整该区段运输方式的有关法律规定；如果货物毁损、灭失发生的运输区段不能确定，则依照《合同法》关于货运合同的规定承担损害赔偿责任。

3. 关于追偿

如果多式联运经营人对于因参与多式联运的某一区段承运人的行为导致的货物损失对收货人或托运人承担了责任，则根据其与该承运人的约定，在其承担责任的限度内，可以要求该承运人赔偿损失。如果多式联运经营人与该承运人未作约定，则根据行业惯例处理。

【深度阅读】

1. 彭彩虹．公路运输合同法律风险防范探析．物流技术，2006（2）
2. 刘语．运输合同中几个法律问题的思考．国际货运，2006（6）
3. 张云．运输合同中相关当事人的责任分析．公路运输，2006（7）
4. 程军．公路运输合同中的风险防范．中南大学学报，2006（12）
5. 赵俊．货运合同中承运人的到货通知义务．运输与法，2005（7）
6. 张简．货运合同中承运人的留置权．上海财经大学学报，2006（4）
7. 蒋玉珍．对货物运输合同的思考．铁路运输，2006（1）
8. 陈昶，罗懿．运输合同中保价条款的效力及其排除适用的条件．人民司法，2008（24）

① 参见崔建远主编：《合同法》，477页，北京，法律出版社，2010。

【问题与思考】

1. 如何认定运输合同的性质？
2. 客运合同在何时成立？何时生效？
3. 客运合同生效后，旅客和承运人各有什么义务？
4. 如何认识货运合同中托运人的权利与义务？
5. 如何确定多式联运合同中多式联运经营人的责任？

第二十章
技术合同

导读

技术合同是与技术相关的合同的总称，主要包括技术开发、技术转让、技术咨询和技术服务合同。本章首先介绍技术合同的含义与特征，然后分别介绍技术开发合同、技术转让合同、技术咨询合同和技术服务合同的含义、特征及当事人的权利、义务。应重点掌握技术开发合同的责任风险、权利归属和利益分配；技术转让合同的一般效力与特殊效力；技术咨询与服务合同的技术成果归属。

第一节 技术合同概述

一、技术合同的含义

技术合同是当事人双方就技术开发、技术转让、技术咨询或者技术服务确立相互之间的权利与义务而达成的协议。它是技术成果商品化和社会化的必然产物，同时也是技术这一典型非物质形态的商品进入交换市场的法律形式，包括技术开发合同、技术转让合同、技术咨询合同和技术服务合同。

技术合同制度起源于19世纪初英国大学的实验室与工业界合作实施专利技术的实践。那时，“专利实施许可合同”是技术合同的主要形式。后来，技术合同的内容扩展到技术开发。在20世纪50年代，随着工业界与科技界合作领域的不断扩大，科技界为工业界完成某些技术性工作所提供的劳务也被纳入技术合同调整的范围，于是出现了技术服务合同与技术咨询合同。

二、技术合同的特征

(一) 技术合同为双务、有偿合同

技术合同的任何一方当事人在享有权利的同时，也承担一定的义务，且双方当事人的

义务互为对价。因此，技术合同为双务、有偿合同。

（二）技术合同的标的是与技术成果有关的活动

所有的技术合同，无论是技术开发合同、技术转让合同、技术咨询合同，还是技术服务合同，其标的均为与技术成果有关的人类活动。《技术合同司法解释》第1条规定："技术成果，是指利用科学技术知识、信息和经验作出的涉及产品、工艺、材料及其改进等的技术方案，包括专利、专利申请、技术秘密、计算机软件、集成电路布图设计、植物新品种等。技术秘密，是指不为公众所知悉、具有商业价值并经权利人采取保密措施的技术信息。"

（三）技术合同的主体具有特殊性

在技术合同中，至少一方当事人为具有科研能力，从事技术研究开发工作或能利用自己的技术力量提供技术服务或咨询的自然人、法人或非法人组织。

三、技术合同的内容

《合同法》第324条规定，技术合同的内容可由当事人自行约定，一般包括以下条款：（1）项目名称；（2）标的的内容、范围和要求；（3）履行的计划、进度、期限、地点、地域和方式；（4）技术情报和资料的保密；（5）风险责任的承担；（6）技术成果的归属和收益的分成办法；（7）验收标准和方法；（8）价款、报酬或者使用费及其支付方式；（9）违约金或者损失赔偿的计算方法；（10）解决争议的方法；（11）名词和术语的解释。另外，与履行合同有关的技术背景资料、可行性论证和技术评价报告、项目任务书和计划书、技术标准、技术规范、原始设计和工艺文件，以及其他技术文档，按照当事人的约定也可以作为合同的组成部分。倘若技术合同涉及专利，还应当注明发明创造的名称、专利申请人和专利权人、申请日期、申请号、专利号以及专利权的有效期限。

四、技术合同价款、报酬与使用费的支付

《合同法》第325条规定，技术合同价款、报酬或者使用费的支付方式由当事人约定，可以采取一次总算、一次总付，或者一次总算、分期支付，也可以采取提成支付或者提成支付附加预付入门费的方式。约定提成支付的，可以按照产品价格、实施专利和使用技术秘密后新增的产值、利润或者产品销售额的一定比例提成，也可以按照约定的其他方式计算。提成支付的比例可以采取固定比例、逐年递增比例或者逐年递减比例。约定提成支付的，当事人应当在合同中约定查阅有关会计账目的办法。

如果当事人对技术合同的价款、报酬和使用费没有约定或约定不明确，则根据《技术合同司法解释》第14条，可按以下原则处理：对于技术开发合同和技术转让合同，可根据有关技术成果的研究开发成本、先进性、实施转化和应用的程度，当事人享有的权益和承担的责任，以及技术成果的经济效益等合理确定；对于技术咨询合同和技术服务合同，可根据有关咨询服务工作的技术含量、质量和数量，以及已经产生和预期产生的经济效益等合理确定。

若技术合同价款、报酬、使用费中包含非技术性款项的，则应当分项计算。

五、技术成果的归属

技术成果可分为两种类型：职务技术成果与非职务技术成果。

其中，根据《合同法》第326条第2款，职务技术成果主要包括两类：一是执行法人或者非法人组织的工作任务而形成的技术成果。这里的“工作任务”，依据《技术合同司法解释》第2条，主要包括履行法人或者非法人组织的岗位职责或者承担其交付的其他技术开发任务，或者在离职后1年内继续从事与其原所在法人或者非法人组织的岗位职责或者交付的任务有关的技术开发工作，但法律、行政法规另有规定的除外。二是主要利用法人或者非法人组织的物质技术条件所形成的技术成果。《技术合同司法解释》第4条规定，此类成果包括：职工在技术成果的研究开发过程中，全部或者大部分利用了法人或者非法人组织的资金、设备、器材或者原材料等物质条件，并且这些物质条件对形成该技术成果具有实质性的影响；该技术成果实质性内容是在法人或者非法人组织尚未公开的技术成果、阶段性技术成果基础上完成的情形。但下列情况除外：（1）对利用法人或者非法人组织提供的物质技术条件，约定返还资金或者交纳使用费的；（2）在技术成果完成后利用法人或者非法人组织的物质技术条件对技术方案进行验证、测试的。而上文所指的“物质技术条件”，包括资金、设备、器材、原材料、未公开的技术信息和资料等（《技术合同司法解释》第3条）。

对于职务技术成果的归属，合同有约定的，依照约定处理。未作约定或约定不明，又不能达成补充协议的，该职务技术成果的使用权、转让权应属于法人或者非法人组织所有，此时根据《合同法》第326条第1款，法人或者非法人组织可以就该项职务技术成果订立技术合同，并应当从使用和转让该项职务技术成果所取得的收益中提取一定比例，对完成该项职务技术成果的个人给予奖励或者报酬。法人或者非法人组织订立技术合同转让该职务技术成果时，职务技术成果的完成人享有以同等条件优先受让的权利。另外，《技术合同司法解释》第5条规定，个人完成的技术成果，属于执行原所在法人或者非法人组织的工作任务，又主要利用了现所在法人或者非法人组织的物质技术条件的，应当按照该自然人原所在和现所在法人或者非法人组织达成的协议确认权益。不能达成协议的，根据对完成该项技术成果的贡献大小由双方合理分享。

所谓非职务技术成果，又称个人技术成果，是指职务技术成果以外的技术成果。非职务技术成果由于仅涉及完成技术成果的个人，故其使用权、转让权当然属于该个人所有。

另外，《合同法》第328条规定，完成技术成果的个人有在有关技术成果文件上写明自己是技术成果完成者的权利和取得荣誉证书、奖励的权利。

六、技术合同的无效

《合同法》第329条就技术合同的无效作出了特别规定，即非法垄断技术、妨碍技术进步或者侵害他人技术成果的技术合同无效。依据《技术合同司法解释》第10条，下列情形即属于《合同法》中所称的“非法垄断技术、妨碍技术进步”：（1）限制当事人一方在合同标的技术基础上进行新的研究开发或者限制其使用所改进的技术，或者双方交换改进技术的条件不对等，包括要求一方将其自行改进的技术无偿提供给对方、非互惠性转让给对方、无偿独占或者共享该改进技术的知识产权；（2）限制当事人一方从其他来源获得与技术提供方类似的技术或者与其竞争的技术；（3）阻碍当事人一方根据市场需求，按照合理方式充分实施合同标的技术，包括明显不合理地限制技术接受方实施合同标的技术生产产品或者提供服务的数量、品种、价格、销售渠道和出口市场；（4）要求技术接受方接受并非实施技术必不可少的附带条件，包括购买非必需的技术、原材料、产品、设备、服务以及接收非必需的人员等；（5）不合理地限制技术接受方购买原材料、零部件、产品或者设备等的渠道或者来源；（6）禁止技术接受方对合同标的技术知识产权的有效性提出异议或者对提出异议附加条件。

技术合同一旦被认定无效，则应依《合同法》的有关规定处理。同时，鉴于技术合同的复杂性，《技术合同司法解释》第 11 至 13 条也对这一问题作了特别规定。首先，技术合同无效，但技术开发合同研究开发人、技术转让合同让与人、技术咨询合同和技术服务合同的受托人已经履行或者部分履行了约定的义务，并且造成合同无效的过错在对方的，对其已履行部分应当收取的研究开发经费、技术使用费、提供咨询服务的报酬，可以认定为因对方原因导致合同无效给其造成的损失。其次，技术合同无效后，因履行合同所完成新的技术成果或者在他人技术成果基础上完成后续改进技术成果的权利归属和利益分享，当事人以重新协商确定；不能重新协商确定的，则由完成技术成果的一方享有。再次，侵害他人技术秘密的技术合同被确认无效后，除法律、行政法规另有规定外，善意取得该技术秘密的一方当事人可以在其取得时的范围内继续使用该技术秘密，但应当向权利人支付合理的使用费并承担保密义务。如当事人双方恶意串通或者一方知道或者应当知道另一方侵权仍与其订立或者履行合同的，属于共同侵权，人民法院应当判令侵权人承担连带赔偿责任和保密义务，因此取得技术秘密的当事人不得继续使用该技术秘密。继续使用技术秘密但又拒不支付使用费的，权利人有权请求判令使用人停止使用。在确定使用费时，可以根据权利人通常对外许可该技术秘密的使用费或者使用人取得该技术秘密所支付的使用费，并考虑该技术秘密的研究开发成本、成果转化和应用程度以及使用人的使用规模、经济效益等因素合理确定。需要注意的是，不论使用人是否继续使用技术秘密，其均应向权利人支付已使用期间的使用费。使用人已向无效合同的让与人支付的使用费，应当由让与人负责返还。

第二节　技术开发合同

一、技术开发合同概述

（一）技术开发合同的含义

技术开发合同是当事人双方就新技术、新产品、新工艺或者新材料及其系统的研究开发而达成的协议。

《合同法》将技术开发合同分为委托开发合同与合作开发合同两种。委托开发合同是当事人双方就一方委托另一方即研究开发方进行技术开发而达成的协议。合作开发合同是当事人双方就共同进行技术开发而达成的协议。

（二）技术开发合同的特征

1. 技术开发合同的标的是研究开发具有创造性的技术成果

所谓创造性的技术成果，是指新技术、新产品、新工艺、新材料及其系统，包括当事人在订立合同时尚未掌握的产品、工艺、材料及其系统等技术方案，但对技术上没有创新的现有产品的改型、工艺变更、材料配方调整以及对技术成果的验证、测试和使用除外。这是因为，在技术开发合同中，没有创造性或失去创造性的技术成果，对合同当事人中需要该技术的一方而言是没有意义。因此，《合同法》第337条规定，因作为技术开发合同标的的技术已经由他人公开，致使技术开发合同的履行没有意义的，当事人可以解除合同。在实践中，这主要包括两种情形：一是他人已经开发出此项技术，并已申请专利；二是他人已经开发出此项技术，虽未申请专利，但公众已经普遍掌握了此项技术。[①]

2. 技术开发合同是双务、有偿、诺成、要式合同

技术开发合同当事人双方均负有一定义务，一方从另一方取得利益须支付相应对价，因此，技术开发合同为双务、有偿合同。技术开发合同自双方当事人意思表示一致时起即可成立，并不以一方当事人义务的实际履行为合同的成立要件，故为诺成合同。因为技术开发合同事关技术成果的研究开发，履行时间长，当事人之间的权利义务关系较复杂，所以《合同法》第330条第3款要求其采用书面形式，即技术开发合同为要式合同。

3. 技术开发合同的当事人共担风险

技术开发合同中的风险主要是指在履行技术开发合同过程中，遭遇人类目前尚无法克服的技术难关，导致开发工作全部或部分失败。技术开发合同的标的是研究开发创造性的技术成果，这种成果的取得本身就具有相当的难度，蕴藏着开发失败的危险，如果研究开发方尽了自己最大的努力，仍因技术上的难度大而未能取得合同约定的预期成果，就应按照风险负担规则确定由何方负担风险。[②]《合同法》第338条第1款规定，对于风险责任，当事人双方有约定的，依其约定；没有约定或者约定不明确的，则依照《合同法》第61条的规定解决；仍不能确定的，由当事人双方合理分担风险。

如当事人一方发现因出现无法克服的技术困难，可能致使研究开发失败或者部分失败的情形，应当及时通知另一方并采取适当措施减少损失。没有及时通知并采取适当措施，致使损失扩大的，应当就扩大的损失承担责任。

二、委托开发合同的效力

（一）委托人的义务

《合同法》第331条规定："委托开发合同的委托人应当按照约定支付研究开发经费和报酬；提供技术资料、原始数据；完成协作事项；接受研究开发成果。"第333条规定："委托人违反约定造成研究开发工作停滞、延误或者失败的，应当承担违约责任。"根据上述规定，委托人的义务主要包括：

---

① 参见崔建远主编：《合同法》，489页，北京，法律出版社，2010。

② 参见盛春光：《委托技术开发合同中技术成果的权属问题》，载《科技论坛》，2006（6）。

1. 按照合同约定支付研究开发经费和报酬。研究开发经费是指完成研究开发项目所需要的资金投入，即技术成果的研发成本。[①] 一般来讲，委托人应支付全部研究开发经费及相应报酬，但开发经费的支付方式可灵活处理。当事人约定研究开发经费按照实际费用支付的，研究开发经费不足时，委托人应当补足；研究开发经费剩余时，研究开发人应当如数返还。合同约定研究开发经费包干使用的，结余经费归研究开发人所有；不足的经费由研究开发人自行解决。如果合同没有约定经费结算处理办法，则应按包干使用处理。

2. 按合同约定提供技术资料、原始数据并完成协作事宜。委托开发合同所要研究开发的项目是研究开发人根据委托人的要求进行的，为了确保研究开发人顺利开展工作，委托人应按照合同约定的时间和要求向研究开发人提供技术资料、原始数据，以及完成其他协作事宜。委托人的该项义务贯穿于委托开发合同的整个履行过程，即在研究开发过程中，研究开发人有权要求委托人补充必要的背景资料和数据，但不得超过履行合同所需要的范围。

3. 按期接收研究开发成果。接收研究开发成果既是委托人的一项权利，也是委托人的一项义务。委托人应当按照合同约定的期限，要求研究开发人交付技术成果，同时委托人也有义务接收研究开发人完成的技术成果。

（二）研究开发人的义务

《合同法》第 332 条规定："委托开发合同的研究开发人应当按照约定制定和实施研究开发计划；合理使用研究开发经费；按期完成研究开发工作，交付研究开发成果，提供有关的技术资料和必要的技术指导，帮助委托人掌握研究开发成果。"第 334 条规定："研究开发人违反约定造成研究开发工作停滞、延误或者失败的，应当承担违约责任。"根据上述规定，研究开发人的义务主要包括：

1. 制定和实施研究开发计划。在委托开发合同中，研究开发人的主要任务是进行项目的研究开发工作。因此，研究开发人需要制定严密、科学的研究开发计划。研究开发计划是指导研究开发人实现委托开发合同确定的预期目标的指导性文件，是研究开发工作的具体步骤和方法，一般包括总体目标、计划、路线和进度等几部分内容。

2. 合理使用研究开发经费。研究开发人的该项义务主要包括两方面含义：一是须按照合同约定的使用范围使用研究开发经费；二是使用研究开发经费应贯彻经济合理的原则。

3. 按期完成研究开发工作，交付研究开发成果，提供有关的技术资料和必要的技术指导，帮助委托人掌握研究开发成果。[②] 研究开发人的该项义务恰恰是委托人委托开发的主要目的，因此，这是研究开发人的基本义务。

三、合作开发合同的效力

（一）合作开发人的义务

《合同法》第 335 条规定："合作开发合同的当事人应当按照约定进行投资，包括以技术进行投资；分工参与研究开发工作；协作配合研究开发工作。"根据这一规定，合作开发

---

① 参见焦洪涛、鄢斌：《我国技术合同立法的评价与完善》，载《科技进步管理》，2006（4）。

② 参见吴敏玲、吴绮慧：《浅谈技术合同中的法律问题》，载《科学管理》，2006（5）。

人的义务主要包括：

1. 按照合同的约定进行投资，包括以技术进行投资。投资是指合作开发当事人以资金、设备、材料、场地、试验条件、技术情报资料、专利权、非专利技术成果等方式对研究开发项目所作的投入。至于具体的投资方式，则可以由双方当事人在合同中约定。

2. 按照合同约定的分工参与研究开发工作。《技术合同司法解释》第 19 条规定，“分工参与研究开发工作”包括当事人按照约定的计划和分工，共同或者分别承担设计、工艺、试验、试制等研究开发工作，直至完成研究开发项目。但是，技术开发合同当事人一方仅提供资金、设备、材料等物质条件或者承担辅助协作事项的，则不构成“分工参与研究开发工作”，该合同并非合作开发合同，而属于委托开发合同。

3. 协作配合研究开发工作。合作开发合同成败的关键是合作各方按合同约定协作配合的状况如何，因此，合作开发各方必须严格履行与其他各方协作配合的义务。

（二）合作开发人的违约责任

因合作开发合同当事人任何一方的违约行为，造成研究开发工作停滞、延误或者失败的，其都应当承担违约责任。此外，当事人一方逾期不进行投资或履行其他义务的，另一方或其他各方有权解除合同，同时还可以要求违约方赔偿因此给另一方或其他各方所造成的损失。

四、技术开发合同的成果权利归属与利益分配

1.《合同法》第 339 条规定，委托开发完成的发明创造，除当事人另有约定外，申请专利的权利属于研究开发人。研究开发人取得专利权的，委托人可以免费实施该专利。研究开发人转让专利申请权的，委托人享有以同等条件优先受让的权利。

2.《合同法》第 340 条规定，合作开发完成的发明创造，除当事人另有约定外，申请专利的权利属于合作开发的当事人共有。当事人一方转让其共有的专利申请权的，其他各方享有以同等条件优先受让的权利。合作开发的当事人一方声明放弃其共有的专利申请权的，可以由另一方单独申请或者由其他各方共同申请。申请人取得专利权的，放弃专利申请权的一方可以免费实施该专利。合作开发的当事人一方不同意申请专利的，另一方或者其他各方不得申请专利。

3.《合同法》第 341 条规定，委托开发或者合作开发完成的技术秘密成果的使用权、转让权以及利益的分配办法，由当事人约定。没有约定或者约定不明确的，依照《合同法》第 61 条规定仍不能确定的，当事人均有使用和转让的权利，但委托开发的研究开发人不得在向委托人交付研究开发成果之前，将研究开发成果转让给第三人。

第三节　技术转让合同

一、技术转让合同概述

（一）技术转让合同的含义

《技术合同司法解释》第 22 条规定，《合同法》规定的技术转让合同是指合法拥有技术

的权利人，包括其他有权对外转让技术的人，将现有特定的专利、专利申请、技术秘密的相关权利让与他人，或者许可他人实施、使用所订立的合同。但就尚待研究开发的技术成果或者不涉及专利、专利申请或者技术秘密的知识、技术、经验和信息所订立的合同除外。

技术转让合同中关于让与人向受让人提供实施技术的专用设备、原材料或者提供有关的技术咨询、技术服务的约定，属于技术转让合同的组成部分，因此而发生的纠纷，按照技术转让合同处理。

当事人以技术入股方式订立联营合同，但技术入股人不参与联营体的经营管理，并且以保底条款形式约定联营体或者联营对方支付其技术价款或者使用费的，视为技术转让合同。

（二）技术转让合同的分类

技术转让合同依据不同的标准，可以分为不同的类型：

1. 按照国家对转让当事人的管辖不同，技术转让合同可以分为国际技术转让合同与国内技术转让合同。

2. 按照当事人双方是否将转让对象商品化，可以将技术转让合同分为有偿技术转让合同与无偿技术转让合同。

3. 按照转让对象的不同，可以将技术转让合同分为专利权转让合同、专利申请权转让合同、技术秘密转让合同与专利实施许可合同。其中，专利实施许可合同依据许可方式的不同，又可以分为：独占实施许可合同、排他实施许可合同、普通实施许可合同。《技术合同司法解释》第25条规定，所谓独占实施许可，是指在约定许可实施专利的范围内，让与人仅将该专利许可给一个受让人实施，让与人依约亦不得实施该专利；所谓排他实施许可，是指在约定许可实施专利的范围内，让与人仅将该专利许可一个受让人实施，但让与人可依约自行实施该专利；所谓普通实施许可，则是指让与人不仅可以在约定许可实施专利的范围内许可受让人之外的第三人实施该专利，且可以自行实施该专利。若当事人对专利实施许可方式未作约定或者约定不明确的，即为普通实施许可。若当事人约定受让人可以再许可他人实施专利的，该再许可亦为普通实施许可，但当事人另有约定的除外。

（三）技术转让合同的特征

1. 技术转让合同的履行标的是现有的、特定的和权利化的技术成果，必须在订立合同时就已经存在。

2. 技术转让合同中转让的权利只能是财产权，而不能是人格权。技术成果与知识产权是两个既有交叉又不等同的概念，大多数技术成果上存在知识产权。对于这些知识产权中的人格权部分，因其与人身密不可分，故不能作为转让的对象。

3. 技术转让合同的内容和履行的实质是技术权益的实现。通过技术转让合同的实施，技术转让方取得与其付出的劳动和其他投入相应的经济利益，而受让方则通过技术权益的实施完成了技术成果的转化过程。

二、技术转让合同的效力

（一）技术转让合同的一般效力

1. 技术转让合同让与人的义务

技术转让合同的让与人应按照约定转让技术。让与人未按照约定转让技术的，应向受让人返还部分或者全部使用费，并承担违约责任。同时，技术转让合同的让与人负有权利瑕疵担保义务。《合同法》第 349 条规定："技术转让合同的让与人应当保证自己是所提供的技术的合法拥有者，并保证所提供的技术完整、无误、有效，能够达到约定的目标。"如专利实施许可合同让与人负有在合同有效期内维持专利权有效的义务，包括依法缴纳专利年费和积极应对他人提出的宣告专利权无效的请求，但当事人另有约定的除外。受让人基于对让与人权利担保的信赖，按照约定实施专利、使用技术秘密侵害他人合法权益的，由让与人承担责任，但当事人另有约定的除外。

此外，让与人不得违反约定擅自许可第三人实施该项专利或者使用该项技术秘密，其本人也应当只在约定范围内实施专利或者使用技术秘密。擅自许可他人实施或者使用，或者其自身超越约定范围实施或者使用的，应停止违约行为，并承担违约责任。另外，让与人还应遵守合同约定的保密义务，否则亦应承担违约责任。

典型案例

甲仪器制造厂与乙技术开发公司技术秘密转让合同纠纷案

甲仪器制造厂与乙技术开发公司签订了一项技术秘密转让合同。该合同约定，由乙技术开发公司向甲仪器制造厂提供全部技术资料、图片，并派技术人员到甲仪器制造厂进行培训和调试样机；甲仪器制造厂向乙技术开发公司支付技术转让费 5 万元；如调试失败，达不到设计要求，乙技术开发公司应退还全部转让费；自合同生效之日起，一方当事人如果违约，应按日向对方支付转让费万分之五的违约金。该合同订立后，甲仪器制造厂立即付给乙技术开发公司转让费 5 万元，同时接收全部技术图纸，并开始按图纸进行样机生产。在生产样机过程中，甲仪器制造厂发现图纸中存在多处错误，生产出的样机无法使用。经与乙技术开发公司协商未果，甲仪器制造厂遂诉至法院，要求解除与乙技术开发公司的合同，乙技术开发公司应向其退还全部转让费，并支付违约金，赔偿因其错误造成的损失。

在本案中，乙技术开发公司是否应当承担责任?

本案当事人之间签订的技术秘密转让合同属于技术转让合同的一种。在该合同中，让与人一方的主要义务就是按照合同约定将技术成果转让给受让人，并应担保其转让的技术成果无瑕疵。在本案中，乙技术开发公司作为技术转让合同的让与人违反了这一义务。尽管乙技术开发公司按约定向作为受让人的甲仪器制造厂提供了全部技术资料，但作为让与人，它应保证技术的实用性、可靠性、合法性，即不仅要保证自己是技术的合法拥有者，并且要保证所提供的技术是完整无误的和有效的，能够达到约定的目标。但是，乙技术开发公司所提供的技术完全不能用于生产，因此显然违反了合同义务，乙技术开发公司应当向甲仪器制造厂承担违约责任。

2. 技术转让合同受让人的义务

技术转让合同的受让人应当依约支付使用费，这是其最主要的合同义务。受让人未按照约定支付使用费的，根据《合同法》第 352 条，应当补交使用费并按照约定支付违约金；

不补交使用费或者支付违约金的，应当停止实施专利或者使用技术秘密，交还技术资料，并承担违约责任。

同时，受让人还应当按照约定的范围和期限，对让与人提供的技术中尚未公开的秘密部分，承担保密义务；未经让与人同意，不得擅自许可第三人实施该专利或者使用该技术秘密，否则受让人应当停止违约行为，并承担违约责任。

3. 后续改进的技术成果的归属

所谓后续改进的技术成果，是指在技术转让合同的有效期限内，一方或双方对作为合同履行标的的专利技术或技术秘密所作的革新和改良而取得的技术成果。① 依据《合同法》第354条，当事人可以按照互利的原则，在技术转让合同中约定实施专利、使用技术秘密后续改进的技术成果的分享办法。没有约定或者约定不明确的，可以补充协议；不能达成补充协议的，应依照合同有关条款或交易习惯确定；仍不能确定的，当事人一方后续改进的技术成果，应归改进方所有，其他各方无权分享。

（二）技术转让合同的特别效力

1. 专利实施许可合同的效力

（1）许可人的义务

专利实施许可合同的许可人应依合同约定许可被许可人在约定的范围、期限内实施专利技术。但是，该约定不得限制技术竞争和技术发展。

许可人应当保证其对专利技术享有许可他人使用的权利，并保证被许可人依合同约定使用其技术不会损害第三人权利。

若合同约定专利实施许可为排他实施许可，则许可人不得在已经许可被许可人实施专利的范围内，就同一专利与第三人订立专利实施许可合同；但是，《技术合同司法解释》第27条规定，排他实施许可合同的许可人不具备独立实施其专利的条件，以一个普通许可的方式许可他人实施专利的，人民法院可以认定为许可人自己实施专利，但当事人另有约定的除外。若合同约定专利实施许可为独占实施许可的，许可人和任何第三人都不得在已经许可被许可人实施专利的范围内实施该专利。

（2）被许可人的义务

专利实施许可合同的被许可人应当依照合同约定的范围、方式、期限等实施专利，未经许可人同意，不得允许第三人实施该专利。不过，《技术合同司法解释》第28条第2款规定，如果合同对实施专利的期限未作约定或约定不明确，则被许可人实施专利将不受期限限制。同时，被许可人还应当向许可人支付使用费，这也是被许可人的最主要义务，使用费可以理解为被许可人对许可人转让其专利使用权的报酬。

另外，当合同价款采取提成支付方式时，许可人还往往要求被许可人承担实施专利的义务，以使其最大限度地通过专利的实施而获利。在此情形下，被许可人所须承担的义务还应包括：在一定时间内将专利产品投入生产；在一定范围内生产专利产品并进行相应的推销工作等。②

---

① 参见王利明、房绍坤、王轶：《合同法》，359页，北京，中国人民大学出版社，2013。

② 参见崔建远主编：《合同法》，492页，北京，法律出版社，2010。

2. 技术秘密转让合同的效力

技术秘密转让合同又称非专利技术转让合同，是指双方当事人约定让与人将其拥有的技术秘密让与他人所订立的合同。需说明的是，《技术合同司法解释》第 29 条规定，当事人之间就申请专利的技术成果所订立的许可使用合同，在专利申请公开以前，也适用技术秘密转让合同的有关规定。

在技术秘密转让合同中，双方当事人应分别负担以下义务：就让与人而言，应按照合同约定提供技术资料、进行技术指导，保证技术的实用性和可靠性，承担合同约定的保密义务；就受让人而言，应当在合同约定的范围内使用技术，按照合同约定支付使用费，承担合同约定的保密义务。《技术合同司法解释》第 29 条第 1 款规定，技术秘密转让合同让与人承担的“保密义务”并不限制其申请专利，但当事人约定让与人不得申请专利的除外。

第四节　技术咨询与服务合同

一、技术咨询合同

（一）技术咨询合同的含义

技术咨询合同包括就特定技术项目提供可行性论证、技术预测、专题技术调查、分析评价报告等合同。《技术合同司法解释》第 30 条规定，“特定技术项目”包括有关科学技术与经济社会协调发展的软科学研究项目，促进科技进步和管理现代化、提高经济效益和社会效益等运用科学知识和技术手段进行调查、分析、论证、评价、预测的专业性技术项目。

（二）技术咨询合同的特征

1. 技术咨询合同具有自己特定的调整对象，即合同当事人在完成一定的技术项目的可行性论证、技术预测、专题技术调查等软科学研究活动中产生的民事法律关系，而诸如技术开发、技术转让、工程设计、工程验收、人员培训等技术活动不属于此类。

2. 履行技术咨询合同的目的在于：受托人为委托人进行科学研究、技术开发、成果推广、技术改造、工程建设、科技管理等项目提出建议、意见和方案，供委托人在决策时参考。因此，技术咨询合同的履行结果并不是技术开发或技术转让所生的现实技术成果，而是供委托人选择的咨询报告。

3. 技术咨询合同有其特殊的风险责任原则，即委托人因实施受托人提供的符合约定要求的咨询报告和意见而造成的损失，除合同另有约定外，受托人可免于承担责任，对此，《合同法》第 359 条给予了明确规定。这一特殊原则是技术开发合同、技术转让合同、技术服务合同所不具有的。

4. 技术咨询合同为不要式合同。与技术开发、技术转让合同不同，《合同法》并未就技术咨询合同的形式作出特别规定，因此，技术咨询合同为不要式合同。

（三）技术咨询合同的效力

1. 委托人的义务

（1）按照合同约定阐明咨询的问题。

（2）按照合同约定向受托人提供技术背景材料及有关技术资料、数据。若受托人发现委托人提供的资料、数据等有明显错误或者缺陷的，应在合理期限内通知委托人，否则即视为其对委托人提供的技术资料、数据等予以认可。委托人在接到受托人的补正通知，后也应在合理期限内答复并予以补正，否则应承担由此发生的损失。

（3）接受受托人的工作成果。这既是委托方的义务，也是其权利。

（4）支付报酬。这是委托人最基本的义务。至于报酬支付方式，可由双方当事人协商确定。这里的报酬一般不包括受托人在工作中进行调查、试验、测试、分析、论证等所需要的费用，这些费用除当事人另有约定外，应由受托人自己承担。

（5）依约承担保密义务。对于受托人所提出的咨询报告和意见，委托人在合同约定的范围和期限内，负有保密义务。双方未作约定的，委托人可以引用、发表或者向第三人提供，而不构成违约。但若因此侵害对方享有的合法权益的，仍应承担相应责任。

2. 受托人的义务

（1）依约提交咨询报告或解答委托人的问题，这是受托人的基本义务。

（2）保证咨询报告和意见达到合同约定的要求。

（3）依约承担保密义务。同委托人的保密义务一样，受托人对于委托人提供的技术资料和数据，在合同约定的范围和期限内负有保密义务。双方未作约定的，受托人也可以引用、发表或者向第三人提供，但若因此侵害对方享有的合法权益的，亦应依法承担相应责任。

典型案例

某科技开发公司与某顾问公司农业服务计算机软件开发纠纷案

某科技开发公司欲开发一个农业服务计算机软件，设计思路是将我国主要农作物病虫害的分类、危害、预防、用药等有关内容编制成专家系统。投资决策作出后，某科技开发公司聘请了某顾问公司对该项目进行技术经济论证。为此，某科技开发公司与某顾问公司签订了技术咨询合同。合同载明，某顾问公司对“农作物病虫害技术指导专家系统”（以下简称“专家系统”）进行技术经济论证，评估该开发项目所需费用、投资和实施后可取得的技术经济效益，咨询方式为某顾问公司对咨询题目提交以分析为主的咨询报告，期限为合同签订后1个月内。某科技开发公司的义务为提供充分和必要的资料、数据及有关协作事项，支付咨询活动的一切经费开支并一次性支付报酬1.2万元。上述合同条款均由双方当事人履行完毕。数月后，某科技开发公司开发的“专家系统”软件发表并投放市场，然而因价格较高、计算机使用在基层尚未普及等原因，市场销路并不好。在这种情况下，某科技开发公司认为其所受损失与某顾问公司未能预测分析到不利情况有很大关系，遂向法院起诉，要求某顾问公司退还其已经支付的1.2万元的报酬，并赔偿其经济损失。

在本案中，实施技术咨询报告而发生的损失应由谁承担？

《合同法》第357条规定：“技术咨询合同的委托人应当按照约定阐明咨询的问题，提供技术背景材料及有关技术资料、数据；接受受托人的工作成果，支付报酬。”第 359 条第 3 款规定：“技术咨询合同的委托人按照受托人符合约定要求的咨询报告和意见作出决策所造成的损失，由委托人承担，但当事人另有约定的除外。”法律之所以这样规定主要是基于以下理由：(1) 在咨询活动中，受托人的任务在于通过调查研究提出自己的真知灼见，而委托人的任务则在于决策和实施，委托人有责任对咨询报告和意见进行正确的鉴别和取舍。因此，因决策错误而发生的损失，首先是决策者的责任。(2) 按照咨询报告作出决策并付诸实施后影响实施结果的因素很多，有的是决策本身的问题，有的是实施不当的问题，还有客观情况发生变化的因素。咨询意见付诸实施后，也还要根据实际情况采取相应措施，有时还要作出必要的修改和补充。受托人一般并不参加决策和实施的全过程，从这个意义上说，也不能要求受托人对报告实施的结果负责。

本案双方当事人订立的是技术咨询合同，某顾问公司为受托人，某科技开发公司为委托人，咨询方式是运用定量分析方法进行分析、论证和预测．工作成果是咨询报告。合同约定的条款均由双方当事人分别履行完毕，该技术咨询合同已经宣告终止。某科技开发公司开发的计算机软件因成本高，加上计算机使用在基层尚未普及等原因，造成市场销售情况不好，投资无法收回，使企业受损。这种结果完全是某科技开发公司自身决策失误造成的。因此，根据《合同法》第 359 条第 3 款之规定，在本案中，某科技开发公司的损失应由其自己承担，某顾问公司无须承担责任。

二、技术服务合同

(一) 技术服务合同的含义与特征

《合同法》第 356 条第 2 款规定，技术服务合同是当事人双方就一方以技术知识为另一方解决特定技术问题而达成的协议，不包括建设工程合同和承揽合同。而依据《技术合同司法解释》第 33 条，所谓“特定技术问题”，包括需要运用专业技术知识、经验和信息解决的有关改进产品结构、改良工艺流程、提高产品质量、降低产品成本、节约资源能耗、保护资源环境、实现安全操作、提高经济效益和社会效益等专业技术问题。另外，当事人一方以技术转让的名义提供已进入公有领域的技术，或者在技术转让合同履行过程中合同标的技术进入公有领域，但是技术提供方进行技术指导、传授技术知识，为对方解决特定技术问题符合约定条件的，应按照技术服务合同处理，约定的技术转让费可以视为提供技术服务的报酬和费用，但是法律、行政法规另有规定的除外。

技术服务合同具有以下特征：

1. 技术服务合同的受托人通常是拥有专业人士的企事业单位或掌握一定专业技术知识的自然人。

2. 技术服务合同的受托人向委托人用以提供服务的技术通常不包括专利技术和专有技术，而是人们在日常专业技术工作中反复运用的现有技术，或称公有技术。

3. 技术服务合同为不要式合同，《合同法》并未就技术服务合同的形式作出特别规定，因此，技术服务合同为不要式合同。

（二）技术服务合同的效力

1. 委托人的义务

（1）按照合同约定提供工作条件，完成配合事项。技术服务合同受托人发现委托人提供的资料、数据、样品、材料、场地等工作条件不符合约定的，应在合理期限内通知委托人予以补正。未在合理期限内通知委托人的，视为其对委托人提供的工作条件予以认可。委托人在接到受托人的补正通知后未在合理期限内答复并予补正的，发生的损失由委托人承担。

（2）按期接受工作成果并支付报酬。接受工作成果是委托人的权利，也是其义务，委托人应按合同约定的时间和要求验收工作成果。委托人验收了受托人的工作成果后，应当按照合同约定的支付方式、结算方式向受托人支付报酬。该报酬一般不包括受托人完成专业技术工作、解决技术问题所需要的经费，除非合同另有约定。

2. 受托人的义务

（1）按照约定完成服务项目。技术服务合同的受托人应在约定的时间内，保质、保量地完成服务任务，并达到解决委托的技术问题的要求。

（2）传授解决技术问题的知识。这里所传授的知识仅指与解决该技术问题有关的知识、信息和经验，而不涉及专利和非专利技术的权属。

三、技术咨询与服务产生的新技术成果的归属

技术咨询、服务合同的履行过程，事实上也是当事人之间互通技术信息、交流工作成果的过程，这一过程为双方当事人创造出更新的技术成果提供了条件和机会。因此，依《合同法》第363条，在履行技术咨询、服务合同的过程中，受托人利用委托人提供的技术资料和工作条件所完成的新的技术成果，除合同另有约定外，属于受托人；委托人利用受托人的工作成果所完成的新的技术成果，除合同另有约定外，属于委托人。

【深度阅读】

1. 张寒，胡宗彪，李正风．研发项目对大学技术转让合同影响的实证研究．科学学研究，2013（4）

2. 郭俊，雷斌，穆效荣．技术开发合同的成果归属和分享探讨．技术与创新管理，2005（1）

3. 盛春光．委托技术开发合同中技术成果的权属问题．科技论坛，2006（6）

4. 吴敏玲，吴绮慧．浅谈技术合同中的法律问题．科学管理，2006（5）

5. 陈家宏，张放．职务发明权属再研究．西南交通大学学报（社会科学版），2006（8）

6. 何敏．对职务发明成果归属的新思考．南京师范大学学报（社会科学版），2006（5）

7. 焦洪涛，鄢斌．我国技术合同立法的评价与完善．科技进步管理，2006（4）

8. 马忠法．论技术转让合同中的技术改进条款．电子知识产权，2009（11）

【问题与思考】

1. 如何认定技术开发合同的风险责任？
2. 技术开发合同的成果权利如何归属？利益如何分配？
3. 技术转让合同有哪些效力？

第二十一章
保管合同

导读

本章主要介绍保管合同的含义与特征，以及保管合同的法律效力等内容。应重点掌握保管合同的特征、保管人与寄存人各自负担的义务。

第一节　保管合同概述

一、保管合同的含义

保管合同又称寄托合同、寄存合同，是当事人双方就保管人保管寄存人交付的保管物，并返还该物达成的协议。其中，保管物品的一方为保管人，或称受寄托人，其所保管的物为保管物；交付物品保管的一方为寄存人，或称寄托人。

二、保管合同的特征

(一) 保管合同的标的是保管行为

保管合同订立的直接目的是由保管人保管物品，而非以保管人获得保管物品的所有权或使用权为目的。因此，保管合同的标的是保管人的保管行为，保管人的主要义务是保管寄存人交付的保管物。在租赁、运输、借用、承揽合同中，虽然也会产生保管物品的义务，但这些合同并不以保管物品为目的，保管一方所负有的保管义务相对于其主要义务而言，只是一种附随义务。

应注意的是，有学者指出，尽管保管合同不以保管人获得保管物品的所有权或使用权为目的，但在某些特定保管合同如消费保管合同中，却会发生保管物所有权移转的法律效果。所谓消费保管合同，又称不规则保管合同、可替代物保管合同，是指保管物为种类物，双方约定保管人得取得保管物的所有权，而仅以相同种类、品质、数量的物品返还给寄存人的合同。[①]《合同法》第 378 条可视为对上述观点的确认，该条规定："保管人保管货币的，可以返还相同种类、数量的货币。保管其他可替代物的，可以按照约定返还相同种类、品质、数量的物品。"这意味着，在上述特定保管合同中，原保管物品已随交付而发生所有权转移，保管人在履行返还保管物的义务时，只需以相同种类、品质、数量的替代物返还即可。

（二）保管合同一般为实践合同

关于保管合同是实践合同还是诺成合同，理论界有不同的观点。不过，多数学者认为，保管合同为实践合同。本书认为，《合同法》已经将专门从事保管业务的仓储人订立的保管合同规定为仓储合同，并将其定性为诺成合同，则保管合同仅指非专营仓储保管业的当事人订立的保管合同，《合同法》第 367 条规定，除当事人另有约定外，保管合同自保管物交付时成立。因此，保管合同一般为实践合同，但并不排除当事人将其约定为诺成合同。

（三）保管合同原则上为无偿、不要式合同

《合同法》第 366 条规定，保管合同当事人之间可以约定保管费的支付办法，对保管费用未作约定或约定不明，又不能达成补充协议，依据合同有关条款或者交易习惯也不能确定的，保管合同是无偿合同。因此，保管合同原则上为无偿合同，但当事人也可以约定为保管行为支付报酬，此时保管合同为有偿合同。

保管合同仅以寄存人对保管物的交付为成立要件，并不要求必须具备特定的形式，除非当事人有特别约定。因此，保管合同原则上为不要式合同。

（四）保管合同一般为单务合同

关于保管合同是双务合同还是单务合同，学者之间存有分歧。本书认为，保管合同为双务抑或单务合同，应区分保管合同是有偿或无偿而有所区别。就有偿保管合同而言，保管人负有保管保管物的义务，而寄存人负有支付保管费的义务，故为双务合同。而就无偿保管合同而言，因保管人的保管行为是无偿的，故寄存人不需支付保管人保管费用，但保管人的保管义务却不能免除。虽无偿保管合同的寄存人也需支付保管人为保管而支出的必要费用，但该笔费用并非保管人保管义务的对价，其与保管人的保管义务并不相互对应，所以无偿保管合同是单务合同。由于保管合同原则上为无偿合同，所以保管合同也以单务合同居多。

第二节　保管合同的效力

一、保管人的义务

（一）给付保管凭证的义务

《合同法》第 368 条规定，除非另有交易习惯，在寄存人交付保管物于保管人时，保管人应当给付保管凭证。该保管凭证是保管合同关系存在的书面证明。

---

① 参见王利明、房绍坤、王轶：《合同法》，366 页，北京，中国人民大学出版社，2013。

（二）保管保管物的义务

保管合同以物品的保管为目的，因此，妥善保管保管物是保管人最主要的义务。《合同法》第369条规定："保管人应当妥善保管保管物。当事人可以约定保管场所或者方法。除紧急情况或者为了维护寄存人利益的以外，不得擅自改变保管场所或者方法。"

此外，保管人应按合同约定亲自保管标的物，即将标的物置于自己的控制之下，保存于自己的保管场所。《合同法》第371条规定："保管人不得将保管物转交第三人保管，但当事人另有约定的除外。保管人违反前款规定，将保管物转交第三人保管，对保管物造成损失的，应当承担损害赔偿责任。"应当指出的是，保管人亲自保管标的物，不仅包括保管人自己保管，也包括使用履行辅助人保管。同时，保管人亲自保管并不绝对排斥第三人进行保管，在保管合同约定可以转由第三人保管时，保管人可以将保管物转交第三人保管。

《合同法》第374条规定，在保管期间，如因保管人保管不善而造成保管物毁损、灭失的，保管人应当承担赔偿责任；但在无偿保管的情况下，保管人能证明自己没有重大过失的，则不承担赔偿责任。

（三）不得使用或许可他人使用保管物的义务

《合同法》第372条规定，保管人有权占有保管物，但不得使用或许可他人使用保管物，除非当事人之间有例外的约定。未经许可使用保管物的，除应支付相当的使用费外，还应承担违约责任。这一义务是由保管合同的性质所决定的，保管合同的标的是保管行为，故一般不得对保管物予以改良、利用等。但是，若按照交易习惯，基于保管物性质的必要而使用，即保管物的使用是保管方法的组成部分，则保管人虽未经寄存人同意，也可以使用保管物。例如，为保持奶牛的出奶量，保管人为之挤乳，就属于必要的使用。①

（四）通知义务

所谓通知义务，根据《合同法》第373条第2款，是指在第三人对保管物主张权利，对保管人提起诉讼或者对保管物申请扣押时，保管人应当通知寄存人。这种通知义务的目的在于：使寄存人能够及时参加诉讼或者对扣押提出异议，以维护自己的权利。

依据诚实信用原则，在保管物意外毁损、灭失或者保管物的危险程度增加时，保管人应及时将有关情况通知寄存人。

（五）返还义务

保管合同是转移保管物的占有的合同，除特殊情形外，并不涉及保管物所有权转移的问题。因此，无论保管合同是否定有期限，寄存人都可以随时要求返还保管物，保管人负有返还的义务。保管合同未约定保管期限或者约定不明确的，保管人可随时返还保管物。保管合同约定了保管期限的，保管人除非有特别事由，不得提前返还保管物。寄存人可在期限届满前随时要求返还，因为寄存人可随时放弃其享有的期限利益，但是因此给保管人造成损失的，应予赔偿。保管人返还的物品应为原物；保管物为货币的，保管人可返还同种类、同数量的货币；保管物为其他可代替物时，保管人应返还同种类、同品质、同数量的物品；原物有孳息的，保管人还应返还孳息。

另外，在发生第三人对保管物主张权利的情况下，除依法对保管物采取保全或者执行

① 参见王利明、房绍坤、王轶：《合同法》，365页，北京，中国人民大学出版社，2013。

措施的以外，保管人也应当履行向寄存人返还保管物的义务。

二、寄存人的义务

（一）支付保管费与其他费用的义务

《合同法》第380条规定："寄存人未按照约定支付保管费以及其他费用的，保管人对保管物享有留置权，但当事人另有约定的除外。"可见，保管费并不包括其他费用。保管费只在有偿保管合同中存在，而其他费用不仅存在于有偿的保管合同中，也存在于无偿保管合同中。

在有偿保管合同中，寄存人应当按照约定的期限向保管人支付保管费。当事人对支付期限没有约定或者约定不明确的，可以协议补充；不能达成补充协议的，依据合同有关条款或者交易习惯确定；仍不能确定的，应当在领取保管物的同时支付。

（二）特定情形下的告知义务

《合同法》第370条规定，寄存人交付的保管物有瑕疵或者按照保管物的性质需要采取特殊保管措施的，寄存人应当将有关情况告知保管人。否则，由于寄存人未告知，致使保管物受到损失的，保管人不承担损害赔偿责任；并且，由于保管物本身的性质或者瑕疵使保管人受到损害的，除保管人知道或者应当知道并且未采取补救措施之外，寄存人应当承担赔偿责任。

（三）贵重物品声明义务

贵重物品是指价值较高之物，如货币、有价证券、珠宝、金银、艺术品、古董。寄存人的该声明义务是指把贵重物品的种类、性质、数量等必要情况清楚地向保管人声明，再由保管人验收或者封存。若寄存人未尽声明义务，保管物灭失时，保管人只负赔偿一般物品价值的责任。

典型案例

李某诉某酒店保管合同纠纷案

某年8月5日，李某驾驶一辆本田轿车到威海旅游，晚上在威海某星级酒店住宿，李某轿车停放在该酒店院内的停车场里。第二天早晨，当李某准备驾车离开酒店时发现轿车丢失。李某向当地警方报了案。警方在案件侦查中了解到，在8月6日凌晨1点半至2点之间，酒店值班的保安人员看到一辆本田轿车从酒店开出，但什么人开车、车内有几个人，保安都没有看清。后偷盗李某轿车的罪犯被抓获并被判刑。但李某的车辆已被罪犯卖掉，赃款已被挥霍，车辆也没能追回。为此，李某诉至法院，要求酒店赔偿损失。

酒店是否应当对李某丢车的损失予以赔偿？

在本案中，判断酒店是否承担责任的标准在于酒店是否尽到了必要的保管义务。由于提供停车场的情况各不相同，因而对酒店应尽义务的要求也不相同，即提供专用停车场和提供公用停车场所要求的注意义务是不同的。在本案中，由于被告提供的是专用的停车场，因而被告应尽到与处理自己事务程度相同的注意义务。李某的车辆在凌晨被盗，而在这一时间开车外出应是一种不正常的少见的现象，从处理自己事务的角度考虑，酒店保安人员应当进行盘查和询问，问明情况后，再予以放行。而被告酒后的保安人员却没有履行登记或盘查、询问等必要的保安职责，致使轿车丢失。据此可以认定酒店违反了必要的保管义务，应当对李某丢车的损失予以赔偿。

在本案中，酒店的违约行为侵害了李某的汽车所有权，构成责任竞合。如李某追究酒店的违约责任，则应依《合同法》第 113、374 条确定酒店的赔偿责任；如李某追究酒店的侵权责任，则应依《侵权责任法》第 37 条确定酒店的赔偿责任。值得注意的是，酒店承担的侵权责任在性质上是一种补充责任。① 这里的补充责任是指在加害人确定并有赔偿责任的情况下，由加害人承担责任，酒店不承担赔偿责任；当加害人财产不足以赔偿全部数额时，应先由加害人承担责任，对于不足部分由酒店承担与其违反保管义务相当的赔偿数额；当加害人找不到或无法确定或无力赔偿时，酒店才予以适当赔偿，并在赔偿后获得向加害人追偿的权利。对于车辆丢失所造成的损失，并不能要求酒店全额予以赔偿。这是因为，车辆丢失是第三人的行为造成的，并非酒店自己的行为引起的。而且，酒店提供停车场地是无偿的，如果让酒店全额赔偿，则有违公平原则。对于此类案件，必须注意不能过分加重保管人的责任，应明确设定赔偿限额，以平衡双方的责任范围。

【深度阅读】

1. 胡建萍．机动车保管高收费低赔付与合同对价．法律适用，2003（6）
2. 盛浩中，李亚萍，周九云．商业银行保管箱业务法律问题探讨．银行与法，2004（5）
3. 杨建伟．论车主丢车谁该负责．中国律师，2003（4）
4. 郭洁．论《合同法》保管合同的若干法律问题．辽宁大学学报，2003（2）
5. 万建华．《中华人民共和国合同法》第 378 条之理解与完善——兼论我国货币保管合同的民商分立．法商研究，2010（2）
6. 陈清明．停车管理保管合同的风险防范．中国物业管理，2009（8）

【问题与思考】

1. 保管合同是实践合同还是诺成合同？
2. 保管人的义务有哪些？

① 参见胡建萍：《机动车保管高收费低赔付与合同对价》，载《法律适用》，2003（6）。

第二十二章 仓储合同

导 读

本章主要介绍仓储合同的含义与特征，以及仓储合同的效力等内容。应重点掌握仓储合同的特征、仓单的作用，以及保管人和存货人的权利、义务。

第一节 仓储合同概述

一、仓储合同的含义

仓储合同是当事人双方就保管人储存存货人交付的仓储物，存货人支付仓储费而达成的协议。在仓储合同中，保管人是接受仓储物，为存货人有偿保管的一方当事人，其必须是经工商行政机关核准，依法从事仓储业务的法人或者非法人组织；存货人是将仓储物交付给保管人，并向其支付仓储费的另一方当事人；仓储物是存货人交付保管的物。

二、仓储合同的特征

就仓储合同的性质而言，它仍然是一种保管合同，但它具有与一般保管合同相区别的显著特征：

（一）保管人必须是拥有仓储设备并具有仓储业务资格的人

仓储是一种商事行为，有无仓储设备是保管人是否具备营业资格的重要标志。其中，仓储设备是指保管人从事仓储经营业务必备的物质条件；从事仓储业务的资格是指保管人必须取得专门从事或兼营仓储业务的营业许可。

（二）仓储保管的对象是动产，不动产不能成为仓储合同的标的物

由于保管人是在特定仓储场所为存货人储存货物，因而保管的对象只能是动产，而不能是不动产。另外，与一般保管合同的标的物必须是特定物或特定化的种类物不同，作为仓储物的动产不限于特定物，也可以是种类物。

（三）仓单具有仓储物所有权凭证的作用

存货人的货物交付或返还请求权以仓单为凭证，仓单具有仓储物所有权凭证的作用。作为法定的提取或存入仓储物的书面凭证，仓单是每一仓储合同中必备的，因此，仓单是仓储合同中最为重要的法律文件之一。

（四）仓储合同是诺成合同

《合同法》第382条规定，仓储合同自成立时生效。因此，仓储合同为诺成合同。

（五）仓储合同为有偿、双务合同

仓储合同的当事人双方于合同有效成立后互负给付义务：保管人提供仓储服务，存货人按照约定给付报酬和其他费用，双方的义务具有对价性和对应性，因此，仓储合同为有偿、双务合同。

第二节　仓储合同的效力

一、保管人的权利与义务

（一）保管人的权利

1. 收取仓储费的权利

仓储费是对仓储物进行保管所获得的报酬，保管人有权按照合同约定收取仓储费或在仓单持有人提货时收取仓储费。

2. 提存权

储存期间届满，存货人或者仓单持有人不提取货物的，保管人可以催告其在合理期限内提取，逾期不提取的，保管人可以提存仓储物。货物一经提存即认为债务人已经履行了义务，债权债务关系即行终止。债权人享有向提存物的保管机关要求提取标的物的请求权，但须承担提存期间标的物损毁、灭失的风险并支付因提存所需要的保管或拍卖等费用，且提取请求权自提存之日起5年内不行使即归于消灭。

3. 验收货物的权利

保管人有权对货物进行验收。如在验收中发现货物溢短①，则对溢出部分可以拒收，对于短少部分应当及时通知存货人。对于货物存在的不良状况，有权要求存货人更换、修理或拒绝接受，否则须如实编制记录，以明确责任。

（二）保管人的义务

1. 给付仓单

《合同法》第385条规定，存货人交付仓储物的，保管人应当给付仓单。保管人应当在仓单上签字或者盖章。仓单是提取仓储物的凭证，存货人或者仓单持有人在仓单上背书并经保管人签字或者盖章的，可以转让提取仓储物的权利。

---

① 溢短（more or less clause）：是指在合同的数量条款中明确约定交货数量可以增加或减少，但增减的幅度以不超过约定的百分比为限。

仓单中一般包括下列事项：存货人的名称或者姓名和住所；仓储物的品种、数量、质量、包装、件数和标记；仓储物的损耗标准；储存场所；储存期间；仓储费；仓储物已经办理保险的，其保险金额、期间以及保险人的名称；填发人、填发地和填发日期。

2. 验收货物

验收货物不仅是保管人的一项权利，也是其义务。保管人应当在接受仓储物时对货物进行理货、计数、查验，在合同约定的期限内检验货物质量，并签发验货单证。验收货物应按照合同约定的标准和方法，或者按照习惯的、合理的方法进行。保管人验收时发现入库仓储物与约定不符的，应当及时通知存货人。保管人未验收货物则推定为存货人所交存的货物完好，保管人也要返还完好无损的货物。若经保管人验收后，发生仓储物的品种、数量、质量不符合约定的情形，保管人应当承担损害赔偿责任。

3. 提供合适的仓储条件并妥善保管仓储物

保管人经营仓储保管的先决条件是具有合适的仓储保管条件，尤其是储存易燃、易爆、有毒、有腐蚀性、有放射性等危险物品的，更应当具备相应的保管条件。保管人应有从事保管货物业务的保管设施和设备，包括适合的场地、容器、仓库、货架、搬运设备、安全保卫设施等条件和一定的保管人员，并制定有效的管理制度等。

在储存期间，保管人应当妥善保管仓储物；因保管不善造成仓储物毁损、灭失的，保管人应当承担赔偿责任。但因仓储物的性质、包装不符合约定或者超过有效储存期造成仓储物变质、损坏的，保管人不承担赔偿责任。

4. 同意权利人取样或检查仓储物

同意权利人提取样品或检查仓储物也是保管人的一项义务，这里的权利人是指存货人或仓单持有人。《合同法》第 388 条明确规定："保管人根据存货人或者仓单持有人的要求，应当同意其检查仓储物或者提取样品。"

5. 通知与催告

《合同法》第 389、390 条规定，当保管人发现入库仓储物有变质或者其他损坏时，应当及时通知存货人或者仓单持有人。若仓储物变质或其他损坏的情况将危及其他仓储物的安全和正常保管的，保管人应当催告存货人或者仓单持有人作出必要的处置。在情况紧急时，保管人也可先作出必要的处置，但事后应当将该情况及时通知存货人或者仓单持有人。

6. 返还仓储物及其孳息

保管人应在约定的时间和地点向存货人或仓单持有人交还约定的仓储物。仓储合同就储存期和交还地点未作约定或者约定不明的，存货人或仓单持有人可以随时要求提取，保管人应在合理的时间内交还仓储物。保管人在交还仓储物时，应将原物及其孳息、残余物一同交还。

二、存货人的权利与义务

（一）存货人的权利

1. 查验、取样权

存货人有对仓储物进行查验、取样的权利，即可提取合理数量的样品进行查验。虽然查验可能会影响保管人的工作，取样可能会造成仓储物的减量，但如存货人合理地进行查验和取样，保管人不得拒绝。

2. 保管物领取权

储存期间届满，存货人有权提取仓储物。不过，存货人逾期提取的，应当加收仓储费；提前提取的，不减收仓储费。如果当事人对储存期间没有约定或约定不明确的，存货人可以随时提取仓储物。

3. 获取仓储物孳息的权利

《合同法》第377条规定："保管期间届满或者寄存人提前领取保管物的，保管人应当将原物及其孳息归还寄存人。"可见，如果仓储物在储存期间产生了孳息，存货人有权获取该孳息。

（二）存货人的义务

1. 告知义务

存货人的告知义务包括对仓储物的情况的完整、明确的告知，即存货人要完整、细致地告知保管人仓储物的名称、数量、包装方式、性质、保管要求等涉及验收、保管、交付的信息。尤其是在储存易燃、易爆、有毒、有腐蚀性、有放射性等危险物品或者易变质物品时，存货人应当说明该物品的性质，提供有关资料。否则，保管人可以拒收仓储物，也可以采取相应措施以避免损失的发生，且由此产生的费用由存货人承担。

另外，存货人寄存货币、有价证券或其他贵重物品的，应当向保管人声明，由保管人验收或者封存；存货人未声明的，该物品毁损、灭失后，保管人可以按照一般物品予以赔偿。

2. 支付仓储费和偿付必要费用的义务

存货人应根据合同约定按时、足额地支付仓储费，否则构成违约。未支付仓储费的，保管人有权留置，即有权拒绝将仓储物交还存货人，并可通过拍卖该留置的仓储物等方式获得仓储费。

3. 及时提货

存货人应按照合同的约定，按时将仓储物提离。这是因为，保管人是根据合同的约定安排仓库的使用计划，如果存货人未将仓储物及时提离，会使保管人已签订的下一个仓储合同无法履行。因此，存货人负有及时提货的义务。

【深度阅读】

1. 韦良月，高清会．仓储合同是实践合同或诺成性合同之我见．黑龙江政法管理干部学院学报，2003（2）

2. 秋萍．仓储合同的保管人对存货人的提货权能进行限制吗？律师世界，2003（8）

3. 喻绍富．仓储合同履行中抗辩权的行使．商品储运与养护，2000（4）

4. 孙艳．仓储合同的法律问题探析．物流技术，2003（12）

5. 钟楚云．火灾损失引出的仓储合同纠纷．中国储运，2010（8）

【问题与思考】

1. 与一般保管合同相比，仓储合同有何特征？

2. 仓单有何作用？存货人将仓单背书转让给第三人的，保管人是否应向第三人交付仓储物？

3. 存货人提前提取仓储物，是否可以要求减少仓储费？

第二十三章 委托合同

导读

本章主要介绍委托合同的含义与特征、委托合同的效力等内容。应重点掌握委托与代理的关系、委托合同与类似合同的区别、“保底条款”的效力、任意解除权以及委托合同中的代理问题等。

第一节 委托合同概述

一、委托合同的含义与特征

委托合同又称委任合同，是当事人双方就受托人处理委托人事务而达成的协议。在委托合同中，委托他人为自己处理事务的一方为委托人，为他人处理事务的一方为受托人。委托合同的意义在于合理利用他人劳务，避免事必躬亲。

委托合同具有如下特征：

（一）委托合同为劳务合同

在委托合同中，受托人依据委托人的授权和指示为委托人提供特定方式的劳务，因此，委托合同是典型的劳务给付合同。受托人处理的委托事务的范围十分广泛，可以是法律行为，如订立合同；也可以是事实行为，如管理财产。但委托事务的内容不能违反法律或公序良俗，也不能是必须由委托人亲自实施的行为或具有人身属性的事务。

（二）委托合同建立在委托人与受托人相互信任的基础之上

委托合同的标的是受托人为委托人处理委托事务。委托人将自己的事务委托给受托人处理，完全是基于对受托人的充分信任。因此，受托人应亲自处理委托事务，未经委托人同意，不得将受托事务转委托给第三人处理。

（三）委托合同可以是有偿合同，也可以是无偿合同

《合同法》第405条规定，委托合同为有偿还是无偿，首先取决于当事人之间的约定。

当事人在合同中未作约定的，则委托合同为有偿合同，委托人应当向受托人支付报酬。传统民法理论认为委托合同以无偿为原则，但《合同法》并未采纳这一见解。

（四）委托合同是诺成、不要式合同

委托合同因双方当事人意思表示一致即可成立，故为诺成合同。当事人订立委托合同既可以采用口头形式，也可以采用书面形式，《合同法》对此并无特别规定，因此，委托合同为不要式合同。

二、委托与代理

（一）大陆法系与英美法系对代理的理解

虽然大陆法系与英美法系均存在代理法律制度，但二者之间有着明显的差异，应当注意区分。

1. 大陆法系对代理的理解

在大陆法系的民法理论中，代理有直接代理与间接代理之分。直接代理是指代理人在代理权限内，以被代理人的名义实施法律行为，其所产生的法律效果直接归属于被代理人的代理。因此，它的效力是由自身发生的，不需要由代理人通过一项特别的行为将行为效果转移给被代理人。[①] 间接代理是指行为人以自己的名义，为了他人的利益而与第三人从事交易活动，其所产生的法律效果首先对行为人发生，再依内部关系移转于他人的行为。广义代理既包括直接代理，也包括间接代理，狭义代理则仅指直接代理。

在大陆法系的民法理论及司法实践中，代理尚有显名代理与隐名代理之分。显名代理是指代理人以被代理人名义实施的代理行为，即前述之直接代理，学说上称为显名原则（公开原则）。隐名代理是指代理人虽以自己的名义实施法律行为，但实际上有代理的意思，而且相对人明知或者应当知道代理人与被代理人之间存在代理意思，则同样产生代理的法律效果。[②] 不过，隐名代理与间接代理有着本质的差别。隐名代理只是在构成要件上不要求以被代理人的名义，而是要求相对人知道或应当知道代理关系的存在，在法律效果方面则与显名代理相同，因此可称之为代理的一种特殊类型。间接代理虽然在行为人以自己的名义实施法律行为方面与隐名代理相同，但二者的制度内容与法律效果并不相同，间接代理不能产生与显名代理相同的效果。间接代理虽有代理之名，但无代理之实，不属于严格意义上的代理范畴。

2. 英美法系对代理的理解

英美法系的代理法关心的并不是代理人究竟是以自己的名义还是以被代理人的名义与第三人签约这一表面形式，而是关注某项交易的实质内容，即由谁来承担代理人与第三人签订的合同的义务及责任。根据代理人在交易中是否披露本人（即被代理人）的姓名与身份，英美法系的本人可以分为以下三种情况：第一，公开姓名的本人（named principal），又称显名代理，即代理人在交易中既公开被代理人的存在，也公开被代理人的姓名，即在订立的合同文本中注明代理某某签订本合同。第二，不公开姓名的本人（unnamed princi-

---

① 参见［德］迪特尔·梅迪库斯：《德国民法总论》，邵建东译，671页，北京，法律出版社，2001。

② 参见王泽鉴：《民法总则》，357页，北京，北京大学出版社，2009。

pal)，又称隐名代理，即代理人在交易中公开本人的存在，但不公开本人的姓名，即在订立的合同文本中注明“代理本人”的字样。第三，不公开身份的本人（undisclosed principal），又称不公开本人身份的代理，即代理人在交易中不公开本人的存在，而以自己的名义对外签约，作为合同当事人一方。第三种情况下的本人（未公开身份的本人）的法律地位与前两种情况下的本人有很大的不同。未公开身份的本人原则上与第三人没有直接的法律关系，他们之间的商业关系建立在两个连续性的合同的基础上，即第三人与代理人之间的合同和代理人与本人之间的合同。在这种情况下，尽管代理人以自己的名义与第三人签约，但他却是为了本人的利益。按照英美法，不公开身份的本人一般也可以直接介入代理人与第三人的合同，向第三人提出请求权。如有必要，还可直接向第三人起诉。如果未公开身份的本人行使了介入权（right of intervention），就应向第三人承担责任。另外，第三人如果发现了本人的存在，则对于其因与代理人签订合同而享有的请求权，既可以向代理人提出，也可以向本人提出，即可以在代理人与本人之间作出选择。第三人一旦在这二者之间作出了明确选择，就不得再向另一方提出请求权。

虽然大陆法系与英美法系的代理均有显名代理与隐名代理的区分，但其含义及特点有着非常明显的差异，不可混为一谈。

（二）对委托与代理关系的一般认识

其实，在《德国民法典》之前的大陆法系民法的发展史中，自罗马法至《法国民法典》都不区分委托与代理。罗马法认为，代理是委托合同的外部关系，不承认有独立的授权行为。《法国民法典》把受托人代理委托人处理事务视为委托合同的当然效力。直到《德国民法典》，委托才被作为债发生的一种原因规定于债编中，而代理作为法律行为制度的一部分规定于总则编中。此立法例为以后各国民法典所效仿。我国民事立法也将代理与委托合同分别加以规定。

在我国学术界，一般认为，代理与委托合同的目的虽都是为委托人处理事务，但二者是不同的法律制度，其区别体现在：

1. 产生方式不同

委托是一种合同关系，委托人与受托人意思表示一致即可成立委托关系。而代理权的产生方式有三种：一是法定产生，即基于法律规定的代理人与被代理人之间特定的法律关系而产生法定代理，如未成年人的父母对未成年人事务的法定代理；二是指定产生，即依法院或其他有权机关指定发生代理，如法院为未成年人指定代理人；三是委托产生，即依被代理人的单方法律行为授权产生。一般来说，被代理人授权行为的发生以与代理人存在基础法律关系为前提，如双方存在委托合同、雇佣合同等。

2. 内容不同

在委托合同中，受托人处理委托事务的范围十分广泛，既可以是法律行为，也可以是事实行为。而代理人的代理行为的内容只能是法律行为，不包括事实行为。

3. 行为方式不同

委托合同属于内部关系，注重的是委托人与受托人之间达成的协议。受托人在处理委托事务时并不必然与第三人发生法律关系。受托人对外行为时，既可以自己的名义，也可以委托人的名义为之。而代理行为强调的是外部关系，即代理人与第三人实施法律行为。

4. 法律后果不同

在委托合同中，受托人处理委托事务的后果，在有些情况下直接由委托人承担，有些情况下由受托人自己承担，对此，双方可以在合同中明确约定。而在代理中，一般情况下，代理人的代理行为所产生的法律后果是由被代理人直接承受的。

（三）《合同法》对委托合同中代理的规定

目前，我国规范代理制度的法律主要是《民法通则》与《合同法》。不过，《民法通则》仅规定了显名代理，而《合同法》则在"委托合同"中就代理作出了更为丰富的规定。

《合同法》第402条规定："受托人以自己的名义，在委托人的授权范围内与第三人订立的合同，第三人在订立合同时知道受托人与委托人之间的代理关系的，该合同直接约束委托人和第三人，但有确切证据证明该合同只约束受托人和第三人的除外。"这一规定符合前述大陆法系有关隐名代理的界定，我国学者亦认为该条规定的是隐名代理。[①] 可见，我国既承认大陆法系的显名代理，亦承认大陆法系的隐名代理。

《合同法》第403条规定："受托人以自己的名义与第三人订立合同时，第三人不知道受托人与委托人之间的代理关系的，受托人因第三人的原因对委托人不履行义务，受托人应当向委托人披露第三人，委托人因此可以行使受托人对第三人的权利，但第三人与受托人订立合同时如果知道该委托人就不会订立合同的除外。受托人因委托人的原因对第三人不履行义务，受托人应当向第三人披露委托人，第三人因此可以选择受托人或者委托人作为相对人主张其权利，但第三人不得变更选定的相对人。委托人行使受托人对第三人的权利的，第三人可以向委托人主张其对受托人的抗辩。第三人选定委托人作为其相对人的，委托人可以向第三人主张其对受托人的抗辩以及受托人对第三人的抗辩。"很显然，这一条借鉴了英美法上不公开本人身份的代理制度，同时也是对我国长期实行的外贸代理制的总结。[②] 由此可见，我国的代理法律制度既借鉴了大陆法系的模式，也借鉴了英美法系的模式。[③]

《合同法》第二十二章"行纪合同"确认了大陆法系所谓的"间接代理"制度。本书认为，间接代理只是大陆法系民法理论上的术语，并非代理。这是因为，代理在法律效果上的标志性特征是法律行为的后果能够直接在相对人与被代理人之间发生，而间接代理则是法律效果首先在行为人与相对人之间发生，而后再通过行为人与委托人之间的另外一个法律行为移转于委托人。可见，间接代理虽名为"代理"，但并非真正意义上的代理，只是在

---

① 参见张俊浩主编：《民法学原理》（上册），307页，北京，中国政法大学出版社，2000。

② 外贸代理制是我国计划经济时代的产物。我国从1984年开始实行这一制度，它是国内企业作为委托人委托外贸企业为其进口或出口某种商品的制度。在实践上，我国的外贸代理可分为以下三种情况：（1）国内享有外贸经营权的外贸企业之间的代理，代理人以被代理人的名义对外经营进出口业务；（2）国内享有外贸经营权的外贸企业之间的代理，代理人以自己的名义对外经营进出口业务；（3）国内不享有外贸经营权的企业与享有此项权利的外贸企业之间的代理，外贸企业以自己的名义对外经营进出口业务。在我国外贸实践中，后两种尤其是第三种情况大量存在。国内无外贸经营权的企业没有与外商订立买卖合同的民事行为能力，它们如出口其生产的产品，或者从国外进口设备或原料，必须委托外贸企业代为办理。作为外贸企业，尽管其是为了作为被代理人的国内企业的利益代为办理进出口业务，但只能以自己的名义对外签约，实际上却并不承担合同项下的权利和义务，只是从代办进出口业务中收取一定的手续费，真正的买方或卖方是国内企业，它们是外贸企业与外商签订的合同的实际履行者。

③ 参见苏号朋：《民法总论》，334页，北京，法律出版社，2006。

最终的经济效果上与代理有相似之处。[①] 大陆法系的民法学者一般不认为间接代理是代理的一种[②]，各国法也没有关于间接代理的一般规定，而是确认了间接代理的一些重要的适用事例，其中最典型的是行纪，有的学者认为为他人进行的运输亦属于行纪。[③] 在我国民事法律中，除《合同法》规定的“行纪合同”外，《证券法》规定的证券经纪亦属于间接代理。

三、委托合同与类似合同的区别

（一）委托合同与雇佣合同

委托合同与雇佣合同存在许多相似之处，如均为一方按照他方指示为一定行为等。但二者仍存在如下区别：

1. 雇佣合同订立的目的在于由受雇人向雇佣人提供劳务；而委托合同订立的目的在于由受托人为委托人处理事务，即使包含有受托人提供劳务的内容，它也只是实现处理事务这一目的的手段。

2. 雇佣合同是有偿的；而委托合同既可以是有偿的，也可以是无偿的。

3. 在雇佣合同中，受雇人为雇佣人处理的事务一般是事实行为；而在委托合同中，受托人处理的事务既可以是事实行为，也可以是法律行为。

（二）委托合同与承揽合同

委托合同与承揽合同也存在许多相似之处，如均为一方向他方提供劳务、一方按照他方的指示为一定行为等，因而在实践中常常容易混淆。但二者仍存在如下区别：

1. 在承揽合同中，承揽人的义务是为委托人完成特定的工作成果，工作成果是否完成是承揽义务是否履行的标准；而在委托合同中，受托人的义务是为委托人处理委托事务，并不以事务是否完成作为义务是否履行的标准。

2. 在承揽合同中，承揽人的义务是向委托人交付工作成果，其履行行为的本质必然是事实行为，而非法律行为；而在委托合同中，受托人处理的事务不仅包括事实行为，还包括法律行为。

3. 在承揽合同中，承揽人可以将其承揽的辅助工作交由第三人完成；而在委托合同中，受托人应当亲自处理委托事务，未经委托人同意，不得擅自转委托。

第二节　委托合同的效力

一、受托人的义务

（一）按照委托人的委托范围及指示处理委托事务的义务

《合同法》第397条规定，委托人可以特别委托受托人处理一项或者数项事务，也可以

---

① 参见苏号朋：《民法总论》，334页，北京，法律出版社，2006。

② 日本学者富井政章指出：“近世不称间接代理为代理，盖通例也。”参见［日］富井政章：《民法原论（第一卷）》，陈海瀛、陈海超译，286～287页，北京，中国政法大学出版社，2003；史尚宽：《民法总论》，517页，北京，中国政法大学出版社，2000。

③ 参见［德］迪特尔·梅迪库斯：《德国民法总论》，邵建东译，672页，北京，法律出版社，2001。

概括委托受托人处理一切事务。因此，委托人与受托人应在委托合同中明确约定委托范围，委托范围内的事项才属于受托人有权处理的事项。受托人超越权限给委托人造成损失的，应当承担赔偿责任，而不论该委托是有偿还是无偿。两个以上的受托人共同处理委托事务的，对委托人承担连带责任。

另外，依《合同法》第399条，在委托合同中，受托人立当按照委托人的指示处理委托事务，原则上不得变更。如果在处理委托事务的过程中需要变更委托人指示的，应经委托人同意。但在同时满足以下条件的特殊情形下，受托人可以变更委托人的指示而无须其同意：

(1) 情况紧急，需要立即采取新措施；

(2) 由于客观上的原因，难以与委托人取得联系；

(3) 为了委托人的利益所必需。

但此种特殊情形下的变更应于事后及时报告委托人。

(二) 亲自处理委托事务的义务

《合同法》第400条规定，在委托合同中，受托人应当亲自处理委托事务，未经委托人同意，不得擅自将委托事务转委托给他人处理。但是，在下列情形下，受托人进行转委托是允许的：

1. 经委托人同意。在委托人同意的情况下，受托人与第三人之间形成转委托关系。委托人可以就委托事务直接指示转委托的第三人，受托人仅就第三人的选任及其对第三人的指示承担责任。

2. 情况紧急。未经委托人同意转委托的，受托人应当对转委托的第三人的行为承担责任。然而，在紧急情况下，受托人为维护委托人的利益而进行的转委托，在法律效果上应当视同委托人同意的转委托。但受托人事后仍应及时将这一情形告知委托人。

(三) 报告义务

在委托合同中，受托人是为委托人处理委托事务，由于委托事务的处理往往直接关系到委托人的利益，因而，为了便于委托人了解委托事务的处理情况，受托人有义务按照委托人的要求将情况报告给委托人。《合同法》第401条规定，受托人在处理委托事务的过程中，应当按照委托人的要求报告事务处理的进展情况。受托人在委托合同终止时，也应按照委托人的要求报告事务办理经过与结果。

(四) 财产移交义务

《合同法》第404条规定，受托人因处理委托事务而取得的财产，应当转交给委托人。此处的财产包括具有经济价值的任何财产及其他相关利益，如物权、债权、知识产权等。这是受托人忠实义务与诚信原则的重要体现。

(五) 谨慎注意义务

《合同法》第406条规定，受托人在处理委托事务时，应尽必要的注意义务。这种义务对有偿委托与无偿委托的要求不同：在有偿委托中，受托人因自己的过错给委托人造成损失的，应当承担损害赔偿责任，此处的过错包括故意、重大过失与一般过失；而在无偿委托中，受托人只对因故意或重大过失给委托人造成的损失承担损害赔偿责任，一般过失可以免责。

实务探讨

委托理财合同中保底条款的效力

近几年，随着证券市场发展的需要，委托理财作为一种投资方式在社会上流行起来。所谓委托理财，是指由委托人将其资金、证券等金融性资产委托给受托人管理，由受托人在证券、期货等金融市场从事营利性投资经营活动以获取经济利益的行为。近年来，委托理财的法律纠纷开始大量浮出水面，其中，保底条款是委托理财合同纠纷的根源。保底条款是指在委托理财合同中，受托人向委托人作出的保证委托人本金不受损失，并由其向委托人给付一定收益，可能产生的法律责任与亏损风险由受托人承担等约定的统称。实践中，保底条款可分为保证本金不受损失条款、保证本息固定回报条款、保证本息最低回报条款三种。那么，保底条款的效力应如何认定呢？

在司法实践中，法院通常会认为保底条款将投资风险全部转嫁给受托人，从根本上违背了经济规律与市场规则，从而判定保底条款无效。有的学者认为，考虑到当前我国证券业的现状，否定保底条款的效力，使其得不到法律强制力的保障，可以在很大程度上实现立法者的目的，更加具有合理性。① 但也有学者认为，出于对合同自由与市场主体自治原则应有的尊重，对保底条款应认定为有效。在委托理财合同中承诺保底收益是一种国际通行做法，法律不应视其为违法而加以禁止。②

本书认为，对于保底条款的效力，应当依据现行法律作出认定。虽然我国法律尚无关于委托理财合同的规定，但一些民事特别法已作出了原则性规定，可资参考。如《证券法》第 144 条规定："证券公司不得以任何方式对客户证券买卖的收益或者赔偿证券买卖的损失作出承诺。"从民法原理角度分析，保底条款有违公平和诚实信用原则，不应肯定其效力。

二、委托人的义务与责任

（一）支付费用的义务

《合同法》第 398 条规定："委托人应当预付处理委托事务的费用。受托人为处理委托事务垫付的必要费用，委托人应当偿还该费用及其利息。"因此，无论委托合同是有偿还是无偿，委托人都应向受托人支付处理事务的费用。至于支付费用的范围，当事人对其有约定的，依约定；没有明确约定的，应以必要为限。"必要"的范围应根据处理委托事务时的具体情况来确定。对于不必要的费用，受托人无权请求委托人支付。

（二）支付报酬的义务

《合同法》第 405 条规定："受托人完成委托事务的，委托人应当向其支付报酬。因不可归责于受托人的事由，委托合同解除或者委托事务不能完成的，委托人应当向受托人支付相应的报酬。当事人另有约定的，按照其约定。"依此规定，委托人支付报酬的义务并不

---

① 参见丁寿兴、陈昶、蔡东辉：《"保底条款"对证券委托投资管理合同的影响》，载《法学》，2004（2）。

② 参见方富贵：《"委托理财合同保底条款"的效力》，载《卓越理财》，2006（5）。

以委托合同对报酬事项有明确约定为必要，因此，委托合同以有偿为原则，以无偿为例外，即只有在委托合同明确约定不支付报酬时，委托人才不支付报酬。

(三) 赔偿损失的责任

《合同法》第407条规定，受托人处理委托事务时，因不可归责于自己的事由受到损失的，可以向委托人要求赔偿。有学者认为，此处的“损失”，既包括财产损失，也包括非财产损失。合同法之所以如此规定，是因为此种责任是基于利益衡量而特别设立的，不是通常意义上的违约责任。[①] 本书不同意这一见解。法律之所以要求委托人对受托人处理委托事务中所受损失负赔偿责任，是因为委托人是为处理自己事务利用受托人，并因此受益。委托人的赔偿责任仍为合同法范畴的法律责任，应适用违约赔偿的一般规则。因此，作为赔偿对象的损失，仅限于财产损失，不包括非财产损失。此外，依该法第408条，委托人另行委托，给受托人造成损失的，也应承担赔偿损失的责任。

三、委托合同中的任意解除权

《合同法》第410条规定了委托合同中的任意解除权，即委托人或受托人可以随时解除委托合同。法律之所以赋予当事人以任意解除权，乃是由委托合同是基于当事人之间相互信任关系而订立的性质所决定的。如果当事人一方对另一方不再信任，不管客观情况如何，都应当允许其随时解除合同。否则，即使勉强维持合同关系，合同的目的也很难实现。因此，在委托合同中，无论当事人在主观上是否有过错，也无论委托事务处理到何种程度，当事人双方均享有任意解除权，只要一方当事人作出解除合同的意思表示，即产生委托合同终止的效力。由于《合同法》关于任意解除权的规定并没有区分委托合同是有偿还是无偿，因而任意解除权适用于所有类型的委托合同。在委托合同中，无论是委托人还是受托人均享有任意解除权，这也是委托合同与承揽合同的区别之一：在承揽合同中，只有定作人享有任意解除合同的权利。

此外，为防止当事人滥用任意解除权给对方造成损害，《合同法》第410条还规定了解除合同的法律责任，即“因解除合同给对方造成损失的，除不可归责于该当事人的事由以外，应当赔偿损失”。

典型案例

某投资有限公司诉某房地产开发有限公司委托合同纠纷案

某房地产开发有限公司与某投资有限公司约定由某房地产开发有限公司委托某投资有限公司作为销售顾问，为某房地产开发有限公司在全球独家策划销售京华大厦事宜，并约定：在项目工程启动并且在销售许可证领受之日起6个月内，若未成功出售该项目面积之30%，则双方可立即终止合同；某投资有限公司出售该项目，有权向某房地产开发有限公司收取该成交价的2%或以底价每平方米1 430美元计算超出部分差价的50%作为顾问费。

① 参见崔建远主编：《合同法》，514页，北京，法律出版社，2010。

合同签订后，某投资有限公司着手为京华大厦的销售进行策划、推广，而某房地产开发有限公司于4个月后致函某投资有限公司，以其未领取开工证与销售许可证为由，要求解除合同。某投资有限公司遂向法院提起诉讼，以对方单方面解除合同属于违约为由，请求法院判令某房地产开发有限公司继续履行合同。法院判决认定双方合同性质为委托合同，根据《合同法》第410条的规定，允许被告解除合同，对原告要求继续履行的诉讼请求予以驳回。

那么，如何认定当事人双方约定的合同解除条款的效力？当事人的约定解除权能否排除法定任意解除权？

在当事人的约定解除权能否排除法定任意解除权的问题上，法院的意见也常常不一致。有的法院认为，从尊重当事人意思自治的角度出发，可以认为当事人的约定排除了任意解除权的适用。① 也有法院认为，当事人限制解除权的约定是无效的，违反了法律的强制性规定，因此，即使约定了无重大理由不得解除合同，当事人也应享有法定解除权，可以随时解除委托合同。② 在本案中，法院就认为当事人的约定不能排除任意解除权的适用，即任何时候法定解除权都可以适用，否则法律规定任意解除权便失去了意义。显然，要解决本案，首先应澄清一个问题，即委托合同中的任意解除权是否可因约定而被排除。本书认为，《合同法》第410条所规定的委托合同的任意解除权，是法律的强制性规定，也是针对委托合同中行使解除权的特别规定，因而不应受当事人约定的限制。也就是说，即使委托合同约定了解约条件，也不影响委托人或受托人依《合同法》第410条享有任意解除权。当然，在委托人解除合同后，受托人因此受到的损失，有权要求委托人赔偿。根据这一分析，本书认为本案中法院的判决是正确的。

【深度阅读】

1. 黄雅苹．有关委托合同中诉讼主体的问题．中山大学学报论丛，2005（6）

2. 吕巧珍．委托合同中任意解除权的限制．法学，2006（9）

3. 葛云松．委任代理授权不明问题研究．法学，2001（12）

4. 孙永一．委托合同纠纷案件若干实务问题研究．山东审判，2005（3）

5. 李文胜．金融性委托理财合同的效力认定．法学杂志，2006（3）

6. 张冬．论委托理财合同的风险责任——兼议新《证券法》的委托理财条款．学术交流，2006（2）

7. 吕宇，何琼．金融类委托理财合同的形式和效力．中国审判，2008（8）

8. 颜火开，王文忠．论委托理财合同风险责任条款的效力．人民司法，2008（19）

【问题与思考】

1. 委托与代理有密切联系，是否意味着每个委托关系都必然产生代理权的授予？

---

① 参见广东怡法律师事务所与通威股份有限公司一般委托合同纠纷上诉案，（2004）佛中法民二终字第373号判决书。

② 参见重庆中海房地产开发有限公司与重庆瑞驰地产顾问有限责任公司地产委托销售合同纠纷案，重庆市第一中级人民法院（2004）渝一中民终字第366号民事判决书。

2. 试比较委托合同与雇佣合同、承揽合同的异同。
3. 如何认识委托合同中保底条款的效力？
4. 为什么《合同法》赋予委托人与受托人以任意解除权？
5. 试分析《合同法》第 402、403 条规定中的委托人、受托人与第三人之间的法律关系。

第二十四章 行纪合同

导读

本章主要介绍行纪合同的含义与特征，行纪合同中行纪人的主要权利、义务等内容。应重点掌握行纪合同与委托合同、直接代理等行为的区别，以及行纪人自己作为买受人或出卖人的权利。

第一节　行纪合同概述

一、行纪合同的含义与特征

行纪合同是当事人双方就行纪人以自己的名义为委托人从事贸易活动，委托人支付报酬而达成的协议。在行纪合同中，接受委托并以自己的名义从事贸易活动的一方称为行纪人，委托他人从事贸易活动并支付报酬的一方称为委托人。

行纪合同具有如下特征：

（一）行纪人是具有特定资格的主体

行纪人是指以营利为目的，以自己的名义为委托人从事贸易活动，享受合同权利、承担合同义务的商事主体。[①] 由于行纪活动多存在于特定的经济领域，如动产或有价证券的买卖、代购、代销、寄售等活动中，行纪人需要具备相应的资金实力与专业知识，故法律往往对行纪人的经营资格、业务范围等方面予以严格限制并对其业务活动实施专门的监督与管理。因此，行纪人经营行纪业务一般应当经过法定的批准或核准手续，才能取得从业资格。

（二）行纪人以自己的名义为委托人办理委托事务

《合同法》第 421 条第 1 款规定："行纪人与第三人订立合同的，行纪人对该合同直接

① 参见陈运雄：《论行纪人概念的法学界定》，载《广西社会科学》，2006（6）。

享有权利、承担义务。”据此，行纪人应以自己的名义办理行纪事务，行纪人与第三人之间的权利义务由行纪人自己享有或承担，委托人与第三人之间不存在直接的权利义务关系，委托人也不对行纪人的行为承担责任。

(三) 行纪人为委托人的利益办理事务

行纪人虽以自己的名义与第三人直接发生法律关系，但行纪人并非为自己的利益办理事务，其办理事务的结果最终归属于委托人。因此，行纪人在实施法律行为的过程中应考虑委托人的利益，严格按照委托人的指示办理，不得从事损害委托人利益的行为。而且，《合同法》第 421 条第 2 款规定，当第三人不履行义务致使委托人受到损害时，行纪人还应当承担损害赔偿责任，但行纪人与委托人另有约定的除外。

(四) 行纪合同为有偿、双务、诺成、不要式合同

在行纪合同中，行纪人负有为委托人办理行纪事务的义务，委托人负有支付报酬的义务，双方的义务互为对价，因此，行纪合同为双务、有偿合同。行纪合同因委托人与行纪人的意思表示一致而成立，不以标的物的交付为成立要件，且法律对其形式并无特殊规定，故行纪合同为诺成与不要式合同。

二、行纪合同与类似合同的区别

(一) 行纪合同与委托合同

行纪合同与委托合同有许多相似之处，如均为劳务合同，受托人均需处理委托事务等。因此，多数国家的立法都明确规定，除另有规定外，行纪合同适用委托合同的有关规定。我国《合同法》第 423 条也作了这样的规定。但是，行纪合同与委托合同仍存在一定的区别：

1. 行纪合同中行纪人的主体资格受到严格限制。而委托合同的受托人则无此限制，可以是任何受托处理委托事务的人。

2. 法律将行纪合同中的委托事务的范围限定为贸易活动。而委托合同中的委托事务的范围广泛，并无此限，可以是一般的法律行为或其他事务。

3. 在行纪合同中，行纪人只能以自己的名义与第三人实施法律行为，并由此产生相应效力。而在委托合同中，受托人既可以委托人的名义，也可以自己的名义进行活动。受托人以委托人的名义进行活动时，其与第三人订立的合同可对委托人直接产生效力；受托人以自己的名义进行活动时，由此产生的权利义务关系或直接对委托人生效，或由受托人将委托事务的结果转移给委托人。

4. 行纪合同是有偿合同；而委托合同既可以是有偿合同，也可以是无偿合同。

(二) 行纪合同与直接代理

行纪属于间接代理的一种形式，虽然行纪与直接代理都是接受委托为他人利益而行为，但二者之间也存在区别：

1. 在行纪合同中，行纪人是以自己的名义实施法律行为，其法律后果间接归属于委托人。而在直接代理中，代理人是以本人名义实施法律行为，为本人而为意思表示，其法律后果能够直接归属于本人。

2. 行纪人只能为依法经过工商登记专门从事商事交易活动的主体。而直接代理中的代

理人无特殊限制，凡具有民事权利能力与民事行为能力的民事主体都可为代理人。

3. 法律对行纪委托事务的范围有特别规定，只能是贸易活动。而直接代理的范围广泛，为依法律规定或依其性质不适用代理的行为之外的一切法律行为。

4. 行纪是有偿的，而直接代理则不一定是有偿的。

第二节 行纪合同的效力

一、行纪人的权利

（一）自己作为买受人或出卖人的权利

行纪人自己作为买受人或出卖人的权利，又称行纪人的介入权，是指行纪人按照委托人的指示出卖或买入有价证券或其他有市场定价的物品，在不损害委托人的利益时，行纪人可以自为买受人或出卖人的一种权利。对此，《合同法》第419条规定："行纪人卖出或者买入具有市场定价的商品，除委托人有相反的意思表示的以外，行纪人自己可以作为买受人或者出卖人。行纪人有前款规定情形的，仍然可以要求委托人支付报酬。"

理论研究

行纪人自己作为买受人或出卖人的条件

依《合同法》第419条，行纪人自己作为买受人或出卖人须符合以下条件：（1）行纪合同须有效存在。这是行纪人自己作为买受人或出卖人的前提条件。（2）卖出或买入的商品须有市场定价。该商品在市场上有固定公示的价格，可以防止行纪人利用价格的不确定性谋取私利，损害委托人的利益。（3）委托人无相反的意思表示。这既是委托人"意思自治"原则的体现，也是委托人防止行纪人因行使自己作为买受人或出卖人的权利损害其利益的事前救济措施。委托人的这种意思表示，既可在合同订立时作出，也可在行纪人实际成为买受人或出卖人前作出；既可以是明示的，也可以是默示的。（4）行纪人应具有履行自己作为买受人或出卖人所承担的义务的能力。如果行纪人已负巨额债务无法清偿，仍购入委托人委托出卖的商品，必然损害委托人的利益。因此，行纪人应依约尽到善良管理人的注意义务，最大限度地维护委托人的利益。①

有观点认为，行纪人尚未从事买卖行为也是行使自己作为买受人或出卖人的权利的条件之一。② 本书认为实无必要。因为如果行纪人已为委托人实施买入或卖出行为，将标的物交付给了第三人或接受了第三人交付，则行纪人已无自己作为买受人或出卖人的可能与必要。如果行纪人仅向第三人发出买入或卖出通知，买卖合同尚未订立，则行纪人仍可行使

① 参见王卉、郭嗣彦：《浅谈行纪人的介入权》，载《湖北社会科学》，2000（6）。

② 参见王建洲、戴家巨：《行纪人的介入权初探》，载《河北法学》，2000（2）；冯璩：《行纪合同的有关法律问题初探》，载《昆明大学学报》，2000（1）。

自己作为买受人或出卖人的权利，撤回其买入或卖出通知。即使行纪人与第三人的买卖合同已订立，行纪人未实际交付标的物可能构成对第三人的违约责任，但这也不应阻碍行纪人自己作为买受人或出卖人。

（二）提存权

《合同法》第420条规定，行纪人在以下两种情况下可以将委托物提存：

1. 行纪人按照约定买入委托物，委托人没有及时受领。经行纪人催告，委托人无正当理由拒绝受领的，行纪人可依法提存委托物。

2. 委托物不能卖出或者委托人撤回出卖委托，经行纪人催告，委托人不取回或者不处分该物的，行纪人也可依法提存委托物。

行纪人提存委托物后，不再承担行纪合同中的债务。

（三）报酬请求权

行纪合同为有偿合同，行纪人参与行纪合同关系的目的在于获取报酬。因此，依《合同法》第422条，行纪人完成或部分完成委托事务的，委托人应当向其支付相应的报酬。报酬的数额应由双方约定；双方没有约定的，可依照交易习惯确定。行纪合同中对报酬的支付方式有特别约定的，应依其约定。

（四）留置权

《合同法》第422条规定，委托人逾期不支付报酬的，行纪人对委托物享有留置权，但当事人另有约定的除外。根据该条文及留置权的有关规定可知，行纪人行使留置权应当符合以下构成要件：

1. 委托人逾期不支付报酬。如果委托人已按约定支付报酬，行纪人自无行使留置权的必要。

2. 行纪人合法占有委托物。如果委托物已交付委托人或因其他原因致行纪人已经丧失对委托物的合法占有，则行纪人不能享有留置权。

3. 当事人没有约定排除留置权的适用。如当事人事先约定行纪人不得行使留置权，则该约定可以对抗《合同法》赋予行纪人的法定留置权。

二、行纪人的义务

（一）负担行纪费用的义务

《合同法》第415条规定，行纪人处理委托事务支出的费用，由行纪人负担，但当事人另有约定的除外。据此，行纪费用以行纪人负担为原则，委托人负担为例外。这是因为，在行纪实践中，双方多把费用包含在报酬之内，而不单计行纪费用。因此，在无约定的情况下，行纪费用由行纪人承担。

（二）对委托物的保管义务与合理处置义务

《合同法》第416条规定，行纪人占有委托物的，应当妥善保管委托物。行纪人对物的保管应尽善良管理人的注意，因行纪人保管不善造成委托物毁损、灭失的，行纪人应承担赔偿责任。

此外，《合同法》第417条还规定了行纪人合理处置委托物的义务。委托物交付给行纪人时有瑕疵或者容易腐烂、变质的，经委托人同意，行纪人可以处分该物；不能与委托人及时取得联系的，行纪人可以合理处分。行纪人合理处分委托物的，不构成违约，不承担赔偿责任。

（三）依指示处理委托事务的义务

在行纪合同中，行纪人应当按照委托人的指示处理委托事务，尤其是要忠实于委托人的价格指示。《合同法》第 418 条规定，行纪人以低于委托人指定的价格卖出或者高于委托人指定的价格买入的，应当经委托人同意。未经委托人同意，行纪人补偿其差额的，因填补了委托人的期待利益，故该买卖对委托人仍发生效力。行纪人以高于委托人指定的价格卖出或者低于委托人指定的价格买入的，可以按照约定增加报酬。没有约定或者约定不明确，可以协议补充；不能达成补充协议的，按照合同有关条款或者交易习惯确定；按照上述方式仍不能确定的，该利益属于委托人。不过，应当注意的是，这里的指定价格不限于确切数额，可以是一定的限度，如指定最高价或最低价。

但是，如果委托人对价格有特别指示的，则行纪人不得违背该指示卖出或者买入，否则应承担违约责任。

【深度阅读】

1. 王宇红，张晓玲．行纪合同直接介入权制度与行纪人担保履行责任研究．长安大学学报（哲学社会科学版），2001（6）

2. 刘嫣姝．浅析我国行纪制度的发展困境及对策．法学论坛，2003（4）

3. 陈贵阳．信托与行纪辨析．前沿，2002（5）

4. 李亮．论行纪人的介入权．求实，2001（S1）

5. 冯璩．行纪合同的有关法律问题初探．昆明大学学报，2000（1）

6. 王建洲，戴家巨．行纪人的介入权初探．河北法学，2000（2）

7. 王欣．略论行纪合同．法制与社会，2007（12）

【问题与思考】

1. 在行纪关系中，行纪人对有市场定价的商品进行自买自卖的行为的效力如何认定？

2. 行纪人未按委托人的价格指示处理委托事务的行为是否必然不对委托人发生效力？请说明理由。

3. 比较行纪合同与委托合同、直接代理的区别。

第二十五章
居间合同

导读

本章主要介绍居间合同的含义与特征、居间合同中居间人的权利义务等内容。应重点掌握居间合同与委托合同、行纪合同的区别，居间人的报酬请求权与费用请求权的问题。

第一节　居间合同概述

一、居间合同的含义、分类与特征

居间合同是当事人双方就居间人向委托人报告订立合同的机会或者提供订立合同的媒介服务，委托人支付报酬而达成的协议。在居间合同中，报告订立合同机会或提供订立合同的媒介服务，并接受报酬的一方为居间人；接受服务并支付报酬的一方为委托人。

居间合同依其内容可以分为两类：一是报告居间合同，即由居间人向委托人报告订约机会的居间合同；二是媒介居间合同，即由居间人负责向委托人提供订立合同媒介服务的居间合同。其中，所谓报告订约机会，是指受委托人的委托，居间人去寻觅及引荐可与委托人订立合同的第三人，从而为委托人订约提供机会；所谓提供订立合同的媒介服务，则是由居间人介绍、引荐双方当事人订立合同，为委托人提供相关信息并从中斡旋以促成双方交易。[①]

居间合同具有以下特征：

1. 居间合同为劳务合同。居间人为委托人提供的服务包括报告订约机会与充当订约媒介。

2. 居间人仅提供有关订立合同的服务，不作订立合同的意思表示。因居间人提供居间服务而订立的合同，其当事人为委托人与第三人，居间人并不参与其中的法律关系。

3. 居间合同为诺成、非要式、双务、有偿合同。居间合同因委托人与居间人的合意而

① 参见孟庆瑜主编：《合同法实施中的疑难问题》，292页，北京，中国人民公安大学出版社，2009。

成立，且法律对其形式并无特别规定，因而为诺成、非要式合同。居间人为委托人办理居间事务，委托人应依约向居间人支付报酬，故居间合同为双务、有偿合同。

二、居间合同与相关合同的区别

（一）居间合同与委托合同

居间合同与委托合同均属劳务合同，受托人均需完成一定的委托事务，但二者仍存在以下区别：

1. 在居间合同中，居间人的行为仅限于报告订约机会或充当订约媒介。而在委托合同中，受托人处理的委托事务范围广泛，既可以是事实行为，也可以是法律行为。

2. 居间合同是有偿合同；而委托合同可以是有偿合同，也可以是无偿合同。

3. 在居间合同中，居间人只有在促成委托人与第三人订立合同后，才能请求委托人支付报酬。并且在媒介居间合同中，即使只受一方当事人委托，居间人也可向委托人和第三人同时请求报酬。而委托合同中，因不可归责于受托人的事由导致委托事务不能完成的，受托人仍可请求委托人支付相应的报酬，但只能向委托人一方请求支付报酬。

4. 在居间合同中，居间人不参与委托人与第三人之间的法律关系。而在委托合同中，受托人可以委托人的名义或自己的名义与第三人订立合同，并参与其中的法律关系。

（二）居间合同与行纪合同

居间合同与行纪合同存在一些相似之处，如均是有偿合同等，但二者也存在如下区别：

1. 居间合同的适用范围较宽，不仅局限于贸易活动。而行纪合同的适用范围仅限于代销、代购等贸易行为。[①]

2. 在居间合同中，居间人的目的是促成委托人与第三人订立合同，本身并不作出订立合同的意思表示，本质上是事实行为。而在行纪合同中，行纪人受托办理的事务是贸易活动，其性质则是法律行为。

3. 在居间合同中，居间人不与第三人发生法律关系。而在行纪合同中，行纪人以自己的名义与第三人直接产生权利义务关系。

4. 在居间合同中，居间人请求支付报酬附有一定条件，即须促使委托人与第三人的合同成立，否则不能主张报酬。而在行纪合同中，行纪人即使只完成部分委托事务，也可请求委托人支付相应报酬。

第二节　居间合同的效力

一、居间人的权利

（一）报酬请求权

居间合同是有偿合同，因此居间人享有报酬请求权。《合同法》第 426 条第 1 款即规

---

① 参见朱树英、益晨旭：《相同的合同标的不同的法律规定——〈合同法〉对委托、行纪和居间合同法律规定之异同比较》，载《上海商业》，1999（12）。

定，居间人促成合同成立的，委托人应当按照约定支付报酬。对居间人的报酬没有约定或者约定不明确，可以协议补充；不能达成补充协议的，按照合同有关条款或者交易习惯确定；按照上述方式仍不能确定的，根据居间人的劳务合理确定。不过，如果是因居间人提供订立合同的媒介服务而促成合同成立的，则由于双方当事人都因居间人的居间行为而受益，因而《合同法》规定，由该合同的当事人双方平均负担启间人的报酬。

另外，《合同法》第427条规定，居间人未促成合同成立的，不得要求支付报酬。由此可见，居间人促成合同成立是其享有报酬请求权的前提条件。至于合同成立后是否得到履行，并不是衡量居间人是否完成合同义务的标准。

(二) 费用请求权

居间人在为委托人提供居间服务的过程中会支出一定的费用，对于该费用的负担，依据居间人是否促成了合同成立而有所不同：

1. 在居间人促成合同成立的情况下，《合同法》第426条第2款规定，居间活动的费用由居间人自行负担。

2. 在居间人未促成合同成立的情况下，《合同法》第427条规定，居间人虽不得要求支付报酬，但可以要求委托人支付从事居间活动支出的必要费用。但应当注意的是，此处居间人所享有的费用请求权仅局限于“必要”范围内，倘若居间人所支出的费用为不必要的，则其无权要求委托人负担。

二、居间人的义务

(一) 报告订约机会或充当订约媒介的义务

在报告居间合同中，居间人负有向委托人报告订立合同机会的义务；在媒介居间合同中，居间人应承担订立合同的媒介服务的义务，努力为委托人和第三人创造条件，促使双方的合同成立。

(二) 如实报告义务

《合同法》第425条规定，居间人在从事居间活动时，不仅应向委托人报告订约机会，还应向委托人如实报告订立合同的有关事项，比如相对人的订约能力和信用状况、标的物是否存在瑕疵等。居间人故意隐瞒与订立合同有关的重要事实或者提供虚假情况，损害委托人利益的，不得要求支付报酬，并应承担损害赔偿责任。

典型案例

陈某诉董某、某家政服务中介公司人身损害赔偿纠纷案

2005年10月，陈某为照顾年老的母亲王某，到某家政服务中介公司雇用保姆，该中介公司向其推荐了河南籍保姆董某，自称对其进行过培训，符合家政服务员的岗位要求，并且保证对其履行职责进行监督；如果陈某与董某双方解除合同或者续签合同，还应当到某家政服务中介公司办理相关手续。陈某看后表示满意，遂与董某订立家政服务合同，聘期为3个月。当日，董某随陈某到其母亲家工作。次日9时，当陈某再来看望母亲时，发现

屋内着火，母亲已因一氧化碳中毒死亡，董某重伤。经查，火灾是由于董某用火不慎所致：董某在准备早饭时，不慎将灶口旁的毛巾引燃，并把自认为已扑灭（实际未扑灭）的毛巾放在沙发上，引发火灾。后来，陈某向法院起诉，要求董某承担侵权责任，某家政服务中介公司承担连带赔偿责任。

在本案中，某家政服务中介公司是否应当承担赔偿责任？

本案一审法院判决董某承担赔偿责任，某家政服务中介公司不承担责任，二审法院维持原判。后来，法院再审时认为某家政服务中介公司未尽告知义务，对董某在履行职责时造成的损失具有过失，因此改判某家政服务中介公司在过错范围内承担补充责任。本书认为，法院的改判是正确的。因为，虽然依居间合同规则，居间人并不承担对被举荐人所造成的损害的赔偿责任，并且董某的行为才是损害后果发生的直接原因，但是，如果某家政服务中介公司尽到如实告知义务，推荐的家政服务人员是合格的，那么这样的严重后果就不会发生。可见，某家政服务中介公司对此具有过失。但考虑到某家政服务中介公司的过失毕竟只是造成损害后果的间接原因，因此，法院再审时判决某家政服务中介公司在董某不能承担责任时，在其过错范围内承担补充赔偿责任，是合理的。

（三）保密义务

居间人对于在居间活动中所获悉的委托人的有关商业秘密、成交机会以及委托人的基本信息，不管是在居间活动过程中，还是在居间行为结束后，均不得泄露给他人。居间人违反保密义务，给委托人造成损害的，应当承担损害赔偿责任。

【深度阅读】

1. 隋彭生．居间合同委托人的任意解除权及“跳单”．江淮论坛，2012（4）
2. 黄喆．居间合同义务的射程．南京大学学报：哲学·人文科学·社会科学，2013（6）
3. 税兵．居间合同中的双边道德风险．法学，2011（11）
4. 刘尊知．居间合同纠纷案件若干实务问题探讨．山东审判，2009（6）
5. 吴访非．居间合同的法律特征及其欺诈行为的防范．沈阳建筑工程学院学报（社会科学版），2003（11）
6. 段仁元．论居间合同的报酬与费用．人文杂志，2001（2）
7. 曹亚萍．居间人损害赔偿责任探讨．山东审判，2006（3）
8. 王红艳，李金枝，钱宏．浅谈违反居间合同的法律救济．唐山学院学报，2005（6）
9. 王玉飞，谢颖．涉外股权转让居间合同效力认定．人民司法，2009（24）

【问题与思考】

1. 怎样区分委托合同、行纪合同与居间合同？
2. 居间人在促成委托人与第三人的合同订立时，能否同时主张报酬请求权和费用请求权？

主要参考文献

一、专著与教材

1. 北京市高级人民法院编．合同法新型疑难案例判解．北京：法律出版社，2007

2. 北京市高级人民法院编．北京法院指导案例．第 1 卷．北京：知识产权出版社，2006

3. 崔建远主编．合同法．北京：法律出版社，2010

4. 董安生．民事法律行为．北京：中国人民大学出版社，2002

5. 杜景林，卢谌．债权总则给付障碍法的体系建构．北京：法律出版社，2007

6. 房绍坤．新版以案说法：合同法篇．北京：中国人民大学出版社，2005

7. 耿林．强制规范与合同效力——以合同法第 52 条第 5 项为中心．北京：中国民主法制出版社，2009

8. 韩世远．合同法总论．北京：法律出版社，2011

9. 何宝玉．英国合同法．北京：中国政法大学出版社．1999

10. 侯国跃．契约附随义务研究．北京：法律出版社，2007

11. 黄忠．违法合同效力论．北京：法律出版社，2010

12. 胡长清．中国民法总论．北京：中国政法大学出版社，1997

13. 胡启忠．契约正义论．北京：法律出版社，2007

14. 刘家安．买卖的法律结构．北京：中国政法大学出版社，2003

15. 李亮．合同之附随义务研究．北京：中国检察出版社，2009

16. 李仁玉等．合同效力研究．北京：北京大学出版社，2006

17. 李巍．联合国国际货物销售合同公约评释．北京：法律出版社，2009

18. 李永军．合同法．北京：法律出版社，2010

19. 梁慧星．民法总论．北京：法律出版社，2011

20. 林诚二．民法债编总论——体系化解说．北京：中国人民大学出版社，2003

21. 刘春堂．民法债编通则（一）契约法总论．台北：自刊，2001

22. 刘万啸．电子合同效力比较研究．北京：知识产权出版社，2010

23. 刘宗荣．定型化契约论文专辑．台北：自刊，1988

24. 唐德华，孙秀君主编．合同法（总则）及司法解释案例评析．北京：人民法院出版社，2004

25. 彭赛红．合同形式的国家干预研究．长沙：湖南人民出版社，2010

26. 史尚宽．债法总论．北京：中国政法大学出版社，2000

27. 史尚宽．债法各论．北京：中国政法大学出版社，2000

28. 沈达明．比较民事诉讼法初论（下）．北京：中信出版社，1991

29. 沈德咏，奚晓明主编．最高人民法院关于合同法司法解释（二）理解与适用．北京：人民法院出版社，2009

30. 苏号朋主编．民法学．北京：对外经济贸易大学出版社，2007

31. 苏号朋．民法总论．北京：法律出版社，2006

32. 苏号朋．格式合同条款研究．北京：中国人民大学出版社，2004

33. 苏号朋．合同的订立与效力．北京：中国法制出版社，1999

34. 苏永钦．私法自治中的经济理性．北京：中国人民大学出版社，2004

35. 隋彭生．合同法要义．北京：中国政法大学出版社，2005

36. 孙森焱．民法债编总论（上）．北京：法律出版社，2006

37. 孙占利．电子订约法研究．北京：法律出版社，2008

38. 王利明．合同法新问题研究．北京：中国社会科学出版社，2011

39. 王利明，房绍坤，王轶．合同法．北京：中国人民大学出版社，2013

40. 王利明．违约责任论．北京：法律出版社，2003

41. 王利明．合同法研究．第1卷．北京：中国人民大学出版社，2002

42. 王军．美国合同法．北京：对外经济贸易大学出版社，2004

43. 王茂祺．给付障碍体系比较研究．北京：法律出版社，2007

44. 王泽鉴．债法原理．北京：北京大学出版社，2009

45. 王泽鉴．民法总则．北京：北京大学出版社，2009

46. 王泽鉴．民法学说与判例研究（二）．北京：北京大学出版社，2009

47. 魏振瀛主编．民法．北京：北京大学出版社，高等教育出版社，2010

48. 吴文嫔．第三人利益合同原理与制度论．北京：法律出版社，2009

49. 杨立新主编．合同法判例与学说．长春：吉林人民出版社，2005

50. 奚晓明主编．最高人民法院关于买卖合同司法解释理解与适用．北京：人民法院出版社，2012

51. 奚晓明主编．最高人民法院关于融资租赁合同司法解释理解与适用．北京：人民法院出版社，2014

52. 杨明刚．合同转让论．北京：中国人民大学出版社，2006

53. 杨桢．英美契约法论．北京：北京大学出版社，2007

54. 杨解君主编．中国行政合同的理论与实践探索．北京：法律出版社，2009

55. 姚志明．债务不履行——不完全给付之研究．北京：中国政法大学出版社，2003

56. 叶榅平．合同中的保护义务研究．北京：法律出版社，2010

57. 尹忠显．新合同法审判实务研究．北京：人民法院出版社，2006

58. 尹田．法国现代合同法：契约自由与社会公正的冲突与平衡．北京：法律出版社，2009

59. 张家勇．为第三人利益的合同的制度构造．北京：法律出版社，2007

60. 郑玉波．民法债编论文选辑．台北：五南图书出版公司，1984

61. 朱广新．信赖责任研究——以契约之缔结为分析对象．北京：法律出版社，2007

62. 最高人民法院中国应用法学研究所编．人民法院案例选（总第6辑）．北京：人民法院出版社，1994

63. ［意］彼德罗·彭梵得．罗马法教科书．黄风译．北京：中国政法大学出版社，2005

64. ［德］迪特尔·梅迪库斯．德国民法总论．邵建东译．北京：法律出版社，2001

65. ［德］迪特尔·梅迪库斯．德国债法总论．杜景林，卢谌译．北京：法律出版社，2004

66. ［德］迪特尔·梅迪库斯．德国债法分论．杜景林，卢谌译．北京：法律出版社，2007

67. ［德］海因·克茨．欧洲合同法（上）．周忠海等译．北京：法律出版社，2001

68. ［德］卡尔·拉伦茨．德国民法通论（上、下）．王晓晔等译．北京：法律出版社，2003

69. J. L. Jowell & J. P. W. B. McAuslan edited. The Judge and the Law，Sweet & Maxwell，London，1984

70. See G. H. Treitel，Law of Contract. Sweet & Maxell，8th ed（1991）

二、论文

1. 陈骅．论劳动合同立法与统一合同法的关系．科教文汇，2010（3）

2. 陈文华．民间规则与合同解释．甘肃政法学院学报，2013，（3）

3. 陈吉生．论缔约过失责任的归责原则．武汉大学学报（哲学社会科学版），2012（5）

4. 陈桂明，杜丹．以诚实信用原则规制法官的自由裁量权．中国人民大学学报，2009（6）

5. 陈帮锋．论意外事故与不可抗力的趋同——从优士丁尼法到现代民法．清华法学，2010（2）

6. 陈凌云．论英美合同法之违约获益赔偿责任．环球法律评论，2010（3）

7. 陈建勋．论债的清偿抵充．人民司法，2001（11）

8. 陈杨．试论根本违约——与英美法系相关违约形态的比较研究．时代法学，2008（1）

9. 崔建远．合同解释与法律解释的交织．吉林大学社会科学学报，2013（1）

10. 崔建远．先履行抗辩权制度的适用顺序．河北法学，2012（12）

11. 崔建远．债权人代位权的新解说．法学，2011（7）

12. 崔军．代物清偿的基本规则及实务应用．法律适用，2006（7）

13. 崔建远，吴光荣．我国合同法上解除权的行使规则．法律适用，2009（11）

14. 崔俊贵．我国合同解除的相关问题探讨．北京科技大学学报，2004（12）

15. 杜景林．企业买卖中的给付障碍和瑕疵担保责任．法学，2011（10）
16. 付海燕，肖丕国．关于完善我国提存制度的几个问题．行政与法，2001（6）
17. 郭英华．论劳动合同的私法性质及其法律适用．法学论坛，2006（3）
18. 郭玉坤．不安抗辩权制度的不安事由探究．法学杂志，2009（9）
19. 高圣平，王思源．论融资租赁交易的法律构造．法律科学（西北政法大学学报），2013（1）
20. 黄喆．合同效力之判定与公序良俗．南京社会科学，2014（4）
21. 黄喆．居间合同义务的射程．南京大学学报：哲学·人文科学·社会科学，2013（6）
22. 黄忠．比例原则下的无效合同判定之展开．法制与社会发展（双月刊），2012（4）
23. 杭仁春．行政合同不完全履行及其法律后果．行政法学研究，2012（4）
24. 韩强．情势变更原则的类型化研究．法学研究，2010（4）
25. 贺剑．合同解除异议制度研究．中外法学，2013（3）
26. 贺卫方．“契约”和“合同”的辨析．法边馀墨．北京：法律出版社，1998
27. 胡基．合同解释的理论与规则研究．载梁慧星主编．民商法论丛．第8卷，北京：法律出版社，1997
28. 胡红蕊，郑瑞琨．论违约责任中的精神损害赔偿．行政与法，2009（10）
29. 韩世远．论提存——《合同法》第101－104条的解释论．现代法学，2004（3）
30. 韩世远．法定抵销的效力．人民法院报，2001（12）
31. 李锡鹤．再论要约何时生效．华东政法大学学报，2013（2）
32. 李宇．债权让与的优先顺序与公示制度．法学研究，2012（6）
33. 李倩茹．论典当合同中的绝当及违约责任．河北法学，2014（5）
34. 李征．买卖合同中风险负担的制度研究．求索，2011（5）
35. 李先波，易纯洁．无催告情形下合同解除权的消灭．法学杂志，2010（2）
36. 李晓云．电子商务中的“电子代理人”问题研究．经济体制改革，2006（1）
37. 梁慧星．合同的解释规则．载梁慧星主编．民商法论丛．第6卷，北京：法律出版社，1997
38. 黎桦．实质正义下的合同效力控制问题研究．武汉大学学报（哲学社会科学版），2012（4）
39. 廖军．论抵销的形式及其效力．法律科学，2004（3）
40. 林嘉．劳动合同若干法律问题研究．法学家，2003（6）
41. 刘中杰．论民间借贷的组织模式与法律规制．河北法学，2014（4）
42. 刘满达．电子签名的法律效力认定．法学，2011（2）
43. 刘春堂．一般契约条款之解释．载郑玉波主编．民法债编论文选辑（上）．台北：五南图书出版公司，1984
44. 刘行星．违约责任与侵权责任的竞合及赔偿责任．中国房地产，2006（4）
45. 刘蔚文．试论我国代位权的客体．理论界，2009（2）
46. 刘宗荣．定型化契约条款之研究．台大法学论丛，1988（2）

47. 龙著华．一般有效、例外无效：非金融机构企业之间借款合同效力的应然安排．社会科学，2011（11）

48. 马勇．房屋租赁合同强制执行公证的困境与出路．华东政法大学学报，2012（1）

49. 倪同木，夏万宏．违约非财产损害赔偿问题研究——以《德国民法典》第 253 条之修改为中心．法学评论，2010（2）

50. 宁红丽．分期付款买卖法律条款的消费者保护建构．华东政法大学学报，2013（2）

51. 宁红丽．旅游合同研究．载梁慧星．民商法论丛．第 22 卷，香港：金桥文化出版（香港）有限公司，2002

52. 潘红艳．保险人免责条款明确说明义务检讨及替代制度研究．甘肃社会科学，2013（3）

53. 屈茂辉，张红．继续性合同：基于合同法理与立法技术的多重考量．中国法学，2010（4）

54. 邱聪智．契约社会化对契约解释理论之影响．载邱聪智．民法研究（一）．台北：三民书局，1986

55. 冉克平．论违约解除后的责任承担．法律科学（西北政法大学学报），2013（5）

56. 税兵．居间合同中的双边道德风险．法学，2011（11）

57. 隋彭生．合同法律关系成立新探．政治与法律，2012（7）

58. 隋彭生．居间合同委托人的任意解除权及“跳单”．江淮论坛，2012（4）

59. 单平基．无权占有费用求偿权之证成．法商研究，2014（1）

60. 申建平．对债权让与通知传统理论的反思．求是学刊，2009（4）

61. 申建平．论债权让与通知的主体．河南省政法管理干部学院学报，2009（5）

62. 苏号朋．论欧洲契约法原则对未经协商条款的规制及其启示．月旦民商法杂志，2010（9）

63. 孙青平．论代位权及其实现方式．河南社会科学，2009（1）

64. 唐小冬．自治与公平的协调：格式合同中任意解除条款效力探究．内蒙古大学学报（哲学社会科学版），2012（3）

65. 徐澜波．合同债权人代位权行使的效力归属及相关规则辨析．法学，2011（7）

66. 徐伟，黄喆，沈杰．工程承包合同变更的限制．东南大学学报（哲学社会科学版），2012（3）

67. 夏芸帆．情势变更原则的立法思考．河南省政法管理干部学院学报，2009（6）

68. 王佐发．上市公司重整中对债权人强裁的公平原则．政治与法律，2013（2）

69. 王成．情事变更、商业风险与利益衡量．政治与法律，2012（1）

70. 王洪亮．强制履行请求权的性质及其行使．法学，2012（1）

71. 王洪亮．违约金功能定位的反思．法律科学（西北政法大学学报），2014（2）

72. 王利明．所有权保留制度若干问题探讨．法学评论（双月刊），2014（1）

73. 王利明．论“买卖不破租赁”．中州学刊，2013（9）

74. 王利明．合同的概念和合同法的规范对象．法学前沿．第 2 辑，北京：法律出版社，1998

75. 王凯，李春刚．劳动合同法律适用问题研究．法学论坛，2009（2）

76. 吴一平．情势变更原则法律适用比较分析．江苏社会科学，2013（3）

77. 吴国喆．债权让与中的受让人保护．西北师大学报（社会科学版），2012（6）

78. 汪良平．论提存的构成要件与效力．河北法学，2001（3）

79. 岳彩申．民间借贷的激励性法律规制．中国社会科学，2013（10）

80. 杨永清．批准生效合同若干问题探讨．中国法学，2013（6）

81. 杨晓峰．关于完善我国提存制度的思考．青海社会科学，2012（4）

82. 叶金强．合同解释理论的一元模式．法制与社会发展（双月刊），2013（2）

83. 易军．民法公平原则理论之探讨与反思．浙江社会科学，2012（10）

84. 易军，宁红丽．强制缔约制度研究——兼论近代民法的嬗变与革新．法学家，2003（2）

85. 尹田．论涉他契约．法学研究，2001（1）

86. 章正璋．对我国现行立法合同成立与生效范式的反思．学术界，2013（1）

87. 张淑隽．第三人侵害债权制度理论问题初探．武汉大学学报（哲学社会科学版），2009（2）

88. 张铣．契约自由与私法干预．华南师范大学学报（社会科学版），2013（6）

89. 张凡．再论未生效合同的解除．法学，2012（3）

90. 张金海．论合同解除与违约损害赔偿的关系．华东政法大学学报，2012（4）

91. 张继承．自治与强制的反思：以建设工程合同缔结为分析视角．求索，2012（7）

92. 张寒，胡宗彪，李正风．研发项目对大学技术转让合同影响的实证研究．科学学研究，2013（4）

93. 张诚．提存权性质及提存款可执行性研究．中国司法，2010（3）

94. 张淳．论能够成为民事行为瑕疵的错误．浙江社会科学，2004（4）

95. 张谷．论债务免除的性质．法律科学，2003（2）

96. 张丽荣．涉及第三方效力的合同的法律问题．政法论坛，1999（3）

97. 张敏．代位权实现后果的归属探讨——关于《合同法》中代位权制度规定的漏洞补充．政法论丛，2000（5）

98. 赵转．电子合同的法律问题与对策．河南理工大学学报（社会科学版），2006（2）

99. 郑大鹏．缔约过失责任理论基础的发展及其独立性．学术交流，2005（12）

100. 郑定，春杨．民事习惯及其法律意义——以中国近代民商事习惯调查为中心．南京大学学报，2005（23）

101. 钟奇江．论合同解除的效力．法制与经济，2006（3）

102. 周琳，崔永亮．探究民法中债权人撤销权的行使范围问题．辽宁公安司法管理干部学院学报，2010（1）

103. 曾祥生．论解除权之行使．法学评论，2010（2）

三、法律文件

（一）法律

1.《中华人民共和国保险法》

2.《中华人民共和国产品质量法》
3.《中华人民共和国城市房地产管理法》
4.《中华人民共和国担保法》
5.《中华人民共和国电子签名法》
6.《中华人民共和国电力法》
7.《中华人民共和国反垄断法》
8.《中华人民共和国反不正当竞争法》
9.《中华人民共和国公司法》
10.《中华人民共和国公证法》
11.《中华人民共和国合同法》
12.《中华人民共和国合伙企业法》
13.《中华人民共和国海商法》
14.《中华人民共和国继承法》
15.《中华人民共和国建筑法》
16.《中华人民共和国旅游法》
17.《中华人民共和国律师法》
18.《中华人民共和国劳动合同法》
19.《中华人民共和国民法通则》
20.《中华人民共和国民事诉讼法》
21.《中华人民共和国民用航空法》
22.《中华人民共和国拍卖法》
23.《中华人民共和国票据法》
24.《中华人民共和国侵权责任法》
25.《中华人民共和国企业破产法》
26.《中华人民共和国食品安全法》
27.《中华人民共和国商标法》
28.《中华人民共和国商业银行法》
29.《中华人民共和国涉外民事关系法律适用法》
30.《中华人民共和国铁路法》
31.《中华人民共和国土地管理法》
32.《中华人民共和国物权法》
33.《中华人民共和国消费者权益保护法》
34.《中华人民共和国信托法》
35.《中华人民共和国行政许可法》
36.《中华人民共和国邮政法》
37.《中华人民共和国中外合资经营企业法》
38.《中华人民共和国中外合作经营企业法》
39.《中华人民共和国著作权法》

40.《中华人民共和国专利法》
41.《中华人民共和国证券法》
42.《中华人民共和国招标投标法》
43.《中华人民共和国执业医师法》
（二）行政法规
1.《中华人民共和国电信条例》
2.《中华人民共和国公司登记管理条例》
3.《中华人民共和国人民币管理条例》
4.《中华人民共和国外汇管理条例》
5.《中华人民共和国招标投标法实施条例》
6.《中华人民共和国中外合资经营企业法实施条例》
（三）司法解释与司法文件
1. 最高人民法院《关于当前形势下审理民商事合同纠纷案件若干问题的指导意见》
2. 最高人民法院《关于贯彻执行〈中华人民共和国民法通则〉若干问题的意见（试行）》
3. 最高人民法院《关于审理城镇房屋租赁合同纠纷案件具体应用法律若干问题的解释》
4. 最高人民法院《关于审理技术合同纠纷案件适用法律若干问题的解释》
5. 最高人民法院《关于审理建设工程施工合同纠纷案件适用法律问题的解释》
6. 最高人民法院《关于审理旅游纠纷案件适用法律若干问题的规定》
7. 最高人民法院《关于审理买卖合同纠纷案件适用法律问题的解释》
8. 最高人民法院《关于审理民事案件适用诉讼时效制度若干问题的规定》
9. 最高人民法院《关于审理融资租赁合同纠纷案件适用法律问题的解释》
10. 最高人民法院《关于审理商品房买卖合同纠纷案件适用法律若干问题的解释》
11. 最高人民法院《关于审理涉及国有土地使用权合同纠纷案件适用法律问题的解释》
12. 最高人民法院《关于审理涉及农村土地承包纠纷案件适用法律问题的解释》
13. 最高人民法院《关于审理食品药品纠纷案件适用法律若干问题的规定》
14. 最高人民法院《关于审理铁路运输人身损害赔偿纠纷案件适用法律若干问题的解释》
15. 最高人民法院《关于审理外商投资企业纠纷案件若干问题的规定（一）》
16. 最高人民法院《关于审理物业服务纠纷案件具体应用法律若干问题的解释》
17. 最高人民法院《关于适用〈中华人民共和国保险法〉若干问题的解释（二）》
18. 最高人民法院《关于适用〈中华人民共和国担保法〉若干问题的解释》
19. 最高人民法院《关于适用〈中华人民共和国公司法〉若干问题的规定（一）》
20. 最高人民法院《关于适用〈中华人民共和国公司法〉若干问题的规定（二）》
21. 最高人民法院《关于适用〈中华人民共和国公司法〉若干问题的规定（三）》
22. 最高人民法院《关于适用〈中华人民共和国合同法〉若干问题的解释（一）》
23. 最高人民法院《关于适用〈中华人民共和国合同法〉若干问题的解释（二）》
24. 最高人民法院《关于适用〈中华人民共和国涉外民事关系法律适用法〉若干问题的

解释（一）》

（四）部门规章

1. 中国银监会《金融租赁公司管理办法》

2. 国家工商行政管理总局《网络交易管理办法》

（五）外国及国际立法与示范法

1.《德国民法典》

2.《法国民法典》

3.《日本民法典》

4.《瑞士民法典》

5.《瑞士债务法》

6.《意大利民法典》

7.《美国统一商法典》

8.《美国第二次合同法重述》

9.《美国统一电子交易法》

10.《美国统一计算机信息交易法》

11.《联合国电子商务示范法》

12.《联合国国际货物销售合同公约》

13. 国际统一私法协会《国际商事合同通则》

14.《欧洲合同法原则》

图书在版编目（CIP）数据

合同法教程/苏号朋著．—3版．—北京：中国人民大学出版社，2014.12
21世纪民商法学系列教材
ISBN 978-7-300-20442-0

Ⅰ.①合… Ⅱ.①苏… Ⅲ.①合同法－中国－高等学校－教材 Ⅳ.①D923.6

中国版本图书馆CIP数据核字（2014）第297681号

"十二五"普通高等教育本科国家级规划教材
21世纪民商法学系列教材
总主编 王利明
合同法教程（第三版）
苏号朋 著
Hetongfa Jiaocheng

出版发行	中国人民大学出版社		
社　　址	北京中关村大街31号	邮政编码	100080
电　　话	010－62511242（总编室）		010－62511770（质管部）
	010－82501766（邮购部）		010－62514148（门市部）
	010－62515195（发行公司）		010－62515275（盗版举报）
网　　址	http：//www.crup.com.cn		
	http：//www.ttrnet.com（人大教研网）		
经　　销	新华书店		
印　　刷	北京七色印务有限公司	版　　次	2008年3月第1版
规　　格	185 mm×260 mm　16开本		2015年1月第3版
印　　张	31 插页2	印　　次	2018年2月第4次印刷
字　　数	714 000	定　　价	49.80元

《　　　　　　》※任课教师调查问卷

为了能更好地为您提供优秀的教材及良好的服务，也为了进一步提高我社法学教材出版的质量，希望您能协助我们完成本次小问卷，完成后您可以在我社网站中选择与您教学相关的1本教材作为今后的备选教材，我们会及时为您邮寄送达！如果您不方便邮寄，也可以申请加入我社的**法学教师QQ群：83961183（申请时请注明法学教师）**，然后下载本问卷填写，并发往我们指定的邮箱（cruplaw@163.com）。

邮寄地址：北京市海淀区中关村大街31号中国人民大学出版社411室收

邮　　编：100080

再次感谢您在百忙中抽出时间为我们填写这份调查问卷，您的举手之劳，将使我们获益匪浅！

基本信息及联系方式：※

姓名：__________ 性别：__________ 课程：________________

任教学校：________________ 院系（所）：____________

邮寄地址：________________ 邮编：____________

电话（办公）：__________ 手机：__________ 电子邮件：__________

调查问卷：※

1. 您认为图书的哪类特性对您使用教材最有影响力？（　　）（可多选，按重要性排序）
   A. 各级规划教材、获奖教材　　B. 知名作者教材
   C. 完善的配套资源　　D. 自编教材
   E. 行政命令
2. 在教材配套资源中，您最需要哪些？（　　）（可多选，按重要性排序）
   A. 电子教案　　B. 教学案例
   C. 教学视频　　D. 配套习题、模拟试卷
3. 您对于本书的评价如何？（　　）
   A. 该书目前仍符合教学要求，表现不错将继续采用。
   B. 该书的配套资源需要改进，才会继续使用。
   C. 该书需要在内容或实例更新再版后才能满足我的教学，才会继续使用。
   D. 该书与同类教材差距很大，不准备继续采用了。
4. 从您的教学出发，谈谈对本书的改进建议：________________

____

____

选题征集：如果您有好的选题或出版需求，欢迎您联系我们：

联系人：黄　强　联系电话：010-62515955

索取样书：书名：________________________

书号：________________________

备注：※ 为必填项。

21世纪高等院校法学系列精品教材

书名	ISBN	作者	定价
法律解释学	978-7-300-13251-8	王利明　著	32.00
民法总论	978-7-300-10961-9	王利明　著	35.00
人格权法	978-7-300-10990-9	王利明　著	35.00
经济法学(第二版)	978-7-300-16089-4	张守文　著	45.00
财税法学（第三版）	978-7-300-14098-8	张守文　著	46.00
民事诉讼法	978-7-300-13632-5	张卫平　著	39.80
物权法（第二版）	978-7-300-13040-8	崔建远　著	59.00
判例刑法学（教学版）	978-7-300-14059-9	陈兴良　著	39.80
刑法总论（第二版）	978-7-300-14090-2	周光权　著	45.00
刑法各论（第二版）	978-7-300-14202-9	周光权　著	55.00
刑事诉讼法学（第三版）	978-7-300-16432-8	郑　旭　著	45.00
侵权法学	978-7-300-13533-5	周友军　著	49.80
普通公司法	978-7-300-11227-5	邓　峰　著	68.00
网络法学	978-7-300-11004-2	刘品新　著	25.00
中国宪法（第四版）	978-7-300-12301-1	许崇德　主编	29.80
商法学（第三版）	978-7-300-13955-5	徐学鹿　主编	49.80
证据学（第四版）	978-7-300-12740-8	陈一云　主编	32.00
外国法制史（第三版）	978-7-300-16149-5	林榕年　叶秋华　主编	38.00
婚姻家庭法学（第三版）	978-7-300-16894-4	杨大文　龙翼飞　主编	29.00
法社会学新阶	978-7-300-18452-4	付子堂　主编	32.00

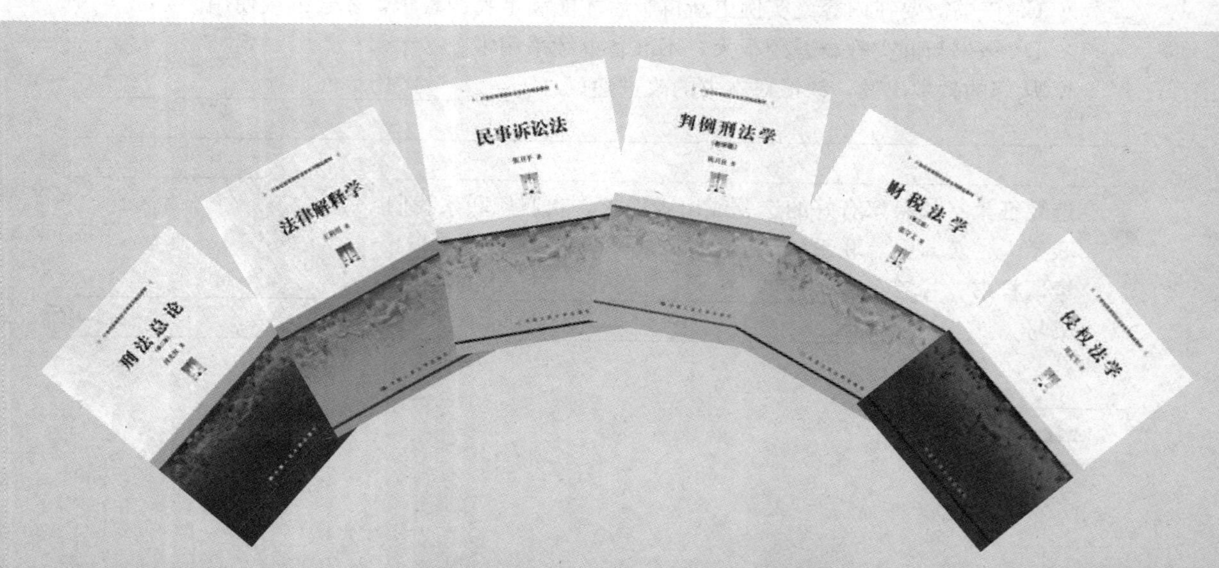